Untersuchungen zur Bildungsqualität von Schule

Manfred Prenzel
Lars Allolio-Näcke (Hrsg.)

Untersuchungen zur Bildungsqualität von Schule

Abschlussbericht des DFG-Schwerpunktprogramms

Waxmann Münster / New York
München / Berlin

Bibliografische Information Der Deutschen Bibliothek
Die Deutsche Bibliothek verzeichnet diese Publikation in der
Deutschen Nationalbibliografie; detaillierte bibliografische
Daten sind im Internet über http://dnb.ddb.de abrufbar.

ISBN 10 3-8309-1743-0
ISBN 13 978-3-8309-1743-4

© Waxmann Verlag GmbH, 2006
Postfach 8603, D-48046 Münster

www.waxmann.com
info@waxmann.com

Umschlaggestaltung: Christian Averbeck
Satz: Stoddart Satz- und Layoutservice, Münster
Druck: Hubert & Co., Göttingen
Gedruckt auf alterungsbeständigem Papier,
säurefrei gemäß ISO 9706

Inhalt

Schüler

Lehrer

Kontextfaktoren

Manfred Prenzel & Lars Allolio-Näcke

Das DFG-Schwerpunktprogramm *Bildungsqualität von Schule* – ein Überblick

Nach sechs Jahren Förderung durch die *Deutsche Forschungsgemeinschaft* (DFG) findet im Herbst des Jahres 2006 das Schwerpunktprogramm *Bildungsqualität von Schule* (BiQua) seinen Abschluss. Das Programm untersuchte, wie schulische und außerschulische Bedingungen die Entwicklung mathematischer, naturwissenschaftlicher sowie fächerübergreifender Kompetenzen beeinflussen. In dem vorliegenden Band berichten die am Programm beteiligten Wissenschaftlerinnen und Wissenschaftler über die wichtigsten Ergebnisse ihrer Arbeit. Wie für Schwerpunktprogramme der DFG typisch, beziehen sich die Fragestellungen der Projekte auf ein aktuelles und bedeutsames Problemfeld, das durch abgestimmte Forschungsaktivitäten erschlossen werden soll. Die Programme zielen so auf theoretisch weiterführende Erkenntnisse, auf die Entwicklung neuer Forschungsmethoden, auf die Förderung des wissenschaftlichen Nachwuchses und auf eine verstärkte Forschungskooperation. Ein Schwerpunktprogramm, das der empirischen Bildungsforschung zugeordnet werden kann (Mandl & Kopp, 2005), wird hier insbesondere anstreben, die Zusammenarbeit zwischen den für dieses Forschungsfeld einschlägigen Disziplinen auszubauen. Ein Schwerpunktprogramm zur Bildungsforschung wird außerdem mit dem Anspruch konfrontiert, Erkenntnisse bereitzustellen, die zur Lösung von Problemen im Bildungsbereich beitragen. Der Begriff des „handlungsrelevanten Wissens" beschreibt die Erwartung, dass auch Erkenntnisse gewonnen werden, die sich für Akteure im Bildungsbereich als nützlich erweisen (vgl. Brüggemann & Bromme, 2006; Prenzel, 2005).

Die folgenden Kapitel stellen die einzelnen Projekte des Schwerpunktprogramms und ihre zentralen Ergebnisse vor. Anliegen dieses Abschlussberichts ist es, einen Überblick über die Fragestellungen, die methodischen Herangehensweisen und die Befunde zu geben sowie auf „handlungsrelevante" Produkte und Erkenntnisse aus den einzelnen Forschungsvorhaben hinzuweisen.

In diesem einleitenden Kapitel möchten wir vorher jedoch noch einmal den Bezugsrahmen des Programms für die Projekte nachzeichnen. Wir erinnern zunächst an den Hintergrund des Forschungsschwerpunkts und stellen dann die Zielstellungen und die Anlage des Programms vor.

1   Ausgangspunkt des Schwerpunktprogramms

Im Jahr 1995 beteiligte sich Deutschland nach 25 Jahren erstmals wieder an einem internationalen Vergleich von Schulleistungen, nämlich der *Third International Mathematics and Science Study* (TIMSS). In TIMSS wurden das naturwissenschaftliche und das mathematische Wissen in den Sekundarstufen I und II getestet. Im internationalen Vergleich lagen die Leistungen der deutschen Schülerinnen und Schüler der untersuchten Schulstufen im Durchschnittsbereich (Baumert et al., 1997; Baumert, Bos & Lehmann, 2000a, 2000b). Die Befunde stellten die bis dahin vorherrschenden Überzeugungen von der Qualität deutscher Schulen und von besonderen Stärken im mathematisch-naturwissenschaftlichen Bereich grundlegend in Frage. Die

Schülerinnen und Schüler in Deutschland hatten insbesondere Probleme, komplexere Aufgaben, die mathematisches oder naturwissenschaftliches Verständnis erforderten, zu lösen und ihr Wissen flexibel auf neue Situationen anzuwenden. Insofern zeigte TIMSS, dass zentrale Ziele des mathematischen und naturwissenschaftlichen Unterrichts, die andere Staaten erreichen, in Deutschland verfehlt werden. Allerdings ließ die (in Deutschland zum Teil auch erweiterte) Anlage der TIMS-Studie nur sehr begrenzt Rückschlüsse auf Bedingungsfaktoren für die unzureichende Qualität der Bildungsergebnisse in Deutschland zu.

In Folge dieser Befunde entschloss sich Deutschland, regelmäßig an dem neu aufgelegten OECD-*Programme for International Student Assessment* (PISA) teilzunehmen. Die erste Erhebung (PISA 2000) belegte nun, dass die fünfzehnjährigen Schülerinnen und Schüler Deutschlands im Vergleich der OECD-Staaten in den Kompetenzbereichen Lesen, Mathematik und Naturwissenschaften signifikant *unter* dem internationalen Durchschnitt lagen (Baumert et al., 2001). Im Vergleich mit den Industrienationen der OECD wurde erst richtig deutlich, wie groß der Abstand zu einem international konkurrenzfähigen Kompetenzniveau ist. PISA unterstrich außerdem, dass die Bildungsmisere in Deutschland nicht auf den mathematisch-naturwissenschaftlichen Bereich begrenzt ist. Immerhin zeichnete sich in der folgenden Erhebungsrunde PISA 2003 eine leichte Verbesserung im mathematischen und naturwissenschaftlichen Kompetenzniveau ab. Die Leistungen der Schülerinnen und Schüler in Deutschland erreichten nun den OECD-Mittelwert und verbesserten sich ebenfalls unter einem kriteriumsorientierten Maßstab (Prenzel et al., 2004). Allerdings gibt das Kompetenzniveau, das im Durchschnitt in Deutschland erreicht wird, nach wie vor Anlass zur Sorge über die Zukunfts- und Konkurrenzfähigkeit der Schule in Deutschland. Diese Sorge wird durch die detaillierten Befunde dieser Studie, z.B. über die Leistungsheterogenität und über ausgeprägte Disparitäten nach Geschlecht, Bundesland, sozialer Herkunft und Schulart, verstärkt (Prenzel et al., 2005). Freilich gelangt auch PISA (unter anderem aufgrund der Anlage als Querschnittstudie) sehr schnell an Grenzen, wenn nach Erklärungen für die relative Leistungsschwäche der Schule in Deutschland und speziell nach aussichtsreichen Maßnahmen zur Verbesserung der Situation gefragt wird (Prenzel et al., 2006). Die Befunde der internationalen Vergleichsstudien lassen damit auch einen deutlichen Bedarf an empirischer Forschung erkennen, die systematisch und theoriegeleitet Bedingungen der Bildungsqualität von Schule untersucht.

Die Entscheidung der DFG, im Frühjahr 2000 und damit kurze Zeit nach TIMSS das beantragte Schwerpunktprogramm zur *Bildungsqualität von Schule* (Prenzel, Merkens, Noack et al., 1999) einzurichten, erwies sich als vorausschauend. Ein Schwerpunktprogramm der DFG dient auch dazu, ein aktuelles und zukunftsrelevantes Problemfeld mit einer breiteren und koordinierten Forschungsinitiative so zu bearbeiten, dass die Grundlagen für eine kontinuierliche und kumulative Forschung in den einschlägigen Disziplinen geschaffen wird. Der Untertitel des Schwerpunktprogramms *Bildungsqualität von Schule* („Fachliches und fächerübergreifendes Lernen im mathematisch-naturwissenschaftlichen Unterricht in Abhängigkeit von schulischen und außerschulischen Kontexten") spezifiziert die Ausrichtung des Programms: Es fokussiert erstens die Bereiche mathematischer und naturwissenschaftlicher Kompetenz, die für sich bereits sehr umfangreiche Domänen darstellen. Diese inhaltliche Bindung wird in einer bestimmten Hinsicht erweitert, indem zweitens Kompetenzen berücksichtigt werden können, die in diesen bzw. in weiteren Fächern eine wichtige Rolle spielen und die deshalb als „fächerübergreifend" bezeichnet werden können (z.B.

Lern- und Problemlösestrategien, soziale Kompetenzen, motivationale Orientie- rungen). Drittens betont das Programm den zu untersuchenden Beitrag des Unterrichts für die Entwicklung dieser Kompetenzen. Allerdings soll viertens der Unterricht nicht isoliert von Rahmenbedingungen und insbesondere losgelöst von „Kontexten" unter- sucht werden. In den Blickpunkt rückt damit das Zusammenspiel zwischen Unterricht und institutionellen Rahmenbedingungen und Vorgaben (Curriculum, Lehrerbildung), Kontext der Einzelschule, des Elternhauses der Schülerinnen und Schülern oder ihres Freundeskreises.

2   Zielstellung

Aus einer strategischen Sicht sollte das Schwerpunktprogramm Forschung verstärken, die dazu beiträgt, die Ergebnisse internationaler Vergleichsstudien mit Blick auf Deutschland besser zu erklären. Es sollte die Entwicklung von umfassenderen Theorien und neuen methodischen Zugängen stimulieren und interdisziplinäre Koope- rationen im Feld der empirischen Bildungsforschung anbahnen.

   Mit der Konzentration auf mathematische und naturwissenschaftliche Kompe- tenzen wurden zwei Domänen angesprochen, die im Blickpunkt internationaler Ver- gleichsstudien stehen und die (im Vergleich zu anderen Domänen) relativ oft empirisch untersucht wurden. Als besondere Herausforderung für die Projekte musste allerdings die verknüpfende Untersuchung von Unterricht und Kontextfaktoren gelten, für die es bis dahin wenig Vorbilder gab und die komplexere Designs voraussetzte (etwa Längs- schnittstudien).

   Für Projekte, die in das Schwerpunktprogramm aufgenommen werden sollten, wurden zwei Anforderungen definiert: Sie sollten (a) den Aufbau fachlicher (mathe- matischer oder naturwissenschaftlicher) und fächerübergreifender Kompetenzen in ihrem Zusammenhang bzw. Wechselverhältnis untersuchen und (b) Bedingungen des fachlichen und fächerübergreifenden Lernens im mathematisch-naturwissenschaft- lichen Unterricht in Abhängigkeit von schulischen und/oder außerschulischen Kon- texten analysieren.

   Diese Anforderungen ließen erhebliche Freiräume, die Fragestellungen der Pro- jekte so zuzuschneiden, dass an Vorarbeiten der Wissenschaftlerinnen und Wissen- schaftler angeschlossen werden konnte. Andererseits sollten diese Anforderungen dazu anregen, Forschungszugänge und Methoden zwischen den Projekte abzustimmen und Ergebnisse zu gewinnen, die aufeinander bezogen werden können.

   In Hinblick auf die erwünschte Bereitstellung von „handlungsrelevantem Wissen" wurde den Projekten eine mehrstufige Forschungsplanung für die drei möglichen Förderungszeiträume nahe gelegt. Es bot sich an, im ersten und eventuell noch zweiten Förderungszeitraum theoriegeleitete Erklärungsmodelle (z.B. Kontextbedingungen einschließende Mehr-Ebenen-Modelle) auszuschärfen und empirisch zu prüfen. Auf der Basis dieser Modelle sollten dann unterrichts- und kontextbezogene Maßnahmen zur Verbesserung der Bildungsqualität konzipiert und im Rahmen von Experimenten oder Interventionsstudien erprobt werden, um schließlich maßgeblichen Akteuren im Bildungssystem Wissen über konkrete Einflussmöglichkeiten in Form von Trainings, Fortbildungen und Lerneinheiten etc. zur Verfügung stellen zu können.

3 Beteiligte

Das Schwerpunktprogramm fand nach der Ausschreibung sehr starke Beachtung in den infrage kommenden Disziplinen. Über 70 Projektvorschläge wurden zum ersten Antragszeitpunkt eingereicht, von denen aber nur ein Drittel der kritischen Begutachtung Stand hielt.[1] Die Laufzeit des Schwerpunktprogramms von sechs Jahren ermöglichte die Bündelung und Abstimmung von thematisch verwandten Einzelforschungs-vorhaben unter einem gemeinsamen theoretischen Blickwinkel, sodass Synergieeffekte und zahlreiche Vernetzungen entstanden.

Am Schwerpunktprogramm BiQua waren insgesamt 42 habilitierte Wissenschaft-lerinnen und Wissenschaftler aus 24 deutschen Hochschulen und drei außeruniver-sitären Forschungseinrichtungen, d.h. dem Leibniz-Institut für die Pädagogik der Naturwissenschaften an der Universität Kiel (IPN), dem Max-Planck-Institut für Bildungsforschung in Berlin (MPIB) und dem Deutschen Institut für Internationale Pädagogische Forschung in Frankfurt (DIPF), beteiligt. Über den gesamten Zeitraum wurden 32 verschiedene Einzelprojekte gefördert, in denen bis zum Zeitpunkt dieser Veröffentlichung mehr als 80 Doktorandinnen und Doktoranden ausgebildet wurden. Die Koordination des Schwerpunktprogramms BiQua erfolgte am IPN. Ein Überblick über die regionale Verteilung der beteiligten Projekte findet sich in der Abbildung 1:

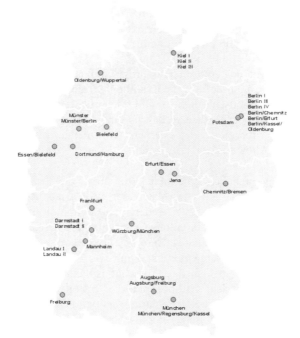

Abb. 1:   regionale Verteilung der an BiQua beteiligten Projekte

1   An dieser Stelle sei den Gutachtern gedankt, die das Schwerpunktprogramm über den gesamten Förderungszeitraum kritisch begleiteten: Prof. Dr. Andreas Krapp (UniBW München), Prof. Dr. Rainer Bromme (Universität Münster), Prof. Dr. Ewald Terhart (Universität Münster), Prof. Dr. Rudolf Tippelt (Universität München), Prof. Dr. Hans Merkens (Freie Universität Berlin), Prof. Dr. Horst Schecker (Universität Bremen), Prof. Dr. Hermann Maier (Universität Regensburg), Prof. Dr. Hermann Astleitner (Universität Salzburg).

4 Struktur

Viele der beteiligten Projekte waren bereits bei der ersten Antragstellung inter-disziplinär angelegt. Die Antragsteller sind ausgewiesene Bildungsforscherinnen und -forscher aus der Erziehungswissenschaft, aus der Psychologie und aus den Didaktiken der Naturwissenschaften und der Mathematik. Die Ausrichtung des Programms auf zentrale Fragestellungen erleichterte den Austausch zwischen den Projekten und die Abstimmung der Forschungsaktivitäten.

Im ersten Förderungszeitraum (2000–2002) standen gemäß der Zielstellung die grundlagenwissenschaftlichen Arbeiten im Vordergrund. In den meisten Projekten wurden die Theorien spezifiziert, neue Erhebungsverfahren entwickelt und erprobt sowie die empirische Tragfähigkeit von theoretischen Modellen ausgelotet. Eine Zu-sammenschau der Ergebnisse, die von den Projekten in diesem ersten Förderungs-zeitraum gewonnen wurden, findet sich in einem von Prenzel und Doll (2002) heraus-gegebenen Beiheft der Zeitschrift für Pädagogik.

Fast alle Projekte erzielten während der ersten Projektphase Ergebnisse, die eine sehr gute Grundlage für die Weiterführung der Forschung bildeten. So wurden in der zweiten Förderphase (2002–2004) in einer Reihe von Projekten die auf Erklärungs-wissen zielenden explanativen Forschungsarbeiten vertieft und ausgeweitet. Andere Projekte wiederum begannen zu diesem Zeitpunkt bereits, auf der Basis der gewon-nenen Erkenntnisse Anwendungsbezüge herzustellen und Interventionsansätze oder Trainingsprogramme zu entwickeln. In den Rundgesprächen wurden Vorschläge dis-kutiert, wie die Fragestellungen der einzelnen Projekte in übergeordnete theoretische Zusammenhänge eingeordnet werden können. Auch die Ergebnisse aus den Projekt-arbeiten im zweiten Förderungszeitraum wurden in einer Publikation zum Schwer-punktprogramm im Überblick präsentiert (Doll & Prenzel, 2004).

In der dritten Förderphase (2004–2006) schließlich standen für die meisten der Projekte stärker anwendungsorientierte Fragestellungen im Vordergrund. Die an dieser letzten Förderphase beteiligten Projekte berichten in diesem Band über ihre For-schungsarbeit im gesamten Förderungszeitraum.

5 Anlage des Berichtsbands

Der vorliegende Band vermittelt einen Eindruck von den Ergebnissen, die im Schwer-punktprogramm *Bildungsqualität von Schule* während der letzten sechs Jahre erzielt wurden. Die Projekte fassen in den einzelnen Kapiteln die Befunde ihrer Forschung zusammen, die zu einem großen Teil in Zeitschriftenartikeln bereits publiziert wurden oder zur Begutachtung eingereicht sind. Bei der Zusammenstellung ihrer Berichte für diesen Band haben sich die Projekte darum bemüht, die Ergebnisse für eine breitere Leserschaft aufzubereiten.

Die Gliederung der Beiträge im Buch orientiert sich an Schnittstellen der projekt-übergreifenden Zusammenarbeit im Schwerpunktprogramm. Diese betreffen die (1) vertiefende Analyse zu Large-Scale-Assessments, die (2) Unterrichtsqualität, die (3) Kompetenzen der Schülerinnen und Schüler, die (4) Kompetenzen der Lehrerinnen und Lehrer sowie (5) schulische und außerschulische Kontextfaktoren. Diese Gesichts-punkte strukturieren auch weitgehend die Reihenfolge der Kapitel in diesem Buch.

Wie der Band erkennen lässt, hat das Schwerpunktprogramm der empirischen Bildungsforschung in Deutschland kräftige theoretische und methodische Impulse gegeben und Standards in der fachdidaktischen, erziehungswissenschaftlichen und pädagogisch-psychologischen Forschung gesetzt. Die Ergebnisse des Schwerpunktprogramms tragen zu einem besseren Verständnis des Lehrens und Lernens an deutschen Schulen bei und lassen aussichtsreiche Möglichkeiten zur Verbesserung der Bildungsqualität erkennen. Für den Erkenntnisfortschritt entscheidend war nicht zuletzt die interdisziplinäre Zusammenarbeit der Wissenschaften, die sich mit Bildungsprozessen beschäftigen. Nachhaltige Effekte auf die Bildungsforschung dürfte das Schwerpunktprogramm nicht nur durch die Vernetzung der Einzeldisziplinen erzielen, sondern insbesondere durch ein weit reichendes Netzwerk gut ausgebildeter jüngerer Kolleginnen und Kollegen. Dieses Netzwerk wird den im Schwerpunktprogramm *Bildungsqualität von Schule* vertretenen empirischen Forschungsansatz weiter verbreiten und ausbauen.

6   Die Einzelbeiträge

6.1   Vertiefende Analysen zu Large-Scale-Assessments

Die ersten vier Beiträge schließen auf unterschiedliche Weise an TIMSS und PISA an: Sie sind zum Teil direkt mit PISA verkoppelt, um diese Studie zu vertiefen, oder sie erarbeiten, gewissermaßen im Vorfeld der nächsten Studien, systematisch Erkenntnisse, die dazu beitragen, die Befunde aus *Large-Scale-Assessments* besser erklären und interpretieren zu können.

Im Projekt PALMA, über das *Reinhard Pekrun, Rudolf vom Hofe, Werner Blum, Thomas Götz, Sebastian Wartha* und *Simone Jullien* berichten, besteht der Zusammenhang mit PISA darin, dass in einer Längsschnittstudie von der 5. bis zur 10. Klassenstufe die Entwicklung mathematischer Kompetenzen erfasst wird. Am Ende erreichen die getesteten Schülerinnen und Schüler so das Testalter bei PISA. In der Studie werden zudem systematisch Individual-, Unterrichts- und Elternhausbedingungen auf die Kompetenzentwicklung bezogen. Besondere Aufmerksamkeit findet in dieser Untersuchung auch die Entwicklung von Emotionen, Interesse und Lernverhalten im Fach Mathematik. Außerdem hat die Projektgruppe seit einiger Zeit begonnen, Erkenntnisse aus der Studie in Materialien für Lehrkräfte und für die Lehrerbildung umzusetzen.

Der Beitrag von *Martin Brunner, Mareike Kunter, Stefan Krauss, Uta Klusmann, Jürgen Baumert, Werner Blum, Michael Neubrand, Thamar Dubberke, Alexander Jordan, Katrin Löwen* und *Yi-Miau Tsai* bezieht sich auf ein Projekt, das mit der deutschen Stichprobe bei PISA 2003 verbunden war. Sie untersuchen sehr differenziert und mit neuartigen Erhebungsverfahren professionelle Kompetenzen der Mathematiklehrkräfte, und zwar jener Lehrkräfte, deren Klassen an PISA 2003 teilnahmen. Diese Klassen waren auf der Jahrgangsstufe 9 sowie – in einer nationalen Erweiterung der Studie um eine Längsschnittkomponente – auf der Jahrgangsstufe 10 in Mathematik getestet worden. Im Beitrag wird ein theoretisches Modell zur professionellen Kompetenz vorgestellt, das fachspezifisches und fachdidaktisches Wissen, Überzeugungen sowie motivationale und selbstregulative Aspekte integriert. Wie die Autoren zeigen, hängen sowohl die stärker wissensbezogenen Facetten wie auch motivationale Orientierungen und selbstregulative Fähigkeiten der Lehrkräfte mit ihrer Unterrichtsgestaltung zusammen. Der Beitrag unterstreicht damit die Relevanz professioneller Kompetenzen und liefert Erkenntnisse mit einiger Bedeutung für die Lehrerbildung.

Timo Ehmke und *Thilo Siegle* widmen sich einem Faktor für die Entwicklung von Schülerkompetenzen, der in der PISA Erhebung nicht erfasst wurde und auch bisher national wie international in der Bildungsforschung vernachlässigt wurde: der mathematischen Kompetenz von Eltern, aber auch deren Unterstützung des Mathematiklernens ihrer Kinder. Im Beitrag wird die These vertreten, dass die mathematische Kompetenz von Eltern zumindest indirekt die mathematische Kompetenz der Kinder beeinflusst. Mit Hilfe von Erhebungsinstrumenten, die auch bei PISA verwendet wurden, können die Autoren ihre These stützen. Sie berichten aber auch sehr interessante Befunde über die mathematische Kompetenz von Erwachsenen in Deutschland und vergleichen diese mit den Kompetenzprofilen ihrer Kinder.

Das Projekt, über das *Tina Seidel, Manfred Prenzel, Rolf Rimmele, Katharina Schwindt, Mareike Kobarg, Constanze Herweg* und *Inger Marie Dalehefte* berichten, schließt einerseits an Befunde aus TIMSS an und bezieht sich andererseits auf PISA 2006, das dann den Schwerpunkt auf naturwissenschaftliche Kompetenz legen wird. Im Blickpunkt des Projekts – einer Videostudie – steht der Physikunterricht. Kompetenz- und Interessenstests zu Beginn und am Ende eines Schuljahres gestatten es, mehr oder weniger lernwirksame Unterrichtsmuster über Beobachtungsverfahren zu identifizieren. Damit stellt das Projekt vor den Auswertungen der nächsten PISA-Runde empirisch geprüfte Theorien zu Effekten des naturwissenschaftlichen Unterrichts in Deutschland bereit. In der letzten Phase des Projekts wurden (mit Hilfe einer multimedialen Lernumgebung) Möglichkeiten untersucht, videographierte Unterrichtssequenzen systematisch für die Lehrerfortbildung zu nutzen.

6.2   Untersuchungen zur Unterrichtsqualität

Das von *Eckhard Klieme, Frank Lipowsky, Katrin Rakoczy* und *Nadja Ratzka* vorgestellte „Pythagoras"-Projekt schließt ebenfalls an Videostudien an. In Zusammenarbeit mit einem vom Schweizer Nationalfonds geförderten Projekt in der Schweiz wurde das Design international vergleichender Videostudien erweitert, um domänen- bzw. themenbezogen im Detail Lehr- und Lernprozesse im Mathematikunterricht zu analysieren. Neben einer vergleichenden Fragebogenstudie zum professionellen Lehrerwissen wurden gezielt Unterrichtsstunden zum Thema „Pythagoras" videographiert. Auf dieser Basis wurde in der dritten Phase schließlich eine videogestützte Lehrerfortbildung zur Qualitätssicherung des Mathematikunterrichts erprobt.

Beate Sodian, Angela Jonen, Claudia Thoermer und *Ernst Kircher* widmen sich dem (natur-)wissenschaftlichen Verständnis bei Schülerinnen und Schülern in der Grundschule und betrachten das Wissenschaftsverständnis als domänenübergreifende Voraussetzung für den Erwerb naturwissenschaftlichen Wissens. Sie berichten über drei Interventionsstudien, die die Förderung des Wissenschaftsverständnisses von Grundschülerinnen und -schülern zum Ziel hatten. Wie die Projektgruppe zeigt, kann mit Hilfe eines wissenschaftstheoretisch orientierten Unterrichts bereits bei Viertklässlern eine Vorstellung über die Rolle von Fragen, Ideen und Hypothesen im wissenschaftlichen Erkenntnisprozess sowie Einsicht in die Logik des Experimentierens vermittelt werden. Die Befunde weisen darauf hin, dass es sich lohnt, das Wissenschaftsverständnis im Sachunterricht und in den entsprechenden Curricula stärker zu berücksichtigen und als Grundlage für die Lernentwicklung zu nutzen.

Auch der Beitrag von *Kornelia Möller, Ilonca Hardy, Angela Jonen, Thilo Kleinmann* und *Eva Blumberg* befasst sich mit dem Sachunterricht auf der Primarstufe. Das Thema „Schwimmen und Sinken" dient als Untersuchungsbeispiel für den Erwerb physikalischer Basiskonzepte. In der Studie werden systematisch lernunterstützende Wirkungen von Prinzipien (Sequenzierung, Gesprächsführung, visuelle Darbietung) untersucht. In Fortbildungsstudien konnte außerdem gezeigt werden, dass auch die Vorstellungen der Lehrkräfte über das Lernen und Lehren von Naturwissenschaften über entsprechend konstruktivistisch angelegte Fortbildungsmaßnahmen beeinflusst werden können.

Auf der Sekundarstufe I wiederum setzt das Projekt an, das *Kristina Reiss, Aiso Heinze, Sebastian Kuntze, Stephan Kessler, Franziska Rudolph-Albert* und *Alexander Renkl* vorstellen. Sie greifen ein verbreitetes Problem des Mathematikunterrichts auf: Wie können Schülerinnen und Schüler das mathematische Argumentieren und Beweisen lernen? Das Projekt nutzt Theorien zum Lernen anhand heuristischer Lösungsbeispiele. In ihrer Studie zeigen die Autorinnen und Autoren, dass das Lehren und Lernen mit Lösungsbeispielen vor allem bei schwächeren Schülerinnen und Schülern zu besseren Leistungen führt. Eine wichtige Rolle spielt dabei ebenfalls eine (spezifische) Begleitung des Lernprozesses durch die Lehrkraft, wie empirisch belegt werden konnte. Insgesamt scheint es deshalb angezeigt, heuristische Lösungsbeispiele als förderliche Ergänzung in den Mathematikunterricht zu integrieren.

6.3 Kompetenzen von Schülerinnen und Schülern

Der Beitrag von *Barbara Otto, Franziska Perels, Bernhard Schmitz* und *Regina Bruder* untersucht, wie das mathematische Problemlösen und das selbstregulierte Lernen von Schülerinnen und Schülern durch ein Trainingsprogramm systematisch gefördert werden kann. Auf der Grundlage eines Prozessmodells der Selbstregulation wurde eine mehrwöchige Trainingseinheit entwickelt, das Training auf unterschiedlichen Schulstufen anschließend durchgeführt und evaluiert. Es zeigt sich, dass die kombinierte Vermittlung von Selbstregulations- und mathematischen Problemlösestrategien den größten Fördereffekt erzielt. Verstärkt werden diese Effekte noch, wenn auch die Eltern in ein solches Training einbezogen werden. Lerntagebücher erwiesen sich ebenfalls als effektsteigernd. Die Ergebnisse legen nahe, entsprechende Trainingsprogramme in den Schulalltag zu integrieren.

Der Beitrag von *Evelyn Komorek, Regina Bruder, Christina Collet* und *Bernhard Schmitz* knüpft an diese Befunde an und berichtet über Trainingsprogramme, die in den drei Phasen der Lehrerbildung – Studium, Referendariat und in der Fortbildung – eingesetzt wurden. Es lässt sich mit Hilfe unterschiedlicher Erhebungsinstrumente belegen, dass die Lehrkräfte nicht nur von einem Lernzuwachs durch diese Fortbildungen berichten, sondern dass sie die Unterrichtskonzeptionen auch umsetzen. Von großer Bedeutung ist schließlich der Befund, dass Lehrkräfte, die das in den Trainings vermittelte Unterrichtskonzept zum mathematischen Problemlösen umgesetzt haben, höhere Leistungen in ihren Klassen erzielen.

Die Selbstregulation steht auch im Blickpunkt eines Trainingskonzepts zum Lernen aus Sachtexten, das *Claudia Leopold, Viola den Elzen-Rump* und *Detlev Leutner* vorstellen. Analysen von Schwächen in der Nutzung von Lernstrategien bildeten den Ausgangspunkt für die Entwicklung von Trainingsprogrammen. Deren Wirkungen wurden in experimentellen Studien überprüft und schließlich in einem

Feldexperiment in den naturwissenschaftlichen Unterricht integriert. Alle diese Studien unterstreichen, dass ein konsequenter Einsatz dieser Strategien den Lernerfolg der Schülerinnen und Schüler unterstützt.

6.4   Kompetenzen von Lehrerinnen und Lehrern

Das Selbsterklären von Lösungsbeispielen ist ein wirksames Mittel, um das mathematische und naturwissenschaftliche Verständnis von Schülerinnen und Schülern zu fördern – das ist die zentrale Aussage des Projektberichts von *Alexander Renkl, Tatjana Hilbert, Silke Schworm* und *Kristina Reiss.* Wie die Gruppe zeigt, profitieren aber auch Lehrkräfte bzw. Lehramtsstudierende von Fortbildungen zu diesem Lernansatz, die im Sinne einer „Doppelstrategie" dem Prinzip des Selbsterklärens von Lösungsbeispielen folgen. Die Befunde sprechen dafür, dass sich diese Doppelstrategie bewährt, denn Lehrkräfte, die mit beiden Komponenten fortgebildet wurden, profitieren mehr als jene, die nur eine der beiden Fortbildungsarten durchliefen. Inzwischen wurde die Methode in das Standardcurriculum einer Pädagogischen Hochschule dauerhaft implementiert; das in den Studien entwickelte und genutzte multimediale Lernprogramm wird in Kürze im Handel erhältlich sein.

Lehrerfortbildungen mit bemerkbar positiven Folgen für den Unterricht sind in Deutschland immer noch eher die Ausnahme denn die Regel. Aussichtsreicher sind Professionalisierungsmaßnahmen, über die *Cornelia Gräsel, Christian Pröbstel, Julia Freienberg* und *Ilka Parchmann* berichten. Eine zentrale Rolle bei neueren Professionalisierungsansätzen spielt die Kooperation zwischen Lehrkräften, aber auch die Zusammenarbeit mit Expertinnen und Experten, zum Beispiel aus der Fachdidaktik. Bestimmte Formen der Zusammenarbeit, zum Beispiel die „synchronisierende Arbeitsteilung" und die „Kokonstruktion" werden in einem Professionalisierungsansatz für Lehrkräfte, die Chemie unterrichten, erprobt. Wirksame Professionalisierungsansätze sollten, diesem Projekt zufolge, gemeinsam getragene Ziele etablieren, die Vorteile von Kooperation betonen und die Autonomie der Lehrkräfte wahren.

6.5   Schulische und außerschulische Kontextfaktoren

In ihrem Beitrag gehen *Leonie Herwartz-Emden, Verena Schurt* und *Wiebke Waburg* den Fragen nach, wie sich Lernprozesse in Mädchenschulen gestalten und ob sich eine monoedukative Lernumgebung förderlich auf die Leistungsentwicklung von Mädchen in den mathematisch-naturwissenschaftlichen Fächern auswirkt. Die Befunde aus den Beobachtungen und Befragungen in einer regional eingegrenzten Stichprobe von Mädchenschulen deuten darauf hin, dass in monoedukativen Lernumgebungen die Kategorie „Geschlecht" in den Hintergrund tritt und fachspezifische Anforderungen an Relevanz gewinnen, auch mit dem Ergebnis einer positiveren Einstellung zu den Naturwissenschaften.

Der Zusammenhang zwischen der Identitätsentwicklung im Jugendalter und der Entwicklung schulischer Interessen, insbesondere an den Naturwissenschaften und an der Mathematik, steht im Zentrum des Projekts, das *Ursula Kessels* und *Bettina Hannover* vorstellen. Eine zentrale Rolle in ihrem Erklärungsansatz spielen das Image mathematisch-naturwissenschaftlicher Fächer und die Personen, die sich typisch in diesen Fächern engagieren (Prototypen). Durch eine Reihe von Experimenten können die Autorinnen belegen, dass die Prototypen mathematisch-naturwissenschaftlicher Fächer und verschiedene Imagefaktoren die Interessenentwicklung beeinflussen. Das Projekt umfasste aber auch Interventionsansätze, in denen erfolgreich versucht wurde, Effekte ungünstiger Imagefaktoren zu reduzieren.

Interesse und Lernmotivation stehen ebenfalls im Zentrum des Projekts, das von *Elke Wild, Monika Rammert* und *Anita Siegmund* präsentiert wird. Ihre Fragestellung richtet sich insbesondere auf Bedingungen im Elternhaus, die (im Zusammenspiel mit schulischen Faktoren) die Entwicklung selbstbestimmter Formen der Lernmotivation unterstützen. Der Beitrag berichtet über die Ergebnisse der Längsschnittstudie, die unter anderem belegen, dass die elterliche emotionale Unterstützung und deren Autonomieunterstützung die Motivationsentwicklung beeinflussen. Die Befunde dienten als Grundlage für ein gezieltes Elterntraining wie für Lehrerfortbildungen, die ebenfalls in dem Projekt erprobt wurden.

Die Analyse von Kontextfaktoren wird schließlich in einem Projekt noch einmal deutlich erweitert, das von *Sebastian Schmid, Stefan Fries, Manfred Hofer, Franziska Dietz, Heinz Reinders* und *Marten Clausen* vorgestellt wird. Die Autorinnen und Autoren befassen sich mit möglichen Effekten eines Wertewandels in den postindustrialisierten Gesellschaften auf die Lernmotivation von Schülerinnen und Schülern. Insbesondere untersuchen sie in experimentellen Studien Bedingungen und Auswirkungen von Handlungskonflikten, die durch die Konkurrenz von Leistungs- und Wohlbefindenswerten entstehen. Die Projektgruppe schlägt vor, entsprechenden Dilemmata Rechnung zu tragen, indem zum Beispiel den Schülerinnen und Schülern Hilfestellungen bei der Strukturierung von Lern- und Freizeitphasen angeboten werden.

Literatur

Baumert, J., Bos, W. & Lehmann, R. (Hrsg.) (2000a). *TIMSS/III. Dritte Internationale Mathematik- und Naturwissenschaftsstudie – Mathematische und naturwissenschaftliche Bildung am Ende der Schullaufbahn. Band I: Mathematische und naturwissenschaftliche Grundbildung am Ende der Pflichtschulzeit.* Opladen: Leske + Budrich.

Baumert, J., Bos, W. & Lehmann, R. (Hrsg.) (2000b). *TIMSS/III. Dritte Internationale Mathematik- und Naturwissenschaftsstudie – Mathematische und naturwissenschaftliche Bildung am Ende der Schullaufbahn. Band II: Mathematische und physikalische Kompetenzen am Ende der gymnasialen Oberstufe.* Opladen: Leske + Budrich.

Baumert, J., Lehmann, R., Lehrke, M., Schmitz, B., Clausen, M., Hosenfeld, I. & Köller, O. (1997). *TIMSS: mathematisch-naturwissenschaftlicher Unterricht im internationalen Vergleich. Deskriptive Befunde.* Opladen: Leske + Budrich.

Baumert, J., Klieme, E., Neubrand, M., Prenzel, M., Schiefele, U., Schneider, W., Stanat, P., Tillmann, J. & Weiß, M. (Hrsg.). (2001). *PISA 2000. Basiskompetenzen von Schülerinnen und Schülern im internationalen Vergleich.* Opladen: Leske + Budrich.

Brüggemann, A. & Bromme, R. (Hrsg.). (2006). *Entwicklung und Bewertung anwendungsorientierter Grundlagenforschung in der Psychologie. Deutsche Forschungsgemeinschaft.* Berlin: Akademie Verlag.

Doll, J. & Prenzel, M. (Hrsg.). (2004). *Bildungsqualität von Schule: Lehrerprofessionalisierung, Unterrichtsentwicklung und Schülerförderung als Strategien der Qualitätsverbesserung.* Münster: Waxmann.

Mandl, H. & Kopp, B. (Hrsg.). (2005). *Impulse für die Bildungsforschung. Stand und Perspektiven. Dokumentation eines Expertengesprächs. Deutsche Forschungsgemeinschaft.* (S. 7-21). Berlin: Akademie Verlag.

Prenzel, M. (2005). Zur Situation der Empirischen Bildungsforschung. In H. Mandl & B. Kopp (Hrsg.), *Impulse für die Bildungsforschung. Stand und Perspektiven. Dokumentation eines Expertengesprächs. Deutsche Forschungsgemeinschaft.* (S. 7-21). Berlin: Akademie Verlag.

Prenzel, M., Baumert, J., Blum, W., Lehmann, R., Leutner, D., Neubrand, M., Pekrun, R., Rolff, H.-G., Rost, J. & Schiefele, U. (Hrsg.). (2004). *PISA 2003. Der Bildungsstand der Jugendlichen in Deutschland – Ergebnisse des zweiten internationalen Vergleichs.* Münster: Waxmann.

Prenzel, M., Baumert, J., Blum, W., Lehmann, R., Leutner, D., Neubrand, M., Pekrun, R., Rost, J. & Schiefele, U. (Hrsg.). (2005). *PISA 2003. Der zweite Vergleich der Länder in Deutschland – Was wissen und können Jugendliche?* Münster: Waxmann.

Prenzel, M., Baumert, J., Blum, W., Lehmann, R., Leutner, D., Neubrand, M., Pekrun, R. & Schiefele, U. (Hrsg.). (2006). *PISA 2003. Untersuchungen zur Kompetenzentwicklung im Verlauf eines Schuljahrs.* Münster: Waxmann.

Prenzel, M. & Doll, J. (Hrsg.). (2002). Bildungsqualität von Schule: Schulische und außerschulische Bedingungen, mathematischer, naturwissenschaftlicher und überfachlicher Kompetenzen. *Zeitschrift für Pädagogik.* (45. Beiheft)

Prenzel, M., Merkens, H. & Noack, P. et al. (1999). *Die Bildungsqualität von Schule: Fachliches und fächerübergreifendes Lernen im mathematisch-naturwissenschaftlichen Unterricht in Abhängigkeit von schulischen und außerschulischen Kontexten. Antrag an den Senat der DFG auf Einrichtung eines Schwerpunktprogramms.* Kiel: Leibniz-Institut für die Pädagogik der Naturwissenschaften.

Vertiefende Analysen
zu Large-Scale-Assessments

*Reinhard Pekrun, Rudolf vom Hofe, Werner Blum, Thomas Götz,
Sebastian Wartha, Anne Frenzel & Simone Jullien*

Projekt zur Analyse der Leistungsentwicklung in Mathematik (PALMA)

Entwicklungsverläufe, Schülervoraussetzungen und Kontextbedingungen von Mathematikleistungen in der Sekundarstufe I

1 Ausgangsfragen und Zielsetzung des Projekts

National und international mangelt es an Längsschnittstudien zur Entwicklung von mathematischen Kompetenzen im Altersbereich der Sekundarstufe I. Die wenigen vorliegenden Studien sind meist auf einzelne Kompetenzbereiche, Jahrgangsstufen und Schülergruppen oder auf qualitative Analysen beschränkt, so dass verallgemeinerbare Schlussfolgerungen bisher kaum ableitbar sind (Baumert, et al., 1997; Blum et al., 1994; Köller et al., 2003; Kuechemann & Hoyles, 2003; Lehmann, Husfeldt & Peek, 2001; Rost, 2000; Watson & Kelley, 2004). Dies gilt nicht nur für die durchschnittlichen Entwicklungsverläufe von mathematischen Kompetenzen in diesem Alterszeitraum, sondern auch für die Entwicklung von Leistungsdefiziten, Geschlechterunterschieden und sozialen Disparitäten im Fach Mathematik und für die Schüler- und Kontextbedingungen der Kompetenzentwicklung. Wenig ist dementsprechend auch zu der Frage bekannt, wie die Variation von Kompetenzen und Einstellungen im Fach Mathematik zustande kommt, die sich in Vergleichsuntersuchungen wie den OECD-Erhebungen der PISA-Zyklen zeigt (Baumert et al., 2001; Blum, Neubrand et al., 2004). Für die Gestaltung von Bildungsstandards, Lehrplänen, Unterricht und Evaluierungsinstrumenten ist dieser Kenntnismangel gleichermaßen problematisch.

Ziel des Projekts ist es auf diesem Hintergrund, anhand einer Längsschnittuntersuchung die Entwicklung einer größeren Bandbreite mathematischer Kompetenzen über den gesamten Alterszeitraum der Sekundarstufe I hinweg zu verfolgen. Dabei sollen auch die Individual-, Unterrichts- und Elternhausbedingungen dieser Entwicklung analysiert werden. Dies soll gleichzeitig zu einer Aufklärung der Entwicklungsverläufe beitragen, die den Leistungen zugrunde liegen, die sich in den PISA-Erhebungen bei den 15-Jährigen bzw. den Neuntklässlern in Deutschland zeigt. Im Bereich der Schülervoraussetzungen liegt ein besonderes Augenmerk auf den – mit Ausnahme von Mathematikangst – bisher kaum untersuchten Emotionen von Schülerinnen und Schülern im Fach Mathematik. Ziel ist ferner, die gewonnenen Erkenntnisse für die Entwicklung von Produkten für die pädagogische Praxis zu nutzen (in den Bereichen Unterrichtsmaterialien, Lehrplan- und Curriculumentwicklung, Lehrerbildung, Leistungs- und Emotionsdiagnostik sowie Unterrichtsevaluation).

Die Forschungskonzeption des Projekts (Pekrun, Götz, vom Hofe et al., 2004) orientiert sich an einem Modell mathematischer Kompetenzen, das neben curricular orientierten Inhaltsbereichen (Arithmetik, Algebra, Geometrie) u.a. zwischen Modellierungskompetenzen einerseits und algorithmisch orientierten Kalkülkompetenzen andererseits differenziert. Dieses Kompetenzmodell entspricht im Wesentlichen den in den PISA-Erhebungen verwendeten Konzepten einer *mathematical literacy* und trägt der Rolle mathematischer Grundvorstellungen für das Lösen mathematischer Probleme Rechnung (Blum & vom Hofe, 2003; Blum, vom Hofe et al., 2004; vom Hofe, 1995; vom Hofe et al., 2005). Unter Kompetenzen zu mathematischer Modellierung sind dabei Fähigkeiten zu verstehen, reale Sachverhalte in mathematische Modelle zu übersetzen, das jeweilige Problem innerhalb des Modells einer mathematischen Lösung zuzuführen und diese Lösung anschließend wieder in die Realität zu transponieren (Blum, Neubrand et al., 2004; ein einfaches Beispiel ist die Aufgabe „Schokolade", s. Abschnitt 4.1.3).

In den Bereichen Schülermerkmale und Kontextbedingungen orientiert sich das Projekt an unterrichtstheoretischen und sozialkognitiven Modellvorstellungen, für den Bereich der Mathematikemotionen an der Kontroll-Wert-Theorie zu den Entwicklungsbedingungen und Leistungsfolgen von Lern- und Leistungsemotionen (Pekrun, 2000; in press; Pekrun, Götz, Titz et al., 2002). In dieser Theorie wird angenommen, dass Einschätzungen der Kontrollierbarkeit und Bedeutsamkeit von Lernen und Leistung zentral für die Entstehung von Lern- und Leistungsemotionen sind. Freude an Mathematik entsteht bspw. dann, wenn sich ein Schüler bzw. eine Schülerin hinreichend kompetent fühlt, den jeweiligen Stoff in Mathematik zu beherrschen (Einschätzung von Kontrolle), und gleichzeitig an diesem Stoff interessiert ist (Einschätzung des Wertes). Angst vor Misserfolg in Mathematik beruht der Theorie zufolge auf wahrgenommener mangelnder Kontrollierbarkeit von Misserfolg einerseits und seiner subjektiver Bedeutung andererseits. Ferner wird angenommen, dass (a) Unterrichts- und Kontextfaktoren, die Einfluss auf die Kontroll- und Werteinschätzungen von Schülerinnen und Schülern nehmen, auch für die Entwicklung ihrer Emotionen bedeutsam sind, (b) diese Emotionen sich ihrerseits positiv oder negativ auf Lernen und Leistung auswirken und (c) Individualbedingungen, Unterrichts- und Kontextbedingungen, Emotionen und ihre Leistungsfolgen in wechselseitigen Bedingungsbeziehungen über die Zeit hinweg stehen können (Einzelheiten in Pekrun, in press).

In zwei Voruntersuchungen des Projekts (2000–2002) wurden zunächst die Erhebungsinstrumente für die Längsschnittstudie entwickelt, überprüft und sukzessive optimiert. Im Jahr 2002 wurde der Längsschnitt in der fünften Jahrgangsstufe mit einer repräsentativen Stichprobe von bayerischen Schülerinnen und Schülern sowie deren Eltern und Mathematiklehrkräften implementiert und anschließend in jährlichen Erhebungen fortgesetzt. Bisher liegen Befunde für die ersten vier Messzeitpunkte vor (Jahrgangsstufen 5 bis 8). Auf der Basis der Befunde wurde ferner mit der Entwicklung von Produkten für die pädagogische Praxis begonnen. In der gegenwärtig laufenden, über den Zeitraum des Schwerpunktprogramms hinausreichenden Projektphase wird die Längsschnittstudie fortgesetzt (Jahrgangsstufen 9 und 10), und die Produkte für die Praxis werden weiterentwickelt und ergänzt.

In diesem Beitrag wird zunächst kurz auf die Erhebungsinstrumente eingegangen, die in diesem Projekt entwickelt worden sind, u.a. in der Längsschnittuntersuchung des Projekts zum Einsatz kommen und nach Abschluss des Längsschnitts auch anderen Anwendern zur Verfügung stehen werden. Anschließend wird die Methodik des Längsschnitts dargestellt und zentrale Befunde aus den bereits vorliegenden Erhebungen der Studie werden diskutiert. Da die Erhebungen noch nicht abgeschlossen sind, handelt es sich um einen Zwischenbericht, dem weitere Publikationen folgen werden. Die berichteten Befunde beziehen sich auf die Entwicklung von Kompetenzen, Emotionen und Schülermerkmalen in Mathematik, den Unterricht in diesem Fach und die Rolle des Elternhauses für die Entwicklung in Mathematik. Abschließend wird kurz auf die Materialien für die pädagogische Praxis eingegangen, die in diesem Projekt entwickelt werden.

2 Entwicklung von Erhebungsinstrumenten

2.1 Regensburger Mathematikleistungstest für 5. bis 10. Klassen

Zur Erfassung mathematischer Kompetenzen in der Sekundarstufe I wurde der Regensburger Mathematikleistungstest für 5. bis 10. Klassen entwickelt (vom Hofe et al., 2002; vom Hofe et al., 2005). Im Sinne der Forschungskonzeption des Projekts erfasst dieser raschskalierte Test anhand entsprechender Subskalen Modellierungskompetenzen sowie algorithmisch geprägte Kalkülkompetenzen in den Inhaltsbereichen Arithmetik, Algebra und Geometrie. Darüber hinaus können mit den Testitems auch für spezifischere Kompetenzbereiche Skalen gebildet werden (z.B. zur Bruchrechnung).

Die einzelnen Versionen des Tests sind so konstruiert und über die Jahrgangsstufen hinweg verknüpft, dass die gesamte über den Zeitraum der Sekundarstufe I hinweg anzutreffende Leistungsvariation im Fach Mathematik abgebildet werden kann. In den Erhebungen des Längsschnitts wird hierzu ein Multi-Matrix-Sampling von Testitems praktiziert. Innerhalb jeden Messzeitpunkts werden zwei zueinander parallele, jahrgangsstufenspezifische Testversionen verwendet, die über gemeinsame Ankeritems miteinander verbunden sind. Ferner findet eine Verankerung zwischen den Testversionen benachbarter Jahrgangsstufen statt. Die Testzeit betrug zum ersten Messzeitpunk 60 Minuten (63 Testitems), zu den nachfolgenden Zeitpunkten jeweils 90 Minuten (89/117/158 Items zum zweiten, dritten und vierten Messzeitpunkt).

Analysiert man die Qualität der Skalierung anhand disjunkter Zufallsstichproben von Items (Anderson, 1973), so zeigt sich eine hohe Übereinstimmung der Itemparameter nach unabhängiger Schätzung in den Teilstichproben (s. Abbildung 1; exemplarisch dargestellt für den dritten Messzeitpunkt). Dieses Ergebnis spricht für eine gute Passung zwischen Modell und Daten. Auch der *Likelihood-Ratio*-Test doku-

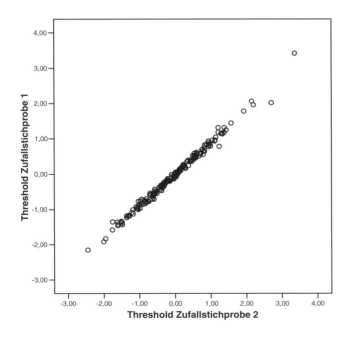

Abb. 1:   Graphischer Modellgeltungstest nach Anderson für MZP 3

mentiert günstige Skalenkennwerte des Gesamttests (χ^2 (116) = 91,92, n.s.). Ähnlich gute Werte zeigen sich für die Subskalen (z.B. im Bereich der Algebra: Subskala „Modellierungskompetenzen": χ^2 (43) = 38,51, n.s.; Subskala „Kalkülkompetenzen": χ^2 (20) = 14,54, n.s.).

Neben der Quantifizierung der Daten nach dem Rasch-Modell wurden *latent-class*-Analysen durchgeführt, um die Validität der Skalen an inhaltlichen Kriterien zu überprüfen (Kleine, 2004). Dabei werden Klassen von Probanden mit ähnlichen Antwortprofilen im Test gebildet. Die Qualität der Analysen konnte anhand des *Bootstrap*-Verfahrens bestätigt werden (Langeheine & von Davier, 1996). Die Befunde dokumentieren, dass die Anordnung der Personenklassen den Anforderungsniveaus des Tests entspricht, die durch die jeweils erforderlichen Grundvorstellungen bestimmt sind (Kleine, 2004). Die Analysen liefern damit eine Bestätigung der didaktischen, an Kompetenz- und Grundvorstellungskonstrukten orientierten Konzeption des Tests.

2.2   Skalen zu Schülermerkmalen, Unterricht und Kontextbedingungen

Das in diesem Projekt eingesetzte Instrumentarium zu Schülermerkmalen, Unterrichtsvariablen und Kontextbedingungen umfasst einen Satz von neu entwickelten bzw. für das Projekt adaptierten Skalen zu den folgenden Bereichen (vgl. Pekrun, Götz, Jullien et al., 2004):

1) **Kognitive Grundfähigkeiten** (fluide Intelligenz: KFT-Skalen zu verbalem und nonverbalem reasoning; Heller & Perleth, 2000);
2) **Schülermerkmale** (schulischer Bildungsweg sowie Selbst- und Valenzüberzeugungen, Emotionen, Interesse, Motivation, Lernstrategien und Selbst- vs. Fremdregulation im Fach Mathematik; 30 Selbstberichtskalen mit 178 Items; u.a. die Münchener Skalen zu Mathematikemotionen (englisch unter dem Titel *Achievement Emotions Questionnaire – Mathematics*, AEQ-M; Pekrun, Götz & Frenzel, 2005);
3) **Prozessvariablen der Aufgabenbearbeitung im Mathematiktest** (u.a. Anstrengungsbereitschaft);
4) **Mathematikunterricht** (Schülerfragebogen: 15 Skalen, 60 Items; Lehrerfragebogen: 16 Skalen, 81 Items);
5) **Elternhaus** (sozioökonomischer Status, kulturelles Kapital, Umgang des Elternhauses mit Mathematik und Leistungsanforderungen der Schule, Kooperation von Elternhaus und Schule; Schülerfragebogen mit 10 Skalen und 40 Items, Elternfragebogen mit 7 Skalen und 31 Items).

Die Verteilungs- und Reliabilitätseigenschaften dieser Skalen erwiesen sich in allen vorliegenden Erhebungen des Längsschnitts als gut (Pekrun, vom Hofe & Blum, 2003, 2006). Der gesamte Skalensatz und die Resultate von Skalen- und Itemanalysen sind in den Skalenhandbüchern zum Längsschnitt dokumentiert (Pekrun, Götz, Jullien et al., 2002, 2003, 2004; Pekrun, Jullien, Lichtenfeld et al., 2005).

2.3 Skalen zu Modellierungs- und Kalkülemotionen

In der letzten Projektphase neu entwickelt wurden Skalen zur Erfassung von Freude, Angst und Langeweile, die Schülerinnen und Schüler bei modellierungsorientierten Aufgaben in Mathematik einerseits und algorithmisch orientierten Kalkülaufgaben andererseits erleben („Modellierungsemotionen" vs. „Kalkülemotionen"). Ziel dieser Entwicklung war es, Konzeptualisierungen zu Kompetenzen und Emotionen – über die domänenbezogene Konzeption von Emotionen hinaus – auch auf der Ebene von Teil-kompetenzen miteinander zu verschränken. Ausgangspunkt war die Alltagserfahrung von Lehrkräften, dass Mathematikaufgaben unterschiedlichen Typs bei Schülerinnen und Schülern unterschiedlich beliebt zu sein scheinen. Vor allem Modellierungs-aufgaben (z.B. Textaufgaben) stehen im Ruf, wenig beliebt zu sein.

Ähnlich wie bei Skalen zur Erfassung von aufgabenbezogenen Selbstwirksamkeits-erwartungen (Pajares & Miller, 1995) verwenden die Skalen ein aufgabenbezogenes Format. Es werden Modellierungsaufgaben (Aufgaben mit Einbettung in einen Sach-kontext) und formal zu lösende Kalkülaufgaben (ohne Einbettung) dargeboten. Für jede der Aufgaben ist anhand von 5-stufigen Likert-Skalen anzugeben, in welchem Ausmaß bei der Bearbeitung Freude, Angst und Langeweile erlebt werden. Um eine Konfundierung mit Aufgabenparametern jenseits der Differenzierung von Modellie-rungs- vs. Kalkülgehalt zu vermeiden, wurden für diese Skalen Modellierungs- und Kalkülaufgaben entwickelt, die inhaltlich und in ihrer Schwierigkeit parallelisiert sind.

Mit einer solchen Erfassung von Emotionen in der direkten Auseinandersetzung mit Mathematikaufgaben wird methodisches Neuland betreten. Anhand der Daten des dritten Messzeitpunkts des Längsschnitts (Jahrgangsstufe 7) wurden die sechs Skalen auf ihre psychometrische Qualität überprüft. Die Ergebnisse sprechen dafür, dass der Versuch erfolgreich war. Für alle sechs Skalen ergaben sich hinreichende Wertestreu-ungen und Konsistenzreliabilitäten ($.70 < \alpha < .72$ bei jeweils vier Items pro Skala). Für die Validität sprechen Korrelationen um $r = .40$ mit den Münchener Skalen zu Mathe-matikemotionen. Erste Befunde zu differentiellen emotionalen Reaktionen auf die bei-den Aufgabentypen werden unten (Abschnitt 4.2.2) berichtet.

2.4 Bezüge der Instrumente zu den Erhebungen von PISA

Die PALMA-Skalen zu mathematischen Kompetenzen beziehen sich ebenso wie die PISA-Erhebungen auf Kompetenzkonzepte einer *mathematical literacy*, für die Modellierungskompetenzen zentral sind (Blum, Neubrand et al., 2004). Inhaltlich erfassen die Skalen des Projekts Kompetenzen in den Bereichen Arithmetik, Algebra und Geometrie, die den Bereichen „Quantität", „Veränderung und Beziehungen" sowie „Raum und Form" in der PISA-Konzeption entsprechen (Blum, Neubrand et al., 2004). Auch skalentechnisch sind die Testinstrumente von PALMA und PISA eng mitein-ander verzahnt. Eine besonders gute Vergleichbarkeit wird in den Bereichen „Quan-tität" und „Veränderung und Beziehung" dadurch gewährleistet, dass Aufgaben aus der PALMA-Studie in den nationalen Erhebungen von PISA 2003 und in den mit PISA 2006 verknüpften Erhebungen zur Normierung der Bildungsstandards Mathematik für die Jahrgangsstufe 9 eingesetzt wurden.

Neben der Orientierung an Konzepten der *mathematical literacy* und der mathematischen Modellierung stellt auch die Fokussierung auf mathematische Grund-vorstellungen eine konzeptuelle Gemeinsamkeit von PALMA und PISA dar. So konnte in beiden Studien nachgewiesen werden, dass die „Grundvorstellungsintensität" von Aufgaben eine der wichtigsten Erklärungsvariablen für die Itemschwierigkeit bei Modellierungsaufgaben darstellt (Blum, vom Hofe et al. 2004).

Im Bereich von Schülermerkmalen und Kontexten gibt es ebenfalls zahlreiche Überlappungen mit den PISA-Erhebungen. Items der PALMA-Skalen zu Freude, Angst, Interesse und Lernverhalten in Mathematik fanden Eingang in die internationalen Erhebungen von PISA 2003. Ferner wurden PALMA-Skalen zu Motivation und Selbstregulation in Mathematik und zum Elternhaus in den Schüler- und Elternfragebögen der nationalen Ergänzungserhebungen von PISA 2003 eingesetzt (Prenzel et al., 2004).

3   Methodik der Längsschnittuntersuchung

3.1   Stichproben und Erhebungen

Die Untersuchung verfolgt eine Stichprobe aus einer bayerischen Kohorte von Schülerinnen und Schülern sowie deren Eltern und Mathematiklehrkräfte in jährlichen Erhebungen von der 5. bis zur 10. Jahrgangsstufe. Um Unterricht und Klassenkontext analysieren zu können, wurde die Stichprobe so gezogen, dass es sich jeweils um intakte Klassen von Schülerinnen und Schülern handelte. Ziel der Stichprobenziehung war gleichzeitig auch, bzgl. soziodemographischer Kriterien wie Schulart, Region, Geschlecht und Schichtzugehörigkeit eine möglichst hohe Repräsentativität zu erreichen. Um diese Repräsentativität der Längsschnittstichprobe über die Zeit hinweg möglichst weitgehend zu erhalten und eine über die Messzeitpunkte hinweg zunehmende Positivselektion der Stichprobe zu vermeiden, wurden Klassenwiederholer zu jedem Messzeitpunkt weiter in die Erhebungen einbezogen. Ferner wurde Wert darauf gelegt, die anfänglich gezogenen intakten Klassen auch über die Zeit hinweg weiter zu verfolgen. Neu in die betreffenden Klassen aufgenommene Schülerinnen und Schüler wurden deshalb jeweils auch in die Längsschnittstichprobe einbezogen.

Abweichungen vom Prinzip der Weiterführung intakter Klassen mussten dort zugelassen werden, wo Schülerinnen und Schüler aufgrund von Klassen- bzw. Schulwechsel oder einer Neukonfiguration von Klassen die Klassenzuordnungen des ersten Messzeitpunkts verloren hatten. Soweit sich in der jeweiligen aufnehmenden Klasse eine hinreichende Zahl von Schülerinnen und Schülern der Längsschnittstichprobe wiederfand, wurde die Klasse als intakte Klasse in die Stichprobe aufgenommen, indem alle Schülerinnen und Schüler der Klasse in die Erhebungen einbezogen wurden. Dies führte insbesondere mit dem Übergang von der 6. zur 7. Jahrgangsstufe zu Ergänzungen der Stichprobe (hauptsächlich aufgrund einer Neukonfiguration von Klassen nach den Zweigwahlen in Gymnasien und Realschulen). Wenn es sich hingegen jeweils nur um einzelne Schülerinnen und Schüler handelte, wurde aus testökonomischen Gründen auf eine Einbeziehung der aufnehmenden Klassen verzichtet; die betreffenden Schülerinnen und Schüler wurden dann innerhalb jeder Schule in einer „Restgruppe" zusammengefasst und getestet. Bei Schulwechsel wurden die Schülerinnen und Schüler in der Stichprobe belassen, wenn eine hinreichende Zahl von Schülerinnen und Schülern des Längsschnitts in die betreffende Schule gewechselt war (dies führte zur Neuaufnahme von Realschulen in die Schulenstichprobe beim Schülerwechsel von Haupt- in Realschulen nach der Jahrgangsstufe 6). Mit dieser Strategie konnte sichergestellt werden, dass sich die Mortalität der Längsschnittstichprobe in Grenzen hielt (s.u.), Stichprobenausfälle von Messzeitpunkt zu Messzeitpunkt kompensiert werden konnten und die Schülerstichprobe auch zu den späteren Messzeitpunkten weiterhin überwiegend aus intakten Klassen bestand.

Die Erhebungen finden jeweils gegen Schuljahresende statt (Mai bis Juni des betreffenden Schuljahres). Dabei handelt es sich um Erhebungen an den einbezogenen Klassen bzw. den jeweiligen „Restgruppen" von Schülerinnen und Schülern, den Mathematiklehrkräften dieser Klassen und den jeweiligen Schülereltern. Die Schülererhebungen umfassen jeweils einen Testtag mit einer Testzeit von insgesamt 180 Minuten. Im Sinne einer Qualitätssicherung des methodischen Vorgehens wurden Stichprobenziehung und Rekrutierung der Stichproben ebenso wie die Durchführung der Erhebungen vom *Data Processing Center* (DPC) der *International Association for the Evaluation of Educational Achievement* (IEA) vorgenommen. Das DPC zeichnet auch für die Durchführung von Vergleichsuntersuchungen wie PISA, IGLU und DESI in Deutschland verantwortlich.

3.1.1 Schüler-, Eltern- und Lehrerstichproben des ersten bis vierten Messzeitpunkts

Die realisierte Schülerstichprobe des ersten Messzeitpunkts (Jahrgangsstufe 5) umfasste N = 2.070 Schüler (N = 1.043, 1.027 Jungen und Mädchen; Durchschnittsalter zum Zeitpunkt der Erhebung: 11;8 Jahre) aus 83 Klassen in 42 Hauptschulen, Realschulen und Gymnasien (Ziehung von zwei Klassen pro Schule, mit Ausnahme einer einzügigen Hauptschule). Die realisierte Elternstichprobe umfasste N = 1.977 Eltern, die Lehrerstichprobe alle 83 Mathematiklehrer der einbezogenen Klassen. Zum zweiten Messzeitpunkt (Jahrgangsstufe 6) handelte es sich um N = 2.059 Schüler (N = 1.029 Jungen und 1.030 Mädchen, Altersdurchschnitt: 12;9 Jahre), 1.883 Schülereltern und 76 Mathematiklehrkräfte aus 81 Klassen der einbezogenen Schulen (Schwund von zwei Klassen durch Klassenzusammenlegungen). Zum dritten Messzeitpunkt waren die Hauptschüler z.T. auf Realschulen gewechselt, die neu in die Schulenstichprobe aufgenommen wurden. Es handelte sich zu diesem Zeitpunkt um N = 2.397 Schüler (N = 1.195 Jungen und 1.202 Mädchen; Durchschnittsalter: 13;7 Jahre), 2.062 Eltern und 71 Mathematiklehrer aus 74 intakten Klassen sowie 37 „Restgruppen" von Schülerinnen und Schülern aus weiteren Klassen aus insgesamt 44 Schulen. Zum vierten Messzeitpunkt (Jahrgangsstufe 8) schließlich bestanden die Stichproben aus N = 2.410 Schülern aus denselben Klassen und Schulen (N = 1.193 Jungen und 1.217 Mädchen; Durchschnittsalter: 14;8 Jahre) sowie 1.938 Eltern und 73 Lehrkräften. Mit diesen Stichproben wurden hohe Ausschöpfungsquoten der geplanten Stichproben erreicht (Beteiligungsraten von mindestens 91% bei den Schülerinnen und Schülern, mindestens 80% bei den Eltern und mindestens 93% bei den Lehrkräften; Tabelle 1).

Tab. 1:   Beteiligungsraten zu den ersten vier Messzeitpunkten (in Prozent)

	Schülerinnen und Schüler	Eltern	Lehrkräfte
5. Klasse	91.8	95.5	100.0
6. Klasse	95.4	91.4	93.8
7. Klasse	92.5	86.0	95.9
8. Klasse	96.0	80.4	98.6

3.1.2 Längsschnittstichprobe für den Zeitraum der Jahrgangsstufen 5 bis 8

Die Längsschnittstichprobe der Schülerinnen und Schüler, die an allen Messzeitpunkten von der Jahrgangsstufe 5 bis 8 teilgenommen haben, besteht aus N = 1.421 Schülern (davon 49,6% Mädchen). Dies entspricht 69 Prozent der Ausgangsstichprobe der Jahrgangsstufe 5. Die Mortalität der Längsschnittstichprobe betrug in den drei Zeitintervallen vom ersten zum vierten Messzeitpunkt 12% (5. bis 6. Jahrgangsstufe), 15% (6. bis 7. Jahrgangsstufe) und 8% (7. bis 8. Jahrgangsstufe). Die Entwicklung der Stichprobe liegt damit im Bereich der Schätzungen, die bei den Planungen für den Längsschnitt veranschlagt worden waren. Hinzu kommen die Eltern dieser Schülerinnen und Schüler sowie die Mathematiklehrkräfte der jeweiligen Jahrgangsstufen. Im Laufe der vier Jahre haben Schülerinnen und Schüler aus 47 Schulen (18 Hauptschulen, 15 Realschulen und 14 Gymnasien) teilgenommen.

3.1.3 Repräsentativität der Längsschnittstichprobe

Die Schülerstichproben für den Längsschnitt wurden vom DPC so gezogen, dass sie bezüglich Geschlecht, Region und Schulart Repräsentativitätskriterien genügen (nach entsprechender Gewichtung). Darüber hinaus sollten sie aber auch bezüglich des sozioökonomischen Hintergrunds der Schülerschaft möglichst repräsentativ sein. Tabelle 2 stellt die Schichtverteilung der Stichprobe bezogen auf die jeweilige Schulart dar. Diese Verteilungen sind weitgehend äquivalent zu den Verteilungen, die sich in den Erhebungen von PISA 2000 für Bayern gezeigt haben (Kunter, MPI für Bildungsforschung, persönliche Kommunikation, Oktober 2005; landes- oder bundesamtliche Statistiken sind zu diesen Schichtverteilungen nicht verfügbar).

Tab. 2:   Schichtverteilung der Längsschnittstichprobe (in Prozent)

	Hauptschule	Realschule	Gymnasium	Gesamt
Angehörige der oberen Dienstklasse (I)	8.9	20.5	39.5	25.0
Angehörige der unteren Dienstklasse (II)	16.2	25.8	23.4	22.1
Routinedienstleistungen (III)	10.1	6.2	4.6	6.5
Selbständige, einschl. Landwirte (IVa-d)	9.5	9.9	8.1	9.1
Facharbeiter und leitende Arbeiter (V-VI)	31.6	25.8	15.2	22.8
Un- und angelernte Arbeiter, Landarbeiter (VII)	26.7	12.3	9.2	14.4

3.2 Ergänzende Interviewerhebungen

Zu jedem Messzeitpunkt wurden an Teilstichproben von Schülerinnen und Schülern qualitative Zusatzerhebungen in Gestalt von halbstandardisierten Interviews durchgeführt (vom Hofe et al., 2005; Wartha & vom Hofe, 2005). Die Stichproben der insgesamt fünf Interviewstudien bestanden aus 36 Gymnasiasten (Studie 1, Jahrgangsstufe 6); 41 Hauptschülern, Realschülern und Gymnasiasten (Studie 2, Jahrgangsstufe 6); 24 Hauptschülern und Gymnasiasten (Studie 3, Jahrgangsstufe 6); 36 Gymnasiasten (Studie 4, Jahrgangsstufe 7); und 36 Realschülern (Studie 5, Jahrgangsstufe 8). Wesentliches Ziel ist es, Schülerstrategien bei der Bearbeitung mathematischer Aufgaben zu analysieren. Die Studien 2 und 4 haben darüber hinaus das Emotionserleben im Fach Mathematik sowie Beziehungen zwischen Elternhaus und Schule im Fach Mathematik untersucht. Die Studien waren z.T. längsschnittlich miteinander verknüpft; so hatten von den 36 Gymnasiasten der Studie 4 (Jahrgangsstufe 7) 26 bereits an den Interviews der Studie 1 (Jahrgangsstufe 6) teilgenommen.

In den Interviews zum Umgang mit mathematischen Aufgaben wurden die Schülerinnen und Schüler aufgefordert, schriftlich vorgelegte Aufgaben, die zu entsprechenden Aufgaben aus der Hauptuntersuchung parallelisiert waren, zu bearbeiten und ihre Lösungsprozesse anhand von lautem Denken mitzuteilen. Die Bearbeitungszeit für die Aufgaben betrug 30 Minuten. Mit einem Training der drei Interviewer und einem Interviewleitfaden wurde angestrebt, Interviewereffekte gering zu halten. Die Interviews wurden akustisch und videographisch aufgezeichnet und anhand der akustischen Aufzeichnungen transkribiert. In die Datenanalysen werden neben den Transkripten auch die Schüleraufzeichnungen auf den Aufgabenblättern und die Videoaufnahmen der Interviews einbezogen. Die Interviews dienen zur Analyse der Lösungsstrategien, Grundvorstellungen und Fehlvorstellungen von Schülerinnen und Schülern und zur Gewinnung von authentischem Beispielmaterial für die Praxis (vgl. Wartha & vom Hofe, 2005).

3.3 Aufbereitung der Daten und Umgang mit fehlenden Werten

Im Anschluss an die Erhebungen wurden die Daten jeweils quantitativ und qualitativ aufbereitet. Ein spezifisches Datenproblem bei Längsschnittuntersuchungen stellen Stichprobenausfälle und fehlende Werte aufgrund von Klassen- und Schulwechsel, Abwesenheit am Erhebungstag oder unvollständig ausgefüllten Testheften dar. Wie oben dargestellt, wurden Schülerinnen und Schüler nach Klassen- oder Schulwechsel nach Möglichkeit in der Längsschnittstichprobe belassen und weiter in die Erhebungen einbezogen. Da ferner bei der Ausgangsstichprobe des Längsschnitts (Jahrgangsstufe 5) wie bei den Stichproben der nachfolgenden Messzeitpunkte jeweils hohe Ausschöpfungsquoten erreicht wurden (s.o.) und fehlende Werte aufgrund unvollständig ausgefüllter Testhefte in nur geringem Umfang auftraten, hielten sich entsprechende Probleme bei den bisher durchgeführten Erhebungen in Grenzen. Soweit dennoch Probleme auftraten, wurden Verfahren von bedingter Mittelwertbildung zur Ermittlung von Skalenwerten sowie singuläre und multiple Imputationen von fehlenden Werten verwendet (Pekrun, vom Hofe & Blum, 2006).

4   Empirische Befunde

Wie oben dargestellt liegen zum Zeitpunkt dieses Berichts Längsschnitt- und Interviewbefunde für den Entwicklungszeitraum von der 5. bis zur 8. Jahrgangsstufen vor. Im Folgenden wird in jeweils exemplarischer Weise auf zentrale Befunde in den folgenden Bereichen eingegangen: (1) Entwicklung von mathematischen Kompetenzen, (2) Mathematikemotionen und weitere Schülermerkmale, (3) Unterricht im Fach Mathematik sowie (4) die Rolle des Elternhauses.

4.1   Entwicklung von mathematischen Kompetenzen

Mit den Längsschnittanalysen zum Erwerb mathematischer Kompetenzen soll untersucht werden, welche Entwicklung diese Kompetenzen über die Jahrgangsstufen hinweg zeigen, ob sich für verschiedene Schularten und Schülergruppen unterschiedliche Entwicklungsverläufe ergeben und in welchem Verhältnis Entwicklungen in unterschiedlichen Kompetenzklassen und Inhaltsbereichen stehen. Dabei sind insbesondere auch Lernverläufe von Interesse, die mit der Einführung neuer Formalismen ohne gleichzeitiges Aufgreifen intuitiver Vorerfahrungen oder mit Vergessenseffekten aufgrund mangelnder curricularer und unterrichtlicher Vernetzung zusammenhängen. Inhaltlich steht bei den Analysen zu den ersten drei Messzeitpunkten (Jahrgangsstufen 5 bis 7) mit der ersten grundlegenden Zahlbereichserweiterung das Gebiet der Bruchrechnung im Vordergrund. Hier ist eine wesentliche Frage des Projekts, inwieweit – so wie theoretisch erwartet – die in diesem Bereich zu beobachtenden Fehlstrategien auf Defiziten in der Ausbildung von Grundvorstellungen beruhen.

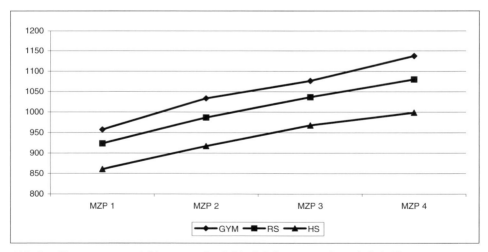

Abb. 2:   Kompetenzentwicklung von der 5. bis 8. Jahrgangsstufe nach Schulform

4.1.1 Befunde der quantitativen Erhebungen zum Kompetenzerwerb

Die Befunde der quantitativen Erhebungen zeigen über die ersten vier Messzeitpunkte hinweg einen signifikanten Anstieg der Gesamtleistungswerte (ANOVA für die Kompetenzwerte der vier Messzeitpunkte: F [3, 1411] = 3122, p < .001; erster Messzeitpunkt: M = 919,32, SD = 72,76; zweiter Messzeitpunkt: M = 985,95, SD = 76,33; dritter Messzeitpunkt: M = 1033,16, SD = 76,49; vierter Messzeitpunkt: M = 1080,23, SD = 91,06). *Post-hoc*-Tests bestätigen, dass es sich in jedem Längsschnittintervall um einen signifikanten Anstieg handelt (MZP1-2: t (1411) = 49,15, p < .001; MZP 2-3: t (1411) = 36,29, p < .001; MZP 3-4: t (1411) = 29,25, p < .001; vgl. vom Hofe et al., 2005). Die angegebenen Werte beziehen sich auf die Längsschnittstichprobe. Sie sind auf einen Mittelwert von 1.000 und eine Standardabweichung von 100 Punkten normiert und beruhen auf einer Skalierung der Daten der Stichprobe über alle vier Messzeitpunkte hinweg. Im Vergleich zu den Befunden aus TIMSS liegt der ermittelte Leistungsanstieg hier deutlich höher (der Leistungsanstieg von der 7. zur 8. Klasse betrug bei TIMSS in Deutschland 0.25 Standardabweichungen, vgl. Max-Planck-Institut für Bildungsforschung, 1997).

Ein kontinuierlicher Anstieg zeigt sich auch für die Leistungsentwicklung in den einzelnen Schularten (Abbildung 2). Dabei deutet sich im Sinne eines leichten Schereneffekts ähnlich wie z.B. in der Kassel-Exeter-Studie (vgl. Blum et al., 1994) an, dass im Gymnasium ein insgesamt etwas stärkerer Kompetenzzuwachs und in der Hauptschule ein etwas geringerer Zuwachs zu verzeichnen ist als im Durchschnitt der Stichprobe (die Interaktion von Messzeitpunkt und Schulart ist signifikant; F [1418, 2] = 37, p < .01). Soweit hier Effekte einer Regression zur Mitte über die Schuljahre hinweg eine Rolle spielen, kann nicht ausgeschlossen werden, dass dieser Schereneffekt bezüglich der tatsächlichen Schülerkompetenzen noch stärker ist, als dies in den vorliegenden, messfehlerbehafteten Kompetenzwerten deutlich wird (vgl. Marsh & Hau, 2002).

Welche Entwicklungen von Modellierungs- vs. Kalkülkompetenzen liegen diesen Veränderungen der Gesamtwerte zugrunde? Gegenwärtig liegen hierzu die Subskalenwerte für die ersten drei Messzeitpunkte vor. Die Befunde zeigen, dass die Durchschnittswerte für Kalkülkompetenzen durchweg oberhalb der Werte für Modellierungskompetenzen liegen (Abbildung 3a). Dies gilt für alle Schulformen (Abbildungen 3b-d). Allerdings sind die Wertedifferenzen in Gymnasium und Realschule stärker ausgeprägt als in der Hauptschule. Für die Hauptschüler zeigt sich, dass die Modellierungskompetenzen einen höheren Zuwachs aufweisen als die Kalkülkompetenzen und zum dritten Messzeitpunkt fast dasselbe Niveau erreichen.

Die Subskalen zu Modellierungs- und Kalkülkompetenzen wurden so konstruiert, dass die jeweiligen Items die gleiche kognitive Komplexität aufweisen. Die Befunde legen deshalb zwei Schlussfolgerungen nahe:

1) In den untersuchten Jahrgangsstufen scheint durchgängig ein Übergewicht der Kalkülkompetenzen gegenüber der Ausbildung von Modellierungskompetenzen zu bestehen.
2) Unsere anfängliche Vermutung, dass sich die Differenz zwischen diesen Kompetenzen über die Jahrgangsstufen hinweg noch vergrößert, lässt sich hingegen nicht bestätigen.

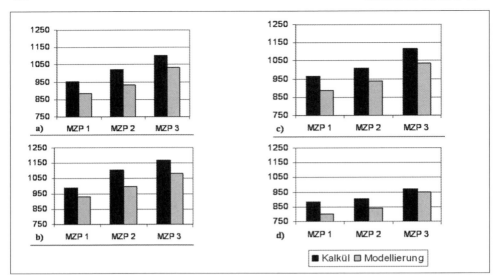

Abb. 3:   Durchschnittlicher Fähigkeitswert in den untersuchten Kompetenzbereichen
          a) insgesamt, b) Gymnasium, c) Realschule, d) Hauptschule

Während dieser zweite Befund erfreulich ist, weist der erste Befund auf ein Problem hin, das von grundsätzlicher Art zu sein scheint. Die Datenlage spricht dafür, dass die in den PISA-Erhebungen bei deutschen Schülerinnen und Schülern der Jahrgangsstufe 9 festgestellten Defizite im Modellierungsbereich (Blum, Neubrand et al., 2004) keine alters- bzw. jahrgangsstufenspezifischen Phänomene sind, sondern auf einer langjährigen Entwicklung beruhen, die sich vermutlich durch die gesamte Sekundarstufe I zieht und insofern auf ein grundsätzliches Problem des deutschen Mathematikunterrichts aller Jahrgangsstufen der Sekundarstufe I schließen lässt. Die Befunde des fünften und sechsten Messzeitpunkts des Längsschnitts (Jahrgangsstufen 9 und 10) werden zeigen, inwieweit sich diese Entwicklung tatsächlich bis zum Abschluss der Sekundarstufe I verfolgen lässt.

Dabei gibt es allerdings beträchtliche Unterschiede zwischen einzelnen Schulen und Schulklassen. In Abbildung 4 wird dies am Beispiel von zwei Gymnasialklassen mit günstigen vs. problematischen Verläufen im Bereich der Bruchrechnung verdeutlicht. Während bei Klasse 56 ein erheblicher Kompetenzzuwachs von der fünften zur sechsten Jahrgangsstufe und ein weiterer Zuwachs von der sechsten zur siebten Jahrgangsstufe festzustellen ist, stagnieren die durchschnittlichen Kompetenzwerte in Klasse 31 auf relativ niedrigem Niveau. Wir arbeiten gegenwärtig daran, Art und Ursachen solcher Defizite näher zu untersuchen. Erste Analysen zeigen deutliche Hinweise auf unterrichtliche Ursachen für problematische Verläufe wie bei Klasse 31: Im Vergleich zu Klasse 56 ist der Unterricht aus Schülersicht in Kasse 31 durch ein signifikant geringeres Maß an Modellierung und Vernetzung gekennzeichnet. Dies weist auf einen vergleichsweise schematischen und rezeptiven Unterricht hin, der für die Defizite in der Kompetenzentwicklung mitverantwortlich sein könnte.

Kompetenzwerte Bruchrechnung

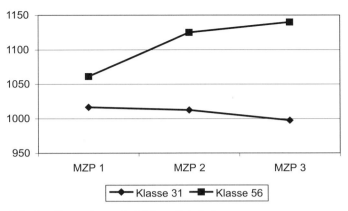

Abb. 4:   Kompetenzentwicklung Subskala.
             Bruchrechnung in Klasse 31 (N = 25) und 56 (N = 26)

4.1.2 Schülerinnen und Schüler mit Leistungsdefiziten („Risikogruppe")

Für Teilstichproben von Schülerinnen und Schülern, die aufgrund niedriger Kompetenzwerte Anlass zur Sorge über den weiteren schulischen und beruflichen Werdegang geben, wurden vertiefende Analysen durchgeführt. In Anlehnung an die bei den PISA-Erhebungen übliche Terminologie (Baumert et al., 2001) lassen sich diese Schülerinnen und Schüler als „Risikogruppe" bezeichnen. Bei PISA war die Zugehörigkeit zur „Risikogruppe" anhand der individuellen Kompetenzwerte definiert worden (PISA-Skalenwert für mathematische Kompetenz gleich oder kleiner 420; Blum, Neubrand et al., 2004). Angesichts der relativen Beliebigkeit eines solchen Kriteriums ist dies nicht unproblematisch. Hier wurde die Zuordnung deshalb – in jeweils jahrgangsstufenspezifischer Weise – anhand inhaltlicher Kriterien bestimmt. Hierfür wurde zunächst ein qualitatives Rating aller Items des Mathematiktests durchgeführt, wobei ein Item dann als risikorelevantes Item eingestuft wurde, wenn die folgenden Kriterien erfüllt waren:

1) Zur Lösung des Items sind höchstens elementare Kenntnisse zu Inhalten des Lehrplans der jeweiligen Jahrgangsstufe auf *Hauptschulniveau* erforderlich.
2) Die durch das Item repräsentierten Teilkompetenzen werden in den nachfolgenden Jahrgangsstufen nicht mehr vermittelt, sondern vorausgesetzt.
3) Die zur Lösung des Items benötigten Kompetenzen werden als relevant für Beruf bzw. alltägliches Leben angesehen. Als Richtlinie für die Berufsrelevanz wurde das Anforderungsprofil derzeit üblicher Berufseingangstests der Industrie- und Handelskammern verwendet.

Für die empirische Definition der Risikogruppe auf der Basis dieser Kriterien wurde der *Threshold* des schwierigsten risikorelevanten Items als oberer Grenzwert des Fähigkeitsparameters bestimmt. Schülerinnen und Schüler mit einem niedrigeren Fähigkeitsparameter werden als „Risikoschüler" klassifiziert. Dies beinhaltet, dass „Risikoschüler" das schwierigste unter den risikorelevanten Items mit nur 50-prozentiger Wahrscheinlichkeit lösen können.

Unter Zugrundelegung dieser Definition ergeben sich die in Abbildung 5 dargestellten Verteilungen über Jahrgangsstufen und Schularten hinweg (der vierte Messzeitpunkt konnte hier noch nicht einbezogen werden). Zunächst fällt auf, dass die
„Risikogruppe" mit jeder Jahrgangsstufe anwächst (von 15% in der Jahrgangsstufe 5
bis zu knapp 19% in der Jahrgangsstufe 7). Deutlich wird ferner, dass es sich bei den
Schülerinnen und Schülern der „Risikogruppe" jeweils vor allem um Hauptschüler
handelt. So sind etwa in der Jahrgangsstufe 5 nur ca. zwei von 100 Schülerinnen und
Schülern des Gymnasiums und etwa sechs von 100 Realschülern der „Risikogruppe"
zuzuordnen, hingegen mehr als ein Drittel aller Hauptschüler. Bei 85 Prozent aller
Schüler der „Risikogruppe" in dieser Jahrgangsstufe handelt es sich um Hauptschüler.
Dieses Bild setzt sich in den Jahrgangsstufen 6 und 7 fort, wobei im Bereich der
Hauptschule ein jährlicher Zuwachs von etwa 10% zu verzeichnen ist. Vor dem
Übertritt in die Jahrgangsstufe 8 konnte die Hälfte der teilnehmenden Hauptschüler die
laut Lehrplan für diese Jahrgangsstufe relevanten Aufgaben nicht hinreichend lösen.

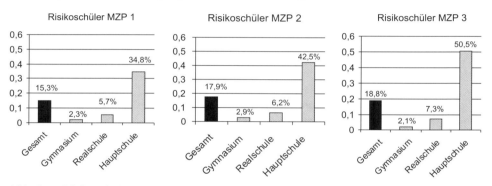

Abb. 5: „Risikoschüler" nach Schularten

Die Daten für diese „Risikogruppen" werden gegenwärtig näher analysiert. Der Zusammenhang mit der Mathematik-Jahreszeugnisnote ist wie erwartet: Alle Schülerinnen und Schüler mit der Zensur 6 und über die Hälfte der Schüler mit der Zensur 5
wurden als „Risikoschüler" identifiziert. Kongruent hierzu haben die „Risikoschüler"
deutlich ungünstigere Fähigkeitsselbstkonzepte und höhere Angstwerte in Mathematik
als der Schülerdurchschnitt. Ferner ergaben sich erste Hinweise, dass die Klassenzugehörigkeit von Jahrgangsstufe zu Jahrgangsstufe zunehmend bedeutsamer dafür wird, ob
ein Schüler bzw. eine Schülerin der „Risikogruppe" des betreffenden Jahrgangs zuzuordnen ist oder nicht – Schülerinnen und Schüler der „Risikogruppe" treten in den
höheren Jahrgangsstufen in verstärktem Maße „geballt" in einzelnen Klassen auf.
Dieser Befund lässt vermuten, dass es Schulklassen gibt, in denen ein Abgleiten in die
„Risikogruppe" aufgrund günstiger unterrichtlicher oder sozioökonomischer Bedingungen verhindert oder reduziert wird, während andere Klassen solche Risikoent-
wicklungen begünstigen.

In weiterführenden Analysen wird zu prüfen sein, wie sich diese Entwicklung über
die nachfolgenden Jahrgangsstufen fortsetzt und welche Schüler-, Unterrichts- und
Kontextbedingungen ihr jeweils zugrunde liegen. Aus diesen Analysen sind Erkenntnisse zu erhoffen, anhand welcher Unterrichts- und Stützmaßnahmen defizitäre Kompetenzentwicklungen im Fach Mathematik verhindert oder reduziert werden können.

4.1.3 Befunde aus den Interviewstudien

In den vertiefenden Interviewstudien haben wir Lösungsstrategien bei der Aufgabenbearbeitung im Detail analysiert. Untersucht werden sollte insbesondere, welche Grundvorstellungen jeweils aktiviert werden bzw. welche Fehlvorstellungen eine Lösung gegebenenfalls verhindern. Die Interviewserien konzentrierten sich auf zentrale Gebiete der mathematischen Kompetenzentwicklung in den jeweiligen Jahrgangsstufen (Jahrgangsstufe 6: Bruchrechnung und Proportionalität; Jahrgangsstufe 7: Bruchrechnung und negative Zahlen; Jahrgangsstufe 8: Gleichungen und Funktionen).

Ein zentraler Befund für Probanden, die sowohl in der 6. wie in der 7. Jahrgangsstufe an den Interviews teilgenommen hatten, liegt im Nachweis spezifischer mentaler Fehlvorstellungen zur Bruchrechnung, die vermutlich aus Übergeneralisierungen robuster älterer Grundvorstellungen entstanden waren, und in Hinweisen auf eine hohe zeitliche Stabilität dieser Vorstellungen. Im Folgenden wird ein Beispiel zur multiplikativen Anteilbildung vorgestellt, das den Charakter solcher mentalen Fehler demonstriert.

Aufgabe Schokolade

Lily nimmt sich die Hälfte der dargestellten Tafel Schokolade. Davon isst sie 3/5 auf. Wie viel Stücke hat sie gegessen?

Entgegen der erwarteten Anteilbildung über einen Proportionalitätsschluss oder durch die multiplikative Anteiloperation 3/5 x 10 führt die hier ausgewählte Schülerin eine Division durch. Auf Nachfragen des Interviewers wird ihre Fehlstrategie deutlich:

44   I: Wieso jetzt geteilt durch null Koma sechs?

45   S: Ja ehm, ah.

46   Weil also zehn ist ja null Komma fünf und das ist ja die Hälfte von dem Ganzen.

47   Und die null Komma sechs sind die drei Fünftel.

48   Und das braucht man ja von der Hälfte, weil's ja nur die Hälfte ist, und nicht das

49   Ganze.

50   I: Meine Frage bezieht sich jetzt mehr auf das Rechenzeichen. Wieso geteilt durch?

51   Und nicht mal oder plus oder minus?

52   S: Ja weil, ehm, dann wär's ja mehr und das muss ja immer weniger werden, weil sie

53   isst ja nicht mehr, als Tafel da ist, sondern weniger als die Tafel da ist.

54   *S führt die Division 10 : 0,6 korrekt durch. (26 Sekunden)*

Wie in diesem Beispiel wurde die fehlerhafte Wahl des Rechenzeichens in den Interviews in erster Linie damit begründet, dass nur auf diese Weise eine Verkleinerung des Ausgangswertes zu erreichen sei. Diese typische Fehlstrategie beruht auf einer nicht adäquat erweiterten Grundvorstellung zur Multiplikation: Während eine Multiplikation bei natürlichen Zahlen stets vergrößert, kann diese Rechenoperation bei Bruchzahlen auch verkleinern. Die fehlerverursachende Wirkung von nicht erweiterten Grundvorstellungen wurde durch Detailanalysen von Daten aus den quantitativen Erhebungen bestätigt (Wartha, 2005).

In der Jahrgangsstufe 7 wurde die zitierte Schülerin mit einer weiteren parallelisierten Fassung dieser Aufgabe konfrontiert. Interessanterweise wählt die Schülerin auch ein Jahr nach dem oben dargestellten Interview eine (unpassende) Rechenoperation, die ihrer Ansicht nach die Verkleinerung der Ausgangsgröße bewirkt. Dies spricht für eine hohe Stabilität ihrer Fehlvorstellungen.

Zahlreiche weitere Befunde aus den Interviewerhebungen bestätigen die Wirksamkeit von Grundvorstellungen im Lösungsprozess. Die Befunde belegen die positiven Wirkungen vorhandener Grundvorstellungen ebenso wie die Probleme, die sich ergeben, wenn Grundvorstellungen nicht hinreichend ausgebildet oder nicht angemessen erweitert wurden (vgl. auch Fischbein et al., 1990; vom Hofe & Wartha, 2005). Insgesamt lässt sich ca. die Hälfte aller in den qualitativen Studien analysierten Fehler beim Aufgabenlösen auf nicht erfolgreich ausgebildete Grundvorstellungen zurückführen.

4.1.4 Schlussfolgerungen

Die Befunde zeigen, dass die Durchschnittswerte für mathematische Schülerkompetenzen über den Zeitraum von der 5. zur 8. Jahrgangsstufe hinweg zunehmen, die Entwicklung aber je nach Kompetenzbereich und Schülergruppe recht unterschiedlich verläuft. Bereits von der Jahrgangsstufe 5 an sind modellierungsorientierte Kompetenzen schwächer ausgeprägt als Kalkülkompetenzen. Eine über die Jahrgangsstufen hinweg zunehmend größere Zahl von Schülerinnen und Schülern ist einer „Risikogruppe" zuzuordnen, die auch einfache Aufgabenstellungen der jeweiligen Jahrgangsstufe nicht beherrscht. Dabei belegen die Befunde der qualitativen Analysen, dass unzureichend ausgebildeten Grundvorstellungen eine zentrale Rolle für die Schwierigkeiten von Schülerinnen und Schülern mit mathematischen Aufgaben zukommt; eine stärkere Förderung dieser Vorstellungen könnte ungünstigen Lernverläufen entgegenwirken. Ferner ergeben sich erste Hinweise zur Bedeutung von Schulart, Mathematikunterricht und Klassenzugehörigkeit für problematische Entwicklungen, aus denen sich in den weiteren Analysen ebenfalls Ansatzpunkte für pädagogische Konsequenzen erwarten lassen.

4.2   Emotionen und Schülermerkmale in Mathematik

4.2.1   Entwicklungsverläufe

Welche Veränderungen von Emotionen, Motivation und Lernverhalten im Fach Mathematik stehen den Kompetenzentwicklungen in diesem Fach gegenüber? Für die ersten vier Messzeitpunkte (Jahrgangsstufen 5 bis 8) werden hier exemplarisch die Veränderungen der durchschnittlichen Ausprägungen einiger zentraler Merkmale dargestellt (Tabelle 3). Wie man sieht, sind die Durchschnittswerte für das Erleben von leistungsbezogener Angst und Scham im Fach Mathematik relativ stabil, während die

Werte für positive Emotionen abnehmen und für Langeweile ansteigen. Allerdings fallen diese Veränderungen über die Jahrgangsstufen hinweg zunehmend geringer aus; es scheint sich um eher asymptotische Verläufe zu handeln. Die Entwicklung ist kongruent zur Entwicklung der durchschnittlichen Werte für Selbstwirksamkeit in Mathematik, die sich ebenfalls zu stabilisieren scheinen. Auch die Abnahme der Werte für selbstberichtete Anstrengung und wahrgenommene Selbstregulation des Lernens wird im Laufe der Zeit geringer.

Insgesamt aber ergeben sich über die vier Jahrgangsstufen hinweg deutliche Veränderungen von bis zu zwei Dritteln einer Standardabweichung. Dies spricht dafür, dass im bisher abgebildeten Zeitraum ähnlich wie bei der Kompetenzentwicklung eine erhebliche Entwicklungsdynamik zu verzeichnen ist. Entwicklungsdynamik ist im Übrigen auch aus den Koeffizienten interindividueller Merkmalsstabilität über die Jahrgangsstufen hinweg zu folgern (Stabilität der Emotionswerte von $.46 < r < .63$ für die drei Ein-Jahres-Intervalle und $.31 < r < .40$ für das Drei-Jahres-Intervall von der 5. zur 8. Jahrgangsstufe).

Mögliche Gründe für die eher ungünstige Entwicklung von positiven Mathematikemotionen, Selbstwirksamkeit, Anstrengung und wahrgenommener Selbstregulation in Mathematik könnten in der Abnahme der von den Schülerinnen und Schülern berichteten kognitiven Aktivierung im Mathematikunterricht und dem Mangel an (wahrgenommener) Autonomieunterstützung durch Lehrkräfte und Eltern über die Jahrgangsstufen hinweg liegen (s. Abschnitt 4.3 sowie Pekrun, vom Hofe & Blum, 2003).

Tab. 3: Mathematikemotionen und Schülermerkmale: Entwicklungen von der 5. bis zur 8. Jahrgangsstufe

	Mittelwert				Standardabweichung				
	5	6	7	8	5	6	7	8	F-Werte
Emotionen									
Freude	29.73	26.72	24.69	24.14	7.58	7.55	7.27	7.03	244.68**
Stolz	25.53	23.83	22.13	22.03	7.52	7.41	7.14	7.17	103.28**
Ärger	16.14	17.53	19.34	19.11	7.42	7.60	7.53	7.58	77.89**
Angst	34.12	34.46	34.99	33.41	12.36	12.56	12.48	12.42	10.16**
Scham	14.97	15.08	15.08	14.32	6.92	6.91	6.81	6.68	7.30**
Hoffnungslosigkeit	12.11	12.63	13.40	13.08	5.75	5.93	6.08	6.22	18.66**
Langeweile	11.74	13.50	15.15	15.31	5.75	6.21	6.32	6.20	144.76**
Motivation, Regulation									
Selbstwirksamkeit	14.10	13.44	12.58	12.79	3.55	3.89	3.78	3.92	76.21**
Interesse	18.66	15.91	14.06	13.67	5.95	5.98	5.54	5.47	333.25**
Anstrengung	26.70	24.69	24.03	23.73	5.04	5.75	5.91	5.90	100.69**
Selbstreg. Lernen	21.56	20.55	19.67	19.56	4.66	4.50	4.52	4.48	73.59**
Fremdreg. Lernen	17.21	16.13	15.38	15.13	4.71	4.35	4.38	4.37	67.64**

Anmerkungen: N = 1.424. *p < .05. **p < .01.

4.2.2 Bedingungen der Emotionsentwicklung:
I. Emotionen bei Modellierungs- vs. Kalkülaufgaben

Rufen Modellierungsaufgaben andere Emotionen hervor als Kalkülaufgaben? Diese
Frage ist unter mathematikdidaktischer Perspektive wie auch für die Diagnostik von
Mathematikemotionen von erheblicher Bedeutung. Modellierungsaufgaben sind aus
didaktischer Sicht entscheidend für die mathematische Bildung. Lehrkräfte aber berichten aus ihrem Unterrichtsalltag, dass Aufgaben dieser Art (z.B. Textaufgaben) bei
Schülerinnen und Schülern eher unbeliebt seien. Allerdings könnte es sein, dass im
Unterricht eingesetzte Modellierungsaufgaben relativ schwierig und deshalb wenig
beliebt sind. Notwendig ist es deshalb, die von Modellierungs- vs. Kalkülaufgaben
hervorgerufenen Emotionen unter Kontrolle der jeweiligen Aufgabenschwierigkeit zu
untersuchen.

Möglich wird eine solche Untersuchung mit den hier entwickelten Skalen zu
Freude, Angst und Langeweile bei Modellierungs- und Kalkülaufgaben (s. Abschnitt
2.3). Die gegenwärtig vorliegenden Analysen zu Daten des dritten Messzeitpunkts
(Frenzel, Jullien & Pekrun, 2006; Zirngibl et al., 2005) zeigen zunächst, dass Modellie-
rungs- und Kalkülemotionen deutlich miteinander korrelieren (r = .59, .65 und .71 für
Freude, Angst und Langeweile bei Modellierungs- vs. Kalkülaufgaben; disattenuiert
entspräche dies – bei Konsistenzreliabilitäten um α = .70 – Korrelationen nahe Eins).
Die geringe interindividuelle Differenzierung der beiden Gruppen von Emotionen
belegt, dass es gerechtfertigt ist, bei einer Erhebung individueller Ausprägungen von
Mathematikemotionen auf aufgabenspezifische Differenzierungen zu verzichten. Für
Zwecke interindividuell angelegter Analysen scheint es nicht notwendig zu sein, über
die in den Münchener Skalen zu Mathematikemotionen vorgesehene fachbezogene
Spezifizierung von Schüleremotionen hinauszugehen.

Unabhängig hiervon aber zeigt sich im Mittelwertsvergleich der Emotionen zu den
beiden Aufgabentypen, dass Schülerinnen und Schüler durchaus unterschiedlich auf
die beiden Aufgabentypen reagieren: Sie berichteten signifikant mehr Angst und
weniger Freude für die Kalkülaufgaben als für die Modellierungsaufgaben. Dies gilt
für leistungsschwache Schülerinnen und Schüler in noch deutlicherem Maße als für
leistungsstarke. Zwar werden die Unterschiede für Langeweile nicht signifikant, und
auch für Freude und Angst sind die Effektstärken gering. Dennoch ist dieser Befund
von erheblicher unterrichtspraktischer Bedeutung, denn er zeigt, dass Modellierungsaufgaben von Schülerinnen und Schülern – entgegen den erwähnten Vorannahmen
vieler Lehrkräfte – emotional zumindest nicht ungünstiger bewertet werden als gleich
schwierige Kalkülaufgaben. Einem Einsatz solcher Aufgaben steht damit aus einer
emotionspädagogischen Perspektive nichts im Wege (solange darauf geachtet wird,
dass der Schwierigkeitsgrad der Aufgaben nicht als zu hoch erlebt wird).

4.2.3 Bedingungen der Emotionsentwicklung: II. Mehr-Ebenen-Analysen zum
Einfluss der Mathematikleistung

Aus den Annahmen des Kontroll-Wert-Modells der Leistungsemotionen (Pekrun,
2000; in press) folgt, dass Leistungen und Leistungsrückmeldungen als eine zentrale
ontogenetische Determinante der Entwicklung leistungsbezogener Emotionen anzusehen sind. Empirisch mangelt es hierzu national wie international an Evidenz (mit
Ausnahme von Befunden für Prüfungsangst; vgl. Pekrun, 1992; Zeidner, 1998). Dabei

fehlen insbesondere auch Untersuchungen, die der Mehr-Ebenen-Struktur schulischer Leistungen Rechnung tragen.

In Mehr-Ebenen-Analysen haben wir deshalb untersucht, welchen Einfluss die individuelle Mathematikleistung einerseits und das Leistungsniveau der Schulklasse andererseits auf die Entwicklung von Emotionen im Fach Mathematik nehmen (Götz et al., 2004; Pekrun & Götz, 2005). Ausgangsannahme war, dass der *big-fish-little-pond*-Effekt (BFLP-Effekt; Marsh, 1987) von Leistungen auf die Selbstkonzeptentwicklung in den Bereich der Emotionsentwicklung übertragbar ist: Erfolg und Misserfolg schlagen sich in den individuellen Fähigkeitsselbstkonzepten nieder, diese aber sind ihrerseits als wesentliche Bedingungen der leistungsbezogenen Emotionsentwicklung anzusehen. Der BFLP-Effekt beinhaltet, dass die Fähigkeitsselbstkonzepte von Schülerinnen und Schülern umso höher sind, je *höher* das individuelle Leistungsniveau und je *niedriger* das Leistungsniveau der Bezugsgruppe ist (da Erfolge sich günstig auf Selbstkonzepte auswirken, bei niedrigerem Leistungsniveau der jeweiligen Bezugsgruppe aber wahrscheinlicher sind als bei höherem Leistungsniveau der Gruppe).

Für die Emotionsentwicklung dürfte dabei auch eine Rolle spielen, dass nicht nur die individuellen Erfolge und Misserfolge, sondern auch die erfolgs- und misserfolgskontingenten, emotionserzeugenden Reaktionen von Bezugspersonen durch die Verortung eines Schülers bzw. einer Schülerin im Leistungskontinuum der Bezugsgruppe beeinflusst sein können (Götz et al., 2004). Erwartet wurden deshalb (a) emotionsgünstige Wirkungen der individuellen Leistung, d.h. positive Effekte der Individualleistung auf positive Emotionen und negative Effekte auf negative Emotionen, sowie (b) emotionsungünstige Effekte des mittleren Leistungsniveaus der Schulklasse (nach Auspartialisierung der Individualleistung), also negative Effekte auf positive Emotionen und positive Effekte auf negative Emotionen.

Überprüft wurden diese Annahmen anhand längsschnittlicher Mehr-Ebenen-Analysen, in denen Mathematikfreude und Mathematikangst in der Jahrgangsstufe 6 vorhergesagt wurden. Prädiktoren waren die individuellen und die klassenweise aggregierten Kompetenzwerte in der Jahrgangsstufe 5. Die Befunde entsprechen den Erwartungen (Tabelle 5). Wie man sieht, hat die Individualleistung einen positiven Effekt auf Freude und einen negativen Effekt auf Angst in Mathematik, während sich für die Klassenleistung gegenläufige Effekte zeigten. Dieses Befundmuster bleibt erhalten, wenn Freude und Angst in der Jahrgangsstufe 5 als zusätzliche Prädiktoren eingeführt werden (jeweils Modell 2 in Tabelle 4). Nach einer solchen Kontrolle von autoregressiven Effekten lassen sich die Koeffizienten für die Individual- und Klassenleistung als Veränderungseffekte interpretieren. Anhand der individuellen und aggregierten Mathematikleistung können hier also auch die *Veränderungen* von Freude und Angst im Fach Mathematik von der 5. zur 6. Jahrgangsstufe vorhergesagt werden. In zusätzlichen Analysen zeigten sich für die Entwicklung von Stolz, Scham und Hoffnungslosigkeit ähnliche Effekte der Mathematikleistung wie für Entwicklungen von Freude bzw. Angst (Pekrun & Götz, 2005).

Tab. 4: Mehrebenenanalysen: Wirkungen von individueller und aggregierter Leistung (5. Jahrgangsstufe) auf Freude und Angst (6. Jahrgangsstufe; aus Götz et al., 2004)

5. Jahrgangsstufe	Freude in der 6. Jahrgangstufe (Individualebene)				Angst in der 6. Jahrgangstufe (Individualebene)			
	Modell 1		Modell 2		Modell 1		Modell 2	
	β	p	β	p	β	p	β	p
Individualebene								
Leistung	.32	<.001	.17	<.001	-.44	<.001	-.22	<.001
Freude			.52	<.001				
Angst							.53	<.001
Klassenebene								
Leistung	-.40	<.001	-.20	<.001	.41	<.001	.21	<.001
R^2	.07		.36		.10		.37	

Die Befunde bestätigen die Annahme, dass die Leistungen von Schülerinnen und Schülern Einfluss auf die Entwicklung ihrer Emotionen nehmen. Im Sinne eines *big-fish-little-pond*-Effekts auf die Emotionsentwicklung zeigen sich dabei gegenläufige Effekte von Individualleistung einerseits und Leistungsniveau der Schulklasse andererseits. Allgemein ist zu folgern, dass eine Modellierung von Merkmalsentwicklungen bei Schülerinnen und Schülern voraussetzt, dass den Mehr-Ebenen-Strukturen von Entwicklungsbedingungen und Kontexten Rechnung getragen wird (zu möglichen pädagogischen Konsequenzen Götz et al., 2004).

4.2.4 Folgen von Emotionen für die Leistungsentwicklung

Aus den Annahmen der Kontroll-Wert-Theorie ist auch zu folgern, dass zwar Leistungen eine entscheidende Quelle der leistungsbezogenen Emotionsentwicklung darstellen, dass aber Emotionen ihrerseits auch Einfluss auf Kompetenzerwerb und Leistungsentwicklung nehmen (Pekrun, in press). Diese Annahme einer reziproken Kausalität von Leistung und Emotionen wurde für die ersten drei Messzeitpunkt (Jahrgangsstufen 5 bis 7) anhand von ersten *cross-lagged*-Strukturgleichungsanalysen für Freude, Angst und Hoffnungslosigkeit einerseits und die Mathematikleistung andererseits untersucht (mit zunächst getrennten Modellbildungen für die drei Emotionen; Pekrun, Jullien et al., 2004). Die Modelle erwiesen sich als gut an die Daten angepasst. Für jedes der beiden Zeitintervalle der Analysen (Jahrgangsstufen 5 und 6 sowie 6 und 7) zeigten sich sowohl signifikante diachrone Effekte der Leistung auf die drei Emotionen wie auch signifikante diachrone Effekte der Emotionen auf die nachfolgende Leistung. Zwar fielen die Effekte der Emotionen auf die Leistung teils geringer aus als Effekte der umgekehrten Wirkrichtung, insgesamt aber bestätigen die Befunde Annahmen zu einer wechselseitigen Beeinflussung von Emotions- und Leistungsentwicklung. Aus Längsschnittbefunden dieser Art ist zu folgern, dass unidirektionale Produktionsmodelle schulischer Bildungseffekte zu kurz greifen, wenn der Komplexität und Multidirektionalität von Kompetenz- und Persönlichkeitsentwicklungen im schulischen Kontext Rechnung getragen werden soll.

4.2.5 Folgen von Emotionen für Bildungsentscheidungen: Mathematikemotionen und die Zweigwahl an Realschulen

Welche Bedeutung kommt den fachbezogenen Emotionen von Schülerinnen und Schülern für ihre Bildungsentscheidungen zu? Aus den Annahmen der Kontroll-Wert-Theorie folgt, dass Emotionen über Leistungen hinaus auch für zukunftsorientierte motivationale Prozesse und resultierende Bildungs- und Berufswahlen wesentlich sind. Die Brauchbarkeit dieser Annahme wurde exemplarisch für die Wahl zwischen alternativen Schulzweigen geprüft, welche die Realschüler unserer Stichprobe mit dem Übergang in die Jahrgangsstufe 7 vorzunehmen hatten (Wahl zwischen mathematisch-naturwissenschaftlichem, betriebswissenschaftlichem und sozial-künstlerischem Zweig). Anhand logistischer Regressionen wurde die Prädiktionskraft von Kompetenzen und Emotionen (Freude und Langeweile) im Fach Mathematik in der Jahrgangsstufe 6 für diese Entscheidung geprüft. Die Befunde zeigen, dass die Wahl des Realschulzweiges wesentlich von der Freude an diesem Fach bestimmt wird. Während die Wahl des mathematischen Zweiges anstelle des sozialen Zweiges sowohl vom Freudeerleben wie von der mathematischen Kompetenz positiv beeinflusst wird (B_{Freude} = 1,10; $B_{Kompetenz}$ = 0,39; jeweils p < .001), wird die Entscheidung dafür, den betriebswirtschaftlichen Zweig anstelle des sozialen Zweiges zu wählen, nur durch die Freude am Fach Mathematik signifikant beeinflusst (B_{Freude} = 0,40; p < .001). Dies bestätigt Annahmen zur Bedeutsamkeit fachbezogener Emotionen für zukunftsorientierte Entscheidungsprozesse. In den weiteren Analysen wird zu prüfen sein, inwieweit die Befunde auf analoge Entscheidungen in den anderen Schularten übertragbar sind und welche Folgen diese Entscheidungen ihrerseits für die weitere Kompetenz- und Emotionsentwicklung haben.

4.2.6 Schlussfolgerungen

Ähnlich wie beim Erwerb mathematischer Kompetenzen findet sich im Untersuchungszeitraum auch für Emotionen, Motivation und Lernverhalten im Fach Mathematik eine erhebliche Entwicklungsdynamik. Im Schülerdurchschnitt ist in den ersten Jahrgangsstufen der Sekundarstufe zunächst eine Abnahme von positiven Emotionen, Interesse und wahrgenommener Selbstregulation zu verzeichnen, die aber im Laufe der Jahre asymptotisch auszulaufen scheint. Die Befunde zu Mathematikemotionen belegen, dass Kompetenzen und schulische Leistungen für die individuelle Entwicklung zentral sind, wobei individuelle Leistung und das Leistungsniveau der Schulklasse im Sinne eines *big-fish-little-pond*-Effekts auf die Emotionsentwicklung gegenläufige Effekte ausüben. Darüber hinaus zeigt sich in längsschnittlichen Regressions- und Strukturgleichungsanalysen, dass Emotionen ihrerseits Einfluss auf die Leistungsentwicklung und darüber hinaus auch auf Bildungsentscheidungen innerhalb der Schullaufbahn nehmen. Die Befunde liefern damit – im Kontext der Gesamtuntersuchung zunächst vorläufige – Bestätigungen von Annahmen zur Bedeutsamkeit von Schüleremotionen und ihren Verflechtungen mit der Leistungsentwicklung.

4.3   Unterricht im Fach Mathematik

4.3.1 Entwicklungen von der 5. bis zur 8. Jahrgangsstufe

In Tabelle 5 wird die Entwicklung des Mathematikunterrichts von der 5. bis 8. Jahrgangsstufen anhand exemplarischer, schülerperzipierter Unterrichtsmerkmale dargestellt. Wie man sieht, gibt es bis zur Jahrgangsstufe 7 hin eine Abnahme der Durchschnittswerte für einen modellierungsorientierten Unterricht. Mit einer Werteabnahme von insgesamt knapp einer Standardabweichung handelt es sich um eine recht deutliche Veränderung. Dagegen bleiben die Werte für kalkülorientierten Unterricht von der Jahrgangsstufe 6 an weitgehend stabil. Die Werte für Autonomiegewährung, Lehrerenthusiasmus und Unterstützung nach Misserfolg zeigen einen Abfall von der Jahrgangsstufe 5 zur Jahrgangsstufe 6, der sich im darauffolgenden Schuljahr leicht fortsetzt; anschließend scheinen sich aber auch diese Werte zu stabilisieren. Für Variablen wie Leistungsdruck von Lehrerseite oder Zeitverschwendung im Unterricht werden die Werteveränderungen – bedingt durch die Größe der Stichproben – zwar ebenfalls signifikant, von bedeutsamen Veränderungen kann aber nicht die Rede sein.

Insgesamt spricht dieses Befundmuster dafür, dass der Mathematikunterricht bis zur Jahrgangsstufe 8 hin Ausprägungen zeigt, die stabil bleiben oder sich über die Jahrgangsstufen hinweg zunehmend stabilisieren. Bedeutsam ist die Abnahme der Werte für den wahrgenommenen kognitiven Aktivierungsgehalt des Unterrichts, hier durch die – für die Entwicklung von Modellierungskompetenzen mutmaßlich besonders wichtige – Dimension des modellierungsorientierten Unterrichts indiziert. Dieser Befund spricht für eine zunehmend defizitäre Situation im Bereich kognitiver Aktivierung, kongruent zu den oben diskutierten Problemen deutscher Schülerinnen und Schüler bei mathematischen Modellierungsaufgaben.

Tab. 5:   Veränderung von Unterrichtsmerkmalen aus Schülersicht (5. bis 8. Klasse)

	Mittelwert				Standardabweichung				
	5	6	7	8	5	6	7	8	F-Werte
Modellierung/ Vernetzung	37.92	35.71	32.62	32.33	8.95	9.50	9.03	9.11	120.32**
Kalkülorientierung	22.02	20.04	19.69	19.70	4.57	4.39	4.67	4.44	96.37**
Autonomiegewährung	21.15	19.48	18.58	18.45	5.05	4.91	5.13	5.19	94.17**
Enthusiasmus	18.21	16.85	15.34	15.59	4.88	5.02	4.89	5.10	101.16**
Unterst. n. Misserfolg	7.41	6.95	6.64	6.56	2.64	2.51	2.43	2.53	37.51**
Bestraf. n. Misserfolg	4.52	4.88	5.05	4.98	2.06	2.21	2.27	2.17	21.87**
Leistungsdruck	9.99	10.10	10.18	9.91	3.40	3.43	3.30	3.30	2.98*
Zeitverschwendung	10.67	10.69	11.15	11.01	3.72	3.62	3.72	3.98	5.67**

Anmerkungen: * $p < .05$. ** $p < .01$.

4.3.2 Dimensionen der Unterrichtswahrnehmung von Mathematiklehrkräften

Ein wesentliches Ziel des Projekts liegt in der Analyse von kumulativen Einflüssen des Mathematikunterrichts auf die Schülerentwicklung im Laufe der Sekundarstufe I. Bereits auf der Ebene querschnittlicher Beziehungen zeigen sich z.T. deutliche Zusammenhänge zwischen Unterrichtsvariablen und den Kompetenzen und Merkmalen von Schülerinnen und Schülern im Fach Mathematik (Pekrun, Götz, vom Hofe et al., 2004). Entscheidender aber wird die Prüfung der Frage sein, welcher Einfluss sich für die Seriation der jeweiligen Unterrichtsverhältnisse über die Jahrgangsstufen hinweg nachweisen lässt. Eine Prüfung solcher Effekte soll nach Abschluss der Längsschnitterhebungen vorgenommen werden.

Ein erster Arbeitsschritt zur Vorbereitung dieser Analysen wurde durchgeführt, indem die dimensionalen Strukturen von Unterrichtswahrnehmungen analysiert wurden, und zwar zunächst für die Wahrnehmungen von Mathematiklehrkräften. Die Analysen orientieren sich am Vorgehen von Baumert et al. (2004), um Vergleichbarkeit mit entsprechenden Analysen für die Erhebungen von PISA 2003 möglich zu machen. Es sollte festgestellt werden, inwieweit die in den PALMA-Erhebungen erfassten Unterrichtswahrnehmungen theoretisch anzunehmenden Dimensionen von Unterrichtsqualität entsprechen, welche Zusammenhänge sich zwischen den Wahrnehmungsdimensionen nachweisen lassen und welche Wahrnehmungsunterschiede es zwischen Lehrkräften aus Hauptschule, Realschule und Gymnasium gibt.

Da die Daten des vierten Messzeitpunkts noch nicht hinreichend aufbereitet waren, wurden in die Analysen zunächst nur die Antworten von Lehrkräften aus den ersten drei Erhebungszeitpunkten aufgenommen (Klasse 5 bis 7). Falls eine Lehrkraft mehrmals bei den PALMA-Erhebungen teilgenommen hatte, wurde nur der jeweils zeitlich jüngste Datensatz dieser Lehrkraft einbezogen. Es konnten insgesamt Daten von 168 Lehrkräften analysiert werden, wobei 26 Datensätze aus den Erhebungen des ersten Messzeitpunkts und jeweils 71 aus dem zweiten und dritten Messzeitpunkt stammten. Von den 168 Lehrkräften waren 56 am Gymnasium tätig (davon 20% weiblich), 65 an der Realschule (43% weiblich) und 44 an der Hauptschule (41% weiblich).

Zur Analyse der zwölf einbezogenen Unterrichtsskalen wurden zunächst explorative Faktorenanalysen durchgeführt. Die so gewonnene Dimensionierung wurde anschließend anhand einer konfirmatorischen Analyse überprüft. Es konnten fünf Dimensionen der Unterrichtswahrnehmung identifiziert werden, die folgendermaßen benannt werden können (in Klammern jeweils die zugeordneten Skalen): (1) *kognitiv aktivierender Unterricht* (Modellierung und Vernetzung; schüleradaptive Instruktion und Verständlichkeit; Autonomieunterstützung); (2) *Individualisierung* (individuelle Bezugsnormorientierung; positive Verstärkung; Unterstützung nach Misserfolg); (3) *Engagement* (Unterrichtsengagement; Enthusiasmus); (4) *regelorientiertes Unterrichten* (Kalkülorientierung; Bestrafung nach Misserfolg); und (5) *ineffektive Klassenführung* (Zeitverschwendung; Unterrichtsstörungen). Die konfirmatorisch-faktorenanalytische Prüfung (LISREL 8.72; Jöreskog & Sörbom, 2002) bestätigte diese Struktur ($\chi^2 = 66,82$; df = 44, p = .015; CFI = .96; NNFI = .93; RMSEA = .057). Inhaltlich entsprechen die fünf Dimensionen theoretisch erwartbaren Basisdimensionen der Unterrichtsqualität (Helmke, 2003; Brophy, 1999; Ditton, 2002; Gruehn, 2000). Gleichzeitig sind sie auch weitgehend kongruent zu den von Baumert et al. (2004) auf der Basis der PISA 2003-Daten identifizierten Faktoren. Dies ist insofern bemerkenswert, als bei den PISA-Erhebungen andere Skalen zum Einsatz gekommen waren als im vorliegenden Projekt. Die Befunde sprechen damit nicht nur für theoretische

Brauchbarkeit des PALMA-Datensatzes zu den Unterrichtswahrnehmungen von Mathematiklehrkräften, sondern gleichzeitig auch für die Äquivalenz zu den PISA-Erhebungen in diesem Bereich.

Auch die Zusammenhänge zwischen den fünf Dimensionen (Abbildung 6) entsprechen weitgehend unseren theoretischen Erwartungen. Im Einklang mit den Ergebnissen von Baumert et al. (2004) zeigt sich, dass Lehrkräfte, die ihren eigenen Unterricht als kognitiv aktivierend beschreiben, auch von einer Individualisierung ihres Unterrichts und einem geringen Ausmaß an ineffektiver Klassenführung berichten. Anders jedoch als bei Baumert et al. (2004), wo sich kein signifikanter Zusammenhang zwischen Individualisierung und ineffektiver Klassenführung zeigt, ist diese Korrelation hier signifikant negativ. Dieser Zusammenhang ist plausibel, da Individualisierung erschwert wird, wenn eine effektive Klassenführung nicht möglich ist. Jenseits der mit Baumert et al. (2004) direkt vergleichbaren Beziehungen zeigt sich, dass Engagement deutlich positiv mit kognitiv aktivierendem Unterricht und negativ mit ineffektiver Klassenführung korreliert. Zusammenhängen dieser Art könnten bidirektionale Bedingungsbeziehungen zugrunde liegen: Engagement begünstigt einen anspruchsvolleren Unterricht, dieser wiederum kann affektiv befriedigender sein und damit das Lehrerengagement fördern. Bemerkenswert ist ferner der positive Zusammenhang zwischen regelorientiertem Unterrichten und ineffektiver Klassenführung. Auch hier sind bidirektionale Beziehungen denkbar (z.B. könnten Unterrichtsstörungen ein stärker regelorientiertes Unterrichten provozieren, das aber seinerseits wiederum Demotivation und Unterrichtsstörungen auf Seiten der Schülerinnen und Schüler begünstigt).

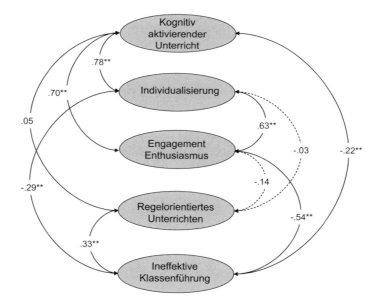

Abb. 6:   5-Faktorenmodell der Unterrichtswahrnehmung durch Mathematiklehrkräfte

In einem weiteren Analyseschritt wurden die Wahrnehmungen von Lehrkräften unterschiedlicher Schulformen verglichen. Hierzu wurden für jede der fünf Dimensionen z-standardisierte Faktorwerte berechnet (Abbildung 7). Im Einklang mit den Befunden von Baumert et al. (2004) berichten Hauptschullehrkräfte deutlich mehr Individualisierung als Realschul- und Gymnasiallehrkräfte. Gleichzeitig aber erhalten sie auch höhere Werte für regelorientiertes Unterrichten und ineffektive Klassenführung und niedrigere Werte für Engagement und Enthusiasmus. Dies spricht für ein Unterrichtsklima, das durch Störungen belastet ist, das eigene Engagement reduziert und zu regelorientiertem Unterricht provoziert. Die Werte für kognitive Aktivierung hingegen sind für Lehrkräfte aller drei Schularten nahezu identisch (in den PISA-Erhebungen waren die Werte für kognitiv aktivierenden Unterricht bei Gymnasiallehrkräften höher als bei Lehrkräften der Haupt- und Realschule, Baumert et al., 2004; allerdings war der Bezugspunkt dort der Mathematikunterricht der Jahrgangsstufe 9).

Es ist geplant, auf analoge Weise die Dimensionalität der Unterrichtswahrnehmungen von Schülerinnen und Schülern zu analysieren (vgl. Ditton, 2002, Gruehn, 2000). Da die Lehrer- und Schülerskalen von PALMA weitgehend parallelisiert sind, wird es dann möglich sein, Lehrer- und Schülerwahrnehmungen des Mathematikunterrichts direkt miteinander zu vergleichen. Für den nächsten Projektzeitraum sind entsprechende Analysen auch für die Daten der Jahrgangsstufen 9 und 10 geplant. Schließlich wird der gesamte Satz dimensionaler Analysen die Variablenbasis liefern, um Veränderungen des Mathematikunterrichts aus Lehrer- und Schülerperspektive über die Jahrgangsstufen hinweg vertieft zu analysieren und die Einflüsse von kumulativ gleichbleibendem oder sich änderndem Unterricht auf die Kompetenz- und Merkmalsentwicklung von Schülerinnen und Schülern im Fach Mathematik zu untersuchen.

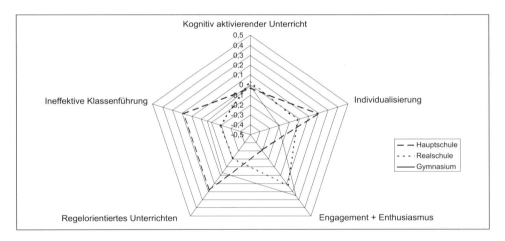

Abb. 7: Basisdimensionen der Unterrichtswahrnehmung von Mathematiklehrkräften nach Schulform (z-standardisierte Faktorwerte)

4.4   Elternhaus, Emotionen und Mathematikleistung

Neben Unterricht und Schulklasse ist auch das Elternhaus als wesentlicher Kontext der schulbezogenen Kompetenzentwicklung anzusehen. Zu den sozialen Disparitäten von Kompetenzentwicklung und Bildungsbeteiligung, zur Schichtabhängigkeit von elterlichem Engagement und zu den wechselseitigen Beziehungen zwischen Elternengagement und Schülerentwicklung wurden erste Analysen durchgeführt. Im Hintergrund stehen die sozialkognitiven Annahmen der Kontroll-Wert-Theorie zur Rolle elterlichen Verhaltens bei der Mediation von Schichteinflüssen und dem Aufbau von Kompetenzen und affektiven Merkmalen auf der Schülerseite (Jullien, 2006; Pekrun, in press).

4.4.1 Soziale Disparitäten von Bildungsbeteiligung und Kompetenzen

Die Befunde von PISA 2000 und PISA 2003 zeigen, dass Deutschland zu den Ländern mit auffallend hohen sozialen Disparitäten von Indikatoren der schulischen Bildung zählt. Die PISA-Befunde beziehen sich auf Kompetenzen und Bildungsbeteiligung bei den 15-Jährigen. Die Längsschnittdaten von PALMA machen es möglich, das Ausmaß sozialer Disparitäten auch für die zeitlich vorgelagerten Jahrgangsstufen der Sekundarstufe I zu analysieren und die Entwicklung der Disparitäten über die Schuljahre hinweg zu untersuchen. Die Befunde zeigen, dass Schichtzugehörigkeit und Schülerkompetenzen in Mathematik in signifikant negativen Zusammenhängen stehen. Ferner zeigt sich, dass die Chancen eines Gymnasialbesuchs für Kinder aus Elternhäusern der oberen Dienstklasse auch nach Kontrolle von kognitiven Grundfähigkeiten und mathematischer Kompetenz bereits in der Jahrgangsstufe 5 der vorliegenden bayerischen Stichprobe um das 2.6-fache höher liegen als bei Kindern aus Facharbeiterfamilien (Tabelle 6). Darüber hinaus ergeben sich Hinweise, dass das Ausmaß der sozialen Disparitäten von der fünften zur siebten Jahrgangsstufe zunimmt. Die Analysen des nächsten Projektzeitraums (Jahrgangsstufen 9 und 10) werden es möglich machen, diese Entwicklung über den gesamten Zeitraum der Sekundarstufe I hinweg zu verfolgen. Dabei wird es auch möglich sein, die Daten zu schulischen Bildungslaufbahnen und sozialen Kontexten zu verwenden, um Gründe für eine Zunahme sozialer Disparitäten (z.B. schichtkorreliertes Verlassen des Gymnasiums aufgrund schichtabhängig unzureichender familiärer Stützung bei Leistungsproblemen) zu analysieren. Ferner wird es möglich sein, die Entwicklung der Disparitäten zu entsprechenden Befunden von PISA 2006 für 15-Jährige bzw. die Jahrgangsstufe 9 in Beziehung zu setzen.

Tab. 6:   Relative Chancen des Gymnasialbesuchs in Abhängigkeit von der Sozialschichtzugehörigkeit (Verhältnisse der Beteiligungschancen [odd ratios]; Referenz: Jugendliche aus Facharbeiterfamilien)

Sozialschicht der Bezugsperson im Haushalt		5. Jahrgangsstufe			7. Jahrgangsstufe		
		Modell I	Modell II	Modell III	Modell I	Modell II	Modell III
I	Obere Dienstklasse	3.3	2.8	2.6	4.3	3.3	3.1
II	Untere Dienstklasse	1.6	1.4	1.4	2.1	1.5	1.4
III	Routinedienstleistungen	1.0	1.0	1.1	0.9	0.9	1.0
IVa-d	Selbständige aus manuellen Berufen einschl. Landwirte	1.2	1.0	1.0	1.5	1.3	1.1
V-VI	Facharbeiter und leitende Arbeiter	1.0	1.0	1.0	1.0	1.0	1.0
VII	Un- und angelernte Arbeiter, Landarbeiter	0.6	0.7	0.8	0.6	0.7	0.7

Anmerkungen: Modell I entspricht dem unkontrollierten Modell, Modell II kontrolliert kognitive Grundfähigkeit, Modell III kontrolliert kognitive Grundfähigkeit und Mathematikkompetenz. $N_{5.Klasse} = 2.009$, $N_{7.Klasse} = 2.317$.

4.4.2 Schichtabhängigkeit von elterlichem Engagement

Zu den möglichen Mediatoren von Einflüssen der familiären Schichtzugehörigkeit auf die Kompetenzentwicklung von Schülerinnen und Schülern zählen der Umgang von Eltern mit den Leistungsanforderungen der Schule und die Kooperation des Elternhauses mit der Schule (z.B. Hanafin & Lynch, 2002). Erste Analysen zeigen, dass der elterliche Umgang mit Lernverhalten und Leistungen ihrer Kinder im Fach Mathematik tatsächlich partiell schichtabhängig ist. So berichten Kinder von Facharbeitern sowie un- und angelernten Arbeitern bzw. Landarbeitern im Vergleich zu Kindern aus Familien der Dienstklassen von höherem Leistungsdruck und weniger elterlicher Unterstützung in Mathematik. Kongruent hierzu fallen auch die Werte für – mutmaßlich durch elterlichen Leistungsdruck beeinflusste – Angst im Fach Mathematik höher aus (Jullien, 2006). Dabei zeigte sich in Strukturgleichungsanalysen mit Mehr-Gruppen-Vergleichen, dass zwar die Variablenausprägungen schichtabhängig variieren, die strukturellen Beziehungen zwischen elterlichem Verhalten und Schüleremotionen aber über Schichtgruppen hinweg gleichförmig sind. Dies bestätigt Annahmen zur relativen Universalität der Bedingungsbeziehungen von Lern- und Leistungsemotionen (Pekrun, in press).

4.4.3 Elterliches Engagement und Mathematikemotionen von Schülerinnen und Schülern: Cross-lagged-Analysen zu Wechselwirkungen

In der Kontroll-Wert-Theorie zu Leistungsemotionen (Pekrun, 2000; in press) wird angenommen, dass die Sozialumwelten von Schülerinnen und Schülern Einfluss auf ihre Emotionen nehmen, diese aber ihrerseits auf die Interaktionen in sozialen Umwelten zurückwirken. In ersten Analysen wurde diese Annahme für schülerperzipierte Variablen des Umgangs der Familie mit Mathematik einerseits und Schüleremotionen andererseits geprüft, wobei der Zeitraum von der 5. bis zur 6. Jahrgangsstufe einbezogen werden konnte (Jullien, 2006; Jullien & Pekrun, 2005). Hierzu dienten kompetitive Strukturgleichungsanalysen alternativer Bedingungsmodelle. Die Befunde belegen deutliche synchrone Zusammenhänge von Variablen des perzipierten Elternengagements mit den Mathematikemotionen von Schülerinnen und Schülern in der Jahrgangsstufe 5, zu denen über die Jahrgangsstufen hinweg diachrone Effekte treten, die für bidirektionale Bedingungsbeziehungen sprechen.

Auffällig ist bei diesen Analysen, dass die Effekte familiärer Variablen auf Schüleremotionen für die Zeitintervalle von der 5. bis 6. Jahrgangsstufe und von der 6. zur 7. Jahrgangsstufe jeweils etwa gleich stark sind, während deutlichere Effekte der umgekehrten Wirkrichtung erst im zweiten Zeitintervall nachweisbar sind. Möglicherweise spricht dies dafür, dass Elternwirkungen auf Schüleremotionen zunächst im Vordergrund stehen und Rückwirkungen erst mit zunehmendem Alter eine Rolle spielen. Zu prüfen wird sein, ob sich das Befundmuster über die nachfolgenden Messzeitpunkte hinweg fortsetzt und welche Rolle dem schüler- und elternperzipierten Elternverhalten – über die fachbezogene Emotionsentwicklung hinaus – für die Entwicklung mathematischer Kompetenzen zukommt.

5   Produkte für die Praxis

Die Methoden, die in diesem Projekt entwickelt worden sind, und die Befunde der Projekterhebungen können für die pädagogische Praxis im Fach Mathematik nutzbar gemacht werden. Wir haben deshalb damit begonnen, auf der Basis der Skalenentwicklungen und Längsschnittbefunde des Projekts Produkte für die Praxis zu entwickeln, die für eine solche Nutzung verwendet werden können. Dabei handelt es sich im Wesentlichen um die folgenden vier Bereiche (Überblick in Tabelle 7).

Tab. 7:   Stand der Entwicklung von Produkten für die Praxis

Produkte	Stand der Fertigstellung
(1) *Unterrichtsmaterial: Umsetzung von PALMA-Befunden in Lehrbücher und Aufgabensammlungen*	
Mathematik heute, Band 5 (Hrsg.: H. Griesel, H. Postel, R. vom Hofe)	Braunschweig: Schroedel, 2004
Mathematik heute, Band 6 (Hrsg.: H. Griesel, H. Postel, R. vom Hofe)	Braunschweig: Schroedel, 2005
Grundbildung durch Grundvorstellungen – Aufgaben zur mathematischen Kompetenzentwicklung, Teil I, Klasse 5–7 (R. vom Hofe, S. Wartha, T. Hafner, M. Kleine)	Braunschweig: Schroedel, in Druck (erscheint Frühjahr 2007)
Grundbildung durch Grundvorstellungen – Aufgaben zur mathematischen Kompetenzentwicklung, Teil II, Klasse 8–10 (R. vom Hofe, S. Wartha, T. Hafner, M. Kleine)	Fertigstellung nach Abschluss der Längsschnitterhebungen
Spiele und Aufgaben zur Bruchrechnung; in: *Mathematik Lehren*, Heft 128 (S. Wartha & R. vom Hofe)	Velber: Friedrich, 2005
(2) *Expertisen für die Lehrplanentwicklung*	
Empfehlungen für die Lehrplanentwicklung 1. Teil (Klasse 5–7)	Fertigstellung 2007
Empfehlungen für die Lehrplanentwicklung 2. Teil (Klasse 8–10)	Fertigstellung nach Abschluss der Längsschnitterhebungen
(3) *Materialien für die Lehrerbildung*	
Freude wecken – Ängste nehmen (Hrsg.: T. Götz & M. Kleine); Themenheft der Zeitschrift *Mathematik Lehren*	Velber: Friedrich, 2006
Materialien zur Analyse von Schülerstrategien, Teil 1 Bruchrechnung (Hrsg.: R. vom Hofe)	Erscheinen 2006, zunächst als Hochschulschrift
Materialien zur Analyse von Schülerstrategien, Teil 2 und 3 (Rationale Zahlen; Funktionen und Sachrechnen)	Werden derzeit entwickelt
(4) *Test- und Evaluationsinstrumente*	
(a) Regensburger Mathematikleistungstest für 5.–10. Klassen	Fertigstellung nach Abschluss der Längsschnitterhebungen
(b) Münchener Skalen zu Mathematikemotionen (*Achievement Emotions Questionnaire – Mathematics*, AEQ-M; Pekrun, Götz & Frenzel, 2005)	
(c) Skalen zur Unterrichtsevaluation in Mathematik	

1) **Unterrichtsmaterial:** Das zentrale inhaltliche Thema im Fach Mathematik der Jahrgangsstufen 5 bis 7 ist die Erweiterung der Zahlbereiche von den natürlichen Zahlen (5. Klasse) zu den Bruchzahlen (6. Klasse) und schließlich zu den negativen bzw. rationalen Zahlen (7. Klasse). In den Längsschnitterhebungen des Projekts wurden Lösungsstrategien, Grundvorstellungen und Fehlvorstellungen zu diesen Inhalten identifiziert. Die Befunde zu diesen Strategien und Vorstellungen haben Eingang in das bundesweit verwendbare Lehrbuch *Mathematik heute* (Band 5 und 6) gefunden. Darüber hinaus wurde eine Aufgabensammlung für die Jahrgangsstufen 5 bis 7 mit didaktisch kommentierten, grundbildungsrelevanten Aufgaben erstellt, die gezielt die Ausbildung von Grundvorstellungen fördern (diese Sammlung wird im Frühjahr 2007 erscheinen).

2) **Lehrplan- und Curriculumentwicklung:** Es ist geplant, auf der Basis der Längsschnittbefunde eine zweiteilige Expertise für die Lehrplan- und Curriculumentwicklung zu erstellen. Die längsschnittlichen Analysen für den ersten Teil der Expertise (Jahrgangsstufen 5 bis 7) sind weitgehend fertig gestellt, sodass dieser Teil der Expertise in Kürze verfasst werden kann. Der zweite Teil der Expertise (Jahrgangsstufen 8 bis 10) ist für den Zeitraum nach Beendigung des Längsschnitts geplant.

3) **Materialien für die Lehrerbildung:** Parallel zu der Erstellung von Unterrichtsmaterialien haben wir mit der Entwicklung von Materialien für die Lehrerbildung begonnen. Dabei handelt es sich zum einen um Materialien zur mathematischen Modellierung von Sachsituationen (in den Themengebieten „Bruchrechnen" und „rationale Zahlen"). Der erste Teil dieser Materialien wurde bereits mehrfach bei Lehrerfortbildungen (z.B. im Rahmen von SINUS-Weiterbildungen) erprobt und erscheint 2007, der zweite Teil ist in Vorbereitung. Zum anderen handelt es sich um Materialien zur Gestaltung eines emotions- und kompetenzfördernden Mathematikunterrichts. Hierzu wurde ein Themenheft der Zeitschrift *Mathematik lehren* gestaltet, das im Frühjahr 2006 erschienen ist. Auch zu diesem Themenbereich sind weitere Materialien in Vorbereitung.

4) **Leistungs- und Emotionsdiagnostik, Unterrichtsevaluation:** Es wurde mit der Analyse und Validierung des Regensburger Mathematikleistungstests für 5. bis 10. Klassen begonnen, der in den Voruntersuchungen des Projekts entwickelt wurde (s. Abschnitt 2.1 sowie vom Hofe et al., 2002). Ferner wurde auch mit der Validierung der im Projekt entwickelten Skalen zu Mathematikemotionen (Pekrun, Götz & Frenzel, 2005) und zum Mathematikunterricht begonnen. Diese Arbeiten sollen so fortgesetzt werden, dass die Instrumente anschließend in der schulbezogenen Praxis eingesetzt werden können. Beendet können diese Arbeiten allerdings erst dann werden, wenn die Daten aus allen Erhebungen des Längsschnitts vorliegen und der Abschluss des Längsschnitts die Freigabe von Testitems zulässt. Publizierte Fassungen der Instrumente werden daher erst nach Beendigung des Längsschnitts zur Verfügung stehen.

6   Schlussfolgerungen

Ziel dieses Projekts ist es, Entwicklungsverläufe, Schülervoraussetzungen und Kontextbedingungen von Mathematikleistungen bei Schülerinnen und Schülern der Sekundarstufe I zu untersuchen. Damit wird gleichzeitig eine Aufklärung der Entwicklungen und Bedingungen angestrebt, die entsprechenden Schülerleistungen in den

OECD-Studien PISA zugrunde liegen. Zu diesem Zweck wird eine Längsschnittuntersuchung durchgeführt, die Stichproben aus einer Kohorte von Schülerinnen und Schülern der Sekundarstufe I von den Jahrgangsstufen 5 bis 10 untersucht. Daten liegen bisher aus den Erhebungen der ersten vier Messzeitpunkte (Jahrgangsstufen 5 bis 8) vor.

Die Befunde zeigen eine Zunahme mathematischer Kompetenzen von der 5. zur 8. Jahrgangsstufe, wobei kalküorientierte Kompetenzen über alle Jahrgangsstufen hinweg deutlicher ausgeprägt zu sein scheinen als – für mathematische Bildung im Sinne einer *mathematical literacy* besonders wesentliche – Modellierungskompetenzen. Dahinter aber verbirgt sich je nach Kompetenzbereich, Schülergruppe und Einzelschule eine Fülle von spezifischen Entwicklungsverläufen. Die Analysen belegen, dass die Schwierigkeiten vieler Schülerinnen und Schüler mit dem Stoff der bisher untersuchten Jahrgangsstufen auf Probleme im Bereich mathematischer Grundvorstellungen zurückgeführt werden können. Eine über die Jahre hinweg zunehmend größere Zahl von Schülerinnen und Schülern ist einer „Risikogruppe" zuzuordnen, der die Beherrschung auch einfacher Aufgabenstellungen des Lehrplans der jeweiligen Jahrgangsstufe nicht gelingt. Kongruent hierzu findet sich eine im Schülerdurchschnitt eher ungünstige Entwicklung von Emotionen, Interesse und Lernverhalten im Fach Mathematik. Mögliche Gründe für diese Probleme liegen in der Abnahme von wahrgenommenem kognitivem Anregungsgehalt und Motivierungsqualität des Mathematikunterrichts im Untersuchungszeitraum.

Die Resultate von ersten längsschnittlichen Strukturgleichungs- und Mehr-Ebenen-Analysen sprechen dafür, dass Entwicklungen von Kompetenzen, affektiven Schülermerkmalen und Kontextvariablen in Mathematik über die Jahre hinweg in wechselseitigen Bedingungsbeziehungen stehen. Dabei konnte im Berichtszeitraum international erstmalig gezeigt werden, dass individuelle Schülerleistungen und das Leistungsniveau der Schulklasse gegenläufige Effekte auf die Emotionsentwicklung ausüben (günstige Wirkungen hoher Individualleistung, ungünstige Wirkungen eines hohen Leistungsniveaus der Klasse). Ferner belegen die Befunde einen Trend zu über die Jahrgangsstufen hinweg zunehmenden sozialen Disparitäten von Kompetenzen und Bildungsbeteiligung. In einem nächsten Analyseschritt sollen mögliche Gründe für diese Entwicklung untersucht werden.

Auf der Basis der Befunde wurde mit der Entwicklung von Produkten für die pädagogische Praxis begonnen. Hierzu zählen Materialien für den Mathematikunterricht, Expertisen zur Lehrplan- und Curriculumentwicklung, Kurse und Materialien für die Lehrerbildung sowie Instrumente zur Leistungs- und Emotionsdiagnostik und zur Evaluation von Mathematikunterricht.

Literatur

Anderson, E.B. (1973). A goodness to fit test for the rasch-model. *Psychometrika, 38*, 123-140.

Baumert, J., Gruehn, S., Heyn, S., Köller, O. & Schnabel, K.U. (1997). *Bildungsverläufe und psychosoziale Entwicklung im Jugendalter (BIJU). Dokumentation.* Berlin: Max-Planck-Institut für Bildungsforschung.

Baumert, J., Klieme, E., Neubrand, M., Prenzel, M., Schiefele, U., Schneider, W., Stanat, P., Tillmann, K.-J. & Weiß, M. (Hrsg.). (2001). *PISA 2000 – Basiskompetenzen von Schülerinnen und Schülern im internationalen Vergleich.* Opladen: Leske + Budrich.

Baumert, J., Kunter, M., Brunner, M., Krauss, S., Blum, W. & Neubrand, M. (2004). Mathematikunterricht aus der Sicht der PISA-Schülerinnen und -Schüler und ihrer

Lehrkräfte. In PISA-Konsortium Deutschland (Hrsg.), *PISA 2003. Der Bildungsstand der Jugendlichen in Deutschland – Ergebnisse des zweiten internationalen Vergleichs* (S. 314-354). Münster: Waxmann.

Blum, W. & Hofe, R. vom (2003). Welche Grundvorstellungen stecken in der Aufgabe? *Mathematik lehren, 118,* 14-18.

Blum, W., Hofe, R. vom, Jordan, A. & Kleine, M. (2004). Grundvorstellungen als aufgabenanalytisches und diagnostisches Instrument bei PISA. In M. Neubrand (Hrsg.), *Mathematische Kompetenzen von Schülerinnen und Schülern in Deutschland. Vertiefende Analysen im Rahmen von PISA 2000* (S. 145-157). Wiesbaden: VS-Verlag.

Blum, W., Kaiser, G., Burghes, D. & Green, N. (1994). Entwicklung und Erprobung eines Tests zur „mathematischen Leistungsfähigkeit" deutscher und englischer Lernender in der Sekundarstufe I. *Journal für Mathematik-Didaktik, 15,* 149-168.

Blum, W., Neubrand, M., Ehmke, T., Senkbeil, M., Jordan, A., Ulfig, F. & Carstensen, C.H. (2004). Mathematische Kompetenz. In M. Prenzel, J. Baumert, W. Blum, R. Lehmann, D. Leutner, M. Neubrand, R. Pekrun, H.-G. Rolff, J. Rost & U. xavier-Schiefele (Hrsg.), *PISA 2003. Der Bildungsstand der Jugendlichen in Deutschland – Ergebnisse des zweiten internationalen Vergleichs* (S. 47-92). Münster: Waxmann.

Brophy, J. (1999). *Teaching*. Brussels: International Academy of Education.

Ditton, H. (2002). Lehrkräfte und Unterricht aus Schülersicht: Ergebnisse einer Untersuchung im Fach Mathematik. *Zeitschrift für Pädagogik, 48,* 262-286.

Fischbein, E., Tirosh, D., Stavy, R. & Oster, A. (1990). The autonomy of mental models. *For the Learning of Mathematics, 10,* 23-30.

Frenzel, A.C., Jullien, S. & Pekrun, R. (2006). „Thomas hat 60 Euro gespart …" oder „1/4x + 60 = x": Freude und Angst beim Bearbeiten von Text- und Rechenaufgaben. *Mathematik lehren, 52,* 57-59.

Götz, T., Pekrun, R., Zirngibl, A., Jullien, S., Kleine, M., Hofe, R. vom & Blum, W. (2004). Leistung und emotionales Erleben im Fach Mathematik: Längsschnittliche Mehrebenenanalysen. *Zeitschrift für Pädagogische Psychologie, 18,* 201-212.

Gruehn, S. (2000). *Unterricht und schulisches Lernen: Schüler als Quellen der Unterrichtsbeschreibung*. Münster: Waxmann.

Hanafin, J. & Lynch, A. (2002). Peripheral voices: Parental involvement, social class, and educational disadvantage. *British Journal of Sociology of Education, 23,* 35-49.

Heller, K. & Perleth, C. (2000). *Kognitiver Fähigkeitstest für 4. bis 12. Klassen, Revision (KFT 4–12+ R)*. Göttingen: Beltz Test Gmbh.

Helmke, A. (2003). *Unterrichtsqualität erfassen, bewerten, verbessern*. Seelze: Kallmeyer.

Hofe, R. vom (1995). *Grundvorstellungen mathematischer Inhalte*. Heidelberg: Spektrum.

Hofe, R. vom, & Wartha, S. (2005). Grundvorstellungen als Fehlerquelle bei der Bruchrechnung. In H.-W. Henn & G. Kaiser (Hrsg.), *Mathematikunterricht im Spannungsfeld von Evolution und Evaluation – Festschrift für Werner Blum* (S. 202-211). Hildesheim: Franzbecker.

Hofe, R. vom, Kleine, M., Pekrun, R. & Blum, W. (2005). Zur Entwicklung mathematischer Grundbildung in der Sekundarstufe I – theoretische, empirische und diagnostische Aspekte. In M. Hasselhorn (Hrsg.), *Jahrbuch für pädagogisch-psychologische Diagnostik. Tests und Trends* (S. 263-292). Göttingen: Hogrefe.

Hofe, R. vom, Pekrun, R., Kleine, M. & Götz, T. (2002). Projekt zur Analyse der Leistungsentwicklung in Mathematik (PALMA): Konstruktion des Regensburger Mathematikleistungstests für 5.-10. Klassen. In M. Prenzel & J. Doll (Hrsg.), *Bildungsqualität von Schule: Schulische und außerschulische Bedingungen mathematischer, naturwissenschaftlicher und überfachlicher Kompetenzen* (S. 83-100). Weinheim: Beltz. (= Zeitschrift für Pädagogik, 45. Beiheft)

Jöreskog, K. & Sörbom, D. (2002). *LISREL 8.53* (Update December 2003). Chicago: Scientific Software International.

Jullien, S. (2006). *Elterliches Engagement und Lern- und Leistungsemotionen.* München: Utz.

Jullien, S. & Pekrun, R. (2005, August). *Parents' influence on students' academic emotions.* Paper presented at the 11th Biennual Conference of the European Association for Research on Learning and Instruction, Nicosia, Cyprus.

Kleine, M. (2004). *Quantitative Erfassung von mathematischen Leistungsverläufen in der Sekundarstufe I – methodische Grundlagen, Testkonstruktion und Testentwicklung.* Hildesheim: Franzbecker.

Köller, O., Watermann, R., Trautwein, U. & Lüdtke, O. (Hrsg.). (2003). *Wege zur Hochschulreife in Baden-Württemberg. TOSCA – Eine Untersuchung an allgemeinbildenden und beruflichen Gymnasien.* Opladen: Leske und Budrich.

Kuechemann, D. & Hoyles, C. (2003, February). *The quantity of students' explanations on a non-standard geometry item.* Paper presented at the Third Conference of the European Society for Research in Mathematics, Belaria, Italy.

Langeheine, R. & Davier, M. von (1996). Bootstrap-Verfahren: Die „Kunst", sich am Schopf aus dem Sumpf zu ziehen. *Newsletter der Fachgruppe Methoden, 4,* 5-7.

Lehmann, R.H., Husfeldt, V. & Peek, R. (2001). Lernstände und Lernentwicklungen im Fach Mathematik – Ergebnisse der Hamburger Untersuchung (LAU) in den Jahrgangsstufe 5 und 6. In G. Kaiser, N. Knoche, D. Lind & W. Zillmer (Hrsg.), *Leistungsvergleiche im Mathematikunterricht* (S. 29-50). Hildesheim: Franzbecker.

Marsh, H.W. (1987). The big-fish-little-pond effect on academic self-concept. *Journal of Educational Psychology, 79,* 280-295.

Marsh, H.W. & Hau, K.T. (2002). Multilevel modeling of longitudinal growth and change: Substantive effects of regression toward the mean artifacts? *Multivariate Behavioral Research, 37,* 245-282.

Max-Planck-Institut für Bildungsforschung (MPIB). (1997). *TIMSS – Mathematisch-naturwissenschaftlicher Unterricht im internationalen Vergleich.* Berlin: Max-Planck-Institut für Bildungsforschung.

Pajares, F. & Miller, M.D. (1995). Mathematics self-efficacy and mathematics performance: The need for specificity of assessment. *Journal of Counselling Psychology, 42,* 190-198.

Pekrun, R. (1992). Kognitionen und Emotionen in studienbezogenen Lern- und Leistungssituationen: Explorative Analysen. *Unterrichtswissenschaft, 20,* 308-324.

Pekrun, R. (2000). A social cognitive, control-value theory of achievement emotions. In J. Heckhausen (Ed.), *Motivational psychology of human development* (pp. 143-163). Oxford, UK: Elsevier.

Pekrun, R. (in press). The control-value theory of achievement emotions: Assumptions, corrolaries, and implications for educational research and practice. *Educational Psychology Review.*

Pekrun, R. & Götz, T. (2005, August). *Classroom environment, academic achievement, and students' emotions: Multi-level implications of control-value theory.* Paper presented at the 11th Biennial Conference of the European Association for Research on Learning and Instruction, Nicosia, Cyprus.

Pekrun, R., Götz, T. & Frenzel, A. C. (2005). *Achievement Emotions Questionnaire – Mathematics (AEQ – M) – User's Manual.* Department of Psychology, University of Munich.

Pekrun, R., Götz, T., Hofe, R. vom, Blum, W., Jullien, S., Zirngibl, A., Kleine, M., Wartha, S. & Jordan, A. (2004). Emotionen und Leistung im Fach Mathematik: Ziele und erste Befunde aus dem „Projekt zur Analyse der Leistungsentwicklung in Mathematik" (PALMA). In J. Doll & M. Prenzel (Hrsg.), *Bildungsqualität von Schule. Lehrerprofessionalisierung, Unterrichtsentwicklung und Schülerförderung als Strategien der Qualitätsverbesserung* (S. 345-363). Münster: Waxmann.

Pekrun, R., Götz, T., Titz, W. & Perry, R. P. (2002). Academic emotions in students' self-regulated learning and achievement: A program of quantitative und qualitative research. *Educational Psychologist, 37,* 91-106.

Pekrun, R., Götz, T., Jullien, S., Zirngibl, A., Hofe, R. vom & Blum, W. (2002). *Skalenhandbuch PALMA 1. Messzeitpunkt (5. Jahrgangsstufe).* Department Psychologie, Universität München.

Pekrun, R., Götz, T., Jullien, S., Zirngibl, A., Hofe, R. vom & Blum, W. (2003). *Skalenhandbuch PALMA: 2. Messzeitpunkt (6. Jahrgangsstufe).* Department Psychologie, Universität München.

Pekrun, R., Götz, T., Jullien, S., Zirngibl, A., Hofe, R. vom & Blum, W. (2004). *Skalenhandbuch PALMA: 3. Messzeitpunkt (7. Jahrgangsstufe).* Department Psychologie, Universität München.

Pekrun, R., Hofe, R. vom & Blum, W. (2003). *Projekt zur Analyse der Leistungsentwicklung in Mathematik (PALMA): Arbeitsbericht zur zweiten Projektphase (4/2002–3/2004).* Department für Psychologie, Universität München.

Pekrun, R., Hofe, R. vom & Blum, W. (2006). *Projekt zur Analyse der Leistungsentwicklung in Mathematik (PALMA): Arbeitsbericht zur dritten Projektphase (4/2004–3/2006).* Department für Psychologie, Universität München.

Pekrun, R., Jullien, S., Lichtenfeld, S., Frenzel, A., Götz, T., Hofe, R. vom & Blum, W. (2005). *Skalenhandbuch PALMA: 4. Messzeitpunkt (8. Jahrgangsstufe).* Department Psychologie, Universität München.

Pekrun, R., Jullien, S., Zirngibl, A., Hofe, R. vom & Perry, R.P. (2004, April). *Emotions, self-regulated learning, and academic achievement: Testing a model of reciprocal causation.* Paper presented at the annual meeting of the American Educational Research Association, San Diego, CA.

Prenzel, M., Baumert, J., Blum, W., Lehmann, R., Leutner, D., Neubrand, M., Pekrun, R., Rolff, H.-G., Rost, J. & Schiefele, U. (Hrsg.). (2004). *PISA 2003. Der Bildungsstand der Jugendlichen in Deutschland – Ergebnisse des zweiten internationalen Vergleichs.* Münster: Waxmann.

Rost, D.H. (Hrsg.) (2000). *Hochbegabte und hochleistende Jugendliche.* Münster: Waxmann.

Wartha, S. (2005). Fehler in der Bruchrechnung durch Grundvorstellungsumbrüche. In G. Graumann (Hrsg.), *Beiträge zum Mathematikunterricht 2005* (S. 593-596). Hildesheim: Franzbecker.

Wartha, S. & Hofe, R. vom (2005). Probleme bei Anwendungsaufgaben in der Bruchrechnung. *Mathematik lehren, 128,* 10-17.

Watson, J. & Kelly, B. (2004). Statistical variation in a chance setting. A two-year-study. *Educational Studies in Mathematics, 57,* 121-144.

Zeidner, M. (1998). *Test Anxiety. The State of the Art.* New York: Plenum Press.

Zirngibl, A., Götz, T., Pekrun, R., Hofe, R. vom & Kleine, M. (2005, März). *Aufgabenspezifische Erfassung von Mathematikemotionen.* Vortrag auf der 66. Tagung der Arbeitsgemeinschaft für Empirische Pädagogische Forschung (AEPF). Berlin.

*Martin Brunner, Mareike Kunter, Stefan Krauss, Uta Klusmann,
Jürgen Baumert, Werner Blum, Michael Neubrand, Thamar Dubberke,
Alexander Jordan, Katrin Löwen & Yi-Miau Tsai*

Die professionelle Kompetenz von Mathematiklehrkräften: Konzeptualisierung, Erfassung und Bedeutung für den Unterricht.

Eine Zwischenbilanz des COACTIV-Projekts

1 Konzeptioneller Hintergrund

1.1 Forschungsanliegen von COACTIV

Die mathematische Kompetenz von Jugendlichen spielt eine Schlüsselrolle für ihre persönliche Zukunft, aber auch für die ökonomische und gesellschaftliche Entwicklung insgesamt. Jugendliche entwickeln ihre mathematische Kompetenz fast ausschließlich im Mathematikunterricht (Geary, 1995; Köller & Baumert, 2002), d.h. in einem Setting, welches von Mathematiklehrerinnen und -lehrern geschaffen wird. Aufgabe der Lehrkräfte ist es daher, Unterricht so zu gestalten, dass er Schülerinnen und Schülern Gelegenheitsstrukturen zu verständnisvollem und sinnstiftendem Lernen bietet. Damit dies gelingt, müssen Lehrkräfte zahlreiche Anforderungen meistern; inwieweit dies gelingt, wird maßgeblich durch ihre professionelle Kompetenz bestimmt. Das Projekt *Cognitive Activation in the Classroom* (COACTIV)[1], zielt darauf ab, mehr über

- die professionelle Kompetenz von Mathematiklehrkräften und ihr Erleben des beruflichen Alltags,
- den Mathematikunterricht in Deutschland,
- die Entwicklung mathematischer Kompetenz von Schülerinnen und Schülern zu erfahren.

In diesem Beitrag fokussieren wir auf die Kompetenz von Mathematiklehrkräften und ziehen eine aktuelle Zwischenbilanz unserer Arbeiten im Rahmen des COACTIV-Projektes. Hierzu zeigen wir auf, wie unser Forschungsprogramm in die geschichtliche Entwicklung der Unterrichtsforschung integriert ist. Davon ausgehend stellen wir ein umfassendes Modell der Lehrerkompetenz vor, das unseren Studien zugrunde liegt. Im Anschluss skizzieren wir das Untersuchungsdesign von COACTIV, gehen auf die zugrunde liegenden Stichproben ein und berichten über ausgewählte Befunde aus dem COACTIV-Projekt. Wir geben dabei Antworten auf Fragen zur Erfassung der Kompetenz von Mathematiklehrkräften sowie ihrer Bedeutung für die Gestaltung des Unterrichts. Wir gehen auch auf erste Befunde zum Erwerbskontext des fachspezifischen Professionswissens sowie auf schulformspezifische Muster des Mathematikunterrichts ein. Abschließend skizzieren wir einige interessante Perspektiven zukünftiger Forschungsarbeiten.

---

[1] http://www.mpib-berlin.mpg.de/coactiv/index.htm.

1.2   Entwicklungen in der Unterrichtsforschung

Im Zentrum der Unterrichtsforschung steht das Interesse an effektivem Unterricht. Unter welcher Perspektive Unterricht jedoch in den Blick genommen wird, welche Effektivitätskriterien (z.B. Schülerleistung oder Motivation, s. Kunter, 2005) gewählt werden und wie die Struktur des Unterrichts oder der Unterrichtsprozess selbst konzeptualisiert werden, unterliegt historischen Veränderungen. In der Unterrichtsforschung lassen sich einige charakteristische Perspektivenwechsel identifizieren:

Eine erste Phase der Unterrichtsforschung lässt sich als Suche nach eher allgemeinen Personeneigenschaften der Lehrkraft charakterisieren (*der „gute" Lehrer, Persönlichkeitsparadigma*), die systematisch mit erzieherischen Wirkungen und in zweiter Linie auch mit Leistungsmerkmalen von Schülerinnen und Schülern sowie Klassen kovariieren (Ingenkamp, 1970). Dieser Ansatz hat sich insgesamt als wenig erfolgreich erwiesen, da der Erklärungsabstand zwischen Personenmerkmalen und Effektkriterien sehr groß war.

Dies stellte einen entscheidenden Anstoß dafür dar, dass Unterrichtsgeschehen in den Mittelpunkt der Unterrichtsforschung zu rücken: Das *Prozess-Produkt-Modell* entstand. Im Rahmen dieses Modells wurde versucht, Prozessmerkmale des Unterrichts zu identifizieren (Lehrerverhalten, Unterrichtsführung, Lehrer-Schüler- oder Schüler-Schüler-Interaktionen), die in einem systematischen Zusammenhang mit dem Lernerfolg von Schülern stehen. Innerhalb dieses Rahmenmodells lassen sich zwei empirische Forschungsstränge unterscheiden, von denen sich der eine eher auf die Untersuchung der Interaktionsstruktur in der Klasse und im Unterricht konzentriert (Klimaforschung) und der andere das Instruktionsverhalten von Lehrkräften in den Mittelpunkt stellt (Instruktionsforschung) (zusf. z.B. Rosenshine & Stevens, 1986).

Unter dem Einfluss der Kognitionsforschung wurde dieses einfache Prozess-Produkt-Modell zu einem *Prozess-Mediations-Produkt-Modell* erweitert, in dem die individuellen Informationsverarbeitungsprozesse der Schülerinnen und Schüler als Schlüsselmerkmale für das Lernen herausgestellt wurden. Die aktive Lernzeit und die Tiefe der Auseinandersetzung fanden als Aspekte derartiger Mediationsprozesse besondere Aufmerksamkeit (z.B. in Form eines Angebot-Nutzungs-Modell, vgl. Helmke, 2003). Mit dieser Erweiterung des Modells war ein Wechsel der Perspektive verbunden: eine kollektiv-systemische Sicht des Unterrichts machte einer ausgeprägt individualpsychologischen Sichtweise Platz. Konsequenterweise wurde nun nicht mehr nur nach allgemeingültigen Regelmäßigkeiten gesucht, sondern es wurden auch Wechselwirkungen zwischen Schülermerkmalen und Unterrichtsmethoden in Betracht gezogen (ATI-Effekte, Corno & Snow, 1986). Für die Beschreibung effektiver Unterrichtsmethoden bedeutet dies gleichzeitig eine Erweiterung des Spektrums: Effektives Unterrichten erfordert somit ein adaptives Vorgehen. Aus der Menge möglicher Varianten der Klassenorganisation, Inhalte oder Instruktionsmethoden gilt es diejenigen zu wählen, die den Voraussetzungen der Schülerinnen und Schüler am besten entsprechen. Dabei können sich die persönlichen Voraussetzungen zu einem bestimmten Zeitpunkt zwischen den Lernenden und im zeitlichen Verlauf und je nach Lernfortschritt auch für einen einzelnen Lernenden unterscheiden. Diese inter- und intraindividuellen Unterschiede sind idealerweise zu berücksichtigen und erfordern daher, dass lernförderlicher Unterricht erst durch die gelungene Kombination und Abwechslung verschiedener Gestaltungselemente, also der „Orchestrierung" diverser didaktischer Strategien und methodischer Grundformen, gekennzeichnet ist (Einsiedler, 1997; Helmke, 2003).

Charakteristisch für die jüngsten Entwicklungen in der Unterrichtsforschung ist daher die Entwicklung von komplexeren theoretischen Modellen (z.B. Baumert, Blum & Neubrand, 2004; Helmke, 2003), die eine angemessenere Beschreibung des Bedingungsgefüges von Lehren und Lernen erlauben. In diesen neueren Modellen nimmt die Variable „Lehrkraft" wieder einen bedeutenden Raum ein, da davon ausgegangen wird, dass es der ausdrücklichen Steuerung durch die Lehrkraft bedarf, um adaptive und zieladäquate Lernsituationen zu schaffen und – auch unter sich verändernden Anforderungen – aufrecht zu erhalten. In bezeichnender Weise sind somit beide Paradigmen – Forschungen zur Lehrerpersönlichkeit und das erweiterte Prozess-Produkt-Modell – in neueren Arbeiten in fruchtbarer Weise wieder aufgegriffen und reformuliert worden. Das Paradigma der Lehrerpersönlichkeit erhielt dabei eine neue theoretische Fundierung aus der Expertiseforschung, die im Konzept des professionellen Wissens von Lehrkräften eine eigene pädagogische Gestalt gewann. Damit verbunden war eine ganzheitliche, systemische Sicht des Unterrichtsgeschehens. Die Untersuchung des Handelns von Lehrkräften als *reflective practitioners* gehört ebenso in diese Tradition wie die Analyse von subjektiven Theorien oder Überzeugungssystemen von Lehrern (Bromme, 1992, 1997; Calderhead, 1996; Leinhardt & Greeno, 1986; Schön, 1987; Shulman, 1986, 1987; Thompson, 1992). Die empirische Überprüfung, inwieweit das professionelle Wissen von Lehrkräften tatsächlich regulative Funktionen für die Gestaltung von Unterricht als Gelegenheitsstruktur für die Unterstützung von Wissenserwerbsprozessen hat, steht jedoch erst am Anfang (z.B. Köller, Baumert & Neubrand, 2000; Staub & Stern, 2002).

1.3 Das Zusammenspiel von Lehrerkompetenz, Unterrichtsgestaltung und der Entwicklung mathematischer Kompetenz

Im Rahmen von COACTIV greifen wir diese aktuellen Forschungsentwicklungen auf und spezifizieren ein theoretisches Modell für den Bereich des Mathematikunterrichts. Abbildung 1 stellt schematisch dar, wie wir das Zusammenspiel von Lehrerkompetenz, Unterrichtsgestaltung und der Entwicklung der mathematischen Kompetenz der Schülerinnen und Schüler begreifen.

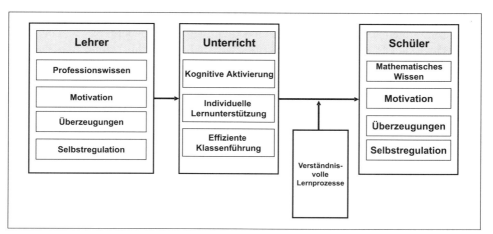

Abb. 1:   Vereinfachtes Modell des Zusammenwirkens von Lehrerkompetenz, Unterrichtsgestaltung und Entwicklung mathematischer Kompetenz der Schülerinnen und Schüler

Zentral ist in diesem Modell ein Gedanke: Erst die aktive Nutzung der Lerngelegenheiten durch die Schülerinnen und Schüler in Form *verständnisvoller Lernprozesse* führt zur Entwicklung mathematischer Kompetenz (z.B. Baumert & Köller, 2000; Helmke & Weinert, 1997; Weinert, 1996). Entsprechend verstehen wir Lernen als einen mentalen Prozess, der die selbständige und aktive Auseinandersetzung mit dem eigenen Wissen beinhaltet. Das Produkt dieses Prozesses ist neben prozeduralen Fertigkeiten vor allem der Aufbau *konzeptuellen fachlichen Wissens*, das – basierend auf inhaltlichen Vorstellungen von den Fachinhalten (Blum & vom Hofe, 2003; vom Hofe, 1995) – ein tiefergehendes Fachverständnis durch eine Vernetzung von Wissen, Fertigkeiten und Fähigkeiten ermöglicht (Hiebert & Carpenter, 1992). Auch lernförderliche motivationale Merkmale und Überzeugungen, wie etwa fachliches Interesse oder selbststützende Kognitionen, werden durch den Prozess des verständnisvollen Lernens gefördert.

Es stellt sich nun natürlich die Frage, wie im Mathematikunterricht verständnisvolle Lernprozesse angeregt und unterstützt werden können. Entscheidend dürfte hier die *kognitive Aktivierung* der Lernenden sein: Es gilt im Unterricht, ein optimales Niveau herzustellen, welches alle Lernenden zur aktiven Auseinandersetzung mit den Lerninhalten anregt und sie fordert, aber nicht überfordert. Kognitiv aktivierende Elemente können im Unterricht *Aufgaben* sein, die an das Vorwissen der Lernenden anknüpfen und bereits bestehende Konzepte und Kompetenzen weiterentwickeln, oder auch *Unterrichtsgespräche*, in denen die Lernenden, moderiert von der Lehrkraft, weitgehend selbständig die Gültigkeit und Reichweite ihrer eigenen Lösungsvorschläge überprüfen.

Mit Blick auf den Mathematikunterricht stellen insbesondere die Aufgaben ein entscheidendes Mittel zur Steuerung verständnisvoller Lernprozesse dar. Durch die Wahl und Anordnung von Aufgaben mit adäquatem kognitiven Potenzial können Schülerinnen und Schüler zur gehaltvollen Auseinandersetzung mit mathematischen Inhalten stimuliert werden, vorausgesetzt, die Aufgabenlösungen werden in entsprechend kognitiv aktivierender Weise begleitet (zur Aufgabenimplementation vgl. Blum et al., 2006, insbesondere Teil 3).

Um Schülerinnen und Schüler zu sinnstiftenden Lernprozessen anzuregen, bedarf es allerdings mehr als nur einer anspruchsvollen Aufgabenstellung und -implementierung, da der spezielle soziale Charakter des Klassenunterrichts besondere Anforderungen stellt: Um die zur Verfügung stehende Lernzeit optimal zu nutzen, ist eine effektive Organisation der Unterrichtsstunden zwingend, in der möglichst wenig Zeitverluste durch ordnende Maßnahmen entstehen (Brophy, 1986; Doyle, 1986; Helmke, 2003; Klieme, Schümer & Knoll, 2001). Gleichzeitig ist es auch Aufgabe der Lehrkraft, die sozialen Interaktionen, und zwar besonders die Lehrer-Schüler-Interaktionen, so zu gestalten, dass eine lernförderliche Situation erzeugt wird. Insbesondere die kognitiven Prozesse beim verständnisvollen Lernen, die konzeptueller Umstrukturierung zugrunde liegen, erfordern aktives Engagement seitens der Lernenden (z.B. Turner et al., 1998). Um Lernende hierzu anzuregen, müssen Aufgaben schülerorientiert implementiert werden, indem die Lernenden auch bei Schwierigkeiten angeleitet und begleitet werden. Dies erfordert ein „Sozialklima" mit Aufmerksamkeit für individuelle Verständnisschwierigkeiten und einen respektvollen und die Person achtenden Umgang mit den Schülerinnen und Schülern (vgl. Gruehn, 2000; Helmke, 2003; Kunter et al., 2005). Zusammenfassend verdeutlicht dies, dass Selbständigkeit fördernder und kognitiv aktivierender Unterricht nur in einer Lernumgebung denkbar ist, in der Lernende als autonome Personen geschützt und wertgeschätzt werden.

Wichtig ist an dieser Stelle hervorzuheben, dass wir davon ausgehen, dass die kognitive Aktivierung, die effektive Klassenführung und die lernförderliche Gestaltung der sozialen Interaktionen als zentrale Aspekte der Unterrichtsgestaltung nicht an bestimmte Methoden (z.B. direkte Instruktion oder offener Unterricht) oder Sozialformen (z.B. Gruppenarbeit oder Unterrichtsgespräch im Klassenverband) gebunden ist, sondern innerhalb dieser realisiert werden. Weiterhin nehmen wir in Abgrenzung zu Helmke (2003) nicht an, dass diese Elemente der Unterrichtsgestaltung wechselseitig kompensierbar sind.

Insgesamt gesehen, verdeutlichen die obigen Ausführungen, dass die Anforderungen, die an Lehrkräfte zur gelingenden Unterrichtsgestaltung gestellt werden, somit äußerst komplex sind, und die empirische Unterrichtsforschung zeigt, dass es Lehrkräften unterschiedlich gut gelingt, diese Ansprüche zu verwirklichen. In Anbetracht des komplexen Anforderungsprofils gewinnt somit die Frage der professionellen Kompetenz von Lehrkräften eine besondere Bedeutung.

1.4 Lehrerkompetenz

Wir verstehen (in Anlehnung an den Begriff „Handlungskompetenz" von Weinert, 2001) unter *Lehrerkompetenz* das dynamische Zusammenwirken von Aspekten des Professionswissens, Überzeugungen, motivationalen Orientierungen und selbstregulativen Fähigkeiten. Diese verschiedenen Kompetenzbereiche interagieren miteinander und bilden so die Grundlage für professionelles Lehrerhandeln, welches sich durch ein reichhaltiges Repertoire an Handlungsmöglichkeiten, das funktionales Verhalten in verschiedenen Situationen ermöglicht, auszeichnet. Abbildung 2 gibt einen schematischen Überblick über die Konzeptualisierung der Lehrerkompetenz im Projekt COACTIV, deren einzelne Aspekte im Folgenden am Beispiel von Mathematiklehrkräften erläutert werden.

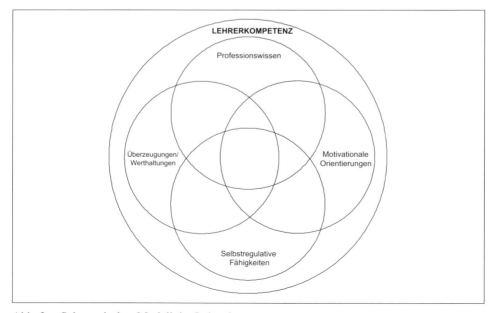

Abb. 2:   Schematisches Modell der Lehrerkompetenz

1.4.1 Professionswissen

Das Wissen über fachliche Inhalte und Instruktionsstrategien kann als ein zentraler Aspekt der Kompetenz gesehen werden. Zur Konzeptualisierung des Professionswissens von Mathematiklehrkräften greifen wir vor allem auf die von Shulman (1986; 1987) eingeführte und von Bromme (1997) erweiterte Unterscheidung von *Fachwissen* (content knowledge), *fachdidaktischem Wissen* (pedagogical content knowledge) und allgemeinem *pädagogischen Wissen* (pedagogical knowledge) zurück. Aus konzeptueller Sicht können diese um die Bereiche des spezifischen *Organisations- und Interaktionswissens* (Sternberg & Horvath, 1995) sowie um das *Beratungswissen*, das zur Kommunikation mit Laien erforderlich ist (Bromme, Jucks & Rambow, 2004) ergänzt werden. Diese letzteren beiden Wissensarten spielen jedoch im Rahmen von COACTIV keine wesentliche Rolle.

Schwerpunkt in COACTIV sind die beiden fachspezifischen Kompetenzbereiche des Professionswissens (Fachwissen und fachdidaktisches Wissen), denen entscheidende Bedeutung zur Gestaltung „fachlich gehaltvoller Lernumgebungen" (Blum, 2001) im Sinne des oben dargestellten Unterrichtsmodells zukommen dürfte. Entscheidend ist hier der domänenspezifische Zugang, der explizit auf die Lernprozesse und Modelle des Fachs – dies ist im Rahmen von COACTIV also die Mathematik – Bezug nimmt. Gerade für den Bereich Mathematik sind hier in den letzten Jahren theoretisch und empirisch vielversprechende Arbeiten zum Professionswissens vorgelegt worden (z.B. Ball, Lubienski & Mewborn, 2001; Hill, Rowan & Ball, 2005; Hill, Schilling & Ball, 2005).

Mathematisches Fachwissen (mathematical content knowledge) ist die Grundvoraussetzung zum Erteilen von mathematischem Fachunterricht (Ball, Lubienski & Mewborn, 2001; Terhart, 2002). Nur wenn Lehrkräfte sich in der Domäne Mathematik sicher bewegen, sind sie in der Lage, Lernprozesse zu steuern und sicher auf Schülerfragen zu reagieren. Im Rahmen der COACTIV-Studie konzeptualisieren wir mathematisches Fachwissen als vertieftes Hintergrundwissen über Inhalte des mathematischen Schulcurriculums in Mathematik. Lehrkräfte sollen den von ihnen unterrichteten Stoff auf einer Ebene durchdringen, die über dem im Unterricht üblichen Bearbeitungsniveau liegt. Damit grenzen wir mathematisches Fachwissen vom mathematischen Alltagswissen, über das grundsätzlich alle Erwachsene verfügen sollten, deutlich ab. Allerdings ist bislang noch ungeklärt, ob das vertiefte mathematische Schulwissen Teil des Universitätswissens ist (also dem Wissen, wie es typischerweise im Mathematikstudium an der Universität erworben wird) oder ein strukturell davon zu unterscheidender Wissensbestand.

Vom Fachwissen zu unterscheiden ist das *fachdidaktische Wissen in Mathematik* (mathematical pedagogical content knowledge), das nach Shulman (1986) das Wissen umfasst, das erforderlich ist, um mathematische Inhalte für Lernende „zugänglich zu machen". Kirsch (1977) hat bereits herausgearbeitet, dass dies eine eigenständige, auf fachlich-inhaltlichen Kategorien aufbauende Aufgabe des didaktischen Handelns ist. Im Sinne unseres theoretischen Rahmenmodells der verständnisvollen Lernprozesse umfasst fachdidaktisches Wissen somit das Wissen darüber, wie Lernsituationen gestaltet werden müssen, um solche Lernprozesse zu unterstützen. Da Mathematikunterricht aus der „*Verhandlung*" mathematischer *Inhalte* mit *Schülern* besteht (Abb. 3), betrachten wir im Rahmen von COACTIV drei Wissenskomponenten als zentrale Bausteine des fachdidaktischen Wissens: Wissen über fachspezifische Instruktionsstrategien (*Verhandlungs- und Vermittlungsaspekt*, z.B. Wissen über adäquate Erklärung und Repräsentation mathematischer Inhalte), Wissen über das Potenzial des Schulstoffs für Lernprozesse (*Inhaltsaspekt*, z.B. Wissen über das multiple Lösungspotenzial von Mathematikaufgaben), und Wissen über fachbezogene Schülerkognitionen (*Schüleraspekt*, z.B. Wissen über typische Schülerfehler und Schülerschwierigkeiten).

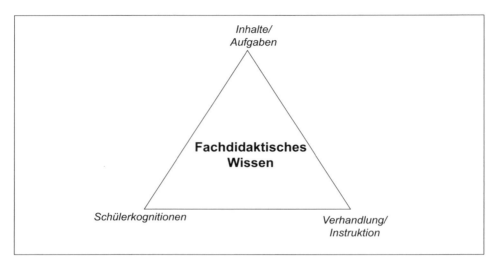

Abb. 3:   Eckpunkte des fachdidaktischen Wissens in Form eines fachdidaktischen Dreiecks

Es ist anzunehmen, dass die beiden fachspezifischen Komponenten des Professionswissens für die Gestaltung gehaltvoller Lernumgebungen erst voll zum Tragen kommen, wenn eine Lehrkraft auch über ausreichendes *pädagogisches Wissen* verfügt (vgl. Klieme, Schümer & Knoll, 2001, Abb. 12). Unter pädagogischem Wissen (pedagogical knowledge) verstehen wir das generelle, fachübergreifende Wissen, welches zur Schaffung und Optimierung der Lehr-Lernsituation notwendig ist, wie Wissen über generelle Verarbeitungsprozesse und Arbeitsmethoden, oder Wissen über soziale Belange und Klassenführungsstrategien. Es beschreibt somit dasjenige Wissen, welches relativ unabhängig von dem zu unterrichtenden Fach gilt und beim Gestalten von Lerngelegenheiten in verschiedenen Unterrichtsfächern von Bedeutung ist.

1.4.2 Überzeugungen

Die Literatur zu *teacher beliefs* (zusf. z.B. Calderhead, 1996; Leder, Pehkonen & Törner, 2002; Thompson, 1992) zeigt, dass Lehrkräfte im Verlauf ihrer beruflichen Entwicklung dezidierte *Überzeugungen* über die Struktur des Wissensgebietes, über Lehren und Lernen oder über die Aufgaben der Profession aufbauen, die nicht nur langfristig, sondern auch im unmittelbaren Unterrichtskontext handlungssteuernde Funktionen haben können. Für die Gestaltung von mathematischen Unterrichtssituationen scheinen subjektive Theorien über das Lehren und Lernen von Mathematik bedeutsam zu sein. So lassen sich beispielsweise zwei grundlegende Überzeugungen differenzieren (Staub & Stern, 2002). Bei der so genannten *transmission view* verstehen Lehrkräfte Lernen als das Resultat von Informationsvermittlung und repetitiver Übung, wohingegen bei der *construction view* Lehrkräfte Lernen als aktive Konstruktion – also tendenziell im Sinne des von uns dargestellten verständnisvollen Lernens – ansehen.

Während theoretische Ansätze zur Konzeptualisierung von fachbezogenem Wissen und Überzeugungen bereits etabliert und vereinzelt auch empirisch umgesetzt wurden, beschäftigen sich bisher nur relativ wenige Arbeiten im Rahmen der Lehr-Lernforschung mit motivationalen und selbstregulativen Merkmalen von Lehrkräften.

1.4.3 Motivationale Orientierungen

Um gehaltvoll zu unterrichten, müssen Lehrkräfte nicht nur etwas wissen, sondern auch dazu motiviert sein, dieses Wissen im Unterricht einzusetzen. Die Literatur zu Schülermotivation zeigt, dass u.a. Selbsteinschätzungen, Werte und Ziele sowie intrinsische Dispositionen entscheidend dafür sind, inwieweit Personen sich in Lernkontexten engagieren und funktionales Verhalten zeigen (Eccles & Wigfield, 2002; Pintrich, 2003). Auch bei Mathematiklehrkräften dürften solche motivationalen Aspekte entscheidend dafür sein, ob und wie eine Lehrkraft ihr Wissen im Unterricht anwendet, inwieweit sie bereit ist, sich weiterzubilden oder neues Wissen anzuwenden. Konstrukte, die in diesem Zusammenhang diskutiert werden, sind u.a. Selbstwirksamkeitsüberzeugungen (Tschannen-Moran, Hoy & Hoy, 1998) und der Enthusiasmus von Lehrkräften (Patrick, Hisley & Kempler, 2000).

1.4.4 Selbstregulative Fähigkeiten

Im Vergleich zu anderen Berufen ist der Lehrerberuf typischerweise davon geprägt, dass Lehrkräfte nur wenig externe Steuerung – zum Beispiel in Form von spezifischen Arbeitsaufträgen oder Rückmeldungen – erfahren. Um den komplexen Anforderungen des Berufs dennoch gerecht zu werden, sind selbstregulative Fähigkeiten in besonderem Maße erforderlich. Ähnlich wie Lernende in anderen Domänen sind auch Mathematiklehrkräfte gefordert, sich selbst zu motivieren, sich zu engagieren und – auch im Angesicht von Schwierigkeiten – funktionales Verhalten über längere Zeit aufrecht zu erhalten. Vor dem Hintergrund der Literatur zum Belastungserleben von Lehrkräften (Schaufeli & Enzmann, 1998) scheint es jedoch eine besondere Herausforderung des Lehrerberufs zu sein, sich realistische Ziele zu setzen und einen ausgewogenen Umgang mit den Ressourcen anzustreben, d.h. das richtige Maß von Engagement und Distanzierungsfähigkeit zu finden. Erste Befunde zur Selbstregulation von Lehrkräften zeigen, dass sich Lehrkräfte in ihrer Widerstandsfähigkeit und ihrer Distanzierungsfähigkeit gegenüber beruflichen Problemen sowie ihrer Tendenz, bei langfristigen hohen Belastungen zu resignieren, unterscheiden. Diese persönlichen Ressourcen stehen in engen Zusammenhang mit der Berufszufriedenheit sowie dem positiven oder negativen emotionalen Erleben der eigenen Lehrtätigkeit, aber auch – wie wir in diesem Beitrag zeigen – mit ihrem unterrichtlichen Handeln.

Zusammenfassend haben die bisherigen Ausführungen verdeutlicht, dass die Kompetenz von Mathematiklehrkräften ein mehrdimensionales Konstrukt ist: Konstitutive Elemente sind das Professionswissens, Überzeugungen, motivationale Orientierungen und selbstregulative Fähigkeiten. Wir gehen dabei davon aus, dass diese Elemente nicht nur grundlegend für die professionelle Kompetenz von Mathematiklehrkräften, sondern auch von Lehrkräften anderer Fachrichtungen sind. Weiterhin nehmen wir an,

dass das Zusammenspiel dieser Elemente die Grundlage für professionelles Lehrerhandeln und somit für die fachlich gehaltvolle und adaptive Gestaltung des Unterrichts
bildet.

So theoretisch plausibel diese Annahme ist, liegen doch bisher nur sehr wenige
Studien vor, die den Zusammenhang zwischen diesen Aspekten der Lehrerkompetenz
und der Unterrichtsgestaltung empirisch untermauern können. Ein Grund hierfür dürfte
darin liegen, dass es bisher an Messinstrumenten mangelte, die Facetten der Lehrerkompetenz (insbesondere das fachspezifische Professionswissen) reliabel und valide
erfassen. Es ist das Anliegen des COACTIV-Projektes, eine empirische Datenbasis zu
schaffen, mit der diese Facetten der Kompetenz von Mathematiklehrkräften erfasst und
ihre Bedeutung für den Unterricht und das Erreichen multipler Unterrichtsziele untersucht werden können.

2   Das Projekt COACTIV: Design und Stichprobe

2.1   Studiendesign

Das Projekt COACTIV ist konzeptuell und technisch in die nationale Ergänzung der
internationalen Vergleichsstudie PISA 2003/04 der OECD eingebunden (Kunter et al.,
in Druck; PISA-Konsortium Deutschland, 2004; für eine ausführlichere Beschreibung
des COACTIV-Untersuchungsdesigns und der verwendeten Erhebungsinstrumente s.
Krauss et al., 2004). Im Rahmen der nationalen Ergänzung von PISA wurde die im
internationalen Design vorgesehene altersbasierte Stichprobe von 15-jährigen Jugendlichen durch zwei zufällig ausgewählte, vollständige Schulklassen je untersuchter
Schule ergänzt und als Längsschnittstichprobe erweitert: Die Schülerinnen und Schüler
dieser Klassen bearbeiteten am Ende der 9. und der 10. Jahrgangsstufe sowohl Leistungstests als auch Fragebögen, die neben Schülermerkmalen auch Merkmale ihres
Mathematikunterrichts erfassten.

Im Rahmen von COACTIV bearbeiteten die Mathematiklehrkräfte genau dieser
Klassen insgesamt zweimal – teils computeradministrierte – Fragebögen und Tests zu
ihrem sozialen und beruflichen Hintergrund, zu motivationalen Aspekten des Lehrerberufs, ihren Überzeugungen zum Lernen und Lehren, ihrer Wahrnehmung des
eigenen Unterrichts, ihren selbstregulativen Fähigkeiten im Beruf sowie zu verschiedenen Facetten ihres Professionswissens. Lehrkräfte, die an Hauptschulen unterrichten,
nahmen nur an der Untersuchung im Jahr 2003 teil, da nur ein geringer Anteil an
Hauptschülerinnen und Hauptschülern in die 10. Jahrgangsstufe überwechselte.

Eine detaillierte Übersicht, wie sich die Stichproben der Mathematiklehrkräfte zu
den beiden Erhebungszeitpunkten (2003 und 2004) zusammensetzen, bietet Abbildung 4.

An der Längsschnittuntersuchung von PISA nahmen im Jahr 2003 Jugendliche aus
387 Klassen teil. Diese Schülerinnen und Schüler wurden von 372 Mathematiklehrkräften unterrichtet, die wir anschrieben, um für die Mitarbeit an unserer Studie zu
werben. 15 „Doppelklassen" wurden dabei also von ein und denselben Lehrkräften
unterrichtet. Von den 372 angefragten Lehrkräften nahmen tatsächlich 351 Lehrkräfte
an unserer Untersuchung teil. Mit dieser Teilnahmequote von 94 Prozent, aber auch
der Teilnahmequote von 84 Prozent (229 von 274 angefragten Lehrkräften) im Jahr
2004 sind wir mehr als zufrieden. Insgesamt nahmen 181 Lehrkräfte an beiden
Erhebungszeitpunkten teil. Allen Lehrkräften sei an dieser Stelle für ihre Mitarbeit
nochmals herzlich gedankt.

In Tabelle 1 ist eingetragen, wie sich die Lehrkräfte in den realisierten Stichproben zu beiden Messzeitpunkten auf die Schulformen verteilten. Sowohl im Jahr 2003 als auch im Jahr 2004 unterrichteten die teilnehmenden Lehrkräfte an Schulen aller Schulformen aus ganz Deutschland (ausgenommen hiervon sind Lehrkräfte an Hauptschulen für die Erhebung 2004; s.o.). Diese breite und heterogene Stichprobe bietet damit ein gutes Abbild der Population deutscher Lehrkräfte in der Sekundarstufe 1 für die 9. und 10. Jahrgangsstufe (vgl. Kunter et al., 2005).

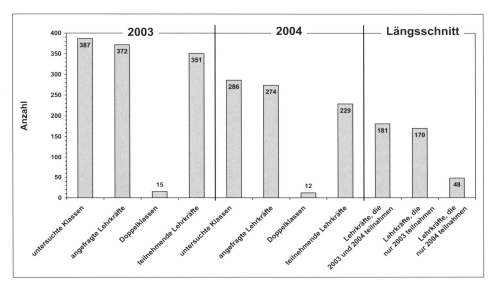

Abb. 4: Realisierte Stichproben im Rahmen des COACTIV Projektes zu den beiden Erhebungszeitpunkten 2003 und 2004 und im Längsschnitt

Tab. 1: Schulformverteilung (in Prozent), Geschlechterverteilung (in Prozent) und Alter (in Jahren) der an COACTIV teilnehmenden Lehrkräfte

Schulform	2003				2004			
	Anteil Schulform	Anteil weiblich	Alter		Anteil Schulform	Anteil weiblich	Alter	
			M	SD			M	SD
Hauptschule	22,2	32,0	49,9	8,4	x	x	x	x
Sekundarschule	11,1	58,8	46,3	8,5	12,2	73,1	45,4	7,1
Realschule	26,2	45,1	48,5	9,0	34,9	40,8	47,6	8,5
Gesamtschule	10,3	50,0	50,5	5,5	12,7	53,8	47,6	7,3
Gymnasium	30,2	38,4	45,7	9,7	40,2	41,2	45,8	9,1
Gesamt	--	41,9	47,9	8,9	--	46,6	46,6	8,5

Anmerkung: Für die Erhebung 2003 (2004) basieren die Schulformanteile auf Daten von 351 (229) Lehrkräften, die Angaben zum Geschlecht auf Daten von 322 (208) Lehrkräften und die Angaben zum Alter auf Daten von 318 (206) Lehrkräften. x: im Jahr 2004 nahmen keine Hauptschullehrkräfte teil.

Alters- und Geschlechterverteilungen für die Gesamtstichprobe und getrennt für die Schulformen sind ebenfalls aus Tabelle 1 ersichtlich. Im Jahr 2003 waren 41,9 Prozent der Lehrkräfte weiblich, das durchschnittliche Alter lag bei 47,9 Jahren (SD = 8,9 Jahre). Für die Erhebung im Jahr 2004 fanden sich nahezu identische Verteilungen (46,6% weiblich; M = 46,6 Jahre, SD = 8,5 Jahre). Zu beiden Erhebungszeitpunkten waren auch die Geschlechter- und Altersverteilungen innerhalb der jeweiligen Schulformen in etwa gleich. Ausgenommen hiervon ist der etwas höhere Anteil an Lehrerinnen in der Sekundarschule (58,8% 2003 vs. 73% 2004). Jedoch ist hierbei die kleine Bezugsbasis zu bedenken (34 Sekundarschullehrkräfte 2003 vs. 26 Lehrkräfte 2004), was dieses Ergebnis relativiert; kleinere Veränderungen der Bezugsbasis bewirkten so deutliche Veränderungen der prozentualen Anteile.

Wichtig ist an dieser Stelle darauf hinzuweisen, dass diese Stichprobenbeschreibung für die publizierten Arbeiten von COACTIV wie auch die nachfolgend dargestellten Ergebnisse in unterschiedlichem Maße zutrifft. Die Art der Fragestellung erlaubt in manchen Fällen nur die Verwendung eines Teils der Daten, was zu variierenden Stichprobengrößen führen kann.

Da ein Schwerpunkt von COACTIV in der Entwicklung von Messinstrumenten zur Erfassung der Lehrerkompetenz lag, gehen wir im nächsten Abschnitt genauer darauf ein, wie wir die Aspekte der professionellen Lehrerkompetenz erfasst haben, bevor wir anschließend ausgewählte Befunde berichten.

2.2   Erfassung der Lehrerkompetenz

2.2.1 Professionswissen

Eine der großen Herausforderungen im Rahmen von COACTIV stellte die Erfassung des fachspezifischen Professionswissens für Mathematiklehrkräfte der Sekundarstufe dar (für Grundschullehrkräfte s. Hill, Rowan & Ball, 2005; Hill, Schilling & Ball, 2005). Mit der Entwicklung eines Tests im Zuge der Erhebung des Jahres 2004 (N = 217) haben wir Forschungsneuland betreten (Krauss et al., 2004). Hierzu wurden Testitems auf Grundlage von Expertenbefragungen und intensiver Recherche in der einschlägigen Literatur entwickelt und in mehreren Vorstudien empirisch überprüft (Bedingung war beispielsweise, dass die Items grundsätzlich für Lehrkräfte aller Sekundarschulformen lösbar waren und von den Lehrkräften selbst auch als berufsrelevantes Wissen eingestuft wurden, sog. *face-validity*). Alle Items hatten ein offenes Antwortformat; Lehrkräfte konnten also die richtige Antwort nicht einfach raten. Nachfolgend stellen wir detailliert dar, wie wir die Facetten des fachdidaktischen Wissens (Aufgaben/Inhalte, Schülerkognitionen, Instruktion) sowie das mathematische Fachwissen operationalisierten. Abbildung 5 gibt eine Übersicht entsprechender Beispielitems.

Aufgaben stellen im Mathematikunterricht eine zentrale Trägerform mathematischer *Inhalte* dar. Das Potenzial von Aufgaben für die Unterstützung von Lernprozessen kann u.a. über deren multiple Lösbarkeit erschlossen werden (für eine empirische Bestätigung der lernförderlichen Wirkung multipler Lösungswege z.B. Große, 2005). Zur Operationalisierung des didaktischen Wissens über Inhalte wurden vier (auch für Schüler lösbare) Mathematikaufgaben gewählt, jeweils mit der Instruktion für die Lehrkraft, möglichst viele substantiell verschiedene Lösungswege anzugeben (Abb. 5, Bsp. a).

Um Unterricht adaptiv gestalten zu können, muss eine Lehrkraft über Kenntnisse zu typischen inhaltlichen *Schülerkognitionen* verfügen. Nach Matz (1982) offenbaren vor allem *Probleme* und *Fehler* das implizite Wissen des Problemlösers und machen kognitive Prozesse so oftmals überhaupt erst erkennbar. Um Schülerfehler und typische Schwierigkeiten als eine didaktische Chance für verständnisvolles Lernen nutzbar zu machen, muss eine Lehrkraft Schülerfehler erkennen, konzeptuell einordnen und analysieren können. Zur Operationalisierung des didaktischen Wissens über Schülerinnen und Schüler wurden acht Unterrichtssituationen konstruiert, in denen Schülerfehler oder Schwierigkeiten erkannt und/oder analysiert werden mussten (Abb. 5, Bsp. b).

a. Aufgaben Item „Quadrat"	**b. Schülerkognitionen** Item „Parallelogramm"
Wie ändert sich der Flächeninhalt eines Quadrats, wenn man die Seitenlänge verdreifacht? Begründe deine Antwort! Bitte schreiben Sie möglichst viele verschiedene Lösungsmöglichkeiten (Begründungen) zu dieser Aufgabe kurz auf (*bitte nummerieren Sie Ihre Lösungsmöglichkeiten*).	Die Fläche eines Parallelogramms lässt sich berechnen aus Länge der Grundlinie mal Länge der Höhe. 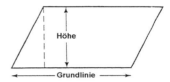 Geben Sie bitte ein Beispiel eines Parallelogramms (anhand einer Skizze), an dem Schüler bei dem Versuch, diese Formel anzuwenden, eventuell scheitern könnten.
c. Instruktion Item „-1 mal -1"	**d. Fachwissen** Item „Primzahl"
Eine Schülerin sagt: Ich verstehe nicht, warum $(-1) \cdot (-1) = 1$ ist. Bitte skizzieren Sie kurz möglichst viele verschiedene Wege, mit denen Sie der Schülerin diesen Sachverhalt klar machen könnten (*bitte nummerieren Sie Ihre Erklärungsmöglichkeiten*).	Ist $2^{1024} - 1$ eine Primzahl?

Abb. 5: Beispielitems zur Erfassung des fachdidaktischen Wissens (a bis c) und des Fachwissens (d) von Mathematiklehrkräften.

Die Wissenskonstruktion der Schülerinnen und Schüler kann oft nur mit instruktionaler Anleitung gelingen. Zur Operationalisierung des didaktischen Wissens über *Verhandlung/Instruktion* wurden acht Situationen aus dem Mathematikunterricht konstruiert, in denen die unmittelbare Unterstützung lokaler Verständnisprozesse erforderlich war. Da profundes Wissen über mathematische Repräsentationen die Verfügbarkeit eines großen Repertoires zum Erklären mathematischer Sachverhalte bedeutet, wurde dabei ein Schwerpunkt auf solches Wissen gesetzt (Abb. 5, Bsp. c).

In Abgrenzung zum fachdidaktischen Wissen wurde ein Test zum *Fachwissen* von Mathematiklehrkräften konstruiert. Das Fachwissen wurde in COACTIV – wie in Abschnitt 1.4.1 ausgeführt – als vertieftes Hintergrundwissen über den Schulstoff gefasst. In diesem Test wurden den Lehrkräften insgesamt dreizehn Aufgaben (mit vergleichsweise hohem Schwierigkeitsniveau, aber explizit *kein* ausgewiesenes Universitätswissen) vorgelegt. Eine Beispielaufgabe dafür ist in Abbildung 5, Bsp. d dargestellt.

Insgesamt wurden die fachspezifischen Komponenten des Professionswissens also anhand von 37 Items erfasst (24 Items fachdidaktisches Wissen und 13 Items Fachwissen). Es ist hier wichtig zu bemerken, dass sich unsere Operationalisierung des fachdidaktischen Wissens auf die Leistung bei *Testitems* stützt. Handlungsnahe Aspekte des fachdidaktischen Wissens (z.B. die tatsächliche Reaktion auf kritische Unterrichtssituationen) konnten mit den gewählten Methoden und Instrumentarien nicht erfasst werden. Dies ist bei einer Interpretation unserer Befunde immer zu bedenken.

Ein grundsätzliches Problem in der Leistungsdiagnostik ist die Frage, ob eine Itemantwort als richtig oder falsch beurteilt wird. Während dies bei Fachwissen-Items relativ einfach ist (hier kann die Richtigkeit rein mathematisch begründet werden), ist dies bei den Items zur Erfassung des fachdidaktischen Wissens deutlich schwieriger. Um dieses Problem zu lösen, wurde die Expertise von Professoren der Mathematikdidaktik sowie tätigen Mathematiklehrkräften genutzt. Kriterien für eine „richtige" Antwort bei einem Fachdidaktik-Item waren entweder, ob die Lehrerantwort durch empirische Studien gestützt wurde (z.B. ob eine Studie zeigen konnte, dass bestimmte Erklärungsarten zu einem deutlich besseren Schülerverständnis führen), oder ob die Experten die Antwort übereinstimmend als richtig bewerteten. Auf Grundlage der Expertenurteile wurde ein umfassendes Kodierschema für die Items zur Erfassung des fachdidaktischen Wissens und des Fachwissens entwickelt. Mit dem Kodierschema wurden acht Mathematiklehramtsstudierende mit ausgezeichneten Studienleistungen, die kurz vor ihrem Staatsexamen standen oder dieses bereits erfolgreich absolviert hatten, für die Auswertung der COACTIV-Lehrerantworten geschult.

Alle Lehrerantworten wurden zunächst von jeweils zwei dieser acht trainierten Studierenden getrennt kodiert. Die Interraterreliabilität erwies sich als befriedigend bis gut: Werte für den Generalisierbarkeitskoeffizient ρ (Shavelson & Webb, 1991) lagen im Mittel über .80. Falls die beiden Kodierer nicht miteinander übereinstimmten, diskutierten sie die jeweilige Lehrerantwort und kamen übereinstimmend zu einem Score.

Reliablitätsanalysen zeigten, dass die psychometrische Qualität der konstruierten Tests als gut zu bezeichnen war. Die Reliabilität der Skala Fachwissen lag bei $\alpha = .83$, die Reliabilität der Gesamtskala zur Erfassung des fachdidaktischen Wissens lag bei $\alpha = .78$ (Krauss & COACTIV, 2006).

Weiterhin stützten die Ergebnisse einer konfirmatorischen Faktorenanalyse die angenommene Struktur des fachspezifischen Professionswissens (Abb. 6). Hierzu wurden die Items zur Erfassung des Fachwissens zufällig zu drei Parcelscores (FW1, FW2 und FW3) zusammengefasst. Diese dienten dazu, das Fachwissen als latente Variable abzubilden. Fachdidaktisches Wissen wurde als latente Variable durch die drei Skalenscores der Subfacetten *Aufgaben*, *Schülerkognitionen* und *Instruktion* gemessen. Die beiden Wissenskonstrukte korrelierten dabei latent (und damit messfehlerkorrigiert) mit $r = .79$, das heißt sie waren interdependent, aber voneinander zu unterscheiden (Krauss et al., submitted).

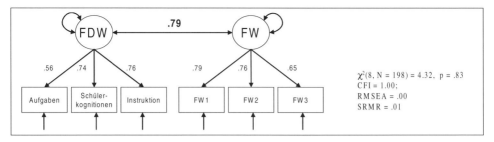

Abb. 6: Faktoranalytisches Strukturmodell des fachdidaktischen Wissens (FDW) und des Fachwissens (FW) von Mathematiklehrkräften. In der Abbildung sind standardisierte Modellparameter eingetragen.

2.2.2 Andere Aspekte der Kompetenz

Zur Erfassung der Überzeugungen, motivationalen Orientierungen und selbstregulativen Fähigkeiten sind Selbstberichte die Methode der Wahl. Im Gegensatz zum Bereich des fachbezogenen Wissens konnte hier zur Erfassung z.T. bereits auf publizierte Instrumente zurückgegriffen werden, allerdings war auch hier eine sorgfältige psychometrische Überprüfung in Bezug auf Reliabilitäten und Validitäten erforderlich. Anstatt die Vielzahl an Skalen, die so im Rahmen des Projekts konstruiert wurden, im Detail aufzuweisen, werden wir ausgewählte Instrumente im folgenden Ergebnisteil 4 darstellen.

2.3 Erfassung des Unterrichts

Um Informationen darüber zu gewinnen, inwieweit sich die von uns anvisierten Aspekte der Lehrerkompetenz auch im Unterricht der Lehrkräfte manifestieren, war es ein zentrales Anliegen des COACTIV-Projekts, den Mathematikunterricht der untersuchten Lehrkräfte so umfassend wie möglich zu rekonstruieren. Die adäquate Erfassung von Merkmalen des Unterrichtsgeschehens stellt nach wie vor eine der größten Herausforderungen der Lehr-Lernforschung dar. Im Rahmen von COACTIV wurde daher ein mehr-methodischer Zugang zur Rekonstruktion des Unterrichtsgeschehens gewählt und es wurden Informationen aus verschiedenen Quellen genutzt (Krauss et al., 2004):

2.3.1 Schülerbefragung

Ein Teil des Schülerfragebogens umfasste Skalen zum Mathematikunterricht und zur Mathematiklehrkraft selbst, z.B. Fragen nach der Art der Aufgabenstellungen, Merkmalen der Unterrichtsorganisation oder sozialen Aspekten. Die eingesetzten Fragen stammten überwiegend aus bewährten Instrumenten der Unterrichtsforschung (Baumert, Gruehn et al., 1997; Baumert, Lehmann et al., 1997; Gruehn, 2000; Klieme, Reusser & Pauli, 2005). Stärker fachdidaktisch ausgerichtete Skalen wurden für die Befragung neu entwickelt. Zur Beschreibung des Unterrichtskontextes wurden Klassenmittelwerte als Beschreibungen der Lernumgebung herangezogen.

2.3.2 Lehrerbefragung

Alle Lehrkräfte bearbeiteten ausführliche Fragebögen zu ihrer Unterrichtsgestaltung, wie etwa zur Verwendung bestimmter Methoden, zur Art der eingesetzten Mathematikaufgaben oder nach bevorzugten Instruktionsstilen (unter besonderer Berücksichtigung solcher Aufgaben und Instruktionsstile, die kognitive Aktivität und Selbständigkeit der Lernenden herausfordern). Auch hier wurde – soweit dies möglich war – auf bewährte Instrumente zurückgegriffen (Baumert, Gruehn et al., 1997; Baumert, Lehmann et al., 1997; Clausen, 2002). Zur Erfassung von kognitiv aktivierenden Elementen wurden Neuentwicklungen eingesetzt.

2.3.3 Aufgabenanalyse

Um Erkenntnisse über die Bereitstellung von kognitiv aktivierenden Lerngelegenheiten zu gewinnen, wurde neben der Erfassung durch Fragebogenskalen ein neuer, dezidiert mathematik-didaktischer Zugang gewählt, der auf der Idee basiert, Lernsituationen im Unterricht auf der Aufgabenebene abzubilden. Dazu wurden alle teilnehmenden Lehrkräfte gebeten, uns eine Zusammenstellung aller bislang im Schuljahr gestellten *Klassenarbeiten* sowie eine Zufallsauswahl von in diesem Schuljahr gestellten *Hausaufgaben* zu überlassen. Bei der zweiten Untersuchungswelle 2004 wurden die Lehrkräfte zusätzlich um Aufgaben (und die Aufgabenreihenfolge) gebeten, die sie im *Unterricht* als Einstieg für die Themen „Körperberechnungen" und „rationale Potenzen" verwendet haben. Alle der insgesamt 47.573 eingereichten Mathematikaufgaben wurden in einer Aufgabendatenbank zusammengestellt und von trainierten Mathematiklehramtsstudierenden kategorisiert. Zur Kategorisierung der Aufgaben wurde ein umfangreiches, in COACTIV entwickeltes Klassifikationsschema verwendet (Jordan et al., 2006). So boten die Mathematikaufgaben über die Lehrer- und Schülerwahrnehmung hinaus eine weitere Möglichkeit, den Mathematikunterricht in den 9. und 10. Klassen (im Rahmen einer large-scale-Studie) zu rekonstruieren. Insbesondere die Aufgaben aus den Klassenarbeiten erlauben valide Rückschlüsse auf die Schwerpunkte des Unterrichts, da die Einübung von prüfungsrelevanten Aufgabentypen stets ein besonderer Schwerpunkt des Mathematikunterrichts in Deutschland war (z.B. Blum & Neubrand, 1998; Lenné, 1969).

Die Kombination mehrerer Informationsquellen erlaubt es, Unterricht aus verschiedenen Perspektiven zu betrachten. Diverse Studien der Unterrichtsforschung haben gezeigt, dass je nach Fragestellung unterschiedliche Zugänge optimal zur Erfassung geeignet sein können (z.B. Clausen, 2002). Die in COACTIV durchgeführten Validitätsanalysen bestätigen dies (Kunter & Baumert, in press). So konnten wir bei der Gegenüberstellung der Perspektiven u.a. zeigen, dass Aspekte der Klassenführung sowohl auf Basis von Schüler- als auch von Lehrerangaben gut erfasst werden können, dass zur Erfassung der Adaptivität von Lehrerverhalten an Schülervoraussetzungen Schüler die besten Informationen liefern, und dass Lehrerangaben besonders gut geeignet sind, um die intendierte Anlage des Unterrichts zu erfassen. Gleichzeitig scheinen sowohl Schüler- als auch Lehrerangaben nur begrenzt nutzbar zu sein, um den kognitiven Gehalt und die didaktische Umsetzung der im Unterricht verwendeten Aufgaben zu erfassen; hier sind die Aufgabenanalyse bzw. die Videobeobachtung zu bevorzugen.

3 Ausgewählte Forschungsbefunde des COACTIV-Projektes

3.1 Zum Zusammenhang von Lehrerkompetenz und Unterrichtsgestaltung

Mit der Konstruktion von reliablen Instrumenten zur Erfassung der Kompetenzaspekte, vor allem mit der Entwicklung des Tests zur Messung des fachbezogenen Wissens, wurde ein Meilenstein des COACTIV-Projekts erreicht. Nun gilt es, die Bedeutung der so erfassten Kompetenzaspekte für das Handeln der Lehrkräfte zu ermitteln. Diese Analysen sind derzeit Schwerpunkt unserer Arbeit und werden nachfolgend in ausgewählter Form präsentiert. Dabei wollen wir mehr darüber lernen, *welche* Aspekte von Lehrerkompetenz für *welche* Unterrichtsaspekte relevant sind.

3.1.1 Fachbezogene Aspekte der Kompetenz: Wissen und Überzeugungen

Eine unserer theoretischen Grundannahmen war, dass ein reichhaltiges Wissensrepertoire über Aufgaben, Instruktion, und Schülerkognitionen (fachdidaktisches Wissen) sowie tiefgreifendes Fachverständnis grundlegend für die Gestaltung gehaltvoller Lernsituationen sind, vor allem, was kognitiv aktivierende Elemente betrifft. Gleichzeitig sollten Unterrichtsaspekte, die mehr auf die generelle Gestaltung der Lernsituation bezogen sind, wie etwa die Klassenführung oder die soziale Interaktion mit den Schülern, relativ unabhängig vom fachbezogenen Wissen variieren. Tabelle 2 (Zeilen 5-6) zeigt die bivariaten Zusammenhänge zwischen ausgewählten Merkmalen des Unterrichts, die wir im Lehrerfragebogen erhoben haben, und den beiden fachspezifischen Wissensfacetten. Grundlage der Analysen waren die Daten von 166 Lehrkräften, die an der Erhebung 2004 teilgenommen haben.

Wie erwartet, scheinen Lehrkräfte mit mehr fachbezogenem Wissen stärkeren Wert auf kognitiv aktivierenden Unterricht zu legen, d.h. sie berichten, ihre Schülerinnen und Schüler bei der Instruktion stärker kognitiv zu fordern (Skala „Unterstützung kognitiver Selbständigkeit"; Beispielitem: „Ich lasse unterschiedliche Lösungswege von Aufgaben vergleichen und bewerten.") und vermeiden ein enggeführtes Vorgehen (Skala „Engführung"; „Ich erkläre den Schülerinnen und Schülern immer ganz genau, was sie tun müssen."). Gleichzeitig – und dies ist nicht erwartungskonform – scheint ihnen die Klassenführung (Skala „Disziplin"; „In dieser Klasse wird der Unterricht oft sehr gestört.", umgepolt) etwas effektiver zu gelingen als Lehrkräften mit geringerem fachbezogenen Wissen, während die soziale Unterstützung der Schülerinnen und Schüler (Skala „Soziale Unterstützung"; „Ich zeige Verständnis für meine Schülerinnen und Schüler.") unabhängig von ihrem fachbezogenen Wissen variiert. Nach Schulform getrennte Analysen bestätigen diese Befunde.

In den Zeilen 7–8 von Tabelle 2 sind darüber hinaus die Zusammenhänge mit den Überzeugungen der Lehrkräfte über Mathematiklernen dargestellt. Die Ergebnisse bestätigen zunächst, dass Lehrkräfte tatsächlich grundsätzlich voneinander verschiedene Überzeugungen darüber haben, wie Schülerinnen und Schüler am besten Mathematik lernen, wie der negative Zusammenhang zwischen dem *transmission view* („Der effizienteste Lösungsweg einer Aufgabenklasse sollte durch Üben eingeschliffen werden.") und dem *constructivist view* („Schülerinnen und Schüler sollten Gelegenheit haben, ihre Lösungswege ausführlich zu erklären, auch wenn der Weg falsch ist.") belegt. Darüber hinaus sind Überzeugungen und Wissen systematisch miteinander verknüpft: Während Mathematiklehrkräfte mit hohem Fachwissen und fachdidaktischem Wissen tendenziell eher einen *constructivist view* teilen, scheint der *transmission view* eher bei Lehrkräften mit geringerem Fachwissen vertreten zu sein. Die Zusammenhänge zwischen Überzeugungen und Unterrichtsgestaltung entsprechen den theoretischen Erwartungen.

Tab. 2: Korrelationen zwischen Aspekten der Unterrichtsgestaltung (aus Sicht der Lehrkräfte), Facetten des fachspezifischen Professionswissens und Überzeugungen der Lehrkräfte über das Lernen in Mathematik

	1.	2.	3.	4.	5.	6.	7.
Unterrichtsgestaltung							
1. Kognitive Selbstständigkeit							
2. Engführung	-.09						
3. Disziplin	-.01	-.12					
4. Soziale Unterstützung	.37*	.31*	-.16				
Professionswissen							
5. Fachdidaktisches Wissen	.33*	-.29*	.23*	.09			
6. Fachwissen	.26*	-.40*	.20*	-.09	.81*		
Überzeugungen							
7. Transmission view	-.49*	.54*	-.01	-.08	-.42*	-.42*	
8. Constructivist view	.77*	-.21*	.02	.25*	.42*	.36*	-.57*

Anmerkung: Alle Konstrukte wurden als latente Variablen spezifiziert. Die in der Tabelle eingetragenen Korrelationen sind daher messfehlerkorrigiert. *: $p < .05$

3.1.2 Motivation

Der Zusammenhang zwischen motivationalen und selbstregulativen Merkmalen von Lehrkräften und ihrer Unterrichtsgestaltung ist bisher kaum empirisch untersucht worden. Vor dem Hintergrund aktueller psychologischer Motivationstheorien (Eccles & Wigfield, 2002; Pintrich, 2003) war anzunehmen, dass diese Personenmerkmale entscheidende Bedingungen für langfristiges Engagement und funktionales Verhalten – welches im Schulkontext z.B. qualitätsvolle Unterrichtsgestaltung und das Aufrechterhalten positiver sozialer Beziehungen bedeuten kann – darstellen.

Unsere Befunde auf Grundlage der Daten aus der Untersuchung im Jahr 2003 bestätigen diese Annahme (N = 332). So konnten wir u.a. zeigen (Kunter et al., in press), dass Lehrkräfte sich darin unterscheiden, wie begeistert sie generell von ihrem Fach (Enthusiasmus für Mathematik) und vom Unterrichten (Enthusiasmus für das Unterrichten) sind; beide Dimensionen hängen zwar zusammen, stellen aber trennbare Konstrukte dar. Für die Unterrichtsgestaltung scheint vor allem der Enthusiasmus für das Unterrichten bedeutsam zu sein; befragt man Schülerinnen und Schüler nach verschiedenen Aspekten der Unterrichtsqualität, so zeigt sich, dass sie bei enthusiastischen Lehrkräften mehr kognitive Aktivierung und soziale Unterstützung erleben. Für den Fachenthusiasmus lassen sich diese Zusammenhänge nicht nachweisen. Die im Rahmen von COACTIV in Kürze zur Verfügung stehenden Längsschnittdaten werden Aufschluss darüber geben, welche Faktoren den Enthusiasmus von Lehrkräften beeinflussen und inwieweit Enthusiasmus tatsächlich als ein Einfluss nehmender Faktor für die Leistungs- und Motivationsförderung von Schülerinnen und Schülern verstanden werden kann.

3.1.3 Selbstregulation

Auch für Merkmale der Selbstregulation lassen sich systematische Zusammenhänge mit Merkmalen der Unterrichtsgestaltung nachweisen (Klusmann et al., in Druck). Zur Erfassung unterschiedlicher selbstregulativer Stile wurde auf den Fragebogen zu *arbeitsbezogenen Verhaltens- und Erlebensmustern* (AVEM, Schaarschmidt & Fischer, 1996, 1997) zurückgegriffen, der die Zuordnung von Lehrerinnen und Lehrern zu vier „Typen" hinsichtlich ihres Engagements und ihrer Widerstandsfähigkeit zulässt. So ist der Profilverlauf des *Gesundheitstyps* durch ein hohes Arbeitsengagement und eine hohe Widerstandsfähigkeit gegenüber beruflichen Problemen gekennzeichnet, während der so genannte *Schontyp* ein sehr geringes Arbeitsengagement mit ausgeprägter Distanzierungsfähigkeit aufweist. Zwei weitere Typen werden als Risikomuster bezeichnet, da ihre Verhaltensmuster als wenig adaptiv für die Bewältigung beruflicher Anforderungen und als gefährdend für das Erleben von Belastungssymptomen angesehen werden. Der *Risikotyp A* ist gekennzeichnet durch ein überhöhtes Arbeitsengagement und geringere Widerstandsfähigkeit, das Profil des *Risikotyps B* zeigt dagegen eine geringe Ausprägung des Arbeitsengagements bei gleichzeitig geringem Widerstand. Auf Grundlage der Lehrerdaten aus der Erhebung des Jahres 2003 (N = 314) und mittels clusteranalytischer Verfahren konnten die vier Typen von Schaarschmidt anhand formaler Gütekriterien (Bacher, 1996) und der entsprechenden Mittelwertprofile repliziert werden: 31 Prozent der Lehrkräfte wurden dem *Gesundheitstyp*, 23 Prozent dem *Schontypus*, 19 Prozent dem *Risikotyp A* und 26 Prozent dem *Risikotyp B* zugeordnet. Auf mehreren der untersuchten Dimensionen der Unterrichtsqualität fanden sich bedeutsame Unterschiede zwischen den vier Clustern. Dabei ergab sich insbesondere für den *Gesundheitstyp* ein deutlich positives Unterrichtsmuster. Es zeigte sich, dass Lehrkräfte, die dem *Gesundheitstypen* zugeordnet werden können, von ihren Schülern Selbständigkeit fördernder, angemessener im Tempo und gerechter beurteilt werden als Lehrkräfte des Schontyps und der beiden Risikotypen. Der größte Effekt der Clusterzugehörigkeit der Lehrkräfte auf die Unterrichtsbeurteilung fand sich bei der Skala Sozialorientierung. Lehrkräfte des *Gesundheitstyps* wurden als deutlich engagierter und interessierter an den Bedürfnissen der Schülerinnen und Schüler wahrgenommen als die übrigen Lehrkräfte. Keine statistisch bedeutsamen Unterschiede zwischen den vier Typen ergaben sich bei der Einschätzung der Störungen im Unterricht. Auch nach Aufnahme von Alter und Geschlecht als Kontrollvariablen blieben die gefundenen Effekte stabil.

Insgesamt bestätigen diese Befunde die Vermutung, dass sich sowohl fachbezogenes Wissen und Überzeugungen als auch eher generelle Merkmale der Motivation und der Selbstregulation der Lehrkräfte in der Art ihrer Unterrichtsgestaltung niederschlagen. Zukünftige, multivariate Analysen der Längsschnittdaten werden Aufschluss über kausale Beziehungen und die relative Bedeutung der einzelnen Kompetenzaspekte liefern. Im nächsten Abschnitt werfen wir abschließend einen differenziellen Blick auf die Lehrkräfte und ihren Unterricht und beschäftigen uns mit interindividuellen Unterschieden. Wie gezeigt werden wird, liefern unsere Analysen auch Anhaltspunkte darüber, warum sich die Kompetenz von Lehrkräften systematisch unterscheidet.

3.2   Institutionelle Unterschiede in der Unterrichtsgestaltung und im fachspezifischen Professionswissen

Die bisher berichteten Zusammenhänge implizieren, dass innerhalb unserer Stichprobe Lehrerkompetenz und Unterrichtsgestaltung deutlich – und zum Teil miteinander – variieren. Von Interesse ist daher auch zu erfahren, auf welche Merkmale diese Unterschiede zurückzuführen sind. Der erste Schritt war der Blick auf institutionell bedingte Unterschiede. Ausgehend von bereits bekannten Befunden der Unterrichtsforschung gehen wir zunächst auf schulformspezifische Unterrichtskulturen ein und betrachten anschließend institutionelle Unterschiede im Professionswissen.

3.2.1   Schulformspezifische Unterschiede des Mathematikunterrichts

Schulformspezifische Unterrichtskulturen wurden bereits in verschiedenen Unterrichtsstudien demonstriert (Baumert et al., 2004; Gruehn, 2000; Hage et al., 1985; Klieme, Schümer & Knoll, 2001; Kunter, 2005; Kunter et al., 2005). Aufgrund heterogener Erfassungsmethoden lassen sich allerdings die einzelnen Befunde nur schwer zu einem Gesamtbild zusammenfügen. Die breite Datenbasis des COACTIV-Projekts erlaubt es, differenziert vorzugehen und Unterrichtsqualität im Hinblick auf die von uns fokussierten Aspekte unter Nutzung verschiedener Perspektiven zu beschreiben (für eine ausführliche Beschreibung s. Baumert et al., 2004; Kunter et al., 2005).

Abbildung 7 zeigt die schulformspezifischen Mittelwerte für zentrale Beschreibungsdimensionen des Unterrichts aus Sicht der Lehrkräfte (N = 317, Abb. 7a) und aus Sicht ihrer Schülerinnen und Schüler (N = 3432, Abb. 7b), die wir auf Grundlage der Daten aus der Erhebung des Jahres 2003 berechneten (dabei wurden jeweils für die Gesamtstichproben die Skalenwerte z-standardisiert mit M = 0, SD = 1).

Zusammenfassend zeigen unsere Ergebnisse, dass in Deutschland der Mathematikunterricht der Sekundarstufe I sehr unterschiedliche Gesichter aufweisen kann: Während aus Sicht der Lehrkräfte an Gymnasien Unterricht, der mathematische Verstehensprozesse anregt und fördert, vergleichsweise stark im Vordergrund steht, legen Lehrkräfte in anderen Schulformen deutlich mehr Wert auf das Üben von Routinen und räumen ihren Schülerinnen und Schülern nur wenig Raum für kognitive Selbständigkeit ein. Vor allem an Hauptschulen zeigt sich ein typisches Unterrichtsmuster, das mit expliziter Engführung und verstärkten Bemühungen um Individualisierung und Differenzierung einhergeht. Zusätzliche Analysen, in denen wir die Mathematikleistung in der jeweils unterrichteten Klasse regressionsanalytisch kontrollierten, zeigten, dass die beschriebenen Unterschiede zwischen den Schulformen überwiegend stabil blieben. Dies belegt, dass es sich bei diesen speziellen Unterrichtmustern nur zu geringen Teilen um Adaptationen an das Leistungsniveau der jeweiligen Klasse handelt. Vielmehr scheinen unabhängig vom Leistungsstand der Schülerinnen und Schüler relativ stabile institutionelle Unterrichtskulturen vorzuherrschen, die für die Gymnasien ein deutlich stärkeres Bemühen um kognitive Aktivierung belegen.

a. Sicht der Lehrkräfte

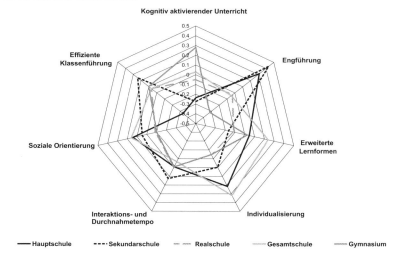

b. Sicht der Schülerinnen und Schüler

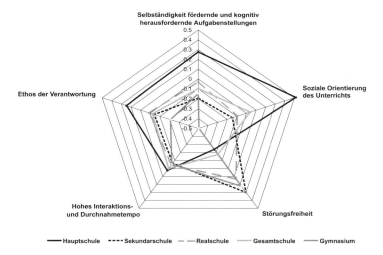

Abb. 7: Der Mathematikunterricht in Deutschlands neunten Klassen (a) aus Sicht der Lehrkräfte und (b) aus Sicht der Schülerinnen und Schüler. Die eingetragenen Werte stellen schulformspezifische Mittelwerte dar. In der Gesamtstichprobe über alle Schulformen waren die untersuchten Beschreibungsdimensionen jeweils z-standardisiert (M = 0, SD = 1).

Dennoch scheint auch der Gymnasialunterricht noch weit von unserem theoretischen Idealbild von Unterricht, der verständnisvolle Lernprozesse bewirkt, entfernt zu sein. Das von den Lehrkräften intendierte Angebot scheint sich nur bedingt im Erleben der Schülerinnen und Schüler niederzuschlagen, wie anhand ihrer Beurteilungen des Unterrichts deutlich wird: So beschreiben Jugendliche am Gymnasium das Bild eines störungsarmen, glatt verlaufenden Mathematikunterrichts, in dem die mathematischen Aufgabenstellungen kaum als kognitiv herausfordernd wahrgenommen werden.

Darüber hinaus wird die pädagogische Unterstützung durch die Lehrkräfte als gering beurteilt. Demgegenüber nehmen Lernende in anderen Schulformen (insbesondere an Hauptschulen) ihren Unterricht als positiv wahr, da Lehrkräfte offensichtlich mehr um die persönliche Unterstützung und Individualisierung von Lerngelegenheiten bemüht sind.

Insgesamt belegen unsere Befunde, dass Mathematikunterricht in Deutschland bisher kaum eine Gelegenheitsstruktur für verständnisvolles Lernen bietet. Zwar scheint der Gymnasialunterricht tendenziell mehr kognitiv aktivierende Elemente auf-zuweisen, doch die kritische Beurteilung durch die Schülerinnen und Schüler zeigt, dass auch hier das Potenzial der Lernumgebung nicht optimal genutzt wird. Deutlich wird aber auch, dass stabile schulformspezifische Unterrichtskulturen vorherrschen, die es beim Zusammenhang zwischen Lehrerkompetenzen und Unterrichtsmerkmalen zu beachten gilt. Inwieweit institutionell bedingte Unterschiede in der Kompetenz der Lehrkräften hierfür vielleicht eine Erklärung darstellen, wird im nächsten Abschnitt betrachtet.

3.2.2 Institutionelle Unterschiede im Professionswissen

Möglichen institutionell bedingten Unterschieden wollen wir in diesem Abschnitt im Kontext der Frage nachgehen, wie Mathematiklehrkräfte ihre professionelle Kompe-tenz erwerben. Nachfolgend greifen wir diese Frage für die fachspezifischen Facetten des Professionswissens auf.

Aus der theoretischen Perspektive der Expertiseforschung (zusf. z.B. Dunn & Shriner, 1999) ist der Erwerb des Professionswissens davon abhängig, dass kognitive und motivationale Ressourcen gezielt in das Lösen von domänenspezifischen Proble-men – beziehungsweise wohl strukturierte Übungsaktivitäten in der jeweiligen Do-mäne – investiert werden. Übertragen auf die Frage, wie Mathematiklehrkräfte ihr Fachwissen und ihr fachdidaktisches Wissen erwerben und erweitern, kann man nun davon ausgehen, dass sie diese strukturierten Lerngelegenheiten insbesondere im Rahmen ihrer Lehramtsausbildung vorfinden. Im Rahmen von COACTIV (Brunner et al., in Druck) sind wir dieser Erklärungsmöglichkeit mit den Daten aus der Erhebung des Jahres 2004 nachgegangen (N = 195).

Was waren die wichtigsten Ergebnisse? Um die Wirkung der Lehramtsausbildung abzuschätzen, haben wir uns die Tatsache zu Nutze gemacht, dass die derzeit in Deutschland tätigen Mathematiklehrkräfte unterschiedliche Lehramtszugänge besitzen. Diese unterscheiden sich deutlich in den strukturierten Lerngelegenheiten für den Erwerb des Fachwissens und des fachdidaktischen Wissens: Mathematiklehrkräfte mit Gymnasialzugang (N = 61) absolvieren im Vergleich zu ihren Kollegen ein deutlich intensiveres Fachstudium in Mathematik. Hingegen finden Lehrkräfte für Haupt- und Realschulen (N = 74) durch die stärkere Gewichtung von schulpraktischen und fach-didaktischen Studieninhalten gute Lerngelegenheiten zum Erwerb des fachdidak-tischen Wissens vor. Gleiches gilt für Diplomlehrkräfte (N = 60), die ihre Ausbildung in der ehemaligen DDR absolvierten, durch die enge Verzahnung von Theorie und Praxis in ihrer Ausbildung. Allerdings ist bei den Diplomlehrkräften in unserer Unter-suchung zweierlei zu bedenken. Zum einen war die Ausbildung in der DDR im Vergleich zur heutigen Lehrerausbildung, wie auch im Vergleich zur Ausbildung in der ehemaligen Bundesrepublik deutlich kürzer. Dabei stand insbesondere weniger Zeit für eine angeleitete Unterrichtspraxis zur Verfügung. Zum anderen wurde die

Lehrerausbildung in der DDR zu Beginn der 1980er Jahre von insgesamt vier auf fünf Jahre verlängert, d.h. die von uns untersuchten Diplomlehrkräfte unterscheiden sich in der Anzahl der Ausbildungsjahre. Diese Besonderheiten der Lehrerbildung in der ehemaligen DDR sind bei der Interpretation der nachfolgenden Ergebnisse zu berücksichtigen.

Erwartungskonform verfügen die Gymnasiallehrkräfte (s. Abb. 8, schwarzer Balken) über deutlich mehr Fachwissen als Lehrkräfte an Haupt- und Realschulen (s. Abb. 8, weißer Balken) und Diplomlehrkräfte (s. Abb. 8, grauer Balken).

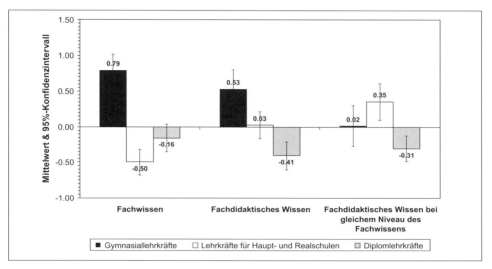

Abb. 8:   Mittelwerte und 95 Prozent-Konfidenzintervalle für das Fachwissen und das fach-didaktische Wissen von Mathematiklehrkräften in Abhängigkeit vom Lehramts-zugang. Die Indikatoren für das Fachwissen und fachdidaktische Wissen waren für die Gesamtstichprobe z-standardisiert (M = 0, SD = 1). Die Mittelwertsunterschiede für das fachdidaktische Wissen bei gleichem Niveau des Fachwissens basieren auf einer Regressionsanalyse.

Entgegen der Erwartung verfügen Gymnasiallehrkräfte aber im Vergleich zu den anderen Lehrkräften im Mittel auch über deutlich mehr fachdidaktisches Wissen (Abb. 8). Bei diesem Ergebnis sollte allerdings die nahe liegende Annahme beachtet werden, dass das mathematische Fachwissen eine wichtige Voraussetzung für das fachdidaktische Wissen ist (Ball, Lubienski & Mewborn, 2001; Terhart, 2002). Berücksichtigt man dies (korrespondiert mit einer regressionsanalytischen Kontrolle des Fachwissens, s. Abb. 8, rechts), dann kehren sich die Leistungsunterschiede beim Vergleich von Gymnasiallehrkräften und Lehrkräften an Haupt- und Realschulen um und verringern sich beim Vergleich von Gymnasiallehrkräften und Diplomlehrkräften zumindest deutlich. Eine mögliche Interpretation dies Befundes ist, dass dieser die im Vergleich zu Gymnasiallehrkräften umfangreichere fachdidaktische Ausbildung der Haupt- und Realschullehrkräfte sowie die engere theoretische und praktische Verzahnung bei den Diplomlehrkräften widerspiegelt.

Folgt man der Argumentation aus der Expertiseforschung, so sind strukturierte Lerngelegenheiten für den Erwerb des Professionswissens notwendig. Daher sollte Berufs- und Unterrichtserfahrung *per se* nicht automatisch zu einer Verbesserung des Fachwissens oder des fachdidaktischen Wissens führen. Dies bestätigen auch unsere

Ergebnisse. Berufserfahrenere Lehrkräfte verfügen (unabhängig vom Lehramtszugang) weder über mehr Fachwissen (r = -.18, p < .05) noch über mehr fachdidaktisches Wissen (r = -.14, p < .05). Die gefundenen negativen Korrelationen gehen in erster Linie auf die Gruppe der Diplomlehrkräfte zurück, denn für diese Lehrkräfte ist geringere Berufserfahrung tendenziell mit mehr Fachwissen (r = -.32, p < .05) und mit mehr fachdidaktischem Wissen (r = -.34, p < .05) assoziiert. In den beiden anderen Gruppen von Lehrkräften sind diese Zusammenhänge nahezu Null. Die negativen Zusammenhänge für die Diplomlehrkräfte spiegeln möglicherweise die Umstellung in der Lehramtsausbildung in der ehemaligen DDR wider: Viele Lehrkräfte mit geringerer Berufserfahrung schlossen ihre Ausbildung nach der Umstellung der Lehramtsausbildung Anfang der 1980er Jahre ab und absolvierten somit in der Regel eine längere Ausbildungszeit zum Diplomlehrer.

Zusammenfassend ist also festzuhalten, dass unsere Befunde die besondere Rolle strukturierter Lerngelegenheiten für den Erwerb des Professionswissens hervorheben. Diese strukturierten Lerngelegenheiten finden sich (aktuell) *nicht* in der beruflichen Praxis per se, sondern vor allem in den Ausbildungsphasen zu den jeweiligen Lehrämtern. Unsere Ergebnisse für das Fachwissen weisen hierbei darauf hin, dass institutionelle Unterschiede in der Art des Lehramtzugangs in der ersten Ausbildungsphase im Studium deutlich mit dem professionellen Kompetenzerwerb zusammenhängen. Damit liegt der Schluss nahe, dass bereits die universitäre Phase der Lehrerbildung besondere Bedeutung für den fachspezifischen Kompetenzerwerb hat.

4   Zusammenfassung, Diskussion und Ausblick

In der aktuellen Unterrichtsforschung rücken Lehrkräfte in den Mittelpunkt, da sie ihre professionelle Kompetenz nutzen, um Gelegenheiten für verständnisvolle Lernprozesse im Unterricht zu schaffen. Zur Konzeptualisierung der professionellen Kompetenz von Lehrkräften haben wir im Rahmen von COACTIV ein umfassendes Modell der Lehrerkompetenz entwickelt, das Wissen, Überzeugungen sowie motivationale und selbstregulative Aspekte integriert. Zur Messung der Lehrerkompetenz verfolgen wir einen differentialpsychologischen Ansatz, in dem Instrumente zur Leistungsdiagnose und Selbstberichte kombiniert eingesetzt werden.

In diesem Beitrag stellten wir ausgewählte Befunde aus dem COACTIV Projekt zur Erfassung der Kompetenzaspekte, zum Zusammenhang dieser Aspekte mit Merkmalen der Unterrichtsgestaltung sowie Kontextbedingungen für den Kompetenzerwerb vor. Wir zeigten, dass es möglich ist, Professionswissen – und zwar vor allem fachspezifisches Wissen – reliabel zu erfassen (Abschnitt 2.2.1) und dass diese Kompetenzaspekte in substantiellem Zusammenhang mit der Unterrichtsgestaltung stehen (Abschnitt 3.1.1). Jedoch würde eine Konzeption von Lehrerkompetenz, die nur kognitive Wissensfacetten berücksichtigt, zu kurz greifen: Unsere Befunde weisen darauf hin, dass motivationale Orientierungen und selbstregulative Fähigkeiten ebenso bedeutsam für die Unterrichtsgestaltung sind. Ein weiterer wichtiger Befund ist, dass fachspezifisches Professionswissen nicht *per se* mit der Berufserfahrung in Zusammenhang steht, sich aber das Fachwissen und das fachdidaktische Wissen für Lehrkräfte mit unterschiedlichem Lehramtzugang deutlich unterscheiden (Abschnitt 3.2.2).

Insgesamt unterstreichen unsere Befunde die besondere Bedeutung der professionellen Lehrerkompetenz: Lehrkräfte als Experten für die Unterrichtsgestaltung rücken zu Recht wieder in den Mittelpunkt der Unterrichtsforschung. Die oben aufgeführten Befunde stellen jedoch auch einige Herausforderungen für zukünftige Forschungsarbeiten dar.

Aufgrund der Tatsache, dass vor allem im Bereich des Professionswissens und der Unterrichterfassung neuartige Erfassungszugänge gewählt wurden, sind die erfolgreiche Konstruktion und die empirischen Validitätsbelege der Instrumente zunächst als ein wichtiger Meilenstein im Projektvorhaben zu bewerten. Nach der Etablierung dieser Methoden belegen die ersten Analysen die Bedeutsamkeit der Kompetenzfacetten für die Unterrichtsgestaltung. Dennoch ist es natürlich das erklärte Ziel des Projekts festzustellen, inwieweit Lehrerkompetenz tatsächlich einen nachweisbaren Effekt auf die Entwicklung der mathematischen Kompetenzen der Schülerinnen und Schüler hat. Die im Rahmen von PISA zur Verfügung stehenden Schülerlängsschnittdaten sind hierzu ein wichtiger Schlüssel; die entsprechenden Daten liegen jedoch erst seit kurzem vor. Erste Ergebnisse belegen tatsächlich einen positiven Effekt des fachbezogenen Wissens von Lehrkräften auf die mathematische Leistung ihrer Schülerinnen und Schüler; hierzu werden wir in Kürze weitere Analysen vorlegen.

Des Weiteren sollen komplexere Mediationsmodelle betrachtet werden. Als Grundlagenanalysen wurden bisher einzelne Kompetenzaspekte und ihre Bedeutung für einzelne Unterrichtsaspekte betrachtet. Gleichwohl ist unser theoretisch zugrunde liegendes Modell komplexer, sodass in nächsten Schritten Analysen folgen werden, die zum einen das Wechselspiel zwischen Kompetenzaspekten und ihre *relative* Bedeutung für Unterricht und Schülerinnen und Schüler analysieren und zum anderen die angenommene Kausalkette überprüfen.

Über unsere vorliegenden Daten hinaus sind zahlreiche weiterführende Fragen von Belang. Eine der wichtigsten Aufgaben für zukünftige Forschung ist zu untersuchen, wie Lehrkräfte professionelle Kompetenz erwerben und trainieren können. Die berichteten Ergebnisse in Abschnitt 3.2.2 konnten hierauf nur ein erstes Schlaglicht werfen. In weiterführenden Studien wollen wir daher die Veränderung der professionellen Kompetenz von Lehramtsstudierenden und von Referendarinnen und Referendaren untersuchen. Wir wollen dabei auch analysieren, inwiefern sich die professionelle Kompetenz von Mathematiklehrkräften von anderen Berufsgruppen unterscheidet.

Die Befunde zur Bedeutung motivationaler Orientierungen und selbstregulativer Fähigkeiten für die Unterrichtsgestaltung weisen auf ein weiteres Forschungsfeld hin: Wie können Lehrkräfte positive motivationale Orientierungen entwickeln und wie gelingt es, die selbstregulative Fähigkeiten von Lehrkräften zu trainieren, damit sie die beruflichen Belastungen bewältigen können? Um erste Antworten auf diese Fragen zu geben, führen wir derzeit eine Studie durch, bei der detaillierte Informationen zum beruflichen und persönlichen Hintergrund von stark belasteten und kaum belasteten Lehrkräften erhoben werden. Wir erhoffen, damit mögliche Ursachen, aber auch motivationale, kognitive und selbstregulative Ressourcen zu identifizieren, die dieser Belastung entgegen wirken können.

Weitere Forschungsarbeiten im Rahmen von COACTIV betreffen die Weiterentwicklung der Instrumente zur Erfassung des Professionswissens. Bislang haben wir noch kein Verfahren zur Messung des pädagogischen Wissens von Lehrkräften. Dieses könnte jedoch eine Moderatorrolle einnehmen (vgl. Klieme, Schümer & Knoll, 2001, Abb. 12): Es ist zum Beispiel plausibel anzunehmen, dass das fachspezifische Professionswissen erst dann seine optimale Wirkung entfalten kann, wenn die Schülerinnen und Schüler dem Unterricht aufmerksam folgen und die zur Verfügung stehende Unterrichtszeit maximal für das Lernen genutzt wird.

Wir hoffen, mit den Ergebnissen unserer Forschung praxisrelevantes Wissen zur Verfügung zu stellen. Unsere Befunde zur Bedeutung der Lehrerkompetenz zeigen, dass fächerübergreifende Kompetenzen ebenso wie fachspezifische Kompetenzen eine Schlüsselrolle für erfolgreiche Lehr-Lernprozesse einnehmen können. Darüber hinaus wollen wir durch unsere theoretische Konzeption der professionellen Kompetenz von Lehrkräften eine klare Strukturierung der Zieldimensionen der Lehrerausbildung – auch für andere, nicht-mathematische Fachrichtungen – ermöglichen.

Literatur

Bacher, J. (1996). *Clusteranalyse. Anwendungsorientierte Einführung*. München: Oldenbourg.

Ball, D.L., Lubienski, S.T. & Mewborn, D.S. (2001). Research on teaching mathematics: The unsolved problem of teachers' mathematical knowledge. In V. Richardson (Ed.), *Handbook of research on teaching (4th ed.)* (pp. 433-456). New York: Macmillan.

Baumert, J., Blum, W. & Neubrand, M. (2004). Drawing the lessons from PISA 2000. *Zeitschrift für Erziehungswissenschaft, 7 (Beiheft 3)*, 143-157.

Baumert, J., Gruehn, S., Heyn, S., Köller, O. & Schnabel, K.-U. (1997). *Bildungsverläufe und psychosoziale Entwicklung im Jugendalter (BIJU). Dokumentation, Band 1. Skalen Längsschnitt I, Welle 1-4*. Berlin: Max-Planck-Institut für Bildungsforschung.

Baumert, J. & Köller, O. (2000). Unterrichtsgestaltung, verständnisvolles Lernen und multiple Zielerreichung im Mathematik- und Physikunterricht der gymnasialen Oberstufe. In J. Baumert, W. Bos & R. Lehmann (Hrsg.), *Dritte Internationale Mathematik- und Naturwissenschaftsstudie – Mathematische und naturwissenschaftliche Bildung am Ende der Schullaufbahn. Bd 2: TIMSS Mathematische und physikalische Kompetenzen am Ende der gymnasialen Oberstufe* (S. 271-315). Opladen: Leske + Budrich.

Baumert, J., Kunter, M., Brunner, M., Krauss, S., Blum, W. & Neubrand, M. (2004). Mathematikunterricht aus Sicht der PISA-Schülerinnen und -Schüler und ihrer Lehrkräfte. In M. Prenzel, J. Baumert, W. Blum, R. Lehmann, D. Leutner, M. Neubrand, R. Pekrun, H.-G. Rolff, J. Rost & U. Schiefele (Hrsg.), *PISA 2003. Der Bildungsstand der Jugendlichen in Deutschland – Ergebnisse des zweiten internationalen Vergleichs* (S. 314-354). Münster: Waxmann.

Baumert, J., Lehmann, R, Lehrke, M., Schmitz, B., Clausen, M., Hosenfeld, I., Köller, O. & Neubrand, J. (1997). *TIMSS – Mathematisch-naturwissenschaftlicher Unterricht im internationalen Vergleich: Deskriptive Befunde*. Opladen: Leske & Budrich.

Blum, W. (2001). Was folgt aus TIMSS für Mathematikunterricht und Mathematiklehrerausbildung? In Bundesministerium für Bildung und Forschung (Hrsg.), *TIMSS – Impulse für Schule und Unterricht. Forschungsbefunde, Reforminitiativen, Praxisberichte und Video-Dokumente* (S. 75-84). Bonn: Bundesministerium für Bildung und Forschung.

Blum, W., Drüke-Noe, C., Köller, O. & Hartung, R. (2006). *Praxisbuch Bildungsstandards Mathematik: konkret*. Berlin: Cornelsen Scriptor.

Blum, W. & Neubrand, M. (1998). *TIMSS und der Mathematikunterricht. Informationen, Analysen, Konsequenzen*. Hannover: Schroedel.

Blum, W. & vom Hofe, R. (2003). Welche Grundvorstellungen stecken in der Aufgabe? *Mathematik lehren, 118*, 14-18.

Bromme, R. (1992). *Zur Psychologie des professionellen Wissens*. Bern: Verlag Hans Huber.

Bromme, R. (1997). Kompetenzen, Funktionen und unterrichtliches Handeln des Lehrers. In F.E. Weinert (Hrsg.), *Enzyklopädie der Psychologie. Pädagogische Psychologie. Bd 3: Psychologie des Unterrichts und der Schule* (S. 177-212). Göttingen: Hogrefe.

Bromme, R., Jucks, R. & Rambow, R. (2004). Experten-Laien-Kommunikation im Wissensmanagement. In G. Reinmann & H. Mandl (Hrsg.), *Der Mensch im Wissensmanagement: Psychologische Konzepte zum besseren Verständnis und Umgang mit Wissen* (S. 176-188). Göttingen: Hogrefe.

Brophy, J. (1986). Teacher effects research and teacher quality. *Journal of Classroom Interaction, 22 (1)*, 14-23.

Brunner, M., Kunter, M., Krauss, S., Baumert, J., Blum, W., Neubrand, M. et al. (in Druck). Wie erwerben Mathematiklehrkräfte ihr Fachwissen und ihr fachdidaktisches Wissen? *Zeitschrift für Erziehungswissenschaft*.

Calderhead, J. (1996). Teachers: Beliefs and knowledge. In D.C. Berliner & R.C. Calfee (Eds.), *Handbook of educational psychology* (pp. 709-725). New York: Macmillan.

Clausen, M. (2002). *Unterrichtsqualität: eine Frage der Perspektive? Empirische Analysen zur Übereinstimmung, Konstrukt- und Kriteriumsvalidität*. Münster: Waxmann.

Corno, L. & Snow, R.E. (1986). Adapting teaching to individual differences among learners. In M. C. Wittrock (Ed.), *Handbook of research on teaching (Third edition)* (pp. 605-629). New York: Macmillan.

Doyle, W. (1986). Classroom organization and management. In M. C. Wittrock (Ed.), *Handbook of research on teaching (3rd edition)* (pp. 392-431). New York: Macmillan.

Dunn, T.G. & Shriner, C. (1999). Deliberate practice in teaching: What teachers do for self-improvement. *Teaching & Teacher Education, 15*, 631-651.

Eccles, J.S. & Wigfield, A. (2002). Motivational beliefs, values, and goals. *Annual Review of Psychology, 53*, 109-132.

Einsiedler, W. (1997). Unterrichtsqualität und Leistungsentwicklung: Literaturüberblick. In F.E. Weinert & A. Helmke (Hrsg.), *Entwicklung im Grundschulalter* (S. 225-240). Weinheim: Beltz.

Geary, D.C. (1995). Reflections of evolution and culture in children's cognition. Implications for mathematical development and instruction. *American Psychologist, 50*, 24-37.

Große, C.S. (2005). *Lernen mit multiplen Lösungswegen*. Münster: Waxmann.

Gruehn, S. (2000). *Unterricht und schulisches Lernen: Schüler als Quellen der Unterrichtsbeschreibung*. Münster: Waxmann.

Hage, K., Bischoff, H., Dichanz, H., Eubel, K.-D., Oehlschläger, H.-J. & Schwittmann, D. (1985). *Das Methoden-Repertoire von Lehrern. Eine Untersuchung zum Unterrichtsalltag in der Sekundarstufe I*. Opladen: Leske + Budrich.

Helmke, A. (2003). *Unterrichtsqualität erfassen, bewerten, verbessern*. Seelze: Kallmeyersche Verlagsbuchhandlung.

Helmke, A. & Weinert, F.E. (1997). Bedingungsfaktoren schulischer Leistungen. In F.E. Weinert (Hrsg.), *Enzyklopädie der Psychologie: Psychologie des Unterrichts und der Schule* (S. 71-176). Göttingen: Hogrefe.

Hiebert, J. & Carpenter, T. (1992). Learning and teaching with understanding. In D.A. Grouws (Ed.), *NCTM Handbook of research on mathematics teaching and learning* (pp. 65-97). New York: Macmillan.

Hill, H.C., Rowan, B. & Ball, D.L. (2005). Effects of teachers' mathematical knowledge for teaching on student achievement. *American Educational Research Journal, 42*, 371-406.

Hill, H.C., Schilling, S.G. & Ball, D.L. (2005). Developing measures of teachers' mathematics knowledge for teaching. *Elementary School Journal, 105*, 11-30.

Ingenkamp, K. (Hrsg.). (1970). *Handbuch der Unterrichtsforschung*. Weinheim: Beltz.

Jordan, A., Ross, N., Krauss, S., Baumert, J., Blum, W., Neubrand, M. et al. (2006). *Klassifikationsschema für Mathematikaufgaben: Dokumentation der Aufgabenkategorisierung im COACTIV-Projekt (Materialien aus der Bildungsforschung Nr. 81).* Berlin: Max-Planck-Institut für Bildungsforschung.

Kirsch, A. (1977). Aspects of simplification in mathematics teaching. In H. Athen & H. Kunle (Eds.), *Proceedings of the Third International Congress on Mathematical Education – Karlsruhe (Germany) 16-21 August 1976* (pp. 98-120). Karlsruhe: Zentralblatt für Didaktik der Mathematik.

Klieme, E., Pauli, C. & Reusser, K. (2005). *Dokumentation der Erhebungs- und Auswertungsinstrumente zur schweizerisch-deutschen Videostudie „Unterricht, Lernverhalten und mathematisches Verständnis".* Frankfurt am Main: Gesellschaft zur Förderung Pädagogischer Forschung (GFPF); Deutsches Institut für Internationale Pädagogische Forschung (DIPF).

Klieme, E., Schümer, G. & Knoll, S. (2001). Mathematikunterricht in der Sekundarstufe I: „Aufgabenkultur" und Unterrichtsgestaltung. In E. Klieme & J. Baumert (Hrsg.), *TIMSS – Impulse für Schule und Unterricht. Forschungsbefunde, Reforminitiativen, Praxisberichte und Video-Dokumente* (S. 43-57). Bonn: Bundesministerium für Bildung und Forschung.

Klusmann, U., Kunter, M., Trautwein, U. & Baumert, J. (in Druck). Lehrerbelastung und Unterrichtsqualität aus der Perspektive von Lehrenden und Lernenden. *Zeitschrift für Pädagogische Psychologie.*

Köller, O. & Baumert, J. (2002). Entwicklung schulischer Leistungen. In R. Oerter & L. Montada (Hrsg.), *Entwicklungspsychologie (5., vollst. überarb. Aufl.)* (S. 756-786). Weinheim: Beltz.

Köller, O., Baumert, J. & Neubrand, J. (2000). Epistemologische Überzeugungen und Fachverständnis im Mathematik- und Physikunterricht. In J. Baumert, W. Bos & R. Lehmann (Hrsg.), *Dritte Internationale Mathematik- und Naturwissenschaftsstudie – Mathematische und naturwissenschaftliche Bildung am Ende der Schullaufbahn. Bd 2: TIMSS Mathematische und physikalische Kompetenzen am Ende der gymnasialen Oberstufe* (S. 229-270). Opladen: Leske + Budrich.

Krauss, S., Brunner, M., Kunter, M., Baumert, J., Blum, W., Neubrand, M. et al. (submitted). Are pedagogical content knowledge and content knowledge two empirically separable categories of knowledge in mathematics teachers? Different answers for different degrees of teacher expertise.

Krauss, S. & COACTIV (2006). Die Konstruktion und die Durchführung eines Tests zum fachlichen und zum fachdidaktischen Wissen von Mathematiklehrkräften. In *Beiträge zum Mathematikunterricht 2006.* Hildesheim: Franz Becker.

Krauss, S., Kunter, M., Brunner, M., Baumert, J., Blum, W., Neubrand, M. et al. (2004). COACTIV: Professionswissen von Lehrkräften, kognitiv aktivierender Mathematikunterricht und die Entwicklung von mathematischer Kompetenz. In J. Doll & M. Prenzel (Hrsg.), *Bildungsqualität von Schule: Lehrerprofessionalisierung, Unterrichtsentwicklung und Schülerförderung als Strategien der Qualitätsverbesserung* (S. 31-53). Münster: Waxmann.

Kunter, M. (2005). *Multiple Ziele im Mathematikunterricht.* Münster: Waxmann.

Kunter, M. & Baumert, J. (in press). Who is the expert? Construct and criteria validity of student and teacher ratings of instruction. *Learning Environments Research.*

Kunter, M., Brunner, M., Baumert, J., Klusmann, U., Krauss, S., Blum, W. et al. (2005). Der Mathematikunterricht der PISA-Schülerinnen und Schüler. Schulformunterschiede in der Unterrichtsqualität. *Zeitschrift für Erziehungswissenschaft, 8,* 502-520.

Kunter, M. Dubberke, T., Baumert, J., Blum, W., Brunner, M., Jordan, A., Klusmann, U., Krauss, S., Neubrand, M. & Tsai, Y.-M. (in Druck). Mathematikunterricht in den PISA-Klassen 2004: Rahmenbedingungen, Formen und Lehr-Lernprozesse. In M.

Prenzel, J. Baumert, W. Blum, R. Lehmann, D. Leutner, M. Neubrand, R. Pekrun, H.-G. Rolff, J. Rost & U. Schiefele (Hrsg.), *PISA 2003: Untersuchungen zur Kompetenzentwicklung im Verlauf eines Schuljahres.* Münster: Waxmann.

Kunter, M., Tsai, Y.-M., Klusmann, U., Brunner, M., Krauss, S. & Baumert, J. (in press). Enjoying teaching: Enthusiasm and instructional behaviors of secondary school mathematics teachers. *Learning and Instruction.*

Leder, G.C., Pehkonen, E. & Törner, G. (Eds.). (2002). *Beliefs: a hidden variable in mathematics education?* Dordrecht: Kluwer.

Leinhardt, G. & Greeno, J.G. (1986). The cognitive skill of teaching. *Journal of Educational Psychology, 78*, 75-95.

Lenné, H. (1969). *Analyse der Mathematikdidaktik in Deutschland.* Stuttgart: Klett.

Matz, M. (1982). Towards a process model for high school algebra errors. In D. Sleeman & J.S. Brown (Eds.), *Intelligent Tutoring Systems* (pp. 25-50). New York: Academic Press.

Patrick, B.C., Hisley, J. & Kempler, T. (2000). „What's everybody so excited about?": The effects of teacher enthusiasm on student intrinsic motivation and vitality. *Journal of Experimental Education, 68*, 217-236.

Pintrich, P.R. (2003). Motivation and classroom learning. In W.M. Reynolds & G.E. Miller (Eds.), *Handbook of Psychology: Vol. 7. Educational Psychology* (pp. 103-122). Hoboken: Wiley.

PISA-Konsortium Deutschland (Hrsg.). (2004). *PISA 2003. Der Bildungsstand der Jugendlichen in Deutschland – Ergebnisse des zweiten internationalen Vergleichs.* Waxmann: Münster.

Rosenshine, B. & Stevens, R. (1986). Teaching functions. In M.C. Wittrock (Ed.), *Handbook of research on teaching (Third edition)* (pp. 376-391). New York: Macmillan.

Schaarschmidt, U. & Fischer, A.W. (1996). *AVEM. Arbeitsbezogenes Verhaltens- und Erlebensmuster. Manual.* Frankfurt: Swets.

Schaarschmidt, U. & Fischer, A.W. (1997). AVEM – ein diagnostisches Instrument zur Differenzierung von Typen gesundheitsrelevanten Verhaltens und Erlebens gegenüber der Arbeit. *Zeitschrift für Differentielle und Diagnostische Psychologie, 18*, 151-163.

Schaufeli, W.B. & Enzmann, D. (1998). *The burnout companion to study and practice: A critical analysis.* London: Taylor & Francis.

Schön, D.A. (1987). *Educating the reflective practitioner.* San Francisco: Jossey-Bass.

Shavelson, R.J. & Webb, N.M. (1991). *Generalizability theory. A primer.* Newbury Park: Sage.

Shulman, L.S. (1986). Those who understand: Knowledge growth in teaching. *Educational Researcher, 15*, 4-14.

Shulman, L.S. (1987). Knowledge and teaching: Foundations of the new reform. *Harvard Educational Review, 57 (1)*, 1-22.

Staub, F.C., & Stern, E. (2002). The nature of teachers' pedagogical content beliefs matters for students achievement gains: Quasi-experimental evidence from elementary mathematics. *Journal of Educational Psychology, 94 (2)*, 344-355.

Sternberg, R.J., & Horvarth, J.A. (1995). A prototype view of expert teaching. *Educational Researcher, 24*, 9-17.

Terhart, E. (2002). *Standards für die Lehrerbildung – Eine Expertise für die Kultusministerkonferenz*: Institut für Schulpädagogik und Allgemeine Didaktik. Westfälische Wilhelms-Universität Münster.

Thompson, A.G. (1992). Teachers' beliefs and conceptions: A synthesis of the research. In D.A. Grouws (Ed.), *Handbook of research on mathematics teaching and learning: A project of the National Council of Teachers of Mathematics* (pp. 127-146). New York: MacMillan.

Tschannen-Moran, M.W., Hoy, A., & Hoy, W.K. (1998). Teacher efficacy: Its meaning and measure. *Review of Educational Research, 68*, 202-248.

Turner, J.C., Meyer, D.K., Cox, K.E., Logan, C., DiCintio, M., & Thomas, C.T. (1998). Creating contexts for involvement in mathematics. *Journal of Educational Psychology, 90 (4)*, 730-745.

vom Hofe, R. (1995). *Grundvorstellungen mathematischer Inhalte*. Heidelberg: Spektrum.

Weinert, F.E. (1996). Lerntheorien und Instruktionsmodelle. In F.E. Weinert (Ed.), *Enzyklopädie der Psychologie: Psychologie des Lernens und der Instruktion* (S. 1-48). Göttingen: Hogrefe.

Weinert, F.E. (2001). A concept of competence: A conceptual clarification. In D.S. Rychen & L.H. Salganik (Eds.), *Defining and selecting key competencies* (pp. 45-65). Seattle: Hogrefe & Huber.

Timo Ehmke & Thilo Siegle

Mathematical Literacy von Erwachsenen.
Über welche Kompetenz verfügen die Eltern von PISA-Schülerinnen und -Schülern?

Die IPN-Elternstudie untersuchte in einem zweijährigen Forschungsprojekt die mathematische Kompetenz von Erwachsenen, deren Kinder an der Erhebung PISA 2003 teilgenommen haben. Die Forschungsziele der Studie können zwei Bereichen zugeordnet werden: Erstens soll mathematische Kompetenz von Erwachsenen in differenzierter Weise erfasst und beschrieben werden. Zu diesem Zweck wird das Kompetenzniveau der Erwachsenen mit der mathematischen Kompetenz von Neuntklässlern verglichen. Das Kompetenzprofil der Erwachsenen soll zwischen Stärken und Schwächen in mathematischen Inhaltsbereichen und kognitiven Prozessen differenzieren. Dabei werden Unterschiede zwischen Frauen und Männern sowie Zusammenhänge mit Merkmalen der sozialen Lage berücksichtigt. Ziel ist es also, ein differenziertes Beschreibungswissen über die mathematische Kompetenz von Erwachsenen zu liefern. Zweitens beziehen wir die Mathematikkompetenz von Eltern auf die mathematische Kompetenz ihrer Kinder. Dabei prüfen wir, inwieweit die elterliche Mathematikkompetenz mit mathematikbezogenen Einstellungen und Verhaltensweisen in der Familie zusammenhängt. Mit der Studie wollen wir erklären, welche Rolle die Mathematikkompetenz von Eltern für lernförderliche Unterstützungsprozesse in der Familie spielt.

In diesem Beitrag fassen wir wichtige Befunde unserer Studie zusammen. Dazu gehen wir zuerst auf den aktuellen Stand der Forschung ein und leiten daraus unsere Forschungsziele ab. Anschließend beschreiben wir die Stichprobe, das methodische Vorgehen und die verwendeten Instrumente, um dann die zentralen Befunde zu berichten. Der Beitrag schließt mit einem Ausblick auf weitere Forschungsarbeiten.

1 Themenfeld mathematische Kompetenz von Eltern

Entsprechend der beiden Forschungsziele geben wir im Abschnitt 1.1 zunächst einen Überblick über wichtige Vergleichsstudien zur Mathematikkompetenz von Erwachsenen und berichten anschließend im Abschnitt 1.2 Befunde zu elterlichen Unterstützungsprozessen.

1.1 Studien zur Mathematikkompetenz von Erwachsenen

Mit PISA wurde die Aufmerksamkeit auf die Rolle von *mathematical literacy* als wichtige Voraussetzung für das lebenslange Lernen und für die aktive Teilhabe in Gesellschaft und Kultur gelenkt. In vielen alltäglichen Situationen bedarf es des verständigen Gebrauchs von Mathematik als Werkzeug, um fundierte Urteile abzugeben, wichtige Entscheidungen zu treffen oder Probleme in außermathematischen Situationen zu lösen. Während zur mathematischen Kompetenz von Schülerinnen und

Schülern umfangreiche Forschungsbefunde vorliegen, gibt es nur wenige aussagekräftige Studien, die die mathematische Kompetenz von Erwachsenen erfassen.

Die beiden größten internationalen Vergleichsstudien, in denen Kompetenzen von
Erwachsenen untersucht werden, sind der *International Adult Literacy Survey* (IALS)
und der *Adult Literacy and Lifeskills Survey* (ALL). Beide Studien fokussieren auf
mehrere Domänen von *literacy* (Olson, 1996), darunter jeweils auch eine mathematikbezogene *literacy*-Komponente.

Der *International Adult Literacy Survey* ist die erste international vergleichende
Studie zum Grundbildungsniveau von Erwachsenen. Die Studie erfasst eine repräsen-
tative Stichprobe von Erwachsenen im Alter zwischen 16 und 65 Jahren. Die Daten-
erhebung erfolgte zu drei Zeitpunkten zwischen 1994 und 1998. Insgesamt wurden
Teilnehmerinnen und Teilnehmer aus 23 Staaten einbezogen. Im IALS wird mathematische Kompetenz als *quantitative literacy* erfasst (Green & Riddel, 2001; Murray,
Kirsch & Jenkins, 1997; OECD & Statistics Canada, 1995; Osberg, 2000). Dieses
Konstrukt bezieht sich auf das Wissen und die Fähigkeit, arithmetische Operationen in
Alltagssituationen anzuwenden. Hierzu zählt etwa, eine Einkaufssumme zu berechnen,
die Höhe eines Trinkgeldes zu bestimmen oder ein Bestellformular auszufüllen (Steen,
2001; Tuijnman, 2000, S. 10). Bezüglich der Subkomponente *quantitative literacy*
zeigt sich für die Erwachsenen aus Deutschland, dass es – im Gegensatz zu den
anderen Teilnehmerstaaten – nur einen relativ kleinen Anteil (6,6 Prozent) von
Personen gibt, die lediglich die unterste Kompetenzstufe erreichen (Darcovich, OECD
& Statistics Canada, 1997, S. 150; OECD & Statistics Canada, 1995, S. 44). Nach
Schweden erzielen die Erwachsenen in Deutschland den höchsten Anteil (24 Prozent)
auf den beiden obersten Kompetenzstufen.

Beim *Adult Literacy and Lifeskills Survey* (OECD & Statistics Canada, 2005)
handelt es sich um eine international vergleichende Studie mit sieben teilnehmenden
Staaten (Bermuda, Italien, Kanada, Mexiko, Norwegen, Schweiz, Vereinigte Staaten
von Amerika). Deutschland hat sich an dieser Studie nicht beteiligt, weshalb für die
Mathematikkompetenz von Erwachsenen in Deutschland in dieser Studie keine internationalen Vergleichsbefunde vorliegen. Inhaltlich wird im ALL der *literacy*-Ansatz
des IALS aufgegriffen und auf vier Fähigkeitsbereiche angewendet: (1) *prose literacy*,
(2) *document literacy*, (3) *numeracy* und (4) *problem solving*. Der Begriff *numeracy*
bezieht sich auf das Erfassen von mathematischer Kompetenz in Alltagssituationen
(Gal, 2000; Gal et al., 2005; O'Donoghue, 2000) und ähnelt dem Konstrukt von
mathematical literacy in PISA (Murray, Clermont & Binkley, 2005).

Neben den beiden OECD-Vergleichsstudien liegen weitere Forschungsbefunde zu
adult numeracy aus dem englischen Sprachraum vor. In einzelnen Staaten, wie Groß-
britannien, Kanada oder den Vereinigten Staaten, werden Kompetenzen bei Erwachsenen seit Jahren institutionalisiert erfasst (einen aktuellen Forschungsüberblick im
angelsächsischen Sprachraum zu *adult numeracy* geben Coben, 2003 und Brooks et al.,
2001). Je nachdem, wie das Konstrukt *numeracy* operationalisiert und welche Stichprobe berücksichtigt wird, werden in den Studien unterschiedlich hohe Anteile von
Erwachsenen mit Defiziten in den mathematischen Grundfähigkeiten identifiziert.
Brooks et al. (2001) berichten über 12 Prozent der befragten Erwachsenen, deren
Fähigkeiten in mathematischer Grundbildung nicht den Alltagsanforderungen genügen.
In anderen Studien liegt der Anteil Erwachsener mit geringen *numeracy*-Fähigkeiten
bei etwa 20 Prozent.

Für den deutschsprachigen Raum fassen Maaß und Schlöglmann (2000) den Forschungsstand zum Thema „Erwachsene und Mathematik" zusammen (vgl. Jungwirth,

Maaß & Schlöglmann, 1995). Schlöglmann (1993, 1998) untersuchte in mehreren Studien, inwieweit der schulische Mathematikunterricht seine Zielsetzungen im Hinblick auf die Verwendung von Mathematik im Alltagsleben und auf die beruflichen Anforderungen erfüllt. Im Gegensatz zu den internationalen Vergleichsstudien, die mathematische Kompetenz im Sinne von *numeracy* oder *mathematical literacy* untersuchen, fokussierte Schlöglmann auf das Lösen von curriculumsnahen Schulaufgaben. Seine Ergebnisse zeigten bei einer Stichprobe von 3600 Erwachsenen aus einer beruflichen Rehabilitationsmaßnahme, dass nur die in den ersten fünf Schuljahren erworbenen Kenntnisse von fast allen Erwachsenen sicher beherrscht wurden. Bei den später vermittelten Inhalten war dies nicht mehr gegeben.

Im deutschsprachigen Raum liegt damit nur eine geringe Zahl von Studien vor, die mathematische Kompetenzen von Erwachsenen erfassen. Auf internationaler Ebene wird je nach Studie das Konstrukt „mathematische Kompetenz" unterschiedlich operationalisiert. Ein umfassender Kompetenzbegriff, wie er in der PISA-Rahmenkonzeption beschrieben ist (OECD, 2003), kam bislang in keiner der erwähnten Studien zum Einsatz. Demnach liegt auch keine differenzierte Beschreibung von mathematischen Kompetenzprofilen bei Erwachsenen vor. Vor diesem Hintergrund soll folgenden Forschungsfragen in unserer Studie explorativ nachgegangen werden:

- Wie hoch ist das Kompetenzniveau von Erwachsenen in Deutschland?
- Welche Stärken und Schwächen weisen Erwachsene in Teilbereichen der Mathematik auf?
- Gibt es Unterschiede zwischen Männern und Frauen?

1.2 Studien zu elterlichen Unterstützungsprozessen

Geht es um die Rolle des Elternhauses und ihre Bedeutung für den außerschulischen Kompetenzerwerb, so werden in Schulleistungsstudien wie IGLU, TIMSS und PISA häufig die Zusammenhänge zwischen strukturellen Merkmalen der sozialen Herkunft und dem erreichten Kompetenzniveau untersucht (Bos et al., 2003; Mullis et al., 2004; OECD, 2004). Diese Elternhausmerkmale beziehen sich oft auf den sozialen und ökonomischen Status und die kulturelle Ausstattung von Familien. Sie lassen sich als Ressourcen verstehen, die ein lernförderliches Umfeld ausmachen können. Elternhäuser unterscheiden sich systematisch in der Verfügbarkeit dieser Ressourcen und stellen damit unterschiedliche Entwicklungsmilieus dar (Bourdieu, 1983; Coleman, 1987). So zeigten etwa die Befunde aus PISA 2003 bei den Fünfzehnjährigen in Deutschland, dass allein durch den ökonomischen, kulturellen und sozialen Status (ESCS) rund 23 Prozent der Unterschiede in der mathematischen Kompetenz aufgeklärt werden (Ehmke et al., 2004, S. 249). Im internationalen Vergleich ist die mathematische Kompetenz in Deutschland verhältnismäßig eng an Merkmale der sozialen Herkunft gekoppelt.

Strukturelle Familienmerkmale sind Bedingungsfaktoren für die Kompetenzentwicklung (Helmke & Weinert, 1997), die in keinem direkten Wirkzusammenhang mit dem Kompetenzerwerb bei Kindern und Jugendlichen stehen. Vielmehr werden Zusammenhänge zwischen Kompetenzerwerb und strukturellen Herkunftsmerkmalen über Prozesse im Elternhaus, wie dem elterlichen Erziehungs- und Sozialisationsverhalten, vermittelt (Pekrun, 2001, S. 91). Eltern können einen Einfluss auf die Kompetenzentwicklung ihrer Kinder ausüben, indem sie eine stimulierende Familienumwelt bereitstellen oder durch instruktionale Verhaltensweisen zum Wissensaufbau beitragen. Eltern können aber auch indirekt die Kompetenzentwicklung fördern, indem sie die dem Lernverhalten zugrunde liegende affektive und motivationale Bereitschaft der Schülerinnen und Schüler durch eigene Wertschätzungen oder durch ihr Modellverhalten beeinflussen.

Forschungsergebnisse zur Entwicklung von mathematischer Kompetenz (Überlick bei Liebeck, 1984; Stern, 1997, 1998) zeigen bereits für den Bereich der Vorschulerziehung, dass der mathematische Anregungsgehalt bei der Ausgestaltung der häuslichen Spielumgebung einen wichtigen Einflussfaktor für die weitere Ausbildung von mathematischen Fähigkeiten darstellt. So sind beispielsweise Spielzeuge, die das Bilden von Mengen- und Untermengen unterstützen, das Anordnen und Abzählen in der Umwelt (Treppenstufen, Autos) fördern oder das Hantieren mit Geld ermöglichen, der Entwicklung von mathematisch-kognitiven Fähigkeiten förderlich (Burton, 1979; Zeman, 1983).

Neben einer förderlichen Gestaltung der außerschulischen Lernumwelt beeinflussen Eltern auch durch ihre Einstellungen zur Mathematik indirekt die mathematischen Fähigkeiten ihrer Kinder (Onslow, 1993). Forschungsergebnisse belegen einen positiven Zusammenhang zwischen der elterlichen Wertschätzung von Mathematik, der mathematikbezogenen Wertschätzung der Kinder und ihrer schulischen Leistung in diesem Fach (Ma & Kishor, 1997; Patterson et al., 2003).

Auch während der Schulzeit ist das Elternhaus bei der Förderung von fachlicher Kompetenz eine wichtige außerschulische Lernressource, etwa durch Unterstützung bei den Hausaufgaben (Überblick in Hoover-Dempsey et al., 2001). Unterscheidet man zwischen verschiedenen Aktivitäten von Eltern bei der Hausaufgabenhilfe (Hoover-Dempsey et al., 2001), so weisen mehrere Studien für die elterliche Hilfe im Prozess der Hausaufgabenbearbeitung einen positiven Effekt auf den Kompetenzerwerb nach (Baker & Stevenson, 1986; Clark, 1993; Zellman & Waterman, 1998).

Die Entwicklung von mathematischen Fähigkeiten wird somit durch die Einstellungen und das Verhalten der Eltern beeinflusst. Dies beginnt bereits im frühen Vorschulalter und dauert bis in die Schulzeit hinein an. Der Einfluss der Eltern kann dabei direkt durch elterliche Instruktion sowie auch indirekt durch eine stimulierende Lernumgebung und durch affektive und motivationale Einstellungen zum Lernen erfolgen. In der IPN-Elternstudie untersuchen wir die Wirkung der elterlichen Fachkompetenz in Mathematik auf mathematikbezogene Unterstützungsprozesse im Elternhaus:

- Inwieweit hängt mathematikbezogenes erzieherisches Handeln mit der elterlichen Mathematikkompetenz zusammen?
- Wie wirkt die Mathematikkompetenz der Eltern auf die mathematikbezogene Wertschätzung, Motivation und Leistung ihrer Kinder?

2   Anlage und Realisierung der Studie

Die offizielle Projektlaufzeit der IPN-Elternstudie (DFG EH 311/1-1) dauerte von 10/2004 bis 09/2006 und fiel damit in die dritte Phase des DFG-Schwerpunktprogramms *Bildungsqualität von Schule* (BiQua). Die Elternstudie ist inhaltlich und methodisch mit der nationalen Ergänzung der internationalen Schulleistungsstudie PISA 2003 verkoppelt. Im Folgenden beschreiben wir die Stichprobe, die Durchführung der Studie und die eingesetzten Testinstrumente.

2.1 Stichprobe

Der internationale Vergleich von Kompetenzen in PISA 2003 zwischen Schülerinnen und Schülern aus unterschiedlichen Staaten beruht auf der Stichprobe der Fünfzehnjährigen. Die nationale Ergänzung von PISA in Deutschland berücksichtigte auch eine Stichprobe von neunten Klassen. In Rahmen der Messwiederholung von PISA 2003 wurden die Neuntklässler auf Individualebene ein Jahr später in der Jahrgangstufe 10 erneut getestet.

Die IPN-Elternstudie bezieht sich auf die Eltern der Schülerinnen und Schüler aus der PISA-Messwiederholung. Von 198 Schulen, die an der Messwiederholung teilgenommen haben, wurden in die Elternstudie 25 Schulen aus 6 Bundesländern einbezogen, darunter 2 Realschulen, 2 Integrierte Gesamtschulen, 2 Schulen mit mehreren Bildungsgängen sowie 18 Gymnasien. Hauptschulen konnten in der Stichprobe nicht berücksichtigt werden, da diese nur in Ausnahmefällen eine 10. Klasse führen.

An den 25 Schulen wurden insgesamt 1237 Schülerinnen und Schüler im Rahmen der PISA-Messwiederholung getestet. Von diesen Kindern haben wiederum 73 Mütter, 77 Väter sowie 74 Elternpaare (Mutter *und* Vater) an der Elternstudie teilgenommen. Insgesamt liegen damit Daten von Eltern zu 224 Jugendlichen vor.

2.2 Durchführung

Die Testung der Eltern erfolgte im Frühjahr 2004, kurz nachdem die PISA-Messwiederholung an den Schulen stattfand. Um Schulen für die Teilnahme an der Elternstudie zu gewinnen, haben wir zuerst in sechs Bundesländern (Schleswig-Holstein, Hamburg, Mecklenburg-Vorpommern, Rheinland-Pfalz, Nordrhein-Westfalen, Bayern) die Schulleiterinnen und Schulleiter der an PISA beteiligten Schulen mit einem Anschreiben über die Ziele und die Durchführung der Studie informiert und für eine Teilnahme an der Studie geworben. Sofern kein Widerspruch der Schule erfolgte, wurden die Eltern der Schülerinnen und Schüler schriftlich zu einem Test eingeladen. Die Testdurchführung fand in den einzelnen Schulen statt. Geschulte Testleiterinnen und Testleiter wendeten den Test nach einem standardisierten Verfahren an, die Sitzungen dauerten jeweils 60 Minuten. Die Eltern erhielten eine Aufwandsentschädigung in Höhe von 20 Euro.

2.3 Instrumente

Durch die Koppelung der IPN Elternstudie mit der PISA-Messwiederholung konnten wir auf die Daten aus allen Test- und Fragebogeninstrumenten zurückgreifen, die in PISA 2003 eingesetzt wurden. Dadurch ist es möglich, auch Aussagen über die Eltern zu treffen, die nicht an dem Mathematiktest der Elternstudie teilgenommen haben. Dies ist nützlich, um die Selektivität der Elternstichprobe, etwa in Merkmalen der sozialen Herkunft, abschätzen zu können.

Um die Mathematikkompetenz von Erwachsenen zu erfassen, haben wir einen Test mit 30 PISA-Mathematikaufgaben verwendet (Reliabilität nach Erwartungswertmethode $\alpha = .86$). Davon stammen 4 Aufgaben aus dem internationalen Mathematiktest PISA 2000 (OECD, 2002), 3 Aufgaben aus dem internationalen Test PISA 2003 sowie 23 Aufgaben aus dem deutschen PISA-Ergänzungstest in Mathematik (Neubrand et al., 2001; Neubrand et al., 2002). Entsprechend der internationalen PISA-Rahmenkonzeption (OECD, 2003) berücksichtigt der Test Aufgaben aus vier mathematischen Inhaltsbereichen (*übergreifende Ideen*):

- *Quantität* bezieht sich auf Quantifizierungen, in denen Zahlen verwendet werden, um Situationen zu beschreiben oder zu organisieren.
- *Veränderung und Beziehungen* umfasst alle Arten von relationalen und funktionalen Beziehungen zwischen mathematischen Objekten.
- *Raum und Form* beschreibt Situationen in denen ebene oder räumliche Konfigurationen, Gestalten und Muster vorkommen.
- *Unsicherheit* bezieht sich auf Phänomene und Situationen, die statistische Daten beinhalten oder bei denen der Zufall eine Rolle spielt.

Neben den Zuordnungen zu den vier Inhaltsbereichen erfasst der Test auch unterschiedliche kognitive Anforderungen, die so genannten *Typen mathematischen Arbeitens* (Blum et al., 2004, S. 58f; Neubrand et al., 2001). Diese bestehen aus der Bearbeitung von technischen Aufgaben sowie rechnerischen und begrifflichen Modellierungs- und Problemlöseaufgaben.

- Bei *technischen Aufgaben* ist ein vorgegebener Ansatz mit bekannten mathematischen Prozeduren (z.B. Rechnen oder geometrisches Konstruieren) kalkülhaft durchzuführen.
- *Rechnerische Modellierungsaufgaben* stellen realitätsbezogene oder innermathematisch problemhaltige Aufgaben dar, bei denen die Mathematisierung bzw. das Erstellen eines Lösungsschemas zu einem Ansatz führt, der rechnerisch (allgemeiner: prozedural) zu bearbeiten ist.
- *Begriffliche Modellierungsaufgaben* setzen für die Modellierung oder die Problemlösung vornehmlich begriffliches Wissen im Sinne von *conceptual knowledge* (Hiebert, 1986) voraus.

Tab. 1:   Eingesetzte Testaufgaben nach Inhaltsbereichen und Typen mathematischen Arbeitens

	Quantität	Veränderung und Beziehungen	Raum und Form	Unsicherheit	Gesamt
Technische Aufgaben	3	2	2	1	8
Rechnerische Aufgaben	4	3	4	2	13
Begriffliche Aufgaben	1	4	3	1	9
Gesamt	8	9	9	4	30

2.4   Technisches Vorgehen

Die Kompetenzwerte in Mathematik für die Neuntklässler wurden in PISA 2003 analog zum internationalen Vorgehen (OECD, 2005) mit Methoden der *Item-Response-Theory* skaliert. Die Kompetenzwerte liegen in der Metrik der internationalen PISA-Mathematikskala der Fünfzehnjährigen vor (für die OECD: MW = 500, SD = 100). Die Daten des Mathematiktests der Erwachsenen haben wir nach demselben Verfahren wie die Daten der Schülerinnen und Schüler skaliert (Carstensen et al., 2004). Bei der Schätzung der Personenfähigkeiten wurden die Itemparameter derjenigen Aufgaben fixiert, die auch von den Schülerinnen und Schülern bearbeitet wurden. Die Kompetenzwerte der Erwachsenen liegen damit in der gleichen Metrik vor wie die Kompetenzwerte der Schülerinnen und Schüler. Items, die bei einer *Differential-Item-Functioning*-Analyse (DIF) (Wu, Adams & Wilson, 1998) auffällige Kennwerte (DIF > 0.1 Logits) aufwiesen, wurden dabei nicht als Ankeritems zugelassen.

In empirischen Studien und Schulleistungsuntersuchungen wie PISA stellen fehlende Werte ein systematisches Problem dar. In Selektivitätsanalysen hat sich gezeigt, dass bei Jugendlichen mit geringeren Leistungen häufiger Angaben zur sozialen Herkunft fehlen als bei Schülerinnen und Schülern mit höheren Kompetenzen. Dies kann zu methodischen Verzerrungen bei den Ergebnisanalysen führen. Um dieses Problem zu vermeiden, wurden für alle Indikatoren der sozialen Herkunft nachträglich fehlende Werte mit der Software *Norm 2.03* (Schafer, 2000; Schafer & Graham, 2002) mittels *multiple imputation* geschätzt. Es wurden fünf Datensätze mit „vollständigen" Daten erzeugt. Alle Analysen wurden anschließend mit jedem der fünf Datensätze durchgeführt.

3   Ergebnisse der Elternstudie

Im Folgenden berichten wir ausgewählte Befunde der IPN-Elternstudie und geben Hinweise auf Publikationen, denen vertiefende Details entnommen werden können. In einem ersten Abschnitt untersuchen wir die Selektivität der Elternstichprobe (Abschnitt 3.1), um dann das Niveau der mathematischen Kompetenz der getesteten Eltern zu analysieren (Abschnitt 3.2). Anschließend vergleichen wir das Kompetenzprofil der Eltern in vier mathematischen Inhaltsbereichen mit dem Kompetenzprofil von Neuntklässlern (Abschnitt 3.3). Im Abschnitt 3.4 untersuchen wir Unterschiede zwischen Müttern und Vätern. Zuletzt geben wir einen Ausblick auf Ergebnisse zum Zusammenhang zwischen mathematischer Kompetenz von Eltern und den Unterstützungsprozessen im Elternhaus (Abschnitt 3.5).

3.1   Welche Eltern nehmen an einer Studie zur mathematischen Kompetenz teil?

In einer Studie zur mathematischen Kompetenz von Erwachsenen, die auf freiwilliger Teilnahme basiert, muss mit einer positiven Selektion der Stichprobe gerechnet werden. Eine Besonderheit der Elternstudie ist jedoch, dass wir durch die Verkoppelung mit PISA 2003 abschätzen können, wie stark die Elternstichprobe in den Merkmalen der sozialen Lage und in Bezug auf Einstellungen gegenüber Mathematik selegiert ist.

Wie wir an anderer Stelle berichten (Ehmke und Siegle, submitted), unterscheiden sich die teilnehmenden Eltern von den nicht-teilnehmenden Eltern der 25 Schulen in Merkmalen der sozialen Lage. Die Mütter und Väter in der Elternstichprobe haben einen höheren Bildungsabschluss (Mütter: d = 0,38; Väter: d = 0,29) und einen höheren sozioökonomischen Status (Mütter: d = 0,27; Väter: d = 0,34) als die nicht-teilnehmenden Eltern.

Erwartungsgemäß zeigen sich auch Unterschiede zwischen teilnehmenden und nicht-teilnehmenden Eltern in ihren mathematikbezogenen Einstellungen (vgl. Ehmke & Siegle, 2005). Demnach weisen die teilnehmenden Eltern eine höhere intrinsische Wertschätzung von Mathematik auf (d = 0,36), sie zeigen eine höhere Lernorientierung in Mathematik (d = 0,16) und üben weniger Leistungsdruck auf ihre Kinder aus (d = 0,28).

Die Elternstichprobe ist damit nicht repräsentativ für alle Eltern der Schülerinnen und Schüler aus den teilnehmenden Schulen. Die positive Selektion in den Merkmalen der sozialen Lage und der mathematikbezogenen Einstellungen liegt in Höhe von rund einer Drittel Standardabweichung und kann als moderater Effekt bezeichnet werden (Cohen, 1992). Die Befunde sind damit als eine obere Abschätzung zu interpretieren.

3.2 Wie hoch ist die mathematische Kompetenz von Eltern und Kindern im Vergleich?

Ein erstes Forschungsziel war es, das mathematische Kompetenzniveau von Erwachsenen zu untersuchen. Dieser Frage sind wir anhand einer Stichprobe von Eltern nachgegangen, deren Kinder an PISA 2003 teilgenommen haben. Abbildung 1 veranschaulicht die Ergebnisse anhand von Perzentilbändern für die Elternstichprobe und deren Kinder. Nach den Analysen erreichen die Eltern in der Stichprobe durchschnittlich 613 Punkte auf der internationalen PISA-Kompetenzskala in Mathematik. Ordnet man diesen Mittelwert den in PISA gebildeten Kompetenzstufen zu (vgl. OECD, 2004), so liegt der Wert auf der Stufe V (607–668 Punkte) und beschreibt inhaltlich ein hohes Kompetenzniveau. Personen auf dieser Kompetenzstufe sind in der Lage, mathematische Modelle für komplexe Situationen zu konzipieren und mit ihnen zu arbeiten, einschränkende Bedingungen zu identifizieren und Annahmen zu spezifizieren. Sie können geeignete Lösungsstrategien für komplexe Probleme auswählen, sie miteinander vergleichen und bewerten (OECD, 2004, S. 53). Inhaltlich liegt dieses Niveau oberhalb dessen, was man in der Mathematikdidaktik als ein ausreichendes Niveau an mathematischer Grundbildung beschreiben würde (Klieme, Neubrand & Lüdtke, 2001, S. 161).

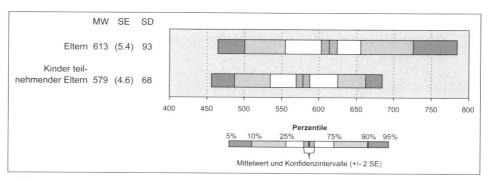

Abb. 1:   Perzentilbänder für die mathematische Kompetenz von Eltern und ihren Kindern; MW = Mittelwert, SE = Standardfehler, SD = Standardabweichung

Die Perzentilbänder zeigen außerdem eine bemerkenswerte Leistungsspitze. Mehr als 10 Prozent der untersuchten Erwachsenen erreichten Kompetenzwerte oberhalb von 700 Punkten. Im Gegensatz dazu gab es in der Elternstichprobe keinen nennenswerten Anteil, den man zu der so genannten Risikogruppe zählen könnte (Kompetenzstufe I und darunter, < 420 Punkte). Die getesteten Eltern haben also im Durchschnitt eine hohe mathematische Kompetenz, mit einer im oberen Leistungsbereich zunehmenden Streuung. Die Kompetenzwerte der Eltern liegen mehr als eine Drittel Standardabweichung über der durchschnittlichen mathematischen Kompetenz ihrer Kinder (579 Punkte, Kompetenzstufe IV). Die Differenz (34 Punkte, d = 0,39) entspricht einer halben Kompetenzstufe in PISA und kann damit auch inhaltlich als bedeutsam eingestuft werden. Im Durchschnitt lösten die Eltern PISA-Aufgaben erfolgreicher als ihre Kinder.

3.3 In welchen mathematischen Inhaltsbereichen zeigen Eltern Stärken und Schwächen?

Neben der Analyse des Gesamtniveaus in Mathematik lag ein weiteres Forschungsziel darin, Erkenntnisse über spezifische Stärken und Schwächen in verschiedenen mathematischen Inhaltsbereichen zu gewinnen. So wie sich für Schülerinnen und Schüler im internationalen Staatenvergleich verschiedenartige Kompetenzprofile zeigen, die curriculare und unterrichtliche Schwerpunkte widerspiegeln, lassen sich bei den Eltern Erkenntnisse über differentielle mathematische Fähigkeiten im Erwachsenenalter gewinnen. Aufgeschlüsselt nach den vier *übergreifenden Ideen* des PISA-Rahmenkonzepts (OECD, 2003), weist das Kompetenzprofil der Eltern einige bedeutsame Unterschiede zum Profil ihrer Kinder und dem der Neuntklässler in Deutschland auf (Abbildung 2).

Übereinstimmend mit den Ergebnissen der Fünfzehnjährigen in PISA 2003 (Blum et al., 2004; OECD, 2004) zeigen auch die Neuntklässler im Inhaltsbereich „Quantität" höhere Kompetenzen als ihr Gesamtwert erwarten ließe. Die Kompetenzen in den Inhaltsbereichen „Veränderung und Beziehungen" sowie „Raum und Form" liegen in einer Höhe, die man ausgehend von der Gesamtskala in Mathematik erwarten würde. Im Bereich „Unsicherheit" dagegen sind die Kompetenzen geringer ausgeprägt als zu erwarten. Dies kann auf curriculare Schwerpunktsetzung im Mathematikunterricht zurückgeführt werden (vgl. Blum et al., 2004).

Die Kinder teilnehmender Eltern besuchen mehrheitlich Gymnasien, entsprechend liegt ihr Kompetenzniveau durchschnittlich 72 Punkte oberhalb der mathematischen Kompetenz der Neuntklässler (d = 0,72). Auch das Kompetenzprofil der Kinder, mit seiner relativen Stärke in „Veränderung und Beziehungen", ist typisch für Schülerinnen und Schüler am Gymnasium (Neubrand et al., 2005).

Die untersuchten Eltern zeigen eine deutliche Stärke im Bereich „Quantität". Sie erzielen hier mittlere Kompetenzwerte, die das Niveau in den anderen Teilbereichen weit übersteigen.[1] Im Vergleich zum Kompetenzniveau ihrer Kinder liegt die mathematische Kompetenz der Eltern in „Quantität" mehr als zwei PISA-Kompetenzstufen höher (d = 1,52). Im Gegensatz dazu erreichen die Eltern in „Veränderung und Beziehungen" und „Unsicherheit" Kompetenzwerte, die sich nicht vom Kompetenzniveau ihrer Kinder unterscheiden. Im Vergleich zu ihren Kindern weisen die Eltern wiederum in „Raum und Form" eine relative Stärke auf. Die mittleren Kompetenzwerte von Eltern und Kindern unterscheiden sich hier aber deutlich weniger als im Inhaltsbereich „Quantität" (d = 0,23).

---

1   Während die Itemschwierigkeiten in den Inhaltsbereichen „Veränderung und Beziehungen", „Raum und Form" und „Unsicherheit" gut an die Fähigkeiten der Eltern angepasst sind, geht ihr Kompetenzniveau in „Quantität" deutlich über die Itemschwierigkeiten hinaus. 56 Prozent der Eltern lösen mindestens 7 der 8 „Quantität"-Aufgaben. Daher ist die Zuverlässigkeit des Werts in „Quantität" etwas geringer als in den anderen Teilbereichen, wobei die Grundaussage der enormen relativen Stärke in diesem Bereich nicht tangiert wird. Für eine reliable Erfassung der mathematischen Kompetenz Erwachsener sollten Items auf der Subdimension „Quantität" in künftigen Studien im Mittel schwerer als für Schülerinnen und Schüler gewählt werden.

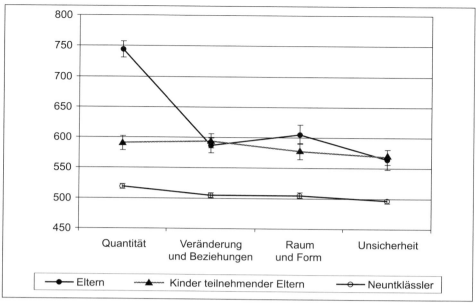

Abb. 2:   Mathematische Kompetenzen von Eltern und Kindern nach Inhaltsbereichen

Wenn auch eine Interpretation dieser Befunde aufgrund der selektiven Stichprobe mit
Vorsicht erfolgen sollte, erscheinen die Unterschiede im Kompetenzprofil der Eltern
über die verschiedenen Inhaltsbereiche plausibel. Im alltäglichen Handeln sind Anforderungen, die sich aus der Mathematik ableiten, in erster Linie im Bereich „Quantität" angesiedelt und werden auf diese Weise in Alltagsbezügen am intensivsten gefestigt. „Veränderung und Beziehungen" und „Raum und Form" finden bereits seltener
Entsprechungen in den Anforderungen des Lebens, und die Schwierigkeit, mit
„Unsicherheit" und stochastischen Fragestellungen angemessen umzugehen, ist gerade
bei Erwachsenen Gegenstand der Forschung (Gigerenzer, 2002). Um dem Konzept der
mathematischen Grundbildung gerecht zu werden, sind Kompetenzen jedoch
gleichermaßen auf allen mathematischen Inhaltsbereichen erforderlich. Gerade im
Alltag seltener erforderliche Inhaltsbereiche wie „Unsicherheit" sind eine wichtige
Komponente von *Mathematical Literacy* (OECD, 2003).

3.4   Wie unterscheidet sich die mathematische Kompetenz zwischen Müttern und Vätern?

In Schulleistungsstudien wie PISA und TIMSS erreichen Jungen häufig höhere
mathematische Kompetenzen als Mädchen (Mullis et al., 2000; OECD, 2004). Diese
Tendenz zeigt sich in nahezu allen untersuchten Staaten, allerdings in unterschiedlich
hoher Ausprägung. Dabei stellt sich die Frage, ob und inwieweit sich diese Unterschiede mit zunehmenden Lebensalter verstärken. Im *International Adult Literacy
Survey* wurden Kompetenzunterschiede in Mathematik (numeracy) zwischen Männern
und Frauen in Deutschland in Höhe von d = 0,25 beobachtet (Darcovich, OECD &
Statistics Canada, 1997, S. 34). Verglichen mit diesen Befunden fallen die Kompetenzunterschiede zwischen Müttern und Vätern in unserer Studie deutlich größer aus. Auf
der Mathematik-Gesamtskala erreichen Väter ein im Durchschnitt um 66 Punkte

höheres Kompetenzniveau als Mütter (d = 0,76). Dieser Unterschied entspricht etwa einer Kompetenzstufe auf der PISA-Skala und kann als inhaltlich bedeutsam interpretiert werden. Differenziert man weiter nach den vier Inhaltsbereichen (Abbildung 3), so erzielen Väter zwar in allen vier Teilskalen höhere Werte als Mütter, es werden aber auch relative Diskrepanzen deutlich. Die geringsten Differenzen zwischen Müttern und Vätern zeigen sich in den Inhaltsbereichen „Unsicherheit" (d = 0,39) und „Quantität" (d = 0,51). Hingegen unterscheiden sich Mütter und Väter stärker in den beiden Teilbereichen „Raum und Form" (d = 0,82) und „Veränderung und Beziehungen" (d = 0,72). Relativ zur Gesamtskala liegt für die Väter im Vergleich mit den Müttern eine Stärke im Bereich „Raum und Form" vor.

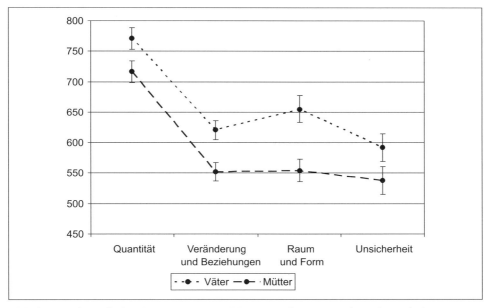

Abb. 3: Mathematische Kompetenzen von Müttern und Vätern nach mathematischen Inhaltsbereichen

Für die Interpretation der starken Niveauunterschiede in der mathematischen Kompetenz ist zu berücksichtigen, dass sich Mütter und Väter in der Stichprobe in den Merkmalen der sozialen Lage (sozioökonomischer Status, Bildungsabschluss) unterscheiden. Wir konnten aber zeigen (Ehmke & Siegle, submitted), dass auch nach statistischer Kontrolle verschiedener Herkunftsmerkmale immer noch ein mittlerer Effekt in Höhe von d = 0,54 bestehen bleibt. Die Geschlechterdifferenz bei den Eltern fällt damit immer noch doppelt so hoch aus wie für die deutschen Erwachsenen im *International Adult Literacy Survey* (Darcovich et al., 1997, S. 34). Insgesamt könnten diese Befunde in Richtung eines Schereneffekts weisen, wonach sich die bestehenden Kompetenzunterschiede zwischen Jungen und Mädchen am Ende der Schulzeit mit zunehmendem Lebensalter auseinander entwickeln.

3.5   Wie wirkt die mathematische Kompetenz der Eltern auf Unterstützungsprozesse im Elternhaus und auf ihre Kinder?

In einer weiteren Fragestellung des Projekts untersuchen wir Zusammenhänge der mathematischen Kompetenz der Eltern mit dem Kompetenzerwerb ihrer Kinder. Der Einfluss der elterlichen Mathematikkompetenz wirkt sich wie die strukturellen Herkunftsmerkmale nur vermittelt über verschiedene Unterstützungsprozesse im Elternhaus auf die Mathematikkompetenz der Kinder aus. Weiterhin können elterliche Unterstützungsprozesse dahingehend unterschieden werden, ob sie einen direkten oder indirekten Einfluss auf die Kompetenzentwicklung der Kinder nehmen (vgl. Abschnitt 1.2). Eine Wirkung auf die Mathematikkompetenz der Kinder lässt sich durch eine stimulierende Lernumgebung und durch direkte Instruktion der Eltern postulieren, indirekte Effekte können durch elternseitige Werte und Einstellungen bewirkt werden. In Anlehnung an die Selbstbestimmungstheorie der Motivation (Deci & Ryan, 1985) und Arbeiten zu elterlichem Erziehungsverhalten (Wild, 1999) berücksichtigen wir Einflüsse der Eltern auf die Motivations- und Kompetenzentwicklung der Schülerinnen und Schüler für die Faktoren mathematikbezogene Autonomieunterstützung, Lernunterstützung, Verstärkung nach Erfolg und leistungsbezogene Kontrolle. Indirekte Prozesse aus dem Bereich mathematikbezogener Werte und Einstellungen betrachten wir für die Faktoren intrinsische und extrinsische Wertschätzung für Mathematik, Lernorientierung und Leistungsdruck (Skalenbeschreibungen in Ehmke & Siegle, 2005; Ramm et al., 2006).

   In der Analyse der Prozessmerkmale lässt sich für Eltern mit einer höheren Mathematikkompetenz nachweisen, dass sie mehr Lernunterstützung in Mathematik geben ($r = .36$). Von den indirekten Faktoren zeigen Eltern mit hoher mathematischer Grundbildung eine höhere intrinsische Wertschätzung von Mathematik ($r = .24$) und einen geringeren Leistungsdruck in Mathematik ($r = -.19$) (Siegle & Ehmke, 2005a, 2005b). Bei Eltern mit einer hohen mathematischen Kompetenz finden wir somit ein eher förderliches Lernumfeld im Hinblick auf die Kompetenzentwicklung ihrer Kinder in Mathematik.

   Für Interesse und intrinsische Motivation der Neuntklässler findet sich kein direkter nachweisbarer Zusammenhang mit der mathematischen Kompetenz der Eltern. Die Leistungsmotivation der Kinder ist mit der elterlichen Kompetenz nur schwach negativ korreliert ($r = -.16$). Auf welche Weise die mathematische Kompetenz der Eltern auf das familiäre Lernumfeld und damit mittelbar auf schülerseitige Merkmale und auf die Kompetenz der Jugendlichen wirkt, ist Gegenstand künftiger Analysen.

4   Ausblick auf weitere Forschung

Die Befunde aus unserer Studie sollen in zwei Richtungen differenziert werden. Erstens wollen wir das Profil der mathematischen Kompetenz von Erwachsenen weiter vertiefend deskriptiv analysieren: Wie unterscheiden sich die Kompetenzprofile der Inhaltsbereiche „Quantität", „Veränderung und Beziehungen", „Raum und Form" und „Unsicherheit" für Eltern aus unterschiedlichen Sozialschichten? Wie sieht das Kompetenzprofil bei Eltern aus, wenn man zwischen unterschiedlichen kognitiven Anforderungen unterscheidet (technische Fertigkeiten, rechnerisches Modellieren, begriffliches Modellieren)?

In einem zweiten Bereich soll Erklärungswissen über mathematikbezogene Prozessmerkmale (etwa Lernunterstützung, Lernorientierung oder Hausaufgabenhilfe) der Familien abhängig von der elterlichen Mathematikkompetenz gewonnen werden. Hierfür ist die Frage nach mathematikbezogenen Familienkonstellationen von Bedeutung: Was geschieht in Familien, in denen die Eltern eine höhere Mathematikkompetenz aufweisen als ihre Kinder? Wie sieht es im umgekehrten Fall aus? Diesen Fragen soll in vertiefenden Analysen nachgegangen werden.

Literatur

Baker, D.P. & Stevenson, D.L. (1986). Mothers' strategies for children's school achievement: Managing the transition to high school. *Sociology of Education, 59 (2)*, 156-166.

Blum, W., Neubrand, M., Ehmke, T., Senkbeil, M., Jordan, A., Ulfig, F. & Carstensen, C. H. (2004). Mathematische Kompetenz. In M. Prenzel, J. Baumert, W. Blum, R. Lehmann, D. Leutner, M. Neubrand, R. Pekrun, H.-G. Rolff, J. Rost & U. Schiefele (Hrsg.), *PISA 2003. Der Bildungsstand der Jugendlichen in Deutschland – Ergebnisse des zweiten internationalen Vergleichs* (S. 47-92). Münster: Waxmann.

Bos, W., Lankes, E.-M., Prenzel, M., Schwippert, K., Walther, G. & Valtin, R. (Hrsg.). (2003). *Erste Ergebnisse aus IGLU. Schülerleistungen am Ende der vierten Jahrgangsstufe im internationalen Vergleich*. Münster: Waxmann.

Bourdieu, P. (1983). Ökonomisches Kapital, kulturelles Kapital, soziales Kapital. In R. Kreckel (Hrsg.), *Soziale Ungleichheiten* (S. 183-198). Göttingen: Schwartz.

Brooks, G., Giles, K., Harman, J., Kendall, S., Rees, F. & Whittaker, S. (2001). *Assembling the fragments: A review of research on adult basic skills*: DfEE Publications.

Burton, G.M. (1979). Helping parents help their preschool children. *Arithmetic Teacher, 25 (8)*, 12-14.

Carstensen, C.H., Knoll, S., Rost, J. & Prenzel, M. (2004). Technische Grundlagen. In M. Prenzel, J. Baumert, W. Blum, R. Lehmann, D. Leutner, M. Neubrand, R. Pekrun, H.-G. Rolff, J. Rost & U. Schiefele (Hrsg.), *PISA 2003. Der Bildungsstand der Jugendlichen in Deutschland – Ergebnisse des zweiten internationalen Vergleichs* (S. 371-387). Münster: Waxmann.

Clark, R. (1993). Homework parenting practices that positively affect student achievement. In N. F. Chavkin (Ed.), *Families and schools in a pluralistic society* (pp. 53-71). Albany: State University of New York Press.

Coben, D. (2003). *Adult numeracy: review of research and related literature*. London: NRDC.

Cohen, J. (1992). A power primer. *Psychological Bulletin, 112*, 155-159.

Coleman, J.S. (1987). Families and Schools. *Educational Researcher, 16 (6)*, 32-38.

Darcovich, N., OECD & Statistics Canada (1997). *Literacy skills for the knowledge society: further results from the International Adult Literacy Survey*. Ottawa: Human Resources Development Canada.

Deci, E.L. & Ryan, R.M. (1985). *Intrinsic motivation and self-determination in human behavior*. New York: Plenum Press.

Ehmke, T., Hohensee, F., Heidemeier, H. & Prenzel, M. (2004). Familiäre Lebensverhältnisse, Bildungsbeteiligung und Kompetenzerwerb. In M. Prenzel, J. Baumert, W. Blum, R. Lehmann, D. Leutner, M. Neubrand, R. Pekrun, H.-G. Rolff, J. Rost, U. Schiefele (Hrsg.), *PISA 2003. Der Bildungsstand der Jugendlichen in Deutschland – Ergebnisse des zweiten internationalen Vergleichs* (S. 225-253). Münster: Waxmann.

Ehmke, T. & Siegle, T. (2005). Mathematikbezogene Selbsteinschätzungen und Testbereitschaft von Erwachsenen. In G. Graumann (Hrsg.), *Beiträge zum Mathematikunterricht 2005. Vorträge auf der 39. Tagung für Didaktik der Mathematik vom 28. 2. bis 4. 3. 2005 in Bielefeld* (S. 175-178). Hildesheim: Verlag Franzbecker.

Ehmke, T. & Siegle, T. (submitted). How well do parents do on PISA? Results concerning the mathematics competency of parents and children in the German sample.

Gal, I. (Ed.). (2000). *Adult Numeracy development: Theory, Research, Practice*. Cresskill: Hampton Press.

Gal, I., van Groenestijn, M., Manly, M., Schmitt, M.J. & Tout, D. (2005). Adult numeracy and its assessment in the ALL survey: A conceptual framework and pilot results. In S.T. Murray, Y. Clermont & M. Binkley (Eds.), *Measuring adult literacy and life skills: New frameworks for assessment* (pp. 137-191). Ottawa, Canada: Statistics Canada.

Gigerenzer, G. (2002). *Calculated risks. How to know when numbers deceive you*. New York: Simon & Schuster.

Green, D.A. & Riddel, W.C. (2001). *Literacy, Numeracy and Labor Market Outcomes in Canada (International Adult Literacy Survey)*. Ottawa: Statistics Canada.

Helmke, A. & Weinert, F.E. (1997). Bedingungsfaktoren schulischer Leistungen. In F. E. Weinert (Hrsg.), *Enzyklopädie der Psychologie: Pädagogische Psychologie, Band 3. Psychologie des Unterrichts und der Schule* (S. 71-176). Göttingen: Hogrefe.

Hiebert, J. (Ed.). (1986). *Conceptual and Procedural Knowledge: The Case of Mathematics*. Hillsdale: Erlbaum.

Hoover-Dempsey, K., Battiato, A., Walker, J., Reed, R., De Jong, J. & Jones, K. (2001). Parental Involvement in Homework. *Educational Psychologist, 36 (3)*, 195-209.

Jungwirth, H., Maaß, J. & Schlöglmann, W. (1995). *Abschlussbericht zum Forschungsprojekt: Mathematik in der Weiterbildung*. Linz: Universität Linz.

Klieme, E., Neubrand, M. & Lüdtke, O. (2001). Mathematische Grundbildung: Testkonzeption und Ergebnisse. In J. Baumert, E. Klieme, M. Neubrand, M. Prenzel, U. Schiefele, W. Schneider, P. Stanat, K.-J. Tillmann & M. Weiß (Hrsg.), *PISA 2000. Basiskompetenzen von Schülerinnen und Schülern im internationalen Vergleich* (S. 139-190). Opladen: Leske + Budrich.

Liebeck, P. (1984). *How children learn mathematics*. Harmondsworth: Penguin Books.

Ma, X. & Kishor, N. (1997). Assessing the relationship between attitude toward mathematics and achievement in mathematics: A meta-analysis. *Journal for Research in Mathematics Education, 28 (1)*, 26-47.

Maaß, J. & Schlöglmann, W. (2000). Erwachsene und Mathematik. *Mathematica Didactica. Zeitschrift für Didaktik der Mathematik, 23 (2)*, 95-106.

Mullis, I.V.S., Martin, M.O., Fierros, E.G., Goldberg, A.L. & Stemler, S.E. (2000). *Gender Differences in Achievement. IEA's Third International Mathematics and Science Study (TIMSS)*. Chestnut Hill: International Study Center, Boston College.

Mullis, I.V.S., Martin, M.O., Gonzalez, E.J. & Chrostowski, S.J. (2004). Students' Backgrounds and Attitudes Towards Mathematics. In I.V.S. Mullis, M.O. Martin, E.J. Gonzalez & S.J. Chrostowski (Eds.), *TIMSS – TIMSS 2003 International Mathematics Report* (pp. 125-160). Boston: IEA.

Murray, T.S., Clermont, Y. & Binkley, M. (2005). *Measuring Adult Literacy and Life Skills: New Framework for Assessment*. Ottawa: Statistics Canada.

Murray, T.S., Kirsch, I.S. & Jenkins, L. (Eds.). (1997). *Adult Literacy in OECD Countries: Technical Report on the First International Adult Literacy Survey*. Washington: United States Department of Education.

Neubrand, M., Biehler, R., Blum, W., Cohors-Fresenburg, E., Flade, L., Knoche, N., Lind, D., Löding, W., Möller, G. & Wynands, A. (2001). Grundlagen der Ergänzung des internationalen PISA-Mathematik-Tests in der deutschen Zusatzerhebung. *Zentralblatt für Didaktik der Mathematik, 33 (2)*, 33-45.

Neubrand, M., Blum, W., Ehmke, T., Jordan, A., Senkbeil, M., Ulfig, F. & Carstensen, C.H. (2005). Mathematische Kompetenz im Ländervergleich. In M. Prenzel, J. Baumert, W. Blum, R. Lehmann, D. Leutner, M. Neubrand, R. Pekrun, J. Rost & U. Schiefele (Hrsg.), *PISA 2003. Der zweite Vergleich der Länder in Deutschland – Was wissen und können Jugendliche?* (S. 51-84). Münster: Waxmann.

Neubrand, M., Klieme, E., Lüdtke, O. & Neubrand, J. (2002). Kompetenzstufen und Schwierigkeitsmodelle für den PISA-Test zur mathematischen Grundbildung. *Unterrichtswissenschaft, 30 (2)*, 100-119.

O'Donoghue, J. (2000). Assessing Numeracy. In D. Coben, J. O'Donoghue & G.E. Fitzsimons (Eds.), *Perspectives on Adults Learning Mathematics* (pp. 271-287). London: Kluwer.

OECD (2002). *Sample Tasks from the PISA 2000 Assessment. Reading, Mathematical and Scientific Literacy*. Paris: OECD.

OECD (2003). *The PISA 2003 assessment framework – mathematics, reading, science and problem solving knowledge and skills*. Paris: OECD.

OECD (2004). *Lernen für die Welt von morgen. Erste Ergebnisse von PISA 2003*. Paris: OECD.

OECD (2005). *PISA 2003 Technical Report*. Paris: OECD.

OECD & Statistics Canada (1995). *Literacy, economy, and society: results of the first International Adult Literacy Survey*. Paris: OECD.

OECD & Statistics Canada (2005). *Learning a Living. First Results of the Adult Literacy and Life Skills Survey*. Paris: OECD.

Olson, D.R. (1996). Literacy. In E.d. Corte & F.E. Weinert (Eds.), *International Encyclopaedia of Developmental and Instructional Psychology* (pp. 428-430). Exeter: Pergamon.

Onslow, B. (1993). Improving the attitude of students and parents through family involvement in mathematics. *Mathematics Education Research Journal, 4 (3)*, 24-31.

Osberg, L. (2000). *Schooling, Literacy and Individual Earnings*. Ottawa: Statistics Canada.

Patterson, M., Perry, E., Decker, C., Eckert, R., Klaus, S., Wendling, L. & Papanastasiou, E. (2003). Factors associated with High School Mathematics Performance in the United States. *Studies in Educational Evaluation, 29*, 91-108.

Pekrun, R. (2001). Familie, Schule und Entwicklung. In S. Walper & R. Pekrun (Hrsg.), *Familie und Entwicklung. Aktuelle Perspektiven der Familien-Psychologie* (S. 84-105). Göttingen: Hogrefe.

Ramm, G., Prenzel, M., Baumert, J., Blum, W., Lehmann, R., Leutner, D., Neubrand, M., Pekrun, R., Rolff, H.-G., Rost, J. & Schiefele, U. (Hrsg.). (2006). *PISA 2003. Dokumentation der Erhebungsinstrumente*. Münster: Waxmann.

Schafer, J.L. (2000). Norm for Windows 95/98/NT (Version 2.03).

Schafer, J.L. & Graham, J.W. (2002). Missing Data: Our View of the State of the Art. *Psychological Methods, 7 (2)*, 147-177.

Schlöglmann, W. (1993). Mathematikkenntnisse von Erwachsenen. *Beiträge zum Mathematikunterricht*, 319-322.

Schlöglmann, W. (1998). Was bleibt vom schulischen Mathematiklernen – Mathematikkenntnisse bei Erwachsenen. *Mathematica Didactica. Zeitschrift für Didaktik der Mathematik, 21 (1)*, 86-107.

Siegle, T. & Ehmke, T. (2005a, September). *Mathematische Kompetenz von Erwachsenen: Zusammenhänge mit mathematikbezogenen Einstellungen und Verhaltensweisen bei Eltern und Kindern*. Vortrag auf der 67. Tagung der AEPF „Qualität durch Standards?", Symposium „Bildungsqualität von Schule", Salzburg, Austria.

Siegle, T. & Ehmke, T. (2005b, August). *Parental mathematical literacy and children's motivation and performance in mathematics*. Paper presented at the EARLI 2005 –

11th European Conference for Research on Learning and Instruction, Nicosia, Cyprus.

Steen, L.A. (Ed.). (2001). *Mathematics and Democracy: The Case for Quantitative Literacy*. Princeton: Woodrow Wilson.

Stern, E. (1997). Mathematik. In F.E. Weinert (Hrsg.), *Psychologie des Unterrichts und der Schule (Enzyklopädie Psychologie, Serie Pädagogische Psychologie, Band 3)* (S. 398-426). Göttingen: Hogrefe.

Stern, E. (1998). *Die Entwicklung des mathematischen Verständnisses im Kindesalter*. Lengerich: Pabst Science Pubishers.

Tuijnman, A. (2000). *Benchmarking Adult Literacy in North America: An International Comparative Study*. Ottowa: Statistics Canada.

Wild, E. (1999). *Elterliche Erziehung und schulische Lernmotivation*. Unveröffentlichtes Manuskript einer Habilitationsschrift, Universität Mannheim.

Wu, M.L., Adams, R.J. & Wilson, M.R. (1998). *ACER ConQuest: Generalized item response modelling software*. Melbourne, Australia: Australian Council for Educational Research.

Zellman, G.L. & Waterman, J.M. (1998). Understanding the impact of parent school involvement on children's educational outcomes. *Journal of Educational Research, 91*, 370-380.

Zeman, M. (1983). Diagnostics of the effects of pre-school education in mathematics. *Z. Differentielle Diagnostische Psychologie, 4 (1)*, 51-65.

Tina Seidel, Manfred Prenzel, Rolf Rimmele, Katharina Schwindt,
Mareike Kobarg, Constanze Herweg & Inger Marie Dalehefte

Unterrichtsmuster und ihre Wirkungen

Eine Videostudie im Physikunterricht

Der Beitrag fasst die Ergebnisse der IPN-Videostudie, einem sechsjährigen Forschungsprojekt zu Lehr-Lern-Prozessen im Physikunterricht, zusammen.[1] Die Ergebnisse des Projekts sind vielfältig: „Werkzeuge" und Instrumente wurden entwickelt, mit denen empirische Bildungsforscherinnen und -forscher sowie Praktikerinnen und Praktiker Unterricht analysieren und auswerten können. Schulklassen wurden ausgewählt, in denen wir Physikunterricht videographierten, um zu sehen, auf welche Art und Weise Physikunterricht gängigerweise in der Sekundarstufe abläuft. Für die Analysen mussten wir vorhandene Kodiersysteme weiter entwickeln. Umfangreiche statistische Auswertungen wurden durchgeführt, um die Wirkungen von Unterricht auf das Lernen der Schülerinnen und Schüler erklären zu können. Um herauszufinden, wie Lehrkräfte am Besten darin unterstützt werden können, lernrelevante Unterrichtsszenen zu identifizieren, haben wir Physiklehrkräfte eingeladen, ihren eigenen Unterricht oder den eines Kollegen zu analysieren. Das Projekt hat so im Verlauf der Zeit einen Fundus an Wissen und Werkzeugen geschaffen. Mit diesem Beitrag möchten wir diesen Fundus vorstellen. Wir beginnen mit einem Rückblick auf den Projektbeginn und den damaligen Stand der Unterrichtsforschung mit der Wiederentdeckung der Unterrichtsbeobachtung am Ende der 1990er Jahre. Danach gehen wir auf die Forschungsziele, das Forschungsprogramm und die zentralen Ergebnisse der IPN-Videostudie ein. Der Beitrag schliesst mit einem Ausblick zu weiterführenden Forschungsperspektiven.

1 Die Wiederentdeckung des Unterrichts und der Unterrichtsbeobachtung

1.1 Videostudien in der Unterrichtsforschung

Bei internationalen Vergleichsstudien wie TIMSS (Third International Mathematics and Science Study bzw. neuerdings Trends in International Mathematics and Science Study) und PISA (Programme for International Student Assessment) wird deutlich, dass in Deutschland ein erheblicher Anteil von Schülerinnen und Schülern über den Verlauf der Schulzeit ein Kompetenzprofil entwickelt, das nur eingeschränkt den Anforderungen einer Wissensgesellschaft gerecht wird (vgl. Baumert et al., 2001; Baumert et al., 1997; Prenzel et al., 2004). Zum Beispiel scheitern in den Naturwissenschaften Schülerinnen und Schüler hierzulande vor allem an Aufgaben, die ein Verständnis zentraler Konzepte und grundlegender Besonderheiten naturwissenschaftlichen Arbeitens verlangen (Prenzel, Rost et al., 2001). Diese Befunde gelten gleicher-

---

1   Die IPN-Videostudie wurde im Rahmen des Schwerpunktprogramms BiQua („Bildungsqualität von Schule") von 2000–2006 von der DFG gefördert (PR 473/2-1, PR 473/2-2, PR 473/2-3).

maßen für andere untersuchte Kompetenzbereiche (Lesen, Mathematik) und weisen auf ernst zu nehmende Probleme in unserem Bildungssystem hin. Bisher gelingt es uns hier nicht, allen jungen Menschen die gleichen Möglichkeiten zu bieten, grundlegende Kompetenzen in zentralen Lernbereichen aufzubauen. Insbesondere scheint die Schule in Deutschland die individuelle Lernentwicklung noch unzureichend zu unterstützen. Entsprechende Befunde führen zu Fragen nach möglichen Verbesserungen. Wer aussichtsreiche Maßnahmen zur Verbesserung entwerfen möchte, braucht empirisch fundierte Erklärungen der Probleme (Doll & Prenzel, 2004). Die IPN-Videostudie hat diesen Aspekt aufgegriffen und sich zum Ziel gesetzt, Bedingungen des Lernens im Naturwissenschaftsunterricht am Beispiel des Physikunterrichts aufzuklären.

Schule und Unterricht als Faktoren für die Erklärung von Lernergebnissen spielen seit langem eine zentrale Rolle in der empirischen Bildungsforschung. Die IPN-Videostudie hat von Beginn an auf den Wissensstand aus der Lehr-Lern-Forschung, der fachdidaktischen Forschung und der Interessen- und Motivationsforschung zurückgegriffen. Zu Beginn des Projekts fehlten jedoch insbesondere Studien mit komplexen, umfassenden Erklärungsansätzen, die abgestimmte Maßnahmen zur Verbesserung des Unterrichts begründen konnten. Darüber hinaus existierte im Bereich des Naturwissenschaftsunterrichts keine systematische und zuverlässige Datenbasis über vorherrschende Merkmale, Schwerpunkte und Besonderheiten des Unterrichts und deren Bedeutung für Lernergebnisse von Schülerinnen und Schülern. Soweit Befunde zu einzelnen Aspekten vorlagen, stützten sie sich auf Einschätzungen oder Aussagen von Schülerinnen und Schülern bzw. Lehrpersonen.

Die empirische Unterrichtsforschung kann auf eine längere Forschungstradition zurückblicken. Es fällt allerdings auf, dass die Forschungstradition wiederholt durch grundlegende Neuorientierungen durchbrochen wurde. So wurde zum Beispiel das Paradigma der Prozess-Produkt-Forschung in den 1990er Jahren relativ abrupt aufgegeben: Während Gage und Needles (1989) noch herausstellen, dass Unterricht nur über systematische Beobachtung zuverlässig erfasst werden kann, wird dieser methodische Zugang in den 1990er Jahren fast ausschließlich durch die Nutzung subjektiver Daten (persönliche Wahrnehmungen, Selbstauskünfte) aus Schüler- und Lehrerbefragungen ersetzt. Systematische Beobachtung von Unterricht wurde als zu technisch und kostenaufwendig kritisiert (Brophy & Good, 1986). Gage und Needles fassten diesen Wechsel folgendermaßen zusammen:

"Political and economic factors influence the choice of research methods. The 1980s saw diminished economic support of educational research by the federal government of the United States. So relatively expensive process-product research with abundant structured observation in classrooms by carefully trained observers was done less frequently. In such circumstances of economic stringency, processes can be described, in ways highly useful despite their limitations, with vastly less expensive questionnaires and rating scales filled out by teachers and pupils" (S. 294).

Unterrichtsbeobachtung oder Videoanalysen von Unterricht spielten dementsprechend für längere Zeit keine Rolle mehr in der empirischen Bildungsforschung.

Seit der TIMSS 1995 Mathematik Videostudie (Stigler et al., 1999) wird dann allerdings wieder diskutiert, welchen Wert Videobeobachtungen in der Unterrichtsforschung einnehmen – auch wenn es sich dabei um einen aufwendigeren Forschungszugang handelt. Es hat sich wiederholt gezeigt, dass auf der Basis von Fragebögen und Interviews allein nur bedingt darauf zurückgeschlossen werden kann, was tatsächlich in den Klassenzimmern und im Unterricht passiert (Hiebert, Gallimore & Stigler,

2002). Besonders die verbesserten technischen Möglichkeiten führten in den letzten Jahren dazu, dass Unterricht wieder vermehrt beobachtet wird (Ulewicz & Beatty, 2001). Unterricht wird nun vorwiegend mit digitalen Videokameras aufgezeichnet und am Computer mit Hilfe spezieller Software analysiert (Petko et al., 2003). Die Nutzung der neuen Medien hat umfangreicher angelegte Studien, die über die Analyse einzelner Fälle hinausgehen, ökonomisch möglich gemacht. Digitalisierte Videoaufzeichnungen und aktuelle Speichermedien haben gleichzeitig eine lange Haltbarkeitsdauer und können von mehreren Personen wiederholt und aus verschiedenen Blickwinkeln analysiert werden.

Videostudien bieten somit die besondere Chance, eine systematische Datenbasis über tatsächlich stattfindenden Unterricht zu liefern. Um Unterricht jedoch nicht nur systematisch zu beschreiben, sondern theoriegeleitet zu „erklären", müssen Video-analysen durch weitere Informationsquellen ergänzt werden (Seidel, 2003a). Längs-schnittliche Untersuchungen unter Nutzung von Schülertests und -befragungen zu Be-ginn und am Ende eines Schuljahres sowie Befragungen unmittelbar nach den Video-aufzeichnungen ermöglichen es beispielsweise, die Wirkung des Unterrichts auf kurz- und längerfristige kognitive und motivationale Lernprozesse zu erfassen (Seidel & Prenzel, 2004). Die Wirkung von Unterricht wird darüber hinaus nicht eindimensional über das Kriterium „Leistung" gemessen, sondern multidimensional über verschiedene Zielkriterien wie Interesse, Selbstkonzept oder fächerübergreifende Kompetenzen. Abbildung 1 fasst den theoretischen Rahmen der IPN-Videostudie zusammen (Seidel et al., in Druck). In das Rahmenmodell gehen aktuelle Befunde der fachdidaktischen Unterrichtsforschung, der Lehr-Lern-Forschung, sowie der Lernmotivations- und Interessenforschung ein (vgl. auch Fend, 1998; Reusser & Pauli, 2003).

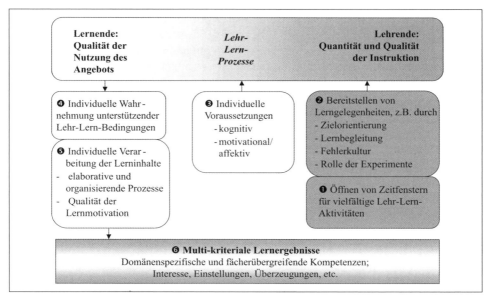

Abb. 1:   Theoretisches Rahmenmodell der IPN-Videostudie

Die Abbildung veranschaulicht eine theoretische Modellierung von Unterricht, in dem einerseits Zeitfenster eröffnet (1) und andererseits innerhalb dieser Zeitfenster Ge-legenheiten zum Lernen gestaltet werden (2). Dies kann durch das Explizieren von Zielen, das Begleiten von Lernprozessen, das Schaffen einer positiven Fehlerkultur oder den sinnvollen Einsatz von Experimenten geschehen. Diese Zeitfenster und Lern-gelegenheiten werden von den Schülerinnen und Schülern unterschiedlich wahr-genommen (4) und genutzt (5). Die individuell unterschiedliche Nutzung hängt dabei unter anderem von den unterschiedlichen kognitiven und motivational/affektiven Voraussetzungen ab, welche die Lernenden selbst mit in den Unterricht einbringen (3). Zuletzt wird die längerfristige Wirkung des Unterrichts an unterschiedlichen Lern-ergebnissen gemessen (6), wie beispielsweise an der Entwicklung naturwissenschaft-licher Kompetenzen oder Interesse.

Auf der Basis dieses theoretischen Rahmenmodells spielen die methodischen Zugänge der IPN-Videostudie jeweils eine spezifische Rolle: Während über Video-analysen Zeitfenster und Merkmale des Unterrichts im Sinne von Gelegenheiten für Lernen beschrieben werden, können über Informationen aus Schülerbefragungen und Tests die Nutzung von Gelegenheiten und deren Wirkungen auf die Lernentwicklun-gen untersucht werden. Damit wurden mit der IPN-Videostudie neue Wege in der Unterrichtsforschung beschritten: Die systematische Kombination verschiedener Perspektiven und Verfahren, um so den komplexen theoretischen Annahmen über Lehr-Lern-Prozesse im Unterricht gerecht zu werden.

1.2   Videostudien und Unterrichtsentwicklung

Gegenüber Papier-und-Bleistift-Erhebungen haben Videostudien einen entscheidenden Vorteil: Die Erkenntnisse können so aufbereitet werden, dass sie von Praktikern besser wahrgenommen werden können. Auch wenn Videostudien auf den ersten Blick als kostenintensiv und zeitaufwendig erscheinen, wird ihr längerfristiger Wert oft unter-schätzt. Das Videomaterial kann in vielfältiger Weise genutzt werden, um Akteuren im Bildungswesen empirisch gesicherte Erkenntnisse visuell zu veranschaulichen. Video-studien können genutzt werden, um konkret am aufgenommenen Material zu zeigen, welche Unterrichtsbedingungen erfolgreiche oder weniger erfolgreiche Gelegenheiten für Lernen bieten (Derry, 2002; Hiebert, Gallimore & Stigler, 2002; Reusser, 2005). Bezogen auf Videoaufnahmen von konkreten Unterrichtssituationen können Lehr-kräfte, wie auch andere professionelle Akteure im Bildungswesen, eine gemeinsame Fachsprache entwickeln. Damit helfen Videostudien, ein Problem zu lösen, das seit langer Zeit im Zusammenhang mit der Professionalisierung von Lehrkräften diskutiert wird (Bromme, 2000; Terhart, 2000) und das gegenwärtig in Programmen wie SINUS (Steigerung der Effizienz des mathematisch-naturwissenschaftlichen Unterrichts) eine breite Umsetzung findet (Bund-Länder-Kommission für Bildungsplanung und For-schungsförderung, 1997; Ostermeier et al., 2004; Prenzel, 2000).

Die systematische Nutzung von Videostudien für die Unterrichtsentwicklung und Professionalisierung steht auch hier noch am Anfang. Neue Medien und Technologien bieten Möglichkeiten, die bis vor kurzem noch nicht denkbar waren (Stahl, Zahn & Seidel, in Druck). Man denke an die verbesserten Speicherkapazitäten und die damit verbundenen Möglichkeiten der Verbreitung von Videomaterial. Darüber hinaus kann über Internetplattformen und Softwarepakete Videomaterial systematisch mit weiteren Materialien und Informationen verknüpft und über Foren verbreitet werden, in denen sich Personen virtuell oder face-to-face austauschen können. Die Arbeitsgruppen, die in der jüngsten Zeit Videostudien durchgeführt haben, beschäftigen sich intensiv mit der Frage, wie der hohe Forschungsaufwand der Praxis zugute kommen kann.

Im Bereich der Unterrichtsforschung findet sich aber auch hier eine interessante Konstellation: Obwohl Videoaufzeichnungen seit langem in der Lehrerbildung genutzt werden (Reusser, 2005), lagen zum Zeitpunkt der IPN-Videostudie nur wenige empirisch fundierte Erkenntnisse darüber vor, welche Wirkung die Nutzung von Unterrichtsaufzeichnungen auf die Professionalisierung von Lehrkräften haben kann. Gleichzeitig verwiesen die Ergebnisse der IPN-Videostudie darauf, dass Merkmale des Unterrichts, die für das Lernen der Schülerinnen und Schüler entscheidend werden, nicht einfach auf der Ebene oberflächlicher Aktivitäten zu identifizieren sind (Seidel et al., in Druck). Statt dessen bedarf es einer geschulten Wahrnehmung mit einer tiefergehenden Analyse, um die Feinheiten des Unterrichts in den Zielstellungen, der Begleitung des Lernens, der Fehlerkultur und der Rolle experimentellen Denkens und Arbeitens wahrzunehmen. Ungeschulte Beobachter achten meist auf oberflächliche Aspekte des Unterrichts (Atteslander, 1988; Evertson & Green, 1986; Feger, 1983), und auch Lehrkräfte gehören in der Analyse von Unterricht häufig dieser Gruppe an (Roth, 2004; Santagata, 2003). In der Beobachtungsforschung werden drei wesentliche Schritte in der Analyse von Unterricht unterschieden: (1) die zielorientierte Beschreibung eines Unterrichtsereignisses, (2) die Integration der beobachteten Unterrichtssituation in die Wissensstrukturen und darüber die Erklärung des Ereignisses und (3) die Bewertung dieses Ereignisses auf der Basis der Einordnungsprozesse. Häufige „Beobachtungsfehler" liegen unter anderem darin, sich durch oberflächliche Unterrichtsereignisse ablenken zu lassen und ohne eine ausreichende Beschreibung und Einordnung der Unterrichtsereignisse zu schnell zu einer Bewertung des Geschehens zu gelangen. In der Analyse des Unterrichts lassen sich zudem zwei Zugänge differenzieren: Erstens die *offene Analyse* des Unterrichts in Form einer freien Beobachtung (unter Berücksichtigung der drei oben formulierten Analyseschritte); zweitens die *strukturierte Analyse* in der Einschätzung und Klassifikation von Unterrichtssituationen anhand vorgegebener Schemata und Einschätzskalen.

Die Nutzung von Unterrichtsaufzeichnungen in der Praxis lässt *zwei Probleme* erkennen, die eine genauere Untersuchung verdienen: Die produktive Nutzung hängt erstens von Voraussetzungen der Betrachter ab. Personen, die häufig mit der Hospitation und Beobachtung von Unterricht betraut sind, wenden eher Prinzipien der systematischen und strukturierten Unterrichtsanalyse mit Blick auf lernrelevante Merkmale des Unterrichts an als Personen, die sich noch in der Ausbildung befinden oder die zwar unterrichten, aber selten systematisch Unterrichtsprozesse reflektieren und analysieren (Berliner, 2001; Hiebert, Gallimore & Stigler, 2002). Viele Lehrkräfte hatten in ihrer Ausbildung nicht die Gelegenheit, Verfahren der systematischen Analyse von Unterricht zu erlernen. Eine zweite Problemstellung ergibt sich durch die Besonderheit von Unterrichtsaufzeichnungen als Lernmaterial. Videographien von Unterricht zeichnen sich durch sehr hohe Komplexität aus (Sweller, Merrienboer & Paas, 1998). Damit erhöht sich die Wahrscheinlichkeit, dass Beobachter von der Fülle an Informationen überfordert werden und sich in der Komplexität des Materials verlieren (Mayer, 2001). Strukturierende Aufgabenstellungen, die an die Analyse von Unterrichtsaufzeichnungen gestellt werden, sollen deshalb helfen, Unterricht systematisch zu analysieren und so zu einem vertieften Verständnis über lernrelevante Merkmale des Unterrichts zu gelangen. Darüber hinaus sind Unterrichtaufzeichnungen sehr „realistisch" (Salomon, 1994), d.h. sie beinhalten Ereignisse, die Lehrkräften in hohem Maße vertraut sind. Die höchste „Vertrautheit" kann hier für die Nutzung eigenen Videomaterials angenommen werden, indem zum Beispiel Aufzeichnungen eigener Unterrichtsstunden analysiert werden. Unterschiede zwischen Lehrkräften in der Analyse von Unterricht können also auch dahin gehend angenommen werden, ob „eigenes" oder „fremdes" Videomaterial verwendet wird – mit allen anzunehmenden Vor- und Nachteilen in der Verarbeitung des Videomaterials (vgl. Prenzel & Seidel, 2003).

Vor diesem Hintergrund war es ein Anliegen der Antragsteller (Prenzel & Seidel, 2003), die Ergebnisse und Erkenntnisse der IPN-Videostudie möglichst gewinnbringend für die Praxis aufzubereiten, zugleich aber auch systematisch Bedingungen einer effektiven Nutzung zu klären. Materialien und Erkenntnisse der IPN-Videostudie mündeten so in die Entwicklung der Lernumgebung *LUV* (Lernen aus Unterrichtsvideos), um Videomaterial, Inhalte und Aufgabenformate so abzustimmen, dass Lehrkräfte Unterricht strukturiert und systematisch analysieren können (Seidel et al. 2004).

2   Der Anspruch des Projekts und die Umsetzung in ein Forschungsprogramm

Die TIMSS-Videostudien 1995 (Stigler et al., 1999) und 1999 (Hiebert et al., 2003) gaben der Unterrichtsforschung neue Impulse. Beide Studien demonstrierten – auf der Basis umfangreicher Zufallsstichproben – die vorherrschenden Unterrichtspraktiken in verschiedenen Ländern. In Deutschland existierte bis zum Zeitpunkt der Veröffentlichung der TIMSS 1995 Videostudie kein systematisches Wissen darüber, wie üblicherweise Mathematikunterricht praktiziert wird. Gerade der internationale Vergleich machte deutlich, wie sehr sich die Vorgehensweisen im deutschen Mathematikunterricht ähnelten. Infolge wurde intensiv diskutiert, inwieweit diese unterrichtlichen Zugänge die in internationalen Leistungsstudien festgestellten Defizite erklären können (Baumert et al., 1997). In der kürzlich veröffentlichten TIMSS 1999 Science Videostudie sind systematische Untersuchungen des naturwissenschaftlichen Unterrichts an einer Zufallsstichprobe in fünf Ländern unternommen worden (Roth et al., 2006). Deutschland war an dieser international vergleichenden Videostudie im Naturwissenschaftsunterricht jedoch nicht beteiligt, so dass eine international vergleichende Wissensbasis über Unterrichtspraktiken in den Naturwissenschaften weiter fehlt.

Ein *erstes* Ziel der IPN-Videostudie war es also, über differenzierte Beobachtungen und Beschreibungen des Physikunterrichts in der Sekundarstufe dazu beizutragen, systematisches Wissen über gängige Unterrichtspraktiken in den Naturwissenschaften aufzubauen. Gleichzeitig sollte auf der Basis des aktuellen Forschungsstandes ein Methodeninstrumentarium entstehen, mit dem Videoanalysen von Unterricht in den Naturwissenschaften und z.T. in anderen Fächern, wie der Mathematik oder den Fremdsprachen, durchgeführt werden können.

Für alle drei TIMSS Videostudien gilt, dass sie aufgrund ihres Designs und ihrer theoretischen Modellierung interessante Unterrichtsbeschreibungen, aber keine tragfähigen Erklärungen für Bildungsergebnisse in verschiedenen Ländern liefern. Aussichtsreiche Maßnahmen zur Verbesserung des Unterrichts setzen aber gerade ein solches empirisch fundiertes Erklärungswissen voraus. Deshalb muss untersucht werden, wie sich bestimmte Strukturen und Muster im Physikunterricht auf Lern- und Entwicklungsprozesse auswirken. Vor dem Hintergrund des skizzierten Rahmenmodells ist eine systematische Analyse der Wirkungen von Physikunterricht auf das Lernen der Schülerinnen und Schüler ein *zweiter* Anspruch der IPN-Videostudie. Über theoriegeleitete Unterrichtsbeobachtungen und ergänzende Datensätze soll geklärt werden, wie Bedingungen und Muster des Physikunterrichts Lernprozesse und Bildungsverläufe der Schülerinnen und Schüler beeinflussen. Grundlegend für diese zweite Zielstellung war es, den Stand der Forschung im Bereich der Messung von Lernprozessen und Kompetenzen in den Naturwissenschaften (wie er beispielsweise im Rahmen internationaler Leistungsstudien angewandt wird) für Videostudien nutzbar zu machen und in diesen anzuwenden.

Neben den beiden ersten Zielstellungen verfolgt die IPN-Videostudie ein *drittes* Anliegen: Materialien und Erkenntnisse, die durch die systematische Beschreibung des Unterrichts und seinen Wirkungen gewonnen wurden, sollen an die Lehrkräfte zurück gespiegelt werden. Um diesem Anspruch gerecht zu werden, zielte die letzte Phase der IPN-Videostudie darauf ab, gewonnene Video- und Auswertungsmaterialien für Lehrkräfte und andere professionelle Akteure praktisch nutzbar zu machen. Gleichzeitig sollte handlungsrelevantes Wissen für den Einsatz von Unterrichtsvideos in der Aus- und Weiterbildung von Lehrkräften gewonnen werden.

Zusammenfassend sollte das sechsjährige Forschungsprojekt somit Wissen zu drei Forschungsbereichen der empirischen Bildungsforschung bereit stellen (vgl. Prenzel, 2005):

1) **Beschreibungswissen**: Wie wird Physikunterricht heutzutage praktiziert? Was sind typische Unterrichtsmuster und Zugänge? Welche Instrumente und Werkzeuge werden benötigt, um Unterricht auf der Basis des gegenwärtigen technologischen Standes beschreiben und analysieren zu können?

2) **Erklärungswissen**: Was bewirkt Physikunterricht in der Art, wie er gegenwärtig in Deutschland praktiziert wird? Welche Rolle spielt der Unterricht für die Erklärung von Lernentwicklungen – von Wissen, aber auch Interessen und Einstellungen gegenüber den Naturwissenschaften?

3) **Handlungswissen**: Was sehen Lehrkräfte, wenn sie Unterricht betrachten? Nehmen sie für Lernen relevante Aspekte des Unterrichts wahr? Wie können sie möglicherweise für lernrelevante Aspekte im Unterricht besser sensibilisiert werden?

Mit diesem Beitrag möchten wir nun wichtige Ergebnisse und Erkenntnisse der IPN-Videostudie zusammenfassend vorstellen. Die Forschungsergebnisse basieren dabei auf mehreren Stichproben mit unterschiedlichen Forschungsdesigns, die im Folgenden genauer beschrieben werden.

3   Die Anlage der Studie

Das Forschungsprogramm der IPN-Videostudie gliedert sich insgesamt in vier Untersuchungen: eine Pilotstudie zur Vorbereitung des Projekts, die erste Videostudie (bzw. erste Phase) im DFG-Schwerpunktprogramm BiQua zur explorativen Beschreibung und Analyse des Physikanfangsunterrichts (Jahrgang 7 und 8), die zweite Videostudie (bzw. zweite Phase) im DFG-Schwerpunktprogramm zur Untersuchung von Unterrichtsmustern und ihren Wirkungen an einer Zufallsstichprobe in der Jahrgangsstufe 9 und eine experimentell angelegte Studie zur Analyse von Unterricht durch Lehrkräfte und andere professionelle Akteure im Bildungswesen (dritte Phase im DFG-Schwerpunktprogramm).

3.1   Pilotstudie

Die Pilotstudie hatte zum Ziel, die IPN-Videostudie in der grundlegenden Konzeption, der technischen Umsetzung und der Entwicklung von Instrumenten für die Videoanalyse und für die Befragung von Schülerinnen und Schülern in der Sekundarstufe vorzubereiten (Seidel, 2003a). Die Stichprobe der Pilotstudie umfasste sechs Gymnasialklassen (Jahrgangsstufe 8 und 9), die aus dem näheren Umkreis des Forschungsinstituts gewonnen wurden. In diesen Klassen wurde im Mai 2000 eine zweistündige Unterrichtseinheit zu verschiedenen Themenstellungen der Physik videographiert. Direkt im Anschluss an die aufgezeichnete Unterrichtseinheit wurden die 137 Schülerinnen und Schüler mittels Fragebogen befragt, wie sie selbst den Unterricht hinsichtlich bestimmter Lehr-Lern-Bedingungen wahrgenommen haben und wie kognitiv engagiert und motiviert sie im videographierten Unterricht waren. Zudem wurden die Schülerinnen und Schüler zu einer Reihe individueller Voraussetzungen (Interesse, Selbstkonzept, mentale Modelle des Lernens) befragt.

3.2   Erste Phase im DFG-Schwerpunktprogramm BiQua

Das Ziel der ersten Phase im DFG-Schwerpunktprogramm BiQua bestand darin, Werkzeuge und Instrumente zur Analyse von Lehr-Lern-Prozessen weiter zu entwickeln, und zu erkunden, wie Physikunterricht in der Sekundarstufe üblicherweise unterrichtet wird und welche Wirkungen diese Art des Unterrichts auf das Lernen der Schülerinnen und Schüler entfaltet. Darüber hinaus sollten bei einer relativ kleinen Stichprobe mehrere Unterrichtsstunden und Themenstellungen aufgezeichnet werden, um Stabilitäten und Unterschiede des Unterrichts je nach Thema untersuchen zu können. An dieser ersten Videostudie nahmen 13 Gymnasial- und Realschulklassen aus zwei Ländern der Bundesrepublik teil (344 Schülerinnen und Schüler). Über die Wahl von zwei Ländern mit unterschiedlichen didaktischen Traditionen sollte eine gewisse Vielfalt des Physikunterrichts in Deutschland erfasst werden. Die Schulklassen wurden aus den Schulen des BLK-Modellversuchsprogramms SINUS (Steigerung der Effizienz des mathematisch-naturwissenschaftlichen Unterrichts) für eine Teilnahme an der Videostudie gewonnen. Damit stellte sich die Frage, ob mit diesen Schulklassen eine besondere Auswahl getroffen wurde. Ein Selektionseffekt konnte insofern ausgeschlossen werden, als erstens die Videostudie zu Beginn des Programms durchgeführt wurde und zweitens die Evaluation des Modellversuchsprogramms zu diesem Zeitpunkt keine Unterschiede zwischen SINUS Schulen und anderen Schulen in der Bundesrepublik Deutschlands zeigte (Ostermeier et al., 2004). In den 13 Schulklassen erfolgte im Verlauf des Schuljahres 2000/01 die Aufzeichnung von zwei je dreistündigen Unterrichtseinheiten zu den Themen „Mechanik" und „Elektrizitätslehre" (13 Klassen x 2 Themen x 3 Stunden = 78 Unterrichtsstunden). Die Lehrkräfte wurden gebeten, die beiden für den Anfangsunterricht zentralen Themen so zu unterrichten, wie sie es normalerweise tun würden. Nach den videographierten Unterrichtsstunden haben wir die Schülerinnen und Schüler mittels Fragebogen zu den wahrgenommenen Lehr-Lern-Bedingungen, zu ihrer Lernmotivation und zu ihrem kognitiven Engagement befragt. Einige Wochen nach den Videoaufzeichnungen wurden die Lehrkräfte zum videographierten Unterricht interviewt. Um die Lernentwicklungen über den Verlauf des Schuljahres zu rekonstruieren, wurden die Schülerinnen und Schüler zu Beginn und am Ende des Schuljahres zu den beiden ausgewählten Themenstellungen mittels Tests und Fragebogen geprüft bzw. befragt. Ein Überblick zur Studie und zu den eingesetzten Instrumenten findet sich bei Prenzel, Duit et al. (2001) und Prenzel et al. (2002).

3.3 Zweite Phase im DFG-Schwerpunktprogramm BiQua

In der zweiten Phase des DFG-Schwerpunktprogramms wurde die IPN-Videostudie erweitert, um möglichst repräsentativ über den Physikunterricht in der Sekundarstufe I Auskunft geben zu können. Zudem sollten die Wirkungen des Unterrichts an einer umfassenden Zufallsstichprobe systematisch untersucht werden, um die in der ersten Projektphase gewonnenen Erkenntnisse an einer Zufallsstichprobe zu replizieren und zu vertiefen. Das Design der zweiten Videostudie entsprach im Wesentlichen dem der ersten Phase (vgl. Abbildung 2). Die Festlegung bestimmter Themengebiete zur Unterrichtsanalyse hatte die Vergleichbarkeit zwischen den Schulklassen erhöht und ermöglichte es, Lernprozesse und -entwicklungen themenspezifisch zu erfassen. Die Einbeziehung einer größeren Anzahl von Schulklassen auf der Basis einer Zufallsziehung hatte aber zur Folge, dass aus ökonomischen Gesichtspunkten weniger Aufzeichnungen pro Klasse durchgeführt werden konnten. Gleichzeitig verwiesen die Analysen der ersten Videostudie auf eine hohe Stabilität in Kernelementen des Unterrichts zwischen einzelnen Unterrichtsstunden (Seidel & Prenzel, 2006). Deshalb sollten die Videoaufzeichnungen auf eine zweistündige Unterrichtseinheit reduziert werden.

Vor dem Hintergrund dieser Überlegungen wurden für die zweite Phase des DFG-Schwerpunktprogramms 50 Gymnasial- und Realschulklassen aus vier Ländern der Bundesrepublik (Brandenburg, Bayern, Baden-Württemberg und Schleswig-Holstein) in die Studie einbezogen. Die vier Länder wiesen zum einen unterschiedliche didaktische Traditionen auf, zum anderen ließen sich für diese vier Länder zwei gemeinsame Themenstellungen für die Aufzeichnung des Unterrichts festlegen: Einführung in den Kraftbegriff und Einführung in die Linsengesetze. Die 50 Schulklassen wurden über eine Zufallsziehung gewonnen, die vom Data Processing Centre in Hamburg durchgeführt wurde. Die Teilnahmequote der angeschriebenen Schulen lag bei 38 Prozent. Dies kann vor dem Hintergrund einer so umfassend angelegten Studie als zufriedenstellend betrachtet werden. Zu Beginn und am Ende des Schuljahres 2002/03 wurden die 1249 Schülerinnen und Schüler zu den beiden Themenstellungen befragt bzw. getestet. Im Verlauf des Schuljahres wurden Videoaufzeichnungen einer zweistündigen Unterrichtseinheit zu einer der beiden Themenstellungen durchgeführt (50 Klassen x 1 Thema x 2 Stunden = 100 Unterrichtsstunden) und die Schülerinnen und Schüler im Anschluss an die Unterrichtsstunden mittels Fragebogen befragt. Zudem schätzten die Lehrkräfte mittels eines kurzen Fragebogens den Verlauf der videographierten Unterrichtsstunden und deren Repräsentativität ein. Zwei bis vier Wochen nach den Aufzeichnungen füllten die 50 Lehrkräfte einen Fragebogen aus, bei dem sie zu ihren Unterrichtspraktiken, ihren Einstellungen und der Arbeitssituation an ihrer Schule befragt wurden. Für eine Teilstichprobe von 20 Lehrkräften wurden zudem Interviews durchgeführt. Informationen zu den Methoden der zweiten Videostudie finden sich in zwei weiteren technischen Berichten (Seidel et al., 2003; Seidel, Prenzel & Kobarg, 2005).

Abb. 2:   Forschungsdesign der IPN-Videostudie

3.4   Dritte Phase im DFG-Schwerpunktprogramm BiQua

Die dritte Phase des DFG-Schwerpunktprogramms erfolgte unter einer neuen Schwerpunktsetzung: Ziel war es, die Ergebnisse und Erkenntnisse der IPN-Videostudie so
aufzubereiten, dass sie für die Praxis nutzbar werden. Es wurde eine experimentelle
Studie unter Nutzung der Lernumgebung *LUV* vorbereitet, in der variiert werden sollte,
unter welchen Bedingungen Lehrkräfte besonders von der Analyse des Unterrichts
profitieren können (Prenzel & Seidel, 2003). Gleichzeitig sollte untersucht werden, ob
Lehrkräfte mit hohen Kompetenzen in der Analyse von Unterricht gleichzeitig auch
erfolgreicher (im Sinne ihres unterrichtlichen Handelns und der Lernentwicklungen
ihrer Schülerinnen und Schüler) unterrichten. Innerhalb der Lernumgebung LUV
wurden für die experimentelle Studie drei Bedingungen variiert: (1) Die Einbeziehung
unterschiedlicher Gruppen von Lehrpersonen und professionellen Akteuren im Bildungswesen (Gruppe 1 und 2: Physiklehrkräfte mit Erfahrung in videobasierter Unterrichtsforschung, Gruppe 3 und 4: Physiklehrkräfte ohne diese Erfahrung, Gruppe 5:
Schulinspektoren, Gruppe 6: Lehramtsstudierende), (2) die Relevanz des Videomaterials (Aufzeichnung des eigenen Unterrichts vs. Aufzeichnung des Unterrichts
eines fremden Kollegen) und (3) der Strukturierungsgrad der Aufgabenstellungen zum
Videomaterial (strukturierte vs. unstrukturierte Aufgabenstellungen). Insgesamt nahmen 135 Lehrpersonen und andere Akteure im Bildungswesen an der Studie teil. Die
Durchführung erfolgte zwischen 2004 und 2005 im Rahmen eintägiger Fortbildungen
in den vier Ländern der Bundesrepublik, in denen auch die zweite Videostudie durchgeführt worden war. Die Fortbildungen wurden mit 10 bis 20 Personen an Landes-
instituten oder örtlichen Forschungsinstituten durchgeführt. Für die Gruppen (1) und
(2) wurden 38 der 50 Physiklehrkräfte der zweiten Phase der IPN-Videostudie (Teilnahmequote an der IPN-Videostudie: 38%; Zusammensetzung bei *LUV*: 22% weiblich,
78% männlich, erfahrene Lehrkräfte gemischten Alters) für die Teilnahme an *LUV*
gewonnen. Beide Gruppen waren durch die Teilnahme an der IPN-Videostudie mit
videobasierter Unterrichtsforschung vertraut. Beide Gruppen bearbeiteten die Lernumgebung unter einer strukturierten Bedingung, d.h. unter einer klaren und systematischen Vorgabe von Aufgabenstellungen zum Videomaterial. Für die ersten beiden
Gruppen wurde die Relevanz des Videomaterials variiert. Hierzu wurden die Lehrkräfte zufällig zwei Bedingungen – Analyse einer eigenen Unterrichtsstunde (Gruppe
1), Analyse einer „fremden" Unterrichtsstunde (Gruppe 2) – zugeordnet. Für die
Gruppen (3) und (4) wurden aus den jeweiligen Ländern weitere Physiklehrkräfte zufällig gezogen, die zur Teilnahme an der Fortbildungsstudie eingeladen wurden und die
über noch keine Erfahrungen mit Videoaufzeichnungen und der Analyse von Unter-

richt verfügten. Diese beiden Gruppen umfassten insgesamt 58 Lehrkräfte (Teilnahmequote: 36%, Zusammensetzung: 26% weiblich, 74% männlich, erfahrene Lehrkräfte gemischten Alters). In der Bearbeitung der Lernumgebung *LUV* wurde zwischen diesen beiden Gruppen die Bedingung „Strukturiert" / „Unstrukturiert" variiert. Beide Gruppen bearbeiteten das selbe Videomaterial eines den Lehrkräften unbekannten Kollegen. Neben diesen beiden Zufallsstichproben ergab sich die Möglichkeit, eine Stichprobe von 20 Schulinspektoren des Landes Schleswig-Holstein (Gruppe 5) sowie eine Gruppe von Lehramtsstudierenden an der Universität Kiel (Gruppe 6) für die Teilnahme an der experimentellen Studie zu gewinnen. Über diese beiden Gelegenheitsstichproben sollte die Bedingung der Erfahrung in der Unterrichtsanalyse variiert werden. Dabei ist natürlich einschränkend festzuhalten, dass es sich hierbei eben nicht um Zufallsziehungen handelt und Vergleiche zwischen den unterschiedlichen Stichproben vorsichtig zu interpretieren sind. Beide Gruppen bearbeiteten die Lernumgebung unter der Bedingung der Analyse eines fremden Videos und der Vorgabe strukturierter Aufgabenstellungen zum Video.

Der Ablauf der Fortbildungsveranstaltung sah vor, dass die Teilnehmerinnen und Teilnehmer zuerst individuell die Lernumgebung *LUV* bearbeiteten. Hierzu wurde für jeden Teilnehmer und jede Teilnehmerin ein Laptop mit der Lernumgebung *LUV* eingerichtet und die Arbeitsplätze mit Kopfhörern ausgestattet. Die Bearbeitung der Lernumgebung nahm in etwa fünf bis sechs Stunden in Anspruch (mit einer Pause nach zwei bis drei Stunden). Danach wurden Gruppen von 4 bis 6 Lehrkräften gebildet, in denen die Inhalte der Unterrichtsanalysen sowie die Erfahrungen mit der Lernumgebung ausgetauscht wurden. Diese Gruppensitzungen wurden von einem Mitglied des Forschungsteams geleitet. Alle Gruppensitzungen wurden auf Video aufgezeichnet. Zwei Wochen nach der Fortbildungsveranstaltung erhielten die Teilnehmerinnen und Teilnehmer einen Fragebogen zur Evaluation der Lernumgebung *LUV* und der Fortbildungsmaßnahme. Die Rücklaufquoten waren insgesamt sehr zufriedenstellend (zwischen 73% und 95% für die unterschiedlichen Gruppen).

4 Ergebnisse und Erkenntnisse der IPN-Videostudie

Das Forschungsprogramm und die verschiedenen Untersuchungsdesigns lassen vielfältige Ergebnisse und Erkenntnisse aus dem sechsjährigen Forschungsprojekt erwarten. Die folgende Darstellung gibt einen Überblick und weist auf Publikationen hin, denen Details entnommen werden können. In einem ersten Schritt werden die im Rahmen des Projekts entwickelten Werkzeuge bzw. Tools (4.1) und die Videoanalysemethoden (4.2) vorgestellt. Auf dieser Grundlage wird über die Befunde zu Unterrichtsmustern (4.3) und deren Wirkungen auf das Lernen der Schülerinnen und Schüler (4.4) berichtet. Dann richten wir den Blick auf die Lehrenden und fragen, ob bestimmte Merkmale der Lehrkräfte vorhersagen lassen, wie sie unterrichten und welche Lernentwicklungen in ihren Klassen stattfinden (4.5). Ein letzter Abschnitt stellt dar, wie die Befunde der IPN-Videostudie für Lehrkräfte aufbereitet wurden (4.6) und welche Erkenntnisse wir bisher aus der Analyse von Unterricht durch Lehrkräfte gewonnen haben (4.7).

4.1   Entwicklung von Tools

Im Rahmen der IPN-Videostudie wurden zwei Softwareprogramme entwickelt, die unterschiedliche Zielgruppen ansprechen: Videograph® (Rimmele, 2002) ist eine Software zur systematischen Analyse digitalisierter Video- und anderer Multimediadateien, mit der vor allem Wissenschaftlerinnen und Wissenschaftler systematische Videokodierungen computerbasiert umsetzen können. Bei *LUV* (Seidel et al., 2004) handelt es sich um eine computerbasierte Lernumgebung für Lehrkräfte und andere Akteure im Bildungswesen, die sich mit der praktischen Analyse von Unterricht unter Nutzung von Forschungsergebnissen beschäftigen.

4.1.1 Videograph®

Die Entwicklung von Software zur Analyse digitalisierter Videodateien von Unterricht bedeutete einen wichtigen Fortschritt für die Unterrichtsforschung in den letzten Jahren. Videograph® stellt ein solches Softwareprodukt dar, das von Rimmele (2002) im Rahmen der IPN-Videostudie entworfen und programmiert wurde. Das Programm Videograph® ermöglicht es, Videoaufzeichnungen mit verbalen Transkripten des Unterrichts zu koppeln. Damit laufen Videoaufzeichnungen zusammen mit dem transkribierten Text ab (ähnlich zu Filmen mit Untertiteln). Vor allem erlaubt Videograph®, unterschiedliche Einheiten für die Videoanalyse zu wählen (bspw. festgelegte Zeitintervalle oder inhaltlich definierte Ereignisse im Unterricht) und diesen spezifische Kodierungen zuzuweisen (z.B. verschiedene festgelegte Kategorien oder abgestufte Einschätzungen). In Abbildung 3 ist dargestellt, wie in der IPN-Videostudie Kodierungen zu unterrichtlichen Aktivitäten (Seidel, 2003c) durchgeführt wurden.

Abb. 3:   Nutzung von Videograph® für die Kodierung unterrichtlicher Aktivitäten

Die Unterrichtsaufzeichnungen werden als komprimierte Videodateien (Bild links) abgespielt. Als Einheiten dienen in diesem Fall 10-Sekunden-Intervalle (grau markierte Abschnitt in Zeitschiene unten), für die jeweils das Video mit dem transkribierten Text (Textfenster rechts) präsentiert wird. Kodiererinnen und Kodierer entscheiden für jedes 10-Sekunden-Intervall, was im Unterricht gerade geschieht und welche Kategorie (Kategoriensysteme rechts) für das Zeitsegment zutrifft. Beispielsweise wird kodiert, ob in dem Moment Unterricht stattfindet (oberes Kategoriensystem) und falls ja, welche unterrichtlichen Arbeitsformen (mittleres Kategoriensystem) und Unterrichts-phasen (unteres Kategoriensystem) vorkommen. Als Grundlage für die Kodierungen dient ein ausführliches Kodiermanual (Seidel, 2003b). Für jedes Zeitintervall im Stundenverlauf sind die Kodierungen unten in Form von Balken dargestellt. Neben dieser grafischen Darstellung können die Kodierungen ebenfalls in andere Programme exportiert und so statistisch analysiert werden. Insgesamt ist festzustellen, dass sich Videograph® in den letzten Jahren im Bereich videobasierter Unterrichtsforschung als ein wichtiges Forschungstool etabliert hat und gegenwärtig in den meisten deutsch-sprachigen (und europäischen) Videostudien verwendet wird.

4.1.2 LUV – Lernen aus Unterrichtsvideos für Physiklehrkräfte

Im Unterschied zum Forschungswerkzeug Videograph® stellt *LUV* (Seidel et al., 2004) eine strukturierte Lernumgebung dar, die Videomaterial, Analyseinstrumente und empirische Erkenntnisse der IPN-Videostudie für die Praxis nutzbar macht. Als Grundlage für die Programmierung (Rimmele, 2004) dienten Vorarbeiten des Projekts COACTIV (Krauss et al., 2004). Die Lernumgebung *LUV* ist modular aufgebaut. In diesen Modulen wird auf die vier zentralen Analysebereiche der IPN-Videostudie ein-gegangen (Zielorientierung, Lernbegleitung, Umgang mit Schülervorstellungen und Fehlersituationen sowie die Rolle der Experimente). Die Aufgabenstellungen beziehen sich auf Videoclips und Aufzeichnungen ganzer Unterrichtsstunden und umfassen so-wohl Ratings als auch offene, aber strukturierte Aufgaben zur Auswahl und Begründung relevanter Schlüsselszenen im Unterricht. Die modular aufgebaute Lernumgebung *LUV* sieht eine sequentielle Bearbeitung von Analyseaufgaben zu Unterrichtsaufzeichnungen vor (Abbildung 4). Für die individuelle Bearbeitung der Lernumgebung kann *LUV* auf PCs mit Windows XP Betriebssystem eingerichtet werden. Die Lernumgebung besteht aus interaktiv nutzbaren HTML-Dokumenten, die von einem Web-Server geliefert und in einem Web-Browser dargestellt werden. Zur Lernumgebung gehört außerdem ein zusätzlicher Multi-Media-Player zum Abspielen von Videodateien (Rimmele, 2004). In der Bearbeitung der Lernumgebung folgen Nutzer so einem vorgegebenen Programm von Analyseaufgaben zu Unterrichtsaufzeichnungen.

Der Ablauf des Programms sieht vor, dass im Teil A zuerst eine Reihe von kurzen Videoclips (zweiminütige Unterrichtssequenzen) betrachtet und diese jeweils anhand vorgegebener Aussagen (sog. Ratings) eingeschätzt werden (Abbildung 4, Bild Mitte). Im Teil B analysieren Nutzerinnen und Nutzer eine vollständige Unterrichtsstunde. Hierzu betrachten sie diese Unterrichtsstunde zunächst ohne Vorgaben mit der Mög-lichkeit, das Video in einem Textfenster zu kommentieren und zu reflektieren. Danach folgen unter der strukturierten Bedingung von *LUV* offene, aber gezielte Fragen und Aufgabenstellungen zu den vier vertiefenden Analysebereichen der IPN-Videostudie (Abbildung 4, Bild rechts). Im Teil C des Programms wiederholen sich dann noch einmal die kurzen Videoclips und Abfragen aus dem ersten Programmteil.

Abb. 4:   Lernumgebung *LUV*. Startseite (Bild links) und Beispiele für die Analyse kurzer
          Videoclips mittels Ratingskalen (Bild Mitte) und die Analyse ganzer Unterrichts-
          stunden mit offenen Aufgabenstellungen und kurzen Einschätzungen (Bild rechts).

4.2   Entwicklung von Verfahren zur systematischen Videoanalyse in der Forschung

Ein weiteres Anliegen der IPN-Videostudie bestand darin, das Methodeninstrumentarium für forschungsbasierte Videoanalysen von Unterricht in den Naturwissenschaften und in anderen Fächern (z.B. Mathematik oder Fremdsprachen) auszubauen. Zum Teil konnte auf bestehende Kodierverfahren zurückgegriffen werden, zum Teil mussten Verfahren von Grund auf neu entwickelt werden. Alle diese Verfahren zur Videoanalyse sind in drei technischen Berichten ausführlich dokumentiert (Prenzel, Duit et al., 2001; Seidel et al., 2003; Seidel, Prenzel & Kobarg, 2005). Die Methodenentwicklung erfolgte in einem zyklischen Vorgehen, das ausgehend von theoretischen Überlegungen und Fragestellungen zur Entwicklung von Kodierinstrumenten, zu deren Überprüfung und von dort zur endgültigen Durchführung der Kodierungen gelangt (detaillierte Beschreibung in Seidel, 2003c). Zentral für die Entwicklung von Videokodierverfahren sind Entscheidungen bezüglich der Wahl von Kodiereinheiten (bspw. Zeitintervalle oder Unterrichtsereignisse), der Art der Kodierung (Kodierung nach spezifischen Kategorien oder qualitative Einschätzungen, sog. „Ratings") und der für die ausgewählte Sequenz zu treffenden Entscheidungen und Schlussfolgerungen auf Seiten der Kodierenden (niedrig, mittel, hoch inferent). In der zweiten Videostudie ermöglichte die Nutzung von Videograph® eine Kombination von Zeit- und Ereignisstichprobenplänen, sodass je nach Fragestellung Kodierstrategien, Kodiereinheiten und Inferenzgrad unterschiedlich kombiniert wurden. Alle eingesetzten Verfahren schlossen ein Beobachtertraining und die Überprüfung der Zuverlässigkeit der Verfahren mittels Berechnung von Beobachterübereinstimmungen ein. Die Verfahren haben sich insgesamt als reliabel erwiesen und genügen internationalen Standards. Eine detaillierte Darstellung aller Beobachterübereinstimmungen findet sich bei Seidel, Prenzel und Kobarg (2005).

4.3   Ergebnisse der Videoanalysen zu vorherrschenden Unterrichtsmustern

Im Folgenden stellen wir Ergebnisse der Videoanalysen vor, die beschreiben, welche Unterrichtsmuster im deutschen Physikunterricht der Sekundarstufe vorherrschen. Vor allem die zweite Videostudie bietet aufgrund ihrer Zufallsstichprobe eine gute Basis für Aussagen über den gängigen Physikunterricht. Die Darstellung der Ergebnisse greift auf eine aktuelle Zusammenfassung der Videoanalysen zurück (Seidel et al., in Druck).

Insgesamt zeigen die Videoanalysen, dass der Physikunterricht in der Sekundarstufe in Deutschland erstaunlich ähnlich (man kann sogar „einheitlich" sagen) abläuft. Typisch ist der didaktische Zugang des fragend-entwickelnden Unterrichtsgesprächs (Seidel, 2003a; Seidel & Prenzel, 2004, 2006; Seidel et al., 2002). Er dominiert in allen Unterrichtsphasen (Wiederholungen, Einstiege, Erarbeitungen, Anwendungen), in allen Unterrichtsstunden und bei allen untersuchten Themenstellungen. Gleichzeitig belegen die Analysen, dass die Gespräche zumeist eng geführt sind und wenig Raum lassen, um tiefer gehende Denkprozesse zu initiieren und strukturierend zu begleiten (Dalehefte, 2001; Kobarg, 2004; Kobarg & Seidel, in Vorb.; Seidel, 2003a; Seidel, Prenzel & Rimmele, 2003). Individuelle Lernwege sind in der Organisation des Unterrichts kaum vorgesehen. Nur selten finden sich Hinweise auf Denkprozesse (und damit auf mögliche Fehlersituationen), die vom vorbereiteten Gedankengang der Lehrkraft abweichen (Meyer, Seidel & Prenzel, 2006). Die Experimente dienen meist zur Demonstration, selten zum Vertrautwerden mit physikalischen Denk- und Arbeitsweisen und zum forschenden Lernen (Seidel, 2003a; Seidel et al., 2002; Tesch, 2005; Tesch & Duit, 2004). Was in den Unterrichtsstunden gelernt werden kann und soll, müssen sich die Schülerinnen und Schüler selbst aus den Aufgabenstellungen, dem Stundenverlauf oder aus Zusammenfassungen erschließen, denn die Ziele des Unterrichts werden normalerweise nicht expliziert (Dalehefte, 2001; Seidel, 2003a; Trepke, 2004). Insgesamt betrachtet ergibt sich somit, dass der Physikunterricht in Deutschland bisher die Möglichkeiten einer lernunterstützenden Unterrichtsgestaltung noch zu wenig nutzt, die in der Forschung beschrieben werden. Damit zeichnen sich Erklärungen für die im internationalen Vergleich wenig zufriedenstellenden Bildungsergebnisse ab.

Das Gesamtbild des Physikunterrichts in Deutschland wird somit durch einen vorherrschenden Demonstrationsunterricht mit relativ hoher Strukturiertheit und deutlicher Engführung eines Lernens im Klassenverband geprägt. Dennoch finden sich in Einzelfällen interessante Abweichungen, etwa (besonders bei Lehrkräften, die in Modellversuchen mitwirken) Unterrichtsbeispiele mit einer größeren Vielfalt von Lehr-Lernzugängen sowie einer stärker unterstützenden Lernbegleitung (Dalehefte, in Vorb.). Entsprechende Fallanalysen belegen ebenfalls, dass mit den entwickelten Videoanalyseinstrumenten ein breites Spektrum an Ausprägungen unterrichtlicher Handlungsweisen systematisch erfasst werden kann. Allerdings bleiben diese besonderen Herangehensweisen die Ausnahme in der Zufallsstichprobe von 50 Klassen.

4.4   Wirkungen von Unterricht auf das Lernen

Nach der Beschreibung des Physikunterrichts greift der folgende Abschnitt die Frage auf, wie dieser Unterricht das Lernen der Schülerinnen und Schüler unterstützt. Das in Abbildung 1 dargestellte theoretische Modell besagt, dass durch die Gestaltung des Unterrichts Gelegenheiten für Lernen entstehen. Zu untersuchen ist, inwieweit Schülerinnen und Schüler auf der Basis ihrer individuellen Voraussetzungen (wie Vorwissen, Vorinteresse) das Unterrichtsangebot nutzen und lernend ihre Physikkompetenz ausbauen. Kurzfristige Wirkungen des Unterrichts können an der individuellen Wahrnehmung der Lernbedingungen im Unterricht, der Qualität der Lernmotivation und dem erlebten kognitiven Engagement (kognitive Lernaktivitäten) in den videographierten Unterrichtsstunden festgemacht werden. Längerfristige Wirkungen betreffen die Entwicklung von Kompetenz und Interesse im Verlauf des Schuljahrs, in Abgängigkeit von unterschiedlichen Unterrichtsbedingungen und unter Kontrolle der Lernvoraussetzungen zu Beginn des Schuljahres. Das Design der IPN-Videostudie, in dem die Schülerinnen und Schüler sowohl direkt im Anschluss an den videographierten Unterricht als auch zu Beginn und Ende des Schuljahres befragt bzw. getestet wurden, ermöglicht die Untersuchung entsprechender kurz- und längerfristiger Unterrichtswirkungen.

Die IPN-Videostudie hat – orientiert an der Forschung zu Unterrichtseffektivität – fünf Bereiche analysiert: Die Klassenorganisation, die Zielorientierung, die Lernbegleitung, die Fehlerkultur, und die Rolle der Experimente. Insgesamt bestätigen die statistischen Analysen, dass diese Merkmalsbereiche für die Lernentwicklung bedeutsam sind. Darüber hinaus zeigen die Analysen, dass Merkmale des Physikunterrichts differentiell auf kognitive und motivational-affektive Aspekte des Lernens wirken (Seidel et al., in Druck). Bemerkenswert ist der Befund, dass größere Anteile schülerzentrierter Arbeitsformen (wie Schülerexperimente) für sich genommen keine nennenswerten Wirkungen auf die Kompetenz- und Interessenentwicklung erzielten (Seidel et al., in Druck). Deutlichere Zusammenhänge zwischen Merkmalen des Physikunterrichts und den Lernentwicklungen ließen sich für die Bereiche der Zielorientierung, der Lernbegleitung und des Experimentierens feststellen. Eine ausgeprägte Zielorientierung und systematisches Experimentieren scheinen vor allem kognitive Aspekte des Lernens zu unterstützen (Seidel, Rimmele & Prenzel, 2005; Tesch & Duit, 2004). Für Merkmale der Lernbegleitung zeigte sich ein differenzierteres Bild (Seidel & Kobarg, submitted). Eine starke Engführung des Klassengespräch wirkt sich generell negativ auf die Motivation aus (Seidel, Prenzel & Rimmele, 2003). In den weiteren Analysen wird insbesondere den differentiellen Wirkungen von Unterrichtspraktiken auf die Wissensentwicklung einerseits und die Motivations- und Interessenentwicklung andererseits nachzugehen sein. Nicht zuletzt sollten zukünftige Studien klären, wie Lehrkräfte differentielle Wirkungen lernförderlich nutzen können (Seidel, in press).

4.5 Merkmale der Lehrpersonen, Unterrichtsmuster und Lernentwicklungen

In diesem Abschnitt wenden wir uns den Lehrkräften zu. Die Zufallsstichprobe der zweiten Projektphase umfasste 50 Lehrkräfte, die in Bezug auf das Alter, die Lehrerfahrung, die Verteilung von männlichen und weiblichen Lehrpersonen und die Fächerkombinationen als repräsentativ für Physiklehrkräfte in der Sekundarstufe gelten können (Seidel et al., in Druck). Diese Stichprobe legt die Frage nahe, inwieweit die über die Videoanalysen ermittelten Merkmale des Unterrichts (bspw. in der Ausrichtung des Unterrichts auf schülerzentrierte Aktivitäten) systematisch mit bestimmten Merkmalen der Lehrkräfte zusammen hängen. Unsere Auswertungen zeigten keine systematischen Zusammenhänge zwischen der Organisation des Unterrichts und dem Alter, dem Geschlecht, der Lehrerfahrung oder dem wöchentlichen Stundenumfang in Physik. Entsprechende personenbezogene Merkmale der Lehrkräfte tragen nicht zur Erklärung von Unterschieden in den Unterrichtspraktiken bei. Hervorzuheben ist, dass sich aber auch keine systematischen Zusammenhänge zwischen fachdidaktischen Überzeugungen der Lehrkräfte (zum Lernen in Physik), ihrem unterrichtlichen Handeln und den Lernentwicklungen der Schülerinnen und Schüler nachweisen ließen (Seidel, Rimmele & Schwindt, submitted). Die Lehrkräfte der IPN-Videostudie wurden außerdem gefragt, welche Unterrichtsformen sie im Verlauf des Schuljahres üblicherweise einsetzen. Diese von den Lehrkräften berichteten Unterrichtsformen im Verlauf des Schuljahres entsprachen weitgehend den Ergebnissen der Videoanalysen der aufgezeichneten zweistündigen Unterrichtseinheiten (Seidel et al., in Druck). Lehrkräfte, die angaben, während des Schuljahres vorwiegend traditionell zu unterrichten, haben dies auch in den Videoaufzeichnungen getan. Wenn über häufig eingesetzte kooperative Unterrichtsformen berichtet wurde, dann konnten solche meist auch in den beiden aufgezeichneten Stunden gefunden werden. In dieser Hinsicht ließ sich eine hohe Übereinstimmung zwischen den Angaben der Lehrkräfte und den Ergebnissen der Videoanalysen feststellen.

4.6   LUV – Lehrkräfte analysieren Unterrichtsvideos

Die IPN-Videostudie als Forschungsprojekt analysiert Physikunterricht aus der Distanz, theoriegeleitet, mit wissenschaftlichem Blick und mit systematischen Verfahren, die methodischen Kriterien (z.B. der Reliabilität und Validität) gerecht werden müssen. Was aber nehmen Lehrkräfte wahr, wenn sie Unterrichtsvideos betrachten? Was und wie nehmen sie wahr, wenn sie angehalten werden, Unterrichtsszenen unter Fragestellungen oder Perspektiven zu beobachten, die den wissenschaftlichen Analysen ähnlich sind? Die Bezeichnung des Programms *LUV* – Lernen aus Unterrichtsvideos – betont die Funktion der *Lernumgebung*. Lernumgebung heißt, über ein mehr oder weniger strukturiertes bzw. angeleitetes Durcharbeiten des Programms entwickeln Lehrkräfte (oder andere Betrachter) ihre Kompetenz weiter, Unterrichtssituationen unter bestimmten Gesichtspunkten zu beobachten, zu analysieren und zu verstehen. Sie nähern sich damit einer wissenschaftlichen Betrachtung an, die sich bei der IPN-Videostudie als differenzierend und erklärungskräftig erwiesen hat. Doch kann das Programm *LUV* auch eine weitere Funktion übernehmen, nämlich eine diagnostische. Die Umgebung konfrontiert mit Stimulusmaterial und Aufgabenstellungen, die auf unterschiedliche Weise bearbeitet und in unterschiedlicher Qualität gelöst werden können. Dabei kann angenommen werden, dass Unterschiede in der Wahrnehmung, Analyse und Interpretation von videographierten Unterrichtssituationen auf Unterschiede in der Kompetenz hinweisen, auch „echte" Unterrichtssituationen unter pädagogischen und didaktischen Perspektiven zu sehen und zu verstehen. Letztlich kann das Programm auch als Test verstanden werden, der mit Hilfe unterschiedlicher Aufgaben Aspekte der professionellen Kompetenz von Lehrkräften erfasst. Im Übrigen gilt für alle komplexeren und über einen längeren Zeitraum zu bearbeitenden Problemkonstellationen, dass einerseits Lernprozesse ausgelöst werden, andererseits die Arbeitsschritte und Lösungen Rückschlüsse auf Kompetenz zulassen. Da sich die Kompetenz gewissermaßen in einem längeren Bearbeitungs- (zugleich Lern-)Prozess verändert, ist es sinnvoll, den modularen Aufbau des Programms zu nutzen, um zwischen Arbeitsphasen und den jeweils verfügbaren Informationen differenzieren zu können. Deshalb konfrontiert *LUV* (zu Beginn und am Ende der Bearbeitung) mit *kurzen Schlüsselszenen* aus einer Physikstunde. Diese Szenen müssen anhand vorgegebener Aussagen von den Lehrkräften im Sinne eines Ratings analysiert, das heißt: beschrieben, erklärt und bewertet werden. Das Programm konfrontiert die Lehrkräfte aber auch mit einer *vollständigen Unterrichtsstunde*, die tiefgehend analysiert werden soll, indem die Lehrkräfte selbst bestimmte Abschnitte und Szenen auswählen, um sie dann ausführlich und in eigenen Worten zu beschreiben, zu erklären und zu bewerten.

4.6.1 Analyse kurzer Schlüsselszenen im Unterricht

Aus dem Videomaterial der IPN-Videostudie wurde eine Unterrichtsstunde ausgewählt, die hinsichtlich der untersuchten Merkmale als charakteristisch für den
deutschen Physikunterricht eingeordnet wurde. Aus dieser Unterrichtsstunde wurden je
zwei ca. zweiminütige Schlüsselszenen für die vier Analysebereiche (Zielorientierung,
Lernbegleitung, Fehlerkultur, Experimente) ausgewählt. Eine Expertengruppe entwickelte kurze Statements bzw. Aussagen, anhand derer die Videoclips – bezogen auf
die vier Analysebereiche – eingeschätzt werden konnten (vierstufiges Antwortformat:
1 = trifft nicht zu bis 4 = trifft zu). Die Entwicklung dieser sog. „Ratings" orientierte
sich an den forschungsbasierten Kodierungen der IPN-Videostudie und differenzierte
systematisch die Analyseschritte der Beschreibung, Erklärung und Bewertung. Jeder
Videoclip konnte so anhand von 20 bis 25 kurzen Ratings eingeschätzt werden. Auf
der Basis dieser Entwicklungsarbeiten wurden alle Videoclips von der gesamten
Expertengruppe (N = 8) eingeschätzt und die Reliabilität dieser Einschätzungen überprüft. Die Items, die von den Experten wenig zuverlässig eingestuft werden konnten,
wurden infolge ausgeschlossen. Das endgültige Set an Aussagen bzw. Einschätzungen
zu den acht Videoclips umfasste 142 Ratingitems.

Auf der Basis der Experteneinschätzungen wurde pro Item ermittelt, welche Einschätzung am besten auf den jeweiligen Clip zutrifft. Diese Einschätzungen wurden
zusätzlich über Ratings externer Experten (Schulräte, Seminarleiter im Fach Physik)
validiert. Damit wurde für jedes Ratingitem eine „zutreffende" Einschätzung des Clips
festgelegt, die als Kriterium für die Beurteilung der Ratings auf der Seite der Nutzer
von *LUV* diente. Die Einschätzungen der Videoclips durch die 135 Lehrpersonen,
Schulräte und Lehramtsstudierenden wurden auf der Basis von Modellen der Item-
Response-Theorie (Rost, 2004) mit dem Programm ConQuest (Wu, Adams & Wilson,
1997) skaliert. Dabei fielen die Ratingitems für jeden der vier Analysebereiche in die
drei theoretisch angenommenen Skalen Beschreiben, Erklären und Bewerten von
Unterricht.

4.6.2 Analyse einer kompletten Unterrichtsstunde

Neben der Analyse kurzer Schlüsselszenen zielte die Entwicklung der Lernumgebung
LUV auf die Analyse einer längeren Unterrichtseinheit ab. Hierzu wurde aus dem
Material der IPN-Videostudie eine 45-minütige Physikunterrichtsstunde ausgewählt.
Wiederum wurden Aufgabenstellungen bzw. offene Fragestellungen entwickelt, die
sich an den vier Analysebereichen der IPN-Videostudie orientierten (Tabelle 1).

Ziel war es, auf der Basis offener, aber strukturierter Aufgabenstellungen zu er-
fassen, welche Unterrichtsmerkmale von den Lehrkräften genannt werden (inhaltliche
Kompetenz) und in welcher Tiefe sie diese beschreiben, erklären und bewerten
(analytische Kompetenz). Hinsichtlich der inhaltlichen Kompetenz wurde für jeden
Analysebereich ein Kodiersystem entwickelt, das diejenigen Unterrichtsmerkmale
aufgriff, die in der IPN-Videostudie für diese Unterrichtsstunde kodiert worden waren.
Auf diese Weise kann für jeden Analysebereich ausgewertet werden, inwieweit eine
Lehrkraft in ihren schriftlichen Antworten relevante Unterrichtsmerkmale genannt hat.
Um die analytische Kompetenz zu erfassen, wurde ein Kodiersystem entwickelt, das
drei Bereiche (sprachliche Ausdrucksfähigkeit, Distanziertheit und Beobachtungs-

Tab. 1: Strukturierte Aufgabenstellungen zur Analyse einer ganzen Unterrichtsstunde

Analysebereich	Strukturierte Aufgabenstellungen
Zielorientie-rung	Wie werden die Unterrichtsziele ins Spiel gebracht?
	Werden die Ziele der Lehrkraft auch für die Schülerinnen und Schüler deutlich?
	Wie werden Anforderungen an die Schülerinnen und Schüler verdeutlicht? Durch welche Mittel werden die Anforderungen klar?
Lernbegleitung	Wie würden Sie die Interaktionen zwischen der Lehrkraft und der Klasse einordnen?
	Wie geht die Lehrkraft mit den Beiträgen der Schülerinnen und Schüler um?
	Welche Funktion nehmen die Lernenden in den Gesprächen mit der Lehrkraft ein?
	Wie schätzen Sie die Art und Weise, wie Rückmeldungen gegeben werden, ein?
Fehlerkultur	Wie erklären Sie die Rolle von Fehlern und fehlerhaften Vorstellungen in dieser Stunde?
	Wie geht die Lehrkraft mit den konkreten Fehlersituationen um?
	Wie beurteilen Sie das Lernklima (Klasse untereinander und Lehrkraft mit der Klasse)?
Experimente	Um welche Art von Experimenten handelt es sich in dieser Unterrichtsstunde?
	Welche Funktionen schreiben Sie den Experimenten im Unterrichtsablauf zu?
	Wie schätzen Sie die Vor- und Nachbereitung der Experimente in der Stunde ein?
	Werden die Experimente sinnvoll in den Gesamtzusammenhang eingebettet?

ebene) umfasst. Im Bereich der sprachlichen Ausdrucksfähigkeit wird die Flüssigkeit der Sprache, das Vorhandensein einer Fachsprache und das Eingehen auf die Aufgabenstellungen in den schriftlichen Ausführungen der Lehrkräfte kodiert. Im Bereich der Distanziertheit wird analysiert, inwieweit die Antworten Hinweise auf eine persönliche Identifikation oder Selbstrechtfertigungen enthalten. Für den Bereich der Beobachtungsebene werden die Ausführungen hinsichtlich der Analyseebene (beschreiben, erklären, bewerten) und der Kritikfähigkeit (bspw. generelle Abwertungen des Gesehenen) kodiert. Alle Auswertungen erfolgten auf der Basis eines Kodiertrainings und ausgearbeiteter Kodiermanuale. Die entwickelten Verfahren haben sich als reliabel erwiesen (Cohens Kappa > .70, Übereinstimmung > 85%).

Zusammenfassend ist damit in der Gestaltung der Inhalte der Lernumgebung *LUV* und der Entwicklung von Auswertungsverfahren der Versuch unternommen worden, die Kenntnisse der IPN-Videostudie systematisch und forschungsbasiert in ein Programm umzusetzen, das Lehrkräfte (aber auch andere mit Unterricht befasste professionelle Akteure) in die Rolle von Unterrichtsbeobachtern bringt. Über unterschiedliche Aufgabenstellungen (Analyse von kurzen Szenen und ganzen Stunden, offene und geschlossene Antwortformate) wird erfasst, wie die Lehrkräfte bestimmte Unterrichtssituationen beschreiben, erklären und bewerten. Die Qualität der Unterrichtsanalysen, die von den Lehrkräften vorliegen, wird anhand von Expertenbeurteilungen bzw. der für die Stunden vorliegenden Kodierungen aus der IPN-Videostudie beurteilt. Zum gegenwärtigen Zeitpunkt erfolgt der Abschluss der Auswertungen. Damit stehen in Kürze zuverlässige Verfahren bereit, mit denen die Kompetenz zur Unterrichtsanalyse diagnostiziert werden kann. Diese Verfahren spielen dann eine entscheidende Rolle bei der Untersuchung von Zusammenhängen zwischen der Kompetenz zur Unterrichtsanalyse und Bedingungen der Arbeit mit *LUV* (Erfahrung der Lehrkräfte, subjektive Relevanz des Materials, Strukturierungsgrad der Arbeitsaufträge). Diese Bedingungen wurden ja in einem experimentellen Design systematisch variiert, um

Wirkungen auf die Bearbeitung und den möglichen Erkenntnis- und Lerngewinn der Lehrkräfte aus der Arbeit mit LUV zu erfassen.

4.7   Was lernen Lehrkräfte aus Unterrichtsvideos? Bisherige Befunde zum subjektiven Lerngewinn

Am Ende der Fortbildungsveranstaltungen zu *LUV* erhielten die teilnehmenden Personen einen Fragebogen zur Evaluation der Lernumgebung, der spätestens zwei Wochen nach der Veranstaltung zurückgeschickt werden sollte. Der Fragebogen gliederte sich in folgende Bereiche: Einschätzung des Materials (Videoclips und Unterrichtsstunde) in Bezug auf kognitive Stimulation (α_{Clips} = .85; α_{Video} = .81), mentale Belastung (α_{Clips} = .72; α_{Video} = .80) und Authentizität (α_{Clips} = .60; α_{Video} = .70); Einschätzung des Potenzials der Lernumgebung für die Reflexion von Unterricht (α = .80), die Relevanz von Videoanalysen für die Unterrichtspraxis (α = .79) und das Interesse am weiteren Arbeiten mit Unterrichtsaufzeichnungen (α = .85).

Die Auswertungen zur Evaluation verweisen auf eine generell positive Akzeptanz der Lernumgebung *LUV* durch die teilnehmenden Lehrkräfte, verdeutlichen aber auch Unterschiede zwischen den Untersuchungsbedingungen (Gruppen 1 bis 4). Lehrkräfte, die zuvor an der IPN-Videostudie teilgenommen (und damit Erfahrung in videobasierter Unterrichtsforschung) hatten, schätzen die kognitive Stimulation durch das Material (t_{Clips} = 3,93, df = 80, p = .00, t_{Video} = 4,29, df = 80. p = .00), das Potenzial der Lernumgebung für die Reflexion von Unterricht ($t_{Potenzial}$ = 5,48, df = 82, p = .00), die Relevanz von Videoanalysen für die Unterrichtspraxis ($t_{Relevanz}$ = 4,41, df = 81, p = .00) und das Interesse am weiteren Arbeiten mit Unterrichtsaufzeichnungen ($t_{Interesse}$ = 2,73, df = 81, p = .01) systematisch positiver ein als Lehrkräfte ohne entsprechende Erfahrung. Weiterhin zeigten sich systematische Unterschiede in der Bewertung der Lernumgebung zwischen Lehrkräften, die ihre eigene Unterrichtsaufzeichnung analysierten, und Lehrkräften, die ein ihnen fremdes Video auswerteten. Die Bearbeitung der eigenen Unterrichtsstunde wurde in der kognitiven Stimulation systematisch höher eingeschätzt als die Bearbeitung einer fremden Unterrichtsstunde (t_{Video} = 3,16, df = 80, p = .00). Dagegen spielte die persönliche Relevanz des Materials (eigen vs. fremd) keine Rolle für das Empfinden der Authentizität des Materials oder der mentalen Belastung. Weiterhin führte die Vorgabe von strukturierten Aufgabenstellungen (im Vergleich zur unstrukturierten Bearbeitung) zu einer günstigeren Einschätzung des Potenzials der Lernumgebung für die Reflexion von Unterricht ($t_{Potenzial}$ = 2,74, df = 82, p = .01). Insgesamt zeigen die Ergebnisse eine hohe Zustimmung zur Authentizität des Videomaterials und gleichzeitig eine als relativ niedrig empfundene mentale Belastung durch das Material. Obwohl die Unterrichtsaufzeichnungen insgesamt positiv angenommen wurden, schienen die eigenen Unterrichtsaufzeichnungen stimulierender und aktivierender zu sein als fremde Videos. Die Lernumgebung selbst wurde von allen teilnehmenden Personen gut akzeptiert, was sich auch dadurch zeigt, dass niemand das Lernprogramm vorzeitig beendete.

Damit verweisen die vorliegenden Ergebnisse auf eine insgesamt gelungene Umsetzung von Erkenntnissen der IPN-Videostudie in die Lernumgebung *LUV*. Beim momentanen Auswertungsstand lassen sich positive Wirkungen der Lernumgebung auf den subjektiven Lerngewinn der teilnehmenden Lehrkräfte belegen. Die weiteren Auswertungen werden zeigen, ob sich dies auch für die inhaltlichen und analytischen Kompetenzen in der Bearbeitung der Clips und der Unterrichtsstunde zeigt. Die weiteren Auswertungen werden auch besser abschätzen lassen, inwieweit sich *LUV* bzw. Module des Programms eignen, um die Kompetenz von Lehrkräften zur Unterrichtsanalyse zu diagnostizieren.

5 Ausblick

Mit diesem Beitrag wollten wir einen Überblick über den Forschungsprozess und über zentrale Ergebnisse der IPN-Videostudie geben. Im Verlauf des sechsjährigen Projekts wurden systematisch „Werkzeuge" und Instrumente entwickelt, um Unterricht analysieren und auswerten zu können. Die statistischen Auswertungen trugen dazu bei, Wirkungen von Unterricht auf das Lernen der Schülerinnen und Schüler nun besser erklären zu können. Am Ende wurde eine computerbasierte Lernumgebung entwickelt, um zu untersuchen, wie Lehrkräfte am Besten darin unterstützt werden können, lernrelevante Unterrichtsmerkmale zu identifizieren, zu erklären und zu interpretieren. Auch wenn noch Auswertungen laufen, hat das Projekt das Wissen über den Physikunterricht (in seinen deutschen Besonderheiten) und seine Wirkungen systematisch erweitert und vertieft, vor allem empirisch fundiert. Die mit der IPN-Videostudie aufgebaute theoretische und methodische Expertise soll freilich auch in Zukunft genutzt und weiter ausgebaut werden. Folgende weiterführende Fragestellungen verfolgt die Projektgruppe hierzu:

Die erste Zielstellung beschäftigt sich mit der internationalen Einordnung der Befunde. Dazu wurde zum einen begonnen, den Forschungszugang der IPN-Videostudie im Feld der Forschung zu Wirkungen von Unterricht auf Lernen einzuordnen (Seidel & Shavelson, submitted). Zum anderen erfolgte im Zusammenhang mit der zweiten Videostudie eine internationale Erweiterung der IPN-Videostudie. In Kooperation mit dem Forschungsteam von Prof. Dr. Peter Labudde an der Universität Bern wurde eine Parallelstudie in der Schweiz durchgeführt (Labudde, 2002), die im Design so angelegt ist, dass sie systematische Vergleiche zwischen Physikunterricht in Deutschland und der deutschsprachigen Schweiz erlaubt.

Die zweite Zielstellung betrifft die systematische Weiterentwicklung der Lernumgebung *LUV*. Hierbei stellt sich die Frage, welchen Beitrag eine entsprechende Lernumgebung für die Diagnostik von Kompetenzen bei Lehrkräften spielen kann und wie die Lernumgebung Gewinn bringend für längerfristige Prozesse der Professionalisierung von Lehrkräften eingesetzt werden kann. Von besonderem Interesse ist beispielsweise, welche Rolle die Lernumgebung als Diagnostik- und Evaluationsinstrument in der Ausbildung von Lehramtsstudierenden an Universitäten spielen kann.

Anmerkung

Wir bedanken uns bei den Lehrkräften und den Schülerinnen und Schülern, die an der IPN-Videostudie teilgenommen haben. Darüber hinaus wurden wir in der Durchführung des Projekts und in den Videokodierungen von Annika Grobleben, Sylvia Hagemann, Tina Krawetzke, Sandra Lemmerz, Katja Müller, Marieke Pilz, Lydia Puppe, Dana Schöneberg, Ilka Schulmeiß, Gun-Brit Thoma, Wiebke Usdowski und Nicole Wendisch unterstützt. Unser Dank gilt zudem unseren Kooperationspartnern Reinders Duit, Manfred Lehrke, Lore Hoffmann, Maya Brückmann, Lena Meyer, Maike Tesch, Christoph Wodzinski und Ari Widodo.

Literatur

Atteslander, A. (1988). *Methoden der empirischen Sozialforschung*. Berlin: de Gruyter.

Baumert, J., Klieme, E., Neubrand, M., Prenzel, M., Schiefele, U., Schneider, W., Stanat, P., Tillmann, K.-J. & Weiß, M. (Hrsg.). (2001). *PISA 2000. Basiskompetenzen von Schülerinnen und Schülern im internationalen Vergleich*. Opladen: Leske + Budrich.

Baumert, J., Lehmann, R., Lehrke, M., Schmitz, B., Clausen, M., Hosenfeld, I., Köller, O. & Neubrand, J. (1997). *TIMSS – Mathematisch-naturwissenschaftlicher Unterricht im internationalen Vergleich. Deskriptive Befunde*. Opladen: Leske + Budrich.

Berliner, D. C. (2001). Learning about and learning from expert teachers. *International Journal of Educational Research, 35*, 463-482.

Bromme, R. (2000). Beyond one's own perspective: The psychology of cognitive interdisciplinarity. In P. Weingart & N. Stehr (Eds.), *Practising interdisciplinarity* (pp. 115-133). Toronto: Toronto University Press.

Brophy, J. & Good, T.L. (1986). Teacher behavior and student achievement. In M.C. Wittrock (Ed.), *Handbook of Research and Teaching* (pp. 328-375). New York: Macmillan.

Bund-Länder-Kommission für Bildungsplanung und Forschungsförderung (1997). *Gutachten zur Vorbereitung des Programms „Steigerung der Effizienz des mathematisch-naturwissenschaftlichen Unterrichts"*. Bonn: BLK.

Dalehefte, I.M. (2001). *Lernmotivation im Physikunterricht. Eine Videostudie zur Untersuchung motivationsunterstützender Bedingungen im Unterrichtsverlauf. Diplomarbeit*. Kiel: IPN/CAU Kiel.

Dalehefte, I.M. (in Vorb.). *Unterrichtsskripts – ein multikriterieller Ansatz. Dissertation*. Kiel: IPN/CAU Kiel.

Derry, S.J. (2002). The STEP system for collaborative case-based teacher education: Design, evaluation and future directions. In *Proceedings of computer support for collaborative learning (CSCL 2002)* (pp. 209-216). Mahwah: Erlbaum.

Doll, J. & Prenzel, M. (Hrsg.). (2004). *Bildungsqualität von Schule: Lehrerprofessionalisierung, Unterrichtsentwicklung und Schülerförderung als Strategien der Qualitätsverbesserung*. Münster: Waxmann.

Evertson, C.M. & Green, J.L. (1986). Observation as Inquiry and Method. In M.C. Wittrock (Ed.), *Handbook of Research on Teaching* (Vol. 3, pp. 162-213). New York, London: Macmillian Publishing Company.

Feger, H. (1983). Planung und Bewertung von wissenschaftlichen Beobachtungen. In H. Feger & J. Bredenkamp (Hrsg.), *Enzyklopädie der Psychologie. Themenbereich B. Methodologie und Methoden. Serie I: Forschungsmethoden der Psychologie. Band 2: Datenerhebung* (pp. 1-75). Göttingen: Hogrefe.

Fend, H. (1998). *Qualität im Bildungswesen. Schulforschung zu Systembedingungen, Schulprofilen und Lehrerleistung*. Weinheim: Juventa.

Gage, N.L., & Needles, M.C. (1989). Process-product research on teaching: a review of criticisms. *The Elementary School Journal, 89 (3)*, 253-300.

Hiebert, J., Gallimore, R., Garnier, K., Bogard Givvin, K., Hollingsworth, J., Jacobs, J., Chui, A.M.Y., Wearne, D., Smith, M., Kersting, N., Manaster, A., Tseng, E., Etterbeek, W., Manaster, C., Gonzales, P. & Stigler, J.W. (2003). *Teaching Mathematics in Seven Countries. Results from the TIMSS 1999 Video Study*. Washington D.C.: U.S. Department of Education.

Hiebert, J., Gallimore, R. & Stigler, J.W. (2002). A knowledge base for the teaching profession: What would it look like and how can we get one? *Educational Researcher, 31 (5)*, 3-15.

Kobarg, M. (2004). *Die Bedeutung prozessorientierter Lernbegleitung für kognitive und motivationale Prozesse im Physikunterricht – eine Videostudie. Diplomarbeit*. Kiel: IPN/CAU Kiel.

Kobarg, M. & Seidel, T. (in Vorb.). Prozessorientierte Lernbegleitung – Videoanalysen im Physikunterricht der Sekundarstufe I.

Krauss, S., Kunter, M., Brunner, M., Baumert, J., Blum, W., Neubrand, M., Jordan, A. & Löwen, K. (2004). COACTIV: Professionswissen von Lehrkräften, kognitiv aktivierender Mathematikunterricht und die Entwicklung von mathematischer Kompetenz. In J. Doll & M. Prenzel (Hrsg.), *Bildungsqualität von Schule: Lehrerprofessionalisierung, Unterrichtsentwicklung und Schülerförderung als Strategien der Qualitätsverbesserung* (pp. 31-53). Münster: Waxmann.

Labudde, P. (2002). *Lehr-Lern-Kultur im Physikunterricht: eine Videostudie. Projektantrag an den SNF*. Bern: Universität Bern.

Mayer, R. (2001). *Multimedia learning*. Cambridge: Cambridge University Press.

Meyer, L., Seidel, T. & Prenzel, M. (2006). Wenn Lernsituationen zu Leistungssituationen werden: Untersuchung zur Fehlerkultur in einer Videostudie. *Schweizerischen Zeitschrift für Bildungswissenschaften, 28 (1)*, 21-41.

Ostermeier, C., Carstensen, C.H., Prenzel, M. & Geiser, H. (2004). Kooperative unterrichtsbezogene Qualitätsentwicklung in Netzwerken: Ausgangsbedingungen für die Implementation im BLK-Modellversuchsprogramm SINUS. *Unterrichtswissenschaft, 32* (3), 215-237.

Petko, D., Waldis, M., Pauli, C. & Reusser, K. (2003). Methodologische Überlegungen zur videogestützten Forschung in der Mathematikdidaktik. *ZDM, 35 (6)*, 265-280.

Prenzel, M. (2000). Steigerung der Effizienz des mathematisch-naturwissenschaftlichen Unterrichts: Ein Modellversuchsprogramm von Bund und Ländern. *Unterrichtswissenschaft, 28 (2)*, 103-126.

Prenzel, M. (2005). Zur Situation der empirischen Bildungsforschung. In H. Mandl & B. Kopp (Hrsg.), *Impulse für die Bildungsforschung. Stand und Perspektiven. Dokumentation eines Expertengesprächs. Deutsche Forschungsgemeinschaft* (pp. 7-21). Berlin: Akademie Verlag.

Prenzel, M., Baumert, J., Blum, W., Lehmann, R., Leutner, D., Neubrand, M., Pekrun, R., Rolff, H.-G., Rost, J. & Schiefele, U. (Hrsg.). (2004). *PISA 2003. Der Bildungsstand der Jugendlichen in Deutschland – Ergebnisse des zweiten internationalen Vergleichs*. Münster: Waxmann.

Prenzel, M., Duit, R., Euler, M., Lehrke, M. & Seidel, T. (Hrsg.). (2001). *Erhebungs- und Auswertungsverfahren des DFG-Projekts „Lehr-Lern-Prozesse im Physikunterricht – eine Videostudie"*. Kiel: IPN.

Prenzel, M., Rost, J., Senkbeil, M., Häußler, P. & Klopp, A. (2001). Naturwissenschaftliche Grundbildung: Testkonzeption und Ergebnisse. In J. Baumert, E. Klieme, M. Neubrand, M. Prenzel, U. Schiefele, W. Schneider, P. Stanat, K.-J. Tillmann & M. Weiß (Hrsg.), *PISA 2000. Basiskompetenzen von Schülerinnen und Schülern im internationalen Vergleich* (pp. 191-248). Opladen: Leske + Budrich.

Prenzel, M. & Seidel, T. (2003). *Wie können Lehrkräfte von Unterrichtsvideos profitieren? – Eine experimentelle Studie. Fortsetzungsantrag im Rahmen des DFG-Schwerpunktprogramms BiQua*. Kiel: IPN.

Prenzel, M., Seidel, T., Lehrke, M., Rimmele, R., Duit, R., Euler, M., Geiser, H., Hoffmann, L., Müller, C. & Widodo, A. (2002). Lehr-Lern-Prozesse im Physikunterricht – eine Videostudie. *Zeitschrift für Pädagogik, 45. Beiheft*, 139-156.

Reusser, K. (2005). Situiertes Lernen mit Unterrichtsvideos. *Journal für Lehrerinnen- und Lehrerbildung, 2*, 8-18.

Reusser, K. & Pauli, C. (2003). *Mathematikunterricht in der Schweiz und in weiteren sechs Ländern. Bericht über die Ergebnisse einer internationalen und schweizerischen Video-Unterrichtsstudie. Doppel-CD-ROM*. Zürich: Universität Zürich.

Rimmele, R. (2002). *Videograph*. Kiel: IPN.

Rimmele, R. (2004). *Software zum Lernprogramm LUV*. Kiel: IPN.

Rost, J. (2004). *Testtheorie und Testkonstruktion*. Bern: Hans Huber.

Roth, K.J. (2004). *TIMSS 1999 Science Video Study Methodology: Developing a Shared „Words-to-Images" Language.* Paper presented at the Annual Meeting of the American Educational Research Association (AERA), San Diego, USA, April 12-16.

Roth, K.J., Druker, S.L., Garnier, H.E., Lemmens, M., Chen, C., Kawanaka, T., Rasmussen, D., Trubacova, W., Warvi, D., Okamoto, Y., Gonzales, P., Stigler, J.W. & Gallimore, R. (2006). *Teaching science in five countries. Results from the TIMSS 1999 Video Study. Statistical analysis report.* Washington D.C.: National Center for Education Statistics, U.S. Department of Education.

Salomon, G. (1994). *Interaction of media cognition and learning: an exploration of how symbolic forms cultivate mental skills and affect knowledge acquisition.* Hillsdale: Lawrence Erlbaum Associates.

Santagata, R. (2003). *Video analysis as a tool for studying teaching and for teacher learning.* Paper presented at the 10th European Conference for Research on Learning and Instruction, Padova, Italy.

Seidel, T. (2003a). *Lehr-Lernskripts im Unterricht.* Münster: Waxmann.

Seidel, T. (2003b). Sichtstrukturen – Organisation unterrichtlicher Aktivitäten. In T. Seidel, M. Prenzel, R. Duit & M. Lehrke (Hrsg.), *Technischer Bericht zur Videostudie „Lehr-Lern-Prozesse im Physikunterricht"* (pp. 113-128). Kiel: IPN.

Seidel, T. (2003c). Überblick über Beobachtungs- und Kodierungsverfahren. In T. Seidel, M. Prenzel, R. Duit & M. Lehrke (Hrsg.), *Technischer Bericht zur Videostudie „Lehr-Lern-Prozesse im Physikunterricht"* (pp. 99-112). Kiel: IPN.

Seidel, T. (in press). The role of student characteristics in studying micro teaching-learning environments. *Learning Environments Research.*

Seidel, T. & Kobarg, M. (submitted). Process-oriented teaching in the classroom and its effects on student learning.

Seidel, T. & Prenzel, M. (2004). Muster unterrichtlicher Aktivitäten im Physikunterricht. In J. Doll & M. Prenzel (Hrsg.), *Bildungsqualität von Schule: Lehrerprofessionalisierung, Unterrichtsentwicklung und Schülerförderung als Strategien der Qualitätsverbesserung* (pp. 177-194). Münster: Waxmann.

Seidel, T. & Prenzel, M. (2006). Stability of teaching patterns in physics instruction: Findings from a video study. *Learning and Instruction, 16 (3)*, 228-240.

Seidel, T., Prenzel, M., Duit, R., Euler, M., Geiser, H., Hoffmann, L., Lehrke, M., Müller, C. & Rimmele, R. (2002). „Jetzt bitte alle nach vorne schauen!" – Lehr-Lernskripts im Physikunterricht und damit verbundene Bedingungen für individuelle Lernprozesse. *Unterrichtswissenschaft, 30 (1)*, 52-77.

Seidel, T., Prenzel, M., Duit, R. & Lehrke, M. (Hrsg.). (2003). *Technischer Bericht zur Videostudie „Lehr-Lern-Prozesse im Physikunterricht".* Kiel: IPN.

Seidel, T., Prenzel, M. & Kobarg, M. (Hrsg.). (2005). *How to run a video study: Technical report of the IPN Video Study.* Münster: Waxmann.

Seidel, T., Prenzel, M. & Rimmele, R. (2003). Gelegenheitsstrukturen beim Klassengespräch und ihre Bedeutung für die Lernmotivation – Videoanalysen in Kombination mit Schülerselbsteinschätzungen. *Unterrichtswissenschaft, 31 (2)*, 142-165.

Seidel, T., Prenzel, M., Rimmele, R., Dalehefte, I.M., Herweg, C., Kobarg, M. & Schwindt, K. (in Druck). Blicke auf den Physikunterricht. Ergebnisse der IPN Videostudie. *Zeitschrift für Pädagogik.*

Seidel, T., Prenzel, M., Rimmele, R., Meyer, L. & Dalehefte, I.M. (2004). *Lernprogramm LUV – Lernen aus Unterrichtsvideos für Physiklehrkräfte.* Kiel: IPN.

Seidel, T., Rimmele, R. & Prenzel, M. (2005). Clarity and Coherence of Lesson Goals as a Scaffold for Student Learning. *Learning and Instruction, 15 (6)*, 539-556.

Seidel, T., Rimmele, R. & Schwindt, K. (submitted). Teachers' beliefs about student learning, teaching practices, and student outcomes.

Seidel, T. & Shavelson, R.J. (submitted). Teaching effectiveness research in the last decade: Role of theory and research design in disentangling meta-analysis results.

Stahl, E., Zahn, C. & Seidel, T. (in Druck). Videobasierte Lernsoftware zur Förderung kommunikativer Kompetenzen. In U. Kanning (Hrsg.), *Veränderung und Förderung sozialer Kompetenzen in der Personalentwicklung*. Münster: Waxmann.

Stigler, J.W., Gonzales, P., Kawanaka, T., Knoll, S. & Serrano, A. (1999). *The TIMSS Videotape Classroom Study. Methods and findings from an exploratory research project on eighth-grade mathematics instruction in Germany, Japan, and the United States*. Washington, D.C.: U.S. Department of Education.

Sweller, J., Merrienboer, v. J.J.G. & Paas, F.G.W.C. (1998). Cognitive Architecture and Instructional Design. *Educational Psychology Review, 10 (3)*, 251-296.

Terhart, E. (2000). *Perspektiven der Lehrerbildung in Deutschland. Abschlußbericht der von der Kultusministerkonferenz eingesetzten Kommission*: Beltz.

Tesch, M. (2005). *Das Experiment im Physikunterricht. Didaktische Konzepte und Ergebnisse einer Videostudie*. Berlin: Logos.

Tesch, M. & Duit, R. (2004). Experimentieren im Physikunterricht – Ergebnisse einer Videostudie. *Zeitschrift für Didaktik der Naturwissenschaften, 10*, 51-59.

Trepke, C. (2004). *Strukturiertheit und Transparenz als Aspekte der Zielorientierung im Physikunterricht – eine Videostudie. Diplomarbeit*. Kiel: IPN/CAU Kiel.

Ulewicz, M. & Beatty, A. (Eds.). (2001). *The power of video technology in international comparative research in education*. Washington: National Academy Press.

Wu, M.L., Adams, R J. & Wilson, M.R. (1997). *ConQuest: Multi-Aspect Test Software*. Camberwell: Australian Council for Education Research.

Unterrichtsverbesserung

Eckhard Klieme, Frank Lipowsky, Katrin Rakoczy & Nadja Ratzka

Qualitätsdimensionen und Wirksamkeit von Mathematikunterricht

Theoretische Grundlagen und ausgewählte Ergebnisse des Projekts „Pythagoras"

1 Grunddimensionen der Unterrichtsqualität

In allgemeinen Modellen der Bildungsproduktivität und in der Schuleffektivitäts-forschung gelten Quantität und Qualität der Instruktion als wichtige „Produktions-faktoren", die nicht durch andere Faktoren, wie z.B. individuelle Lernvoraussetzungen oder häusliche Umgebung, kompensiert werden können. Wang, Haertel und Walberg (1993) zeigten in ihrer einflussreichen Metaanalyse empirischer Befunde, dass *classroom management* sowie die Qualität von unterrichtlichen Interaktionen zwischen Schülerinnen und Schülern und auch der Lehrkraft (vor allem Intensität und Qualität der Fragen und Antworten) etwa dieselbe mittlere Effektstärke aufweisen wie kognitive und metakognitive Fähigkeiten oder familiäre Voraussetzungen. Scheerens und Bosker (1997) heben in ihrem Überblick zur Schuleffektivitätsforschung hervor, dass Unterrichtsmerkmale größeren Einfluss auf Lernergebnisse von Schülerinnen und Schülern haben als Merkmale der Schulumwelt.

Allerdings liefert die Schuleffektivitätsforschung keine solide theoretische Basis, die empirische Befunde auch konzeptuell integrieren kann und zu erklären vermag, warum unterschiedliche Unterrichtsmuster Lernprozesse und Lernergebnisse in eine bestimmte Richtung beeinflussen. Metaanalysen oder Listen von Produktivitäts-faktoren sind bestenfalls Vorstufen für systematische theoretische Konzeptualisierun-gen.

Auch die empirische Unterrichtsforschung (vgl. Helmke, 2003; Walberg & Paik, 2000) ist über weite Strecken eher induktiv als theoriegeleitet. Verantwortlich dafür ist nicht zuletzt ein im Wesentlichen funktionales Verständnis von Unterrichtsqualität, das sich auf die Arbeiten von Carroll (1963) zurückführen lässt. Er führte den Begriff der Instruktionsqualität in die empirisch-pädagogische Forschung ein und definierte ihn als „das Ausmaß, in dem Instruktion es der Schülerin bzw. dem Schüler möglich macht, Aufgaben schneller und effektiver zu erlernen, als es sonst möglich wäre". Unter-richtsqualität wird also nicht substantiell definiert, sondern umschließt jegliches Merkmal der Lernumgebung, das dazu beitragen könnte, investierte Lernzeit möglichst effizient zu nutzen. Technisch gesprochen, ist Unterrichtsqualität eine Moderator-variable, welche die Beziehung zwischen Lernvoraussetzungen der Schülerinnen und Schüler, Lernzeit und Lernergebnis beeinflusst. Auch Weinert, Schrader und Helmke (1989) betrachten in ihrer für die deutschsprachige Unterrichtsforschung wichtigen Arbeit Unterrichtsqualität rein funktional; sie definieren Unterrichtsqualität als „jedes stabile Muster von Instruktionsverhalten, dass als Ganzes oder durch einzelne Kompo-nenten die substantielle Vorhersage und/oder Erklärung von Schulleistung erlaubt" (S. 899).

Immerhin hat die sogenannte Prozess-(Mediator-)Produkt-Forschung, die einem solchen funktionalen Verständnis von Unterrichtsqualität verpflichtet war, auf der

Suche nach Merkmalen, die einen – gemessen am Kriterium des optimalen Lern-zuwachses – guten Unterricht charakterisieren, einen breiten Konsens erzeugt. Die Erkenntnisse wurden zusammengefasst durch Rosenshine und Stevens (1986) in ihrer Liste unterrichtlicher Funktionen und durch Brophy und Good (1986) in ihrem ein-flussreichen *review* der Lehr-Lern-Forschung. Die stärksten empirischen Belege liegen für folgende Unterrichtsmerkmale vor:

- gute Klassenführung und effektiver (möglichst präventiver) Umgang mit Störun-gen,
- adäquates Unterrichtstempo, d.h. Optimierung der Geschwindigkeit, mit der unter-richtliche Interaktionen voranschreiten, so dass ein hohes Maß an Aufmerksamkeit und Beteiligung bei den Schülerinnen und Schülern erreicht wird,
- Klarheit und Strukturiertheit in der Präsentation von Lernmaterial und in der Vor-gabe von Aufgaben.

Diese Merkmale bilden den Kern dessen, was mit Rosenshine und Furst (1973) als *direkte Instruktion* bezeichnet wird. Ein solcher Unterricht fördert nicht zuletzt die Schülerinnen und Schüler mit ungünstigen Lernvoraussetzungen. Das Konzept be-schreibt einen eher lehrergesteuerten, auf effiziente Zeitnutzung fokussierten Unter-richt, schließt in seiner ursprünglichen Formulierung aber auch die explizite Ver-mittlung kognitiver Strategien und korrigierendes Feedback – beispielsweise zu Hausaufgaben – mit ein. Die Idee der direkten Instruktion korrespondiert einer Lern-theorie, die schulisches Lernen als zielorientierten, von außen (durch die Lehrperson) geleiteten Informationsverarbeitungsprozess ansieht.

Die bislang vorgestellte empirische Unterrichtsforschung steht seit jeher unter der Kritik, wichtige pädagogische Erwartungen an sinnvolles Lernen nicht einzulösen. In Anlehnung an Diederich und Tenorth (1997, S. 147ff.) lassen sich in der Schul-pädagogik drei Traditionen des Reflektierens über Unterricht unterscheiden:

1. Das Effizienzmodell des erfolgreichen lehrergesteuerten Unterrichts passt am ehesten zu einem Verständnis von Unterricht, das in der Tradition des Pädagogen J. H. Herbart steht. Dieser schulpädagogischen Tradition geht es um den wohl-strukturierten, systematischen Aufbau von Instruktionsprozessen, die Sicherung von Aufmerksamkeit und aktivem Lernen der Schülerinnen und Schüler mittels klarer Planung und Steuerung durch die Lehrperson.

Diederich und Tenorth identifizieren nun in der Schulpädagogik zwei alternative Paradigmen, die jeweils andere Funktionen und Gelingensbedingungen von Unterricht in den Vordergrund stellen. Sie haben bis in die 1990er Jahre kaum Eingang in den *mainstream* der empirischen Unterrichtsqualitätsforschung gewonnen – obwohl sie den schulpädagogischen Praxisdiskurs weitgehend dominieren:

2. Der reformpädagogischen Tradition geht es um ganzheitliches und selbsttätiges Lernen, um Schule als Lern- und Lebensgemeinschaft. Neben dem Erwerb von Wissen und Können wird die Persönlichkeitsentwicklung der Kinder und Jugend-lichen als gleichwertiges Ziel verfolgt. Unterricht hat so nicht zuletzt die Aufgabe, die Schülerinnen und Schüler für den Gegenstand und das Lernen überhaupt zu motivieren.

3. In der fachdidaktischen Tradition schließlich geht es um den systematischen Auf-bau des Wissen in der jeweiligen Domäne, wobei fachsystematisch und -didaktisch strukturierte Lehr- und Lernaktivitäten dafür sorgen, dass die Prinzipien des jewei-ligen Faches und seine grundlegenden Konzepte verstanden und „produktiv an-geeignet" werden. Als Ziele des Unterrichts kommen hier der Aufbau konzeptuel-

len Verständnisses, problemlösendes Denken oder die Nutzung von Wissen in komplexen, authentischen Anforderungssituationen in den Blick.

Auflösen lässt sich die Diskrepanz zwischen der empirischen Prozess-Produkt-Forschung einerseits, erweiterten pädagogischen Konzepten andererseits nur, wenn die empirische Forschung ihre rein funktionale Orientierung und das Verständnis von Lernen als lehrergesteuertem Informationsverarbeitungsprozess aufgibt. In der Tat hat die empirische Unterrichtsforschung in den vergangenen Jahren zunehmend komplexere Ansätze gewählt, in denen multiple Ziele kognitiver, aber auch motivationaler Art berücksichtigt werden und die Lerntätigkeit der Schülerinnen und Schüler, ihre aktive Aneignung von Wissen und Fähigkeiten ins Zentrum rückt (vgl. Kunter, 2005; Pauli & Reusser, 2006). In der deutschsprachigen Unterrichtsforschung werden diese Ideen mit dem Konzept des Angebot-Nutzungs-Modells verknüpft, das auf Fend (1981) zurückgeht und u.a. von Helmke (2003) als Design für Schul- und Unterrichtsforschung ausgearbeitet wurde. Ihm liegt die Idee zugrunde, dass Lernprozesse nicht direkt von außen gesteuert werden können; die Lehrkraft stellt vielmehr Lerngelegenheiten zur Verfügung, die von jedem Einzelnen wahrgenommen und genutzt werden müssen, um wirksam zu werden. Allerdings ist die Konzeption von Unterricht als Angebotsstruktur nicht spezifisch genug, um die Interaktion zwischen Lernvoraussetzungen der Schülerinnen und Schüler, Angebot und Nutzung im Einzelnen darzustellen und Vorhersagen darüber zu machen, welche Unterrichtsmuster wie genutzt werden und welche Wirkungen sie entfalten. Hierzu bedarf es eines Rückgriffs auf spezifischere pädagogisch-psychologische Theorien.

Um die Motivationsunterstützung der Lernumgebung zu beschreiben, wird in vielen Studien auf die Selbstbestimmungstheorie (vgl. z.B. Ryan & Deci, 2002) und die Interessentheorie (vgl. z.B. Krapp, 2002) zurückgegriffen. Der Selbstbestimmungstheorie zufolge profitieren Schülerinnen und Schüler in motivationaler Hinsicht von Unterricht bzw. von Lehrkräften, die sie in ihrem Streben nach Autonomie, Kompetenz und sozialer Eingebundenheit unterstützen. Es wird angenommen, dass Lernende ein natürliches Bedürfnis haben, ihre Fähigkeiten und Interessen aktiv auszuprobieren und neue Erfahrungen zu machen. Gleichzeitig streben sie danach, ein kohärentes Selbst zu entwickeln, indem sie versuchen, sowohl die einzelnen Aspekte des eigenen Selbst in Einklang zu bringen als auch in kohärenter und bedeutungsvoller Weise mit anderen Individuen zu interagieren. Sie streben nach innerer Kohärenz und bemühen sich, neu gelernte Inhalte sinnvoll in ihre bereits vorhandenen Wissensstrukturen und Repräsentationen zu integrieren. Entwicklungs- und Lernkontexte unterscheiden sich nun darin, inwiefern sie diese Tendenz unterstützen oder untergraben. Der Theorie zufolge geht insbesondere die Erfüllung der Bedürfnisse nach Kompetenz, Autonomie und sozialer Eingebundenheit mit positivem emotionalem Erleben einher und ermöglicht es dem Individuum schließlich, den Zustand höchster Selbstbestimmung – intrinsische Motivation – zu entwickeln. Empirische Studien konnten Unterrichtsmerkmale identifizieren, die ein solches emotionales Erleben unterstützen. Hierzu gehören eine wertschätzende Beziehung zwischen Lehrperson und Schülerinnen und Schülern, positive Rückmeldungen, aber auch ein strukturierter Unterrichtsablauf (vgl. Kunter, 2005; Rakoczy, 2006).

Hinsichtlich des Aufbaus von konzeptuellem Wissen hat die fachdidaktische Forschung, vor allem im mathematischen und naturwissenschaftlichen Bereich, das idealtypische Bild eines Unterrichts gezeichnet, der Raum gibt für die eigenständige und kooperative Wissens-Konstruktion bei der Bearbeitung von komplexen und anspruchsvollen Problemstellungen in möglichst authentischen Lernsituationen. Auf diese Weise sollen die Lernenden zu einem Verständnis von Prinzipien geführt werden und nicht bloß zur Abspeicherung schematisierter, fragmentarischer und in komplexen Anwendungskontexten nicht anwendbarer (träger) Wissenseinheiten (vgl. z.B. Cobb, Wood & Yackel, 1993). Diese didaktischen Konzepte sind in einem konstruktivistischen und sozial-konstruktivistischen Lehr-Lern-Verständnis verankert. Die Überprüfung der Wirkungen solcher Lernumgebungen erfolgte oftmals in Form einer Rekonstruktion der in einem bestimmten Lernarrangement vorkommenden argumentativen und kognitiven Prozesse (vgl. z.B. Forman et al., 1999; Inagaki, Hatano & Morita, 1999). Evaluationen im Sinne von fachleistungsbezogenen Effektstudien, wie sie im Rahmen der Unterrichts-qualitätsforschung üblich sind, sind eher die Ausnahme (vgl. z.B. Cobb & Whitenack, 1996; Kramarski, Mevarech & Arami, 2002). Gruehn (2000) fand im Rahmen der Studie *Bildungsverläufe und psychosoziale Entwicklung im Jugendalter (BIJU)* des Max-Planck-Instituts für Bildungsforschung, dass konstruktivistische Unterrichtsführung in Gymnasialklassen zu höheren Lernresultaten im Fach Mathematik führte.

Aus Sicht der empirischen pädagogisch-psychologischen Forschung wurden konstruktivistische Konzepte sowohl in Deutschland (Weinert, 1996) als auch in den USA immer wieder kritisch hinterfragt. In diesen Debatten werden jedoch häufig Unterrichtskonzepte, die sehr unterschiedliche Fundamente haben, in eins gesetzt. So argumentieren Kirschner, Sweller und Clark (2006) gegen einen Unterricht, der Schülerinnen und Schüler zu wenig führt, und meinen damit sowohl konstruktivistische Ansätze als auch verschiedene Varianten offeneren Unterrichts, wie entdeckendes Lernen und *problem based learning*. Hilfreich ist in diesem Zusammenhang eine Unterscheidung, die Mayer (2004) vornimmt. Auch er plädiert für einen stärker gelenkten und fachlich strukturierten Unterricht an Stelle rein entdeckender Lernaktivitäten, führt aber mit dem Konzept der „kognitiven Aktivität" eine wichtige Differenzierung ein: „Activity may help promote meaningful learning, but instead of behavioral activity per se (e.g., hands-on activity, discussion, and free exploration), the kind of activity that really promotes meaningful learning is cognitive activity (e.g., selecting, organizing, and integrating knowledge) [...] Methods that rely on doing or discussing should be judged not on how much doing or discussing is involved but rather on the degree to which they promote appropriate cognitive processing" (Mayer, 2004, p. 17). Eine ganz analoge Unterscheidung wurde Ende der 1990er Jahre von der Arbeitsgruppe um Baumert am Berliner Max Planck Institut für Bildungsforschung entwickelt. Hier wurde von „kognitiver Aktivierung" als wichtigem Qualitätsmerkmal des Unterrichts gesprochen. Was als „kognitiv aktivierendes" Unterrichtsmerkmal gelten kann, ist – in Übereinstimmung mit Mayer – abhängig von fachdidaktischen und denkpsychologischen Erkenntnissen zu bestimmen. So wurden anhand von Unterrichtsaufzeichnungen aus der TIMSS Videostudie (Stigler & Hiebert, 1999; in Deutschland durchgeführt am MPI für Bildungsforschung) mittels hoch-inferenter Ratings Aspekte der kognitiven Aktivierung im Mathematikunterricht bestimmt wie z.B. die Verwendung anspruchsvoller, offener Aufgaben mit unterschiedlichen Lösungswegen anstelle des Abarbeitens von Routineaufgaben, die Nutzung von Fehlern als Lerngelegenheiten sowie das Einfordern und Verwenden begründender bzw. beweisführender Argumente.

Im Kontext der TIMSS Videostudie wurde ein Vorschlag für „Basisdimensionen guten Unterrichts" formuliert, der die empirischen Befunde jener Studie zum Zusammenhang zwischen Unterrichtsmerkmalen (Faktoren zweiter Ordnung von Beobachtungsskalen) und Lernzuwächsen erklärte (Klieme, Schümer & Knoll, 2001). Diese drei Basisdimensionen erscheinen geeignet, die theoretischen Konzepte und Wirkungshypothesen der Unterrichtsforschung zu integrieren, wie sie oben beschrieben wurden, denn die drei Basisdimensionen korrespondieren dem Konzept der direkten Instruktion, der Selbstbestimmungstheorie von Deci und Ryan (1985) sowie dem Konzept der „kognitiven Aktivität", wie es Mayer (2004) in Auseinandersetzung mit konstruktivistischen Unterrichtskonzeptionen entwickelt. Guter Unterricht, der sowohl die Leistung der Schülerinnen und Schüler im Sinne eines konzeptuellen Verständnisses als auch ihre Motivation fördert, zeichnet sich demnach in drei übergeordneten Merkmalsdimensionen aus

1. strukturierte, klare und störungspräventive Unterrichtsführung,
2. unterstützendes, schülerorientiertes Sozialklima,
3. kognitive Aktivierung, zu der je nach fachlichem Kontext z.B. die Qualität der Nutzung von Experimenten im Physikunterricht, herausfordernde, offene Aufgaben in der Mathematik und generell ein diskursiver Umgang mit Fehlern gehören kann.

Abbildung 1 fasst die Hypothesen zu den Vermittlungsprozessen (Wahrnehmung und Nutzung der Lernangebote durch die Schülerinnen und Schüler) zusammen, über welche sich die postulierten Wirkungen entfalten.

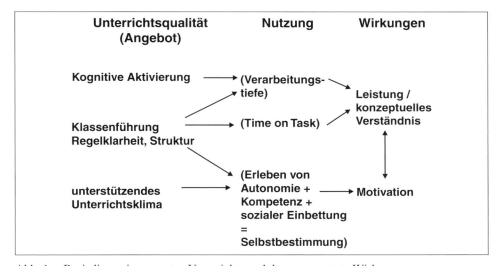

Abb. 1:   Basisdimensionen guten Unterrichts und deren vermutete Wirkung

Die Konfiguration der drei Basisdimensionen spiegelt auch die unverzichtbaren Grundbedingungen schulisch organisierten Lernens wider, wie sie Schultheoretiker formuliert haben (vgl. Diedrich & Tenorth, 1997). Aufgabe der Lehrkraft ist es, diese Bedingungen zu sichern und damit den Schülerinnen und Schülern Lernmöglichkeiten zu schaffen. Er sollte

• als Organisator und Moderator des institutionalisierten Lernens sicherstellen, dass Arbeitsabläufe weitgehend störungsfrei und in strukturierter Form stattfinden, um ein Mindestmaß an Aufmerksamkeit auf Seiten der Schülerinnen und Schüler zu ermöglichen,

• als Erzieher, der im Unterricht die soziale Leitungsrolle wahrnimmt, dafür Sorge tragen, dass die Schülerinnen und Schüler sich sozial integrieren, selbstständig lernen und positive Rückmeldung zu den erreichten Kompetenzen erhalten, und schließlich

- als Vertreter eines Fachs und „Instrukteur" die Lernumgebung so gestalten, dass den Schülerinnen und Schülern verständnisvolles Lernen und eine aktive kognitive Auseinandersetzung mit dem Lerngegenstand ermöglicht wird.

Selbstverständlich bedeutet ein Modell, das Unterrichtsqualität auf drei Grunddimensionen beschreibt, eine starke Reduktion von Komplexität. Es ermöglicht andererseits, zwischen motivations- und leistungsfördernden Merkmalen zu unterscheiden. Dies betrifft nicht zuletzt die Bewertung offener und aktivierender Unterrichtsformen. Insofern sie dazu beitragen, den Unterricht stärker an die individuellen Bedürfnisse der Lernenden anzupassen, Selbsttätigkeit und Kooperation sowie das Erleben von Kompetenz zu ermöglichen, sind sie verbunden mit einem schülerorientierten, unterstützenden Lernklima und fördern somit primär die Motivation der Schülerinnen und Schüler. Nur wenn diese Lernaktivitäten zudem kognitiv aktivierend und klar strukturiert ablaufen, ist ein Effekt auf Leistung im Sinne konzeptuellen Verstehens zu erwarten. Diese Unterscheidung zwischen „behavioral activity per se" und „cognitive activity" halten wir mit Mayer (2004) für unabdingbar; sie lässt sich auch gut an der Forschung zum offenen Unterricht illustrieren (Lipowsky, 2002).

2   Fragestellungen und Design der deutsch-schweizerischen Studie

Das Projekt *Unterrichtsqualität und mathematische Verständnis in verschiedenen Unterrichtskulturen*, das im Folgenden vorgestellt wird, wurde als Teil des Schwerpunktprogramms *Bildungsqualität von Schule* unter Förderung durch die Deutsche Forschungsgemeinschaft und den Schweizerischen Nationalfonds[1] in den Jahren 2000 bis 2006 in Kooperation zwischen dem Deutschen Institut für Internationale Pädagogische Forschung (DIPF) in Frankfurt am Main und der Universität Zürich realisiert. Die Planung des Projekts knüpfte an die repräsentativen Videostudien des TIMSS-Projekts bzw. der TIMS-Repeat-Studie (Hiebert et al., 2003; in der Schweiz betreut von Reusser und Mitarbeitern) an und modifizierte das Design dieser Videosurveys so, dass Lernprozesse auch im Detail, auf einer Mikroebene untersucht werden konnten. Dadurch vermag das Projekt das in Abbildung 1 dargestellte Modell von Unterrichtsqualität abzubilden, fachspezifisch zu konkretisieren und zu überprüfen.

Die Forschungen zur Qualität des mathematischen Unterrichts, so lautete die Ausgangsthese der Projektplanung, bedürfen einer Ergänzung durch Studien, die domänenspezifisch ausgelegt sind, multiple Ziele von Unterricht berücksichtigen, methodisch-didaktische Unterrichtsgestaltung einschließen und durch möglichst prozessnahe Beobachtung und Diagnostik Nutzungs- bzw. Mediationsprozesse auf Seiten der Schülerinnen und Schüler einbeziehen. Besonderes Gewicht wurde darauf gelegt, dass „alternative" Konzepte des mathematischen Lehrens und Lernens, die in konstruktivistischen und sozial-konstruktivistischen Paradigmen verankert sind, berücksichtigt wurden. Es sollte geprüft werden, welche Rolle kognitiv aktivierende, speziell diskursive Lehr-Lern-Formen, die den Austausch begründender und beweisführender Argumente betonen, in Abgrenzung zu traditionellen Merkmalen der effektiven Instruktion einerseits, motivationsförderlichen Merkmalen des Unterrichtsklimas

---

1   Antragsteller und Projektleiter waren Eckhard Klieme (DIPF) bzw. Kurt Reusser und Christine Pauli (Universität Zürich). Frank Lipowsky war als Projektkoordinator auf deutscher Seite verantwortlich in die Projektleitung eingebunden.

andererseits spielen. Dafür sollte die Studie spezifische Bedingungen erfüllen: Das Design musste (durch die Art der Stichprobenziehung und/oder durch experimentelle bzw. quasiexperimentelle Eingriffe) sicherstellen, dass Unterrichtskonzeptionen in ihrer ganzen Breite, insbesondere diskursive Unterrichtsformen, erfasst wurden. Einflüsse, die dem Unterrichtsprozess vorgelagert oder extern sind, sollten kontrolliert werden; dies sind vor allem die Einstellungen und Unterrichtskonzeptionen der Lehrpersonen, die spezifischen Vorkenntnisse und Motive der Schülerinnen und Schüler, die Auswahl des Unterrichtsthemas und Kontextbedingungen wie Schulform und außerschulische Unterstützungen. Design und Auswertung sollten unterschiedliche zeitliche Perspektiven sowie mögliche Moderatoreffekte auf Individual- und Klassenebene berücksichtigen. Die Instrumente zur Erfassung von Vorbedingungen, Unterrichtsmerkmalen und Effekten (Fragebögen bzw. Interviewleitfäden, Tests, Ratingskalen, Kategoriensysteme etc.) mussten entsprechend sensibel sein. Insbesondere sollten als Kriteriumsvariablen neben fachlichen Kenntnissen und Fertigkeiten auch qualitatives Begriffsverständnis, Problemlösestrategien sowie motivationale Komponenten erfasst werden.

Schon früh wurde in der Planung der Projektkonzeption klar, dass eine Fokussierung auf Lehr-Lern-Prozesse im Themengebiet *Satzgruppe des Pythagoras* beste Voraussetzungen schaffen würde für die Einlösung dieser Bedingungen, womit das Projekt auch seinen „Rufnamen" erhielt. Durch die Erweiterung der Stichprobe über den Rahmen eines nationalen Bildungssystems hinaus sollte die Bandbreite vorfindlicher Unterrichtsformen wesentlich erweitert werden. Für einen deutsch-schweizerischen Vergleich ließ sich nach vorliegenden Untersuchungen erwarten, dass in der binationalen Stichprobe sowohl die Varianz in traditionellen Merkmalen der Unterrichtsqualität steigt (Fend, 1981) als auch der Anteil diskursiver Unterrichtsformen, die in der Schweiz aufgrund der noch höheren Anbindung an reformpädagogische und Piagetsche Traditionen eher vermutet wurden als in Deutschland.

Das Projekt begann mit einer repräsentativen Lehrerbefragung in ausgewählten Regionen der beiden Länder, die mit Erhebungen zur Unterrichtspraxis, vor allem beim Thema *Pythagoras*, die nachfolgende Videostudie vorbereitete und zudem der der Frage nachging, inwiefern sich schweizerische und deutsche Mathematiklehrkräfte bezüglich verschiedener Aspekte des professionellen Lehrerwissens und ihrer selbst- und unterrichtsbezogenen Kognitionen unterscheiden.

In der zweiten Phase des Projekts wurden zunächst die mathematischen Lehr- und Lernprozesse in 20 deutschen Klassen der Jahrgangsstufe 9 und in 20 Schweizer Klassen der Jahrgangsstufe 8 videobasiert erfasst. Maßgeblich für die Auswahl der Jahrgangsstufen war die curriculare Verankerung der untersuchten Unterrichtseinheit. Die Lehrkräfte wurden auf unterschiedlichen Wegen angeworben und nahmen mit ihren Klassen freiwillig an der Studie teil. Es kann also nicht davon ausgegangen werden, dass die Videostudie repräsentativ ist für die beiden Länder, zumal jeweils die Schulform mit Basisansprüchen (Hauptschule in Deutschland, Realschule in der Schweiz) ausgeschlossen werden musste, weil dort das Pythagoras-Thema kaum behandelt wird.

Um die Stichprobe näher zu charakterisieren, wurde die im Rahmen der ersten Phase entwickelte und erprobte Lehrerbefragung mit den 40 Mathematiklehrkräften wiederholt. Dieses Vorgehen erlaubt zumindest die Verankerung der 40 Mathematiklehrkräfte in der repräsentativen Stichprobe aus Phase 1.

In einer dritten Projektphase wurden schließlich ab 2004 die im Rahmen der ersten beiden Teilstudien gewonnenen Befunde in den schulischen Alltag zurückgeführt. Gut die Hälfte der Lehrkräfte aus der Videostudie nahm an einer einjährigen video-gestützten Fortbildung zur Qualitätssicherung des Mathematikunterrichts teil, deren Verlauf und Ergebnisse wissenschaftlich evaluiert wurden.

Die Untersuchung der oben genannten Ziele und Fragestellungen sowie das zugrunde liegende Verständnis von Unterrichtsqualität ziehen eine Reihe von Anforderungen an das Design unserer Studie nach sich, deren Umsetzung nachfolgend dargestellt wird.

Um Entwicklungen nachzeichnen und Aussagen über die Wirkungsrichtung formulieren zu können, wurde die Studie als Längsschnittstudie durchgeführt. Die intensive Datenerhebung über ein Schuljahr hinweg erlaubte es zudem, komplexe Zusammenhänge zwischen Unterrichtsmerkmalen, Zieldimensionen des Unterrichts und moderierenden Schülermerkmalen in beiden Ländern aufzudecken.

Die mathematische Kompetenzentwicklung wurde mikrogenetisch untersucht. Hierzu ist die quasiexperimentelle Kontrolle verschiedener Einflussvariablen notwendig. Zum einen werden zentrale leistungsrelevante Schülervariablen (z.B. Intelligenz, soziale Herkunft, Vorwissen, motivationale und selbstkonzeptuelle Voraussetzungen), die den Zusammenhang zwischen Unterrichtsmerkmalen und Zieldimensionen des Unterrichts potenziell moderieren können, erhoben und statistisch kontrolliert.

Zum anderen beinhaltet die quasiexperimentelle Kontrolle eine Standardisierung der Unterrichtsinhalte während der aufgezeichneten Unterrichtsstunden, um eine Generalisierung von Aussagen über eine Klasse zu ermöglichen und Vergleichbarkeit zwischen den Klassen herzustellen. Eine Unterrichtseinheit widmet sich dem Themengebiet *Einführung in die Satzgruppe des Pythagoras*, der Inhalt der zweiten Videoaufnahme bezieht sich auf den *Umgang mit Textaufgaben*.

Darüber hinaus wurden bestimmte didaktisch-methodische Maßnahmen innerhalb der aufgezeichneten Unterrichtsstunden induziert. Die Lehrkräfte wurden gebeten in einer der drei Unterrichtsstunden zum Thema *Einführung in die Satzgruppe des Pythagoras* einen Beweis mit den Schülerinnen und Schülern durchzuführen. In der videographierten Doppelstunde zum Thema *Umgang mit Textaufgaben* wurden die Lehrkräfte aufgefordert, eine Gruppenarbeitsphase in den Stundenablauf einzubauen.

Die mikrogenetische Perspektive sieht zudem die Erfassung der Kompetenzentwicklung innerhalb der videographierten Unterrichtseinheit zur *Satzgruppe des Pythagoras* vor. Mit einem Vor- und einem unmittelbaren und einem verzögerten Nachtest kann die Leistungsentwicklung im Umfeld dieser Unterrichtseinheit untersucht werden.

Mit Hilfe dieses mikrogenetischen Ansatzes und des damit verbundenen quasi-experimentellen Vorgehens können differenzielle Effekte bestimmter Unterrichtsformen auf unterschiedliche Gruppen von Schülerinnen und Schülern erfasst werden.

Die erfassten Zieldimensionen von Unterricht sind multikriterial konzipiert, d.h. es werden unterschiedliche kognitive und affektive Qualitätskriterien berücksichtigt. Zusammenhänge und Wechselwirkungen mit Unterrichtsmerkmalen werden aufgrund der Mehrebenenstruktur des Datensatzes auf individueller und Klassenebene untersucht.

In vorliegender Studie wird zudem ein multiperspektivischer Ansatz verfolgt, der die drei von Clausen (2002) konzipierten Wahrnehmungsperspektiven auf Unterricht realisiert: Mit Leistungstests und Fragebögen für Schülerinnen und Schüler, schriftlichen und mündlichen Befragungen von Lehrkräften und videogestützten Beobachtungen werden drei relevante Perspektiven auf Unterricht erfasst. Die enge Verzahnung der verschiedenen Perspektiven auf denselben Unterricht erlaubt systematische Vergleiche zwischen den Datenquellen sowie die Triangulation verschiedener Methoden der Datenerhebung. Die Vielfalt der Erhebungsinstrumente verdeutlicht, dass ein methodenintegrativer Ansatz verfolgt wird: Neben Fragebögen und Tests kamen auch leitfadengestützte Interviews und Videoaufnahmen zum Einsatz.

In Abbildung 2 ist der Ablauf der Datenerhebung überblicksartig dargestellt. Die Datenerhebung verteilte sich auf das gesamte Schuljahr 2002/03 und gliederte sich in vier Phasen, wobei die Unterrichtseinheiten zu Pythagoras und den Textaufgaben inklusive der zugehörigen schriftlichen Befragungen und Interviews modulartig aufgebaut sind und in unterschiedlicher Reihenfolge durchgeführt werden konnten.

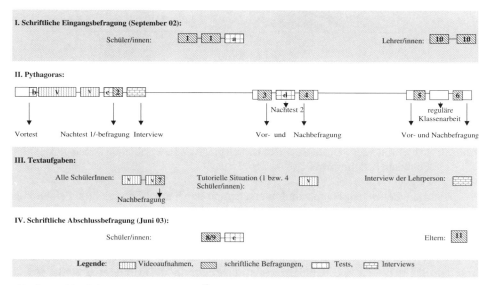

Abb. 2: Ablauf der Untersuchung im Überblick

3 Ergebnisse zum Vergleich der Unterrichtskulturen in Deutschland und der Schweiz

Lipowsky et al. (2003) untersuchten auf der Basis der repräsentativen Lehrerbefragung in mehreren deutschen Bundesländern bzw. schweizerischen Kantonen, inwieweit sich deutsche und schweizerische Mathematiklehrkräfte in ihrem professionellen Wissen, ihren selbstwirksamkeits- und belastungsbezogenen Kognitionen sowie in der Wahrnehmung ihrer Schulumwelt unterscheiden. Neben geringen, in der Tendenz teilweise erwartungswidrigen Unterschieden in den unterrichtsbezogenen Kognitionen (z.B. schätzen deutsche Lehrkräfte ihren Mathematikunterricht bzw. ihr Lernverständnis etwas konstruktivistischer ein als Schweizer Lehrkräfte) finden sich bei den selbst- und schulumweltbezogenen Kognitionen zum Teil recht deutliche Unterschiede. So schätzen sich Schweizer Mathematiklehrkräfte selbstwirksamer und leistungsfähiger ein als ihre deutschen Kolleginnen und Kollegen und sie nehmen ihre Schulumwelt, insbesondere das Interesse von Schülerinnen und Schülern sowie Eltern an der Schularbeit, positiver wahr. Dabei wird in Deutschland von Lehrkräften an Gymnasien ein höheres Eltern- und Schülerinteresse wahrgenommen als an den Hauptschulen, während in der Schweiz ein gegenläufiger Trend beobachtet werden kann.

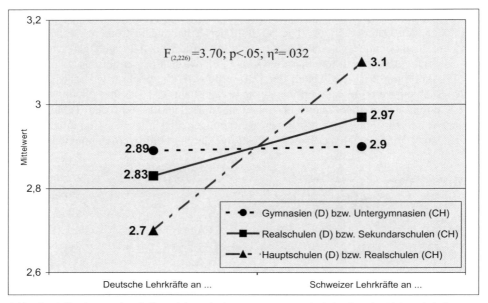

Abb. 3: Mittelwerte der Selbstwirksamkeitserwartung von Lehrkräften in Abhängigkeit von
Land und Schulform

Vor allem die deutschen Hauptschulen erscheinen dabei aus Lehrersicht als eigentliche
Problemzone. Es scheint, dass die deutschen Hauptschulen sich in bedeutsamen,
kulturspezifisch zu interpretierenden Merkmalen und Rahmenbedingungen von der
untersten schweizerischen Schulform (den Realschulen) unterscheiden. Während
Schweizer Reallehrer und -lehrerinnen bei den Eltern ihrer Schülerinnen und Schüler
und den Schülerinnen und Schülern selbst das relativ höchste Interesse an der Schule
feststellen (bei schulformübergreifend hohen Mittelwerten), finden sich bei deutschen
Hauptschul-Lehrkräften (bei schulformübergreifend tieferen Mittelwerten) die absolut
tiefsten Werte. Es verwundert deshalb nicht, dass auch die Selbstwirksamkeitserwartungen der deutschen Hauptschullehrer und -lehrerinnen – im Gegensatz zu ihren
Schweizer Kollegen – am tiefsten ausfallen. Zudem sehen deutsche Mathematiklehrkräfte ihre Leistungsfähigkeit tendenziell eingeschränkter und ihre Alltagsbelastung
höher als ihre Schweizer Kollegen, was insgesamt ungünstigere Voraussetzungen zur
Bewältigung herausfordernder und kritischer Problemsituationen des Berufsalltags zur
Folge haben dürfte.

Die Ergebnisse aus Lehrersicht werden bei Analyse von Schülerurteilen bestätigt.
Hinsichtlich einer ganzen Reihe von Unterrichtsmerkmalen beurteilen die Schweizer
Schülerinnen und Schüler ihren Lernkontext positiver als die deutschen. Solche Dis-
krepanzen zeigen sich bei der Autonomieunterstützung, die die Schülerinnen und
Schüler erleben, hinsichtlich der Motivierungsqualität der Lehrkraft, in Bezug auf die
Qualität der Beziehung zwischen Lehrkraft und Schüler bzw. Schülerin sowie im
Ausmaß, in dem sich die Schülerinnen und Schüler in der Klasse sozial integriert
fühlen. Zweifaktorielle Varianzanalysen mit Schulform und Land als festen Faktoren
können die Länderunterschiede in den Dimensionen Autonomieunterstützung, Moti-
vierungsfähigkeit und soziale Eingebundenheit auf dem 5-Prozent-Niveau absichern.
Auf der Skala „Beziehung zur Lehrperson" bestehen signifikante Unterschiede
zwischen den deutschen Schülerinnen und Schülern in der Realschule und den
Schweizer Schülerinnen und Schülern in der Sekundarschule.

Interessant ist, dass sich auch bei der sozialen Eingebundenheit der Schülerinnen und Schüler ein Interaktionseffekt zwischen Land und Schulform nachweisen lässt (vgl. Abbildung 4). Während in Deutschland die soziale Eingebundenheit von den Schülerinnen und Schülern der Gymnasien deutlich positiver beurteilt wird als von den Schülerinnen und Schülern an Realschulen, ist in der Schweiz der umgekehrte Trend zu beobachten. Schweizer Schülerinnen und Schüler an Sekundarschulen fühlen sich sozial integrierter als an Untergymnasien. Da sich in unserer Studie jedoch nur drei Schweizer Gymnasien befinden, sollte dieser Befund noch einmal an einer größeren Stichprobe abgesichert werden.

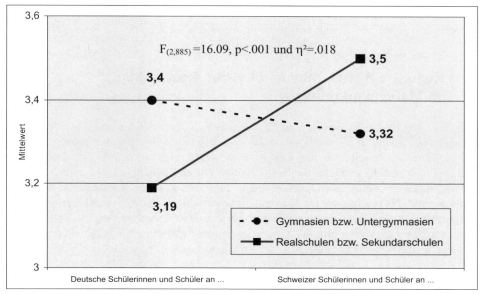

Abb. 4: Mittelwerte der Skala „soziale Eingebundenheit" des Schülerfragebogens in Abhängigkeit von Land und Schulform

Aus diesen Unterschieden in der Unterrichtswahrnehmung lässt sich anhand der Selbstbestimmungstheorie von Deci und Ryan (1985) schließen, dass Schweizer Schülerinnen und Schüler stärker motiviert sein sollten als diejenigen in Deutschland. Tatsächlich sind das Interesse der Schülerinnen und Schüler am Mathematikunterricht und das berichtete Wohlbefinden in der Schule in der Schweizer Teilstichprobe signifikant höher als in Deutschland.

Die im engeren Sinne fachdidaktisch relevanten Merkmale weisen – wiederum aus Sicht der befragten Schülerinnen und Schüler – dagegen so gut wie keine Unterschiede zwischen beiden Nationen auf. Hierzu zählen die Diagnosekompetenz der Lehrkraft, das Ausmaß, in dem die Lehrkraft die Schülerinnen und Schüler unterstützt, Zielvereinbarungen, die zwischen Lehrkraft und Schülerinnen und Schüler getroffen werden, Zielklarheit und Strukturiertheit des Unterrichts sowie die Erklärungskompetenz der Lehrkraft.

Die hier auf der Basis der Lehrer- und Schülerbefragungen berichteten länderspezifischen Unterschiede ließen sich auch in Videoanalysen bestätigen (Clausen, Klieme & Reusser, 2003). Schweizerische Stunden wiesen ein höheres Ausmaß an Regelklarheit, höhere *time-on-task*-Werte, dagegen niedrigere Werte bei Disziplinproblemen und

„Zeitverschwendung" als deutsche Stunden auf. Erwartungsgemäß fanden sich auch in den Schweizer Videos vermehrt individualisierende und schülerorientierte Unterrichtsformen.

Wendet man sich der Mathematikleistung in der Eingangsbefragung zu, so bestätigt sich auch in unserer Studie das aus TIMSS und PISA bekannte Bild: Deutsche Schülerinnen und Schüler der Jahrgangsstufe 9 weisen relativ gute Werte auf der mathematischen Leistungsdimension „Faktenwissen, prozedurale Fertigkeiten" auf, dagegen schneiden sie erheblich schwächer bei den „Anwendungs- und Problemlösefähigkeiten" ab. Auf der erstgenannten Leistungsdimension bewegen sich die Schülerinnen und Schüler in Deutschland und der Schweiz in etwa auf dem gleichen Niveau, bezüglich der zweiten Leistungsdimension sind die Schweizer Schülerinnen und Schüler den deutschen dagegen signifikant überlegen.

4   Kognitive Aktivierung und Leistungsentwicklung im Mathematikunterricht

Als einer von mehreren Indikatoren für kognitiv aktivierenden Unterricht wurde in der Längsschnittstudie eine Fragebogenskala verwendet, mit der erhoben wurde, wie die Schülerinnen und Schülern den Umgang mit Hausaufgaben durch ihre Lehrperson wahrnehmen. Im Kern zielte die von Lipowsky und Rakoczy entwickelte Skala auf einen prozessorientierten und diskursiven, auf konzeptuelles Verständnis zielenden Umgang mit Hausaufgaben im Mathematikunterricht ab. Erfasst wurde in der Skala u.a., inwiefern die Lehrperson auf Fehler bei den Hausaufgaben eingeht, in welchem Grad sie Hausaufgaben stellt, die Schülerinnen und Schüler zum Nachdenken anregen, inwiefern sie Wert auf Lösungsprozesse und neue Lösungswege legt und inwiefern sie die Anstrengungen und Bemühungen der Schülerinnen und Schüler, unabhängig von der Richtigkeit der Lösung, schätzt. Das Item, das am stärksten mit dem Skalenwert korreliert, lautet: „Unser/e Mathematiklehrer/-in interessiert sich dafür, wie wir die Hausaufgaben gelöst haben".[2]

Der gewählte Indikator eignet sich gut als Operationalisierung von kognitiver Aktivierung, weil Hausaufgaben ein zentrales Element jeden Unterrichts sind, das aber sehr unterschiedlich ausgestaltet und genutzt werden kann. Im Umgang mit den Hausaufgaben sollten sich auch professionelle Kompetenzen der Lehrperson spiegeln. Die Kontrolle bzw. Besprechung der Hausaufgaben in der Klasse ist eine Standardsituation des Unterrichts, an deren Ausgestaltung sich wichtige Qualitätsmerkmale vergleichsweise zuverlässig und über die Klassen hinweg gut vergleichbar einschätzen lassen.

Der von uns gewählte Fokus auf kognitive Aktivierung beim Umgang mit Hausaufgaben ist sowohl aus der Alltagsperspektive von Lehrkräften als auch im Kontext bisheriger Forschung zur Hausaufgabenpraxis ein ungewöhnlicher. Aus der Perspektive von Lehrkräften wird Hausaufgaben vor allem eine wichtige Funktion für das Üben und Wiederholen von Unterrichtsinhalten zugeschrieben. Hinzu kommt, dass mit Hausaufgaben häufig auch erzieherische und überfachliche Ziele verknüpft werden. In der Hausaufgabenforschung (vgl. etwa Trautwein, Köller & Baumert, 2001) wird zumeist untersucht, welche Bedeutung Häufigkeit, Umfang, Kontrolle und Bewertung der Hausaufgaben, die Bearbeitungszeit und das Ausmaß elterlicher Unterstützung für die Leistungsentwicklung der Schülerinnen und Schüler haben. So konnten Trautwein,

---

2   Die Reliabilität für diese aus fünf Items bestehende Skala betrug α = .77, der Mittelwert beträgt 2,80, die Standardabweichung liegt bei 0,47.

Köller und Baumert (2001) in Mehr-Ebenen-Analysen anhand von Daten aus dem Mathematikunterricht in 132 Klassen der Jahrgangsstufe 7 zeigen, dass sich nicht der Zeitaufwand, sondern die Hausaufgabenhäufigkeit positiv auf den Lernzuwachs in Mathematik auswirkt. Für die Hausaufgabenlänge auf Klassenebene, also die mittlere Hausaufgabenlänge, ergab sich sogar eher ein tendenziell negativer Effekt. Auch die Kontrolle der Hausaufgaben durch den Lehrer bzw. die Lehrerin spielte keine Rolle bei der Erklärung des Leistungszuwachses.

Unsere Analyse verwendete die in der Hausaufgabenforschung üblichen Merkmale als Kontrollvariablen in einer multiplen Regression auf Individual- und Klassenebene.[3] Neben Vergabehäufigkeit und mittlerer Bearbeitungszeit auf Klassenebene wurden auf individueller Ebene die Häufigkeit der Erledigung von Hausaufgaben, der Zeitaufwand und die Häufigkeit der elterlichen Hilfe berücksichtigt. Mit drei Variablen wurde der Umgang mit den Hausaufgaben im Unterricht charakterisiert. Neben der Skala „prozessorientierter Umgang mit Hausaufgaben", die oben vorgestellt wurde, zielte das Einzelitem „Unser Lehrer kontrolliert, ob wir die Hausaufgaben erledigt haben" auf die Kontrolle der Erledigung ab, während demgegenüber die Frage „Erfährst du im Mathematikunterricht, welche Aufgaben du richtig, welche du falsch gelöst hast?" die Kontrolle der Lösungen erfasste.[4]

Im Mehr-Ebenen-Modell (vgl. Tabelle 1) werden alle Hausaufgabenvariablen simultan eingeführt. Wichtigstes Ergebnis: Auf Klassenebene ist ein signifikant positiver Einfluss des prozessorientierten Umgangs mit Hausaufgaben nachweisbar. Das Ausmaß kognitiver Aktivierung – exemplarisch gemessen am Umgang mit Hausaufgaben – hat also einen signifikanten Einfluss auf die Leistungsentwicklung im Verlauf des Schuljahres (d.h. das Testergebnis am Schuljahresende, unter Kontrolle des Vorwissens in der Eingangserhebung), auch wenn man verschiedene andere Aspekte der Hausaufgabenpraxis und weitere Kontrollvariablen (Geschlecht, sozio-ökonomischer Hintergrund, individuelle Intelligenz und mittlere Intelligenz in der Klasse, Schulform und Land) in Rechnung stellt.

Auch die Vergabehäufigkeit der Hausaufgaben hat einen positiven Effekt auf die Leistung, der Umfang elterlicher Hilfe hingegen einen negativen. Beide Befunde replizieren Ergebnisse von Trautwein, Köller und Baumer (2001). Dass Schülerinnen und Schüler – bei sonst gleichen Bedingungen – zu einem späteren Zeitpunkt umso *geringere* mathematische Leistungen erbringen, je mehr Hilfe sie erhalten, lässt sich nur nachvollziehen, wenn man elterliche Unterstützung als „Notfallmaßnahme" versteht, die oft erst bei massiven Problemen einsetzt und diese nicht wirklich beheben kann. Aus der Perspektive der Unterrichtsqualitätsforschung ist besonders wichtig, dass die bloße Kontrolle der Hausaufgaben – sei es eine Erledigungs- oder eine Lösungskontrolle – keinen Effekt hat. Dies betont nochmals die besondere Bedeutung, die einem fachlich anspruchsvollen, kognitiv aktivierenden Vorgehen zukommt.

---

3   Die verwendeten Skalen sind bei Rakoczy, Buff & Lipowsky (2005) dokumentiert.
4   Die jeweiligen vierstufigen Antwortformate reichten von „nie" bis „häufig". Der Mittelwert des Items „Erledigungskontrolle" liegt bei 3,41, die Standardabweichung bei 0,80, für das Item, das die Lösungskontrolle erfasste, ergaben sich ein Mittelwert von 2,69 und eine Standardabweichung von 0,65.

Tab. 1:   Mehr-Ebenen-Analyse zum Einfluss des Umgangs mit Hausaufgaben auf den
           Leistungszuwachs im Verlauf eines Schuljahres. Abhängige Variable ist der
           Abschlusstest am Ende des Schuljahres. Angegeben sind standardisierte Regres-
           sionskoeffizienten: N = 954; *p < .05; **p < .01

	Effekt auf die Mathematikleistung am Ende des Schuljahres
Klassen- bzw. Lehrerebene	
Land (1 = Schweiz)	.06
Intelligenz	.26**
Schulform (1 = Realschule)	-.09
Vergabehäufigkeit	.09*
mittlere Hausaufgabenlänge	-.09
Erledigungskontrolle	-.05
Lösungskontrolle	.12
Prozessorientierter Umgang mit Hausaufgaben	.17**
Individualebene	
Geschlecht (1 = männlich)	.09
SES	.04*
Intelligenz	.17**
Vorwissen	.22**
Zeitaufwand	.02
Hausaufgabenhilfe	-.07**
Häufigkeit der erledigten Hausaufgaben	.03

Weitere Publikatonen aus dem Projekt verwenden andere Indikatoren für kognitive
Aktivierung und können Effekte auch auf mikrogenetischer Ebene nachweisen. So
konnten Lipowsky et al. (submitted) nachweisen, dass der Lernerfolg in der Unterrichtseinheit zum Satz des Pythagoras von den Lerngelegenheiten (Umfang und Art der
Behandlung des Satzes im Unterricht), von der Unterrichtsführung und von der hoch-
inferent von Beobachterinnen und Beobachtern eingeschätzten kognitiven Aktivierung
abhängt. Hier zeigte sich zudem ein Interaktionseffekt zwischen kognitiven und motivationalen Faktoren: Von kognitiv aktivierendem Unterricht profitierten vor allem die
stärker an Mathematik interessierten Schülerinnen und Schüler.

Derzeit werden die Videodaten aus dem Projekt unter einer stärker fachdidaktisch-
inhaltlichen Perspektive ausgewertet. So werden z.B. das kognitive Niveau von Aufgabenstellungen und Aufgabenbearbeitungsphasen näher untersucht, der mathematische Strukturaufbau in den Pythagorasstunden genauer analysiert, das Vorkommen
und die Qualität so genannter Verstehenselemente, die für ein tiefes Verständnis des
Satzes von Pythagoras unabdingbar sind, codiert und die Beweisphasen auf ihre
Qualität und Kohärenz untersucht (vgl. Drollinger-Vetter, Lipowsky, Pauli, Reusser &
Klieme, im Druck).

5 Motivationsunterstützung und Unterrichtsthema im Fach Mathematik

Die Frage nach Bedingungsfaktoren für Motivation und Interesse von Schülerinnen und Schülern ist insbesondere in Bezug auf mathematisch-naturwissenschaftliche Schulfächer interessant, da diese (abgesehen von Biologie) über die Schulzeit hinweg am meisten Anhänger verlieren (vgl. z.B. Kessels & Hannover, 2004; Krapp, 2000). Dieser Befund wird von zahlreichen Studien bestätigt. Allerdings untersuchen die meisten dieser Studien die Entwicklung des Interesses über Schulklassen hinweg und sehen sich damit vielen methodischen Problemen gegenüber. Bei differenzierterer Betrachtung der Motivations- und Interessensentwicklung unter Berücksichtigung der Inhalte eines Fachs, der Schulform und des Geschlechts der Schülerinnen und Schüler finden sich beträchtliche Unterschiede zu diesem allgemeinen Trend und teilweise sogar gegensätzliche Effekte (Krapp, 2002). Ein differenzieller Befund, der sich in vielen Studien findet, zeigt, dass das Geschlecht eine zentrale Rolle bei der Interessens- und Motivationsentwicklung spielt, wobei der Rückgang des Fachinteresses für Mädchen in mathematisch-naturwissenschaftlichen Fächern in besonders starkem Ausmaß gilt (vgl. z.B. Kessels & Hannover, 2004; Krapp, 2002). Dieser Geschlechtereffekt wiederum variiert stark in Abhängigkeit des kulturellen Hintergrunds. So berichten Jungen in Deutschland zwar über deutlich höhere Freude und höheres Interesse an Mathematik und schätzen ihr mathematisches Selbstkonzept gleichzeitig positiver ein als Mädchen. In der Schweiz ist dieser Vorteil der männlichen Schüler bezüglich motivationaler Variablen jedoch noch stärker ausgeprägt (Pekrun & Zirngibl, 2004).

Die Motivationsunterstützung im Unterricht wurde zu Beginn des Schuljahres 2002/03 anhand eines Fragebogens, der in Anlehnung an Prenzel et al. (1996) entwickelt wurde, erfasst (vgl. Rakoczy, Buff & Lipowsky, 2005). In die Analysen wurden zwei Aspekte der Motivationsunterstützung einbezogen: die wahrgenommene Unterstützung des Selbstbestimmungserlebens im Unterricht und die wahrgenommene inhaltliche Relevanz des Unterrichts. Die Skala zur Erfassung der Unterstützung des Selbstbestimmungserlebens besteht aus drei Items („Im Mathematikunterricht traut mir der Lehrer / die Lehrerin etwas zu", „Im Mathematikunterricht fühle ich mich ernst genommen", „Im Mathematikunterricht ist die Atmosphäre freundschaftlich") und weist eine Reliabilität von $\alpha = .72$ auf. Die wahrgenommene inhaltliche Relevanz des Unterrichts wurde durch die Skala „Alltagsbezug des Unterrichts" erfasst. Diese Skala besteht aus fünf Items und weist eine Reliabilität von $\alpha = .78$ auf. Ein Beispielitem lautet „Um uns etwas Mathematisches zu erklären, nimmt unser Lehrer / unsere Lehrerin oft ein Beispiel aus dem täglichen Leben". Beide Skalen beziehen sich auf den Mathematikunterricht bzw. die Mathematik insgesamt und nicht auf die spezifischen Inhalte Textaufgaben oder Pythagoras.

Die intrinsische Motivation wurde jeweils direkt im Anschluss an die beiden Unterrichtsmodule zu Textaufgaben und Pythagoras erhoben. Die Skala, die in Anlehnung an Prenzel et al. (1996) entwickelt wurde, besteht aus vier Items und weist eine Reliabilität von $\alpha = .70$ im Pythagoras- und .73 im Textaufgabenmodul auf. Ein Beispielitem lautet „In diesen Mathematikstunden hat mich die Sache so fasziniert, dass ich mich voll einsetzte" (Rakoczy, Buff & Lipowsky, 2005).

Tab. 2   Mehr-Ebenen-Modell zur Vorhersage der intrinsischen Motivation in zwei Unterrichtseinheiten. Angegeben sind standardisierte Regressionskoeffizienten: N=944; *p < .05; **p < .01

	Effekt auf die intrinsische Motivation in der jeweiligen Unterrichtseinheit	
	Textaufgaben	Pythagoras
Klassenebene:		
Land (0 = Deutschland)	-0.09	0.15
Inhaltliche Relevanz	0.04	0.14*
Selbstbestimmungserleben	-0.01	-0.05
Individualebene:		
Geschlecht (0 = weiblich)	-0.18*	-0.04
Inhaltliche Relevanz	0.15**	0.14**
Selbstbestimmungserleben	0.10**	0.10*
Interaktion:		
Land x Geschlecht	0.46**	0.14

Anmerkung: β = standardisierte Regressionskoeffizienten, G = Geschlecht, - = Effekt wurde nicht modelliert.

Tabelle 2 zeigt vergleichend die Ergebnisse der Mehrebenenanalysen zur Vorhersage der intrinsischen Motivation im Textaufgaben- und im Pythagorasmodul. Es zeigt sich, dass in beiden Unterrichtseinheiten das individuelle Erleben von Selbstbestimmung und inhaltlicher Relevanz bedeutsam ist für die intrinsische Motivation. Die Ergebnisse bestätigen die Annahme der Interessentheorie, dass die inhaltliche Relevanz über das Selbstbestimmungserleben und den Prozess der Internalisierung hinaus einen eigenständigen Beitrag zur individuellen motivationalen Regulation leistet. Gleichzeitig zeigen sie, dass die individuellen Prozesse der Motivationsunterstützung nicht zwischen den beiden Unterrichtsmodulen variieren. Die wahrgenommene Relevanz des Unterrichts und die wahrgenommene Unterstützung des Selbstbestimmungserlebens fördern die intrinsische Motivation der Schülerinnen und Schüler unabhängig vom Thema, das im Unterricht behandelt wird.

Dagegen hängt die Rolle der kollektiven oder geteilten Wahrnehmung der Motivationsunterstützung vom Lerngegenstand ab, der im Unterricht behandelt wird. Bei der Einführung in den Satz des Pythagoras schlägt sich die in der Klasse wahrgenommene Fähigkeit der Lehrkraft, Bedeutsamkeit im Unterricht herzustellen, also in der Motivation der Schülerinnen und Schüler nieder. Möglicherweise ist bei den Textaufgaben die Alltagsrelevanz gewissermaßen schon durch die Aufgabenstellungen festgelegt, während sie bei einem speziellen, abstrahierten Gegenstand wie der Satzgruppe des Pythagoras im Unterricht hergestellt werden muss. Nur beim Satz des Pythagoras schlägt sich also die Fähigkeit der Lehrkraft, Relevanz herzustellen, als Qualitätsmerkmal des Unterrichts in der Motivation der Schülerinnen und Schüler nieder.

Das Ergebnis weist darauf hin, dass nicht nur fachlich-kognitives Lernen, sondern auch die Motivationsentwicklung je nach Unterrichtsgegenstand spezifisch verlaufen können. Dies unterstreicht nochmals die Tatsache, dass Unterrichtsqualitätsforschung fachdidaktisch reflektiert sein muss.

Weitere Analysen zur Motivationsentwicklung im Projekt *Pythagoras* (Rakoczy, 2006) belegen erwartungsgemäß, dass wertschätzende Beziehungen, konstruktive Rückmeldungen und Freiräume für Schüleraktivitäten das Erleben von Autonomie fördern. Interessanterweise erwies sich aber die Strukturiertheit der Unterrichtssituation (hier operationalisiert als disziplinierter und störungsfreier Ablauf) als einziges Unterrichtsmerkmal, welches bewirkt, dass sich Schülerinnen und Schüler im Hinblick auf alle drei motivationsrelevanten Bedürfnisse unterstützt fühlen. Konsequenterweise stärkt eine hohe Strukturiertheit des Unterrichts auch die Motivation der Schülerinnen und Schüler (Rakoczy, in Druck). Damit wird deutlich, dass die Basisdimension „strukturierte, klare und störungspräventive Unterrichtsführung" von grundlegender Bedeutung nicht nur im Leistungs-, sondern auch im motivationalen Bereich ist. Offenbar können die Jugendlichen sich in einem „chaotischen" Unterricht weder als kompetent noch als sozial eingebunden oder autonom handelnd erleben.

6 Perspektiven

Dieser Werkstattbericht sollte im eher kursorischen Durchgang durch einige Analysen und Befunde der deutsch-schweizerischen Studie *Pythagoras* deutlich machen, dass Unterrichtsqualitätsforschung nicht nur Merkmale guten Unterrichts induktiv sammelt, sondern theoriegeleitet und zielorientiert nach den Zusammenhängen im Angebot-Nutzungs-Gefüge fragt. Auf der Basis des allgemeinen Angebot-Nutzungs-Modells, das mittels pädagogischer und psychologischer Theorien (z.B. der Selbstbestimmungstheorie oder kognitionspsychologischer und fachdidaktischer Aussagen zu kognitiv aktivierendem Unterricht) konkretisiert wird, lassen sich Erklärungsansätze und Wirkungshypothesen spezifizieren.

Für die Unterrichtspraxis ist wichtig, dass Lehrpersonen für eine Ausbalancierung der Basisdimensionen, d.h. für eine strukturierte Unterrichtsführung, für ein unterstützendes Unterrichtsklima und für kognitive Aktivierung sorgen müssen. So sollte die große Bedeutung, die der Strukturierung des Unterrichts für Leistungs- und Motivationsentwicklung zukommt, in der Aus- und Weiterbildung von Lehrkräften erfahrbar werden – ebenso wie die keineswegs triviale Unterscheidung zwischen allgemein aktivierenden Lerntätigkeiten und kognitiver Aktivierung. Wie sich in der letzten Phase unseres Projekts gezeigt hat, kann die Auseinandersetzung mit eigenen und fremden Unterrichtsvideos hierzu beitragen (vgl. Ratzka, Krammer, Lipowsky & Pauli, 2005).

Literatur

Brophy, J.E. & Good, T.L. (1986). Teacher behaviour and student achievement. In M.C. Wittrock (Eds.), *Handbook of research on teaching* (pp. 328-375). London: Macmillan.

Carroll, J.B. (1963). A model of school learning. *Teachers College Record, 64,* 723-733.

Clausen, M. (2002). *Qualität von Unterricht – Eine Frage der Perspektive?* Münster: Waxmann.

Clausen, M., Reusser, K. & Klieme, E. (2003). Unterrichtsqualität auf der Basis hoch-inferenter Unterrichtsbeurteilungen: Ein Vergleich zwischen Deutschland und der deutschsprachigen Schweiz. *Unterrichtswissenschaft, 31 (2),* 122-141

Cobb, P. & Whitenack, J.W. (1996). A method for conducting longitudinal analyses of classroom videorecordings and transcripts. *Educational studies in mathematics, 30,* 213-228.

Cobb, P., Wood, T. & Yackel, E. (1993). Discourse, mathematical thinking, and classroom practice. In E.A. Forman, N. Minick & C. Addison Stone (Eds.), *Contexts for learning. Sociocultural dynamics in children's development* (pp. 91-119). New York: Oxford University Press.

Deci, E.L. & Ryan, R.M. (1985). *Intrinsic motivation and self-determination in human behavior*. New York: Plenum Press.

Diederich, J. & Tenorth H.-E. (1997). *Theorie der Schule. Ein Studienbuch zu Geschichte, Funktionen und Gestaltung*. Berlin: Cornelsen Scriptor.

Drollinger-Vetter, B., Lipowsky, F., Pauli, C, Reusser, K. & Klieme, E. (in Druck). Kognitives Niveau in Übungs- und Theoriephasen und dessen Einfluss auf das mathematische Lernen von Schülern. *Zentralblatt für Didaktik der Mathematik, 38*.

Fend, H. (1981). *Theorie der Schule*. München: Urban und Schwarzenbeck.

Forman, E.A., Larreamendy-Joerns, J., Stein, M.K. & Brown, C. A. (1999). "You're going to want to find out which and prove it": Collective argumentation in a mathematics classroom. *Learning and Instruction, 8*, 527-548.

Gruehn, S. (2000). *Unterricht und schulisches Lernen*. Münster: Waxmann.

Helmke, A. (2003). *Unterrichtsqualität erfassen, bewerten, verbessern*. Seelze: Kallmeyer.

Hiebert, J., Gallimore, R., Garnier, H., Givvin, K.B., Hollingsworth, H., Jacobs, J., Chiu, A.M.-Y., Wearne, D., Smith, M., Kersting, N., Manaster, A., Tseng, E., Etterbeck, W., Manaster, C., Gonzales, P. & Stigler, J. (2003). *Teaching mathematics in seven countries: Results from the TIMSS 1999 Video Study* (NCES 2003-013). U.S. Department of Education. Washington, DC: National Center for Education

Inagaki, K, Hatano, G. & Morita, E. (1999). Construction of mathematical knowledge through whole-class discussion. *Learning and Instruction, 8,* 503-526.

Kessels, U. & Hannover, B. (2004). Entwicklung schulischer Interessen als Identitätsregulation. In J. Doll & M. Prenzel (Hrsg.), *Bildungsqualität von Schule: Lehrerprofessionalisierung, Unterrichtsentwicklung und Schülerförderung als Strategien der Qualitätsverbesserung* (S. 398-412). Münster: Waxmann.

Kirschner, P.A., Sweller, J. & Clark, R.E. (2006). Why Minimal Guidance During Instruction Does Not Work: An Analysis of the Failure of Constructivist, Discovery, Problem-Based, Experiential, and Inquiry-Based Teaching. *Educational Psychologist, 41 (2)*, 75-86.

Klieme, E., Schümer, G. & Knoll, S. (2001). Mathematikunterricht in der Sekundarstufe I: „Aufgabenkultur" und Unterrichtsgestaltung im internationalen Vergleich. In E. Klieme & J. Baumert (Hrsg.), *TIMSS – Impulse für Schule und Unterricht* (S. 43-57). Bonn: Bundesministerium für Bildung und Forschung.

Kramarski, B., Mevarech, Z.R., & Arami, M. (2002). The Effects of Metacognitive Training on Solving Mathematical Authentic Tasks. *Educational Studies in Mathematics, 49*, 225-250.

Krapp, A. (2000). Interest and Human Development During Adolescence: An Educational-Psychological Approach. In J. Heckhausen (Ed.), *Motivational Psychology of Human Development – Developing Motivation and Motivating Development* (pp. 109-128). Oxford, UK: Elsevier.

Krapp, A. (2002). An Educational-Psychological Theory of Interest and its Relation to SDT. In E.L. Deci & R.M. Ryan (Eds.), *Handbook of Self-Determination Research* (pp. 405-427). Rochester: University Press.

Kunter, M. (2005). *Multiple Ziele im Mathematikunterricht*. Waxmann: Münster.

Lipowsky, F. (2002). Zur Qualität offener Lernsituationen im Spiegel empirischer Forschung – Auf die Mikroebene kommt es an. In U. Drews & W. Wallrabenstein

(Hrsg.), *Freiarbeit in der Grundschule* (S. 126-159). Frankfurt: Arbeitskreis Grundschule.

Lipowsky, F., Rakoczy, K., Drollinger-Vetter, B., Klieme, E. Reusser, K. & Pauli, C. (submitted). Quantity and quality of geometry instruction and its short-term impact on students' understanding of Pythagorean theorem.

Lipowsky, F., Thußbas, C., Klieme, E., Reusser, K. & Pauli, C. (2003). Professionelles Lehrerwissen, selbstbezogene Kognitionen und wahrgenommene Schulumwelt – Ergebnisse einer kulturvergleichenden Studie deutscher und Schweizer Mathematiklehrkräfte. *Unterrichtswissenschaft, 31 (3)*, S. 206-237.

Mayer, R.E. (2004). Should There Be a Three-Strikes Rule Against Pure Discovery Learning? The Case for Guided Methods of Instruction. *American Psychologist, 59 (1)*, 14-19.

Pauli,C. & Reusser, K. (2006). Von international vergleichenden Video Surveys zur videobasierten Unterrichtsforschung und -entwicklung. *Zeitschrift für Pädagogik, 52 (6)*.

Pekrun, R. & Zirngibl, A. (2004). Schülermerkmale im Fach Mathematik. In M. Prenzel, J. Baumert, W. Blum, R. Lehmann, D. Leutner, M. Neubrand, R. Pekrun, H.-G. Rolff, J. Rost & U. Schiefele (Hrsg.), *PISA 2003. Der Bildungsstand der Jungendlichen in Deutschland – Ergebnisse des zweiten internationalen Vergleichs* (S. 191-223). Münster: Waxmann.

Prenzel, M., Kristen, A., Dengler, P., Ettle, R. & Beer, T. (1996). Selbstbestimmt motiviertes und interessiertes Lernen in der kaufmännischen Erstausbildung. *Zeitschrift für Berufs- und Wirtschaftspädagogik, Beiheft 13*, 6-127.

Rakoczy, K. (2006). Motivationsunterstützung im Mathematikunterricht: Zur Bedeutung von Unterrichtsmerkmalen für die Wahrnehmung der Schülerinnen und Schüler. *Zeitschrift für Pädagogik, 52 (6)*.

Rakoczy, K. (in Druck). *Motivationsunterstützung im Mathematikunterricht – Unterricht aus der Perspektive von Lernenden und Beobachtern.* Frankfurt am Main: Unveröffentlichte Dissertation.

Rakoczy, K., Buff, A. & Lipowsky, F. (2005). Befragungsinstrumente. In E. Klieme, C. Pauli, & K. Reusser (Hrsg.), *Dokumentation der Erhebungs- und Auswertungsinstrumente zur schweizerisch-deutschen Videostudie „Unterrichtsqualität, Lernverhalten und mathematisches Verständnis". Teil 1. Materialien zur Bildungsforschung Bd. 13*. Frankfurt am Main: Deutsches Institut für Internationale Pädagogische Forschung.

Ratzka, N., Krammer, K., Lipowsky, F. & Pauli, C. (2005). Lernen von Unterrichtsvideos – Ein Fortbildungskonzept zur Sicherung von Unterrichtsqualität. *Pädagogik, 30-33*.

Rosenshine, B. & Furst, N. (1973). The use of direct observation to study teaching. In R.M.W. Travers (Ed.), *Second Handbook of Research on Teaching* (pp. 122-183). Chicago: Rand McNally.

Rosenshine, B. & Stevens, R. (1986). Teaching functions. In M.C. Wittrock (Ed.), *Handbook of Research on Teaching* (pp. 376-391). London: Macmillan.

Ryan, R.M. & Deci, E.L. (2002). An overview of Self-Determination Theory: An organismic-dialectical perspective. In E.L. Deci & R.M. Ryan (Eds.), *Handbook of Self-Determination Research* (pp. 3-33). Rochester: University Press.

Scheerens, J. & Bosker, R. (1997). *The Foundations of Educational Effectiveness.* London: Pergamon.

Stigler, J.W. & Hiebert, J. (1999). *The teaching gap.* New York: Free Press.

Trautwein, U., Köller, O. & Baumert, J. (2001). Lieber oft als viel: Hausaufgaben und die Entwicklung von Leistung und Interesse im Mathematik-Unterricht der 7. Jahrgangsstufe. *Zeitschrift für Pädagogik, 47 (5)*, 703-724.

Walberg, H.J. & Paik, S.J. (2000). *Effective educational practices* (Vol. 3). Genf, Schweiz: International Academy of Education/International Bureau of Education.

Wang, M.C., Haertel, G.D. & Walberg, H.J. (1993). Toward a knowledge base for school learning. *Review of Educational Research, 63*, 249-294.

Weinert, F.E. (1996). Für und Wider die „neuen Lerntheorien" als Grundlagen pädagogisch-psychologische Forschung. *Zeitschrift für Pädagogische Psychologie, 10*, 1-12.

Weinert, F.E., Schrader, F.W. & Helmke, A. (1989). Quality of instruction and achievement outcomes. *International Journal of Educational Research, 13*, 895-914.

Beate Sodian, Angela Jonen, Claudia Thoermer & Ernst Kircher

Die Natur der Naturwissenschaften verstehen

Implementierung wissenschaftstheoretischen Unterrichts in der Grundschule

1   Einleitung

Das wissenschaftliche Denken, d.h. die Fähigkeit, durch systematische Strategien der Hypothesenprüfung zu wissenschaftlicher Erkenntnis zu kommen und den Prozess der Wissenskonstruktion zu reflektieren, ist ein klassisches Forschungsgebiet der Entwicklungspsychologie (vgl. für einen Überblick Kuhn & Pearsall, 2000). Ebenso zentral ist das Wissenschaftsverständnis von Schülern[1] für die Naturwissenschaftsdidaktiken, gilt doch ein defizitäres Verständnis der Wissenskonstruktion als domänenübergreifendes Hindernis beim Erwerb von naturwissenschaftlichem Wissen. Bisher stand die entwicklungspsychologische Forschung auf diesem Gebiet weitgehend unverbunden neben der fachdidaktischen (vgl. z.B. Lederman, 1992). Unser Projekt *Vermittlung von Wissenschaftsverständnis in der Grundschule* (2000–2006) verknüpfte entwicklungspsychologische mit naturwissenschaftsdidaktischen Fragestellungen und Zielen:
1) Wie entwickelt sich das intuitive Wissenschaftsverständnis in der Kindheit?
2) Wie fundamental sind Verständnisdefizite? Kann ein Grundverständnis aktiver Wissenskonstruktion schon im Grundschulunterricht vermittelt werden? Können Grundschulkinder adäquate Kenntnisse wissenschaftlicher Methoden – v.a. des Experiments – erwerben?
3) Wie ist der Zusammenhang zwischen Wissenschaftsverständnis und dem Erwerb inhaltlichen naturwissenschaftlichen Wissens? Wirkt sich ein vertieftes Wissenschaftsverständnis förderlich auf das inhaltliche Lernen aus?

Wir führten in den drei Projektabschnitten insgesamt drei curriculare Interventionsstudien in den 4. Grundschulklassen durch.[2] In der ersten Studie (Sodian et al., 2002) ging es darum, ein Interviewverfahren zur Erfassung des Wissenschaftsverständnisses von Grundschülern zu erproben und die Effekte einer wissenschaftstheoretischen Unterrichtseinheit zu testen. Wir fanden, dass durch kurzfristigen wissenschaftstheoretischen Unterricht das Verständnisniveau der unterrichteten Kinder im Vergleich zu einer Kontrollklasse angehoben werden konnte. Jedoch bleibt unklar, ob diese Unterrichtseffekte tatsächlich auf die erkenntnis- und wissenschaftstheoretischen Elemente des Curriculums zurückzuführen waren. Es könnte auch sein, dass allein die Beschäf-

---

1   Aus Einfachheitsgründen werden für Begriffe wie Schüler, Lehrer etc. die üblichen und kürzeren männlichen Formen verwendet. Gleichwohl beziehen sich die Begriffe in gleichem Maße auf beide Geschlechter.

2   Daneben wurden drei Studien zum Wissenschaftsverständnis von Grundschullehrkräften und zu den Effekten einer wissenschaftstheoretisch orientierten Fortbildungseinheit durchgeführt. Über die ersten beiden Studien informiert Günther et al. (2004, Günther 2006), die Analyse der Ergebnisse der dritten Studie, in der wir nicht nur die Effekte der Fortbildungsmaßnahme auf das deklarative Wissenschaftsverständnis der Lehrkräfte, sondern auch auf die Gestaltung ihres Unterrichts untersuchten, ist noch im Gange.

tigung mit interessanten naturwissenschaftlichen Explorationsprozessen (im Vergleich zum normalen Sachkundeunterricht der Kontrollklasse) bereits zur Verbesserung des Verständnisniveaus führte. Deshalb führten wir eine zweite, enger kontrollierte Studie durch (Grygier, in Vorbereitung; Sodian et al., 2004), in der die Kontrollklasse über die gleichen Inhaltsbereiche unterrichtet wurde wie die Trainingsklasse, jedoch ohne explizite Vertiefung wissenschaftstheoretischer Elemente. Die Ergebnisse dieser Studie zeigten klare Effekte des wissenschaftstheoretischen Unterrichts auf das Wissenschaftsverständnis der Trainingsklasse, die Kontrollklasse machte keine bedeutsamen Fortschritte. Die bloße Teilnahme von Grundschülern an naturwissenschaftlichen Explorationsprozessen ohne explizite Reflexion über den Prozess der Wissenskonstruktion genügt also nicht, um ein elaboriertes Wissenschaftsverständnis aufzubauen. In der dritten Studie, über die im Folgenden berichtet wird, untersuchten wir nun die Effekte eines etwas längerfristigen wissenschaftstheoretischen Unterrichts, der in ein mehrmonatiges Sachkundecurriculum eingebettet war. Außerdem überprüften wir die Lernfortschritte der Schüler nicht nur unmittelbar nach Beendigung der Unterrichtseinheit: Wir führten einen zweiten Nachtest fast ein Jahr später durch, als die Schüler sich bereits in weiterführenden Schulen befanden, um zu prüfen, ob sich eine langfristige Überlegenheit der wissenschaftstheoretisch unterrichteten Klasse im Vergleich zur Kontrollklasse zeigt.

2　　Zum Forschungsstand

Wissenschaftsverständnis (Understanding the Nature of Science) beinhaltet Einsicht in erkenntnistheoretische, wissenschaftstheoretische und wissenschaftsethische Grundlagen der Naturwissenschaften (z.B. Kircher, 2007). Im Zentrum unseres Interesses stehen wissenschaftstheoretische Fragen: Wie entsteht naturwissenschaftliches Wissen? Wie kommen Wissenschaftler zu neuen Erkenntnissen? Was sind Experimente? Warum werden Theorien wieder geändert oder verworfen? Können die Daten eines Experiments durch verschiedene Theorien erklärt werden? Zum Kanon des Wissens über Wissenschaft gehört u.a. Einsicht in den tentativen Charakter und die rationale Begründung wissenschaftlichen Wissens, das Verständnis der Bedeutung von Beobachtungen und experimentellen Ergebnissen, der naturwissenschaftlichen Methodik (wobei betont wird, dass es keine allgemeingültige Methode gibt, Wissenschaft zu betreiben), Einsicht in die Rolle von Theorien (und die Unterscheidung zwischen Theorien und Gesetzen) im wissenschaftlichen Erkenntnisprozess, in den öffentlichen Status wissenschaftlichen Wissens und den evolutionären wie auch revolutionären Charakter der Wissenschaften (McComas, McClough & Almaroza, 1998).

　　Die Forschung zum Wissenschaftsverständnis von Schülern befasste sich bisher fast ausschließlich mit dem Sekundarschulalter: Interviewstudien zeigten, dass das Wissenschaftsverständnis von Schülern der Sekundarstufe I (aber auch II) meist einer unreflektierten epistemologischen Position entspricht, nach der wissenschaftliches Wissen auf einfache und unproblematische Art (z.B. durch direkte Beobachtung) erworben wird (knowledge unproblematic) (Carey & Smith, 1993). Eine solche Position ist gekennzeichnet durch die mangelnde Differenzierung zwischen Theorien/Hypothesen einerseits und empirischer Evidenz andererseits, sowie durch ein unzureichendes Verständnis des zyklischen und kumulativen Charakters naturwissenschaftlichen Wissens (Lederman, 1992; Kircher, 1995; Driver et al., 1996; McComas, 1998).

In der entwicklungspsychologischen Literatur wurde vor allem die Fähigkeit zum systematischen Experimentieren untersucht (Produktion kontrastiver und kontrollierter Experimente, objektive Interpretation von Daten, Evaluation der Daten im Hinblick auf die Hypothese). Seit Inhelder und Piaget (1958) zeigte eine Vielzahl von Studien markante Entwicklungsfortschritte in der Fähigkeit zur Konstruktion von Experimenten und zur Interpretation von Daten im Altersbereich zwischen 12 und 15 Jahren. Kinder im Grundschulalter gehen normalerweise bei der Planung von Experimenten unsystematisch vor, manipulieren mehrere Variablen gleichzeitig und ziehen voreilige Schlussfolgerungen aus inkonklusiven Befunden. Sie notieren keine Zwischenergebnisse und achten nicht auf Vollständigkeit und Systematik der Tests innerhalb eines gegebenen Variablensatzes. Diese Befunde wurden als Hinweise auf ein inadäquates Verständnis von Wissenschaft interpretiert (Kuhn, Amsel, & O'Loughlin, 1988; Kuhn, Garcia-Mila, & Andersen, 1995): Kinder (und manche Jugendliche und Erwachsene) seien nur eingeschränkt fähig, zwischen „Theorien" und „Evidenz" zu differenzieren und Theorie und Evidenz systematisch aufeinander zu beziehen.

Die neuere Literatur zur Entwicklung des wissenschaftlichen Denkens hat jedoch in einfachen Aufgaben frühe Kompetenzen schon im Vor- und Grundschulalter identifiziert: Schon Kindergartenkinder können zwischen Hypothesen und Evidenz differenzieren, wenn man ihnen einfache Hypothesen vorgibt zu Ursache-Wirkungs-Beziehungen zwischen Variablen, zu denen sie selbst keine theoretischen Voreingenommenheiten haben, und perfekte (oder nahezu perfekte) Muster von Kovariationsdaten (Koerber et al., 2005). Junge Grundschulkinder können zwischen der Aufgabe, eine Hypothese zu testen, und der, einen Effekt zu produzieren, unterscheiden und können zwischen einem konklusiven und einem inkonklusiven Test für eine einfache Hypothese auswählen und diese Wahl auch begründen (Sodian, Zaitchik & Carey, 1991). Ab der dritten Klasse können die meisten Grundschüler kontrollierte von konfundierten Experimenten unterscheiden und eine Begründung für die Wahl eines kontrollierten Experiments geben (Bullock & Ziegler, 1999).

Auch die Literatur zur Entwicklung der *Theory of Mind* in der Kindheit deutet darauf hin, dass Grundschulkinder den konstruktiven und interpretativen Charakter des Wissenserwerbs verstehen können (vgl. für einen Überblick Sodian & Thoermer, 2006). So zeigen schon 6-jährige Kinder Einsicht in soziale Vorurteile, wenn sie darüber befragt werden, wie ein- und dieselbe Handlung (z.B. einen Malkasten umschütten) aus der Sicht einer Person, die den Handelnden mag, und aus der Sicht einer Person, die ihn nicht mag, interpretiert werden wird (Pillow, 1991). Nicht nur im sozialen Bereich, sondern auch im naturwissenschaftlichen Bereich, zeigen Grundschüler ein Grundverständnis von Theorien: So verstehen sie z.B., dass Theorien widerspruchsfrei sein sollten und dass eine Theorie, die alle bekannten Phänomene erklärt, besser ist als eine, die nur für einen Teil der Phänomene eine Erklärung anbieten kann (Samarapungavan, 1992). Aus diesen Befunden leiteten wir die Hypothese ab, dass es möglich sein sollte, bereits im Grundschulalter Grundzüge eines konstruktivistischen Wissenschaftsverständnisses zu vermitteln.

2.1 Ebenen des Wissenschaftsverständnisses

Unsere Studien zum Wissenschaftsverständnis von Schülern und Lehrern sind an der entwicklungspsychologischen Literatur zum begrifflichen Verständnis epistemologischer Konzepte orientiert, in der die Differenzierung von Theorie und Evidenz als

Kern des Verständnisses aktiver Wissenskonstruktion herausgearbeitet wurde. Eine erste Interviewstudie zum Theorie-Evidenz Verständnis führten Carey et al. (1989) an amerikanischen Siebtklässlern durch. Wir verwendeten in unseren Grundschulstudien eine adaptierte Version ihres Interviews, in dem die Probanden befragt werden zu den Zielen von Wissenschaft, der Art von Fragen, die Wissenschaftler bearbeiten, der Rolle von Ideen und Theorien bei der Planung von Experimenten, der Interpretation von Ergebnissen und der Revision und Weiterentwicklung von Theorien. Carey et al. (1989) unterschieden zwischen drei Niveaus des intuitiven Verständnisses von Wissenschaft:

Auf *Niveau 1* wird Wissenschaft als Aktivität oder Prozedur (1a) bzw. als objektivistisches Sammeln von Fakten (1b) verstanden. Es wird kein Bezug zwischen Ideen, Theorien und Hypothesen sowie den Aktivitäten von Wissenschaftlern hergestellt. Insbesondere werden Experimente nicht als Methoden zur Prüfung von Hypothesen/Annahmen/Vermutungen verstanden, sondern eher als Handlungspläne zur Produktion erwünschter Effekte dargestellt.

Auf *Niveau 2* sehen Schüler Wissenschaft als Suche nach Erklärungen und wissenschaftliches Wissen als das Ergebnis der Prüfung von Theorien und Hypothesen. Auf dieser Ebene wird zwischen Ideen, Theorien und Hypothesen sowie Evidenz unterschieden, jedoch glauben Schüler, dass absolute Erkenntnis möglich ist, vorausgesetzt, Wissenschaftler verfügen über genügend Zeit und geeignete Methoden. Probanden auf Niveau 2 verstehen die Logik des Experiments und können experimentelle Befunde in Bezug setzen zu den geprüften Hypothesen. Jedoch wird die Einbettung einzelner Experimente in den Kontext der Evaluation einer Theorie nicht verstanden.

Auf *Niveau 3* wird der zyklische und kumulative Charakter der Bildung, Prüfung und Revision von Theorien erkannt. Personen auf diesem Niveau differenzieren zwischen Hypothesen und Theorien und verstehen Theorien als forschungsleitend sowohl bei der Bildung von Hypothesen als auch bei der Interpretation von Daten.

Die Mehrheit der Siebtklässler in der Studie von Carey et al. (1989) antwortete auf Niveau 1, zeigte also kein Verständnis des Theorie-Evidenz-Bezugs. Die Befunde mehrerer Folgestudien an 11- bis 25-jährigen Personen deuten darauf hin, dass bei unterstützenden Bedingungen (Kontextinformation) häufiger Niveau 1,5, eine Ebene impliziten Verständnisses zwischen Niveau 1 und 2, erreicht wird. Jedoch argumentieren auch Erwachsene mit naturwissenschaftlicher Ausbildung nur selten auf Niveau 3 und die meisten Jugendlichen antworten nicht konsistent auf Niveau 2 (Thoermer & Sodian, 2002).

2.2   Effekte von Unterricht

Aufgrund einer Defizitanalyse herkömmlicher *Nature-of-Science*-Curricula entwickelten Carey et al. (1989) eine siebenstündige Unterrichtseinheit zur Vermittlung wissenschaftsphilosophischer Grundbegriffe. Am Beispiel der Exploration der Frage, warum Brotteig aufgeht, wurden Siebtklässler in eine gesteuerte Reflexion der Bildung und Prüfung ihrer Theorien und Hypothesen involviert, wobei Wert auf die explizite Vermittlung von metatheoretischen Konzepten (Hypothese, Experiment, Theorie) gelegt wurde. Im Prä-Posttest-Vergleich wurden anhand des *Nature-of-Science*-Interviews von Carey et al. (1989) die Effekte des Curriculums auf den individuellen Fortschritt im Verständnis von Wissenschaft untersucht. Durchschnittlich konnte ein Fortschritt um ein halbes Niveau erreicht werden, also ein Fortschritt von Niveau 1 (Wissenschaft als Aktivität bzw. Faktensammlung) hin zu einem rudimentären Verständnis von Wissenschaft als Erklärung.

Wir übertrugen die Unterrichtseinheit von Carey et al. (1989) auf den Sachunterricht der Grundschule und fügten eine erkenntnistheoretische Unterrichtseinheit von Grygier und Kircher (1999) hinzu. In zwei Interventionsstudien (Sodian et al., 2002; Grygier, in Vorbereitung) zeigte sich, dass sich ähnliche Effekte, wie die von Carey et al. bei Siebtklässlern beschriebenen, auch bereits in den 4. Grundschulklassen erzielen lassen. Es gelang, das Ausgangsniveau der Schüler (Ebene 1a oder 1b) um durchschnittlich ein halbes Niveau anzuheben. Während in Studie 2 im Vortest sowohl in der Trainings- als auch der Kontrollklasse die überwiegende Mehrheit der Schüler keine Interviewantwort auf Ebene 1.5 oder höher erzielte, gaben im Nachtest 48 Prozent der Kinder der Trainingsklasse (aber nur 13,5% der Kinder der Kontrollklasse) mindestens 4 Interviewantworten auf Ebene 1,5. Dies ist insofern bemerkenswert, als auch die Kontrollklasse Unterricht über die gleichen wissenschaftlichen Themen erhielt wie die Trainingsklasse und dazu auch entsprechende Experimente durchführte. Der Unterschied zwischen den beiden Treatments bestand lediglich in der expliziten erkenntnis- und wissenschaftstheoretischen Reflexion der Aktivitäten und Ergebnisse des Unterrichts in der Trainingsklasse. Die Analyse von Teilergebnissen zeigte, dass die Kontrollklasse in den Teilen des Interviews, die auf das Verständnis des Experiments ausgerichtet waren, vergleichbare Verbesserungen zeigte wie die Trainingsklasse, jedoch nicht in den übrigen Teilen des Interviews. Dies weist darauf hin, dass Grundschüler durch Experimente ein Verständnis des Experimentierens selbst konstruieren können, dass ihnen jedoch ohne ein explizit wissenschaftstheoretisches Curriculum das Verständnis der Rolle des Experiments im Forschungsprozess fehlt.

Kurzfristige curriculare Interventionen können nur sehr begrenzt Aufschluss geben über den Einfluss von Unterricht auf die begriffliche Entwicklung der Schüler. Die Effekte langfristigen wissenschaftstheoretisch reflektierten Unterrichts dokumentiert eine Fallstudie von Smith et al. (2000), die anhand eines Vergleichs zweier sechster Klassen die Effekte unterschiedlicher „Wissenschaftsphilosophien" der Lehrerinnen auf das epistemologische Verständnis ihrer Schüler belegt. Die beiden hinsichtlich soziodemografischer Merkmale vergleichbaren Klassen wurden über einen Zeitraum von mehreren Jahren in Naturwissenschaften von Lehrerinnen unterrichtet, die unterschiedliche epistemologische Überzeugungen (explizit konstruktivistisch vs. eher traditionell induktivistisch) hatten und diese in ihrem unterrichtlichen Handeln auch umsetzten. Ein Vergleich der Schülerepistemologien (mit dem *Nature-of-Science*-Interview von Carey et al., 1989) zeigte, dass die Schüler, die aus einer wissenschaftstheoretisch fundierten Perspektive unterrichtet wurden, mehrheitlich ein Wissenschaftsverständnis auf Niveau 2 zeigten (Wissenschaft als Suche nach Erklärungen), während die traditionell (eher induktivistisch) unterrichteten Schüler nur das Niveau 1 (Sammeln von Fakten) erreichten. Dieser Befund weist auf die langfristige Bedeutung eines frühen wissenschaftstheoretisch fundierten Unterrichts über die Natur der Naturwissenschaften schon in der Grundschule hin.

Wir konnten im Rahmen des BiQua-Schwerpunktprogramms kein mehrjähriges wissenschaftstheoretisches Curriculum im Sachkundeunterricht der Grundschule implementieren. Es war aber möglich, über mehrere Monate eine Trainingsklasse explizit wissenschaftstheoretisch und eine Kontrollklasse über die gleichen Inhaltsbereiche ohne explizite wissenschaftstheoretische Reflexion zu unterrichten. Studie 3 unseres Projekts, über die im Folgenden berichtet wird, untersuchte die Frage nach den Effekten längerfristigen explizit wissenschaftstheoretischen Unterrichts auf das Wissenschaftsverständnis der Schüler – und zwar sowohl das kurzfristige als auch das längerfristige (mehrere Monate nach Beendigung des Unterrichts). Studie 3 adressiert damit auch die Frage der Implementierung wissenschaftstheoretischer Lerninhalte in den Sachkundeunterricht der Grundschule: Lassen sich Effekte wissenschaftstheoretischen Unterrichts auch dann nachweisen, wenn diese Lerninhalte nicht massiert in einer epochalen Unterrichtseinheit innerhalb von zwei Wochen eingeführt werden, sondern wenn der Sachkundeunterricht dem normalen Grundschullehrplan mit zwei Doppelstunden pro Woche folgt und die Lehrinhalte somit weniger dicht und über einen größeren Zeitraum verteilt vermittelt werden?

3   Methode

3.1   Probanden

49 Schüler zweier 4. Grundschulklassen im Raum Würzburg nahmen an der Studie teil. In der Kontrollgruppe (KG) waren 28 Schüler (17 Jungen, 11 Mädchen), in der Trainingsgruppe (TG) waren 21 Schüler (9 Jungen, 12 Mädchen). In der KG konnten alle Schüler im Nachtest und 19 Schüler im Langzeit-Follow-up getestet werden, in der TG konnten 20 Schüler im Nachtest und 15 im Langzeit-Follow-up getestet werden. Die TG und die KG gehörten verschiedenen Schulen an, die hinsichtlich soziodemografischer Merkmale (vorwiegend obere Mittelschicht) vergleichbar waren. Die beiden Klassen waren hinsichtlich der Intelligenztestwerte der Schüler (CFT 20) vergleichbar: KG Mittelwert: 62,23 Punkte. TG Mittelwert: 61,35 Punkte.

Das *Design* war ein Prä-Post-Follow-up-Design mit Kontrollgruppe. Der Vortest fand zwischen Ende Januar und Mitte Februar 2005 statt, der unmittelbare Nachtest zwischen Mitte und Ende Juni 2005, der Langzeit-Nachtest zwischen März und Juni 2006. In Vor-, Nach- und Follow-up-Test wurden das *Nature of Science*-Interview nach Carey et al., (1989) und eine Experimentieraufgabe nach Bullock und Ziegler (1999) eingesetzt. Der wissenschaftstheoretische Unterricht (und der parallele Unterricht ohne epistemologische Reflexion in der KG) fand zwischen Mitte Februar und Mitte Juni 2005 statt.[3] Er umfasste insgesamt 14 Doppelstunden im Rahmen des Heimat- und Sachkundeunterrichts der Jahrgangsstufe 4, wobei ein bis zwei Doppelstunden wöchentlich unterrichtet wurden. Die gleiche Lehrkraft (Angela Jonen) unterrichtete in KG und TG.

Das *Interview* zum Wissenschaftsverständnis, das im Vor-, Nach- und Follow-up-Test eingesetzt wurde, umfasste die Fragenkomplexe:
1) „Ziele von Wissenschaft" (Worum geht es eigentlich in der Wissenschaft? Welche Ziele haben Wissenschaftler? Was tun Wissenschaftler, um ihre Ziele zu erreichen? Wie erreichen sie ihre Ziele?),
2) „Fragen, die Wissenschaftler stellen" (Stellen Wissenschaftler Fragen an die Natur und wenn ja, was für Fragen? Wie beantworten sie ihre Fragen?),
3) „Experimente" (Was ist ein Experiment? Warum machen Wissenschaftler Experimente? Wie kommen Wissenschaftler dazu, ein bestimmtes Experiment zu machen?),

---

3   Auf die wissenschaftstheoretische Unterrichtseinheit folgte ein Curriculum aus dem Bereich der Physik (Schwimmen und Sinken nach Möller, Jonen & Gais, 2002), um Effekte wissenschaftstheoretischen Unterrichts auf das naturwissenschaftliche Lernen zu prüfen. Die Analyse dieser Transfereffekte ist noch nicht abgeschlossen.

4) „Hypothesen" (Was ist eine Hypothese (Idee)? Wie kommen Wissenschaftler zu ihren Hypothesen? Ändern Wissenschaftler ihre Hypothesen?) und

5) „Theorien" (Was ist eine Theorie? Haben Wissenschaftler Theorien? Ändern Wissenschaftler ihre Theorien? Machen Wissenschaftler Fehler oder irren sich?).

Die *Experimentieraufgabe* überprüfte die spontane Produktion und das Verständnis der Variablenkontrollstrategie (eine Variablendimension manipulieren, alle anderen konstant halten) anhand konstruierter Beispiele aus vorwissensarmen Domänen; ein Beispiel:

Herr Müller möchte herausfinden, wie man den Treibstoffverbrauch von Flugzeugen reduzieren kann. Er glaubt, dass die Form der Nase, die Flügel (einfach oder Doppeldecker), bzw. die Position des Höhenruders (oben oder unten) einen Einfluss auf den Treibstoffverbrauch haben können. Zunächst möchte er testen, ob die Position des Höhenruders einen Einfluss hat. Was soll er machen? Welche Flugzeuge soll er bauen (Kontrastiver Test? Spontane Variablenkontrolle?). – Die Aufgabe zur spontanen Produktion eines Experiments wurde gefolgt von der Aufgabe, Flugzeuge auszuwählen, die in einem Experiment miteinander verglichen werden sollen, und die Auswahl zu begründen.

3.2 Unterricht

In der TG wurden in der ersten Stunde die vorhandenen Vorstellungen der Schüler gesammelt und diskutiert, die sie bereits von Wissenschaft und wissenschaftlicher Arbeit hatten. In der darauffolgenden Unterrichtsreihe zum Thema „Schall" *Wie wir hören* übten die Kinder die Formulierung von Vermutungen und die Deutung von Ergebnissen verschiedener vorgegebener Versuche. Sie führten auch ein Experiment selbst durch, das aufgrund der Ergebnisse, die nicht mit den Vermutungen übereinstimmten, variiert werden musste. In der darauf folgenden Unterrichtseinheit *Wie zuverlässig ist unsere Wahrnehmung?* (Grygier & Kircher, 1999) wurde den Schülern in vier Doppelstunden die Unzulänglichkeit der eigenen Wahrnehmung bewusst gemacht. Sie erfuhren bspw., dass es in ihrer Umwelt Dinge gibt, die sie gar nicht sehen können. Sie lernten durch Experimente, dass es Phänomene gibt, die man sieht, obwohl sie eigentlich *so* nicht vorhanden sind (Nachbildeffekte im Auge; Spiegelungen). Auch optische Täuschungen zeigten eindrucksvoll, dass jeder getäuscht werden kann und zwei Personen nicht immer das Gleiche wahrnehmen. Anhand des anschließend behandelten Themenbereichs *Licht und Schatten* erarbeiteten sich die Schüler selbst die Zusammenhänge der Projektionsanordnung und der Qualität des Schattenbildes. Sie erkannten, dass die Variablen (Wahl der Lichtquelle; Abstand von Lichtquelle, Gegenstand und Projektionsfläche; Wahl und Ausrichtung der Projektionsfläche) kontrollierbar und somit verbesserbar sind. Dies wurde auf die Arbeit der Wissenschaftler übertragen: Bei prinzipiell gleichen Problemen mit der Unzuverlässigkeit ihrer Wahrnehmung müssen Wissenschaftler darauf achten, die Variablen möglichst genau bestimmen und kontrollieren zu können. Nur so können sie möglichst sicheres Wissen erwerben. Den Abschluss bildete die schon in Sodian et al. (2002) beschriebene Unterrichtseinheit *Wir arbeiten wie Wissenschaftler: Warum geht der Brotteig auf?* (fünf Doppelstunden), in der anhand des Beispiels „Hefe" ein wissenschaftlicher Explorationsprozess mit expliziter metatheoretischer Reflexion stattfand. Ausgehend von der

Frage „Woran liegt es, dass Brotteig beim Backen aufgeht?", wurde erarbeitet, dass eine Mischung aus Zucker, Wasser, Hefe und Mehl ein Gas produziert. Anschließend wurden Experimente durchgeführt, um zu ermitteln, welche Zutaten notwendig und hinreichend sind, um das Gas zu produzieren. Schließlich wurden die weitergehenden Fragen gestellt: Was ist Hefe? Ein Lebewesen oder eine Chemikalie? Wie kann man prüfen, ob Hefe ein Lebewesen ist? Anhand von empirischer Evidenz wurden Belege für die Lebewesen-Theorie gesammelt und das Theorie-Evidenz Verhältnis reflektiert.

Der Unterricht in der KG (ebenfalls 14 Doppelstunden) befasste sich mit fachlich gleichen Inhalten (aus der Biologie, Physik und Chemie), jedoch fehlte ihm die meta-theoretische Reflexion. Das heißt, dass die Schüler der Kontrollgruppe sich zwar mit ähnlichen Themen auseinander setzten und soweit möglich inhaltlich gleiche Versuche durchführten, aber kein explizites Wissenschaftsverständnis vermittelt bekamen. Die Leitfrage der ersten Unterrichtseinheit lautete: *Wie wir hören*. Das Thema der zweiten Unterrichtseinheit war: *Was ist eigentlich Licht?*. Das Thema der dritten Unterrichtseinheit lautete: *In der Versuchsbäckerei: Warum geht der Brotteig auf?*.

4   Ergebnisse

4.1   Interview zum Wissenschaftsverständnis

Abbildung 1 zeigt die Gruppenmittelwerte der maximal erreichten Antwortniveaus zwischen den drei Messzeitpunkten für jeden der fünf Fragenkomplexe des Interviews sowie die Mittelwerte der maximal erreichten Niveaus über die Bereiche hinweg.

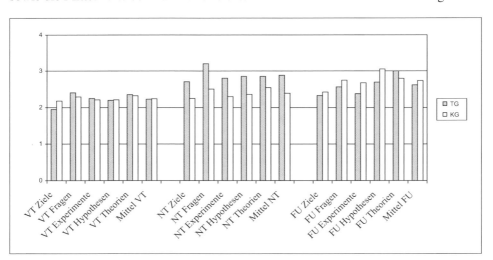

Abb. 1:   Bereichsmaxima und Gesamtmittel über das Interview der beiden Gruppen zu den verschiedenen Messzeitpunkten (1 = Niveau 1a, 2 = Niveau 1b, 3 = Niveau 1,5, 4 = Niveau 2)

Vergleicht man zwischen TG und KG das über das Gesamtinterview erreichte mittlere Antwortniveau, so zeigt sich im Nach- aber nicht im Vortest eine Überlegenheit der Trainingsklasse gegenüber der Kontrollklasse (t (46) = 3,89, p = .003): während die Kontrollklasse auf einem einfachen, faktenorientierten Verständnis verbleibt (Ebene 1), nähert sich die Trainingsklasse einem impliziten konstruktivistischen Verständnis

(Ebene 1,5) an. Erst im Follow-up-Test ein Jahr später erreicht die Kontrollklasse ein vergleichbares Niveau.

In jedem der Fragenkomplexe des Interviews erzielte die Trainingsklasse eine Verbesserung vom Vor- zum Nachtest, wobei auf individueller Ebene jeweils mehr als 50 Prozent der Schüler ihr Ausgangsniveau überschritten. Die Lernzuwächse waren signifikant (Vorzeichen-Test $p < .005$) für die Fragenkomplexe „Ziele", „Fragen", „Hypothesen" und – bei zweiseitiger Testung – marginal signifikant für die Komplexe „Theorien" und „Experimente"). Im Nachtest war die Trainingsklasse der Kontrollklasse signifikant (Mann-Whitney-Test $p < .01$) überlegen in den Fragenkomplexen „Ziele" und „Fragen", in den anderen Fragenkomplexen waren die Unterschiede – wiederum bei zweiseitiger Testung – marginal signifikant.

Im Langzeit-Follow-up-Test lagen in keinem Fragenkomplex noch signifikante Gruppenunterschiede vor. Wie Abbildung 1 zeigt, ist das sowohl auf Verluste der Trainingsklasse, als auch auf Gewinne der Kontrollklasse in dem fast einjährigen Zeitraum nach Abschluss des wissenschaftstheoretischen Unterrichts zurückzuführen. Die Kontrollklasse erzielte Verbesserungen in allen Fragenkomplexen, allerdings waren diese (im Vergleich zwischen Vortest-Niveau und dem Niveau des Follow-up-Tests) angesichts der kleinen Stichprobengröße im Follow-up-Test nur für den Bereich des Hypothesenverständnisses signifikant.

Vergleicht man das Vortest-Niveau der Trainingsklasse mit dem im Follow-up-Test erzielten Niveau, so waren immerhin noch die Wissenszuwächse in zwei Bereichen („Theorien" und „Ziele") signifikant.

4.2 Experimentieraufgabe

Ebenfalls überprüft wurde die Entwicklung der Experimentierfähigkeit, d.h., die Fähigkeit zur Bedingungsvariation mit dem Ziel der Überprüfung einer spezifischen Hypothese. Unterschieden wurde hier, ob die Kinder überhaupt ein Experiment zur Prüfung der Hypothese vorschlagen konnten, und ob dieses ein konfundiertes (gleichzeitige Variation mehrerer Merkmale, so dass kein eindeutiger Zusammenhang mit der zu überprüfenden Frage zu erkennen ist), kontrastives (Variation der kritischen, aber auch anderer Variablen, so dass keine eindeutigen Rückschlüsse möglich sind) oder kontrolliertes (Variation der kritischen bei gleichzeitiger Konstanthaltung der anderen Variablen) Experiment darstellte (vgl. Abbildung 2). Die Mehrzahl der Kinder in beiden Gruppen (gut $^3/_4$) schlug bereits im Vortest spontan ein Experiment vor, allerdings konnten nur 21 Prozent der Trainingsklasse und 16 Prozent der Kontrollklasse eine kontrollierte Bedingungsvariation entwickeln ($Chi^2(1, 48) = 0{,}316$, n. s.). Dagegen zeigte sich im Nachtest eine deutliche Überlegenheit der Trainingsklasse: 60 Prozent dieser Kinder, aber nur 29 Prozent der Kontrollklasse entwickelten hier ein kontrolliertes Experiment ($Chi^2(1, 48) = 4{,}741$, $p = .029$). Dieser Vorsprung blieb tendenziell auch im Follow-up-Test erhalten: 75 Prozent der Trainingsklasse, aber nur 44 Prozent der Kontrollklasse erfüllten dieses Kriterium ($Chi^2(1, 34) = 3{,}265$, $p = .072$). Die Experimentierfähigkeit der Kontrollklasse verbesserte sich also nicht über die Zeit hinweg (alle $p > .6$), während die Trainingsklasse sich vom Vor- zum Nachtest deutlich verbesserte (McNemar, $p = .004$) und diese Kompetenz auch im Follow-up-Test erhalten blieb (Mc Nemar Vortest-Follow-up $p = .004$; keine Veränderung vom Nachtest zum Follow-up).

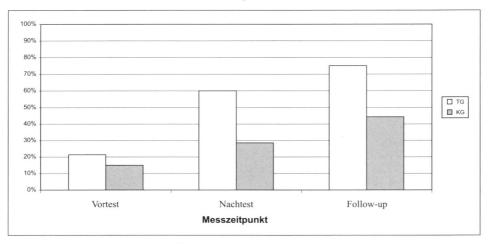

Abb. 2:   Prozentualer Anteil der Kinder, die einen kontrollierten Test vorschlugen

5   Diskussion

Die Befunde der vorliegenden Studie sind konsistent mit denen der beiden Vorläuferstudien: Durch wissenschaftstheoretisch orientierten Unterricht lassen sich schon in der Klassenstufe 4 der Grundschule Effekte auf das explizite, verbalisierbare Wissen über Wissenschaft und auf die Fähigkeit zum Experimentieren erzielen. Während im Vortest ein rein faktenorientiertes Wissenschaftsverständnis dominierte, hatte die Mehrheit der wissenschaftstheoretisch unterrichteten Kinder im Nachtest eine Vorstellung über die Rolle von Fragen, Ideen und Hypothesen im wissenschaftlichen Erkenntnisprozess entwickelt, sowie Einsicht in die Logik des Experimentierens gewonnen. Gleiches galt für die spontane Produktion der Variablenkontrollstrategie: Obwohl diese im Unterricht nicht gelehrt wurde und obwohl die Schüler der KG ebenso viel experimentierten wie die der TG, erwarb die Mehrheit der Schüler der TG, aber nicht der KG die Variablenkontrollstrategie und setzte sie spontan ein.

Im Langzeit-Nachtest nach fast einem Jahr blieb die Überlegenheit der TG in der Produktion der Experimentierstrategie erhalten, während sich im Interview keine signifikanten Gruppenunterschiede mehr zeigten, was sowohl auf Verluste der TG als auch auf Gewinne der KG in diesem Zeitraum zurückzuführen ist. Zwar lag die TG im Langzeit-Nachtest immer noch in zwei Bereichen des Interviews über ihrem Vortest-Niveau, jedoch galt dies für einen Teilbereich nun auch für die KG. In diesem Zeitraum fand der Übertritt in weiterführende Schulen statt. Leider ist der Übergang von der Grundschule zur Sekundarstufe I bisher weder in der entwicklungspsychologischen, noch in der fachdidaktischen Literatur unter der Perspektive der Effekte von Instruktion auf die begriffliche Entwicklung untersucht worden. Entwicklungspsychologische Studien zum begrifflichen Verständnis der Wissenskonstruktion zwischen Kindheit und Erwachsenenalter weisen auf langsame Fortschritte von Niveau 1 zu Niveau 2 hin, wobei Niveau 3 (Theorieverständnis) auch im Erwachsenenalter selten ist (Bullock & Sodian, 2003; Thoermer & Sodian et al., 2002). Langzeiteffekte experimentellen Strategietrainings wurden bisher in der entwicklungspsychologischen Literatur nicht berichtet. Wichtig ist, dass es sich bei unserer Intervention nicht um ein Strategietraining handelt, sondern dass das Verständnis des Experimentierens den Schülern im breiteren Kontext der Reflexion über Wissenschaft nahegebracht wird.

Der Befund, dass die so erzielten Effekte auf die Produktion der Variablenkontrollstrategie nachhaltig sind (Stabilität über ein Jahr zeigen), ist bemerkenswert.

Die Befunde zeigen, dass Wissenschaftsverständnis und Kompetenz im Experimentieren in der Grundschule nicht nur durch ein epochales Curriculum mit massiertem Unterricht in einem kurzen Zeitraum vermittelt werden kann, sondern auch durch längerfristigen wissenschaftstheoretischen Unterricht im normalen Sachkundeunterricht der Grundschule. Verwundern mag, dass insgesamt die Wissenszuwächse der Schüler in der vorliegenden Studie nicht größer waren als in den beiden Vorläuferstudien, in denen kurzfristige Interventionen durchgeführt wurden. Man beachte jedoch, dass der längerfristige wissenschaftstheoretische Unterricht insgesamt nur 14 Doppelstunden, also 5 Doppelstunden mehr als der kurzfristige Unterricht umfasste. Unter optimalen Bedingungen sollte eine Langzeit-Intervention sich über mindestens ein Schuljahr erstrecken und vom Umfang her mindestens doppelt so viel Unterricht enthalten wie in der vorliegenden Studie. Nur dann könnte der Anspruch einer einheitlichen, wissenschaftstheoretisch reflektierten Gestaltung des naturwissenschaftlichen Sachkundeunterrichts in der Grundschule eingelöst werden. Aus fachdidaktischer Sicht sollte die Vermittlung von Wissenschaftsverständnis bzw. das Lernen über die Natur der Naturwissenschaften eine alle Schuljahre übergreifende Leitidee des naturwissenschaftlichen Sachunterrichts werden (Kircher, in Druck).

Die Ergebnisse entsprechen den aus entwicklungspsychologischen Überlegungen abgeleiteten Vorhersagen über die Vermittelbarkeit konstruktivistischer Vorstellungen über den Wissenserwerb schon in der Grundschule. Die Vortest Antworten reflektieren die spontane Tendenz von Kindern dieses Alters, wissenschaftliches Wissen ausschließlich unter dem Aspekt der Akkumulation von Fakten zu betrachten. Unsere Studien an Erwachsenen weisen darauf hin, dass eine solche Tendenz manchmal durchaus auch bei Studenten noch vorzufinden ist (Thoermer & Sodian, 2002). Die Effekte des wissenschafts- und erkenntnistheoretischen Unterrichts zeigen, dass bereits Grundschüler lernen können, den Wissenserwerb als Konstruktionsprozess zu betrachten. Diese Befunde deuten darauf hin, dass ein moderat konstruktivistischer epistemologischer Standpunkt durchaus schon bei Kindern induziert werden kann. Dies spricht gegen traditionelle Stadientheorien und ist konsistent mit der neueren *Theory of Mind*-Forschung.

Die Notwendigkeit der frühen Vermittlung von Wissenschaftsverständnis wird meist mit der breiten Bedeutung des Wissens über Wissenschaft für den Erwerb wissenschaftlichen Inhaltswissens begründet. Noch weitergehende Annahmen betreffen die Bedeutung konstruktivistischer epistemologischer Einsichten für den Wissenserwerb überhaupt, also z.B. auch für das Lernen in den Fächern Deutsch oder Geschichte. Bisher sind diese Annahmen über die breite, bereichsübergreifende Bedeutung des Verständnisses der aktiven Wissenskonstruktion jedoch nicht empirisch geprüft worden. Als ersten Schritt zur Prüfung der Effekte verbesserten Wissenschaftsverständnisses auf das naturwissenschaftliche Lernen verglichen wir in der vorliegenden und in der Vorläuferstudie die Trainings- und die Kontrollklasse im Hinblick auf ihren Wissenszuwachs nach einer physikalischen Unterrichtseinheit (Curriculum zum Schwimmen und Sinken von Möller et al., 2002). Die Befunde der Vorläuferstudie (Grygier, in Vorbereitung) deuten auf eine leichte Überlegenheit der Trainingsklasse im Langzeit Nachtest hin, was darauf hindeutet, dass Kinder mit besserem Wissenschaftsverständnis naturwissenschaftliche Inhalte möglicherweise besser behalten als Kinder mit naivem Wissenschaftsverständnis. In der vorliegenden Studie wurden bisher keine Unterschiede zwischen Trainings- und Kontrollklasse im physikalischen

Lernzuwachs gefunden, differenzierte Analysen von Testitems mit qualitativer Kodierung stehen aber noch aus. Bei der Interpretation dieser zunächst eher enttäuschenden Befunde ist zu bedenken, dass durch das Curriculum zum Schwimmen und Sinken durchweg sehr hohe Lerngewinne erzielt werden (Hardy et al., 2006), wodurch ein weiterer Lernzuwachs der Trainingsklasse kaum zu erreichen ist. Ferner ist das Curriculum zum Sinken und Schwimmen selbst konstruktivistisch aufgebaut, sodass auch wissenschaftstheoretisch nicht vorgebildete Schüler bei der Herstellung des Theorie-Evidenz-Bezugs unterstützt werden.

Weitere Forschung im Trainingsparadigma sollte spezifischere Hypothesen über den Zusammenhang zwischen Wissenschaftsverständnis und Wissenserwerb testen: Sind wissenschaftstheoretisch unterrichtete Schüler besser als ihre Altersgenossen fähig, in beliebigen Inhaltsbereichen zwischen Theorie und Evidenz zu differenzieren? Zeigen sie ein stabiles und auf verschiedene Inhalte transferierbares Verständnis der experimentellen Methode und experimenteller Befunde? Sind sie nicht wissenschaftstheoretisch unterrichteten Schülern in der Überwindung eigener Interpretationsvoreingenommenheiten überlegen? Können sie aufgrund ihres besseren Verständnisses des Zusammenhangs zwischen Hypothesen und Daten weitergehende Schlussfolgerungen aus Daten ableiten als nicht unterrichtete Schüler?

Als vorläufiges Fazit unserer Studien im BiQua-Schwerpunkt ist festzuhalten, dass schon Grundschüler Grundelemente eines adäquaten Wissenschaftsverständnisses erwerben können, dass Bedingungen der erfolgreichen Vermittlung von Wissenschaftsverständnis (explizite Vermittlung!) aufgeklärt wurden und dass mit den in unseren Studien verwendeten Curricula auch in der Praxis einsetzbare Instrumente zur Verfügung gestellt werden konnten (Grygier, Günther & Kircher, 2004).

Literatur

Bullock, M. & Sodian, B. (2003). Entwicklung des wissenschaftlichen Denkens. In W. Schneider & M. Knopf (Hrsg.), *Entwicklung, Lehren und Lernen.* (S.75-92). Göttingen: Hogrefe.

Bullock, M. & Ziegler, A. (1999). Scientific reasoning: Developmental and individual differences. In F.E. Weinert & W. Schneider (Eds.) *Individual development from 3 to 12. Findings from the Munich Longitudinal Study* (pp. 38-54). Cambridge: Cambridge University Press.

Carey, S., Evans, R., Honda, M., Jay, E. & Unger, C. (1989). An experiment is when you try it and see if it works. A study of junior high school students' understanding of the construction of scientific knowledge. *International Journal of Science Education, 11*, 514-529.

Carey, S. & Smith, C. (1993). On understanding the nature of scientific knowledge. *Educational Psychologist, 28,* 235-251.

Driver, R., Leach, J., Millar, R. & Scott, P. (1996). *Young people's images of science.* Bristol: Open University Press.

Grygier, P. (in Vorbereitung). *Vermittlung von Wissenschaftsverständnis in der Grundschule.* Inauguraldissertation: Universität Würzburg.

Grygier, G., Günther, J. & Kircher, E. (2004). *Über Naturwissenschaften unterrichten – Vermittlung von Wissenschaftsverständnis in der Grundschule.* Baltmannsweiler: Schneider.

Grygier, P. & Kircher, E. (1999): Wie zuverlässig ist unsere Wahrnehmung? In H. Schreier (Hrsg.), *Nachdenken mit Kindern* (S. 142-157). Bad Heilbrunn: Klinkhardt.

Günther, J. (2006). *Lehrerfortbildung über die Natur der Naturwissenschaften – Studien über das Wissenschaftsverständnis von Grundschullehrkräften.* Berlin: Logos Verlag.

Günther, J., Grygier, P., Kircher, E., Sodian, B. & Thoermer, C. (2004). Studien zum Wissenschaftsverständnis von Grundschullehrkräften. In J. Doll & M. Prenzel (Hrsg.), *Bildungsqualität von Schule: Lehrerprofessionalisierung, Unterrichtsentwicklung und Schülerförderung als Strategien der Qualitätsverbesserung* (S. 93-113). Münster: Waxmann

Hardy, I., Jonen, A., Möller, K. & Stern, E. (2006). Effects of instructional support within constructivist learning environments for elementary school students' understanding of „floating and sinking". *Journal of Educational Psychology, 98 (2),* 307-326.

Inhelder, B. & Piaget, J. (1958). *The growth of logical thinking from childhood to adolescence.* New York: Basic Books.

Kircher, E. (1995): *Studien zur Physikdidaktik – Erkenntnis- und wissenschaftstheoretische Grundlagen.* Kiel: IPN.

Kircher, E. (2007). Über die Natur der Naturwissenschaften lernen. In E. Kircher, R. Girwidz & P. Häußler (Hrsg.), *Physikdidaktik – Theorie und Praxis* (S. 704-740). Berlin: Springer.

Kircher, E. (in Druck). Physikalische Aspekte. In J. Kahlert, M. Fölling-Albers, M. Götz, A. Hartinger & S. Wittkowske (Hrsg.), *Handbuch der Didaktik des Sachunterrichts.* Bad Heilbrunn: Klinkhardt.

Koerber, S., Sodian, B., Thoermer, C. & Nett, U. (2005). Scientific reasoning in young children. Preschoolers' ability to evaluate covariation evidence. *Swiss Journal of Psychology, 64,* 141-152.

Kuhn, D., Amsel, E. & O'Loughlin, M. (1988). *The development of scientific thinking skills.* Orlando: Academic Press.

Kuhn, D., Garcia-Mila, Z. & Andersen, C. (1995). Strategies of knowledge acquisition. *Monograph of the Society for Research on Child Development, 60.*

Kuhn, D. & Pearsall, S. (2000). Developmental origins of scientific thinking. *Journal of Cognition and Development, 1,* 113-129.

Lederman, N.G. (1992): Students' and teachers' conceptions of the nature of science. A Review of the Research. *Journal of Research in Science Teaching, 29,* 331-359.

McComas, W.F. (Ed.). (1998). *The Nature of Science in Science Education.* Dordrecht: Kluwer Academic Publishers.

McComas, W.F., McClough, M. & Almaroza, H. (1998). The role and character of the nature of science. In W.F. McComas (Ed.), *The Nature of Science in Science Education.* (pp. 3-39). Dordrecht: Kluwer Academic Publishers.

Möller, K., Jonen, A., & Gais, B. (2002). Klasse(n)Kisten für den Sachunterricht. *Themenheft „Schwimmen und Sinken".* Westfälische Wilhelms-Universität Münster.

Pillow, B.H. (1991). Children's understanding of biased social cognition. *Developmental Psychology, 27,* 539-551.

Samarapungavan, A. (1992). Children's judgments in theory choice tasks: Scientific rationality in childhood. *Cognition, 45,* 1-32.

Smith, C., Maclin, D., Houghton, C. & Hennessey, M. G. (2000). Sixth grade students' epistemologies of science: the impact of school science experiences on epistemological development. *Cognition and Instruction, 18,* 349-422.

Sodian, B., Thoermer, C., Kircher, E., Grygier, P. & Günther, J. (2002). Vermittlung von Wissenschaftsverständnis in der Grundschule. *Zeitschrift für Pädagogik, 45. Beiheft,* 192-206.

Sodian, B., Thoermer, C., Kircher, E., Grygier, P. & Günther, J. (2004). *Vermittlung von Wissenschaftsverständnis in der Grundschule. Zweiter Projektabschnitt.* Unveröffentlichter Bericht an die Deutsche Forschungsgemeinschaft.

Sodian, B. & Thoermer, C. (2006). Theory of Mind. In W. Schneider & B. Sodian (Hrsg.), *Enzyklopädie der Psychologie. Serie Entwicklungspsychologie. Band 2: Kognitive Entwicklung* (S. 495-608). Göttingen: Hogrefe.

Sodian, B., Zaitchik, D. & Carey, S. (1991). Young children's differentiation of hypothetical beliefs from evidence. *Child Development, 62*, 753-766.

Thoermer, C. & Sodian, B. (2002). Science undergraduates' and graduates' epistemologies of science: The notion of interpretive frameworks. *New Ideas in Psychology , 26*, 263-283.

Kornelia Möller, Ilonca Hardy, Angela Jonen,
Thilo Kleickmann & Eva Blumberg

Naturwissenschaften in der Primarstufe
Zur Förderung konzeptuellen Verständnisses durch Unterricht und zur Wirksamkeit von Lehrerfortbildungen

1   Einleitung

Seit einiger Zeit, auch als Folge der Ergebnisse der aktuellen Schulleistungsvergleiche und unterstützt durch neuere entwicklungspsychologische Befunde findet die Forderung nach einem frühen Lernen im Bereich der Naturwissenschaften wieder verstärkte Aufmerksamkeit. Dabei stellt sich die Frage, wie Grundschulunterricht gestaltet werden soll, um motivierendes und verstehendes Lernen in naturwissenschaftlichen Themenfeldern zu ermöglichen. Fehlentwicklungen, wie sie im Rahmen des „Booms" naturwissenschaftlichen Unterrichts in der Grundschule in den 1970er Jahren auftraten, sollten dabei möglichst nicht wiederholt werden – diese Fehlentwicklungen hatten eine nachhaltige Zurückdrängung naturwissenschaftlicher und technischer Inhalte aus der Grundschule zur Folge, die bis zum Ende der 1990er Jahre andauerte. Auch die Probleme, die in der Sekundarstufe speziell in den Unterrichtsfächern Chemie und Physik auftauchen, sollten nicht in die Grundschule vorverlegt werden.

Die angemessene Gestaltung naturwissenschaftlichen Grundschulunterrichts stellt hohe fachliche, allgemein didaktische wie auch fachdidaktische Anforderungen an die Lehrkräfte. Entsprechende Kompetenzen werden aber im Studium wie auch in der zweiten Ausbildungsphase nur unzureichend vermittelt (Möller, 2004).

Um Überforderungen zu vermeiden, Interessen zu fördern und die Entwicklung von Basiskonzepten bereits in der Grundschule anzuregen, ist eine intensive Erforschung der Frage notwendig, wie Grundschulkinder konzeptuelles Verständnis in naturwissenschaftlichen Themenfeldern aufbauen können. Zu klären ist, wie sich die konzeptuelle Entwicklung durch Unterricht fördern lässt, welche Kompetenzen Lehrkräfte brauchen, um einen entsprechenden Unterricht durchzuführen, und wie diese Kompetenzen wirksam vermittelt werden können.

In unserem Projekt wurden im Förderzeitraum von 2000 bis 2006 zwei zentrale Fragen verfolgt:
- Wie soll Unterricht gestaltet werden, um den Aufbau anspruchsvoller physikalischer Basiskonzepte zu fördern? (Münster/Berlin 2000–2004: Münsteraner Schulstudie und Repräsentationsstudie)
- Lässt sich ein entsprechender Unterricht über Lehrerfortbildungsmaßnahmen implementieren und wie erfolgreich ist der Unterricht der fortgebildeten Lehrkräfte? (Münster 2002–2006: Lehrerfortbildungsstudie)

Am Beispiel des Themas *Schwimmen und Sinken* wurde zunächst in zwei Unterrichtsstudien untersucht, ob sich Strukturierungsmaßnahmen in einem konstruktivistisch orientierten Unterricht förderlich auf den Erwerb physikalischer Basiskonzepte auswirken. Strukturierung wurde dabei als inhaltliche Sequenzierung der Unterrichtsinhalte und als unterstützende Gesprächsführung (Münsteraner Schulstudie) sowie über

Formen der visuellen Darstellung (Repräsentationsstudie) operationalisiert. In einer Fortbildungsstudie, der unterschiedlich gestaltete Langzeit-Lehrerfortbildungsmaßnahmen zugrunde lagen, wurde überprüft, ob Lehrerfortbildungen Veränderungen im Professionswissen von Lehrkräften bewirken können und ob sich diese Wissensveränderungen bei Lehrkräften auch im konzeptuellen Verständnis von unterrichteten Grundschulkindern niederschlagen.

2   Unterrichtsstudien

2.1   Naturwissenschaftliches Lernen als Veränderung von Konzepten

Im Bereich der Naturwissenschaften verfügen Schüler[1] bereits über teilweise tief verankerte Vorstellungen von Phänomenen und Begriffen, mit denen sie in den Unterricht hineinkommen. Häufig stimmen diese vorunterrichtlichen Vorstellungen mit den zu lernenden Konzepten zumindest in zentralen Aspekten nicht überein. Sie sind nur begrenzt belastbar und werden aus diesem Grund häufig als Fehlvorstellungen bezeichnet. Im naturwissenschaftlichen Unterricht sind Lernprozesse daher überwiegend als tiefgreifende Konzeptveränderungen (conceptual change) zu beschreiben. Das heißt, die Lernenden müssen die vorhandene Wissensstruktur grundlegend revidieren und neue Strukturen aufbauen, neue Aspekte integrieren oder Strukturen ausdifferenzieren. Um die notwendigen Konzeptveränderungen herbeizuführen, sind aktive Umstrukturierungsprozesse erforderlich (Vosniadou et al., 2001; Tytler, 1994).

Lerntheoretisch liegen dieser Sichtweise die Annahmen zugrunde, dass Wissen aktiv vom Lernenden konstruiert werden muss und nicht „vermittelt" werden kann, dass der Lernende im Lernprozess aktiv involviert sein muss, dass Wissensaufbau durch soziale Interaktion gefördert wird und dass Lernsituationen, die das Lösen von Problemen erfordern, die Anwendbarkeit des erworbenen Wissens fördern (Gerstenmaier & Mandl, 1995). Aus den Theorien zum Konzeptwechsel wurden Anregungen für die Gestaltung von Lernumgebungen abgeleitet, die Konzeptveränderungen begünstigen:

- Die Lernenden sind aktiv am Lernprozess beteiligt, z.B. durch motivierende Fragestellungen, sowie durch Möglichkeiten, eigenen Fragen und Denkwegen nachzugehen und zu experimentieren.
- Die Lehrkraft aktiviert vorhandene Vorstellungen, greift diese auf und konfrontiert sie ggf. mit Evidenz.
- Die Lernenden werden ermutigt, eigene Ideen zu formulieren und diese zu überprüfen. Eigenen Lernwegen wird Raum gegeben.
- Im gemeinsamen Gespräch werden Vermutungen und mögliche Erklärungen diskutiert und geprüft.
- Der Unterricht greift anwendungsbezogene, für Kinder interessante Fragestellungen auf.
- Arbeitsweisen und Lernprozesse werden reflektiert.

Lernumgebungen, die auf dieser Basis entwickelt werden, sollen „träges", nicht anwendbares Wissen vermeiden, Verstehen fördern, das Einbringen von Interessen

---

1   Aus Einfachheitsgründen werden für Begriffe wie Schüler, Lehrer etc. die üblichen und kürzeren männlichen Formen verwendet. Gleichwohl beziehen sich die Begriffe in gleichem Maße auf beide Geschlechter.

ermöglichen und Möglichkeiten zum Erleben von Kompetenz bieten. In der fachdidaktischen Diskussion wird ein solcher Unterricht – in der Tradition Martin Wagenscheins – als konstruktiv-genetisch bezeichnet (Köhnlein, 1996). Er wird auch unter dem Begriff eines konstruktivistisch orientierten, auf verstehendes, kooperatives und problemorientiertes Lernen ausgerichteten Unterrichts diskutiert (z.B. Duit & Treagust, 1998; Reinmann-Rothmeier & Mandl, 1999; Möller, 2002).

2.2 Die Rolle der Lehrkraft in einem konstruktivistisch orientierten Unterricht

Das hohe Maß an Selbststeuerung und Komplexität, das sich aus einem solchen Unterricht bei anspruchsvollen und anwendungsorientierten Fragestellungen ergibt, birgt insbesondere für jüngere und leistungsschwächere Schüler die Gefahr der Überforderung. Es ist deshalb wichtig, ihnen angemessene Unterstützung zur Verfügung zu stellen.

Theoretisch eignet sich das Ideen von Wygotski (vgl. Vygotsky, 1978) aufgreifende und von Wood, Bruner und Ross (1976) beschriebene Konzept des *scaffolding*, um die schwierige Aufgabe der Lehrkraft in einem auf kognitive Konstruktion ausgerichteten Unterricht zu beschreiben. Es wurde im Zusammenhang mit komplexen, anspruchsvollen Lernumgebungen von verschiedenen angloamerikanischen Autoren wieder aufgenommen (Davis & Miyake, 2004; Hogan & Pressley, 1997; Pea, 2004; Reiser, 2004). Zum *scaffolding* gehören folgende Strukturierungselemente:

- Gliederungsmaßnahmen, welche die Komplexität des Lerngegenstandes reduzieren und den Aufbau adäquater Vorstellungen erleichtern,
- die Auswahl geeigneter Experimente,
- Fokussierungshilfen, welche die Aufmerksamkeit der Schüler auf wichtige Aspekte lenken sollen,
- Impulse, welche Denkanstöße vermitteln,
- Problematisierungshilfen, welche auf ungelöste Fragen oder Widersprüche aufmerksam machen,
- Aufforderungen zum Mitteilen und Überprüfen von Vermutungen,
- Aufforderungen zum Begründen von Aussagen und zum Reflektieren von Lernwegen,
- Zusammenfassungen und Hervorhebungen wichtiger Schüleräußerungen und
- die Nutzung von *advance organizern*, um die Einordnung neuen Wissens in vorhandenes Wissen zu erleichtern.

Reiser (2004) beschreibt die Rolle der Lehrkraft als delikat, da die Lehrkraft versuchen muss, ein *optimales* Level an Unterstützung bereitzustellen. Die Aufgabe der Lehrkraft lässt sich dabei so beschreiben: Die Lehrkraft sollte soviel Hilfe wie notwendig und sowenig Hilfe wie möglich anbieten, um forschende Lernprozesse zu ermöglichen und die kognitive Aktivität der Lernenden zu fördern.

Ein auf kognitive Konstruktion ausgerichteter Unterricht, der ein kognitives und motivationales Engagement der Lernenden anstrebt und eigenes Forschen und Entdecken ermöglichen möchte, scheint also nur erfolgreich, wenn eine entsprechende Unterstützung durch Strukturierungselemente erfolgt. Von der Lehrkraft erfordert ein solcher Unterricht eine Reihe anspruchsvoller Kompetenzen – sowohl im fachlichen wie auch im didaktisch-methodischen Bereich.

2.3 Lässt sich die konzeptuelle Entwicklung durch Strukturierungs-elemente in einem konstruktivistisch orientierten Unterricht fördern? – Die Münsteraner Schulstudie

In einer Unterrichtsstudie mit insgesamt sechs unterrichteten dritten Klassen und zwei Klassen ohne Unterricht stellten wir uns die Frage, welchen Einfluss strukturierende Merkmale in einer konstruktivistisch orientierten Lernsituation haben, die nach den oben genannten Merkmalen gestaltet ist. Drei der unterrichteten Klassen erhielten dazu einen konstruktivistisch orientierten Unterricht mit stärkerer und drei Klassen einen entsprechenden Unterricht mit geringerer Strukturierung. Wir überprüften die Lern-fortschritte der Schüler, insbesondere auch die der leistungsschwachen Schüler, mit Multiple-Choice- und offenen Aufgaben in einem Fragebogen vor und nach dem Unterricht sowie in einem nach dem Unterricht eingesetzten Transferfragebogen (s. u.). Nach einem Jahr wiederholten wir den Test, um die Nachhaltigkeit des Verständnisses zu prüfen. Wir interessierten uns dabei insbesondere für die Fragen, ob sich die Wirkungen in den beiden Unterrichtsformen und im Vergleich zu einer nicht unter-richteten Basisgruppe unterscheiden, ob das erworbene Verständnis nachhaltig ist und ob auch leistungsschwache Kinder von dem Unterricht profitieren. Zudem erfragten wir mit einem weiteren Fragebogen, wie interessant die Kinder den Unterricht empfanden, wie motiviert sie waren, inwieweit sie sich als engagiert und kompetent empfanden, wie erfolgszuversichtlich sie den Aufgaben im Unterricht und ähnlichen Anforderungen gegenüber waren, wie konstruktivistisch sie den Unterricht ein-schätzten und wie zufrieden sie mit dem Unterricht waren.

2.3.1 Das Unterrichtsthema *Schwimmen und Sinken*

Forschungsergebnisse aus Interviews haben gezeigt, dass viele Kinder bei ihren Erklärungen zum *Schwimmen und Sinken* von Gegenständen auf nur eine Dimension zentrieren (z.B. Möller, 1999; Smith, Carey & Wiser, 1985). Diese nicht belastbaren Erklärungen beziehen sich bspw. ausschließlich auf den Aspekt der Masse („alles, was leicht ist, schwimmt"), des Volumens („große Gegenstände gehen unter") oder der Form („alles mit Löchern sinkt"). Auf einem fortgeschrittenen Niveau von Erklärungen zum *Schwimmen und Sinken* muss jedoch die Beziehung zwischen Objekt und der Flüssigkeit, in die es eingetaucht ist, beachtet werden. Bei sogenannten Alltags-erklärungen wird bspw. die Rolle des Wassers berücksichtigt („das Wasser trägt") oder aber die Materialdimension zugrunde gelegt („alles aus Holz schwimmt"). Hier können in qualitativen Vergleichen bereits die beiden Größen von Masse und Volumen be-rücksichtigt werden, wie bspw. bei Beschreibungen von Gegenständen, die „schwer für ihre Größe" sind. Auf einem physikalisch angemessenen Niveau schließlich wird die Dichte des Gegenstandes explizit mit dem von ihm verdrängten Wasser verglichen bzw. die Auftriebskraft mit der Gewichtskraft in Beziehung gesetzt.

2.3.2 Beschreibung der Unterrichtsvariation

Es wurden zwei Unterrichtsreihen mit je acht Doppelstunden zum Thema *Wie kommt es, dass ein großes Schiff aus Stahl nicht untergeht?* für dritte Klassen entwickelt. In der vierten bzw. fünften Doppelstunde besuchten die Klassen in beiden Unterrichtsreihen das Schwimmbad, um die Wirkung der Auftriebskraft des Wassers beim Untertauchen von Gegenständen und am eigenen Körper erfahren zu können. In beiden Unterrichtsreihen wurden dieselben Materialien bereitgestellt sowie die gleichen Arbeitsblätter und Arbeitsaufträge eingesetzt.

Die Unterrichtsreihen unterschieden sich allerdings im Grad der Strukturierung. Die Gruppe, die einen *strukturierteren Unterricht* (MIT-Unterricht) erhielt, erarbeitete die Ausgangsfrage sequenziert in Teilfragen, die zwar nicht kleinschrittig und losgelöst von dem komplexen Problem erarbeitet werden, aber zu einem schrittweisen Aufbau adäquater Vorstellungen führen sollten. Zu allen Teilaspekten gab es sowohl stark strukturierte Aufgabenstellungen und vorgegebene Versuche als auch ein offenes Materialangebot. Das Lernangebot konnte in Gruppenarbeit oder an Stationen bearbeitet werden.

Den Kindern der anderen Gruppe, die einen Unterricht mit einem *geringeren Grad der Strukturierung* (OHNE-Unterricht) erhielten, standen die gleichen Materialien und Versuche zu allen Teilaspekten wie der Gruppe im MIT-Unterricht zur Verfügung, allerdings konnten sie diese während der gesamten Zeit nutzen. Im inhaltlichen Bereich war hier die Wahlmöglichkeit größer. Die Kinder konnten Teilaspekte entsprechend ihrer eigenen Fragen in unterschiedlicher Reihenfolge bearbeiten. Die Problemstellung sowie die Methode des forschenden Lernens waren vorgegeben; das offene Materialangebot sowie die Stationen und Gruppenarbeitsaufträge des OHNE-Unterrichts konnten allerdings in beliebiger Reihenfolge genutzt werden. Auf Anforderung gab die Lehrkraft allerdings auch hier strukturierende Hilfen.

Neben der Sequenzierung wurde auch die Gesprächsführung in den Klassengesprächen variiert. Die Lehrerin achtete in der Gruppe mit stärkerer Strukturierung darauf, dass das Gespräch nicht zwischen unterschiedlichen Aspekten hin und her sprang, um die Sequenzierung auch hier einzuhalten. Sie gab häufiger Rückmeldungen an die gesamte Klasse, stellte häufiger Widersprüche heraus, forderte immer wieder Begründungen und Zusammenfassungen ein und half bei der Fokussierung der Aufmerksamkeit durch Präsentationen, Tafelskizzen und Verschriftlichungen.

Im Unterricht mit geringerer Strukturierung bestimmten die Kinder weitgehend die Reihenfolge der zu besprechenden Aspekte im Klassengespräch. Die Lehrperson half hier bei der Organisation und der Einhaltung der Gesprächsregeln, beschränkte sich ansonsten auf Tipps für die Strukturierung, forderte seltener Vergleiche, Begründungen, Präsentationen und das Hinterfragen heraus und fasste seltener den Stand der Schülererkenntnisse zusammen. Die Kinder erhielten allerdings individuelle Rückmeldungen von der Lehrperson in ihren Forschermappen. Insgesamt entsprach der Unterricht in der Gruppe mit geringerer Strukturierung in etwa einem sogenannten offenen Werkstattunterricht, wie er in vielen Grundschulklassen verbreitet ist, während der Unterricht in der Gruppe mit stärkerer Strukturierung eher an einem genetisch orientierten Unterricht mit einer sokratischen, das Denken der Lernenden unterstützenden Gesprächsführung orientiert war. Mit Hilfe einer Videoaufzeichnung und einer anschließenden Videoauswertung konnte nachgewiesen werden, dass der Unterricht in den beiden Versuchsgruppen den genannten Unterscheidungsmerkmalen folgte (vgl. Tabelle 1).

Tab. 1:   Art der Schüler- und Lehreräußerungen in Prozent im OHNE- bzw. MIT-Unterricht

Kategorie	MIT	OHNE
Lehrer strukturiert	41%	20%
Lehrer passiv	8%	6%
Lehrer sonstige	9%	20%
Schüler aktiv	4%	10%
Schüler reagiert auf Schüler	4%	14%
Schüler reagiert auf Lehrer	31%	23%
Schüler sonstige	3%	4%
Akustisch unverständlich	1%	2%
Gesamt (nicht exakt 100%, weil die Werte gerundet sind)	**101%**	**99%**

Beide Gruppen wurden von derselben Lehrperson unterrichtet, um lehrkraftbedingte Effekte auszuschließen. Die sozioökonomischen Bedingungen und die Vorerfahrungen der Klassen waren in beiden Gruppen vergleichbar.

Das genaue Design der experimentellen Studie und das Ergebnis des Video-Screenings im Hinblick auf die Frage, ob die beschriebene Variation auch tatsächlich realisiert wurde, sind bereits an anderer Stelle veröffentlicht worden (Möller et al., 2002; Hardy et al., 2006).

Sechs dritte Klassen aus drei vergleichbaren Schulen mit insgesamt 149 Kindern (65 Mädchen, 84 Jungen) dienten als Experimentalgruppen. Zwei dritte Klassen aus zwei weiteren Schulen mit 41 Kindern (27 Mädchen, 14 Jungen) dienten als Vergleichsgruppe; sie erhielten keinen Unterricht zum Thema *Schwimmen und Sinken* (Basisgruppe). Die Durchführung des Unterrichts erfolgte in drei Wellen von je vier Wochen. Pro Welle wurde in je einer Schule Unterricht mit stärkerer und geringerer Strukturierung in zwei Parallelklassen je zwei Wochen nacheinander durchgeführt. Die Zuordnung zu den beiden Versuchsgruppen erfolgte zufällig. In den Basisklassen wurde ausschließlich die Testbatterie durchgeführt.

2.3.3 Der Ablauf des Unterrichts

Der Unterricht enthielt die folgenden Teilaspekte, die hier in der Reihenfolge beschrieben werden, wie sie im Unterricht mit stärkerer Strukturierung erarbeitet wurden.

Zunächst wurde die Frage gestellt, wie es kommt, dass ein großes schweres Schiff aus Metall nicht untergeht, obwohl eine kleine Stecknadel aus Metall sinkt. Einige der häufigeren Antworten sind der Tabelle 2 zu entnehmen. Auffällig ist die Angabe mehrerer Gründe, die additive Aneinanderreihung von Gedanken, das häufige Nennen der Form des Schiffes und die besondere Rolle, die der Luft zugesprochen wird. Fast allen Antworten ist zudem gemeinsam, dass die Kinder nicht die Rolle des Wassers erwähnen, sondern glauben, dass der Motor, die Luft im Schiff oder der Kapitän dafür sorgen, dass das Schiff nicht untergeht. Dass es das Wasser ist, das für das Nicht-Sinken des Schiffes verantwortlich ist, wird im Mittelpunkt des folgenden Unterrichts stehen.

Nach ersten Diskussionen über mögliche Gründe fährt der Unterricht fort mit der Frage, welche Vollkörper im Wasser nach dem Eintauchen nach oben steigen und welche sinken. Die Kinder stellen zunächst Vermutungen zu verschiedenen Gegenständen an, überprüfen diese anschließend im Versuch und markieren dann überraschende Ergebnisse. Dass Wachs schwimmt, überrascht Kinder (vor allem, wenn es sich um einen großen und schweren Wachsklotz handelt), weil der Wachsklotz keine Luft enthält und sie glauben, dass die Luft das Nicht-Sinken bewirkt. Haben Gegenstände Löcher, so glauben Kinder, dass das Wasser diesen Gegenstand herunterdrückt, auch wenn die Platte mit Löchern aus Styropor oder Holz besteht. Dass eine kleine Nadel sinkt, aber ein schwerer Holzklotz nach oben steigt, wird ebenfalls häufig nicht vorhergesehen. Die Kinder vermuten auch, dass eine dünne Eisenplatte nach oben steigt, weil das Wasser sie wegen der breiten Fläche tragen kann, und dass ein Schwamm untergeht, weil er sich mit Wasser voll saugt. Sie beobachten, dass gleiche Gegenstände aus verschiedenen Materialien (z.B. Messer aus Holz, Messer aus Plastik) sich unterschiedlich verhalten.

In der Reflexion der überraschenden Ergebnisse entsteht die Vermutung, dass das Untergehen oder „Nach-Oben-Steigen" nicht von der Größe, dem Gewicht, einer speziellen Form oder einem speziellen Gegenstand abhängt, sondern dass es auf das ankommt, woraus der Gegenstand gemacht ist. Damit sind die Kinder ein Stück weiter gekommen im Aufbau angemessener Konzepte: Sie vermuten nun, dass es am Material liegt, ob ein Gegenstand untergeht oder nach oben steigt. Der Unterricht geht dieser Vermutung in der zweiten Doppelstunde nach, indem unterschiedlichste Vollkörper aus Holz, Stein, Styropor, Metall, Wachs und Kork getestet werden. Die Kinder fassen als Ergebnis zusammen: Vollkörper aus Holz, Styropor, Wachs und Kork steigen immer auf, solche aus Stein und Metall gehen immer unter. Damit haben die Kinder das so genannte „Materialkonzept", also die Vorstellung, dass es vom Material abhängt, wie sich ein Vollkörper im Wasser verhält, aufgebaut. Mit diesem neuen Wissen können die Kinder nun das Verhalten weiterer Vollkörper im Wasser vorhersagen, vorausgesetzt das Material ist erkennbar. Dass auch diese Vorstellung noch weiter gesichert werden muss, zeigt die Antwort auf die Frage, was mit einem großen Baumstamm im Wasser passiert. Die Hälfte unserer Kinder sagte vor dem Ausprobieren im Schwimmbad, dass dieser untergehe, weil er so schwer sei. Dieses Beispiel zeigt, dass der Aufbau neuer, adäquaterer Konzepte häufig noch labil ist und in weiteren Situationen erneut gefestigt werden muss.

In der nächsten Doppelstunde zeigt die Lehrkraft ein Stück Holz, das sich schon im Erscheinungsbild von heimischen Hölzern unterscheidet. Es handelt sich um ein Stück Tropenholz (z.B. Eisenholz, Palisander, Ebenholz). Obwohl es sich eindeutig um das Material Holz handelt, beobachten die Kinder erstaunt, dass dieses Holzstück nach unten sinkt. Die Erkenntnis, „alles aus Holz schwimmt", muss also noch einmal differenziert werden. Diese Aussage gilt nicht für einige besondere ausländische Hölzer, diese gehen im Wasser unter.

Die Frage, wie es kommt, dass manche Materialien untergehen, andere aber nicht, führt zur nächsten Unterrichtssequenz. Als Vermutung äußern die Kinder, dass es daran liege, wie schwer das jeweilige Material sei. Mit den Kindern wird nun erarbeitet, dass man gleich viel von jedem Material nehmen muss, um zu überprüfen, wie sich die Materialien in ihrer Schwere unterscheiden. Die Kinder erhalten so genannte Einheitswürfel aus verschiedenen Materialien mit der Aufgabe, diese zunächst zu wiegen und dann Vermutungen darüber anzustellen, wie sich die Würfel im Wasser verhalten werden (Abbildung 1). Das Gewicht der verschiedenen Würfel wird auf einem Arbeitsblatt notiert.

Abb. 1: Die Kinder wiegen verschiedene
Würfel gleichen Volumens aus verschiedenen Materialien und vergleichen sie mit der Masse einer
gleichen Menge an Wasser

Abb. 2: Die Kinder erfahren im Schwimmbad: Das Wasser drückt so stark,
dass der Bottich mit Kind nicht
untergeht

Nun regt die Lehrkraft einen Vergleich mit dem Gewicht von Wasser an. Dazu muss
die gleiche Menge Wasser gewogen werden. Ein vorbereiteter Hohlwürfel aus durch-
sichtigem Kunststoff, der das gleiche Volumen hat wie die übrigen Würfel, hilft hierbei: Der Würfel wird erst ohne Wasser, dann mit Wasser gewogen. Danach wird das
Gewicht des Wassers berechnet und ebenfalls notiert. Nun vergleichen die Kinder das
Gewicht der verschiedenen Einheitswürfel mit dem Gewicht der gleichen Menge an
Wasser und stellen fest: Alle Würfel, die mehr wiegen als gleich viel Wasser, gehen im
Wasser unter, alle Würfel, die weniger wiegen als gleich viel Wasser, steigen nach
oben. Für seine „Größe", so formulieren die Kinder, ist Eisen schwerer als gleich viel
Wasser, deshalb geht es unter. Anhand einiger Knobelaufgaben wird das neu erworbene Wissen gefestigt: So sagen die Kinder z.B. anhand des Gewichtes eines
doppelten Einheitswürfels, dessen Material nicht bekannt ist, voraus, ob er sinken wird
oder nicht. Mit der Erkenntnis, dass die „Schwere" von Materialien unterschiedlich ist,
sind die Kinder dem Konzept der Dichte sehr nahe gekommen, auch wenn dieses noch
nicht mathematisch definiert werden kann (als Masse pro Volumen). Mit dieser
Erkenntnis kann nun auch erklärt werden, warum z.B. Öl auf Wasser schwimmt.

Welche Rolle aber spielt das Wasser beim Untergehen bzw. Nicht-Untergehen von
Gegenständen? Die nächsten Doppelstunden beschäftigen sich mit der Frage, was mit
dem Wasser passiert, wenn Gegenstände in das Wasser getaucht werden und was das
Wasser mit eingetauchten Gegenständen macht. Häufig denken Kinder, dass Gegenstände, die schwerer sind als andere, mehr Wasser verdrängen. Steigt der Vater in eine
gut gefüllte Badewanne, so läuft das Wasser über, beim (leichteren) Kind passiert das
nicht. Viele Kinder wissen nicht, dass die Größe, und nicht das Gewicht des Gegenstandes, die Verdrängung beeinflusst. Auch hier ist also eine Konzeptveränderung erforderlich. Versuche, in denen die Kinder das Ausmaß der Verdrängung des Wassers
bei gleich großen, aber unterschiedlich schweren Gegenständen und bei gleich
schweren, aber unterschiedlich großen Gegenständen beobachten, indem sie den
Wasserstand vor und nach der Verdrängung markieren, unterstützen diese Veränderung im konzeptuellen Verständnis. Beim Vergleich eines Metallklotzes mit einem
gleich schweren Metallschiff beobachten die Kinder, dass das Schiff wesentlich mehr
Wasser verdrängt als der Klotz, weil es im Wasser mehr Platz braucht. Zusätzlich

beobachten sie in einem Überlaufversuch, dass genauso viel Wasser verdrängt wird, wie der Gegenstand an Platz im Wasser einnimmt.

In einem nächsten Schritt erfahren sie anhand verschiedener Versuche im Schwimmbad, was das Wasser mit Gegenständen macht, wenn diese in das Wasser eingetaucht werden. Viele Kinder denken, dass das Wasser Gegenstände und auch Menschen nach unten zieht. Dabei verwechseln sie zwei unterschiedlich wirkende Kräfte: Die Gewichtskraft und die im Wasser wirkende Auftriebskraft, die alles im Wasser Eingetauchte nach oben drückt. Ob im Wasser eingetauchte Gegenstände sinken oder nicht, hängt von der Größe dieser beiden entgegen gerichteten Kräfte ab: Ist die Auftriebskraft größer, so wird der in das Wasser eingetauchte Gegenstand nach oben gedrückt und schwimmt (dann sind beide Kräfte im Gleichgewicht), ist die Gewichtskraft größer als die Auftriebskraft, so sinkt der Gegenstand. Im Schwimmbad sollen die Kinder nun zunächst die nach oben drückende Kraft des Wassers erfahren, indem Bälle und Töpfe wie auch Bottiche in das Wasser eingetaucht werden. Sie spüren dabei, wie das Wasser beim Eintauchen gegen den Gegenstand drückt. Beim großen Bottich ist das Drücken so stark, dass sogar ein Kind vom Wasser getragen wird (Abbildung 2).

Beim Hochheben schwerer Gegenstände spüren die Kinder, dass man im Wasser weniger Kraft aufbringen muss als außerhalb des Wassers. Sind die Gegenstände oder wir selbst im Wasser eingetaucht, so werden Gegenstände scheinbar leichter – das Wasser trägt also mit.

Zurück im Klassenraum werden die Experimente noch einmal „im Kleinen", im Wasserbecken, wiederholt. Genau wird nun beobachtet, was mit einem Gegenstand passiert, der langsam in das Wasser eingetaucht und dann wieder langsam herausgezogen wird. Bei der Knetkugel an der Angel spüren die Kinder, dass diese allmählich schwerer wird beim Herausziehen; bei der Knetkugel am Gummiband beobachten sie, wie sich das Gummiband beim Herausziehen verlängert. Beim Eintauchen des Metallschiffes spüren sie, wie das Wasser einen Widerstand ausübt, während der gleich schwere Metallklotz nach unten sinkt. Beim Vergleich unterschiedlich großer, aber annähernd gleich schwerer Becher spüren sie die Abhängigkeit der Stärke des Nach-Oben-Gedrückt-Werdens von der Menge des verdrängten Wassers. Diese Erkenntnis wird nun angewendet: Die Kinder erhalten die Aufgabe, eine Knetkugel, die im Wasser untergeht, so zu formen, dass sie möglichst viele Murmeln tragen kann. Sie erfahren: Je mehr Wasser verdrängt wird, desto mehr kann das Knetschiff laden. Ein Vergleich mit unterschiedlich großen Metalltöpfen zeigt: Je größer der Topf ist, desto höher steigt das Wasser, desto mehr Wasser wird verdrängt, desto mehr Wasser drängt zurück an seinen Platz und desto stärker drückt das Wasser den Gegenstand nach oben.

In einem letzten Schritt wird nun das „Nach-Oben-Steigen" oder Sinken von Gegenständen nach dem Eintauchen in das Wasser mit Hilfe eines Kräftespiels zwischen zwei wirkenden Faktoren erarbeitet: Das Wasser drückt alles nach oben, die Erdanziehungskraft „zieht" alles nach unten. Beim Topf drückt die Auftriebskraft stärker nach oben als die Erdanziehungskraft den Topf nach unten „zieht". Der in das Wasser eingetauchte Topf wird deshalb vom Wasser nach oben gedrückt. Nach dem Auspendeln befindet sich der Topf in der Gleichgewichtslage: Die Kraft des nach oben drückenden Wassers und das Gewicht des Topfes sind nun gleich groß.

In einer letzten Einheit wird die Ausgangsfrage beantwortet: Das (in Gedanken) eingetauchte Schiff wird vom Wasser nach oben gedrückt, weil es leichter ist als gleich viel Wasser. Je mehr Wasser das Schiff verdrängt, desto stärker drückt das Wasser das (eingetauchte) Schiff nach oben. Ist das Drücken des Wassers stärker als das nach

unten gerichtete Gewicht des Schiffes, wird das Schiff vom Wasser nach oben gedrückt, bis es eine Gleichgewichtslage erreicht.

Mit diesem Ergebnis haben die Kinder ein Verständnis erreicht, das dem mancher
Erwachsener vermutlich überlegen ist. Dass es sich hierbei nicht um auswendig
gelernte Sätze handelt, beweist die Verschiedenartigkeit der Erklärungen, die nach dem
Unterricht abgegeben werden (Tabelle 2).

Tab. 2:   Offene Antworten von Kindern vor und nach dem Unterricht

Vär leich wegen den Luft	Das ligt Nicht an der luft das ligt auch Nicht an das glach-gewicht es ligt an den Wasser
Wegen der vorm (Form)	So ein grozes Schiff Schwimmt weil es leichter als das verdrenkte Wasser ist. Dann kann das Wasser das Schiff noch tragen
Weil das Flach ist und aus Eisen gemacht ist!	Weil es so groß ist, wegen dem Wasser, weil das Wasser schwerer ist als das Schiff.
Auf dem Schiff ist ein Kapiten. Das Schiff tragt schwere sache. Zum beischbil Fische, Öl und Kole	Das Wasser will auf sein alten Platz zurück, und das Wasser drückt ihn nach oben.
Weil Störopor in das Schiff gelegt wirt und viel Luft ist.	Weil das Schiff leichter ist wie das Weckedengte (weg-gedrängte) Wasser ist
So ein Schiff hat einen Motor und der Motor treibt das Schiff.	Das Wasser drückt das Schiff hoch, weil das Schiff leichter als das weggedrängte Wasser ist.
Weil in dem Schiff ganz viel Luft ist, und Luft schwimmt.	Weil das Schiff leichter ist, als genauso viel Wasser. Der Wasserdruck ist wichtig. In dem Schiff ist viel Luft. Weil das Schiff viel Wasser wegdrängt, und das Wasser möchte seinen Platz wiederhaben, und drückt das Schiff nach oben
Weil vielleicht im Schiff Luft drin ist oder weil es bestimmte Motoren hat.	Das Schiff drängt ja Wasser weg und dieses Wasser trägt das Schiff, ... weil das Wasser schwerer und stärker ist hat es mehr Kraft das Schiff zu tragen. Wenn das Wasser weniger wiegt als das Schiff dann würde das Schiff unter-gehen.

2.3.4 Die Erfassung von konzeptuellem Verständnis mit einem Fragebogen

Prä-Posttest zum *Schwimmen und Sinken*

Der im Prätest, Posttest und zur Nacherhebung eingesetzte Test umfasst insgesamt 36
Aufgaben mit 33 Multiple-Choice-Aufgaben (17 True-False-Items und 16 Multiple-
Choice-Items) und drei Items mit offenem Antwortformat. Die Fragen und Antwort-
alternativen beziehen sich auf typische Vorstellungen von Drittklässlern (Fehlvorstellungen wie die Rolle von Gewicht, Größe, Form oder Luft) sowie auf Alltags-
erklärungen, wie das Materialkonzept und auf physikalische Erklärungen (Verdrängung, Dichtevergleich, Auftrieb). Signalwörter wie „leichter/schwerer als" und
„drücken", die häufig im Unterricht verwendet werden, wurden jeweils innerhalb eines
Items in einer richtigen und in einer falschen Wendung angeboten. Eine ausführliche
Beschreibung des Tests und der Auswertungen findet sich bei Hardy et al. (2006). Die Abbildungen 3 und 4 zeigen exemplarisch, wie der Test konstruiert wurde.

Die folgenden Gegenstände werden ins Wasser getaucht.
Was passiert?

  1. Kreuze an, was stimmt.
  2. Kreuze dann <u>alle richtigen Erklärungen</u> an.

Der Holzknopf

      geht unter ❑   steigt nach oben ❑

  ❑ weil er vom Wasser stark genug nach oben gedrückt wird.
  ❑ weil er so leicht ist.
  ❑ weil er Löcher hat.
  ❑ weil er vom Wasser nach unten gedrückt wird.
  ❑ weil er aus Holz ist.
  ❑ weil das weggedrängte Wasser mehr wiegt als der Holzknopf.

Abb. 3:   Beispielitem aus dem Test zum *Schwimmen und Sinken*

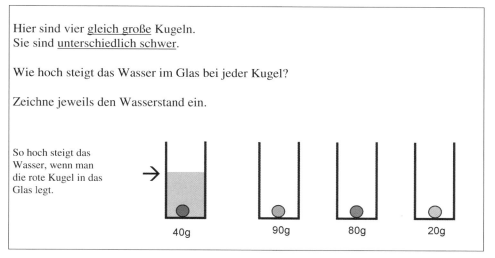

Hier sind vier <u>gleich große</u> Kugeln.
Sie sind <u>unterschiedlich schwer</u>.

Wie hoch steigt das Wasser im Glas bei jeder Kugel?

Zeichne jeweils den Wasserstand ein.

So hoch steigt das
Wasser, wenn man
die rote Kugel in das
Glas legt.

        40g   90g   80g   20g

Abb. 4:   Beispielitem zur Verdrängung aus dem Test zum *Schwimmen und Sinken*

Beim Item in Abbildung 3 beziehen sich die Antworten 2 und 3 auf gängige Fehlvorstellungen von Kindern bezüglich der Masse und der Form von Objekten, eine Antwort
bezieht sich auf eine Alltagserklärungen (Antwort 5), während sich die physikalisch
korrekten Antworten auf die Konzepte der Dichte und Auftriebskraft beziehen (Antworten 1 und 6). Schließlich bieten wir eine Erklärung an, die ein physikalisches Konzept in verkehrter Beziehung beinhaltet (Antwort 4). Die Schüler sollen zur Beantwortung des Items zunächst entscheiden, ob der genannte Gegenstand schwimmt
oder sinkt, und dann alle Erklärungen ankreuzen, die sie für plausibel halten. Abbildung 4 zeigt eine Aufgabe zum Konzept der Verdrängung, bei der der korrekte
Wasserstand (in diesem Falle also jeweils die gleiche Höhe) für drei Kugeln unterschiedlichen Gewichts eingezeichnet werden soll.

Die Auswertung des Tests erfolgte sowohl durch die Berechnung eines Summenwerts, der die korrekte Ablehnung von Fehlvorstellungen und die korrekte Annahme von physikalischen Erklärungen bepunktete (Cronbachs α [Prätest, Posttest, Nacherhebung] = .48, .82, .81) als auch durch die Berechnung von Einzelwerten für unterschiedliche konzeptuelle Vorstellungen. Hierbei wurden über alle Aufgaben die Fehlvorstellungen, Alltagsvorstellungen und physikalischen Erklärungen getrennt summiert (außerdem getrennt für Multiple-Choice- und offene Aufgaben), mit zufriedenstellenden internen Konsistenzen (Fehlvorstellungen: .59, .62, .75; Alltagserklärungen: .57, .62, .63; physikalische Erklärungen: .70, 78, .81; Interrater-Reliabilitäten für offene Fragen > .95).

Transfertest zum *Schwimmen und Sinken*

Die Fragen dieses Tests beziehen sich auf die Anwendung des Dichtekonzepts und des Auftriebskonzepts in neuen, nicht im Unterricht behandelten Kontexten anhand von acht Multiple-Choice-Items. Beispielsweise sollte in einem Item bestimmt werden, wie viel ein Würfel aus einem bestimmten Material wiegen muss, damit er in Öl sinkt, aber in Wasser schwimmt (bei gegebener Masse des Wasserwürfels und des Ölwürfels der gleichen Größe). Ein anderes Item fragte nach Erklärungen, warum Fische im Wasser zur Oberfläche steigen, wenn sie ihre Gasblase vergrößern. Zur Auswertung des Transfertests wurden Summenwerte für physikalische Erklärungen (Cronbachs α = .53) und Fehlvorstellungen (Cronbachs α = .54) berechnet.

2.3.5 Effekte des Unterrichts zum *Schwimmen und Sinken*

Die Ergebnisse dieser Unterrichtsstudie finden sich bereits mit jeweils unterschiedlichem Analysefokus in verschiedenen Veröffentlichungen (Blumberg, Möller & Hardy, 2004; Hardy et al., 2006; Jonen, Hardy & Möller, 2003; Jonen, Möller & Hardy, 2003; Möller et al., 2002).

Lernzuwächse beim konzeptuellen Verständnis

Für das erworbene integrierte Verständnis, das durch den gleichzeitigen Abbau von Fehlvorstellungen und den Aufbau adäquater Vorstellungen gekennzeichnet ist, zeigte sich folgende Wirkung der beiden Unterrichtsformen: Während sich das erworbene integrierte Verständnis direkt nach dem Unterricht zwar von der Basisgruppe, nicht aber zwischen den beiden unterrichteten Gruppen unterschied, zeigte sich nach einem Jahr neben einer signifikanten Überlegenheit beider Unterrichtsgruppen gegenüber der nicht unterrichteten Basisgruppe auch eine signifikante Überlegenheit des stärker strukturierten Unterrichts im Vergleich zu dem geringer strukturierten Unterricht. Während die Gruppe mit dem stärker strukturierten Unterricht vom Posttest zum Nachtest keine Veränderung in den Mittelwerten zeigte, wies die Gruppe mit geringerer Strukturierung einen signifikanten Abfall auf (Abbildung 5, Hardy et al., 2006).

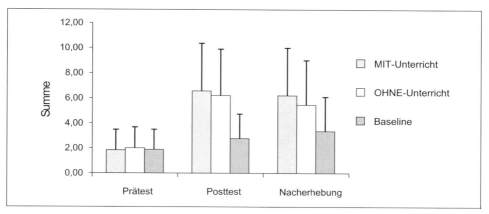

Abb. 5: Mittelwerte des Summenwertes zum Integrierten Konzeptuellen Verständnis

Analysen hinsichtlich der Eingangsvoraussetzungen der Kinder zeigten, dass insbesondere leistungsschwächere Kinder von dem Unterricht mit stärkerer Strukturierung profitierten (Möller et al., 2002). Hierzu wurde ein allgemeiner Summenwert berechnet, bei dem die Anzahl an abgelehnten Fehlkonzepten, die Anzahl an wissenschaftlichen Erklärungen und die Anzahl an Alltagsvorstellungen bepunktet wurden. Obwohl der Lerngewinn der leistungsschwächeren Kinder deutlich unter dem Lerngewinn der leistungsstärkeren Kinder blieb, konnten auch diese im Unterricht mit stärkerer Strukturierung ihr konzeptuelles Verständnis von *Schwimmen und Sinken* signifikant steigern, während die Kinder im Unterricht mit schwächerer Strukturierung keinen eindeutigen Lernerfolg zeigten. Die leistungsstärkeren Schüler unterschieden sich dagegen nicht in beiden Unterrichtsformen (Abbildung 6, Möller et al., 2002).

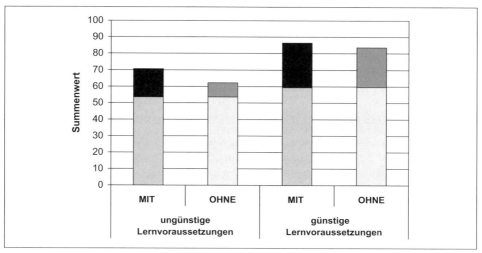

Abb. 6: Prätestwerte (helle Farben) und Posttestwerte (dunkle Farben) im allgemeinen Summenwert des Tests zum *Schwimmen und Sinken* für Kinder mit günstigen und ungünstigen Lernvoraussetzungen im Unterricht MIT und OHNE

Bei den offenen Antworten zeigte sich, dass Fehlkonzepte von den Kindern im Posttest signifikant seltener, physikalisch angemessene Konzepte signifikant häufiger genannt wurden. Die Gruppe mit stärkerer Strukturierung war zudem der Gruppe mit geringerer Strukturierung im Hinblick auf die Nutzung physikalischer Konzepte signifikant überlegen und zeigte eine tendenziell geringere Nennung von Fehlkonzepten (Hardy et al., 2006; Jonen, Hardy & Möller, 2003). In Bezug auf die Langzeitwirkung zeigt sich, dass die Gruppe mit stärkerer Strukturierung signifikant weniger Fehlkonzepte und signifikant mehr anspruchsvolle physikalische Konzepte produzierte als die Gruppe mit geringerer Strukturierung im Unterricht. Mit anderen Worten: Durch den Unterricht abgebaute Fehlkonzepte tauchten in der Gruppe mit geringerer Strukturierung nach einem Jahr wieder auf, während die Gruppe mit stärkerer Strukturierung nachhaltig Fehlkonzepte abbauen konnte (Hardy et al., 2006). Durch diesen Anstieg an Fehlkonzepten in der Gruppe mit geringerer Strukturierung unterschied sich diese ein Jahr nach dem Unterricht nicht mehr von der Basisgruppe.

Insgesamt zeigt die Verschiedenartigkeit der Antworten zu den offenen Testfragen, dass es sich bei dem zum Ausdruck gebrachten Verständnis von *Schwimmen und Sinken* nicht um auswendig gelernte Sätze handelt. Die Kinder haben individuell unterschiedliche Konzeptveränderungen vollzogen; einige Kinder bevorzugen eher eine Erklärung über die Dichte, andere Kinder argumentieren lieber mit den Kräften. Die Antworten zeigen aber auch, dass die Kinder in der Umstrukturierung ihrer Konzepte unterschiedlich weit gekommen sind. Bei manchen Kindern finden wir, wie in der Literatur häufig beschrieben, auch nach dem Unterricht eine Parallelität von richtigen und inadäquaten Erklärungen. Manche Kinder haben ihre Energie darauf verwendet, falsche Konzepte abzubauen – z.B. betonen sie nach dem Unterricht, dass es nicht die Luft ist, die das Schwimmen bewirkt, sondern das Wasser. Mit dieser Erkenntnis haben sie aber einen entscheidenden Schritt zum Verständnis des Auftriebs vollzogen. Einige Kinder kommen bereits so weit, dass sie kausale Verknüpfungen zwischen Argumenten herstellen.

Dass die Kinder das Erlernte auch anwenden können, bewiesen sie beim Lösen von Knobelaufgaben im Transfertest. Der Unterricht mit stärkerer Strukturierung war erwartungsgemäß dem Unterricht mit geringerer Strukturierung auch im Transfertest überlegen, was sich an der signifikant häufigeren Verwendung von physikalischen Erklärungen in dieser Unterrichtsgruppe zeigte (Hardy et al., 2006).

Ergebnisse bezüglich motivationaler und selbstbezogener Kognitionen

Zwischen beiden Unterrichtsgruppen gab es keinen Unterschied in der empfundenen Lernzufriedenheit der Schüler. In beiden Gruppen war diese ausgesprochen hoch. Das könnte damit zusammenhängen, dass auch die Einschätzung der eigenen Freiräume im Unterricht und die empfundene Eigenbeteiligung in beiden Gruppen gleich war: Die Schüler hatten in beiden Gruppen das ausgeprägte Gefühl, eigene Ideen einbringen, selbst etwas herausfinden und ausgiebig miteinander über die Ideen sprechen zu können sowie viele Experimente machen zu dürfen. Auch im Hinblick auf das nach dem Unterricht vorhandene Interesse gab es keinen Unterschied zwischen den Gruppen mit stärkerer bzw. geringerer Strukturierung im Unterricht. Deutliche Unterschiede, und zwar zugunsten der stärker strukturiert unterrichteten Gruppe, ergaben sich im Hinblick auf die selbstbestimmte Motivation, auf die empfundene Kompetenz, das empfundene Engagement und die entwickelte Erfolgszuversicht. Offensichtlich wurden die Kinder im Unterricht mit der stärkeren Strukturierung besser unterstützt, sodass sie sich engagierter wahrnahmen, mehr Kompetenz empfanden, stärker intrinsisch motiviert waren und auch mehr Zuversicht ausbildeten, ein ähnliches Thema mit Erfolg im Unterricht bearbeiten zu können (Blumberg et al., 2003).

Weitere Analysen zeigten, dass dieser Effekt vor allem durch die leistungsschwächeren Schüler zustande kam, die sich im MIT-Unterricht signifikant stärker kompetent, engagiert und erfolgszuversichlicher einschätzten als im OHNE-Unterricht, während sich für die leistungsstärkeren Kinder kein Unterschied in den Unterrichtsgruppen ergab (Blumberg, Möller & Hardy, 2004).

2.3.6 Zusammenfassung der Ergebnisse der Münsteraner Schulstudie

Die Ergebnisse zeigen, dass ein anspruchsvoller, auf den Erwerb physikalischer Konzepte ausgerichteter Unterricht keineswegs eine Überforderung für Grundschulkinder darstellt, wenn er Kindern Gelegenheit gibt, Ideen zu entwickeln und zu überprüfen, wichtige Erfahrungen zu machen und Fragestellungen zu bearbeiten, die Kinder interessieren. Auch in motivationaler Hinsicht stellt ein Unterricht, wie der hier geschilderte, keine Überforderung dar, was vor allem durch die hohe Lernzufriedenheit bestätigt wird. Andererseits zeigen die Ergebnisse, dass ein auf Selbst-Konstruktion von Wissen angelegter Unterricht auf unterstützende und strukturierende Maßnahmen angewiesen ist. Dieses trifft insbesondere für leistungsschwächere Schüler zu. Strukturierende Maßnahmen in schülerorientierten Lernumgebungen scheinen sich bei anspruchsvollen Inhalten positiv auf den nachhaltigen Abbau von Fehlkonzepten, auf den Aufbau wissenschaftsnaher Vorstellungen, auf die Anwendbarkeit von Wissen und die nachhaltige Integration von Wissen auszuwirken. Zudem fördern sie durch angemessene und dosierte Hilfen das Erleben von Kompetenz sowie von Engagement und wirken sich positiv auf die Motivation der Lernenden aus.

2.4 Eine Studie zur Nutzung von visuellen Darstellungsformen im konstruktivistisch orientierten Sachunterricht (Repräsentationsstudie)

Während in der im vorherigen Teil beschriebenen Studie der Grad an Strukturierung durch die Sequenzierung des Inhaltes und die Gesprächsführung im Unterricht variiert wurde, untersuchten wir in der nächsten Unterrichtsstudie die Nutzung von visuellen Darstellungsformen als einem Mittel zur Strukturierung. Visuelle Darstellungsformen wie Graphen oder Diagramme eignen sich zur Strukturierung von komplexen Inhalten, da Lernende bei ihrer Anwendung aktiv neue Erkenntnisse gewinnen und die Verbindung zwischen Variablen und unterschiedlichen Inhalten sehen lernen (z.B. Clement, 2000; Cox, 1999). So kann erwartet werden, dass Lernende im Inhaltsgebiet *Schwimmen und Sinken* leichter die proportionale Beziehung der Variablen „Volumen" und „Masse" für das Konzept „Dichte" erkennen, wenn sie diese beispielsweise in einem Koordinatensystem einzeichnen (s.a. Koerber, 2003). Auch auf der Gesprächsebene unterstützen visuelle Darstellungsformen den Wissenserwerb, da sich Schüler (z.B. durch Zeigen) auf einen gemeinsamen Gesprächsgegenstand beziehen können (Roth & McGinn, 1998). Dies ist insbesondere von Vorteil, wenn die betreffenden wissenschaftlichen Begriffe den Kindern noch unbekannt sind, sie aber dennoch über ein physikalisches Phänomen sprechen möchten. Im Sinne von fächerübergreifendem Lernen kann die Verwendung von Darstellungsformen zur Förderung von Visualierungskompetenzen (visual literacy) beitragen. Natürlich darf eine Darstellungsform nicht lediglich als illustratives Beiwerk eingeführt werden, sondern sollte der Modellierung von anspruchsvollen Inhalten dienen.

2.4.1 Die Unterscheidung zwischen vorgegebenen und selbst entwickelten Darstellungsformen

Für die Verwendung im Grundschulunterricht ist eine für die Schüler verständliche Form der visuellen Darstellung entscheidend. Eine wichtige Unterscheidung betrifft dabei die Verwendung von vorgegebenen, d.h. konventionellen Formen wie dem Koordinatensystem, oder aber von den Schülern selbst entwickelten visuellen Darstellungen (Lehrer & Schauble, 2000; van Dijk, Oers & Terwel, 2003). Da davon auszugehen ist, dass die Schülervorstellungen in einem komplexen Inhaltsgebiet wie *Schwimmen und Sinken* vor dem Unterricht noch unzureichend sind, werden die Fehlvorstellungen der Kinder auch in ihren Darstellungen zum Tragen kommen. So wird ein Kind, das vornehmlich auf das Gewicht von Gegenständen achtet, sich in einer selbst entwickelten Darstellungsform auf die Visualisierung des Gewichts konzentrieren. Die Entwicklung von Darstellungsformen, die dem zu untersuchenden Phänomen auch mathematisch und physikalisch entsprechen, muss deshalb von der Lehrkraft angeregt werden (vgl. Gravemeijer, 1999). Bei Verwendung einer vorgegebenen Form wie dem Graphen oder der weiter unten beschriebenen Balkenwaage werden Größen und deren Beziehungen hingegen schon von vornherein korrekt abgebildet. Allerdings müssen die Kinder hier zunächst mit den Interpretationsregeln der betreffenden Form vertraut gemacht werden.

In unserer Studie untersuchten wir, ob Drittklässler selbst visuelle Darstellungen für „Dichte" im Kontext von *Schwimmen und Sinken* entwickeln sollten oder ob sie die Balkenwaage als eine vorgegebene Form der Darstellung nutzten sollten. Uns interessierte, welche Auswirkungen die Verwendung dieser Formen auf das konzeptuelle Verständnis von *Schwimmen und Sinken*, das proportionale Verständnis und die Fähigkeit zur Interpretation von Graphen hat. Wir gingen davon aus, dass die Balkenwaage sich insbesondere zur Förderung des proportionalen Verständnisses und der Visualisierungskompetenz im Sinne der Interpretation von Graphen eignen würde.

Die Balkenwaage (Abbildung 7) hat sich in einer Trainingsstudie zum proportionalen Denken bei Viertklässlern als besonders hilfreich erwiesen (Koerber, 2003). Sie ist durch das Gleichgewichtsprinzip in ihrer Funktionsweise leicht verständlich (vgl. DiSessa, 1993) und lässt über die aktive Handhabung Ursache-Wirkungs-Beziehungen direkt erfahren. Wird sie zur Veranschaulichung des Dichtekonzepts herangezogen, werden auf einer Seite Steine aufgesteckt, die das Volumen eines Gegenstandes repräsentieren; auf der anderen Seite wird die Masse durch Steine repräsentiert. Durch Verdoppeln der Steine auf jeder Seite kann ein größerer Gegenstand gleichen Materials repräsentiert werden, wobei der Balken im Gleichgewicht bleibt.

Während die Balkenwaage den Kindern im Unterricht vorgegeben wurde, bekamen die Kinder zur Selbstentwicklung von Formen der Repräsentation verschiedene Materialien (z.B. Papier und Stift, Schachteln, Klötzchen, Pappquadrate, Moosgummi, unterschiedlich farbige Pappen und Holzklötze), die zur Darstellung des Volumens und der Masse von Würfeln aus unterschiedlichen Materialien genutzt werden konnten (Abbildung 8). Die unterschiedlichen Lösungen wurden vorgestellt und im Gruppengespräch diskutiert.

Für den Unterricht wurden Elemente des bereits erprobten moderat konstruktivistischen Unterrichts zum *Schwimmen und Sinken* zur Entwicklung des Materialkonzepts, der Verdrängung und der Dichte übernommen (Hardy et al., 2006; Möller et al., 2002) und mit Sequenzen zum Umgang mit der jeweiligen Repräsentationsform ergänzt. Es resultierte eine Unterrichtssequenz von 11 Unterrichtsstunden (5 Doppelstunden und 1 Einzelstunde). Der Unterricht begann mit der Vorbereitungsstunde *Von der Wippe zur Waage* (für eine nähere Darstellung des Unterrichts und des Umgangs mit den Darstellungsformen siehe Hardy et al., 2004).

Abb. 7: Repräsentieren mit der Balkenwaage: Balkenwaage mit Legosteinen für Masse (links) und Duplosteinen für Volumen (rechts); auf dem Balken wird markiert, wo die Steine für Masse platziert werden müssen, damit der Balken für unterschiedliche Materialien im Gleichgewicht ist

Abb. 8: Selbst entwickelte Repräsentationsform: Repräsentation der Masse durch Holzplättchen und des Volumens durch die Größe der Unterlage

2.4.2 Beschreibung der experimentellen Studie

Der Unterricht wurde in vier Klassen des dritten Schuljahres (N = 98) durchgeführt, die hinsichtlich der Klassengröße, des Einzugsgebietes und der Vorerfahrungen mit naturwissenschaftlichen Themen des Sachunterrichts vergleichbar sind. Die Klassen wurden zufällig den Gruppen zugeordnet. Zur Erfassung des konzeptuellen Verständnisses von *Schwimmen und Sinken* wurde der oben beschriebene Fragebogen in einem Prä-Post-Testdesign eingesetzt. Zur Erfassung des proportionalen Verständnisses wurden für die Inhaltsgebiete „Geschwindigkeit", „Mischverhältnisse" und „Dichte" jeweils sechs Items entwickelt, welche die Konstruktion von Verhältnissen erfordern (genaue Beschreibung der Aufgaben s. Hardy et al., 2004). Auch dieser Test wurde vor und nach dem Unterricht durchgeführt.

Zur Beantwortung der Frage, ob der Unterricht die Fähigkeit zur Grapheninterpretation förderte, wurde fünf Monate nach dem Unterricht mit 56 zufällig ausgewählten Kindern ein Interview durchgeführt. Das Interview begann mit einer kurzen Einführung in das Koordinatensystem. Darauf folgten zehn Fragen zur Interpretation von Dichte im Koordinatensystem (z.B. um zu prüfen, ob die Kinder erkennen konnten, ob ein bestimmtes eingezeichnetes Material schwimmt oder sinkt) und sechs Fragen zur Interpretation von Geschwindigkeiten (genaue Beschreibung des Interviews s. Hardy et al., 2005).

2.4.3 Effekte des Unterrichts

Der Unterricht führte zur signifikanten Verbesserung beim Test zum *Schwimmen und Sinken* (Summenwert) für beide Unterrichtsgruppen. Bei den Tests zum proportionalen Verständnis zeigte sich ebenfalls, dass sich beide Unterrichtsgruppen vom Prä- zum Posttest signifikant verbesserten; allerdings in Bezug auf unterschiedliche Inhaltsgebiete (weitere Analysen s. Hardy et al., 2004). Entgegen unserer Annahmen verbesserte sich also auch die Gruppe mit selbst entwickelten Darstellungen in Bezug auf das proportionale Denken. In Bezug auf die Leistung im Grapheninterview stellte sich erwartungsgemäß eine Überlegenheit der Kinder der Balkenwaagengruppe bei der Interpretation von Graphen im Dichtekontext heraus. Hingegen zeigte sich kein Unterschied bei der Interpretation von Graphen im Geschwindigkeitskontext (weitere Analysen s. Hardy et al., 2005).

2.4.4 Zusammenfassung der Ergebnisse der Repräsentationsstudie

Zusammenfassend zeigt diese Unterrichtsstudie, dass die Verwendung von visuellen Darstellungsformen eine Anreicherung für den Sachunterricht bedeutet, die zur Weiterentwicklung konzeptuellen Verständnisses bei Grundschulkindern in komplexen Inhaltsgebieten führte. Die Auswahl der entsprechenden Darstellungsformen (ob vorgegebene oder selbst entwickelte Formen) sollte dem jeweiligen Inhalt, Kenntnisstand der Kinder und didaktischen Zielsetzung entsprechen. Beim Umgang mit visuellen Darstellungsformen wird nicht nur das Verständnis von mathematischen Strukturen gefördert, die Kinder lernen auch implizit, wie neue Darstellungsformen zu interpretieren sind.

3   Implementierung eines konstruktivistisch orientierten naturwissenschaftlichen Unterrichts mit instruktionaler Unterstützung durch Lehrerfortbildungen

Obwohl, wie eingangs beschrieben, Konsens besteht, dass Kinder in der Grundschule bereits eine grundlegende naturwissenschaftliche Bildung erwerben sollen (z.B. Gesellschaft für Didaktik des Sachunterrichts, 2002), ist festzustellen, dass Inhalte aus den Bereichen Chemie und Physik, also der unbelebten Natur, kaum im Grundschulunterricht realisiert werden (Einsiedler, 2002). Wie in vielen Ländern sind auch in Deutschland Grundschullehrkräfte eher Generalisten als fachliche Spezialisten. In den Disziplinen, die sich mit der unbelebten Natur beschäftigen, sind sie zudem häufig nicht ausgebildet. Viele Grundschullehrkräfte beschreiben ihr Verhältnis zu diesen Bereichen als distanziert und schätzen dort ihre eigenen Kompetenzen eher niedrig ein. Dies kommt u.a. auch in niedrigen Selbstwirksamkeitserwartungen bzgl. des Unterrichtens von physik- und chemiebezogenen Themen zum Ausdruck (Landwehr, 2002; Möller, 2004). Wie bereits ausgeführt wurde, stellt jedoch ein konstruktivistisch und an *conceptual-change*-Theorien orientierter naturwissenschaftlicher Unterricht, in dem die Entwicklung konzeptuellen Verständnisses durch geeignete Strukturierungsmaßnahmen unterstützt wird, hohe Anforderungen an die fachlichen und fachdidaktischen Kompetenzen der Lehrkräfte (Duit, 1995; Möller, 2004).

In einer Fortbildungsstudie untersuchten wir daher, inwieweit Grundschullehrkräfte durch Lehrerfortbildungen für das Unterrichten eines solchen anspruchsvollen konstruktivistisch orientierten naturwissenschaftlichen Unterrichts qualifiziert werden können. Konkret untersuchten wir die Auswirkungen verschiedener Fortbildungskonzepte auf Aspekte des professionellen Lehrerwissens, insbesondere Vorstellungen zum Lehren und Lernen, sowie auf motivationale und selbstbezogene Variablen seitens der Lehrkräfte. Außerdem wurden mögliche Zusammenhänge des Lehrerwissens mit dem unterrichtlichen Handeln der Lehrkräfte sowie Effekte der verschiedenen Fortbildungskonzeptionen auf das naturwissenschaftliche Verständnis, das Schüler im Unterricht der fortgebildeten Lehrkräfte erreichen, untersucht. Im Folgenden werden zentrale Ergebnisse der Fortbildungswirkungen auf der Ebene der Lehrkräfte und auf der Ebene der Schüler dargestellt.

3.1 Fachspezifisch-pädagogisches Wissen von Lehrkräften

Die Fortbildungsstudie setzt, was die Gestaltung der Fortbildungen und die Evaluation der Wirkungen angeht, zentral am fachspezifisch-pädagogischen („fachdidaktischen") Wissen der Lehrkräfte an. Dieses kann, wie von Bromme (1997) in Anlehnung an Shulman (1987) beschrieben, als zentraler Bereich des professionellen Lehrerwissens angesehen werden, da es eine Verschmelzung von fachlichen Inhalten mit pädagogisch-psychologischen Kenntnissen und eigenen Erfahrungen der Lehrperson darstellt. Daher wird angenommen, dass es eine wichtige Bedeutung für das unterrichtliche Handeln und damit für die Gestaltung von Lerngelegenheiten für die Schüler hat. Wenn hier die Rede von Wissen ist, sind die bewertenden Anteile, die mit dem Begriff der Überzeugung (belief) verbunden sind, mit einbezogen (Diedrich, Thußbas & Klieme, 2002).

Im Fokus unserer Untersuchung stehen Vorstellungen der Lehrkräfte über das Lehren und Lernen, da es mittlerweile einige Evidenz dafür gibt, dass diese sowohl eine wichtige Rolle für das unterrichtliche Handeln der Lehrkräfte als auch für das Lernen der Kinder spielen (Kagan, 1992; Pajares, 1992; Calderhead, 1996). So konnten Staub und Stern (2002) zeigen, dass eine konstruktivistisch orientierte Vorstellung vom Lehren und Lernen im Mathematikunterricht der Grundschule mit dem Einsatz von verstehensorientierten Aufgaben im Unterricht und einem größeren Lernzuwachs bei den Kindern einhergeht. Stipek et al. (2001) fanden Zusammenhänge zwischen der Überzeugung von Lehrkräften, dass Mathematik vorrangig aus dem Beherrschen von Rechenprozeduren und Fakten bestehe, und einem weniger verstehensorientierten und eher leistungs- als lernorientierten Handeln der Lehrkräfte im Unterricht. Lehrkräfte mit eher „traditionellen" Lehr-Lernvorstellungen erzeugten in stärkerem Maße ein Unterrichtsklima, in dem es gilt, Fehler zu vermeiden, und sie gaben ihren Schülern weniger Freiräume für selbstbestimmtes Lernen.

Vorliegende Untersuchungen haben gezeigt, dass Grundschullehrkräfte häufig sehr schülerorientierte Vorstellungen zum Lehren und Lernen von Naturwissenschaften haben (Levitt, 2002). Sie sind bspw. überzeugt, dass im Unterricht Interessen der Kinder aufgegriffen werden sollten und dass die Kinder eigene Lernwege verfolgen dürfen. Auf der anderen Seite gibt es aber auch zahlreiche Hinweise auf Vorstellungen, die an „traditionellen", assoziationistischen Lerntheorien orientiert sind und oft als transmissive (transmission) Vorstellungen bezeichnet werden (Smith & Neale, 1991; Porlán & Martin del Pozo, 2004). Diesen Vorstellungen zufolge kommt Lehrkräften die Aufgabe zu, den Schülern „fertiges" Wissen zu übermitteln, wobei die Schüler dieses Wissen eher rezeptiv aufnehmen. Wie das für Vorstellungssysteme charakteristisch ist, können offensichtlich vermeintlich widersprüchliche Vorstellungen parallel beibehalten werden (Pajares, 1992). Sehr weit verbreitet sind offensichtlich „praktizistische" Vorstellungen (Gustafson & Rowell, 1995; Keys, 2005), wonach konzeptuelles Verständnis im Unterricht allein durch praktisches Handeln der Schüler erreicht werden kann. Dass naturwissenschaftliches Lernen bei Grundschulkindern, wie eingangs beschrieben, eine Veränderung vorhandener Vorstellungen bedeutet, findet sich nur selten in den Vorstellungen von Grundschullehrkräften (Heran-Dörr, 2006).

3.2   Die Veränderung von Vorstellungen zum Lehren und Lernen bei Lehrkräften

Vor dem Hintergrund der dargestellten Befunde ist davon auszugehen, dass Lehrkräfte ihre Vorstellungen über das Lehren und Lernen verändern oder zumindest erweitern müssen, wenn sie anspruchsvollen, kognitiv aktivierenden und den Konzeptwechsel fördernden Sachunterricht realisieren sollen. Der notwendige Prozess bei den Lehrkräften kann auch als *conceptual change* in den Vorstellungen der Lehrkräfte verstanden werden. Vorliegende Untersuchungen haben allerdings gezeigt, dass die Veränderung von Vorstellungen zum Lehren und Lernen generell als schwierig anzusehen ist. Sie scheint insbesondere im Rahmen kurzfristiger Interventionen nicht möglich zu sein (van Driel, Beijaard & Verloop, 2001). Vielmehr besteht weitgehender Konsens, dass Lehrerfortbildungen selbst an konstruktivistischen Merkmalen orientiert sein sollten und insbesondere nur dann erfolgreich sein können, wenn sie die vorhandenen Vorstellungen der Lehrkräfte aufgreifen (Northfield, Gunstone & Erickson, 1996).

Wegen der geringen Vorerfahrungen der Grundschullehrkräfte im Bereich der Naturwissenschaften (speziell im Bereich der unbelebten Natur) sollte dabei eine tutorielle, adaptive Unterstützung im Sinne des *cognitive-apprenticeship*-Ansatzes (vgl. Collins, Brown & Newman, 1989) nötig sein. Eine Fortbildungsstrategie dagegen, die auf einen weitgehend selbstgesteuerten Lernprozess der Lehrkräfte setzt, indem diese sich das fachliche und fachdidaktische Wissen auf der Basis bereitgestellter schriftlicher Materialien erarbeiten, sollte für die notwendigen Veränderungen der vorhandenen Vorstellungen der Lehrkräfte nicht ausreichen, auch wenn eine solche Strategie vielleicht ökonomisch wünschenswert erscheinen könnte. Außerdem gibt es Hinweise darauf, dass Veränderungen dann begünstigt werden, wenn die Aufmerksamkeit der Lehrkräfte auf die Lernprozesse der Schüler und weniger auf das Lehren gerichtet wird. Dies kann durch die Untersuchung von individuellen Schülerlernprozessen im Rahmen von situierten Lernforschungselementen geschehen (vgl. Tabachnik & Zeichner, 1999).

Neben der Veränderung und Erweiterung des professionellen Wissens der Lehrkräfte sollte es vor dem Hintergrund der oben skizzierten Situation aber auch entscheidend sein, die Lehrkräfte für das Unterrichten von Themen aus dem Bereich der unbelebten Natur zu motivieren und ihre Selbsteinschätzungen der eigenen Kompetenzen im Unterrichten dieser Themen zu verbessern.

In der Fortbildungsstudie gingen wir daher folgenden zentralen Fragen nach: Können Vorstellungen zum Lehren und Lernen im naturwissenschaftsbezogenen Lernfeld sowie motivationale und selbstbezogene Voraussetzungen bei Grundschullehrkräften durch Fortbildungsmaßnahmen überhaupt verändert werden? Welchen

Einfluss hat dabei eine tutorielle, adaptive Unterstützung? Wenn es möglich ist, die Vorstellungen zum Lehren und Lernen bei Lehrkräften zu verändern: Spiegeln sich diese modifizierten Vorstellungen dann auch im unterrichtlichen Handeln der Lehrkräfte wider? Und schließlich: Haben längerfristige Lehrerfortbildungen, die an konstruktivistischen Prinzipien orientiert gestaltet sind, einen Effekt auf Lernzuwächse, die Schüler im naturwissenschaftlichen Unterricht der fortgebildeten Lehrkräfte erreichen?

3.3 Zur Gestaltung der Lehrerfortbildungen

Um diesen Fragen nachzugehen, wurden drei Fortbildungen zum naturwissenschaftlichen Sachunterricht konzipiert und durchgeführt: Zwei Gruppen (Experimentalgruppen, EGs) erhielten je 16 ganztägige Präsenz-Fortbildungen, in denen die Teilnehmer tutoriell unterstützt durch eine Fortbildungsleiterin naturwissenschaftsbezogenes fachliches und fachdidaktisches Wissen erwerben konnten. Die Fortbildungen wurden konstruktivistisch orientiert gestaltet, d.h. die vorhandenen fachlichen naturwissenschaftsbezogenen Präkonzepte der Lehrkräfte wurden aufgegriffen und genetisch und verstehensorientiert weiterentwickelt. Die Lehrkräfte wurden dazu angeregt, ihre Vorstellungen zu den thematisierten Naturphänomenen untereinander zu diskutieren und Möglichkeiten der Überprüfung dieser Vorstellungen durch Experimente zu entwickeln. Die Fortbildungsleitung strukturierte diesen Prozess in ähnlicher Weise, wie dies weiter oben für die Strukturierungsmaßnahmen im Unterricht zum *Schwimmen und Sinken* beschrieben wurde. Außerdem regte sie die Teilnehmer zur Reflexion des eigenen naturwissenschaftlichen Lernprozesses an und fokussierte dabei die Bedeutung vorhandener Präkonzepte sowie der Schwierigkeit und der Bedingungen ihrer Veränderung in Richtung sachlich angemessenerer Vorstellungen. Konsequenzen für den naturwissenschaftlichen Sachunterricht, typische Vorstellungen von Grundschülern, die Gesprächsführung im Klassengespräch, Arbeitsaufträge und Unterrichtsplanungen wurden gemeinsam diskutiert. Auf diese Weise waren der Erwerb des fachlichen und des fachdidaktischen Wissens eng aufeinander bezogen. Im Sinne des so genannten „fading"[2] wurde die tutorielle Unterstützung durch die Fortbildungsleitung im Laufe der 16 Fortbildungstage schrittweise zurückgenommen. Die Fortbildungsleitung war in beiden Gruppen dieselbe.

Eine der beiden EGs (EG-MIT) nahm innerhalb der Fortbildung an einem Lernforschungsmodul teil, in dem die Teilnehmer die Lernprozesse jeweils eines Kindes in einem von der Fortbildungsleitung demonstrierten 6 Doppelstunden umfassenden Unterricht zum Thema *Schwimmen und Sinken* anhand von Einzelinterviews vor und nach dem Unterricht analysierten und die Kinder während des Unterrichts mit Hilfe eines „Aufmerksamkeitsbogens" beobachteten. Die Daten wurden gemeinsam ausgewertet und diskutiert. Die zweite EG (EG-OHNE) diskutierte ausgewählte Videoausschnitte des demonstrierten Unterrichts zum Thema *Schwimmen und Sinken* im Hinblick auf die Lehrerrolle im Lernprozess der Kinder im Rahmen der Fortbildung.

Eine dritte Gruppe diente als Kontrollgruppe (KG). Sie eignete sich das fachliche und fachdidaktische Wissen weitgehend selbstgesteuert, d.h. ohne tutorielle Unterstützung, im „Selbststudium" auf der Basis schriftlicher Handreichungen zu 11 naturwissenschaftsbezogenen Unterrichtsthemen an. Die Handreichungen waren vom

---

2   Mit „fading" ist das schrittweise Ausblenden von tutorieller Unterstützung im Rahmen von Instruktion gemeint.

Seminar für Didaktik des Sachunterrichts für die Fortbildungen verfasst worden. Sie enthielten in einem allgemeinen Teil eine Beschreibung konstruktivistisch orientierter Ansätze zum Lehren und Lernen von Naturwissenschaften und in einem speziellen auf das jeweilige Unterrichtsthema bezogenen Teil verständlich aufbereitete Informationen zum fachlichen Hintergrund des Themas, zu typischen Schülervorstellungen sowie Vorschläge für die Unterrichtsgestaltung, für Arbeitsblätter und Stationenkarten. Außerdem erhielten die Teilnehmer eine kommentierte Videokassette mit Unterrichtsausschnitten zum Thema *Schwimmen und Sinken*. Diese Unterlagen standen den Teilnehmern aller drei Gruppen zur Verfügung. Die Teilnehmer der KG trafen sich während der Fortbildungszeit zweimal, um Erfahrungen austauschen und Fragen klären zu können. Außerdem konnten sie sich in Arbeitsgruppen organisieren und austauschen.

Alle drei Gruppen bearbeiteten die gleichen 11 naturwissenschaftsbezogenen Unterrichtsthemen (z.B. „Luft und Luftdruck", „Schall", „elektrischer Strom", „Schwimmen und Sinken") sowie die gleichen fachdidaktischen Inhalte (z.B. Experimente und Gesprächsführung im naturwissenschaftlichen Sachunterricht, wissenschaftliches Arbeiten) und hatten zudem die gleichen Unterrichtsmaterialien in Form von Klassenkisten (s. Abschnitt 5) zu jedem Thema zur Verfügung. Außerdem erstreckten sich alle Fortbildungen über fünf Monate und alle teilnehmenden Lehrkräfte sollten in dieser Zeit drei der erarbeiteten fachlichen Themen im eigenen Unterricht erproben.

3.4 Beschreibung der Untersuchung

Die folgende Graphik (Abbildung 9) gibt eine Übersicht über die Untersuchungsanlage. Zusätzlich zu den drei skizzierten Fortbildungsgruppen wurde noch eine Basisgruppe aufgenommen, die keine Fortbildung erhielt. Vor und nach den Fortbildungen führten die Lehrkräfte Unterricht zu zwei vorgegebenen naturwissenschaftlichen Themen durch. Dieser Unterricht wurde videographiert. Das Thema des Unterrichts nach der Fortbildung war das bereits für die o.g. Unterrichtsstudien gewählte Thema *Schwimmen und Sinken*. Dieses Thema wurde von 46 der insgesamt 54 an den Fortbildungen teilnehmenden Lehrkräfte im Schulhalbjahr nach der Fortbildung in dritten oder vierten Klassen unterrichtet. Um die materielle Ausstattung für diesen Unterricht konstant zu halten, wurde jedem Teilnehmer eine sog. Klassenkiste mit Unterrichtsmaterialien zur Verfügung gestellt. Vor und nach dem Unterricht wurde das Verständnis der Kinder vom *Schwimmen und Sinken* mit einem leicht modifizierten Test aus der Unterrichtsstudie erfasst. Unterrichtswahrnehmungen der Schüler wurden ebenfalls mit Hilfe eines Fragebogens erfasst. Insgesamt liegen Daten von 1039 Schülern vor.

Ebenfalls vor und (zweimal) nach der Intervention bearbeiteten die Lehrkräfte einen Fragebogen, in dem unter anderem die Vorstellungen der Lehrkräfte zum Lehren und Lernen sowie motivationale und selbstbezogene Variablen erfasst wurden. Ergebnisse des Follow-up-Fragebogens (3. Messzeitpunkt, MZP) liegen derzeit noch nicht vor.

9.2003–2.2004			3.2004–7.2004			9.2004–11.20005		
			EG OHNE Lernforschungsmodul N = 18					
Parallelisierungs-Fragebogen	Unterrichtsbeobachtung Video 1. MZP	Lehrer-Fragebogen 1. MZP	**EG MIT** Lernforschungsmodul N = 18	Lehrer-Fragebogen 2. MZP	Schüler-Fragebogen 1. MZP	Unterrichtsbeobachtung Video 2. MZP	Schüler-Fragebogen 2. MZP	Lehrer-Fragebogen 3. MZP
			Selbststudiumsgruppe N = 18					
			Basisgruppe ohne Fortbildung N = 18					

Abb. 9:   Übersicht über die Untersuchungsanlage

Die Teilnehmer wurden über eine Ausschreibung der Fortbildungen durch die Bezirksregierung Münster gewonnen, die die Fortbildungen über Stundenentlastungen förderte. Dabei wurden die Fortbildungen getrennt nach EGs und KG als Zertifikatskurs (EG) und als Selbststudiumskurs (KG) ausgeschrieben. Es interessierten sich 96 Lehrkräfte, sodass die Teilnehmer auf der Basis eines Parallelisierungsfragebogens ausgewählt werden konnten. Ziel war es, in den drei Gruppen möglichst ähnliche Voraussetzungen auf Seiten der Lehrkräfte zu haben. Deshalb erfolgte eine Parallelisierung der Gruppen nach Vorstellungen zum Lehren und Lernen, motivationalen Orientierungen und Ausbildungshintergrund. Die Basisgruppe setzte sich aus dem Kreis der ursprünglichen Interessenten zusammen, die nicht in einer der drei Fortbildungen aufgenommen werden konnten. Zu beachten ist sicherlich, dass es sich bei den Teilnehmern der Studie um insgesamt eher fortbildungsinteressierte Lehrkräfte handelt. Allerdings zeigten die Erhebungen zu den Eingangsvoraussetzungen, dass sich die Lehrkräfte im Bereich Naturwissenschaften weitgehend als Novizen einschätzten.

Die Vorstellungen der Lehrkräfte zum Lehren und Lernen und die motivationalen wie selbstbezogenen Lehrervariablen wurden, wie bereits angedeutet, mit einem in der Gruppe entwickelten Fragebogeninstrument erfasst (zu dessen Entwicklung vgl. Kleickmann, Möller & Jonen, 2005). Dieses umfasst 6 Skalen, die konstruktivistisch geprägte Vorstellungen vom Lehren und Lernen abbilden. In Klammern sind in dieser Reihenfolge die Anzahl der Items pro Skala sowie Cronbachs α-Werte für den Vor- und den Nachtest angegeben:

- „Motivation als notwendige Voraussetzung für Lernen" (4; .70, .74)
- „Kinder sollen eigene Ideen entwickeln und individuelle Lernwege nehmen dürfen" (9; .83, .74)
- „Lehren und Lernen im Sinne von *conceptual change*" (6; .71, .86)
- „Kinder haben Präkonzepte, die u. U. zu Lernschwierigkeiten führen können" (3; .69, .82)
- „Kinder sollten ihre Vorstellungen im Unterricht untereinander austauschen" (4; .71,.65)
- „Lerngelegenheiten sollten in Alltagskontexte eingebettet sein" (5; .68, .75)

Der Fragebogen umfasste außerdem drei Skalen zu weiteren Lehr-/Lernverständnissen:

- „Transmissives Lehr-Lernverständnis", s. o. (7; .65, .70)
- „Sehr offenes Lehr-Lernverständnis", dem zufolge die Kinder „selbstgesteuert" lernen sollten und z.B. Strukturierungsmaßnahmen durch die Lehrkraft nicht nötig sind (5; .73, .76)
- „Praktizistisches Lehr-Lernverständnis", s. o. (5; .72, .75)

Alle Items der Skalen zum Lehr-Lernverständnis waren auf das *naturwissenschaftliche* Lehren und Lernen bezogen. Vier weitere Skalen erfassten motivationale und selbst-bezogene Lehrervariablen:

- „Sachinteresse an Physik" (4; .81, .78)
- „Interesse am Unterrichten von physikbezogenem Sachunterricht" (4; .83, .86)
- „Selbstwirksamkeitserwartungen bzgl. physikbezogenem Sachunterricht" (4; .82, .88)
- „Fähigkeitsselbstkonzept Physik" (4; .85, .85)

Hinsichtlich der Skalen zum konstruktivistisch orientierten Lehr-Lernverständnis so-wie zu den motivationalen und selbstbezogenen Skalen erwarteten wir einen stärkeren Zuwachs in den drei Fortbildungsgruppen als in der Basisgruppe und wegen der tuto-riellen Unterstützung insbesondere auch stärkere Zuwächse in den EGs als in der KG. Wegen des Lernforschungsmoduls in der EG-MIT erwarteten wir dort stärkere Effekte als in der EG-OHNE. Für die Skalen zu den weiteren Lehr-Lernverständnissen erwar-teten wir das Gegenteil, also einen stärkeren Abbau dieser Vorstellungen in den Fort-bildungsgruppen als in der Basisgruppe usw.

3.5   Effekte der Fortbildungen

3.5.1 Effekte der Fortbildungen auf Ebene der Lehrkräfte

Anders als erwartet konnten keine signifikanten Effekte der Fortbildungsgruppen in den Bereichen „Motivation als notwendige Voraussetzung", „Eigene Ideen ent-wickeln", „Ideen diskutieren", „Alltagskontexte" bei insgesamt schon vor den Fort-bildungen recht hohen Mittelwerten und auch keine Effekte in den Skalen „trans-missive Lehrervorstellung", „sehr offene Lehrervorstellung" sowie beim „Sach-interesse" bei insgesamt bereits vor der Intervention recht niedrigen Mittelwerten ge-funden werden (Kleickmann, Möller & Jonen, in Druck).

Deutliche Unterschiede ergaben sich jedoch in den Vorstellungen „*conceptual change*" und „Präkonzepte" der Lehrkräfte: Die Teilnehmer der Experimentalgruppen entwickelten in stärkerem Maße eine Vorstellung, die das naturwissenschaftliche Leh-ren und Lernen als *conceptual change* sieht (Abbildung 10), und maßen den vorunter-richtlichen Vorstellungen der Kinder mehr Bedeutung bei (Abbildung 11).

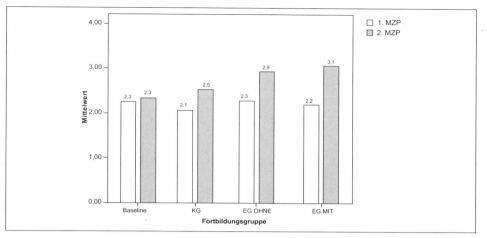

Abb. 10: Fortbildungseffekte auf die Lehrervorstellung „Lehren und Lernen als *conceptual change*"

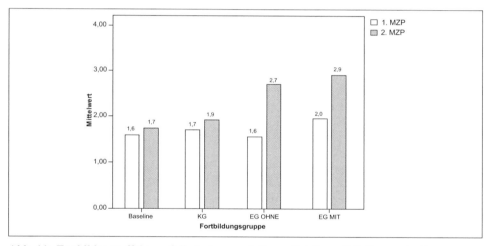

Abb. 11: Fortbildungseffekte auf die Lehrervorstellung „Schüler mit Präkonzepten"

Darüber hinaus bauten die Lehrkräfte der beiden Experimentalgruppen die „praktizistische" Vorstellung in signifikant stärkerem Maße ab, als dies die Teilnehmer der Selbststudiumsgruppe taten. Anders als erwartet waren diese nach dem Selbststudiumskurs sogar „praktizistischer" orientiert als vorher.

Das Interesse am Unterrichten von physikbezogenem Sachunterricht, die auf diesen Unterricht bezogenen Selbstwirksamkeitserwartungen der Lehrkräfte und ihr Fähigkeitsselbstkonzept bzgl. Physik konnten in allen drei Fortbildungsgruppen signifikant gesteigert werden, während dies bei der Basisgruppe nicht der Fall war (vgl. Abbildung 12).

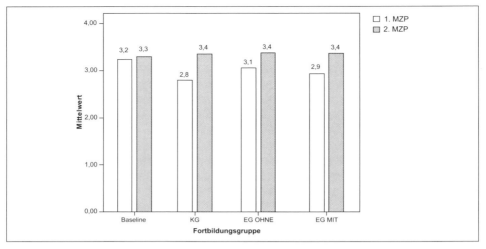

Abb. 12: Fortbildungseffekte auf das Interesse am Unterrichten physikbezogenen Sachunter-
          richts

3.5.2 Effekte der Fortbildungen auf Ebene der Schüler

Neben der Frage, ob Lehrerfortbildungen Veränderungen im professionellen Wissen
und in den motivationalen Orientierungen von Lehrkräften hinsichtlich des Unterrichtens von naturwissenschaftsbezogenen Inhalten auslösen können, wurde des Weiteren untersucht, ob längerfristige Lehrerfortbildungen, die an konstruktivistischen
Prinzipien orientiert gestaltet sind, auch einen Effekt auf das naturwissenschaftliche
Verständnis, das Schüler im Unterricht der fortgebildeten Lehrkräfte erreichen, haben
können. Zu diesem Zweck wurde der Unterricht zum Thema *Schwimmen und Sinken*
von 46 Lehrkräften aus allen drei Gruppen im Hinblick auf die Lernzuwächse der
unterrichteten Schüler analysiert. Zunächst wurden die mittleren Lernzuwächse der 46
Klassen errechnet. Dabei wurden die Klassen, die von Teilnehmern der beiden
Experimentalgruppen unterrichtet worden waren, mit den Klassen verglichen, deren
Lehrkräfte an der Fortbildung durch Selbststudium teilgenommen hatten.

In Abbildung 13 ist zu erkennen, dass die von den „Experimentalgruppen-Lehrkräften"
unterrichteten Klassen im Durchschnitt höhere Lernzuwächse zeigten als die Klassen,
die von den „Selbststudiums-Lehrkräften" unterrichtet worden waren. Mehrebenenanalysen, die der geschachtelten Struktur der untersuchten Daten (Schüler einer Klasse
sind einer Lehrkraft zugeordnet) Rechnung tragen, zeigen, dass sich die Lernzuwächse
der Schüler der „Experimentalgruppen-Lehrkräfte" signifikant von denen der Schüler
der „Selbststudiums-Lehrkräfte" unterscheiden. Dieser Unterschied bleibt auch bestehen, wenn bei den Berechnungen die Unterrichtszeit und die Berufserfahrung der
Lehrkräfte kontrolliert werden. In weiteren Mehrebenenanalysen zeigte sich, dass
höhere Lernfortschritte der Schüler insbesondere durch höhere Ausprägungen in den
Vorstellungen „Lehren und Lernen als *conceptual change*" und „Bedeutung von Präkonzepten" erklärt werden können. Bei diesen Berechnungen wurden dieselben
o.g. Variablen sowie das physikbezogene Fähigkeitsselbstbild und Interesse der Lehrkräfte kontrolliert.

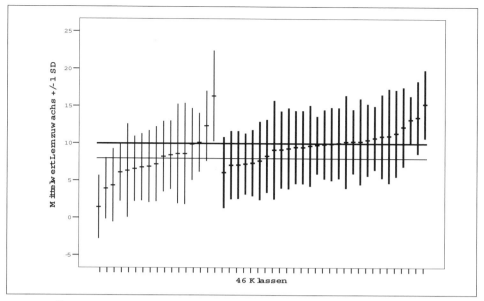

Abb. 13: Über die Klassen gemittelte Lernzuwächse (+/- eine Standardabweichung); dünne Linien stehen für Klassen, die von „Selbststudiums-Lehrkräften" unterrichtet wurden, fett gesetzte für die Klassen der EG-Lehrkräfte. Die obere (fett gesetzte) horizontale Linie zeigt den über alle „EG-Klassen" gemittelten Lernzuwachs, die untere (dünne) Linie den Mittelwert der Klassen der Selbststudiums-Lehrkräfte

3.6 Zusammenfassung zentraler Ergebnisse der Fortbildungsstudie

Auf der Ebene der Lehrkräfte zeigen die Ergebnisse, dass umfangreiche an konstruktivistischen Prinzipien orientierte und tutoriell unterstützte Lehrerfortbildungen Veränderungen in den Vorstellungen der Lehrkräfte über das Lehren und Lernen als Bestandteil ihres professionellen Wissens bewirken können. Dies gilt insbesondere für den Aufbau der Vorstellung, naturwissenschaftliches Lehren und Lernen als Veränderung bestehender Konzepte der Schüler zu sehen (Skalen „*conceptual change*" und „Präkonzepte"), aber auch für den Abbau „praktizistischer" Vorstellungen. Für die Veränderung dieser Vorstellungen scheint ein weitgehend selbstgesteuerter Wissenserwerb der Lehrkräfte, wie er in der Selbststudiumsgruppe realisiert wurde, nicht auszureichen. Insgesamt scheint bereits vor der Intervention eine hohe allgemeine Schülerorientierung in den Vorstellungen der Grundschullehrkräfte vorgelegen zu haben. Neben Veränderungen im professionellen Wissen der Lehrkräfte konnten auch deren Interesse am Unterrichten physikbezogener Themen sowie die Einschätzungen der eigenen Kompetenzen in Physik und im Unterrichten von physikbezogenem Sachunterricht gefördert bzw. verbessert werden. Diese Verbesserung der im weiteren Sinne motivationalen Orientierungen in Bezug auf Unterrichtsthemen aus der unbelebten Natur wurde in allen drei Fortbildungen erreicht. Eine Überlegenheit der tutoriell unterstützten Fortbildungsgruppen konnte in diesem Bereich aber tendenziell nachgewiesen werden.

Auf der Ebene der Schüler zeigte sich, dass jene Schüler, die von Lehrkräften aus den Experimentalgruppen unterrichtet wurden, höhere Lernzuwächse erreichten als die

Schüler, die von Lehrkräften unterrichtet wurden, die an dem Selbststudiumskurs teilgenommen hatten. Dieser Fortbildungseffekt bis auf die Schülerebene konnte festgestellt werden, obwohl allen Lehrkräften eine Klassenkiste mit Experimentiermaterial zum Thema *Schwimmen und Sinken* und eine ausgearbeitete Unterrichtsreihe mit fachlichen und didaktisch-methodischen Hinweisen zur Verfügung gestellt wurde.

Ein Effekt des Lernforschungselements konnte auf der Basis der bisherigen Auswertungen noch nicht nachgewiesen werden. Hier könnten die in einem Follow-Up nach einem Jahr erhobenen Vorstellungen zum Lehren und Lernen noch weiteren Aufschluss bieten – die Auswertungen sind allerdings noch nicht beendet. Von der Auswertung von offenen Fragen im Fragebogen und von Interviews mit den Lehrkräften erhoffen wir uns noch differenziertere Einblicke in die Veränderung der Vorstellungen zum Lehren und Lernen. Die noch laufende Analyse der videographierten Unterrichtsstunden und der Schülerdaten wird Erkenntnisse über die Relevanz der erfassten Vorstellungen zum Lehren und Lernen für das Handeln der Lehrkräfte und für weitere Zielkriterien seitens der Schüler liefern.

4   Zusammenfassende Diskussion der drei Studien

Die Ergebnisse der Unterrichtsstudien belegen, dass bereits Grundschulkinder ein anspruchsvolles naturwissenschaftliches Verständnis, das weit über ein reines „Faktenwissen" hinausgeht, aufbauen können. Wie am Beispiel des Themas *Schwimmen und Sinken* gezeigt werden konnte, wird der Erwerb eines solchen konzeptuellen Wissens durch einen kognitiv aktivierenden und die Überprüfung eigener Vorstellungen anregenden Unterricht, der darüber hinaus Strukturierungselemente aufweist, besonders gefördert. Insbesondere Schüler mit schlechteren Lernvoraussetzungen benötigen bei anspruchsvollen naturwissenschaftlichen Themen eine strukturierende Gesprächsführung (scaffolding) und eine Lernumgebung, in der die Komplexität der behandelten Fragestellung durch eine Sequenzierung in überschaubare Teilfragen reduziert ist. Strukturierung bedeutet dabei ausdrücklich nicht, dass den Kindern (Teil-)Lösungen oder Erklärungen vorgegeben werden oder dass die Inhalte kleinschrittig und eng geführt erarbeitet werden. Der in der Münsteraner Schulstudie untersuchte strukturiertere Unterricht war dem weniger strukturierten („Werkstatt-")Unterricht nicht nur in Bezug auf das erreichte, nachhaltige naturwissenschaftliche Verständnis der Schüler, sondern auch mit Blick auf deren Motivation und Kompetenzempfinden im Unterricht sowie auf die entwickelte Erfolgszuversicht der Schüler überlegen.

Die Ergebnisse der Repräsentationsstudie zeigten darüber hinaus, dass visuelle Darstellungsformen, in denen die argumentativen bzw. logischen Beziehungen grundlegender Konzepte bei dem erarbeiteten Thema wiedergegeben werden, für die Schüler geeignete „Denkwerkzeuge" darstellen, die das naturwissenschaftliche Verständnis vertiefen und den Erwerb fächerübergreifender Kompetenzen, wie das proportionale Denken, fördern können.

In einer Fortbildungsstudie konnte gezeigt werden, dass praktizierende Grundschullehrkräfte, obwohl sie in ihrer bisherigen Ausbildung kaum Kontakt mit naturwissenschaftlichen Inhaltsbereichen hatten, durch langfristige Fortbildungsmaßnahmen, die an konstruktivistischen Ansätzen orientiert sind und eine intensive tutorielle Unterstützung beim Erwerb des fachlichen und fachdidaktischen Wissens bieten, für das Unterrichten anspruchsvoller naturwissenschaftlicher Themen qualifiziert und motiviert werden können. Durch derartige Fortbildungen kann erreicht werden, dass Lehrkräfte ihr Verständnis von naturwissenschaftlichem Lehren und Lernen verändern und angemessenere Vorstellungen darüber entwickeln. Für diese Veränderungen reicht es offensichtlich nicht aus, den Lehrkräften das entsprechende Wissen nur in Form von Handreichungen und Unterrichtsmaterialien zur Verfügung zu stellen. Die Überlegenheit der tutoriell unterstützten Fortbildungen konnte bis auf die Ebene der Lernergebnisse der Schüler nachgewiesen werden. Mit Blick auf die gefundenen Zusammenhänge zwischen Vorstellungen zum Lehren und Lernen bei Lehrkräften und Lernfortschritten der Schüler scheint es von besonderer Bedeutung zu sein, die Lehrkräfte darin zu unterstützen, ein Verständnis von naturwissenschaftlichem Lehren und Lernen als Veränderung bereits vorhandener Wissensstrukturen aufzubauen.

5   Transfer der Ergebnisse in die Praxis

Der von der Forschergruppe entwickelte und evaluierte Unterricht zum Thema *Schwimmen und Sinken* aus der MIT-Gruppe wurde inzwischen nach weiteren Evaluationen mit Hilfe von Sponsoren (Müller-Reitz-Stiftung, Deutsche Telekom-Stiftung) in Form einer Klassenkiste veröffentlicht und verbreitet (Möller, 2005). Die Ergebnisse der Repräsentationsstudie wurden in diesen Unterricht integriert. Die von einem Schulbuchverlag herausgegebene Klassenkiste enthält Experimentiermaterialien für 32 Schüler (z.B. Einheitswürfel), Demonstrationsmaterialien (z.B. Metallschiff) wie auch fachliche Informationen, didaktisch-methodische Hinweise, Unterrichtsskizzen, Arbeitsblätter und Stationenkarten. Sie soll die organisatorische Durchführung eines konstruktiv-genetischen Sachunterrichts erleichtern und den Lehrkräften Informationen und Anregungen bieten. Ebenfalls gefördert durch Sponsoren (Deutsche Telekom-Stiftung) konnten vom Seminar Didaktik des Sachunterrichts Multiplikatoren ausgebildet werden, die in allen Bundesländern Fortbildungen zum Thema *Schwimmen und Sinken* durchführten und über die Ergebnisse des Forschungsprojektes berichteten. Das hierfür entwickelte Fortbildungskonzept berücksichtigt die Ergebnisse aus der Lehrerfortbildungsstudie. Der Einsatz der Klassenkisten *Schwimmen und Sinken* und die Wirkungen der zugehörigen Fortbildungen werden zurzeit in einer Studie evaluiert. Klassenkisten sowie Fortbildungskonzepte zu weiteren Themen des Sachunterrichts, wie „Luft und Luftdruck", „Schall" und „Elektrizität" befinden sich in Vorbereitung.

Literatur

Blumberg, E., Möller, K., Jonen, A. & Hardy, I. (2003). Multikriteriale Zielerreichung im naturwissenschaftsbezogenen Sachunterricht der Grundschule. In D. Cech, & H.-J. Schwier (Hrsg.), *Lernwege und Aneignungsformen im Sachunterricht* (S. 77-92). Bad Heilbrunn: Klinkhardt.

Blumberg, E., Möller, K. & Hardy, I. (2004). Erreichen motivationaler und selbstbezogener Zielsetzungen in einem schülerorientierten naturwissenschaftsbezogenen Sachunterricht – Bestehen Unterschiede in Abhängigkeit von der Leistungsstärke? In W. Bos, E.-M. Lankes, N. Plaßmeier & K. Schwippert (Hrsg.), *Heterogenität – Eine Herausforderung an die empirische Bildungsforschung* (S. 41-55). Münster: Waxmann.

Bromme, R. (1997). Kompetenzen, Funktionen und unterrichtliches Handeln des Lehrers. In F.E. Weinert (Hrsg.), *Psychologie des Unterrichts und der Schule* (S. 177-212). Göttingen: Hogrefe. (= Enzyklopädie der Psychologie. D I, Bd. 3)

Calderhead, J. (1996). Teachers: Beliefs and knowledge. In D.C. Berliner & R.C. Calfee (Eds.), *Handbook of educational psychology* (pp. 709-725). New York: Macmillan.

Clement, J. (2000). Model based learning as a key research area for science education. *International Journal of Science Education, 22 (9)*, 1041-1053.

Collins, A., Brown, J. & Newman, S. (1989). Cognitive apprenticeship: Teaching the crafts of reading, writing, and mathematics. In L. Resnick (Ed.), *Knowing, learning and instruction. Essays in honour of Robert Glaser* (pp. 453-494). Hillsdale: Erlbaum.

Cox, R. (1999). Representation construction, externalised cognition and individual differences. *Learning and Instruction, 9*, 343-363.

Davis, E. & Miyake, N. (2004). Explorations of scaffolding in complex classroom systems. *The Journal of the Learning Sciences, 13 (3)*, 265-272.

Diedrich, M., Thußbas, C. & Klieme, E. (2002). Professionelles Lehrerwissen und selbstberichtete Unterrichtspraxis im Fach Mathematik. M. Prenzel & J. Doll (Hrsg.), *Bildungsqualität von Schule: Schulische und außerschulische Bedingungen mathematischer, naturwissenschaftlicher und überfachlicher Kompetenzen* (S. 107-123). Weinheim: Beltz (= Zeitschrift für Pädagogik, 45. Beiheft).

diSessa, A. (1993). Toward an epistemology of physics. *Cognition and Instruction, 10 (2/3)*, 105-225.

Duit, R. (1995). Zur Rolle der konstruktivistischen Sichtweise in der naturwissenschaftsdidaktischen Lehr- und Lernforschung. *Zeitschrift für Pädagogik, 41 (6)*, 905-923.

Duit, R. & Treagust, D.F. (1998). Learning in science – From behaviourism towards social constructivism and beyond. In B.J. Fraser & K.G. Tobin (Eds.), *International Handbook of Science Education* (pp. 3-26). Dordrecht, Boston, London: Kluwer Academic Publishers.

Einsiedler, W. (2002). Empirische Forschung zum Sachunterricht. Ein Überblick. In K. Spreckelsen, K. Möller & A. Hartinger (Hrsg.), *Ansätze und Methoden empirischer Forschung zum Sachunterricht* (S. 17-38). Bad Heilbrunn: Klinkhardt.

Gerstenmaier, J. & Mandl, H. (1995). Wissenserwerb unter konstruktivistischer Perspektive. *Zeitschrift für Pädagogik, 41*, 867-887.

Gesellschaft für Didaktik des Sachunterrichts (2002). *Perspektivrahmen Sachunterricht.* Bad Heilbrunn: Klinkhardt.

Gravemeijer, K. (1999). Instructional design for reform in mathematics education. In M. Beihuizen, K. Gravemeijer & E. van Lieshout (Eds.), *The role of contexts and models in the development of mathematical strategies and procedures* (pp. 13-34). Freudenthal Institute, Utrecht: Utrecht CD-beta series on research and mathematics Education.

Gustafson, B. & Rowell, P. (1995). Elementary preservice teachers: constructing conceptions about learning science, teaching science and the nature of science. *International Journal of Science Education, 17 (5)*, 589-605.

Hardy, I., Jonen, A., Möller, K., & Stern, E. (2004). Die Integration von Repräsentationsformen in den Sachunterricht der Grundschule. In J. Doll & M. Prenzel (Hrsg.), *Bildungsqualität von Schule: Lehrerprofessionalisierung, Unterrichtsentwicklung und Schülerförderung als Strategien der Qualitätsverbesserung* (S. 267-283). Münster: Waxmann.

Hardy, I., Schneider, M., Jonen, A., Möller, K. & Stern, E. (2005). Fostering Diagrammatic Reasoning in Science Education. *Swiss Journal of Psychology, 64 (3)*, 207-217.

Hardy, I., Jonen, A., Möller, K. & Stern, E. (2006). Effects of Instructional Support Within Constructivist Learning Environments for Elementary School Students' Understanding of "Floating and Sinking". *Journal of Educational Psychology, 98 (2)*, 307-326.

Heran-Dörr, E. (2006). Orientierung an Schülervorstellungen – Wie verstehen Lehrkräfte diesen Appell an ihre didaktische und methodische Kompetenz? In D. Cech, H.-J. Fischer, W. Holl-Giese, M. Knörzer & M. Schrenk (Hrsg.), *Bildungswert des Sachunterrichts* (S. 159-176). Bad Heilbrunn: Klinkhardt.

Hogan, K. & Pressley, M. (1997). Scaffolding scientific competencies within classroom communities of inquiry. In K. Hogan & M. Pressley (Eds.), *Scaffolding student learning: Instructional approaches and issues* (pp. 74-107). Louiseville, Quebec: Brookline Books.

Jonen, A., Möller, K. & Hardy, I. (2003). Lernen als Veränderung von Konzepten – am Beispiel einer Untersuchung zum naturwissenschaftlichen Lernen in der Grundschule. In D. Cech & H.-J. Schwier (Hrsg.), *Lernwege und Aneignungsformen im Sachunterricht* (S. 93-108). Bad Heilbrunn: Klinkhardt.

Jonen, A., Hardy, I. & Möller, K. (2003). Schwimmt ein Holzbrett mit Löchern? – Erklärungen von Kindern zum Schwimmen und Sinken verschiedener Gegenstände vor und nach dem Unterricht. In A. Speck-Hamdan, H. Brügelmann, M. Fölling-Albers & S. Richter (Hrsg.), *Kulturelle Vielfalt. Religiöses Lernen. Jahrbuch Grundschule, 4* (S. 159-164). Seelze: Kallmeyersche Verlagsbuchhandlung.

Kagan, D.M. (1992). Implications of Research on Teacher Belief. *Educational Psychologist, 27 (1)*, 65-90.

Keys, P. (2005). Are teachers walking the walk or just talking the talk in science education? *Teachers and Teaching: theory and practice, 11 (5)*, 499-516.

Kleickmann, T., Möller, K. & Jonen, A. (2005). Effects of in-service teacher education courses on teachers' pedagogical content knowledge in primary science. In H. Gruber, C. Harteis, R. Mulder & M. Rehrl (Eds.), *Bridging Individual, Organisational, and Cultural Aspects of Professional Learning* (pp. 51-58). Regensburg: Roderer.

Kleickmann, T., Möller, K. & Jonen, A. (in Druck). Die Wirksamkeit von Fortbildungen und die Bedeutung von tutorieller Unterstützung. In R. Hinz & B. Schumacher (Hrsg.), *Jahrbuch Grundschulforschung*.

Koerber, S. (2003). *Visualisierung als Werkzeug im Mathematik-Unterricht. Der Einfluss externer Repräsentationsformen auf proportionales Denken im Grundschulalter.* Hamburg: Verlag Dr. Kovač.

Köhnlein, W. (1996). Leitende Prinzipien und Curriculum des Sachunterrichts. In E. Glumpler & S. Wittkowske (Hrsg.), *Sachunterricht heute. Zwischen interdisziplinärem Anspruch und traditionellem Fachbezug* (S. 46-76). Bad Heilbrunn: Klinkhardt.

Landwehr, B. (2002). *Distanzen von Lehrkräften und Studierenden des Sachunterrichts zur Physik. Eine qualitativ-empirische Studie zu den Ursachen.* Berlin: Logos.

Lehrer, R. & Schauble, L. (2000). Inventing data structures for representational purposes: Elementary grade students' classification models. *Mathematical Thinking and Learning, 2 (1/2)*, 51-74.

Levitt, K. (2002). An Analysis of Elementary Teachers' Beliefs Regarding the Teaching and Learning of Science. *Science Education, 86*, 1-22.

Möller, K. (1999). Konstruktivistisch orientierte Lehr-Lernprozessforschung im naturwissenschaftlich-technischen Bereich des Sachunterrichts. In W. Köhnlein (Hrsg.), *Vielperspektivisches Denken im Sachunterricht. Forschungen zur Didaktik des Sachunterrichts, 3* (S. 125-191). Bad Heilbrunn: Klinkhardt.

Möller, K. (2002). Anspruchsvolles Lernen in der Grundschule – am Beispiel naturwissenschaftlich-technischer Inhalte. *Pädagogische Rundschau, 56 (4)*, 411-435.

Möller, K. (2004). Naturwissenschaftliches Lernen in der Grundschule – Welche Kompetenzen brauchen Grundschullehrkräfte? In H. Merkens, (Hrsg.), *Lehrerbildung:*

IGLU und die Folgen. Schriften der Deutschen Gesellschaft für Erziehungswissenschaft (S. 65-84). Opladen: Leske + Budrich.

Möller, K. (Hrsg.). (2005). Die KiNT-Boxen – Kinder lernen Naturwissenschaft und Technik. Klassenkisten für den Sachunterricht. In A. Jonen & K. Möller (Hrsg.), *Band 1: Schwimmen und Sinken.* Essen: Spectra-Verlag.

Möller, K., Jonen, A., Hardy, I. & Stern, E. (2002). Die Förderung von naturwissenschaftlichem Verständnis bei Grundschulkindern durch Strukturierung der Lernumgebung. In M. Prenzel & J. Doll (Hrsg.), *Bildungsqualität von Schule: Schulische und außerschulische Bedingungen mathematischer, naturwissenschaftlicher und überfachlicher Kompetenzen* (S. 176-191). Weinheim: Beltz (= Zeitschrift für Pädagogik, 45. Beiheft).

Northfield, J., Gunstone, R. & Erickson, G. (1996). A Constructivist Perspective on Science Teacher Education. In D. Treagust, R. Duit & B. Fraser (Eds.), *Improving Teaching and Learning in Science and Mathematics* (pp. 201-211). New York: Teachers College Press.

Pajares, F. (1992). Teachers' Beliefs and Educational Research: Cleaning Up a Messy Construct. *Review of Educational Research, 62*, 307-332.

Pea, R. (2004). The social and technological dimensions of scaffolding and related theoretical concepts for learning, education, and human activity. *The Journal of the Learning Sciences, 13*, 423-451.

Porlán, R. & Martin del Pozo, R. (2004). The conceptions of in-service and prospective primary school teachers about the teaching and learning of science. *Journal of science teacher education, 15 (1)*, 39-62.

Reinmann-Rothmeier G. & Mandl, H. (1999). Instruktion. In C. Perleth & A. Ziegler (Hrsg.), *Pädagogische Psychologie. Grundlagen und Anwendungsfelder* (S. 207-215). Bern, Göttingen, Toronto, Seattle: Huber.

Reiser, B. (2004). Scaffolding complex learning: The mechanisms of structuring and problematizing student work. *The Journal of the Learning Sciences, 13 (3)*, 273-304.

Roth, W. & McGinn, M. (1998). Inscriptions: Toward a theory of representing as social practice. *Review of Educational Research, 68 (1)*, 35-59.

Shulman, L.S. (1987). Knowledge and teaching: Foundations of the new reform. *Harvard Educational Research, 57 (1)*, 1-22.

Smith, C., Carey, S. & Wiser, M. (1985). On differentiation: A case study of the development of the concepts of size, weight, and densitiy. *Cognition, 21*, 177-237.

Smith, D. & Neale, D. (1991). The construction of subject-matter knowledge in primary science teaching. In J. Brophy (Ed.), *Advances in research on teaching, Vol. 2* (pp. 187-243). Greenwich: JAI Press.

Staub, F. & Stern, E. (2002). The Nature of Teachers' Pedagogical Content Beliefs Matters for Students' Achievement Gains: Quasi-Experimental Evidence from Elementary Mathematics. *Journal of Educational Psychology, 93*, 144-155.

Stipek, D., Givvin, K., Salmon, J. & MacGyvers, V. (2001). Teachers' beliefs and practices related to mathematics instruction. *Teaching and Teacher Education, 17*, 213-226.

Tabachnik, B.R. & Zeichner, K. (1999). Idea and Action: Action Research and the Development of Conceptual Change Teaching of Science. *Science Education, 83*, 310-322.

Tytler, R.W. (1994). *Children's explanations in science: A study of conceptual change.* Unpublished doctoral thesis. Melbourne: Monash University.

van Dijk, I., van Oers, B. & Terwel, J. (2003). Providing or designing? Constructing models in primary maths education. *Learning and Instruction, 13 (1)*, 53-72.

van Driel, J., Beijaard, Douwe & Verloop, Nico (2001). Professional Development and Reform in Science Education: The Role of Teachers' Practical Knowledge. *Journal of Research in Science Teaching, 38*, 137-158.

Vosniadou, S., Ioannides, C., Dimitrakopoulou, A. & Papademetriou, E. (2001). Designing learning environments to promote conceptual change in science. *Learning and Instruction, 15*, 317-419.

Vygotsky, L. (1978). *Mind and society: The development of higher psychological processes*. Cambridge: Harvard University Press.

Weinert, F.E. & Helmke, A. (Hrsg.). (1997). *Entwicklung im Grundschulalter*. Weinheim: Beltz.

Wood, D., Bruner, J. & Ross, G. (1976). The role of tutoring in problem solving. *Journal of Child Psychology and Psychiatry and Allied Disciplines, 17*, 89-100.

Kristina Reiss, Aiso Heinze, Sebastian Kuntze, Stephan Kessler,
Franziska Rudolph-Albert & Alexander Renkl

Mathematiklernen mit heuristischen Lösungsbeispielen

1   Einführung

Schon immer war es das Ziel des Mathematikunterrichts, mehr als Rechenfertigkeiten zu vermitteln. Sachbezogene Probleme im Rahmen der Arithmetik oder andere mathematische Gebiete, wie die Geometrie, haben in der Schule stets eine wesentliche Rolle gespielt. Dabei ging es nicht nur um das Lösen von Aufgaben, sondern auch darum, Verständnis für mathematisches Arbeiten und mathematische Arbeitsmethoden zu wecken.

Fraglos spielte und spielt bei diesen Arbeitsmethoden das sachgerechte Argumentieren und Beweisen eine wichtige Rolle. Diese Aussage gilt, wenn auch in abgeschwächter Form, entsprechend für den Schulunterricht. In den letzten Jahren sind weltweit in einer großen Zahl von Ländern die Ansprüche an die Ergebnisse von Unterricht in Form von Bildungsstandards formuliert worden. Wenn diese nicht als Mindeststandards gedacht sind (und das ist fast immer der Fall), dann findet sich dort regelmäßig auch mathematisches Argumentieren und Begründen als wichtige angestrebte Schülerkompetenz. Für die von der deutschen Kultusministerkonferenz (2003) beschlossenen Standards gilt das gleichermaßen wie für die *Standards for School Mathematics* des National Council of Teachers of Mathematics (2000) in den USA oder das englische *National Curriculum* (Department for Education and Employment & Qualifications and Curriculum Authority, 2000). Dazu gehört nicht nur, das eigene mathematische Arbeiten zu erläutern, Ergebnisse zu begründen und Beweise zu führen. Vielmehr wird bereits auf einer darunter liegenden Ebene angesetzt, bei der es darum geht, mathematische Vermutungen zu finden und sie begründet zu äußern (vgl. Kultusministerkonferenz, 2003, S. 11). Typische Fragestellungen beim mathematischen Arbeiten wie etwa die nach der Existenz einer Lösung oder nach der Allgemeingültigkeit einer Aussage werden dabei explizit erwähnt.

Es bleibt allerdings noch immer als Problem, wie solche Kompetenzen im Mathematikunterricht gefördert werden können. Logisches Argumentieren in einem mathematischen Zusammenhang ist nicht einfach und wird in der Regel sogar als allzu anspruchsvoll empfunden. Viele Studien zeigen national und international die deutlichen Schwierigkeiten von Schülerinnen und Schülern beim Argumentieren und Beweisen (Healy & Hoyles, 1998; Hoyles & Healy, 1999; Lin, 2000; Reiss, Hellmich & Thomas, 2002; Klieme, Reiss & Heinze, 2003; Heinze, Chen & Yang, 2004). Es kommt somit darauf an, geeignete Lernumgebungen zu identifizieren, die den Wissenserwerb unterstützen können. Hier setzt der vorliegende Beitrag an. Es wird eine Lernumgebung vorgestellt, die auf der Grundlage eines theoretischen Modells des Beweisprozesses entworfen wurde und das Lernen des mathematischen Beweisens unterstützen soll. Insbesondere wird beschrieben, wie diese Lernumgebung in zwei Studien mit insgesamt 884 Schülerinnen und Schülern erprobt und positiv evaluiert werden konnte.

2 Aspekte mathematischer Argumentationen und Beweise

Logisches und kohärentes Argumentieren wird in vielen Bereichen des Lebens gebraucht. Dies gilt zunächst einmal für jede Art des wissenschaftlichen Arbeitens. Immer baut diese Arbeit auf Grundannahmen auf und erweitert Wissen mit Hilfe logischer Schlüsse, die aus diesen Grundannahmen und daraus abgeleiteten Ergebnissen gewonnen werden. Dennoch kann die Mathematik als einzige beweisende Wissenschaft angesehen werden (Heintz, 2000). Die Besonderheit liegt einerseits in der Art und Weise, wie die Grundannahmen ausgewählt und formuliert werden, und andererseits in den Bedingungen, wie deduktive Schlüsse daraus gezogen werden dürfen. Diese Spezifika werden zum Beispiel bei Heintz (2000) ausführlich diskutiert, sodass an dieser Stelle nur zwei wesentliche Aspekte betont werden sollen, bei denen der Unterschied zu anderen Wissenschaften oder zum Alltag besonders eklatant wird. Zunächst einmal ist es eine Besonderheit, dass sich die Grundannahmen als formales System darstellen lassen müssen, das auch ohne Bezug zu realen Objekten in sich kohärent ist. Dem berühmten Mathematiker David Hilbert (1862–1943) wird der Satz zugeschrieben, dass man jederzeit an Stelle von Punkten, Geraden und Ebenen auch Tische, Stühle und Bierseideln sagen können müsste. Gemeint ist damit, dass die Grundprinzipien eines mathematischen Systems durch Axiome und nicht durch die Anschauung bestimmt sind. In der Konsequenz bedeutet diese Forderung insbesondere, dass aus der Anschauung genommene Eigenschaften für die mathematische Argumentation keine Rolle spielen dürfen. Eine Gerade darf beispielsweise nicht unbedingt mit der Eigenschaft „gerade" im alltäglichen Sinn (z.B. „mit dem Lineal zu zeichnen") belegt werden. Außerdem ist jeder Bezug zu empirischen Argumenten unzulässig. Man könnte etwa bei Millionen und Milliarden von Dreiecken die Winkelsumme messen, ohne dass diese empirische Evidenz für die Mathematik als Beweis zählen würde. In die kohärente mathematische Argumentation gehen ausnahmslos Schlüsse ein, die sich deduktiv aus Grundannahmen („Axiome") und bewiesenen Behauptungen („Sätze") ergeben.

Diese beiden Aspekte haben vermutlich bedeutsame Konsequenzen für die Schwierigkeiten von Lernenden, die mathematisches Verständnis aufbauen sollen. Schülerinnen und Schülern bleibt nämlich allzu häufig unklar, welche Voraussetzungen in einer Argumentationskette benutzt werden dürfen und welche nicht erlaubt sind; ein Beispiel dafür ist die Aussage von Lukas in Abbildung 1.

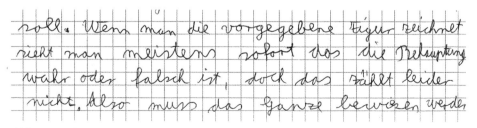

Abb. 1: Lukas, Klasse 8, zum Thema Beweisen in der Geometrie

Im Grunde sind alltägliche Schlussfolgerungen in der Regel nicht weniger rational als mathematische Deduktionen, aber sie sind wesentlich weniger beschränkt darin, welche Informationen einbezogen werden dürfen und in welcher Weise diese Informationen der Anschauung entnommen sein können. Man kann sich die Problematik leicht an einer Aussage wie „Wenn es (richtig und heftig) regnet, ist die Straße nass" klar machen. Die Aussage ist evident, wenn die Straße nicht gerade unter einer Markise oder dichten Bäumen verläuft. Natürlich ist die Umkehrung nicht zulässig, denn eine nasse Straße kann es auch geben, wenn die Straßenreinigung am Werk war. Im Alltag würde man hier aber wohl kaum mit mathematischer Strenge, sondern vielmehr mit gesundem Menschenverstand agieren. Wenn die Straße nass ist (und das Wetter trüb ist und Tropfen an der Fensterscheibe sind und es auch noch November ist), dann wird man wohl kaum ohne Schirm das Haus verlassen, auch wenn die mathematische Logik ihn nicht zwingend vorschreibt. Insbesondere geht in Alltagsentscheidungen (sinnvollerweise) sowohl Erfahrungswissen als auch empirisches Wissen ein.

3   Mathematische Argumentationen und Beweise im Unterricht

Schülerinnen und Schüler verfügen in dem Alter, in dem Beweise im Unterricht behandelt werden, in vielen Alltagssituationen über Wissen, das sie zu rationalem Argumentieren befähigt. Es scheint daher sinnvoll zu sein, dieses Wissen auch in Unterrichtssituationen und insbesondere im Mathematikunterricht zu aktivieren. Ein solches Vorgehen ist in mehrfacher Hinsicht durch Theorien gestützt, insbesondere zeigen die Modelle von Polya (1949) zum Problemlösen und von Boero (1999) zum mathematischen Beweisen, dass auch in diesem Fach heuristisches Arbeiten eine wichtige Rolle spielt. Beide betonen, dass das Lösen mathematischer Aufgaben bzw. Beweise sowohl bei Novizen als auch Experten in einem Wechsel von Phasen des Planens, Probierens, Experimentierens, des induktiven und deduktiven Schließens verläuft. Eine Unterstützung mathematischen Problemlösens – und auch Beweisen fällt unter das Problemlösen – sollte also diese tentativen und explorativen Schritte in Betracht ziehen und Wege aufzeigen, wie sie systematisch erreicht werden können.

Dabei ist es unerlässlich, die Eigenaktivität der Schülerinnen und Schüler zu fördern. Nach derzeitig gängiger Auffassung können Lernprozesse nur dann erfolgreich sein, wenn das Individuum neues Wissen konstruktiv in vorhandenes Wissen integriert und dabei eine nicht nur passive Rolle einnimmt. Andererseits scheint es wenig sinnvoll zu sein, anspruchsvolle Lerninhalte ausschließlich durch exploratives Arbeiten zu initiieren. Im Sinne der *Cognitive Load Theory* (vgl. Renkl & Atkinson, 2003; Sweller, van Merriënboer & Paas, 1998; van Merriënboer & Sweller, 2005) neigen gerade Novizen zu Problemlösestrategien, die das Arbeitsgedächtnis so beanspruchen, dass wenig Ressourcen für das eigentliche Verständnis und für verallgemeinerbare Problemlöseschemata zur Verfügung stehen (Sweller, 1988). Auf dieser Grundlage schlugen Reiss und Renkl (2002) die Verwendung so genannter heuristischer Lösungsbeispiele für die Arbeit an Beweisaufgaben vor. Heuristische Lösungsbeispiele basieren auf Lösungsbeispielen, in denen ausgearbeitete Lösungen eines Problems vorgegeben und von den Schülerinnen und Schülern nachvollzogen werden. In Ergänzung dazu werden bei heuristischen Lösungsbeispielen nicht nur die Lösungsschritte, sondern auch gedankliche Grundlagen, explorative Wege und Irrwege oder benutzte Heuristiken, wie etwa Zeichnungen und Planskizzen, explizit gemacht. Die Schülerinnen und Schüler arbeiten auch diese Beispiele Schritt für Schritt durch, werden aber dabei ständig zum eigenen aktiven Handeln aufgefordert.

Konkret geht es bei den heuristischen Lösungsbeispielen zum Beweisen darum, von Boero (1999) postulierte Phasen des mathematischen Beweisens zu implementieren, soweit sie im Rahmen des Mathematikunterrichts eine Rolle spielen. Die

Schülerinnen und Schüler sollen dabei lernen, Vermutungen zu entwickeln und auf-zustellen, geeignete von weniger geeigneten Lösungsideen zu unterscheiden, eine Folge von Beweisschritten zu finden und sie in logisch kohärenter Form aufzu-schreiben. All dies machen sie allein oder in einer kleinen Gruppe bzw. in Partner-arbeit, selbstständig und zunächst ohne die Unterstützung einer Lehrerin oder eines Lehrers. Es ist unmittelbar klar, dass sich ein solcher Unterricht vom üblichen Mathe-matikunterricht unterscheidet. Einerseits ändert sich die Rolle der Lehrerinnen und Lehrer, die hier nicht als zentrale Vermittler von Wissen das Lernen bestimmen. Das Lernen mit heuristischen Lösungsbeispielen initiiert die Aktivität aller Schülerinnen und Schüler, was etwa in einem Unterricht nicht der Fall ist, der einem Paradigma der Entwicklung von Inhalten über gezielte Fragen im Unterrichtsgespräch folgt. Dieses Paradigma bestimmt den deutschen Mathematikunterricht aber nicht unerheblich (Baumert et al., 1997). Andererseits fehlt damit auch die Möglichkeit der stetigen Kontrolle über das, was im Unterricht gesprochen und aufgeschrieben wird. Ins-besondere können bei der Arbeit mit Lösungsbeispielen leichter als im regulären Unterricht zunächst Produkte entstehen, die fehlerhaft sind, Lücken aufweisen oder in anderer Art und Weise den regulären Ansprüchen in einer Klasse nicht genügen. Die sicherlich anspruchsvolle Regulation der (individuellen) Lernprozesse auf Basis des Materials bleibt den Schülerinnen und Schülern bei dieser Lernumgebung zunächst selbst überlassen. Auch diese Situation muss manchen Lehrerinnen und Lehrern unge-wohnt erscheinen.

Auf der Ebene des Mathematikunterrichts zum Beweisen und Argumentieren geht es damit nicht nur um die Frage, ob heuristische Lösungsbeispiele sinnvoll im Mathe-matikunterricht eingesetzt werden können, sondern auch darum, welche Bedingungen gegebenenfalls zu beachten sind. Sie ergeben sich aus dem Umgang der Lernenden mit solchen Beispielen aber auch aus dem Umgang der Lehrenden und ihren Einstellungen. Beides dürfte für eine erfolgreiche Implementation der Lernumgebung eine wichtige Rolle spielen.

4   Forschungsfragen und Forschungsmethode

Lösungsbeispiele haben sich ganz allgemein als wirksame Lernhilfen erwiesen, doch beschränkt sich die bisherige Forschung zumeist auf einfachere Beispiele in gut über-schaubaren Bereichen. Es ist also nicht unbedingt klar, ob durch solche Beispiele auch bei einem komplexen und wenig algorithmisierbaren Inhalt wie dem mathematischen Beweisen erfolgreiche Lernprozesse angeregt werden können. Genauso ist es fraglich, wie die konkrete Ausgestaltung der Lösungsbeispiele erfolgen sollte, um einen opti-malen Lernzuwachs zu erreichen. Heuristische Lösungsbeispiele erfüllen die nicht un-wesentlich didaktisch motivierte Anforderung nach einer aktiven Einbeziehung von Schülerinnen und Schülern in den Lernprozess. Es gibt allerdings wenig empirische Forschung dazu, wie dies explizit umgesetzt werden kann. Insbesondere gibt es wenig gesichertes Wissen, wie viel Unterstützung und wie viel Freiraum für das Individuum günstig ist, damit beim Lernen ein flexibel anwendbares Wissen – etwa im Sinne der Bildungsstandards (z.B. Kultusministerkonferenz, 2003) – erworben wird. Dabei muss einerseits die didaktische Ausgestaltung der Lösungsbeispiele, andererseits aber auch ihre Einbindung in den Unterricht und damit gleichzeitig die Rolle der Lehrerinnen und Lehrer betrachtet werden. Die hier vorgestellte Studie konzentriert sich daher auf die folgenden Forschungsfragen:

- Welche Kenntnisse haben Schülerinnen und Schüler in Bezug auf das mathematische Beweisen?
- Wie entwickeln sich diese Kenntnisse im Verlauf des Unterrichts in den 7. und 8. Klassen?
- Sind heuristische Lösungsbeispiele geeignet, das Lernen mathematischen Beweisens zu unterstützen?
- Gibt es Unterschiede zwischen Schülerinnen und Schülern mit stärkerer und schwächerer mathematischer Leistung in Bezug auf ihr Lernen mit heuristischen Lösungsbeispielen?
- Wie kann man durch gezielte Fortbildung der Lehrerinnen und Lehrer Einfluss auf den Erfolg beim Lernen mit heuristischen Lösungsbeispielen nehmen?

Im Rahmen der Untersuchung wurde zunächst erhoben, welches Verständnis Schülerinnen und Schüler der Klassenstufe 7 bzw. 8 von mathematischen Beweisen haben. Es wurde dann eine Lernumgebung entwickelt, die in einem konstruktivistischen Sinne zu Eigentätigkeiten bei der umfassenden Bearbeitung von Beweisproblemen anregen und ein selbstreguliertes Lernen ermöglichen sollte. Die Lernumgebung sollte im Hinblick auf den Beweisprozess aber auch durch instruktionale Anleitungen sichern, dass die Lernenden ein adäquates Modell des Problemlöseprozesses aufbauen können. Dazu wurde ein Set von drei heuristischen Lösungsbeispielen zum Beweisen und Begründen in der Geometrie entwickelt, das den Aufbau von geeigneten Problemlöseschemata bei den Lernenden unterstützen soll. Die Lösungsbeispiele waren als Ergänzung zum herkömmlichen Mathematikunterricht konzipiert.

Die Evaluation fand dann in Form von Feldstudien in bayerischen Gymnasien statt. Es gab eine Studie mit 243 Schülerinnen und Schülern in zehn Schulklassen der Jahrgangsstufen 7 und 8 und eine weitere Studie mit 641 Schülerinnen und Schülern in 34 Schulklassen der gleichen Jahrgangsstufen. In beiden Studien wurden in den jeweiligen Experimentalgruppen die heuristischen Lösungsbeispiele in fünf Unterrichtsstunden implementiert. In der ersten Studie gab es eine Kontrollgruppe, in der herkömmlicher Unterricht zum Beweisen und Begründen durchgeführt wurde, in der zweiten Studie gab es zwei unterschiedliche Experimentalbedingungen. In allen Fällen waren dem evaluierten Unterricht jeweils Stunden vorausgegangen, die in die Inhalte nach Maßgabe des Curriculums eingeführt hatten. Die zusätzlichen Stunden im Rahmen dieser Studie dienten sowohl in den Experimentalgruppen als auch in der Kontrollgruppe der Vertiefung und Übung.

In der ersten Studie stand der Vergleich von traditionellem Unterricht mit der durch Lösungsbeispiele geprägten Lernumgebung im Vordergrund. Die Lehrerinnen und Lehrer wurden dabei explizit gebeten, so wenig wie möglich zu intervenieren. Die Schülerinnen und Schüler bildeten Paare, die sich gemeinsam mit den Lösungsbeispielen befassten. In der zweiten Studie arbeiteten alle teilnehmenden Klassen mit heuristischen Lösungsbeispielen. Für die Lehrkräfte wurden Lehrerfortbildungen zur Lernumgebung mit heuristischen Lösungsbeispielen durchgeführt, bei denen in einer Gruppe gezielt ein explorativer Umgang mit Mathematik und das Lernen aus Fehlern bei den Lösungsbeispielen thematisiert, während in der anderen Gruppe ein eher allgemeiner Überblick gegeben wurde. Bei dieser Studie war also von Interesse, ob ein positiver Effekt der Lernumgebung der heuristischen Lösungsbeispiele durch eine unterstützende Lernbegleitung der Schülerinnen und Schüler im Hinblick auf ein exploratives Arbeiten und das Lernen aus Fehlern verstärkt werden kann.

In beiden Studien wurde mit einem Vortest-Nachtest-Design gearbeitet, sodass jeweils leistungsähnliche Gruppen in den Experimentalbedingungen und in der Kontrollbedingung zusammengestellt werden konnten. Darüber hinaus wurden Faktoren kontrolliert, die Interesse, Motivation und mathematikbezogene Fähigkeitsselbstkonzepte betrafen.

5 Entwicklung von Beweiskompetenz in der 7. und 8. Klasse

5.1 Erhebung der Beweiskompetenz

Die Ergebnisse der Feldstudien bestätigten zunächst einmal die großen Probleme, die Lernende mit mathematischen Beweisen haben. Die notwendigen Kompetenzen, die in gestufter Folge als einfaches Anwenden von Regeln, Ausführen einzelner Argumentationsschritte und Verbindung mehrerer Schritte zu einem Beweis beschrieben werden können (vgl. Reiss, Hellmich & Thomas, 2002), stellen für Schülerinnen und Schüler komplexe Anforderungen dar. Dabei zeigen sich recht typische Muster für fehlerhaftes Beweisen, die auch in der internationalen Literatur so beschrieben werden und bereits in früheren Untersuchungen für verschiedene deutsche Populationen bestätigt wurden (vgl. Reiss & Thomas, 2000). Beispiele sind empirische Argumentationen, in denen von einigen wenigen Fällen auf die Allgemeingültigkeit geschlossen wird, Zirkelschlüsse, bei denen der zu beweisende Inhalt vorausgesetzt wird, oder Schlussketten, die auf der Anschauung entnommenen Prämissen beruhen. Diese Probleme zeigen sich damit prinzipiell unabhängig vom Alter (und somit auch von der Dauer des Mathematikunterrichts).

In allen Gruppen wurde als Vortest ein Instrument eingesetzt, mit dem einerseits geometrisches Grundwissen und andererseits beweisspezifische Kompetenzen erhoben wurden. Der Test umfasst Aufgaben zum Basiswissen und Aufgaben zum Beweisen, die zur Lösung einen einzelnen Schritt oder eine Kombination aus zwei Argumentationsschritten erforderten. Dabei wurden nur aus dem Unterricht der 7. Klasse im Prinzip bekannte Standardaufgaben verlangt. In der Nachuntersuchung kam ein ähnlicher Test zum Einsatz, der stärker das eigentliche Beweisen in den Blick nahm, aber durch Ankeritems mit dem Vortest verbunden war. Die Ergebnisse zeigen, dass Basiswissen, einschrittige Beweise und mehrschrittige Beweise drei aufeinander folgenden Kompetenzstufen zugeordnet werden können (vgl. Reiss, Hellmich & Thomas, 2002; Heinze & Reiss, 2004). Tabelle 1 zeigt dies für die zweite Studie, bei der die Vortestdaten von 765 Schülerinnen und Schülern am Ende der Jahrgangsstufe 7 ausgewertet wurden. Teilt man sie entsprechend ihrer Leistung nach den erzielten Punkten in drei Gruppen („Leistungsdrittel") ein, so wird deutlich, dass die Schwierigkeit der Aufgaben und die erreichten Kompetenzstufen sich gut entsprechen.

Tab. 1:   Mittelwerte (Standardabweichung) des Vortests für die verschiedenen Kompetenz-
          stufen und Leistungsdrittel

Lösungsrate Vortest (%)	Kompetenzstufe 1	Kompetenzstufe 2	Kompetenzstufe 3
unteres Leistungsdrittel	60,7 (20,1)	23,1 (25,0)	7,4 (10,4)
mittleres Leistungsdrittel	79,8 (14,5)	61,3 (30,8)	19,5 (15,8)
oberes Leistungsdrittel	92,8 (9,8)	90,7 (17,4)	45,3 (23,3)

Es werden allerdings auch die klaren Leistungsunterschiede manifest. Selbst in der
eher als leistungshomogen vermuteten Gruppe der Gymnasiastinnen und Gymnasiasten
werden im unteren Leistungsbereich allenfalls ein paar Aufgaben zum Basiswissen
korrekt bearbeitet, wohingegen im oberen Leistungsbereich sowohl das Basiswissen
als auch das prinzipielle Wissen um einfache mathematische Argumentationen vorhanden ist. Im Verlauf des 8. Schuljahres erkennt man einen Zuwachs, allerdings
werden die schwereren Aufgaben nicht unbedingt im erwarteten Umfang besser bearbeitet. Tabelle 2 zeigt, dass die Ergebnisse zum Halbjahr der Jahrgangsstufe 8 immer
noch in den Rahmen der Kompetenzstufen einzupassen sind.

Tab. 2:   Mittelwerte (Standardabweichung) des Nachtests für die verschiedenen Kompetenz-
          stufen und Leistungsdrittel

Lösungsrate Nachtest (%)	Kompetenzstufe 1	Kompetenzstufe 2	Kompetenzstufe 3
unteres Leistungsdrittel	64,2 (23,8)	43,0 (25,0)	12,9 (14,0)
mittleres Leistungsdrittel	71,6 (23,6)	53,0 (21,2)	23,1 (18,8)
oberes Leistungsdrittel	82,2 (18,4)	66,6 (20,3)	37,4 (24,9)

Die Bestandsaufnahme in der 7. Klasse bestätigt insbesondere auch Ergebnisse der
großen Schulleistungsstudien TIMSS (Baumert, Lehmann, Lehrke et al., 1997) und
PISA (Deutsches PISA-Konsortium, 2001; PISA-Konsortium Deutschland, 2004).
Nicht wenige Schülerinnen und Schüler verfügen über ein eher einfaches Wissen, das
im Kontext des Beweisens, also in einem mathematischen Anwendungskontext, nicht
hinreichend genutzt werden kann.

5.2   Lernen aus heuristischen Lösungsbeispielen

Um es gleich vorweg zu nehmen: In beiden Studien konnte gezeigt werden, dass
heuristische Lösungsbeispiele prinzipiell für die Förderung der Beweiskompetenz im
Mathematikunterricht geeignet sind. Während in der ersten Studie deutlich wurde, dass

Lösungsbeispiele einer herkömmlichen Lernumgebung gegenüber Vorteile haben, konnte in der zweiten Studie eine geeignete Lehrerfortbildung identifiziert werden.

Im Rahmen der ersten Studie (für Details dieser Studie s. Reiss et al., submitted) wurde mit 243 Schülerinnen und Schülern der 7. und 8. Jahrgangsstufe gearbeitet, von denen 150 zur Experimentalgruppe (Unterricht mit heuristischen Lösungsbeispielen) und 93 zur Kontrollgruppe (herkömmlicher Unterricht) gehörten. Beide Gruppen unterschieden sich im Vortest nicht signifikant. Sie lösten im Mittel etwa 60 Prozent der vorgegebenen Aufgaben und zeigten eine ähnliche Varianz (Experimentalgruppe: M = 62,3%, SD = 15,5; Kontrollgruppe: M = 58,5%, SD = 16,2; t(241) = 1,86, p = .64). Auch die Verteilung auf die einzelnen Kompetenzstufen war vergleichbar. Im Nachtest war dann die Gruppe, die mit Lösungsbeispielen gearbeitet hatte, der anderen Gruppe hochsignifikant überlegen. Während die Experimentalgruppe knapp 55 Prozent der Aufgaben korrekt bearbeitet hatte, waren es bei der Kontrollgruppe nur knapp 46 Prozent (Experimentalgruppe: M = 54,2%, SD = 17,1; Kontrollgruppe: M = 45,9%, SD = 18,0; t(241) = 3,59, p < .001, d = .47). Dabei waren die Unterschiede nicht im Basiswissen zu finden, sondern vor allem auf die eigentlichen Beweisaufgaben im Test zurückzuführen. Dabei fällt auf, dass es insbesondere die Beweisprobleme der Kompetenzstufe 3 waren, bei denen Schülerinnen und Schüler, die mit heuristischen Lösungsbeispielen gearbeitet hatten, eine fast doppelt so hohe Lösungsrate aufwiesen (M = 30,8 %, SD = 24,7 zu M = 17,6 %, SD = 19,1). Diese Aufgaben zeichnen sich dadurch aus, dass für eine erfolgreiche Lösung eine mehrschrittige Argumentationskette konstruiert werden muss. Es ist also eine explizite Anwendung von heuristischen Strategien erforderlich, um die Lösung zu generieren. Die spezielle Förderung von Schülerkompetenzen zum mathematischen Beweisen durch den Einsatz heuristischer Lösungsbeispiele im regulären Mathematikunterricht konnte also gezeigt werden (Reiss et al., submitted).

In der zweiten Studie wurde auf diesen Ergebnissen aufgebaut. Der Fokus lag hier auf der Art und Weise, wie Lehrerinnen und Lehrer mit den heuristischen Lösungsbeispielen vertraut gemacht wurden. Es gab zwei Angebote für eine Fortbildung, von denen eine auf Schülerfehler und den eher explorativen Umgang mit Mathematik konzentriert war, wohingegen die andere eher klassische Inhalte zum Thema hatte. Insgesamt liegen die Daten von 641 Schülerinnen und Schülern vor, deren Lehrkräfte an allen Fortbildungsveranstaltungen teilnahmen, wobei 399 (Experimentalgruppe 1) zu den herkömmlich fortgebildeten und 242 (Experimentalgruppe 2) zu den speziell im Hinblick auf Schülerfehler und Exploration fortgebildeten Lehrerinnen und Lehrern gehörten. Für beide Gruppen zeigte der Vortest keine signifikanten Unterschiede in der Mathematikleistung. In der Experimentalgruppe 1 werden im Schnitt M = 56,6% (SD = 19,0) der Punkte erreicht, in der Experimentalgruppe 2 sind es M = 58,0% (SD = 18,8). Im Nachtest lösen die Schülerinnen und Schüler der Experimentalgruppe 1 im Schnitt M = 50,6 Prozent (SD = 17,9) der Aufgaben, in der Experimentalgruppe 2 werden M = 53,9 Prozent (SD = 17,1) korrekt bearbeitet. Dieser Unterschied ist signifikant (t(639) = 2,306, p < .05), zeigt allerdings nur einen kleinen Effekt (d = .19).

Eine Analyse der Unterschiede im Hinblick auf die einzelnen Kompetenzstufen zeigt auch hier, dass der Leistungsvorsprung der Experimentalgruppe 2 im Wesentlichen auf die Beweisprobleme der Kompetenzstufe 3 zurückgeht. Bei fast identischer Vortestleistung (Experimentalgruppe 1: M = 25,78%; Experimentalgruppe 2: M = 25,83%) erreichten Schülerinnen und Schüler, deren Lehrkräfte gezielt auf eine explorative Sichtweise auf die Mathematik und den Umgang mit Schülerfehlern fortgebildet wurden, bei den komplexen Beweisaufgaben höhere Lösungsraten im Nachtest als Lernende, deren Lehrkräfte nur allgemein mit der Idee der heuristischen Lösungsbeispiele vertraut gemacht wurden (Experimentalgruppe 1: M = 24,2%, SD = 23,0; Experimentalgruppe 2: M = 29,6%, SD = 22,0; t(639) = 2,96; p < .01; d = .24). Auch wenn die ermittelte Effektstärke eher als gering zu klassifizieren ist, kann man doch die Tendenz feststellen, dass eine spezifische Lernbegleitung durch die Lehrkräfte den positiven Effekt heuristischer Lösungsbeispiele noch einmal verstärken kann.

5.3 Individuelle Unterschiede

Auch wenn beide Studien insgesamt positive Ergebnisse für die Evaluation der heuristischen Lösungsbeispiele zeigten, bedeutet dies noch nicht, dass alle Schülerinnen und Schüler auf die gleiche Weise von der entwickelten Lernumgebung profitiert haben. Gerade beim Erlernen einer so komplexen Tätigkeit wie dem mathematischen Beweisen, spielt das Vorwissen der Lernenden eine bedeutende Rolle. Es ist damit nahe liegend zu vermuten, dass leistungsschwächere und leistungsstärkere Schülerinnen und Schüler unterschiedlich mit den Lernangeboten umgehen und entsprechend auch einen unterschiedlichen Lernzuwachs zeigen. Eine Analyse der Daten aus der ersten Studie belegt tatsächlich Unterschiede zwischen Leistungsgruppen. Teilt man nach der im Vortest erreichten Punktzahl in eine schwächere, eine mittlere und eine leistungsstarke Gruppe ein, so sind es vor allem die Schülerinnen und Schüler aus dem unteren und mittleren Leistungsdrittel, die von den Lösungsbeispielen profitieren (vgl. Tabelle 3).

Tab. 3:   Mittelwerte (Standardabweichung) der Vortest- und Nachtestleistung der Kontroll- und Experimentalgruppe differenziert nach Kompetenzstufen und Leistungsdritteln

Lösungsrate (%)	unteres Leistungsdrittel		mittleres Leistungsdrittel		oberes Leistungsdrittel	
	Kontroll-gruppe (N = 35)	Exp.-gruppe (N = 49)	Kontroll-gruppe (N = 36)	Exp.-gruppe (N = 45)	Kontroll-gruppe (N = 22)	Exp.-gruppe (N = 56)
Vortest Kompetenz-stufe 2	45,7 (37,6)	42,2 (32,6)	82,9 (20,9)	72,2 (26,6)	92,4 (13,3)	89,6 (17,0)
Vortest Kompetenz-stufe 3	16,8 (12,5)	14,3 (14,2)	31,9 (14,8)	32,2 (19,7)	52,3 (18,4)	51,1 (19,3)
Nachtest Kompetenz-stufe 2	41,9* (25,7)	53,4* (22,3)	56,0 (24,9)	57,8 (20,6)	70,5 (19,9)	72,3 (22,1)
Nachtest Kompetenz-stufe 3	11,4** (15,6)	25,5** (21,8)	15,3** (14,4)	26,7** (21,9)	31,2 (24,3)	38,6 (27,4)

Anmerkungen: * p < .05 und ** p < .001

Während sich im unteren Leistungsdrittel bei Aufgaben der Kompetenzstufe 2 und 3 signifikante Unterschiede zwischen Experimental- und Kontrollgruppe im Nachtest zeigen (Kompetenzstufe 2: t(82) = 2,17, p < .05, d = .48; Kompetenzstufe 3: t(82) = 3,27, p < .01, d = .74), ist dies bei Lernenden des mittleren Leistungsdrittels nur noch bei komplexen Beweisaufgaben der Kompetenzstufe 3 der Fall (t(79) = 2,69, p < .01, d = .62). Die Effektstärken deuten darauf hin, dass es sich um praxisrelevante Effekte handelt. Bei den Schülerinnen und Schülern des oberen Leistungsdrittels zeigt die Experimentalgruppe zwar auch einen Vorsprung bei Beweisaufgaben der Kompetenzstufe 3 im Nachtest, dieser ist aber nicht signifikant (vgl. Tabelle 3).

Auch in der zweiten Studie kann man entsprechende differenzielle Effekte nachweisen. Die Verstärkung der positiven Wirkung heuristischer Lösungsbeispiele durch eine spezifische Lehrerfortbildung im Hinblick auf den explorativen Umgang mit Mathematik und einem adäquaten Umgang mit Schülerfehlern zeigt sich vor allem bei Schülerinnen und Schülern aus dem schwachen und mittleren Leistungsdrittel (vgl. Tabelle 4).

Tab. 4: Mittelwerte (Standardabweichung) der Vortest- und Nachtestleistung der Experimentalgruppen 1 und 2 differenziert nach Kompetenzstufen und Leistungsdritteln

Lösungsrate (%)	unteres Leistungsdrittel		mittleres Leistungsdrittel		oberes Leistungsdrittel	
	Exp.-gruppe 1 (N = 118)	Exp.-gruppe 2 (N = 60)	Exp.-gruppe 1 (N = 139)	Exp.-gruppe 2 (N = 87)	Exp.-gruppe 1 (N = 142)	Exp.-gruppe 2 (N = 95)
Vortest Kompetenz- stufe 2	24,0 (24,2)	20,6 (24,2)	60,8 (29,6)	66,3 (31,1)	88,5 (19,1)	94,4 (13,2)
Vortest Kompetenz- stufe 3	7,6 (10,8)	5,6 (9,0)	19,8 (14,5)	19,8 (17,7)	46,7 (23,4)	44,1 (23,1)
Nachtest Kompetenz- stufe 2	41,0* (25,2)	50,3* (24,3)	53,8 (21,5)	55,6 (18,8)	67,1 (21,3)	68,1 (17,5)
Nachtest Kompetenz- stufe 3	11,4* (13,3)	16,3* (15,8)	21,8* (18,9)	27,8* (17,5)	37,1 (26,2)	39,6 (24,1)

Anmerkung: * p < .05

So waren, wie schon in der ersten Studie, die Lernenden des unteren Leistungsdrittels bei Beweisproblemen der Kompetenzstufe 2 und 3 erfolgreicher, wenn ihre Lehrkräfte im Umgang mit Schülerfehlern sowie im Hinblick auf einen explorativen Umgang mit Mathematik geschult wurden (Kompetenzstufe 2: t(176) = 2,36, p < .05, d = .38; Kompetenzstufe 3: t(176) = 2,13, p < .05, d = .33). Bei den Lernenden aus dem mittleren Leistungsdrittel gelang eine verstärkte Förderung im Hinblick auf Aufgaben der Kompetenzstufe 3 (t(224) = 2,37, p < .05, d = .33).

Insgesamt deuten die Ergebnisse darauf hin, dass mit den heuristischen Lösungsbeispielen eine Lernumgebung implementiert werden kann, die insbesondere in Kombination mit speziell fortgebildeten Lehrkräften eine Förderung von Schülerinnen und Schülern aus dem schwachen und mittleren Leistungsspektrum ermöglicht. Wie die Ergebnisse zu den Kompetenzstufen 2 und 3 in Tabellen 1 und 2 zeigen, handelt sich dabei gerade um die Lernenden, die vom herkömmlichen Mathematikunterricht nur unzureichend profitieren können.

5.4 Ergebnisse des Lehrertrainings: Wahrnehmung der Schülerinnen und Schüler

Wie bereits erwähnt wurde, fanden in der zweiten Studie Lehrerfortbildungen für die beteiligten Lehrkräfte mit unterschiedlicher Zielsetzung statt. Während die Lehrerinnen und Lehrer der Experimentalgruppe 1 eine allgemeine Fortbildung zu heuristischen Lösungsbeispielen und ihrem Einsatz im Unterricht bekamen, erhielten die Lehrkräfte der Experimentalgruppe 2 eine gezielte Fortbildung im Hinblick auf einen explorativen Umgang mit Mathematik, wobei der Fokus vor allem auf die Rolle von Fehlern und deren Nutzen im heuristischen Prozess gelegt wurde. Wie erwartet zeigte dieses gezielte Training eine bessere Wirkung im Hinblick auf Leistungsvariablen. Bei den Schülerinnen und Schülern der Experimentalgruppe 2 gab es im Nachtest einen Zuwachs in der Beweiskompetenz, auch wenn dieser Zuwachs nur mit einem kleinen Effekt verbunden war. Dieser geringe Effekt kam nicht gänzlich unerwartet, denn größere Änderungen des doch eher routinierten Unterrichtsverhaltens sind in aller Regel sowohl bei Lehrkräften und als auch bei Schülerinnen und Schülern nur schwer zu erreichen. Von Interesse war aus diesem Grund nicht nur die Wirkung der Lehrerfortbildung auf die Schülerleistung, sondern vor allem auch der Einfluss auf die Schülerwahrnehmung des Lehrerverhaltens. In gewisser Weise kann letzteres auch als eine Validierung für eine gelungene Umsetzung der Fortbildungsinhalte durch die Lehrkräfte angesehen werden.

Für die Untersuchung wurde ein Schülerfragebogen zur Wahrnehmung des Lehrerverhaltens beim Umgang mit Schülerfehlern verwendet. Es handelt sich dabei um eine adaptierte Version eines Fragebogens der Arbeitsgruppe um Oser (vgl. Spychiger, Mahler, Hascher & Oser, 1998; Heinze, 2005). Der Fragebogen wurde parallel zum Leistungsvortest und -nachtest eingesetzt und enthielt vier Skalen: (1) zum individuellen Umgang mit eigenen Fehlern, zur Einschätzung der (2) affektiven Wirkung und (3) kognitiven Wirkung des Lehrerverhaltens und (4) zur Angst vor dem Fehlermachen.

Die Vergleiche der Vor- und Nachtestwerte zeigen erwartungskonform, dass sich das Verhalten der Lehrerinnen und Lehrer im Hinblick auf den Umgang mit Schülerfehlern in der Experimentalgruppe 2 signifikant besser entwickelt hat als in der Experimentalgruppe 1. Vor allem bei der Schülereinschätzung der affektiven und kognitiven Wirkung des Lehrerverhaltens ergaben sich zwischen den beiden Gruppen Unterschiede mit bedeutsamen Effektgrößen von $d = .72$ und $d = .66$. Auch die Angst vor dem Fehlermachen nahm bei Lernenden in der Experimentalgruppe 2 mit den speziell fortgebildeten Lehrkräften stärker ab ($d = .30$). Die Wahrnehmung des individuellen Umgangs mit den jeweils eigenen Fehlern unterschied sich bei den beiden Gruppen dagegen nur mäßig und nicht signifikant.

Insgesamt zeigen die Ergebnisse, dass das Training die Aufmerksamkeit der Lehrkräfte empirisch nachweisbar in eine aus didaktischer Perspektive sinnvolle Richtung gelenkt hat. Es ist zu vermuten, dass sich die Auswirkungen des geänderten Lehrerverhaltens bei den Schülerinnen und Schülern mittel- und langfristig stärker zeigen dürften und die hier dargestellten kurzfristigen Effekte auf den Umgang mit eigenen Fehlern und die Beweiskompetenz eher einen Anfang darstellen.

6 Diskussion

Argumentieren und Beweisen in einem mathematischen Kontext sind komplexe Tätigkeiten, die mehr als nur Basisfähigkeiten und das Wissen um mathematische Fakten erfordern. Wie im Modell von Boero (1999) dargestellt, handelt es sich beim mathematischen Beweisen um einen Prozess, in dem mittels heuristischer Strategien und einem Ineinandergreifen von empirischer Exploration und deduktiver Argumentation Beweisideen generiert und schließlich durch eine sachlogische Argumentationskette abgesichert werden. Der Notwendigkeit, den Lernenden ein solches adäquates Prozessmodell zu vermitteln, wird der gymnasiale Mathematikunterricht derzeit nur unzureichend gerecht. Entsprechend können fast ausschließlich leistungsstarke Schülerinnen und Schüler komplexere Beweisprobleme adäquat lösen (Heinze & Reiss, 2004). Offensichtlich sind bei ihnen die notwendigen Schemata vorhanden, die eine Lösung erst ermöglichen. Eine Förderung der Beweiskompetenzen von Schülerinnen und Schülern sollte entsprechend auf die Verwendung eines Problemlösemodells in Form eines adäquaten, kognitiv aktivierenden und strukturierten Lernangebots hinauslaufen. Im Rahmen des dargestellten Forschungsprojektes wurde dazu auf die Lernumgebung der heuristischen Lösungsbeispiele zurückgegriffen.

Wie die erste Interventionsstudie aufzeigte, führt ein gezieltes Fördern im Bereich der Problemlöseschemata durch heuristische Lösungsbeispiele zu besseren Schülerleistungen bei anspruchsvollen Beweisproblemen. Die Ergebnisse der Studie deuten darauf hin, dass schwächere Schülerinnen und Schüler von dieser Lernumgebung ganz besonders profitieren können und damit besser zurechtkommen als mit den Angeboten in einem herkömmlichen Unterricht. Das Ergebnis mag zunächst überraschen. Wenn man sich allerdings vergegenwärtigt, dass leistungsstärkere Schülerinnen und Schüler bereits vor der Unterrichtseinheit Beweisaufgaben auf einem relativ hohen Niveau lösen, so kann die Ursache dafür nur ein vorhandenes gutes Methodenwissen sein. Die heuristischen Lösungsbeispiele scheinen damit geeignet zu sein, Defizite des Unterrichts auszugleichen, indem sie Beweisverfahren transparent machen und dieses Methodenwissen damit auch schwächeren Schülerinnen und Schülern zugänglich werden lassen. Dieses Ergebnis hat ganz praktische Folgen, zeigt es doch, dass durch ein adäquates Behandeln des gesamten Beweisprozesses in einem schüleraktivierenden Unterricht die Schülerkompetenzen gefördert werden können.

Die positiven Ergebnisse lassen sich noch verbessern, wenn der Einsatz von heuristischen Lösungsbeispielen mit einer spezifischen Lernbegleitung durch die Lehrkräfte kombiniert wird. Zentrales Element des heuristischen Problemlöseprozesses ist ein zielgerichtetes Explorieren der Problemsituation. Dies geht naturgemäß einher mit dem Auftreten von Fehlern bzw. Fehlannahmen, aus denen Schlüsse für die weitere Exploration zu ziehen sind. Entsprechend ist ein adäquater Umgang mit eigenen Fehlern im Problemlöseprozess eine notwendige Voraussetzung für die erfolgreiche Problemlösung. In einer zweiten Interventionsstudie wurde daher eine Gruppe von Lehrkräften im Rahmen einer Fortbildung mit einem produktiven Umgang mit Schülerfehlern und mit der Bedeutung von Fehlern für den Lernprozess vertraut gemacht. Eine zweite Gruppe bekam dagegen eine klassische Fortbildung zum Thema Mathematik und beide Gruppen nahmen an einer Einführung in den Einsatz von heuristischen Lösungsbeispielen teil. Ein wesentliches Ergebnis dieser zweiten Interventionsstudie ist es, dass sich das Lehrerverhalten durch die gezielte Fortbildung im Hinblick auf ihren Umgang mit Schülerfehlern offenbar geändert hat. Im Vergleich zur anderen Gruppe wurde von den Schülern ein positiveres Lehrerverhalten wahrgenommen. Aber auch Leistungsunterschiede im Beweisen und Begründen konnten nachgewiesen werden, wobei wieder die Lernenden aus dem schwachen und mittleren Leistungsspektrum von dem veränderten Lehrerverhalten und der Lernumgebung am meisten profitierten. Es ist allerdings zu vermuten, dass hier erst eine mittel- und langfristige Perspektive interessant wird. Ein geändertes Lehrerverhalten gerade im Umgang mit Fehlern sollte Teil einer geänderten Unterrichtkultur werden – und erst unter diesen Umständen sind aussagekräftige Ergebnisse zu erwarten.

Die Resultate der beiden Interventionsstudien deuten darauf hin, dass heuristische Lösungsbeispiele als eine förderliche Ergänzung des herkömmlichen Mathematikunterrichts zum Beweisen und Begründen angesehen werden können. Allerdings macht auch ein sinnvolles Material die Lehrerinnen und Lehrer keinesfalls überflüssig. Gerade im Umgang mit heuristischen Lösungsbeispielen sind verstärkende Effekte für bestimmte Prozessaspekte des Beweisens zu erwarten. Eine unterstützende und fördernde Einstellung der Lehrkräfte wird darüber hinaus von den Schülerinnen und Schülern als positiv wahrgenommen, was vermutlich ihr Lernen verbessern sollte.

Mathematisches Beweisen und Argumentieren ist ein wichtiger Inhalt des Mathematikunterrichts – und vielleicht sogar der Kern mathematischen Arbeitens. Es ist aber auch ein schwieriger Inhalt, der für viele Schülerinnen und Schüler wenig transparent ist. Wenn dieser Inhalt also besser verstanden wird, dann wird vielleicht auch die Mathematik insgesamt ein bisschen besser verstanden. In dieser Richtung gibt es dann viele weitere und direkt anschließende Forschungsfragen:

- Kann man andere Inhalte entsprechend aufbereiten?
- Kann man auch dann mit einem positiven Lernzuwachs bei den Schülerinnen und Schülern rechnen?
- Welche Rolle spielt die Eigenaktivität, welche Rolle sollten Lehrer und Lehrerinnen einnehmen?
- Wie viel Unterstützung brauchen schwächere Schülerinnen und Schüler?
- Wie können auch leistungsstärkere Schülerinnen und Schüler von der Lernumgebung profitieren?

Darüber hinaus gilt es dann aber auch, nicht nur die Leistung als einzigen Bezugspunkt zu betrachten. Der Mathematikunterricht soll ohne Frage die Schülerleistungen verbessern, er soll aber auch das Interesse am Fach und die Motivation für das Lernen fördern, denn nur auf dieser Grundlage ist ein zukunftsorientiertes, lebenslanges Lernen mathematischer Inhalte vorstellbar.

Literatur

Baumert, J., Lehmann, R., Lehrke, M., Schmitz, B., Clausen, M., Hosenfeld, I. & Köller, O. (1997). *TIMSS: mathematisch-naturwissenschaftlicher Unterricht im internationalen Vergleich. Deskriptive Befunde.* Opladen: Leske + Budrich.

Boero, P. (1999). Argumentation and mathematical proof: A complex, productive, unavoidable relationship in mathematics and mathematics education. *International Newsletter on the Teaching and Learning of Mathematical Proof, 7/8.* Zugriff am 30. August 2006 unter http://www.lettredelapreuve.it/Newsletter/990708Theme/990708ThemeUK.html.

Department for Education and Employment & Qualifications and Curriculum Authority (2000). *Mathematics – The National Curriculum for England, Key stages 1-4.* London (UK).

Deutsches PISA-Konsortium (2001). *PISA 2000: Basiskompetenzen von Schülerinnen und Schülern im internationalen Vergleich.* Opladen: Leske + Budrich.

Healy, L. & Hoyles, C. (1998). *Justifying and Proving in School Mathematics. Technical report on the nationwide survey.* Institute of Education, University of London.

Heintz, B. (2000). *Die Innenwelt der Mathematik. Zur Kultur und Praxis einer beweisenden Disziplin.* Wien: Springer.

Heinze, A. (2005). Mistake-Handling Activities in German Mathematics Classroom. In H.L. Chick & J.L. Vincent (Eds.), *Proceedings of the 29th Conference of the International Group for the Psychology of Mathematics Education* (Vol. 3, pp. 105-112). Melbourne (Australien): Melbourne University.

Heinze, A., Cheng, Y.-H. & Yang, K.-L. (2004). Students' performance in reasoning and proof in Taiwan and Germany: Results, paradoxes and open questions. *Zentralblatt für Didaktik der Mathematik (ZDM), 36 (5)*, 162-171.

Heinze, A. & Reiss, K. (2004). Mathematikleistung und Mathematikinteresse in differentieller Perspektive. In J. Doll & M. Prenzel (Hrsg.), *Bildungsqualität von Schule: Lehrerprofessionalisierung, Unterrichtsentwicklung und Schülerförderung als Strategien der Qualitätsverbesserung* (S. 234-249). Münster: Waxmann.

Hoyles, C. & Healy, L. (1999). Linking informal argumentation with formal proof through computer-integrated teaching experiences. In O. Zaslavsky (Ed.), *Proceedings of the 23rd Conference of the International Group for the Psychology of Mathematics Education* (pp. 105-112). Haifa: University.

Klieme, E., Reiss, K. & Heinze, A. (2003). Geometrical competence and understanding of proof. A study based on TIMSS items. In F.L. Lin & J. Guo (Eds.), *Proceedings of the International Conference on Science and Mathematics Learning 2003* (pp. 60-80). Taipei (Taiwan): National Taiwan Normal University.

Kultusministerkonferenz (2003). *Bildungsstandards im Fach Mathematik für den mittleren Schulabschluss.* Bonn: KMK.

Lin, F.L. (2000). An approach for developing well-tested, validated research of mathematics learning and teaching. In T. Nakahara & M. Koyama (Eds.), *Proceedings of the 24th Conference of the International Group for the Psychology of Mathematics Education* (Vol. 1, pp. 84-88). Hiroshima: Hiroshima University.

National Council of Teachers of Mathematics (2000). *Principles and Standards for School Mathematics.* Reston, VA: National Council of Teachers of Mathematics.

PISA-Konsortium Deutschland (Hrsg.). (2004). *Pisa 2003. Der Bildungsstand der Jugendlichen in Deutschland – Ergebnisse des zweiten internationalen Vergleichs.* Münster: Waxmann.

Polya, G. (1949). *Schule des Denkens. Vom Lösen mathematischer Probleme.* Bern: Francke.

Reiss, K. & Renkl, A. (2002). Learning to prove: The idea of heuristic examples. *Zentralblatt für Didaktik der Mathematik, 34 (1)*, 29-35.

Reiss, K., Hellmich, F. & Thomas, J. (2002). Individuelle und schulische Bedingungsfaktoren für Argumentationen und Beweise im Mathematikunterricht. In M. Prenzel & J. Doll (Hrsg.), *Bildungsqualität von Schule: Schulische und außerschulische Bedingungen mathematischer, naturwissenschaftlicher und überfachlicher Kompetenzen.* (S. 51-64). Weinheim: Beltz. [45. Beiheft der Zeitschrift für Pädagogik].

Reiss, K., Heinze, A., Renkl, A. & Groß, C., (submitted). Reasoning and Proof in Geometry: Effects of a Learning Environment based on Heuristic Worked-out Examples.

Reiss, K. & Thomas, J. (2000). Wissenschaftliches Denken beim Beweisen in der Geometrie. Ergebnisse einer Studie mit Schülerinnen und Schülern der gymnasialen Oberstufe. *Mathematica Didactica, 23*, 96-112.

Renkl, A. & Atkinson, R.K. (2003). Structuring the transition from example study to problem solving in cognitive skills acquisition: A cognitive load perspective. *Educational Psychologist, 38*, 15-22.

Spychiger, M., Mahler, F., Hascher, T. & Oser, F. (1998). Fehlerkultur aus der Sicht von Schülerinnen und Schülern. *Schriftenreihe des Pädagogischen Instituts der Universität Fribourg*. Fribourg, Schweiz.

Sweller, J. (1988). Cognitive load during problem solving: Effects on learning. *Cognitive Science, 12*, 257-285.

Sweller, J., van Merriënboer, J.J.G. & Paas, F.G.W.C. (1998). Cognitive architecture and instructional design. *Educational Psychology Review, 10*, 251–296.

van Merriënboer, J.J.G. & Sweller, J. (2005). Cognitive Load Theory and Complex Learning: Recent Developments and Future Directions. *Educational Psychology Review, 17 (2)*, 147-177.

Schüler

das waren entweder schon immer so,

oder

es ist eine frequenzabhängige Subjekti-

vierungsform gemeint

das muss hier die interaktiv-

institut. Komponente des

Lernens meinen – nicht

die kogn. Prozesse im engeren

Sinn

× gemeint ist durchaus der

Arbeitsrollzus ...?

Barbara Otto, Franziska Perels, Bernhard Schmitz & Regina Bruder

Längsschnittliche und prozessuale Evaluation eines Trainingsprogramms zur Förderung sachspezifischer und fächerübergreifender (selbstregulativer) Kompetenzen

1 Einleitung

Der Bereich des Lernens befindet sich derzeit in einem dynamischen Wandlungsprozess. Das weltweit verfügbare Wissen steigt täglich rapide an. Aus aktuellen Untersuchungen ist bekannt, dass beispielsweise das berufliche Fachwissen nach fünf Jahren bereits seine Halbwertzeit erreicht hat, das EDV-Wissen sogar schon nach einem Jahr (z.B. Abicht & Dubiel, 2003). Dies hat zur Folge, dass der Fähigkeit, sich neues Wissen anzueignen und Spezialwissen immer wieder zu aktualisieren, eine wichtige Bedeutung zukommt.

Aufgrund der mangelnden Vorhersagbarkeit, welches Wissen die heutigen Kinder und Jugendlichen als Erwachsene benötigen werden, erscheint es immer wichtiger, Schüler auf einen lebenslangen Lernprozess vorzubereiten, damit sie in der Lage sind, sich selbstständig das erforderliche Wissen anzueignen. Vor allem die immer komplizierter und wechselhafter werdenden späteren Lebens- und Berufsaufgaben verlangen die Entwicklung von Flexibilität und lebenslanger Lernbereitschaft (Haarmann, 1999). Daher wird die Entwicklung der Fähigkeit zum eigenverantwortlichen, selbstregulierten Lernen neben der Vermittlung von Fachwissen als eine der Hauptaufgaben der Bildung und Erziehung junger Menschen gesehen (PISA, 2004). Nach Hasselhorn und Hager (2001) lassen sich selbstregulative Kompetenzen im Rahmen eines Trainings vor allem dann erfolgreich fördern, wenn sie neben den fächerübergreifenden Selbstregulationsinhalten auch fachspezifische Inhalte vermitteln. Da die internationalen Vergleichsstudien der letzten Jahre belegen, dass die Qualität der im Verlauf der Schulzeit entwickelten Bildungsergebnisse im mathematisch-naturwissenschaftlichen Bereich in Deutschland hinter national und international gesetzten Bezugsmaßstäben zurückbleibt (Doll & Prenzel, 2004), bietet sich für ein Training das Schulfach Mathematik zur Kombination mit selbstregulativen Strategien an. Um an die internationalen Vergleichsstudien anknüpfen zu können, sollten dabei eher komplexere mathematische Problemstellungen (z.B. bei der Bearbeitung von Textaufgaben) thematisiert werden.

Zielsetzung des Projektes *Darmstadt I* war daher die Entwicklung, Durchführung und Evaluation von Trainingsverfahren zur Förderung des selbstregulierten Lernens und mathematischen Problemlösens von Schülern. Diese Zielsetzung des Projektes wurde im Rahmen von drei Phasen verfolgt.

2 Allgemeine Theorie

2.1 Selbstregulationstheorie

Die Konzeption aller Trainings basiert sowohl hinsichtlich der Trainingsinhalte als auch bezüglich des Trainingsaufbaus auf dem Prozessmodell der Selbstregulation von Schmitz (2001; Schmitz & Wiese, 2006), der den Lernprozess in Anlehnung an das Modell von Zimmerman (2000) in drei Phasen einteilt: vor dem Lernen (präaktionale Phase), während des Lernens (aktionale Phase) und nach dem Lernen (postaktionale Phase).

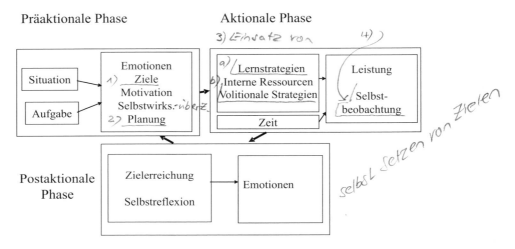

Abb. 1: Prozessuales Selbstregulationsmodell nach Schmitz (2001)

In der präaktionalen Phase geht es zunächst um die Vorbereitung des Lernens. In der Regel wird der Lernende mit einer spezifischen Aufgabenstellung und bestehenden situativen Bedingungen konfrontiert. Unter den gegebenen Umständen muss er sich Ziele für das Lernen setzen. Er kann sich z.B. vornehmen, die Aufgabe in 20 Minuten gelöst zu haben. Gleichzeitig löst die Aufgabe und die Situation bestimmte *Emotionen* und *motivationale Tendenzen* in dem Lernenden aus. Wenn es eine für ihn interessante Aufgabe ist, wird er sich darauf freuen und motiviert sein. Glaubt der Lernende hingegen, dass die Aufgabe zu schwierig für ihn sei, dann kann er Versagensängste entwickeln, die schließlich zu Aufschiebeverhalten führen können. Die entstandenen Emotionen und die Motivation haben wiederum zusammen mit der Zielsetzung einen Einfluss darauf, wie die Bearbeitung der Aufgabe geplant wird (*Strategieplanung*).

Anschließend beginnt das Lernen (aktionale Phase). Während der gesamten aufgewändeten *Lernzeit* werden von dem Lernenden *Lern- und Problemlösestrategien* eingesetzt, um die Aufgabe zu lösen. Während der Aufgabenbearbeitung muss er sich ebenfalls gegenüber möglichen Ablenkungen abschirmen. Solche Ablenkungen können z.B. Telefonanrufe von Freunden oder abschweifende Gedanken sein. Um trotz anderer interessanter Tätigkeiten weiter lernen zu können, muss er also *volitionale Strategien* einsetzen, die ihm helfen, solche Ablenkungen zu vermeiden bzw. ihnen entgegen zu wirken. In dieser Phase sind daher auch interne Ressourcen, wie Konzentration und Aufmerksamkeit von Bedeutung. Damit der Lernende möglichst zeitnah jegliche Abweichungen vom optimalen Lernverhalten erkennt und sich selbst regulieren kann, ist es förderlich, wenn er sich während der Aufgabenbearbeitung *selbst beobachtet* (Self-Monitoring). Am Ende des Lernprozesses liegt schließlich ein Ergebnis (*Leistung*) vor.

Nachdem das eigentliche Lernen abgeschlossen ist (postaktionale Phase), *vergleicht* der Lernende sein Lernergebnis mit dem ursprünglichen Ziel. Dabei *reflektiert* er, wie er vorgegangen ist, was er mit diesem Vorgehen erreicht hat und *bewertet* schließlich, ob das vorliegende Lernergebnis ein Erfolg oder ein Misserfolg war. In Abhängigkeit davon, ob die Bearbeitung der Aufgabe erfolgreich war oder nicht, stellen sich im Lernenden bestimmte *Emotionen* (z.B. Zufriedenheit) ein. Diese nachträglichen Bewertungen und Emotionen haben wiederum Auswirkungen auf zukünftiges Lernen, indem sie zu *Strategie- bzw. Zielmodifikationen* führen können. Im Falle eines Erfolges wäre der Lernende zufrieden mit seinem Handeln. In zukünftigen Lernprozessen wird er die ausgewählten Strategien beibehalten und evtl. sein Ziel etwas höher stecken. Wenn er die Aufgabe jedoch nicht erfolgreich lösen konnte, zeigt sich Unzufriedenheit. Wenn er in einem späteren Lernprozess mit einer vergleichbaren Aufgabe konfrontiert wird, wird er sich voraussichtlich andere Strategien auswählen, um zu einem erfolgreichen Lernergebnis zu kommen. Ebenfalls könnte er jedoch auch sein ursprüngliches Ziel verringern.

2.2 Problemlösetheorie

Entsprechend der Unterteilung des Lernprozesses in die präaktionale, die aktionale und die postaktionale Phase lässt sich auch der mathematische Problemlöseprozess bei der Bearbeitung einer Textaufgabe in drei Phasen einteilen (s. Abbildung 2; vgl. Perels et al., 2004), in denen jeweils spezifische mathematische Problemlösestrategien zum Einsatz kommen können.

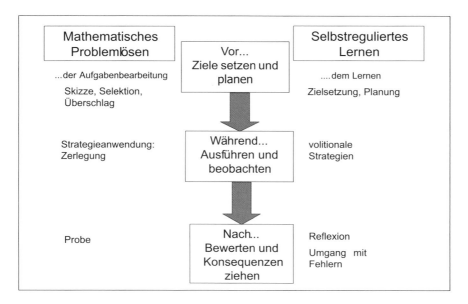

Abb. 2:   Phasen des selbstregulierten Lernens mit Zuordnung von Selbstregulations- und Problemlösestrategien (vgl. Perels, Bruder, Bruder & Schmitz, 2004)

Nach Hradil (1999) besteht eine Funktion des Bildungssystems darin, dass die Fähigkeit vermittelt wird, Wichtiges von Unwichtigem zu unterscheiden. Diese Fähigkeit der Selektion ist auch beim Lösen von Textaufgaben erforderlich, indem der Problemlöser entscheiden muss, welche Informationen im Text für die Bearbeitung der Aufgabe relevant sind. In der Phase vor der eigentlichen Aufgabenbearbeitung kann daher die Problemlösestrategie *Selektion* zum Einsatz kommen, indem die für die Aufgabe relevanten Angaben im Text markiert oder unterstrichen werden, um die wichtige von der unwichtigen Information zu trennen. Auch die grafische Darstellung des Sachverhaltes (*Skizze*), der in der Aufgabe beschrieben wird, kann dem Schüler in der Phase vor einer mathematischen Bearbeitung dabei unterstützen, die richtigen Rechenwege zur Bearbeitung der Aufgabe zu wählen. Als heuristisches Hilfsmittel kann die Skizze in Form einer informativen Figur den mathematischen Problemlöseprozess unterstützen (Bruder & Müller, 1990). Durch einen *Überschlag* lässt sich bei rechnerisch zu lösenden Bestimmungsaufgaben in der präaktionalen Phase zudem ein Referenzwert berechnen, mit dem das spätere Ergebnis verglichen werden kann. So schlagen auch Faust-Siehl, Garlichs, Ramseger, Schwarz & Warm (2001) vor, dass der Mathematikunterricht durch eine häufigere Anwendung der Überschlagsrechnung optimiert werden könnte. Um Fehler bei der Berechnung komplexer Fragestellungen zu vermeiden, bietet sich als Strategie, die während der Problembearbeitung eingesetzt werden kann, die *Zerlegung* an, bei der eine komplexe Fragestellung in kleinere, leichter zu lösende Teilprobleme zerlegt wird (Bruder & Müller, 1990). Bezogen auf die Phase nach der Lösung einer algebraisch bearbeitbaren Textaufgabe stellt die *Probe* eine effektive Strategie dar, durch die das berechnete Ergebnis nochmals durch Rückwärtsrechnen (Bruder & Müller, 1990) überprüft werden kann.

2.3 Trainingsgestaltung

Die im Projekt *Darmstadt I* entwickelten Trainings basieren sowohl inhaltlich als auch strukturell auf dem Selbstregulationsansatz, d.h. sowohl im Aufbau als auch in den vermittelten Strategien liegt dieser Ansatz zugrunde. Perels, Landmann und Schmitz (2006) integrieren dieses Vorgehen in einem Trainingsmodell. Dabei unterscheiden auch sie eine strukturelle und eine inhaltliche Ebene des Zusammenwirkens von Selbstregulation und Trainingskonzeption. Hinsichtlich der *strukturellen Ebene* ist dabei gemeint, dass der Selbstregulationsansatz als Grundlage für den Trainingsaufbau und die Trainingsdurchführung genutzt werden kann. Das bedeutet, dass sich ein Trainingsprogramm für den Trainer analog zum Selbstregulationsmodell ebenfalls in die drei Phasen Konzeption/Planung, Durchführung und Reflexion einteilen lässt. Ebenso ist die eigentliche Durchführung eines Trainings grob in drei Phasen zu untergliedern: In der Anfangsphase geht es zunächst um die Erwartungen/Ziele der Teilnehmer und Trainer. In der Durchführungsphase werden dann die eigentlichen Trainingsinhalte vermittelt, wobei grundsätzlich bei der Trainingskonzeption darauf zu achten ist, alternative und aktivierende Lehrmethoden (z.B. Silberman, 1998), verschiedene Medien und unterschiedliche Sozialformen zu berücksichtigen. In der Abschlussphase geht es schließlich um die Rückmeldung der Teilnehmer an die Trainer, so dass durch eine Reflexion des Trainers nach der Intervention eine Optimierung des Trainingsprogramms möglich wird.

   Bezüglich der *inhaltlichen Ebene* kann der Selbstregulationsansatz hilfreich sein, indem sich selbstregulative Bausteine vertiefend in fachspezifische Schulungsmaßnahmen integrieren lassen, um deren Transfer in den Lern- und Arbeitsalltag zu unterstützen (Perels, Landmann & Schmitz, 2006). Hasselhorn und Hager (2001, S. 344) bezeichnen die selbstregulativen Elemente in einem Training demzufolge auch als „Transfervehikel". Einige Studien, die den gesamten Selbstregulationszyklus in die Trainingskonzeption integrieren (z.B. Gürtler, 2003; Landmann, 2005; Perels, 2003), belegen, dass solche kombinierten Trainings (Vermittlung von fachspezifischen mit selbstregulativen Strategien) zu einem höheren Trainingserfolg führen als die bloße Vermittlung fachspezifischer Strategien.

3   Projektphase 1

3.1 Spezifische Fragestellung der ersten Projektphase

Projektphase 1 setzte bei der Zielgruppe der 15-Jährigen an, da innerhalb des Projektes auf die in TIMSS (Baumert et al., 1997) untersuchte Schülergruppe Bezug genommen werden sollte. Zielsetzung der ersten Projektphase war es zu überprüfen, welche Trainingsform für Schüler der 8. Klasse des Gymnasiums am effektivsten das Lernen fördert. Dazu wurden Trainingsvarianten mit verschiedenen Schwerpunkten hinsichtlich der Vermittlung von fächerübergreifenden Selbstregulationsstrategien bzw. fachspezifischen mathematischen Problemlösestrategien entwickelt und ihre Wirksamkeit bezogen auf die Selbstregulations- bzw. mathematische Problemlösekompetenz der Schüler überprüft. Eine zusätzliche Fragestellung dieser Studie betraf den Einsatz standardisierter Lerntagebücher: Es sollte überprüft werden, inwiefern sich die Bearbeitung von Tagebüchern positiv auf die Trainingswirkung und die Leistung der Schüler auswirkt.

3.2 Theorie

Innerhalb der ersten Projektphase wurden Schülertrainings mit unterschiedlichem Fokus auf Selbstregulation bzw. mathematisches Problemlösen konzipiert. Die Konzeption der Trainings basierte dabei auf dem im vorherigen Abschnitt beschriebenen theoretischen Rahmen. Während bei den reinen Problemlösetrainings (s.a. Perels, Schmitz & Bruder, 2005) ausschließlich heuristische Strategien zur mathematischen Bearbeitung von Textaufgaben vermittelt wurden, lag der Fokus bei den reinen Selbstregulationstrainings (s.a. Perels, Schmitz & Bruder, 2003) auf der Vermittlung solcher Strategien, die den selbstregulierten Lernprozess unterstützen sollten. Für die kombinierten Trainings, die sowohl Selbstregulationsstrategien als auch mathematische Problemlösestrategien vermittelten (s.a. Perels, Gürtler & Schmitz, 2005), wurde als theoretische Grundlage das in Abbildung 2 dargestellte Modell verwendet, das eine Zuordnung von Problemlösestrategien zu den Phasen der Selbstregulation vorsieht.

3.3 Methode

3.3.1 Untersuchungsdesign

Um in dieser Projektphase alle möglichen Trainingskombinationen und darüber hinaus auch die Wirkung des Einsatzes standardisierter Lerntagebücher als Unterstützung der Selbstregulationsförderung überprüfen zu können, wurden insgesamt acht Trainings realisiert, die nach dem regulären Unterricht stattfanden: Selbstregulationstraining, Problemlösetraining, kombiniertes Training (Kombination aus Selbstregulations- und Problemlösestrategien), kein Training (Wartekontrollgruppe), jeweils mit und ohne Tagebuch. Dieses Design ermöglichte zunächst die Überprüfung der Wirkung des standardisierten Lerntagebuchs unabhängig von den Trainings und darüber hinaus ein Vergleich aller acht aus dem Design resultierenden Gruppen

3.3.2 Stichprobe

An dem Gesamtprojekt nahmen 249 Schüler der 8. Jahrgangsstufe dreier südhessischer Gymnasien freiwillig teil, die zu relativ gleichen Anteilen auf die acht Gruppen verteilt wurden. Von den teilnehmenden Schülern waren 43 Prozent männlich und 57 Prozent weiblich.

3.3.3 Erhebungsinstrumente

Zur Überprüfung der Wirksamkeit der Trainings wurden die Schüler vor, direkt nach und einige Wochen nach Beendigung des Trainings mit Hilfe eines Selbstregulations-fragebogens und eines mathematischen Problemlösetests befragt. Zusätzlich führte die Hälfte der Schüler während des gesamten Trainingszeitraums ein standardisiertes Tagebuch (vgl. Perels, 2003), das es ermöglichte, den Trainingsprozess abzubilden.

Der *Selbstregulationsfragebogen* orientierte sich dabei an den Themen des Selbst-regulationsmodells. Bei diesem Fragebogen bekamen die Schüler Aussagen zu den Komponenten der Selbstregulation vorgelegt, die sie auf einer vierstufigen Skala (1: „stimmt gar nicht" zu bis 4: „stimmt genau") einschätzen sollten. Eine nähere Be-schreibung des Instruments, der Quellen und Gütekriterien der Skalen sowie einiger Beispielitems findet sich bei Gürtler (2003) sowie Perels, Gürtler und Schmitz (2005).

Der Problemlösetest wurde so konstruiert, dass er die mathematische Problem-lösekompetenz der Schüler bezüglich der Bearbeitung mathematischer Textaufgaben erfassen konnte. Die beiden Parallelversionen des Tests (für die Vor- und die Nach-befragung) enthielten 17 Aufgaben, die das Spektrum der im Training vermittelten Problemlösestrategien (Vor- und Rückwärtsarbeiten, Invarianzprinzip, Tabelle, Ab-bildung und Gleichung; s.a. nächster Abschnitt) erfragten. In dem Test wurden z.B. Aufgaben des folgenden Typs gestellt: „Anne ist 4 Jahre jünger als Eva. In 6 Jahren sind sie zusammen 34 Jahre alt. Wie alt sind die beiden Mädchen heute?".

Das *Lerntagebuch* wurde ähnlich wie der Selbstregulationsfragebogen ent-sprechend den Themen des Selbstregulationsmodells konstruiert. Die Items des Tage-buchs erfragten die Emotionen vor und nach dem Lernen, die Ziele für das Lernen, die Motivation, die Planung, volitionale und metakognitive Strategien, Hausaufgaben- bzw. Lernzeiten, Attribution und Problemlösestrategien. Die Schüler sollten ihr Lernverhalten mit diesem Instrument täglich vor und nach den Hausaufgaben bzw. dem außerschulischen Lernen einschätzen. Auch dem Tagebuch lag eine vierstufige Einschätzungsskala zugrunde. Die Bearbeitung dauerte pro Tag etwa 5 bis 10 Minuten.

3.3.4 Beschreibung der Trainingsprogramme

Da in dem kombinierten Training sowohl Selbstregulations- als auch mathematische Problemlösestrategien vermittelt wurden, wird bei der vorliegenden Trainingsbeschreibung nur dieses Training dargestellt, um auf alle Trainingsinhalte eingehen zu können. Tabelle 1 gibt einen Überblick über die Inhalte des kombinierten Trainings.

Tab. 1: Inhalte des kombinierten Trainings

Trainingseinheit	Problemlösen	Selbstregulation
1. Einheit	Vorwärtsarbeiten	Strategiereflexion
2. Einheit	Tabelle, Abbildung, Gleichung Kombination aus Vorwärts- und Rückwärtsarbeiten	Ziele
3. Einheit	Kombination aus Vorwärts- und Rückwärtsarbeiten Invarianzprinzip Übungsphase	Volitionale Strategien
4. Einheit	Tabelle, Abbildung, Gleichung Übungsphase	Ziele, Selbstreflexion: Ziele
5. Einheit	Invarianzprinzip Übungsphase	Volitionale Strategien
6. Einheit	Integration/Zusammenfassung	Selbstreflexion: Umgang mit Fehlern

Bei der Konzeption des Trainings wurde darauf geachtet, dass die Schüler viele Möglichkeiten erhielten, selbstreguliert vorzugehen. So wurden neue Inhalte entweder anhand eines Beispiels eingeführt und anschließend geübt oder entdeckend und aktivierend erlernt. Selbstständige Übungsphasen der Schüler folgten auf das Modelllernen. Darüber hinaus erhielten die Schüler für ihre Leistungen bei den Hausaufgaben individuelles Feedback. Die wesentlichen Trainingsinhalte wurden teilweise in mehreren Sitzungen wiederholt. Neben aktivierenden Lehr-Lernformen (vgl. Silberman, 1998) gab es auch Phasen direkter Instruktionen. Durch das Angebot von Kleingruppenarbeit und Paararbeit bei der Bearbeitung von mathematischen Problemaufgaben sollte zudem der soziale Austausch zwischen den Schülern gefördert werden.

Das Training bestand aus sechs Sitzungen. Das Ziel der *ersten Einheit* bestand darin, die Schüler anzuregen, über ihr bisheriges Vorgehen beim Lösen schwieriger Aufgaben zu reflektieren. Dabei wurde angestrebt, dass die Schüler eine aktive Aufgabenanalyse und Strategieplanung im Vergleich zu einem passiven Anwenden eines Lösungsschemas präferieren. In diesem Zusammenhang wurde die Notwendigkeit eines zielgerichteten Vorgehens hervorgehoben (Vorwärtsarbeiten). Die zentralen Inhalte der *zweiten Einheit* bezogen sich hinsichtlich der Selbstregulationsinhalte auf eine motivationsförderliche Zielsetzung sowie hinsichtlich der Problemlöseinhalte auf die Strategien des Vorwärts- und Rückwärtsarbeitens. In der *dritten Einheit* wurde das Thema Zielsetzung vertieft und Strategieplanung bzw. -einsatz entsprechend dem zugrunde liegenden Trainingsmodell vermittelt. Die Schüler sollten dabei geeignete Strategien zur Zielerreichung auswählen. Diese Einheit diente weiterhin zur Vertiefung der Strategien des Vorwärts- und Rückwärtsarbeitens sowie der Einführung des Invarianzprinzips. Ferner sollten neben diesen mathematischen Problemlösestrategien volitionale Strategien behandelt werden (z.B. Strategien zum Umgang mit Ablenkern). Die *vierte Einheit* diente zunächst der Auffrischung und Wiederholung des für den Selbstregulationsansatz bedeutsamen Themas „Ziele". Die Schüler erarbeiteten darüber hinaus in Kleingruppen zentrale Strategien zu den Themen „Volition" und „Motivation". Bezogen auf die Problemlösestrategien wurden unterschiedliche Darstellungsformen (informative Figur, Tabelle, Term) wiederholt und eingeübt. Zentrales Ziel der *fünften Einheit* war es, den Schülern am Beispiel von Textaufgaben bewusst zu machen, dass sich Gedanken und Einstellungen auf die Lernleistung auswirken. Dabei sollten die Schüler im Sinne der Selbstregulation Strategien zum Umgang mit negativen Gedanken kennen lernen (volitionale Strategien). Die Schüler sollten in der *sechsten Einheit* die Bedeutung der Fehleranalyse (Umgang mit Fehlern) innerhalb der Selbstregulation erkennen und angeleitet werden, Misserfolge auf falsche Zielsetzung, falschen Strategieeinsatz oder zu geringe Anstrengung zurückzuführen. Weiterhin diente die letzte Sitzung der Zusammenfassung und Integration der im Training vermittelten Inhalte.

3.4 Zentrale Ergebnisse

Zur Überprüfung, welches der Trainings die besten Effekte bezüglich der Förderung der Selbstregulations- und mathematischen Problemlösekompetenz der Schüler zeigt, wurden die Veränderungen der Befragungsergebnisse der Schüler vom Vortest zum Nachtest betrachtet (s. Abbildung 3).

Die Abbildung macht deutlich, dass die kombinierte Vermittlung von Selbstregulations- und mathematischen Problemlösestrategien die Selbstregulationskompetenz der Schüler am besten fördert. Die Schüler, die an diesem Training teilgenommen haben, zeigen nach dem Training deutlich höhere Einschätzungen bezüglich ihrer Selbstregulationskompetenz als die Schüler aller anderen Gruppen, die sich kaum unterscheiden. Bezogen auf die mathematische Problemlösekompetenz erweisen sich alle Trainings als effektiv. Im Gegensatz zur Kontrollgruppe, d.h. den Schülern, die zu diesem Zeitpunkt noch kein Training erhalten haben, zeigen alle anderen Schüler eine Leistungsverbesserung, die sich signifikant von den Ergebnissen der Kontrollgruppe unterscheidet. Als ein weiteres Ergebnis dieser Studie konnte die trainingsunterstützende Wirkung des Lerntagebuchs nachgewiesen werden (s.a. Gürtler, 2003; Perels, 2003). Insgesamt erwies sich in dieser Studie das kombinierte Training mit zusätzlicher Bearbeitung eines Lerntagebuchs als die effektivste Methode zur Förderung der Selbstregulations- sowie mathematischen Problemlösekompetenz der Schüler.

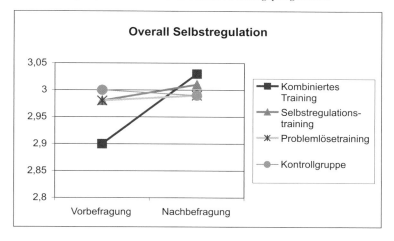

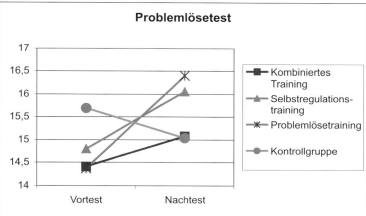

Abb. 3:   Effekte des Trainingsprogramms auf das selbstregulierte Lernen und das mathematische Problemlösen von Schülern der 8. Gymnasialklasse (vgl. Perels, Gürtler &
Schmitz, 2005)

4   Projektphase 2

4.1   Spezifische Fragestellung der ersten Projektphase

Aufbauend auf den Ergebnissen der ersten Projektphase wurde in der zweiten Projektphase der Frage nachgegangen, inwieweit sich selbstreguliertes Lernen bereits in
früheren Jahrgangsstufen effektiv fördern lässt. Da Schüler beim Übergang in die
weiterführende Schule vor größere Anforderungen bezüglich des eigenverantwortlichen Lernens gestellt sind, wurden für die zweite Projektphase Schüler der 5. Klasse
des Gymnasiums ausgewählt. Aufgrund der Überlegenheit des kombinierten Trainings
(Kombination aus Selbstregulation und Problemlösen mit Lerntagebuchbearbeitung) in
der ersten Projektphase wurde diese Trainingsart als Schülertraining ausgewählt. Da
Eltern in dieser Jahrgangsstufe einen großen Einfluss auf das Hausaufgabenverhalten
ihrer Kinder haben (vgl. z.B. Otto, 2006; Otto, Perels & Schmitz, eingereicht), wurde

in dieser Studie zusätzlich der Frage nachgegangen, inwieweit die Eltern als wichtiger Kontextfaktor für Kinder diesen Alters das selbstregulierte Lernen ihrer Kinder unterstützen können.

4.2 Theorie

Theoretische Grundlage für das Schülertraining war wiederum das in Abbildung 2 dargestellte Trainingsmodell für das kombinierte Schülertraining (vgl. Perels et al., 2004; Bruder, 2006; Perels, Miethner & Schmitz, submitted), das inhaltlich an die Voraussetzungen und Bedürfnisse angepasst wurde. Auch das Elterntraining (Bruder, 2006) basierte auf dem Selbstregulationsansatz (Schmitz, 2001; Schmitz & Wiese, 2006). Neben den Selbstregulationsinhalten wurden den Eltern zusätzlich Methoden vermittelt, wie sie das selbstregulierte Lernen ihrer Kinder leistungs- und motivationsförderlich unterstützen können. Aufbauend auf den Arbeiten von Martinez-Pons (1996) wurden zur Vermittlung der Selbstregulationsinhalte an die Kinder die Elternmethoden „Eltern als Modell", „Erleichtern" und „Ermuntern" ausgewählt (Abbildung 4).

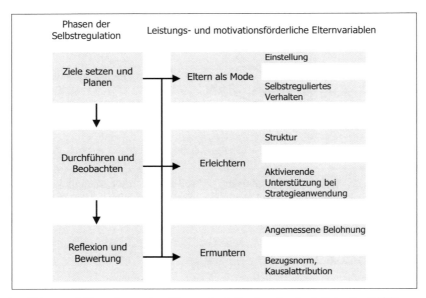

Abb. 4: Elternmodell zur Lernunterstützung (vgl. Bruder, Perels & Schmitz, 2004)

Eltern sind *Modell* für ihre Kinder. So ist eine positive Einstellung zu Hausaufgaben, Schule und Lernen von Seiten der Eltern wichtig, damit sie von den Kindern übernommen werden können. Weiterhin können die Eltern ihre Rolle als Modell nutzen, um ihrem Kind zu zeigen, wie sie selbst Strategien anwenden und sich selbstreguliert verhalten. Darüber hinaus ist es für Eltern zur Unterstützung des Lernverhaltens sinnvoll, ihren Kindern das Anwenden von Selbstregulationsstrategien bei der Hausaufgabenbearbeitung zu *erleichtern*, z.B. durch Hilfestellungen wie die Bereitstellung eines angemessenen Arbeitsplatzes oder durch die Unterstützung bei der Anwendung von Strategien, z.B. indem Eltern das Kind dazu ermutigen, über sein eigenes Verhalten nachzudenken. Es ist auch möglich, das Kind durch den Einsatz von angemessener Belohnung zu weiterem selbstregulierten Verhalten zu *ermuntern*. Auch durch die Art der Ursachenzuschreibung bei Erfolg und Misserfolg (intern, variabel) sowie die Art der Bezugsgröße, die zum Vergleich der Leistung des Kindes herangezogen wird (individuelle Bezugsnorm), können Eltern ihr Kind zum (selbstregulierten) Lernen ermuntern.

4.3 Methode

4.3.1 Untersuchungsdesign

Um sowohl die spezifische Wirkung der einzelnen Trainings (Schüler- und Elterntraining) sowie die der Kombination der beiden Trainings überprüfen zu können, wurden insgesamt vier Trainingsgruppen in dieser Studie realisiert: Schülertraining, Elterntraining, kombiniertes Training (Kombination aus Schüler- und Elterntraining) und Kontrollgruppe. Alle trainierten Gruppen führten über einen Zeitraum von zehn Wochen (Schüler) bzw. sieben Wochen (Eltern) ein standardisiertes Tagebuch.

4.3.2 Stichprobe

Für das Training meldeten sich insgesamt 47 Eltern an, die auf die vier Gruppen verteilt wurden. Weitere 16 Eltern, die lediglich einen Fragebogen ausfüllten, wurden der Kontrollgruppe zugeordnet. Diese insgesamt 63 befragten Eltern waren im Mittel 41 (SD = 3,9) Jahre alt und hatten durchschnittlich 2,21 Kinder.

Zudem nahmen insgesamt 84 Kinder an der Studie teil, die entweder ohne Beteiligung der Eltern, zeitgleich oder nach dem ersten Trainingszeitraum ihr Schülertraining erhielten. Es wurden 30 Mädchen und 54 Jungen untersucht, die zwischen 9 und 11 Jahre alt (SD = 0,57) waren.

4.3.3 Erhebungsinstrumente

Zur Überprüfung der Wirksamkeit der Trainings wurde auf Seiten der Eltern ein Fragebogen (für die Vor- und Nachbefragung) sowie ein Tagebuch eingesetzt. Die Schüler bearbeiteten vor und nach dem Training einen Selbstregulationsfragebogen sowie einen mathematischen Problemlösetest. Auch sie füllten während des gesamten Trainings ein Lerntagebuch aus.

Der Elternfragebogen wurde auf Grundlage des Elternmodells (s. Abbildung 4) entwickelt und umfasste die Themenbereiche *Allgemeine Selbstregulation* (zusammengesetzt aus den Themen „Ziele und Planung", „Durchführen und Beobachten" sowie „Reflexion und Bewertung"), *Elternmethoden* (zusammengesetzt aus den Komponenten „Erleichtern" „Ermuntern" und „Modelllernen"), Fragen zur Einstellung, zu Problemen in der Hausaufgabensituation und zur Selbstwirksamkeit.

Auch aus den Fragen des Selbstregulationsfragebogen der Kinder wurde ein Overall-Maß zur allgemeinen Selbstregulation gebildet. Es setzt sich zusammen aus den Themengebieten „Ziele", „Emotionen", „Motivation", „Volition (Willensstrategien)" und „Lernstrategien". Zusätzlich wurde in diesem Fragebogen die Einstellung der Kinder zu Mathematik und Hausaufgaben sowie die Wahrnehmung der elterlichen Lernunterstützung erfragt.

Die Skalen des Elterntagebuchs und des Lerntagebuchs für Kinder bilden die Phasen des Selbstregulationsmodells von Schmitz (2001) ab. Die Skalierung in den Fragebögen und im Tagebuch ist 4-stufig und reicht von „stimmt überhaupt nicht" (1), „stimmt nicht" (2), „stimmt eher" (3) bis „stimmt genau" (4).

Bezüglich des Problemlösetests wurde ebenfalls ein Overall-Maß „Gesamtpunktzahl" gebildet. Dazu wurden die Ergebnisse der Aufgaben zu den Strategien „Selektion" und „Zerlegung" zusammengefasst, die sich jeweils aus einer Basisaufgabe, einer Transferaufgabe der Stufe I (höherer Schwierigkeitsgrad als die trainierten Mathematikaufgaben) und einer Transferaufgabe der Stufe II (Textbearbeitung) zusammensetzen. Eine ausführliche Beschreibung der Erhebungsinstrumente findet sich bei Bruder (2006).

4.3.4 Beschreibung der Trainingsprogramme

In Tabelle 2 sind die Inhalte des Eltern- und Schülertrainings zusammengefasst.

Die Tabelle macht deutlich, dass mit den Eltern acht Trainingseinheiten durchgeführt wurden, die den Phasen der Selbstregulation zugeordnet waren. Jede Trainingssitzung war nach der selben Struktur aufgebaut: Im ersten Teil bestand die Möglichkeit, sich in Kleingruppen mit den anderen Eltern über die Inhalte und Umsetzung des Trainings auszutauschen (*Elternkreis*). Der zweite Teil thematisierte anhand von *Filmsequenzen* die Phasen im Lernprozess, auftretende Probleme und Lösungsstrategien. In diesen Filmsequenzen wurde eine Familie gezeigt, die sich vor Aufgaben gestellt sah, die selbstreguliertes Verhalten erforderten und auf humorvolle Weise versuchte, Lösungen zu finden. In einem dritten Teil wurden auch die übrigen *Elternmethoden* vorgestellt und anhand aktivierender Übungen vertieft. Theoretische Inhalte wurden erst von den Trainingsteilnehmern in Kleingruppen anhand von Beispielgeschichten und Leitfragen erarbeitet, in der Gesamtgruppe zusammengetragen und dann vom Trainer durch theoretische Überlegungen und praktische Beispiele ergänzt. Am Ende jeder Sitzung fand eine *Evaluation der Einheit* statt. Die Teilnehmer konnten in einem Blitzlicht persönliches Feedback über die Trainingssitzung geben. Zusätzlich füllten sie auch einen anonymisierten Evaluationsbogen aus.

In der *ersten Einheit* ging es vor allem darum, sich gegenseitig kennen zu lernen und Erwartungen und Befürchtungen der Trainingsteilnehmer zu thematisieren. Es wurden die „Basics" des Trainings vorgestellt. In der *zweiten Einheit („Vor dem Lernen")* wurden die Themen Ziele und Motivation vorgestellt und geeignete Zielformulierungen besprochen. In einer Selbsterfahrungsübung wurde dann das Zusammenwirken von eigener Zielsetzung, Motivation und Kontrolle verdeutlicht und diskutiert. Zusätzlich wurde noch das Planen einer Mathematikaufgabe mit Hilfe von Strategiekärtchen geübt. Die *dritte Einheit („Anfangen und während des Lernens")* begann mit einer Phantasiereise. Nach dem Elternkreis wurden anschließend mit den Eltern gemeinsam Schwierigkeiten, die zu Beginn und während des Ausführens einer Aufgabe für Eltern aber auch für Kinder entstehen können, thematisiert und anhand einer Beispielgeschichte („Problemfall Hausaufgaben") Strategien zur Selbstmotivation und Volition erarbeitet. Konzentrations- und Bewegungsübungen wurden nach längeren Phasen konzentrierten Arbeitens durchgeführt und deren Sinn besprochen.

Tab. 2: Inhalte des Eltern- und Schülertrainings (Projektphase 2)

Inhalte des Elterntrainings

1. Einheit Basics	2. Einheit „Vor dem Lernen ...“	3. Einheit „Anfangen und während des Lernens ...“	4. Einheit „... und nach dem Lernen?“
Kennen lernen Einstellung der Eltern Modellfunktion Selbstreflexion Struktur Gewohnheiten Aktives Zuhören	Ziele und Motivation Strategiekärtchen: Planen einer Mathe- matikaufgabe (Beispiel: Selektion)	Selbstmotivation Volition Konzentration	Motivation Attribution Individuelle Bezugs- norm
5. Einheit Bilanzierung und Wiederholung	6. Einheit Emotionen	7. Einheit Umgang mit Fehlern und Flexibilität	8. Einheit
Selbstmonitoring Modelle Exkurs: Belohnung/ Strafe	Emotionen und kogni- tive Strategien Aufmerksamkeit und Angst Extrinsische und intrin- sische Motivation	Wiederholen Umgang mit Fehlern	Transfer Evaluation Verabschiedung

Inhalte des Schülertrainings

1. Sitzung Basics	2. Sitzung „Vor dem Lernen“	3. Sitzung „Vor dem Lernen“	4. Sitzung „Vor dem Lernen“	5. Sitzung „Während des Lernens“
Erwartung Regeln Überblick Einstieg	Einstellung zu Mathematik Selektion Überschlag	Zielsetzung Selektion Skizze Planung	Einstellung Ziele Selektion Überschlag Skizze	Konzentration Motivation Zerlegung
6. Sitzung „Während des Lernens“	7. Sitzung „Nach dem Lernen“	8. Sitzung „Nach dem Lernen“	9. Sitzung Lernen lernen	10. Sitzung Problemlösen
Umgang mit Störenden Gedanken Zerlegung Umgang mit Ablenkern	Wiederholung Motivation Volition Probe Umgang mit Fehlern	Individuelle Bezugsnorm Umgang mit Fehlern Probe	Wiederholung	Abschluss

In der *vierten Einheit („Nach dem Lernen")* wurden die unterschiedlichen Formen von Ursachenzuschreibung diskutiert und insbesondere thematisiert, dass eine intern variable Ursachenzuschreibung bei Misserfolg (Attribution auf mangelnde Anstrengung bzw. Strategien) zur Verantwortungsübernahme anregt und daher dazu motiviert, das eigene Verhalten zu ändern. Außerdem wurden die motivationalen Vorteile der individuellen Bezugsnormorientierung zunächst an Geschichten (Schüler und Mathenoten) gemeinsam von den Eltern erarbeitet und vom Trainer theoretisch ergänzt. In der *fünften Einheit* wurden alle Themen wiederholt und gemeinsam direkte Erfahrungen im Umgang mit dem Kind zu Hause besprochen. Als weitere Inhalte wurden die Themen „Belohnung", „Lob" und „Strafe" sowie „Ich-Botschaften" behandelt. In Kleingruppen diskutierten die Eltern anhand von Beispielgeschichten jeweils eines dieser Themen und erarbeiteten die wichtigsten Punkte, um diese dann in der Gesamtgruppe den anderen Trainingsteilnehmern vorzustellen. Die *sechste Einheit* begann mit der Unterscheidung von intrinsischer und extrinsischer Motivation. Bezugnehmend auf die vierte Einheit wurden die verschiedenen Formen von Attribution und Ursachenzuschreibung wiederholt und der Umgang mit lernhinderlichen Gedanken eingeübt. In dieser Einheit wurden Angst und irrelevante Kognitionen thematisiert und diesbezüglich die Bedeutung von Entspannungsübungen behandelt. Am Ende wurde den Eltern in einer Selbsterfahrung eine kindgerechte Version der progressiven Muskelrelaxation vorgestellt und auch Phantasiereisen besprochen. In der *siebten Einheit* wurde der Elternkreis zeitlich ausgedehnt, und die Eltern sollten sich mit Hilfe von Leitfragen noch einmal miteinander austauschen. Außerdem wurde der Umgang mit Fehlern thematisiert und besprochen, wie ein Fehlerprotokoll erstellt werden kann. In diesem Zusammenhang wurden motivationsförderliche Formen von Rückmeldung behandelt (informatives Feedback). In der *letzten Einheit* wurde die Gruppe, die über einen langen Zeitraum sehr intensiv miteinander gearbeitet hatte, verabschiedet. Um den Transfer zu fördern, schrieben die Eltern Briefe an sich selbst, in denen sie konkrete Vorsätze bezüglich der Lernunterstützung ihrer Kinder für die Zeit nach dem Training formulieren sollten. Zwei Monate später wurde ihnen dieser Brief zugesandt. Eine ausführliche Beschreibung des Trainings befindet sich bei Bruder (2006).

Mit den Schülern wurden insgesamt zehn Trainingseinheiten durchgeführt. Die erste Trainingseinheit diente der Einführung und Sitzung 9 bzw. 10 der Wiederholung der vermittelten Strategien. Die verbleibenden Sitzungen vermittelten Inhalte und Strategien, die „Vor dem Lernen", „Während des Lernens" bzw. „Nach dem Lernen" wichtig sind. Das Training war so aufgebaut, dass alle Trainingsinhalte mindestens zweimal wiederholt wurden.

Auch alle Einheiten des Schülertrainings folgten der gleichen Struktur: Zu Beginn wurden in einem *Anfangskreis* die erlernten Strategien diskutiert und die Hausaufgaben besprochen. Auch Probleme bei der Tagebuchbearbeitung wurden in diesem Rahmen geklärt. Am Ende einer jeden Trainingssitzung wurde zunächst eine *schriftliche Evaluation* der Trainingseinheit durch die Schüler eingeholt und danach ein Abschlusskreis durchgeführt. Dabei hatten die Schüler die Gelegenheit, den Trainern auch mündlich Rückmeldung über die Inhalte und Methoden der Sitzung zu geben (Blitzlicht). Zum Abschluss eines Abschnitts („Vor dem Lernen", „Während des Lernens" bzw. „Nach dem Lernen") wurde mit Hilfe eines *Wissenstests* („Trainingsspiegel") erfasst, inwieweit die Schüler die vermittelten Strategien verstanden und behalten hatten. Zur Vertiefung und Wiederholung der Trainingsinhalte sowie zur Anregung selbstregulierten Lernens wurden in allen Trainingseinheiten (außer der letzten) *Hausaufgaben* gegeben. Eine ausführliche Beschreibung des Schülertrainings findet sich bei Bruder (2006) und Perels (2006).

4.4 Zentrale Ergebnisse

Zur Überprüfung der Wirksamkeit der Trainingsvarianten bezüglich des selbstregulierten Lernens bzw. des mathematischen Problemlösens der Schüler wurde die entsprechende Kompetenz der Schüler vor und nach dem Training mit Hilfe entsprechender Tests bzw. Fragebogen erhoben und mit einer Kontrollgruppe verglichen (s. Abbildung 5).

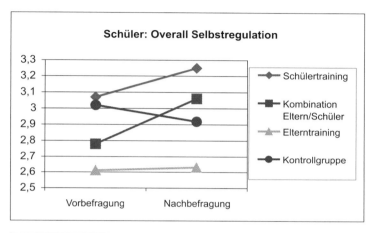

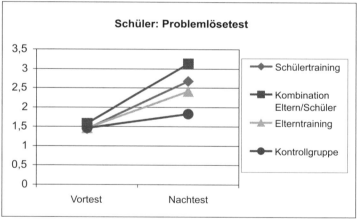

Abb. 5: Effekte des Trainingsprogramms auf das selbstregulierte Lernen und mathematische Problemlösen von Schülern der 5. Gymnasialklasse (vgl. Bruder, 2006)

Die Ergebnisse der Auswertungen weisen darauf hin, dass die Schülergruppe, die ein Training zeitgleich mit den Eltern erhielt, sowie die Gruppe des reinen Schülertrainings einen deutlichen Anstieg bezüglich der Gesamtselbstregulation zeigen, während die Kontrollgruppe und die Gruppe der Kinder, die selber nicht trainiert wurden, deren Eltern jedoch ein Training erhielten, weitgehend konstant bleiben. Auch die Ergebnisse bezüglich der mathematischen Problemlösekompetenz zeigen, dass vor allem die Schüler profitieren, d.h. in ihren mathematischen Problemlösekompetenzen ansteigen, die ein Training erhielten. Verstärkt werden auch diese Effekte durch ein zeitgleiches zusätzliches Elterntraining.

Nicht nur die Schüler, sondern auch die Eltern profitieren von dem Trainingsprogramm: Sowohl die mit Hilfe des Elterntagebuchs erhobene Selbstregulationskompetenz als auch die Methoden zur Förderung des selbstregulierten Lernens ihrer Kinder verbesserten sich im Verlauf des Trainings. Für eine genauere Beschreibung der Effekte auf Seiten der Eltern sei auf Bruder (2006) verwiesen.

5 Projektphase 3

5.1 Spezifische Fragestellung der dritten Projektphase

Da in den beiden vorangegangenen Projektphasen nachgewiesen wurde, dass Selbstregulation und mathematisches Problemlösen erfolgreich bei Schülern der 8. und 5. Jahrgangsstufe des Gymnasiums gefördert werden kann, ergab sich als Zielsetzung für die dritte Projektphase, eine Interventionsmaßnahme bei Schülern der vierten Jahrgangsstufe durchzuführen, um bereits vor dem Übergang in die Sekundarstufe selbstreguliertes Lernen und mathematisches Problemlösens zu fördern. Zusätzlich sollten Optimierungen des Lernverhaltens von Viertklässlern dadurch erreicht werden, dass sowohl den Eltern als auch den Mathematiklehrkräften ein Trainingsprogramm angeboten wurde. Eine solch aufwändige Interventionsstudie, in der die Auswirkungen von drei Zielgruppen auf das selbstregulatorische und problemlösende Verhalten von Schülern untersucht wird, liegt nach Kenntnis der Autoren bisher weder im deutsch- noch im englischsprachigen Raum vor.

5.2 Theorie

In der vorangegangenen Studie (Projektphase 2) zeigte sich, dass Eltern als Gestalter der häuslichen Lernumwelt eine zentrale Rolle für das selbstregulierte Lernverhalten spielen. Es wird angenommen, dass Lehrkräfte einen ähnlichen Einfluss auf das Lernen von Schülern in der schulischen Lernumwelt haben und daher ebenfalls wichtige Kontextfaktoren für die Entwicklung des selbstregulierten Lernens darstellen (Hertel, 2006; vgl. Otto, Hertel & Schmitz, in Vorbereitung). Dieser Einfluss von Eltern und Lehrern lässt sich nach Ansicht der Autoren mit dem Einfluss der Umwelt auf die Motivation von Schülern erklären (vgl. Lewins Theorem der Feldtheorie, nach dem Verhalten als Funktion von Person- und Umweltvariablen zu verstehen ist; Lewin, 1963): nur unter günstigen Umweltbedingungen kann optimales Lernverhalten entstehen (s.a. Otto, 2006). Hierbei sind nach dem Verständnis der Autoren mit Umweltbedingungen nicht nur die „passiven" Merkmale einer Lernsituation gemeint, sondern vielmehr alle Variablen, die außerhalb der Person des Lernenden aktiv oder passiv Einfluss auf den Lernprozess nehmen.

In der dritten Projektphase wurde in Anlehnung an Rheinberg, Vollmeyer und Rollett (2000) der Lernmotivation innerhalb der Selbstregulation eine zentrale Rolle eingeräumt. Otto (in Vorbereitung) integriert daher die Selbstregulationsmodelle von Zimmerman (2000), Schmitz (2001; Schmitz & Wiese, 2006) und Rheinberg, Vollmeyer und Rollett (2000) zu einem Gesamtmodell motivierten selbstregulierten Lernens unter Einbeziehung zentraler Gestalter der Lernumwelt (Abbildung 6).

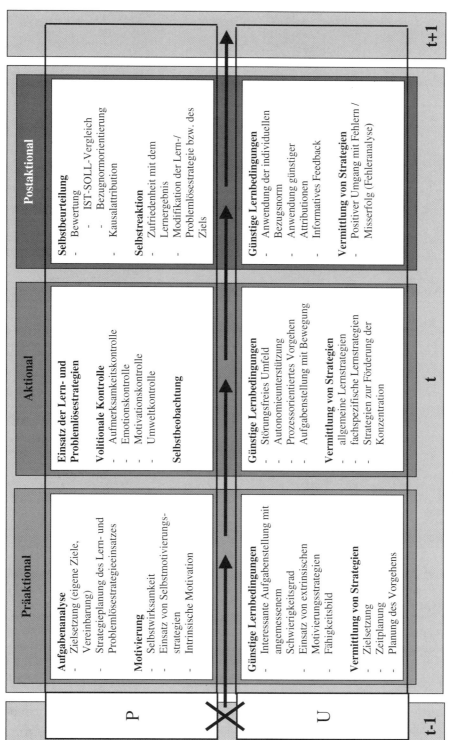

Abb. 6: Gesamtmodell motivierten selbstregulierten Lernens unter Einbeziehung zentraler Gestalter der Lernumwelt

In Anlehnung an Zimmerman (2000) und Schmitz (2001) wird der Lernprozess in drei Phasen eingeteilt: vor dem Lernen (präaktional), während des Lernens (aktional) und nach dem Lernen (postaktional). Diese drei Phasen werden jedoch jeweils im Sinne von Rheinberg, Vollmeyer und Rollett (2000) nochmals in Personvariablen (P) und Umweltvariablen (U) untergliedert, wobei die Abfolge der drei Phasen innerhalb der Person weitestgehend den Annahmen von Zimmerman und Schmitz entspricht. Die Unterteilung in Person und Umwelt soll v.a. verdeutlichen, dass Selbstregulation nicht nur innerhalb einer Person entwickelt werden, sondern auch dadurch gefördert werden kann, dass die Umwelt (Kontextfaktoren, z.B. Eltern oder Lehrkräfte) in allen drei Phasen des Lernprozesses *günstige Lernbedingungen schafft* bzw. entsprechende *Strategien zur Selbstregulation vermittelt.* Neben diesen beiden Möglichkeiten können Eltern bzw. Lehrer auch über ihre *Modellfunktion* Einfluss auf das selbstregulierte Lernverhalten der Schüler nehmen. So kann z.B. eine stetige Anwendung der individuellen Bezugsnorm bei der Bewertung von Lernergebnissen auch auf Seiten des Kindes zu einem entsprechenden Verhalten führen (für eine nähere praxisorientierte Erläuterung dieser theoretischen Grundüberlegungen vgl. Otto, 2006).

5.3 Methode

5.3.1 Untersuchungsdesign

Das Training wurde drei Zielgruppen angeboten: Schülern der vierten Jahrgangsstufe, deren Eltern sowie deren Mathematiklehrkräften. Durch die Kombination dieser drei Gruppen wurden insgesamt fünf verschiedene Gruppen realisiert (Tabelle 3).[1]

Tab. 3: Design der Studie (Projektphase 3)

Gruppe	Schülertraining	Elterntraining	Lehrertraining
1: SxExL	+	+	+
2: SxL	+	–	+
3: ExL	–	+	+
4: L	–	–	+
5: Kontrollgruppe (KG)	–	–	–

Alle drei Zielgruppen wurden parallel trainiert. Die Schüler und Eltern, die nicht in der Experimentalphase trainiert wurden, konnten an einem identischen Wartekontrollgruppentraining teilnehmen.

5.3.2 Stichprobe

Insgesamt nahmen 331 südhessische Grundschüler der 4. Jahrgangsstufe an der Studie teil. 173 der Schüler waren männlich (52%) und 158 weiblich (48%). Das durchschnittliche Alter lag bei 9,2 Jahren. An der Studie nahmen weiterhin 179 Eltern der Viertklässler teil. Da insbesondere die Eltern angesprochen wurden, die für die

---

1   Wegen des erheblichen organisatorischen und zeitlichen Trainingsaufwands wurden nicht alle Kombinationsmöglichkeiten realisiert.

Hausaufgabenbetreuung verantwortlich sind, waren erwartungsgemäß nur 9 Prozent der teilnehmenden Eltern männlich. Das durchschnittliche Alter der Eltern betrug 39,6 Jahre. Insgesamt 18 Prozent der Elternteilnehmer gaben an, alleinerziehend zu sein, zudem waren zwei Drittel berufstätig.

Schließlich haben an der Studie ebenfalls 18 Grundschullehrkräfte mitgewirkt, die alle weiblich waren. Das durchschnittliche Alter lag bei 50,2 Jahren. Die befragten Lehrkräfte unterrichteten Mathematik im Mittel schon seit 18,4 Jahren, dies erfolgte jedoch in annähernd der Hälfte (47,1%) fachfremd. 94,1 Prozent der befragten Lehrkräfte waren nicht nur Mathematik- sondern auch Klassenlehrerin der unterrichteten Klasse.

5.3.3 Erhebungsinstrumente

Zur Überprüfung der Effektivität des Trainings wurden sowohl die Schüler als auch die Eltern und Lehrkräfte zu drei Messzeitpunkten (vor dem Training, direkt nach dem Training und zwei Monate nach dem Training) mit Hilfe eines Fragebogens befragt. Die Schüler bearbeiteten zudem an jedem Messzeitpunkt einen Test zur Erfassung der mathematischen Problemlösefähigkeit. Darüber hinaus erhielten die drei Zielgruppen während des Trainingszeitraums jeweils ein Tagebuch, um die prozessualen Veränderungen im Lern- bzw. Unterstützungsverhalten zu erfassen.

Der *Schülerfragebogen* erfasste mit insgesamt 81 Items Variablen zu allgemeinen schulrelevanten Aspekten (z.B. Einstellung zum Lernen), zum selbstregulierten Lernen (präaktional, aktional und postaktional), zum Einsatz mathematischer Problemlösestrategien, zur Einschätzung des Unterstützungsverhaltens der Eltern sowie zur Einschätzung des Unterstützungsverhaltens der Mathematiklehrkräfte. Der *mathematische Problemlösetest* bestand neben mehreren Basisaufgaben zum Grundrechnen aus vier mathematisch anspruchsvolleren Sachaufgaben, die jeweils mit Hilfe der vermittelten Problemlösestrategien bearbeitet werden konnten.

Im *Elternfragebogen* wurden mit insgesamt 98 Items allgemeine schulrelevante Aspekte, selbstreguliertes Unterstützungsverhalten während der Hausaufgabensituation (präaktional, aktional und postaktional) sowie die Einschätzung des selbstregulierten Lernverhaltens und mathematischen Problemlösens des eigenen Kindes erhoben. Dem Elternfragebogen parallelisiert konstruiert, erhob auch der *Lehrerfragebogen* mit 92 Items allgemeine schulrelevante Aspekte, das selbstregulierte Unterrichtsverhalten (präaktional, aktional und postaktional) sowie Angaben zur Aufgaben- und Hausaufgabenpraxis. Darüber hinaus sollten die Lehrer mit Hilfe eines *Einschätzungsbogens* ihre Schüler hinsichtlich deren selbstregulierten Lernverhaltens und mathematischen Problemlösens bewerten.

Zur zusätzlichen Evaluation der Trainingsmaßnahme erhielten alle drei Zielgruppen während des Trainingszeitraums jeweils ein *Tagebuch*, um die prozessualen Veränderungen im Lern- bzw. Unterstützungsverhalten zu erfassen. Diese Tagebücher waren inhaltlich an die Fragebögen angelehnt und erhoben alle zentralen Variablen als Zustandsvariablen mit jeweils einem Item.

5.3.4 Beschreibung der Trainingsprogramme

Tabelle 4 zeigt die Inhalte der Trainingseinheiten für das Schüler-, Eltern- und Lehrertraining.

Tab. 4:   Inhalte der Schüler-, Eltern- und Lehrertrainings (Projektphase 3)

Einheit	Phase	Thema	Strategien (Schüler)	Strategien (Eltern/Lehrer)
1		Kennenlernen Erwartungen an das Training Regeln Trainingsübersicht		Modelllernen
2	Präaktionale Phase	Aufschiebeverhalten (Selbstregulation/ Motivation)	Feste Strukturen Selbstmotivierung Zielsetzung	Feste Strukturen Fremdmotivierung Zielsetzung
3	Präaktionale Phase	Beginn einer Sach-aufgabe (Problemlösen)	Fragen stellen Selektion Skizze Überschlag	
4	Aktionale Phase	Konzentrations-schwierigkeiten (Selbstregulation/ Volition)	Umgang mit äußeren/inneren Ablenkern	Konzentration Umgang mit äußeren/inneren Ablenkern Entspannung Bewegung
5	Aktionale Phase	Bearbeiten einer Sach-aufgabe (Problemlösen)	Zerlegung	
6	Postaktionale Phase	Umgang mit Miss-erfolgen (Selbst-regulation/Motivation) Ergebnisüberprüfung (Problemlösen)	Individuelle Bezugs-norm Strategie-modifikation Probe	Günstige Attribution Individuelle Bezugs-norm
7		Wiederholung aller Trainingsinhalte		

Das *Schülertraining* bestand aus insgesamt sieben Trainingseinheiten, die in wöchentlichem Abstand stattfanden. Die erste Sitzung diente lediglich dem Kennenlernen und dazu, Organisatorisches zu klären. Die nächsten beiden Trainingseinheiten befassten sich mit der präaktionalen Phase des Lernens. In der zweiten Einheit ging es um Selbstregulation, während die dritte Einheit mathematische Problemlösestrategien thematisierte. Anschließend folgten zwei Sitzungen zur aktionalen Phase des Lernprozesses, erneut zuerst die Selbstregulationsinhalte (Einheit 4) und darauf folgend die Problemlöseinhalte (Einheit 5). In der sechsten Trainingseinheit wurden sowohl Selbstregulations- als auch mathematische Problemlösestrategien der postaktionalen Phase vermittelt. Die letzte Trainingssitzung diente der Wiederholung aller Inhalte und der Evaluation.

In den *Eltern- und Lehrertrainings* ging es inhaltlich darum, sowohl Wissen über den selbstregulativen Lernprozess zu vermitteln als auch Möglichkeiten zu erarbeiten, wie die Förderung des selbstregulierten Lernens im Unterricht bzw. in der Hausaufgabensituation umgesetzt werden kann. Da im Eltern- und Lehrertraining keine Problemlösestrategien eingeübt werden mussten (sie erhielten die Informationen in schriftlicher Form), hatten diese beiden Zielgruppen lediglich fünf Trainingseinheiten, die z.T. nur in zweiwöchigem Abstand stattfanden. Ansonsten waren die Trainings für Eltern und Lehrer inhaltlich weitestgehend parallelisiert zu dem Training der Schüler. In der ersten Trainingseinheit wurde jedoch zusätzlich das Modelllernen thematisiert. Die zweite Trainingseinheit befasste sich im Vergleich zum Schülertraining weniger mit Selbstmotivierungsstrategien als vielmehr mit Strategien, die zur Motivierung von Schülern eingesetzt werden können (z.B. interessante Aufgaben stellen, das Lernen mit einem Spiel verbinden, Autonomieunterstützung etc.). In der dritten Trainingseinheit erlernten und erprobten die Eltern und Lehrer mehrere Konzentrations-, Entspannungs- und Bewegungsübungen, die sie zur Unterstützung der Schüler einsetzen können. Im Unterschied zum Schülertraining wurden in der vierten Trainingseinheit außerdem günstige Attributionsmuster thematisiert.

5.4 Zentrale Ergebnisse

Zur Überprüfung der Effektivität der gesamten Interventionsstudie wurden die Veränderungen bezüglich der Selbstregulation und des mathematischen Problemlösens für die fünf verschiedenen Gruppen miteinander verglichen.

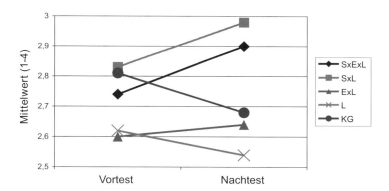

Abb. 7: Effekte des Trainingsprogramms auf das selbstregulierte Lernverhalten von Schülern der vierten Jahrgangsstufe

Aus Abbildung 7 ist erkennbar, dass sich das selbstregulierte Lernverhalten nach Angaben der Schüler im Schülerfragebogen insbesondere für die beiden Gruppen SxExL und SxL (vgl. Tabelle 3) verbessert. Diese positive Steigerung ist für beide Gruppen hochsignifikant. Für die Gruppe ExL bildet sich zwar ebenfalls eine Steigerung ab, diese ist aber nicht signifikant. Entgegen den Erwartungen nimmt das selbstregulative Verhalten der Schüler während des Trainingszeitraums für die Gruppe L sogar ab. Aber auch dieses Absinken ist nicht signifikant. Die Kontrollgruppe gibt zum zweiten Messzeitpunkt ebenfalls an, beim Lernen weniger selbstregulativ vorzugehen.

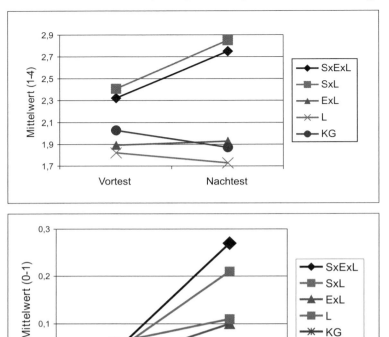

Abb. 8:   Effekte des Trainingsprogramms auf das mathematische Problemlöseverhalten von Schülern der vierten Jahrgangsstufe im Schülerfragebogen (oben) und im mathematischen Problemlösetest (unten)

Bei der Betrachtung der Effekte des Trainingsprogramms auf das mathematische Problemlöseverhalten der Schüler zeigt sich ein vergleichbares Bild (Abbildung 8). Die beiden Schülergruppen, die selbst an einem Schülertraining teilgenommen haben, profitieren nach eigenen Angaben im Schülerfragebogen am meisten von dem Trainingsprogramm. Für die beiden Gruppen ExL und L ergibt sich kein statistisch bedeutsamer Effekt. Auf der tatsächlichen Verhaltensebene (Problemlösetest) zeigen sich zwar die Effekte in der erwarteten Reihenfolge (SxExL > SxL > ExL > L > KG), die Verbesserungen der beiden Gruppen, in denen die Schüler nicht selbst trainiert wurden, sind jedoch nicht signifikant.

Für eine detailliertere Darstellung aller Ergebnisse der dritten Projektphase sei auf die Publikation von Otto (in Vorbereitung) verwiesen. Die Ergebnisse der prozessualen Evaluation des Schülertrainings durch das Lerntagebuch können ebenfalls bei Otto, van de Loo und Schmitz (eingereicht) nachgelesen werden, während Otto, Hertel und Schmitz (in Vorbereitung) über den Einfluss des Lehrertrainings auf das selbstregulierte Lernen der Schüler berichten. Otto, Perels und Schmitz (eingereicht) stellen darüber hinaus einige korrelative Zusammenhänge zwischen dem Elternverhalten und dem schulischen Lern- und Problemlöseverhalten ihrer Kinder dar.

6 Zusammenfassung, Diskussion und Ausblick

Im Projekt *Darmstadt I* wurden mehrwöchige Trainingsprogramme für Schüler verschiedener Altersgruppen, Eltern sowie Lehrkräfte entwickelt, durchgeführt und evaluiert. Diese hatten zum Ziel, das selbstregulierte Lernverhalten sowie das mathematische Problemlösen von Schülern zu verbessern.

Es zeigte sich in Projektphase 1, dass es möglich ist, das selbstregulierte Lernverhalten und mathematische Problemlösen von Schülern der 8. Jahrgangsstufe des Gymnasiums erfolgreich zu fördern. Dies gelang insbesondere, wenn die Schüler an einem Training teilnahmen, das fachspezifische (mathematische) mit fächerübergreifenden (selbstregulativen) Inhalten kombinierte. Zudem erwies sich ein trainingsbegleitendes Tagebuch als förderlich. In Projektphase 2 wurde nachgewiesen, dass Selbstregulation und mathematisches Problemlösen bereits bei Schülern in der 5. Klasse des Gymnasiums mit unseren Trainingsmaßnahmen förderbar sind. Die positiven Effekte ließen sich durch ein zusätzliches Elterntraining noch optimieren. Die Ergebnisse der dritten Projektphase belegen schließlich, dass Selbstregulation und mathematisches Problemlösen bereits vor dem Übergang in die Sekundarstufe in der 4. Jahrgangsstufe erfolgreich gefördert werden kann. Als zentrales Ergebnis zeigte sich weiterhin, dass vor allem die Schüler statistisch bedeutsam von dem Trainingsprogramm profitierten, die selbst an einem Schülertraining teilgenommen hatten (SxExL und SxL), während die Schüler mit indirekter Intervention (ExL und L) nur geringfügige Verbesserungen des selbstregulierten Lernens aufweisen. Insbesondere die alleinige Intervention auf Seiten der Lehrer (L) hat in der vorliegenden Konzeption nicht die erwarteten Effekte erzielt.

Da die Ergebnisse aus den drei Projekphasen darauf hindeuten, dass Selbstregulation bereits bei jüngeren Kindern förderbar ist (vgl. Bronson, 2000), sollte in zukünftigen Studien verstärkt untersucht werden, inwiefern selbstreguliertes Lernverhalten bereits vor Eintritt in die Schule feststellbar und ggf. optimierbar ist. Zur direkten Förderung von Selbstregulation im Vorschulalter können die Kinder selbst trainiert werden. Es besteht jedoch auch die Möglichkeit einer indirekten Förderung, indem Erzieherinnen systematisch geschult werden, selbstregulatives Lernverhalten von Kindern zu unterstützen (vgl. Merget-Kullmann, Wende & Perels, 2006; Perels et al., submitted). Die Ergebnisse dieser Studien weisen darauf hin, dass es mit Hilfe eines Erzieherinnentrainings möglich ist, bereits Kinder im Vorschulalter im Sinne selbstregulatorischer Lernkompetenzen zu fördern.

Die Wirksamkeit der durchgeführten Trainingsprogramme aller drei Projektphasen kann möglicherweise damit erklärt werden, dass die Untersuchungsdesigns so gewählt wurden, dass die Förderung des Transfers begünstigt wird. So wurden, nachdem die trainingsunterstützende Wirkung der Tagebücher in der ersten Projektphase nachgewiesen werden konnte (vgl. z.B. Gürtler, 2003; Perels, 2003), diese als zentrale Interventionsmaßnahme in allen folgenden Projektphasen zur Unterstützung der Trainings eingesetzt, da bereits das alleinige Ausfüllen von Tagebüchern zu Reaktivität führt (Kanfer, Reinecker & Schmelzer, 1996; Webber, Scheuermann, McCall & Coleman, 1993). In den vorliegenden Studien bedeutet dies, dass sich durch das kontinuierliche Ausfüllen des Tagebuchs bereits das selbstregulierte Verhalten der Schüler, Eltern und Lehrer in die gewünschte Richtung ändert, weil die Teilnehmer täglich an die Strategien erinnert werden. Auf diesem Weg fördert das trainingsbegleitende Monitoring den Transfer der vermittelten Inhalte in den Alltag (vgl. Perels, Landmann & Schmitz, 2006). Das Ausfüllen eines Tagebuchs hat jedoch nicht nur eine Interventionsfunktion, sondern kann auch zur genaueren Evaluation der Trainingsmaßnahmen herangezogen werden, wobei die Auswertung der prozessualen Daten mit Hilfe von zeitreihenanalytischen Verfahren erfolgt (vgl. Schmitz, 1989; Perels, Otto & Schmitz, in Druck; Schmitz, Perels & Löb, in Druck). Obwohl die Anwendung solcher Auswertungsverfahren durch die Häufigkeit der Datenerhebungen einen großen Aufwand bedeutet und daher nur selten in der Forschung angewendet wird, wurden in allen drei Projektphasen entsprechende prozessuale Erhebungen über den gesamten Trainingszeitraum vorgenommen und dokumentiert.

In allen Studien wurde ein zeitlicher Abstand zwischen den einzelnen Trainingseinheiten vorgesehen. Diese Zeitspanne zwischen den Trainingseinheiten ermöglichte den Teilnehmern, die erlernten Selbstregulations- und Problemlösestrategien in den Schul- und Hausaufgabenalltag zu transferieren und dort einzuüben. Auf diesem Weg begünstigten die gewählten Untersuchungsdesigns der drei Projektphasen ebenfalls den Transfer der Traininginhalte auf den Alltag der Teilnehmer.

Die Teilnahme an solchen mehrwöchigen Trainingsprogrammen ist allerdings sowohl für die Teilnehmer als auch für die Trainer sehr zeitintensiv. Daher sollten Möglichkeiten der Vermittlung des selbstregulierten Lernens und mathematischen Problemlösens gefunden werden, die im Schulalltag praktikabel sind, z.B. indem komprimierte Versionen der Trainings angeboten werden. So kann das Schülertraining bspw. im Rahmen von Projekttagen durchgeführt werden, wodurch die Praktikabilität für die Schulen erhöht wird. Perels, Otto und Schmitz (eingereicht) konnten in einer Studie nachweisen, dass eine solche komprimierte Version des Schülertrainings durchaus zu positiven Trainingseffekten führt, auch wenn aufgrund der kurzen Zeitspanne der Projekttage kein Monitoring-Instrument zum Einsatz kommen konnte.

Ebenso kann eine verkürzte Version des Elterntrainings durch themenspezifische Elternabende realisiert werden. Das bedeutet, dass z.B. die Trainingsinhalte zu „Motivation" und eine Woche später die Trainingsinhalte zu „Konzentration" vorgetragen werden, da diese beiden Themen bei der Beurteilung durch Eltern den höchsten Rangplatz bezüglich der Wichtigkeit eingenommen haben (vgl. Otto, 2006). Der Vorteil solcher Elternabende besteht darin, dass eine große Anzahl von Eltern zu einem Zeitpunkt erreicht werden kann. Nachteilig ist jedoch, dass aufgrund der großen Teilnehmerzahl relativ viel frontal berichtet werden muss und wenig aktivierende Lehrmethoden eingesetzt werden können.

Trotz der bislang geringen Effekte des Lehrertrainings auf das selbstregulierte Lernverhalten der Schüler in der dritten Projektphase erscheint es aus ökonomischen Gründen sinnvoll, in zukünftigen Studien auf die Entwicklung von effektiven Lehrertrainings zu fokussieren, da Lehrkräfte eine „Multiplikatorfunktion" erfüllen: Wenn zehn Lehrkräfte an einem entsprechenden Trainingsprogramm teilnehmen, dann können bei einer Klassenstärke von 25 Schülern insgesamt 250 Schüler von dem Lehrertraining profitieren. Da das durchgeführte Trainingskonzept zur Schulung von Lehrern in der vorliegenden Form nicht zu den erwarteten Effekten geführt hat, sollten in weiteren Forschungsarbeiten zunächst die Wirkungen von optimierten Lehrertrainings untersucht werden. Diese Optimierungen sollten an den potenziellen Gründen für die geringe Effektivität orientiert sein. Als mögliche Gründe lassen sich u.a. nennen, dass die Lehrkräfte keinen signifikanten Wissenszuwachs durch das Training erworben haben könnten oder dass nur ein geringer Transfer der gelernten Inhalte auf den Unterrichtsalltag erfolgt sein könnte, da Wissen alleine nicht handlungsrelevant ist. Darüber hinaus könnte die bislang geringe Effektivität mit einer mangelnden Änderungsmotivation der Lehrkräfte zusammenhängen. Denn entscheidend sind neben einer gewissen Transfer- und Verarbeitungskompetenz der Lehrkräfte vor allem deren

Vorstellungen von einem erfolgreichen Unterricht. Wer nicht überzeugt ist von notwendigen Veränderungen und neuen Schwerpunktsetzungen, wird sein Unterrichtsverhalten nicht ändern und unter dem Druck des Lehrplanes „einknicken". Erst wenn
handlungsrelevante Elemente oder sogar Anforderungen bezüglich bestimmter Aktivitäten über einen längeren Zeitraum existieren, kann man Vorstellungsveränderungen
beobachten, die dann auch eine gewisse Stabilität haben. Letzteres gilt es noch weiter
zu prüfen.

Schließlich könnten auch die geringen Auswirkungen auf Seiten der Schüler
ursächlich für die geringe Effektivität des Lehrertrainings sein. Um zu überprüfen, ob
sich die Effekte nach einem längeren Zeitraum im Sinne eines Sleeper-Effekts zeitver-
schoben feststellen lassen, wäre eine Follow-Up-Untersuchung nach einem halben
bzw. einem Jahr wünschenswert. Es kann allerdings auch sein, dass Schülern die Veränderung im Unterrichtsverhalten weniger auffällt, da sich das Lehrverhalten meistens
auf die Gesamtheit der Klasse und nicht auf ihre individuelle Person bezieht. Eltern
hingegen „unterrichten" individuelle Schüler, so dass Veränderungen in ihrem Verhalten für die Schüler offensichtlicher werden. Diese Vermutung lässt sich durch den
im Rahmen der Studie in der zweiten Projektphase nachgewiesenen Effekt des Elterntrainings untermauern. Auch in der dritten Projektphase konnten bei den Schülern mit
Elterneinbeziehung mehr signifikante Effekte als für die Schüler mit dem reinen Lehrertraining nachgewiesen werden (vgl. Otto, in Vorbereitung).

Wenn nach dieser Überlegung die individualisierte Vermittlung günstiger für die
Förderung selbstregulierten Lernens sein könnte, könnten nicht nur Grundschul- und
Sekundarschullehrer hinsichtlich des selbstregulierten Lernens trainiert werden, sondern ebenso Lehrkräfte von institutionellen Nachhilfeschulen. Aus wissenschaftlichen
Erhebungen (z.B. Institut für Jugendforschung, 2000, 2003) ist bekannt, dass ungefähr
die Hälfte aller Schulabgänger im Laufe ihrer schulischen Karriere Nachhilfeerfahrung
gemacht haben (vgl. Behr, 1990), so dass durch eine Schulung von Nachhilfelehrern
ebenfalls eine breite Zielgruppe erreicht werden kann. Analog zu den schulischen
Lehrkräften nehmen auch Nachhilfelehrer eine Multiplikatorrolle ein, da sie im Laufe
ihres beruflichen Lebens hunderte von Schülern am Nachmittag unterrichten. Da
Mathematik das Fach ist, das am häufigsten nachgefragt wird (Institut für Jugendforschung, 2000), könnten in entsprechenden Trainings für Nachhilfelehrer ebenfalls
Strategien für mathematisches Problemlösen thematisiert werden. Die Überprüfung der
Effektivität solcher (Nachhilfe-)Lehrertrainings bleibt jedoch Aufgabe zukünftiger
Forschung.

Eine weitere Möglichkeit, die Multiplikatorfunktion von Lehrkräften zu nutzen,
besteht neben dem Training von berufstätigen Lehrern schließlich darin, das selbstregulierte Lernen bereits in der Lehrerausbildung zu behandeln, wie es von dem Projekt *Darmstadt II* angestrebt wurde (vgl. Komorek, 2006). Auf diesem Weg müssen die
heutigen Lehramtsstudenten und Referendare nur in geringerem Umfang an zeit- und
kostenaufwändigen Fortbildungen zum selbstregulierten Lernen teilnehmen.

Am Ende der dritten und damit letzten Projektphase stellt sich nun die Frage, welche
Schlussfolgerungen sich aus den durchgeführten Studien unseres Projekts für die
Praxis ziehen lassen. Zusammenfassend kann zunächst festgehalten werden, dass es im
Rahmen des Gesamtprojekts *Darmstadt I* nachweislich gelungen ist, durch Schüler-,
Eltern- und Lehrertrainings fächerübergreifendes selbstregulatives als auch mathe-
matisches Lernverhalten von Schülern unterschiedlicher Jahrgangsstufen erfolgreich zu
fördern. Zielsetzung unserer Studien war dabei insbesondere die Optimierung des indi-

viduellen Lernverhaltens im häuslichen Lernkontext, wie es z.B. bei der Erledigung von Hausaufgaben erfordert wird. Aus der Erprobung dieser effektiven Trainingsmodule zur Förderung von Selbstregulation und mathematischem Problemlösen konnten wertvolle Hinweise abgeleitet werden, die die Qualität von Unterricht und Bildung auf verschiedenen Ebenen positiv beeinflussen können. Diese sollen im Folgenden kurz zusammengefasst werden:

1) **Integration in den Schulalltag:** Aufbauend auf den Ergebnissen des Gesamtprojekts *Darmstadt I* wurden im Rahmen einer Interventionsstudie (Perels, Dignath & Schmitz, submitted) Unterrichtsmodule zur Förderung des selbstregulierten Lernens und mathematischen Problemlösens entwickelt und von Lehrkräften weiterführender Schulen im Unterricht erfolgreich eingesetzt. Zur Verbreitung dieser Konzepte sollen zusätzliche Unterrichtsmodule für verschiedene Klassenstufen entwickelt und erprobt werden.

   In Kooperation mit Lehrkräften von Grundschulen wurden darüber hinaus Projekttage entwickelt, durchgeführt und evaluiert, die das selbstregulierte Lernen thematisieren (vgl. Perels, Otto & Schmitz, eingereicht). Hierbei bot es sich an, drei Module zu konzipieren, wobei jeder Projekttag die Strategien einer Lernphase (präaktional, aktional, postaktional) behandelt. Es bestehen bereits entsprechende Kooperationen des Projekts *Darmstadt I* mit regionalen Schulen, die die Projekttage im Rahmen ihres Schulprogramms fest implementiert haben. Es ist geplant, weitere regionale und überregionale Schulen zur Durchführung entsprechender Projekttage zu gewinnen.

2) **Lehrerfortbildung:** Um die Multiplikatorfunktion von Lehrkräften in Schulen und Nachhilfeinstituten zu nutzen, wurden aufbauend auf den Ergebnissen unserer Studien effektive Trainingsmodule entwickelt, die das selbstregulierte Lernen und mathematische Problemlösen von Schülern thematisieren (vgl. auch das Online-Trainingsangebot für Mathematiklehrkräfte unter www.prolehre.de im Projekt *Darmstadt II*).

3) **Lehrerausbildung:** Das Konzept des selbstregulierten Lernens sollte nicht nur in Trainings von berufstätigen Lehrkräften, sondern auch schon in der Lehrerausbildung vermittelt werden. Dafür müssen effektive Trainingsmodule und Trainingsmaterialien für den Einsatz in der universitären Lehrerausbildung weiterentwickelt werden. Ein entsprechendes Vorhaben wurde bereits vom Projekt *Darmstadt II* realisiert und erfolgreich evaluiert (vgl. Komorek, 2006).

4) **Handbücher und Materialien**: Auf der Basis der Ergebnisse unserer Studien werden derzeit Handbücher für Schüler, Eltern, Lehrkräfte und Trainer entwickelt, die zielgruppenspezifische Materialien zur Förderung des selbstregulierten Lernens enthalten. So werden in dem Handbuch von Landmann und Schmitz (2006) beispielsweise mehrere erfolgreiche Trainings zur Förderung von Selbstregulation praxisnah dargestellt. Darüber hinaus liegt bereits eine Rohfassung eines Elternratgebers vor. Um die Verbesserung des selbstregulierten Lernverhaltens zu unterstützen, können den Lehrkräften ebenfalls Lerntagebücher für unterschiedliche Klassenstufen zur Verfügung gestellt werden, die sie als reguläre Hausaufgabe verwenden können.

5) **Öffentlichkeitsarbeit**: Neben Trainingsangeboten werden weiterhin regelmäßige regionale Informationsveranstaltungen (Vorträge, themenspezifische Elternabende) angeboten, um die Öffentlichkeit über die Möglichkeiten der Förderung des selbstregulierten Lernens zu informieren. Es ist geplant, diese Öffentlichkeitsarbeit überregional auszuweiten.

Die durchweg positive Resonanz der bereits durchgeführten Maßnahmen bei Schülern, Eltern und Lehrern hat uns in unserem Vorhaben bestärkt, mit einer weiteren Optimierung und Verbreitung unserer Konzepte zur Förderung selbstregulierten Lernens und mathematischen Problemlösens einen Beitrag zur Vermittlung grundlegender Schlüsselqualifikationen für deutsche Schüler zu leisten.

Literatur

Abicht, L, & Dubiel, G. (2003). E-Lernen in der beruflichen Weiterbildung. In S. Peters (Hrsg.), *Lernen und Weiterbildung als permanente Personalentwicklung, Bd. 1* (S. 1-13). München: Rainer-Hampp-Verlag.

Baumert, J., Lehmann, R., Lehrke, M., Schmitz, B., Clausen, M., Hosenfeld, I., Köller, O. & Neubrand, J. (1997). *TIMSS – Mathematisch-naturwissenschaftlicher Unterricht im internationalen Vergleich. Deskriptive Befunde.* Opladen: Leske + Budrich.

Behr, M. (1990). *Nachhilfeunterricht. Erhebungen in einer Grauzone pädagogischer Alltagsrealität.* Darmstadt: Wissenschaftliche Buchgesellschaft.

Bronson, M.B. (2000). *Self-regulation in early childhood. Nature and Nurture.* New York: The Guilford Press.

Bruder, S. (2006). *Die Förderung von Selbstregulation bei Kindern unter Einbeziehung ihrer Eltern.* Berlin: Logos.

Bruder, R. & Müller, H. (1990). Heuristisches Arbeiten im Mathematikunterricht beim komplexen Anwenden mathematischen Wissens und Können. *Mathematik in der Schule, 28*, 876-886.

Doll, J. & Prenzel, M. (2004). Das DFG-Schwerpunktprogramm „Bildungsqualität von Schule (BIQUA): Schulische und außerschulische Bedingungen mathematischer, naturwissenschaftlicher und übergreifender Kompetenzen". In J. Doll & M. Prenzel (Hrsg.), *Bildungsqualität von Schule: Lehrerprofessionalisierung, Unterrichtsentwicklung und Schülerförderung als Strategien der Qualitätsverbesserung* (S. 9-23). Münster: Waxmann.

Faust-Siehl, G., Garlichs, A., Ramseger, J., Schwarz, H. & Warm, U. (2001). *Die Zukunft beginnt in der Grundschule. Empfehlungen zur Neugestaltung der Primarstufe.* Hamburg: Rowohlt.

Gürtler, T. (2003). *Trainingsprogramm zur Förderung selbstregulativer Kompetenz in Kombination mit Problemlösestrategien. PROSEKKO.* Frankfurt am Main: Peter Lang.

Haarmann, D. (1999). Veränderte Kindheit – veränderte Erziehungsziele. In D. Haarmann & P.E. Kalb (Hrsg.), *Grundschule 2000. Lernen und leben im neuen Jahrtausend* (S. 50-51). Weinheim: Beltz.

Hasselhorn, M. & Hager, W. (2001). Kognitives Training. In D.H. Rost (Hrsg.), *Handbuch Pädagogische Psychologie* (S. 343-351). Weinheim: Psychologie Verlags Union.

Hertel, S. (2006, in Druck). „So unterstütze ich meine Schüler beim Lernen Lernen" – Ein Training für Lehrerinnen und Lehrer im Grundschulzweig. In M. Landmann & B. Schmitz (Hrsg.), *Selbstregulation erfolgreich fördern. Praxisnahe Trainingsprogramme für effektives Lernen.* Stuttgart: Kohlhammer.

Hradil, S. (1999). *Soziale Ungleichheit.* Opladen: Leske + Budrich.

Institut für Jugendforschung (2000). *Nachhilfe.*

Institut für Jugendforschung (2003). *Mit Nachhilfe kommt man weiter. Ergebnisse zur Nachhilfesituation in Deutschland.*

Kanfer, F.H., Reinecker, H. & Schmelzer, D. (1996). *Selbstmanagement-Therapie: Ein Lehrbuch für die klinische Praxis.* Berlin: Springer.

Komorek, E. (2006). *Mit Hausaufgaben Problemlösen und eigenverantwortliches Lernen in der Sekundarstufe I fördern. Ein Ausbildungsprogramm für zukünftige Mathematiklehrer.* Berlin: Logos.

Landmann, M. (2005). *Selbstregulation, Selbstwirksamkeit und berufliche Zielerreichung. Entwicklung, Durchführung und Evaluation eines Trainingsprogramms mit Tagebuch zur Unterstützung des Self-Monitorings.* Aachen: Shaker.

Landmann, M. & Schmitz, B. (Hrsg.). (2006). *Selbstregulation erfolgreich fördern. Praxisnahe Trainingsprogramme für effektives Lernen.* Stuttgart: Kohlhammer.

Lewin, K. (1963). *Feldtheorie in den Sozialwissenschaften.* Bern: Hans Huber.

Martinez-Pons, M. (1996). Test of a model of parental inducement of academic self-regulation. *Journal of Experimental Education, 64*, 213-227.

Merget-Kullmann, M., Wende, M. & Perels, F. (2006, in Druck). Erzieherinnentraining „Lernen lernen mit Krixel" – Ein Programm zur Förderung selbstregulativer Kompetenzen von Erzieherinnen und Kindern im Vorschulalter. In M. Landmann & B. Schmitz (Hrsg.), *Selbstregulation erfolgreich fördern. Praxisnahe Trainingsprogramme für effektives Lernen.* Stuttgart: Kohlhammer.

Otto, B. (in Vorbereitung). *SELVES – Schüler-, Eltern- und Lehrertrainings zur Vermittlung effektiver Selbstregulation.* Unveröffentlichtes Manuskript.

Otto, B. (2006, in Druck). Lässt sich das selbstregulierte Lernen von Schülern durch ein Training der Eltern optimieren? In M. Landmann & B. Schmitz (Hrsg.), *Selbstregulation erfolgreich fördern. Praxisnahe Trainingsprogramme für effektives Lernen.* Stuttgart: Kohlhammer.

Otto, B., Hertel, S. & Schmitz, B. (in Vorbereitung). Auswirkung eines Lehrertrainings zur Förderung selbstregulierten Lernens und mathematischen Problemlösens auf Schüler der vierten Jahrgangsstufe.

Otto, B., Perels, F. & Schmitz, B. (eingereicht). Zum Einfluss der Eltern auf das selbstregulierte Lernen von Grundschülern. *Psychologie in Erziehung und Unterricht.*

Otto, B., van de Loo, K. & Schmitz, B. (eingereicht). Die Verbesserung selbstregulierten Lernens in der Grundschule: Prozessanalytische Evaluation eines Schülertrainings mit Hilfe von Lerntagebüchern.

Perels, F. (2003). *Ist Selbstregulation zur Förderung von Problemlösen hilfreich? Entwicklung, Durchführung sowie längsschnittliche und prozessuale Evaluation zweier Trainingsprogramme.* Frankfurt am Main: Peter Lang.

Perels, F. (2006, in Druck). Training für Schüler der Sekundarstufe I: Förderung selbstregulierten Lernens in Kombination mit mathematischem Problemlösen bei der Bearbeitung von Textaufgaben. In M. Landmann & B. Schmitz (Hrsg.), *Selbstregulation erfolgreich fördern. Praxisnahe Trainingsprogramme für effektives Lernen.* Stuttgart: Kohlhammer.

Perels, F., Bruder S., Bruder R. & Schmitz, B. (2004). Erfolgreicher Mathematik lernen. *Praxis Schule 5-10, 5*, 10-14.

Perels, F., Dignath, C. & Schmitz, B. (submitted). Promotion of self-regulation strategies in maths classes. Evaluation of an intervention for 5th/6th graders.

Perels, F., Gürtler, T. & Schmitz, B. (2005). Training of self-regulatory and problem-solving competence. *Learning and Instruction, 15*, 123-139.

Perels, F., Landmann, M. & Schmitz, B. (2006). Trainingskonzeption und Selbstregulation. In M. Landmann & B. Schmitz (Hrsg.), *Selbstregulation erfolgreich fördern. Praxisnahe Trainingsprogramme für effektives Lernen.* Stuttgart: Kohlhammer.

Perels, F., Merget-Kullmann, M., Wende, M., Schmitz, B. & Buchbinder, C. (submitted). Improving self-regulated learning of preschool children. Evaluation of a training for kindergarten teachers.

Perels, F., Miethner, S. & Schmitz, B. (submitted). Training program for secondary school students and their parents to improve self-regulated learning.

Perels, F., Otto, B. & Schmitz, B. (eingereicht). Förderung mathematischen Problemlösens in der Grundschule anhand eines Selbstregulationstrainings. Evaluation von Projekttagen in der 3. und 4. Grundschulklasse.

Perels, F. & Otto, B. & Schmitz, B. (in Druck). Spezielle Auswertungsmethoden der Pädagogischen Psychologie. In M. Hasselhorn & W. Schneider (Hrsg.), *Handbuch der Psychologie – Band Pädagogische Psychologie.*

Perels, F., Schmitz, B. & Bruder, R. (2003). Trainingsprogramm zur Förderung der Selbstregulationskompetenz von Schülern der achten Gymnasialklasse. *Unterrichtswissenschaft, 31*, 23-38.

Perels, F., Schmitz, B. & Bruder, R. (2005). Lernstrategien zur Förderung von mathematischer Problemlösekompetenz. In B. Moschner und C. Artelt (Hrsg.), *Lernstrategien und Metakognition: Implikationen für Forschung und Praxis* (S. 155-176). Münster: Waxmann.

PISA (2004). *PISA. Learning for tomorrow's world. First results from PISA 2003.* OECD Publishing.

Rheinberg, F., Vollmeyer, R. & Rollett, W. (2000). Motivation and action in self-regulated learning. In M. Boekaerts, P.R. Pintrich & M. Zeidner (Eds.), *Handbook of Self-Regulation* (pp. 503-529). San Diego: Academic Press.

Schmitz, B. (1989). *Einführung in die Zeitreihenanalyse. Modelle, Softwarebeschreibung, Anwendungen.* Bern: Verlag Hans Huber.

Schmitz, B. (2001). Self-Monitoring zur Unterstützung des Transfers einer Schulung in Selbstregulation für Studierende. Eine prozessanalytische Untersuchung. *Zeitschrift für Pädagogische Psychologie, 15*, 179-195.

Schmitz, B., Perels, F. & Löb, M. (in Druck). Zeitreihenanalysen. In H. Holling & R. Schwarzer (Hrsg.), *Enzyklopädie der Psychologie, Evaluation, Bd. I, Grundlagen und Methoden der Evaluationsforschung.* Göttingen: Hogrefe.

Schmitz, B. & Wiese, B.S. (2006). New perspectives for the evaluation of training sessions in self-regulated learning: Time-series analyses of diary data. *Contemporary Educational Psychology, 31*, 64-96.

Silberman, M. (1998). *Active training: A handbook of techniques, designs, case examples, and tips (2. ed).* New York: Macmillan, Inc.

Webber, J., Scheuermann, B., McCall, C. & Coleman, M. (1993). Research on Self-Monitoring as a Behavior Management Techniques in Special Education Classrooms: A Descriptive Review. *Remedial and Special Education, 2*, 38-56.

Zimmerman, B.J. (2000). Attaining self-regulation: A social cognitive perspective. In M. Boekaerts, P.R. Pintrich, M. Zeidner (Eds.), *Handbook of Self-Regulation* (pp. 13-39). San Diego: Academic Press.

Evelyn Komorek, Regina Bruder, Christina Collet & Bernhard Schmitz

Inhalte und Ergebnisse einer Intervention im Mathematikunterricht der Sekundarstufe I mit einem Unterrichtskonzept zur Förderung mathematischen Problemlösens und von Selbstregulationskompetenzen

1 Einführung in das Projekt PROSA

Im Fokus des Projekts *Problemlösen und Selbstregulation fördern – Ausbildungsprogramm* (PROSA) steht die Förderung mathematischen Problemlösens und von Selbstregulationskompetenzen im Mathematikunterricht der Sekundarstufe I mit Hilfe eines Lehreraus- und -fortbildungskonzeptes.

Die Entwicklung fachspezifischer Problemlösekompetenzen ist in den allgemeinbildenden Zielen des Mathematikunterrichts begründet (Winter, 1995) und wurde in den Bildungsstandards verankert (KMK, 2003). Die Ergebnisse der großen internationalen Bildungsvergleichsstudien TIMSS (vgl. Baumert et al., 1997), PISA 2000 (vgl. Baumert et al., 2001) und PISA 2003 (vgl. PISA-Konsortium Deutschland, 2004) wiesen darauf hin, dass noch zu wenige Schülerinnen und Schüler mathematische Problemlösekompetenzen auf einem zufriedenstellenden Niveau besitzen. In der ersten Projektphase 2000–2002 konnte neben der Trainierbarkeit von fachspezifischen Problemlösestrategien insbesondere auch der positive Einfluss selbstregulierten Lernens auf die mathematische Leistungsfähigkeit gezeigt werden (vgl. Gürtler, 2003; Perels, 2003). Im Projekt PROSA, Phase 3 wurde deshalb ein Aus- und Fortbildungsprogramm für Mathematiklehrkräfte der Sekundarstufe I entwickelt und erprobt, das die erfolgreichen Trainingsintentionen aufgreift. Die aktive Teilnahme an diesem Programm soll Mathematiklehrkräften die Möglichkeit geben, sich Kompetenzen zur Förderung von Problemlösen und Selbstregulation bei ihren Schülerinnen und Schülern anzueignen.

Auf der Grundlage der in der ersten Projektphase positiv evaluierten Schülertrainings, die im Beitrag von Otto et al. (in diesem Band) beschrieben werden, wurde zunächst in Zusammenarbeit mit Versuchslehrkräften hessischer Schulen und Studierenden der Technischen Universität Darmstadt ein Unterrichtskonzept für den Mathematikunterricht der Sekundarstufe I entwickelt, das auf das Fördern von Problemlöse- und Selbstregulationskompetenzen von Schülerinnen und Schülern abzielt (Projektphase 2, 2002–2004). Darauf aufbauend wurden für alle drei Phasen der Lehrerbildung – Studium (vgl. Komorek, Bruder & Schmitz, 2004), Referendariat (vgl. Komorek, 2006) und Fortbildung – Trainingsprogramme entwickelt, durchgeführt und evaluiert (vgl. Abbildung 1).

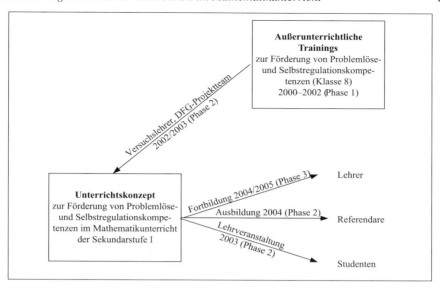

Abb. 1: Etappen der Aus- und Fortbildungsprogrammentwicklung

Im Folgenden werden zunächst theoretische Grundlagen der entwickelten Fortbildungen vorgestellt. Es wird dann über eine Feldstudie zur Evaluation des Lehrerfortbildungskonzeptes (Phase 3, 2004–2006) berichtet.

2 Zum Forschungsgegenstand

2.1 Theoretische Grundlagen der Aus- und Fortbildungen (Phasen 1 bis 3)

Den theoretischen Hintergrund für die Aus- und Fortbildungsinhalte, insbesondere auch für das Unterrichtskonzept, bildet u.a. eine *Theorie von Bruder* (2003a) wonach Problemlösen, wenn es im Mathematikunterricht mit Alltagsbezügen von verwendeten heuristischen Strategien verbunden wird, geistige Beweglichkeit (Kreativität) sowie logisches Strukturieren und Analysieren fördert und sich auf diese Weise Metakompetenz (triadisches Denken) durch vielseitig verwendbares Strategiewissen entwickelt. Durch das Sichern von mathematischen Basiskompetenzen, das Vermitteln von heuristischer Bildung und von Selbstregulationstechniken sollen die Lernenden dabei unterstützt werden, ihre Leistungen beim selbstständigen Lösen anspruchsvoller Mathematikaufgaben zu verbessern. Dabei wird den Hausaufgaben als wichtigem Einflussfaktor für schulische Leistung und als Trainingsmöglichkeit für effektives Lernverhalten, Selbstreflexion und Selbstverantwortung besondere Beachtung geschenkt. Binnendifferenzierung in leistungsheterogenen Lerngruppen wird ebenso eine große Bedeutung beigemessen.

Die Theorie Bruders fußt auf *Ideen der Psychologen der osteuropäischen Tradition*, wie z.B. Lompscher, Kossakowski, Galperin, Wygotski, Dawydow und Markowa. Diese betrachten Problemlösen als Bestandteil der Persönlichkeitsentwicklung, als System von Lernhandlungen (vgl. z.B. Lompscher et al., 1985; Lompscher & Kossakowski, 1977). Sie verfolgen einen ganzheitlichen, tätigkeitsorientierten Ansatz. Der

Mensch wird nicht nur als informationsverarbeitendes System betrachtet, sondern individuelle Komponenten des problemlösenden Subjekts treten in den Vordergrund. Dabei werden auch Inhalt, Motiv, Ziel, Verlauf und Ergebnis des Problemlöse-prozesses einbezogen sowie die komplexen Zusammenhänge zwischen diesen Komponenten; dies wiederum bedeutet, dass Problemlösen und Selbstregulation einander bedingen. Erfolgreiches Lernen erfordert selbstreguliertes Handeln beim Überwinden von Barrieren. Gleichzeitig kann sich die Fähigkeit zur Selbstregulation beim Lösen von Problemen weiter entwickeln. Das erlaubt die Annahme, dass eine kombinierte Förderung von Problemlösen und Selbstregulation zu besonders hohen Lerneffekten führen kann. Entsprechende Ergebnisse wurden bereits bei den Schülertrainings in der Projektphase 1 erzielt (vgl. Otto et al., in diesem Band).

Eine Förderung mathematischen Problemlösens und von Selbstregulation kann durch eine adäquate Gestaltung von Lernumgebungen geleistet werden. Der theoretische Ansatz des Projekts PROSA zur Ausbildung der Lerntätigkeit bei Schülerinnen und Schülern in Anlehnung an Lompscher et al. (1985), Kossakowski (1980) sowie Dawydow, Lompscher und Markowa (1982) geht von zwei Bedingungen aus: Zum einen muss eine vom Lernenden selbst konstruierte Lernaufgabe mit einem klaren Lernziel gegeben sein, deren Bewältigung bestimmte Lernhandlungen erfordert bzw. entwickelt, und zum anderen benötigen die Lernenden eine Orientierungsgrundlage[1] zur Ausführung dieser Lernhandlungen. Solche Orientierungsgrundlagen höheren Typs können durch Bewusstwerden und bewusstes Anwenden heuristischer Strategien und Techniken (Polya, 1949) ausgebildet werden.

Eine weitere zentrale theoretische Grundlage der Aus- und Fortbildungen bildet das *Selbstregulationsmodell von Schmitz* (2001). Das Modell von Schmitz stellt, aufbauend auf dem Modell von Zimmerman (2001), selbstreguliertes Lernen als zyklischen Prozess dar, dessen einzelnen Phasen (vor, während und nach dem Lernen) Variablen zugeordnet werden können: z.B. Zielsetzung, Selbstbeobachtung, Selbstmotivierung, Volition, Lernstrategien, Selbstreflexion, Selbstbewertung und Ziel- bzw. Strategiemodifikation. Das Modell von Schmitz bietet den Vorteil, dass mit diesen Variablen direkte Ansatzpunkte zur Einflussnahme auf den Lernprozess aufgezeigt werden.

Die Aus- und Fortbildungsinhalte bauen ferner auf den in der Projektphase 1 durchgeführten Trainings für Gymnasiasten der Jahrgangsstufe 8 zum Fördern von mathematischen Problemlösekompetenzen und von Selbstregulationskompetenzen auf (vgl. Otto et al., in diesem Band). Im Rahmen von Begleituntersuchungen zu den Trainings zeigte sich (vgl. Perels et al., im Druck), dass ohne konkret gestellte Aufgaben zu Hause für Mathematik kaum gelernt wird. Regelmäßige Hausaufgaben hingegen, die im Unterricht auch inhaltlich besprochen werden, stehen in einem positiven Verhältnis zur Mathematikleistung (vgl. Lipowsky et al., 2004).

---

1 Bruder (2005) unterscheidet in Anlehnung an Galperin (1967) drei Typen von Orientierungs-grundlagen der Handlung: *Probierorientierung (Typ I):* unvollständige Orientierungsgrund-lage, die nur Vorstellungen von Handlung und Ergebnis enthält; Handeln nach Versuch-Irr-tum; keine Strategie- oder Verfahrensreflexion, spezifische Verfahrenskenntnisse werden nicht ausgebildet; *Beispiel- oder Musterorientierung (Typ II):* vollständige Orientierungs-grundlage für ein abgegrenztes Gebiet durch Beispiellösungen; detaillierte nicht verall-gemeinerte Angaben zum Sachgebiet bzw. zu den Handlungsbedingungen schränken eine Übertragung von Kenntnissen ein; *Feldorientierung (Typ III):* vollständige allgemeine Orien-tierungsgrundlage für einen Wissensbereich oder ein Themenfeld; Verfahrenseinsatz wird re-flektiert; hohe Übertragbarkeit der auf dieser Basis angeeigneten Kenntnisse und Hand-lungen; Lernende sind in der Lage, selbst Beispiele zu generieren.

Das Fördern der Selbstregulationskompetenz als Bestandteil des Unterrichtskonzeptes wurde schwerpunktmäßig in die Hausaufgaben verlegt, da diese Gelegenheiten zum Fördern der Selbstregulation ohne zusätzliche zeitliche Belastung des Unterrichts bieten. Besonders längerfristige Hausaufgaben mit einem Bearbeitungszeitraum von einer Woche und mehr bieten sich an, um Möglichkeiten dafür zu schaffen, dass die Schülerinnen und Schüler gemäß ihren individuellen Präferenzen eigene Vorgehensweisen zum erfolgreichen Lernen trainieren und festigen sowie Verantwortung für ihr Lernen übernehmen können. Entsprechend gehört das Arbeiten mit Hausaufgaben (vgl. Komorek, 2006) zu den Fortbildungsinhalten.

2.2 Inhaltliche und methodische Gestaltung der Fortbildung

2.2.1 Ziele der Fortbildung

Die Lehrkräfte sollten grundlegendes Wissen über mathematisches Problemlösen im schulischen Kontext erwerben und nach der Fortbildung wissen, warum im Mathematikunterricht Problemlösen gelernt werden soll und wie ihre Schülerinnen und Schüler mathematisches Problemlösen erlernen können, d.h. welche Lerninhalte, Lernformen und Lehrmethoden zum Fördern geeignet sind, an welchen Stellen des Unterrichts Problemlöseelemente eingesetzt werden können und wie fehlendes Ausgangsniveau gesichert werden kann. Ferner sollten wirksame Gestaltungsmöglichkeiten für unterrichtsbegleitendes Lernen über Hausaufgaben sowie praktikable Konzepte zum Stellen und Auswerten von Hausaufgaben angeeignet werden. Damit in Verbindung stehend zielte die Fortbildung auf eine Kompetenzaneignung zur Förderung von Selbstregulationsstrategien ab. Ein weiteres wichtiges Ziel bestand darin, das Lernpotenzial, das in mathematischen Problemaufgaben steckt, analysieren und beschreiben zu können sowie in der Fähigkeit, Lernanforderungen erstellen zu können unter Berücksichtigung der Heterogenität der Lerngruppe. Aufbauend auf in der Fortbildung erworbenem intelligenten Wissen und Handlungskompetenzen sollten die Lehrkräfte eine Musterorientierung, langfristig jedoch eine Feldorientierung zum Fördern mathematischen Problemlösens und Selbstregulation im Mathematikunterricht erwerben.

2.2.2 Unterrichtskonzept zum Fördern von mathematischem Problemlösen und Selbstregulation

Die inhaltliche Grundlage für die Fortbildung der Lehrkräfte bildet ein erprobtes Unterrichtskonzept zur Förderung von mathematischem Problemlösen und Selbstregulation für den Mathematikunterricht. Dieses beinhaltet ausgehend von den im Abschnitt 2.1 dargestellten theoretischen Grundlagen folgende Kernideen (ausführlich s. Komorek, 2006) und Methoden zu ihrer Umsetzung:

Eine wichtige Grundlage für erfolgreiches Lernen und Problemlösen sind eine *positive Lerneinstellung und Lernmotivation*. Diese lassen sich fördern durch interessante Aufgabenstellungen, wechselnde Bearbeitungsweisen (z.B. Erkundungen, Experimente, Projekte) und Sozialformen (z.B. Einzel-, Partner und Gruppenarbeit), durch Kontexte mit Bezug zur Lebenswelt der Schülerinnen und Schüler, vor allem aber auch durch anforderungsangemessene, also zu bewältigende Lernaufgaben (Binnendifferenzierung). *Binnendifferenzierendes Arbeiten in leistungsheterogenen Lerngruppen* kann durch Lernangebote in Form von Wahlmöglichkeiten bezüglich Umfang und/oder Schwierigkeit der Aufgaben realisiert werden sowie über offene Aufgabenformate.

Ein anderes didaktisches Problem, das es zu lösen gilt, wenn erfolgreich Problemlösen gefördert werden soll, ist das *Sichern von Basiswissen und Können* der Schülerinnen und Schüler. Dies kann z.B. mit Methoden wie wöchentlichen intelligenten Kopfübungen, Mathematikführerscheinen[2] und dem Arbeiten mit Wissensspeichern, die ein Vernetzen der verschiedenen Lerninhalte ermöglichen, sowie mit Lernprotokollen zur Reflexion der Anwendungsbedingungen erlernten mathematischen Wissens unterstützt werden.

Allein diese Aufzählung verdeutlicht die hohen Anforderungen an die didaktische Professionalität der Lehrkräfte. Ein *bewusster und reflektierter Umgang mit Mathematikaufgaben* (vgl. Bruder, 2003b) umfasst z.B. das Nutzen von Aufgabentypologien, um gezielt eine größere Aufgabenvielfalt in die eigenen Unterricht einzubringen, und das Ausloten des Lernpotenzials von Aufgaben.

Beim *Vermitteln heuristischer Bildung* (vgl. Bruder, 2003a) werden die Schülerinnen und Schüler an ein strukturiertes Vorgehen beim Bearbeiten mathematischer Fragestellungen gewöhnt (Vorbildfunktion der Lehrkraft). Sie sollen lernen, mathematisch sinnvolle Fragen zu stellen, und sie sollen verschiedene Heurismen kennen und anwenden lernen: *heuristische Hilfsmittel* (z.B. informative Figur, Tabelle, Gleichung), *heuristische Strategien* (z.B. Vorwärts- und/oder Rückwärtsarbeiten, systematisches Probieren) und *heuristische Prinzipien* (z.B. Analogieprinzip, Zerlegungsprinzip, Invarianzprinzip).

Unter Einbeziehung der Hausaufgaben sollen *die Selbstregulation* gefördert und *Erfahrungen beim* Lösen individuell schwieriger Aufgaben *(Problemlösen)* gesammelt werden. Bei der Förderung der Selbstregulation geht es entsprechend dem Modell von Schmitz (2001) darum, *vor dem Lernen* Ziele zu setzen, das Lernen zu planen und sich selbst zu motivieren. *Während des Lernens* soll durch das Anwenden von volitionalen Strategien und durch Selbstmotivierung die Handlungsausführung überwacht und aufrecht erhalten werden. *Nach dem Lernen* ist das Ergebnis zu überprüfen und zu bewerten, der Bearbeitungsprozess ist zu reflektieren und gegebenenfalls ist eine Strategieanpassung vorzunehmen. Besondere Bedeutung in dieser Phase hat auch der Umgang mit Fehlern (vgl. Otto et al., in diesem Band). Die Schülerinnen und Schüler lernen, mehr Verantwortung für ihr Lernen zu übernehmen, indem sie beispielsweise dazu angehalten werden, auftretende Schwierigkeiten bei der Hausaufgabenbearbeitung zu notieren und wenn sie Gelegenheit haben, aktiv an der Auswertung der Hausaufgaben mitzuarbeiten (vgl. Komorek, 2006).

2.2.3 Das Fortbildungskonzept

Professionelle Lehrerfortbildung wurde in den letzten Jahren in mehreren Studien gefordert (vgl. u.a. Terhart, 2002). Trainings, die auf einem elaborierten Forschungshintergrund konzipiert werden, gelten in der beruflichen Weiterbildung als eine besonders effektive Form der Kompetenzentwicklung (vgl. z.B. Bromme, Jucks & Rambow, 2003). Sie spielen jedoch in der Lehrerfortbildung in Deutschland bisher kaum eine

---

2 *Führerscheine* sind Zertifikate, die Schüler erwerben können, wenn sie in einem Test nachweisen, dass sie die Grundlagen eines Stoffgebietes beherrschen. Für einen *Querfeldeinführerschein* ist nachzuweisen, dass elementare Grundlagen zu verschiedenen Stoffgebieten beherrscht werden.

Rolle. Ziel des Projektes PROSA war es daher, ein praktikables und effektives Modell forschungsbasierter Lehrerfortbildung in Form von Trainings zur Verbesserung der Unterrichtsqualität bezüglich fachspezifischer und fachübergreifender Kompetenzentwicklung der Lernenden zu entwickeln und zu evaluieren.

Zum Erreichen der gestellten Fortbildungsziele wurde wie folgt vorgegangen: Mit Blick auf die Ausbildung von Orientierungsgrundlagen bei den Lehrkräften begannen die Fortbildungen mit der Vorstellung der Inhalte des Unterrichtskonzepts im Rahmen von Seminarveranstaltungen an den Schulen und/oder über eine Lernplattform im Internet. Einem moderat konstruktivistischen Ansatz folgend, konnten dabei die Lehrerinnen und Lehrer zunächst in Praxisübungen selbst den Nutzen heuristischer Strategien erfahren, das heuristische Potenzial von Aufgaben analysieren bzw. längerfristige Hausaufgaben zum Fördern der Selbstregulation erstellen. Die entsprechenden Aufgaben und deren Lösungen bildeten gleichzeitig die Grundlage für eine entsprechende Musterorientierung zum Fördern von mathematischem Problemlösen und der Selbstregulation. Anschließend sollten dann die Fortbildungsinhalte innerhalb eines Schuljahres von den Lehrkräften in jeweils einer Klassenstufe (7 oder 8) umgesetzt werden. Dazu wurden die Lehrkräfte zunächst aufgefordert, eine vorgegebene Vorgehenssequenz zum Einstieg in die Konzeptumsetzung in ihrem Unterricht zu realisieren. Bei Betreuung durch die Projektmitarbeiterinnen sollten sie im Anschluss selbstständig Sequenzen zur Konzeptumsetzung für ihren Unterricht in der Projektklasse entwerfen und umsetzen. Die vorgegebene Vorgehenssequenz konnte dabei als Orientierungsmuster genutzt werden. Auf der Grundlage des tätigkeitsorientierten Ansatzes konnte von einer Verinnerlichung der jeweiligen Orientierungsgrundlage durch die eigenständige Konzeptumsetzung im Unterricht ausgegangen werden. An eine erfolgreiche Konzeptumsetzung war die Hoffnung geknüpft, dass sich bei den Lehrkräften Selbstmotivation für ein tiefergehendes Eindringen in die Konzepte und eine damit qualitativ immer hochwertigere Konzeptumsetzung entwickeln würden. Durch die bereitgestellten Unterstützungssysteme (s. u.) sollte schrittweise die Entwicklung einer Feldorientierung ermöglicht werden.

2.2.4 Unterstützungssysteme zur Konzeptumsetzung

Die Fortbildungen sollten den unterschiedlichen konkreten subjektiven Voraussetzungen der Lehrkräfte gerecht werden und zudem der Tatsache Rechnung tragen, dass nach allen bisherigen Erfahrungen mit Lehrerfortbildungen (vgl. u.a. Krainer & Posch, 1996) sich jahrgangs- und sogar themenspezifische Konkretisierungsbeispiele als zwingend notwendig erweisen, damit allgemeine bzw. komplexe Unterrichtskonzepte umgesetzt werden können. Aus diesen Gründen und um die Ausbildung einer Musterorientierung bei den Fortbildungsteilnehmern zu unterstützen, wurden zahlreiche Konkretisierungsbeispiele für den Mathematikunterricht der Sekundarstufe I mit Hilfe von wissenschaftlichen Hausarbeiten und aus dem Erfahrungsschatz der Versuchslehrer in der zweiten Projektphase zur Verfügung gestellt.

Zum Fördern einer Feldorientierung sind aktivierende Lernumgebungen nötig, die entsprechende eigene Aktivitäten bei den Lehrkräften auslösen. Sie sollten durch eine Betreuung in Form von Präsenzseminaren aber auch virtuell über eine internetbasierte Lernplattform mit entsprechender qualifizierter Begleitung realisiert werden. Die Arbeit mit einer Lernplattform war deshalb von Interesse, da es in den letzten Jahren im Fort- und Weiterbildungssektor für die Wirtschaft große und erfolgversprechende

Anstrengungen im Bereich E-Learning gab (vgl. z.B. Hohenstein & Wilbers, 2000). Es stellte sich die Frage, ob die Möglichkeiten des E-Learnings, z.B. zeitnah zum Unterricht Fragen zu stellen und sich Anregungen von anderen Kolleginnen und Kollegen zu holen, zu mehr innovativen Aktivitäten im eigenen Unterricht der Lehrkräfte führen. Es konnte davon ausgegangen werden, dass auch das Anfordern von Arbeitsprodukten der Teilnehmerinnen und Teilnehmer wie Arbeitsblätter, Wochenhausaufgaben, Klassenarbeiten und Unterrichtsentwürfe Aktivitäten im Sinne der Konzeptumsetzung und einer Konzeptaneignung fördert.

Das Führen von Stundenberichten als Monitoringinstrument sollte die Konzeptumsetzung und letztlich die Ausbildung einer Feldorientierung bei den Lehrkräften unterstützen. In mehreren Untersuchungen konnte bereits nachgewiesen werden, dass allein die durch ein derartiges Tagebuch angeregte kontinuierliche Selbstbeobachtung zu einer Optimierung der Selbstregulation führt (vgl. Otto et al., in diesem Band). Durch das tägliche Dokumentieren sollten die Lehrerinnen und Lehrer zudem an die durchzuführenden Schritte zur Konzeptumsetzung erinnert und zur Begründung und Kontrolle ihres Vorgehens angehalten werden.[3]

2.2.5 Fortbildungsorganisation

Um eine größere Breite von Mathematiklehrkräften und insbesondere mehrere Lehrkräfte an derselben Schule zu erreichen, wurde eine Anbindung des Projektes PROSA an Projektschulen im BLK-Programm SINUS-Transfer[4] gewählt, d.h. es wurden Lehrkräfte in SINUS-Transfer-Fachschaften zur Projektmitarbeit gewonnen.

Zur Reduzierung des Gesamtaufwands für die Untersuchung wurden die Veränderungsmessungen auf zwei Klassenstufen konzentriert. Die 7. und 8. Klasse boten sich an, da von der 6. zur 7. Klasse meist ein Lehrerwechsel stattfindet und weil es mehr mathematische Substanz für komplexere Aufgaben zum Problemlösen mit alternativen Lösungswegen als in den Klassenstufen davor gibt. Der Beginn der Pubertät führt in der 7. Klasse zu neuen Problemen der Selbstwahrnehmung und Selbstorganisation, sodass die Förderung der Selbstregulation hier eine besondere Herausforderung darstellt. Da in dieser Altersstufe auch die elterliche Unterstützung nachlässt, sollten durch den Unterricht entsprechende Impulse gegeben werden. Die Effekte des entwickelten Unterrichtskonzeptes für die 7. und 8. Klasse waren in den Vorstudien besonders hoch, was auch auf größere noch ungenutzte Lernpotenziale in diesem Schulalter schließen ließ.

---

3   Es war vorgesehen, dass alle teilnehmenden Lehrkräfte Stundenberichte über einen Zeitraum von 10 Wochen zum Monitoring nutzen. Um die für Zeitreihenanalysen erforderliche kontinuierliche Datenerhebung zu unterstützen, wurde der zeitliche Mehraufwand für das Ausfüllen des Stundenberichts den Lehrern mit 250 € als Anreiz zur kontinuierlichen Arbeitsdokumentation vergütet.

4   SINUS-Transfer ist ein BLK-Projekt zur Förderung der Unterrichtsqualität. Die Fachschaften einer Schule nehmen geschlossen teil. Siehe im Einzelnen zu SINUS-Transfer die Projekthomepage unter http://www.sinus-transfer.de.

3 Feldstudie zur Erprobung des Fortbildungskonzeptes

Untersuchungsgegenstand der in der 3. Phase des Gesamtprojektes im Schuljahr 2005/06 angesiedelten Feldstudie sind die Effekte des unter 2.2. beschriebenen Fortbildungsprogramms bei den beteiligten Lehrkräften und deren Schülerinnen und Schülern. Es wurden folgende Fortbildungsmodule entwickelt und untersucht:

- Modul 1: Mathematisches Problemlösen fördern,
- Modul 2: Mit Mathematikhausaufgaben Selbstregulation fördern,
- Modul 3: Mathematisches Problemlösen und Selbstregulation fördern in Verbindung mit Hausaufgaben.

3.1 Fragestellungen und Hypothesen

Die Wirksamkeit der beiden Komponenten des Fortbildungsprogramms (Mathematisches Problemlösen fördern und Selbstregulation in Verbindung mit Hausaufgaben unterstützen) sollte sowohl einzeln als auch in ihrer Kombination untersucht werden. Es konnte nicht ohne empirische Überprüfung davon ausgegangen werden, dass die theoretisch klar zu präferierende Kombination aus den beiden Fortbildungsinhalten auch praktisch zu den besten Ergebnissen bei den Lehrkräften und Lernenden führt; die Fülle der im Kombinationsmodul 3 zu berücksichtigenden Aspekte (vgl. auch 2.2.2) könnte auch eine Überforderung der Lehrkräfte darstellen. Ferner zeigten Analysen der Hausaufgabenauswahl der Lehrerinnen und Lehrer in den Vorstudien, dass die Anforderungen in den Hausaufgaben oft so einseitig sind, dass eine bewusste Auswahl und Anwendung von Lern- und Problemlösetechniken von den Schülerinnen und Schülern selten gefordert werden. Es war daher eine offene Frage, ob nicht möglicherweise eine Intervention bezüglich der Auswahl von und des Umgangs mit Hausaufgaben zu ähnlichen Effekten bezüglich Lernverhalten und Lernleistung bei den Schülerinnen und Schülern führen würde wie eine Implementation der evaluierten Schülertrainings zum mathematischen Problemlösen in Verbindung mit Selbstregulation insgesamt.

Mit der Feldstudie sollten insbesondere Antworten auf folgende Forschungsfragen gefunden werden:

- Welche Effekte bei den Lehrkräften können in Abhängigkeit von den Fortbildungsinhalten und der Durchführungsvariante der Fortbildung festgestellt werden?
- Welche Elemente des Unterrichtskonzepts werden von den Lehrkräften für den eigenen Unterricht übernommen?
- Welche Effekte in den Entwicklungen von Problemlösen und Selbstregulation bei den Schülerinnen und Schülern lassen sich durch eine Konzeptumsetzung durch die Lehrkraft über die Zeit eines Schuljahres beobachten und auf welche Einflussfaktoren lassen sich diese zurückführen?
- Wie beurteilen die Lehrkräfte die Ausbildungsinhalte, -veranstaltungen und -materialien?

Erwartet wurden Steigerungen der Mathematikleistung, insbesondere auch bei den leistungsschwächeren Schülerinnen und Schülern verbunden mit einer verstärkten Verwendung von Heurismen im Nachtest sowie positive Entwicklungen in den Lerneinstellungen und im Lernverhalten, was sich u.a. in den Selbsteinschätzungen der Probanden zeigen müsste.

3.2 Design der Feldstudie

An der Feldstudie zu den Fortbildungsveranstaltungen nahmen insgesamt 48 Lehrerinnen und Lehrer aus neun Schulen[5] mit 29 Klassen der Jahrgangsstufe 7 und 20 Klassen der Jahrgangsstufe 8 teil. 28 von ihnen unterrichteten am Gymnasium, davon nahm eine Lehrerin mit zwei Klassen (beide Jahrgangsstufe 7) an der Untersuchung teil, und 20 unterrichteten in Klassen anderer Schulformen. Die Schulen 5, 6, 7 und 8 waren im Untersuchungszeitraum mit dem Arbeitsschwerpunkt „Basics" am Projekt SINUS-Transfer beteiligt, der ebenfalls von der Technischen Universität Darmstadt betreut wurde. Inhalte von Veranstaltungen zu „Basics" waren: Methoden zum systematischen Wiederholen, zur Binnendifferenzierung, zur Schülermotivierung, zur Förderung einer adäquaten Selbsteinschätzung der Schüler und Methoden, die dem Lehrer die Feststellung des Lernstands der Klasse ermöglichen. Zu den Basics gehört in diesem Fortbildungsmodul insbesondere die Kenntnis der Zieltypologie für Aufgaben und Grundwissen zum Arbeiten mit Aufgaben im Unterricht.

Ein klassisches Warte-Kontrollgruppendesign war im Projekt SINUS-Transfer nicht durchsetzbar, da alle Schulen zum gleichen Zeitpunkt mit einem definierten Projektplan beginnen mussten. Ein Vergleich von Fortbildungseffekten zu unterschiedlichen Themenausrichtungen war jedoch aus mehreren Gründen für das Projekt PROSA von besonderem Interesse: In den Vorstudien und ersten Projektphasen zeigten sich größere Defizite im mathematischen Grundkönnen in der Mittelstufe (auch im Gymnasium), welche die Testergebnisse für mathematisches Problemlösen negativ beeinflussten. Die ggf. zu beobachtenden Effekte einer entsprechenden Schulung von Lehrkräften zum Thema „Basics", zu dem bereits langjährige Unterrichts- und Fortbildungserfahrungen der Projektleitung vorliegen, sind im Sinne einer Voraussetzungssicherung für mathematisches Problemlösen besonders wertvoll.

Bezüglich des interindividuellen Designs liegt der Untersuchung ein einfaktorieller Versuchsplan mit dem Faktor „Fortbildungsinhalt" zugrunde. Es werden Gymnasialklassen und Klassen nicht gymnasialer Schulformen jeweils für die Klassenstufen 7 und 8 betrachtet. Dabei ergeben sich folgende Gruppen:[6] GY7PL (1), GY7PS (2, 4), GY7SR (6, 7), GY8PL (1), GY8PS (3, 4), GY8SR (6), HR7KG (8), HR7PS (9), HR7SR (5, 7), HR8PS (9) und HR8SR (5, 7). Die Fortbildungsinhalte wurden als Kompakttraining (Schulen 1, 4, 5, 6, 7, 8[7]) oder als webbasierter Input vermittelt (Schulen 2, 3, 5, 9). Die Betreuung im Projektzeitraum (Coaching) erfolgte entweder unterrichtsbegleitend (Schulen 2, 6, 7) oder als webbasiertes Training (Schulen 1, 3, 4, 5, 9).

---

5   Die Schulen werden nachfolgend als Schule 1, 2, ... und 9 bezeichnet.
6   Dabei geben die Gruppennamen Aufschluss über die Schulform (GY steht für Gymnasium, HR steht für nichtgymnasiale Klassen), die Klassenstufe (7 oder 8) und den Fortbildungsinhalt (PL für Problemlösen, SR für Selbstregulation, PS für Problemlösen und Selbstregulation, KG für Kontrollgruppe, s.u.). Die Nummern in Klammern geben den Code der Schulen an, die zu den jeweiligen Gruppen gehören.
7   Die Klassen von Schule 8 bilden eine „Quasi-Kontrollgruppe" und wurden ausschließlich zu „Basics" fortgebildet.

3.3 Durchführung der Feldstudie

Für alle Schulen fanden Eröffnungsveranstaltungen zur Projektteilnahme statt. Diese wurden je nach Ausrichtung der Projektpläne der Schulen mit Fortbildungsveranstaltungen zum Sichern mathematischen Grundkönnens (Basics) und/oder dem Fördern von Problemlösen und/oder Selbstregulation (Hausaufgaben) kombiniert. Anschließend sollten die Lehrkräfte die jeweiligen Konzeptinhalte in ihrer Projektklasse umsetzen.

Die Betreuung während des Schuljahres erfolgte beim webbasierten Training über eine Lernplattform. Es wurde dabei zuerst wöchentlich und später 14-tägig neues Fortbildungsmaterial zu Problemlösen und/oder Selbstregulation für die Teilnehmer bereit gestellt, dass diese je nach eigenem Lernstand bearbeiten konnten. Als Antriebselemente und um zur Reflexion der eigenen Arbeit aufzufordern, wurden die Selbstlernphasen durch Arbeitsaufträge unterstützt. Zur Motivationsförderung wurden E-Mail-Hinweise und News-Einstellungen sowie konkrete Aufgabenbeispiele mit Lösungshinweisen eingesetzt. Die Plattform wurde durch eine Tutorin (Medienpädagogin) betreut. Auf der Plattform wurden Eigenproduktionen der Lehrkräfte veröffentlicht. Über einen Chatroom und Foren bestand für die Lehrkräfte die Möglichkeit zur Kommunikation und Kooperation untereinander. Für Einzelheiten zur Lernplattform vgl. Ströbele & Bruder (in Vorbereitung).

Für die Schulen mit unterrichtsbegleitendem *Coaching* erfolgte eine individuelle Betreuung der Lehrkräfte durch zwei Treffen und per E-Mail. Die erste Veranstaltung wurde jeweils in der betreffenden Schule durchgeführt. Das Thema lautete: „Effektiv mit Hausaufgaben arbeiten und dabei die Selbstregulation fördern". Die zweite Veranstaltung fand an der Technischen Universität Darmstadt statt und diente dem Erfahrungsaustausch der teilnehmenden Lehrkräfte zu den Themen „Binnendifferenzierung", „längerfristige Hausaufgaben" sowie „Stellen, Auswerten und Bewerten von Hausaufgaben". Es wurden Erfahrungen zum Thema „Selbstregulation" und dazu, wie die Schülerinnen und Schüler „Verantwortung für das eigene Lernen" übernehmen können, ausgetauscht.

Zur Unterstützung der Konzeptumsetzung wurden Materialordner mit den spezifischen Fortbildungsinhalten und Arbeitsmustern z.B. Problemaufgaben zur Einführung heuristischer Strategien oder für langfristige Hausaufgaben zur Verfügung gestellt. Eine Aufgabendatenbank[8] bot zudem Zugang zu umfangreichen Unterrichtsmaterialien – insbesondere zu didaktisch aufbereiteten Aufgaben für die verschiedenen Klassenstufen und Stoffgebiete. Die Teilnehmer von Fortbildungen mit dem Inhalt Problemlösen erhielten außerdem eine CD mit den Trainingsunterlagen aus der ersten Projektphase.

3.4 Erfassung der Interventionseffekte des entwickelten Lehrerfortbildungskonzeptes

Aufgabe der Instrumentenentwicklung war es, eine Analyse der in Abschnitt 2.2.1 genannten Zielaspekte zu ermöglichen. In die Instrumentenentwicklung flossen zudem Überlegungen Terharts (2002) zu Standards für die Lehrerbildung sowie Helmkes (2003) zu unterrichtsrelevanten Merkmalen der Lehrperson, des Kontextes und der Unterrichtsqualität ein.

---

8   http://www.madaba.de.

Durch die Befragung verschiedener Personengruppen (Lehrkräfte und Lernende) sollte die externe Validität der Ergebnisse erhöht werden. In der Studie wurden längsschnittliche und prozessuale Untersuchungen kombiniert. Mit Vor- und Nacherhebungen bei Schülerinnen und Schülern sowie bei Lehrerinnen und Lehrern sollten etwaige Veränderungen und ggf. Zusammenhänge festgestellt werden, während der Einsatz von Stundenberichten der Lehrkräfte den Prozess der Konzeptumsetzung dokumentieren sollte.

Eine Evaluation der projektbezogenen Fortbildungsmodule in ihren Durchführungsvarianten konzentrierte sich bei den Lehrenden auf die Akzeptanz der jeweiligen Konzeptziele und -inhalte, deren Verarbeitungstiefe und Realisierungsqualität. Als Qualitätskriterium hierfür eignen sich neben den Selbstauskünften in Befragungen die von den Lehrkräften entwickelten Arbeitsprodukte, wie selbst erstellte Aufgabensequenzen, Lernmaterialien und Unterrichtsentwürfe, die einen selbstständigen Transfer der Intentionen des Fortbildungsprogramms erfordern.

Anhand von Effektmessungen bei den Schülerinnen und Schülern bzgl. Lernverhalten, Einstellung zur Mathematik und Lernleistungen sollte der über die Lehrkraft vermittelte Einfluss der einzelnen Module des Fortbildungsprogramms längsschnittlich gemessen werden. Die von den Lernenden erhobenen Daten dienten ferner der Beschreibung der Rahmenbedingungen für das Umsetzen des Ausbildungskonzepts durch die jeweilige Lehrkraft. Unter anderem sollte abgesichert werden, dass die Integration neuer ergänzender Elemente in den Mathematikunterricht nicht das Erfüllen anderer Lernziele behindert und zu unerwünschten Veränderungen hinsichtlich Einstellungen und Lernen der Schülerinnen und Schüler führt. Die Schülerdaten geben die schülerspezifischen subjektiven Wahrnehmungen des Lehrerhandelns und des Unterrichts insgesamt wieder.

3.5   Instrumente der Datenerhebung

Zur Datenerhebung wurden bei den Lehrkräften standardisierte Fragebögen eingesetzt, die auch offene Fragen beinhalteten und damit die Erfassung individueller Präferenzen und Sichtweisen ermöglichten. Zusätzlich kam die *Repertory Grid*-Technik als Form der Lehrerbefragung zum Einsatz (zu Einzelheiten zur *Repertory Grid*-Technik vgl. Bruder, Lengnink & Prediger, 2003), um die subjektiven Theorien der Befragten zu Mathematikaufgaben zu erfassen. Zu Aufgabenpaaren eines vorgegebenen Sets von sieben Aufgaben zu linearen Gleichungen (8. Klasse) sollten Merkmale angegeben werden, die jeweils eine der beiden Aufgaben hatte, die andere jedoch nicht und umgekehrt. Diese Form der Befragung wurde gewählt, da das Arbeiten mit Mathematikaufgaben ein zentraler Bestandteil des entwickelten Unterrichtskonzepts ist und weil die traditionellen Techniken zur Befragung Lehrkräften zu wenig Möglichkeiten bieten, ihre eigenen Vorstellungen zum Arbeiten mit Mathematikaufgaben und zur Rolle von Aufgaben im Lernprozess zu kommunizieren.

Um eine zeitnahe Unterrichtsreflexion bei den Lehrern anzuregen, wurden Stundenberichte eingesetzt und gleichzeitig auch zur Dokumentation der Konzeptumsetzung durch die Lehrer genutzt. Mit Ausnahme von Schule 9 führten alle Lehrkräfte über einen Zeitraum von i. d. R. 10 Wochen Stundenberichte.

Von den Schülerinnen und Schülern wurden mittels Fragebogen die selbstregulatorische Kompetenz und Wahrnehmungen des Unterrichts erfasst. Weiterhin wurde zu zwei Messzeitpunkten durch Tests eine mathematische Leistungsfähigkeit erfasst mit den Bestandteilen mathematisches Basiswissen und dem Vermögen, anspruchsvollere mathematische Aufgaben zu lösen.

4 Ergebnisse

Im Folgenden werden zentrale Ergebnisse der Feldstudie vorgestellt. Weitere bzw. detailliertere Ergebnisse für alle Instrumente befinden sich im Projektbericht PROSA (2006).

4.1 Ergebnisse der Vor- und Nachbefragungen der Lehrkräfte

An beiden Lehrerbefragungen nahmen 31 Lehrkräfte teil. Skalenmittelwerte für die reliablen Skalen der Vor- und Nachbefragung werden in Abbildung 2 aufgeführt (Cronbachs α > .60; Ausnahme: Skala „Anforderungen an Hausaufgaben" / Nachbefragung: Cronbachs α > .58). Augenscheinlich sind hohe Werte bezüglich der Unterrichtsziele sowie Engagement und Selbstwertgefühl (Rolle als Lehrkraft). Niedrige Werte fallen bezüglich Lehrmittel und Lernmethoden sowie Binnendifferenzierung auf. Die ebenfalls eher niedrigen Werte der Skala Attribution des Lernfortschritts bedeuten, dass mangelnder Lernfortschritt nicht nur in externen Faktoren begründet gesehen wird. Eine differenziertere Untersuchung der Unterschiede zu den zwei Messzeitpunkten steht noch aus.

Von den 33 Lehrkräften, die Angaben zum individuellen Lernzuwachs durch das Projekt machten, gaben 32 einen Lernzuwachs auf zwei bis 7 Gebieten an.

4.2 Ergebnisse der *Repertory Grid*-Befragung der Lehrkräfte

Für die Auswertung wurde das von Bruder, Lengnink und Prediger (2003) stammende Analyseverfahren zur *Repertory Grid*-Auswertung mittels Merkmalskategorien weiterentwickelt. Zur Erfassung unterschiedlicher Analyseschwerpunkte zu Aufgaben, die sich bei befragten Personen in ihrem Sprechen über Aufgaben zeigen, wurden die von den Personen genannten Merkmale zu Kategorien der Merkmalsauswahl zugeordnet, die sich auf der Grundlage von Bruders (2002) Theorie zum Arbeiten mit Aufgaben begründen lassen. Dabei können Merkmale gleichzeitig verschiedenen Kategorien zugeordnet werden. Zur weiteren Auswertung wurden die Kategorien in drei Ebenen zusammengefasst. Während es sich bei den Merkmalen der Ebene 1 um äußere, eher oberflächliche Merkmale handelt, bilden die Ebenen 2 und 3 tiefergehende Kenntnisse bzw. diagnostische Kompetenzen ab. Tabelle 1 enthält die Kategorien und Ebenen der Merkmalsauswahl.

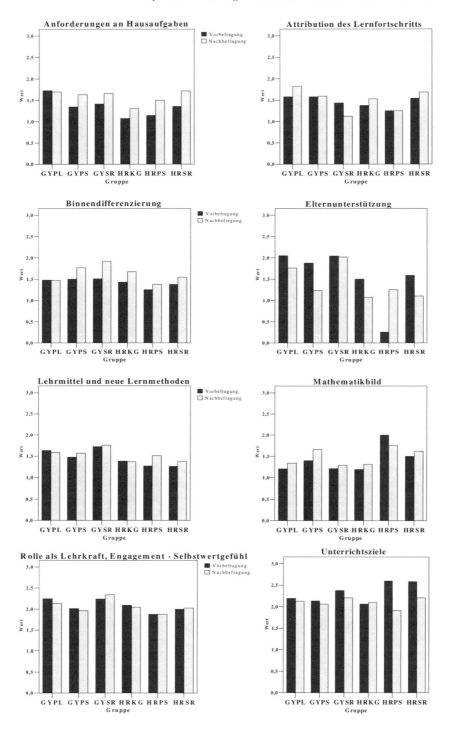

Abb. 2: Ergebnisse der Lehrervor- und -nachbefragung (Mittelwerte der reliablen Skalen)

Tab. 1: Repertory Grid: Ebenen und Kategorien der Merkmalsauswahl

Ebene	Kategorien der Merkmalsauswahl
Ebene 1	• äußere Merkmale von Aufgaben • expliziter mathematischer Gehalt der Aufgabe
Ebene 2	• Aufgabenstruktur im Bezug auf das Handlungsziel • Schwierigkeitsgrad • Schülertätigkeiten (algorithmische Tätigkeiten und darüber hinausgehende Tätigkeiten)
Ebene 3	• didaktische Funktion im Lernprozess • Lösungsstrategien

Für die Auswertung der *Repertory Grid*-Befragungen wurden die Lehrkräfte in zwei Gruppen (Fortbildungsteilnehmer und Kontrollgruppe[9]) eingeteilt. Die Teilnehmerzahlen für die Befragungen sind Tabelle 2 zu entnehmen.

Tab. 2: Repertory Grid: Teilnehmerzahlen der Befragungen

	Fortbildungsteilnehmer	Kontrollgruppe
Vorbefragung	43	8
Nachbefragung	15	2
beide Befragungen	14	2

Die Daten der Vorbefragung (vgl. Tabelle 3) wurden auf Gruppenunterschiede untersucht (Kolmogorov-Smirnov-Test). Es konnten keine signifikanten Vorherunterschiede zwischen den Fortbildungsteilnehmern und den Teilnehmern der Kontrollgruppe festgestellt werden.

Tab. 3: Repertory Grid: Ergebnisse der Vorbefragung

	genannte Merkmale		Anzahl Merkmale[10]					
			Ebene 1		Ebene 2		Ebene 3	
	MW	SD	MW	SD	MW	SD	MW	SD
Teilnehmer der Fortbildung (N = 43)	7,4	2,7	3,9	1,7	6,1	2,8	1,8	1,7
Kontrollgruppe (N = 8)	7,9	1,7	5,1	2,5	6,1	2,0	1,1	0,6

Die 14 Fortbildungsteilnehmer, die an beiden Befragungen teilgenommen haben, nannten bei der Vorbefragung insgesamt 113 Merkmale, davon waren 18 Merkmale (15,9%) dem Vokabular der Fortbildung zuordenbar. In der Nachbefragung wurden 169 Merkmale genannt, von denen 58 Merkmale (34,3%) dem Fortbildungsvokabular zuordenbar waren. In Abbildung 3 sind die Ergebnisse der *Repertory Grid*-Befragung für die Projektgruppe dargestellt. Die Veränderungen sind für die Anzahl genannter Merkmale und die Ebenen 2 und 3 signifikant (Vorzeichentest: Anzahl genannter Merkmale: p < .01; Ebene 2 und Ebene 3: p < .05; N = 14).

---

9   Lehrkräfte von Schule 8
10 Ein genanntes Merkmal kann mehreren Kategorien zugeordnet werden. MW: Mittelwert, SD: Standardabweichung

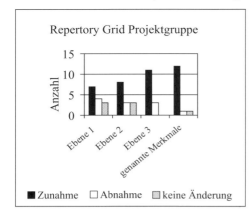 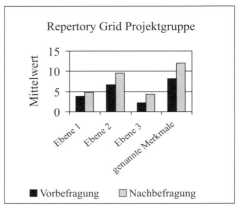

Abb. 3:　Repertory Grid: Anzahl der Lehrer (links), Mittelwert der Merkmale (rechts)

Bei einem der beiden Lehrer der Kontrollgruppe, von denen Vor- und Nachbefragung vorliegen, hat die Anzahl der Merkmale in Ebene 2 ebenfalls zugenommen.

4.3　Ergebnisse der Stundenberichte

Die standardisierten Stundenberichte erfassen Lernziele für die Schülerinnen und Schüler und Aspekte des Unterrichtsgeschehens. Es liegen von 38 Lehrkräften, die ihren Unterricht von 15 bis zu 41 Stunden dokumentierten, insgesamt 1296 Stundenberichte vor.

Ein Stundenbericht besteht insgesamt aus 34 Items, die vor dem Hintergrund des vorgestellten Konzepts zum Problemlösenlernen und zur Selbstregulation in Verbindung mit grundsätzlichen strukturierenden Elementen eines „guten" Mathematikunterrichts gebildet wurden.

Als Antwortformat wurde ein vierstufiges Format gewählt von „trifft voll und ganz zu" (3), über „trifft zu" (2), „trifft weniger zu" (1) bis „trifft nicht zu" (0).

Der Auswertung der Stundenberichte liegen die mittels Faktorenanalyse gruppierten Skalen und Unterskalen zugrunde:

- Problemlösen und Selbstregulation (Cronbachs α = .82; 14 Items)
  - Inner- und außermathematisches Problemlösen (Cronbachs α = .73; 6 Items)
  - Strategieeinsatz – Vorgehensreflexion (Cronbachs α = .67; 4 Items)
  - Binnendifferenzierung – individuelles Lernen (Cronbachs α = .64; 4 Items)
- Gestaltung von Übungsprozessen (Cronbachs α = .58; 6 Items)
- Zielerfüllung der Stunde (Cronbachs α = .76; 4 Items): Hier wird erfasst, inwieweit die Lehrkraft mit dem Verlauf der Unterrichtsstunde zufrieden ist und wie die erzielten Lerneffekte bei den Schülen eingeschätzt werden.

Die in den Skalen „Problemlösen und Selbstregulation" und „Gestaltung von Übungsprozessen" enthaltenen Items können den Tabellen 5 bis 8 entnommen werden. Tabelle 4 gibt einen Überblick über die Skalenmittelwerte.

Tab. 4: Schulform, Klasse: Skalenmittelwerte mit Standardabweichung (in Klammern)

Gruppe	Problem-lösen und Selbst-regulation	Inner- und außermathematisches Problemlösen	Strategie-einsatz – Vorgehens-reflexion	Binnendiffe-renzierung – individuelles Lernen	Gestaltung von Übungs-prozessen	Zielerfüllung der Stunde
Gy, 7	1,5 (0,3)	1,6 (0,3)	1,4 (0,1)	1,6 (0,4)	1,6 (0,3)	2,0 (0,1)
Gy, 8	1,5 (0,4)	1,5 (0,4)	1,3 (0,1)	1,6 (0,5)	1,7 (0,2)	2,1 (0,1)
kein Gy, 7	1,2 (0,4)	1,3 (0,3)	0,9 (0,1)	1,5 (0,5)	1,5 (0,3)	2,0 (0,1)
kein Gy, 8	1,2 (0,5)	1,3 (0,4)	0,7 (0,5)	1,4 (0,4)	1,7 (0,3)	1,7 (0,3)

Tab. 5: Skala „Inner- und außermathematisches Problemlösen" (Angaben in Prozent)

Gruppe	Dabei sollten die Schüler lernen				Während des Unterrichts	
	mathematisch zu argumentieren	Strategien zu nutzen, um Probleme mathematisch zu lösen	Realsituationen mathematisch zu modellieren	Ergebnisse zu interpretieren	wurden mathematische Fragen gefunden	wurden verschiedene Zugänge zum neuen Stoff thematisiert
Gy, 7	72,8	59,8	44,0	68,7	28,5	45,0
Gy, 8	72,3	72,5	31,3	70,6	30,3	51,0
kein Gy, 7	50,3	64,0	43,9	53,9	30,5	27,7
kein Gy, 8	71,0	50,0	47,4	71,1	28,9	13,2
Gesamt	66,4	64,8	39,9	65,3	29,6	41,2

Heuristische Elemente und Elemente selbstregulierten Lernens fanden häufiger in den Gymnasien ihren Einsatz (vgl. Tabelle 6). In den nichtgymnasialen Schulen lag der Schwerpunkt auf einer Integration von heuristischen Hilfsmitteln, während in den Gymnasien darüber hinaus auch heuristische Strategien und Prinzipien thematisiert wurden.

Tab. 6: Skala „Strategieeinsatz – Vorgehensreflexion" (Angaben in Prozent)

Gruppe	Während des Unterrichts			
	wurde mit den Schülern diskutiert, was wichtig war	haben die Schüler neue heuristische Elemente kennen gelernt	wurde im Rahmen einer Zusammenfassung angesprochen, wie wir vorgegangen sind (verwendete Lernmethoden, Strategien)	wurden Elemente selbstregulierten Lernens bewusst eingesetzt
Gy, 7	47,6	53,0	38,1	56,9
Gy, 8	52,5	44,9	38,6	45,0
kein Gy, 7	31,0	24,3	22,3	32,4
kein Gy, 8	34,2	10,5	2,6	50,0
Gesamt	44,2	41,2	32,8	46,0

Binnendifferenzierung wurde nach Aussage der Lehrkräfte hauptsächlich durch Förderung leistungsschwächerer, Berücksichtigung leistungsstarker Schüler und durch selbstständiges Arbeiten geleistet (vgl. Tabelle 7). In 22,6 Prozent aller Stunden wurden Gruppenarbeit und Zusatzaufgaben zur Binnendifferenzierung eingesetzt. Wahlaufgaben wurden in 15,9 Prozent aller Stunden zur Verfügung gestellt.

Tab. 7:   Skala „Binnendifferenzierung – individuelles Lernen" (Angaben in Prozent)

Gruppe	Während des Unterrichts			
	wurden leistungsstärkere Schüler besonders gefördert	hatten leistungsschwächere Lernende Erfolgserlebnisse	hatten die Schüler Möglichkeiten zum selbstständigen Arbeiten	boten sich Möglichkeiten für kreatives Arbeiten
Gy, 7	49,7	63,3	67,4	28,9
Gy, 8	54,3	71,0	76,4	26,5
kein Gy, 7	46,1	68,1	75,4	27,7
kein Gy, 8	63,2	60,5	63,1	18,5
Gesamt	50,6	67,1	72,5	27.4

Bei Analysen der Zeitreihen wurden zur besseren Vergleichbarkeit nur Stundenberichte bis einschließlich Nummer[11] 36[12] pro Lehrkraft berücksichtigt. Ein Vergleich der Zeitreihen von gymnasialen Schulen mit nichtgymnasialen Schulen (vgl. Abbildung 4) zeigt, dass die Mittelwerte in den Skalen „Inner- und außermathematisches Problemlösen" und „Strategieeinsatz – Vorgehensreflexion" fast ausschließlich niedriger sind als die der gymnasialen Schulen.

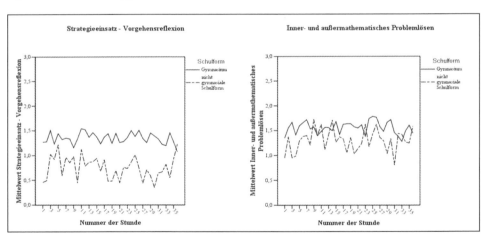

Abb. 4:   Vergleich Gymnasium – nicht gymnasiale Schulform

---

11   Es erfolgte keine äquidistante Erhebung an festgesetzten Tagen, sondern die Lehrkräfte füllten die Stundenberichte entsprechend der speziellen Situation ihrer Klasse (Wandertage, Klassenfahrten usw.) nach eigenem Ermessen, jedoch in der Regel nach jeder gehaltenen Mathematikstunde aus. Daher erfolgt keine Unterteilung nach Tagen sondern nach Nummer der Stundenberichte.

12   Ab Stunde 36 führten weniger als 2/3 der Lehrkräfte Stundenberichte.

Tab. 8: Skala „Gestaltung von Übungsprozessen" (Angaben in Prozent)

	Schwerpunkt dieser Stunde sollte sein:			Während des Unterrichts	
Gruppe	Übungen und Vertiefungen mathematischer Grundlagen	Wiederholung länger zurückliegenden Stoffes	boten sich durch auftretende Fehler neue Lernanlässe	gab es Möglichkeiten zur Selbstkontrolle beim Vergleich der Hausaufgaben	wurde an elementaren mathematischen Grundlagen gearbeitet
Gy, 7	71,6	40,4	44,0	50,8	64,4
Gy, 8	72,3	45,0	61,1	51,7	69,2
kein Gy, 7	72,6	34,9	42,7	45,2	67,9
kein Gy, 8	84,2	42,1	76,3	71,1	86,8
Gesamt	72,4	40,4	50,2	50,2	67,6

In 64,9 Prozent aller Hausaufgaben wurde schwerpunktmäßig an der Festigung des Gelernten gearbeitet. Darüber hinaus dienten 23,1 Prozent aller Hausaufgaben dem selbstständigen Lernen und 20,1 Prozent der Förderung von Problemlösekompetenzen. Neben Hausaufgaben, die bis zur nächsten Stunde bearbeitet werden sollten (70,1%) mit einer durchschnittlichen Bearbeitungszeit von ca. 20 Minuten, wurden in 13,2 Prozent aller Hausaufgaben längerfristige Hausaufgaben mit einer durchschnittlichen Bearbeitungszeit von ca. 60 Minuten gestellt.

Ein Instrument wie das des Stundenberichts unterstützt Lehrkräfte in ihrer Selbstwahrnehmung und wurde daher in das Fortbildungsdesign integriert. Darüber hinaus lassen sich wesentliche Hinweise bezüglich einer Konzeptumsetzung und Schwerpunktsetzung der Lehrkräfte im regulären Mathematikunterricht gewinnen. Die in obiger Analyse vorgestellten Ergebnisse zeigen, dass von Seiten der Lehrkräfte zentrale Aspekte des Unterrichtskonzepts bezüglich Problemlösenlernen und Selbstregulation in die Unterrichtsgestaltung integriert wurden und die Lehrkräfte durch die Methode des *Monitorings* angehalten wurden, ihr Vorgehen im Unterricht (nachhaltig) zu reflektieren.

4.4 Ergebnisse der Analyse der Arbeitsprodukte der Lehrkräfte

Von 17 Lehrerinnen und Lehrern wurden 38 Arbeitsprodukte eingereicht. Insgesamt liegen 8 Arbeitsblätter, 5 Einzelaufgaben, 4 Klassenarbeiten, 8 längerfristige Hausaufgaben und 13 Unterrichtsentwürfe vor. Alle eingereichten Arbeitsprodukte wurden auf der Grundlage eines Kategoriensystems analysiert, ausführlicher siehe Projektbericht PROSA (2006). Folgende Kategorien wurden bei der Analyse der Arbeitsprodukte berücksichtigt:

- formale Gesichtspunkte (z.B. Wahlaufgaben, Zusatzaufgaben)
- inhaltliche und methodische Gestaltung des Lernangebotes (z.B. Schwierigkeitsgrad und Zieltyp der Aufgaben sowie Variation von Schwierigkeitsgrad und Zieltyp, Lösungswegvielfalt und Möglichkeit, Heurismen zur Aufgabenbearbeitung einzusetzen)
- didaktische Funktion (z.B. Zielorientierung, Motivierung)

- Unterstützen von Schülertätigkeiten (z.B. Aufforderung zur Textanalyse, zur Veranschaulichung, zum Fragenstellen)
- Unterstützen von Selbstregulation (z.B. Aufforderungen zum Planen und zur Reflexion des Vorgehens)
- Orientierungslevel (z.B. Probier-, Muster- oder Feldorientierung)

Zu jedem Arbeitsprodukt wurden die didaktische(n) Funktion(en), der Schwierigkeitsgrad pro Aufgabe bzw. Lösung sowie der Zieltyp pro Aufgabe bestimmt. Allen anderen Merkmalen wurden je nach Ausprägungsgrad Werte[13] zugeordnet. Nachfolgend werden die Ergebnisse der Analyse der 36 Arbeitsprodukte der Projektteilnehmer vorgestellt.[14] Sie zeigen eine gute Umsetzung der Konzeptinhalte bezüglich Schülermotivierung (28), Zielorientierung (26) und Einbettung der Unterrichtsstunden in das Gesamtziel (31). Elemente zur Ausgangsniveausicherung enthalten 22 Arbeitsprodukte. Schülertätigkeiten standen eher selten im Fokus der Lehrkräfte. Aus den Merkmalen dreier Kategorien konnten drei reliable Skalen (Cronbachs α > .60) gebildet werden (vgl. auch Abbildung 5): *Formale Gesichtspunkte* und Aspekte der *inhaltlichen und methodischen Gestaltung des Lernangebotes* werden in einem akzeptablen Umfang berücksichtigt, Gesichtspunkten der *Selbstregulation* wird jedoch insgesamt zu wenig Beachtung geschenkt. 7 Arbeitsprodukte weisen auf „Probierorientierung", 12 auf „Musterorientierung" und 16 deuten auf „Feldorientierung" hin. Es resultiert die in Abbildung 5 dargestellte Statistik für den Orientierungslevel.

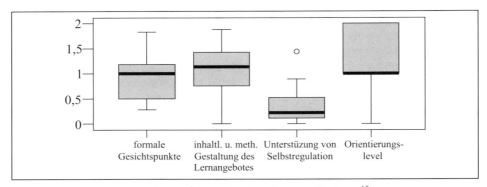

Abb. 5:   Auswertung der Arbeitsprodukte der Fortbildungsteilnehmer[15]

4.5 Ergebnisse der Schülerbefragungen

An den Schülerbefragungen nahmen 1487 Schülerinnen und Schüler aus 7. und 8. Klassen teil. In die Auswertung wurden nur diejenigen 817 Probanten einbezogen, die an beiden Befragungen teilgenommen haben. Insgesamt waren davon 538 Fragebögen

---

13 Nicht jede Art von Arbeitsprodukt kann alle Merkmale aufweisen. Zum Beispiel werden Einzelaufgaben im Allgemeinen nicht das Merkmal Methodenvielfalt aufweisen. Bedeutung der Werte: 0: nicht vorhanden, 1: teilweise vorhanden, 2: deutlich vorhanden, Blank: keine Aussage sinnvoll oder möglich. Ausnahme: Beim Orientierungslevel bedeutet 2: Feldorientierung, 1: Musterorientierung und 0: Probierorientierung.

14 Zahlen in Klammern geben die absoluten Häufigkeiten an.

15 Bedeutung der Werte: 0: nicht vorhanden; 1: teilweise vorhanden; 2: deutlich vorhanden; Blank: keine Aussage sinnvoll oder möglich. Ausnahme: Beim Orientierungslevel bedeutet 2: Feldorientierung, 1: Musterorientierung und 0: Probierorientierung.

gültig. Im Folgenden werden exemplarisch die Befragungsergebnisse der Gymnasial-klassen vorgestellt.

Zur Auswertung des Schülerfragebogens konnten aus 58 Items neun reliable Skalen[16] gebildet und zu Oberskalen zusammengefasst werden. Zur *Oberskala Selbstregulation* konnten die Skalen „Einstellung zu Fehlern", „Fähigkeit zur Selbstregulation", „allgemeine Selbstwirksamkeit" und „Elternunterstützung" sowie „Anstrengungsbereitschaft" zusammengefasst werden. Die *Oberskala Einstellungen und Vorstellungen zur Mathematik* umfasst die Skalen „Einstellung zur Mathematik", „wahrgenommene Aufgabenschwierigkeit" sowie „mathematische Selbstwirksamkeit" und „Freude an Mathematik bzw. am Mathematikunterricht". Die *Oberskala Wahrnehmung des Unterrichts* wird aus den beiden Skalen „Konzeptumsetzung" und „Wahrnehmung der Unterrichtsqualität" gebildet. Die Skala „Einstellungen zu Hausaufgaben" ist keiner Oberskala zugehörig. Für Details zu den gebildeten Skalen vergleiche den Projektbericht PROSA (2006).

Eine multivariate Varianzanalyse mit den Faktoren Fortbildungsinhalt, Klassenstufe und Geschlecht sowie dem Messwiederholungsfaktor Zeit ergab signifikante multivariate Haupteffekte für alle Faktoren (vgl. Tabelle 9). Bei den abhängigen Variablen handelt es sich um die Skalenmittelwerte folgender Skalen: *Oberskala Selbstregulation*, *Oberskala Einstellungen und Vorstellungen zur Mathematik*, *Oberskala Wahrnehmung des Unterrichts* und Skala „Einstellungen zu Hausaufgaben".

Tab. 9: Schülerbefragung Gymnasium: signifikante Ergebnisse der multivariaten Tests

unabhängige Variable	Hypothese/Fehler df	F	Signifikanz	Partielles Eta-Quadrat
Zeit	4/389	13,19	***	.12
Klassenstufe	4/389	4,41	**	.04
Fortbildungsinhalt	8/780	7,84	***	.07
Geschlecht	4/389	12,43	***	.11

Für den bezüglich des Projekterfolgs interessierenden Faktor Zeit zeigten univariate varianzanalytische Verfahren signifikante Ergebnisse für die Oberskalen Selbstregulation, Einstellungen und Vorstellungen zur Mathematik und die Skala Einstellung zu Hausaufgaben. Es gab jedoch keine signifikanten Interaktionen bezüglich der Zeit (vgl. Tabelle 10).

Bei den drei signifikanten Skalen des Messwiederholungsfaktors „Zeit" erfolgt im Mittel über alle Fortbildungsgruppen bzw. über beide Klassenstufen eine Abnahme der Werte zwischen Vor- und Nachbefragung. Für alle drei Skalen liegen die Skalenmittelwerte der 7. Klassen bei Vor- und Nachbefragung über denen der achten Klassen. Die Signifikanz bezüglich des Faktors „Geschlecht" zeigt sich in der *Oberskala Einstellungen und Vorstellungen zur Mathematik* und der Skala „Einstellung zu Hausaufgaben", die des Faktors „Fortbildungsinhalt" in der *Oberskala Wahrnehmung des Unterrichts*. Die Schülerinnen und Schüler der Problemlösegruppen nahmen den Unterricht weniger positiv wahr als die Schülerinnen und Schüler der Gruppen mit den beiden anderen Fortbildungsinhalten (Scheffé-Test). Während die Jungen im Mittel

---

16 In die Auswertung wurden Skalen, die das Reliabilitätskriterium Cronbachs $\alpha > .60$ erfüllen, einbezogen. Zur Bearbeitung des Schülerfragebogens wurde den Schülerinnen und Schülern ein vierstufiges Antwortformat mit den Stufen: „trifft gar nicht zu" (0), bis „trifft voll und ganz zu" (3) vorgegeben.

höhere Werte bezüglich der *Oberskala Einstellungen und Vorstellungen zur Mathematik* angaben, waren die Einstellungen der Mädchen zu Hausaufgaben positiver.

Tab. 10: Schülerbefragung Gymnasium: signifikante Ergebnisse der univariaten Tests

unabhängige Variable	abhängige Variable	df	F	Signifikanz	Partielles Eta-Quadrat
Zeit	O.-Skala Selbstregulation	1	44,16	***	.10
Zeit	O.-Skala Einstellungen und Vorstellungen zur Mathematik	1	21,77	***	.05
Zeit	Einstellung zu Hausaufgaben	1	12,94	***	.03
Klassenstufe	O.-Skala Selbstregulation	1	7,49	**	.02
Klassenstufe	O.-Skala Einstellungen und Vorstellungen zur Mathematik	1	4,30	*	.01
Klassenstufe	O.-Skala Wahrnehmung des Unterrichts	1	15,46	***	.04
Geschlecht	O.-Skala Einstellungen und Vorstellungen zur Mathematik	1	13.46	***	.03
Geschlecht	Einstellung zu Hausaufgaben	1	3.56	*	.02
Fortbildungsinhalt	O.-Skala Wahrnehmung des Unterrichts	2	11,11	***	.05

4.6 Ergebnisse der Mathematikleistungstests

Zur Untersuchung der Mathematikleistung im Rahmen von Prä-Post-Testvergleichen wurden entsprechende Schülertests für die 7. und 8. Klasse entwickelt. An beiden Tests nahmen 574 Probanden der 7. Klasse und 378 der 8. Klasse teil. Nachfolgend werden exemplarisch die Testergebnisse für die Gymnasialgruppen vorgestellt. Aus den einzelnen Teilaufgaben konnte jeweils die reliable Skala „Gesamtergebnis" gebildet werden (Anzahl der Teilaufgaben: jeweils 26; Cronbachs α (Vortest/Nachtest): 7. Kl. .68 / .78; 8. Kl.: .56 / .68). In allen Gruppen wurden Steigerungen zwischen Vor- und Nachtest beobachtet (vgl. Abbildung 6).

Zur Überprüfung der Effekte der Konzeptumsetzung wurde für die Klassenstufen 7 und 8 jeweils eine Varianzanalyse mit dem Faktor „Gruppe" (7. Klasse: GY7PL, GY7SR, GY7PS; 8. Klasse: GY8PL, GY8PS, GY8SR) und dem Messwiederholungsfaktor „Zeit" gerechnet. Wie die Tabellen 11 und 12 zeigen, wird jeweils der Messwiederholungsfaktor Zeit signifikant und es gibt Gruppenunterschiede.

Tab. 11: 7. Klasse Gymnasium: signifikante Testergebnisse

unabhängige Variable	abhängige Variable	df	F	Signifikanz	Partielles Eta-Quadrat
Zeit	Mathematikleistung	1	287,35	***	.44
Fortbildungsgruppe		2	22,48	***	.11

Anmerkung: ***: p < .01

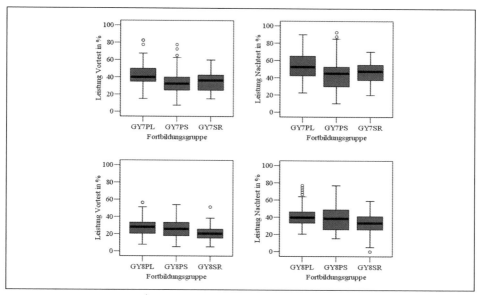

Abb. 6: Leistungsentwicklung der Fortbildungsgruppen

Die Gruppe GY7PL hat im Vor- und im Nachtest höhere Leistungen erzielt als die beiden anderen Gruppen der 7. Klassen (der Scheffé-Test wird signifikant: Signifikanz für GY7PL – GY7PS bzw. GY7PL – GY7SR; jeweils p < .001).

Tab. 12: 8. Klasse Gymnasium: signifikante Testergebnisse

unabhängige Variable	abhängige Variable	df	F	Signifikanz	Partielles Eta-Quadrat
Zeit		1	456,92	***	.62
Fortbildungsgruppe	Mathematikleistung	2	9,71	***	.07

Anmerkung: ***: p < .01

In der 8. Klasse: erzielten die Gruppen mit Problemlösen (GY8PL, GY8PS) im Vor- und im Nachtest signifikant höhere Leistungen als die Gruppe ohne Problemlösen (GY8SR) (der Scheffé-Test wird signifikant: Signifikanz für GY8PL – GY8PS bzw. GY8PL – GY8SR; jeweils p < .001). Der Heurismeneinsatz hat sich in allen Gruppen im Nachtest deutlich erhöht (vgl. Tabelle 13).

Tab. 13: Heurismeneinsatz in den Mathematiktests

Gruppe	GY7PL		GY7PS		GY7SR		GY8PL		GY8PS		GY8SR	
Testzeitpunkt	v	n	v	n	v	n	v	n	v	n	v	n
Mittelwert	2,2	6,9	1,7	5,1	1,7	5,3	2,3	7,1	2,3	5,9	1,3	4,9
Standardabweich.	2,2	2,7	1,7	2,7	1,1	2,9	2,2	3,3	1,7	2,7	1,1	2,3

Anmerkung: v: Vortest, n: Nachtest

Die Schüler einer jeden Klasse wurden in Abhängigkeit von ihrer Leistung im Vortest in drei etwa gleichgroße Leistungsgruppen (gut, mittel, schwach) eingeteilt. Es wurden dann Mittelwerte über die einzelnen Leistungsgruppen pro Klassenstufe berechnet (vgl. Tabelle 14).

Tab. 14: Mathematiktest: Ergebnisse nach Leistungsgruppen in Prozent

Leistungsgruppe	gut*		mittel*		schwächer*	
Vortest 7. Klasse	49,7	(10,6)	37,0	(6,1)	26,2	(7,3)
Nachtest 7. Klasse	58,3	(15,5)	47,1	(12,7)	38,9	(12,7)
Vortest 8. Klasse	35,4	(7,7)	24,8	(4,4)	16,1	(5,0)
Nachtest 8. Klasse	46,2	(13,2)	37,6	(10,7)	30,3	(9,5)

Anmerkung: * Mittelwert (Standardabweichung)

Die im Mittel stärksten Zuwächse zwischen Vor- und Nachtest verzeichnete die jeweils leistungsschwächste Gruppe. Dass die Gruppenunterschiede bezüglich der Zuwächse statistisch bedeutsam sind, wurde durch eine Varianzanalyse mit Messwiederholung und dem Faktor Leistungsgruppe ermittelt (vgl. Tabelle 15).

Tab. 15: Mathematiktest Untersuchung verschiedener Leistungsgruppen: signifikante Ergebnisse (Der Tamhane-Test zu a) und b) zeigt jeweils signifikante Unterschiede (p < .00) zwischen allen drei Leistungsgruppen auf.)

Nr.	Gruppe	abhängige Variable	unabhängige Variable	df	F	Signifikanz	Partielles Eta-Quadrat
a	7. Klasse Gymn.	Änderung der Testleistung	Leistungsgruppe	2	4,32	*	.02
b	8. Klasse Gymn.	Änderung der Testleistung	Leistungsgruppe	2	2,97	#	.02

Anmerkungen: abhängige Variable (Änderung der Testleistung = Leistung im Nachtest – Leistung im Vortest); *: p < .05, #: p < .10

Signifikante (negative) Korrelationen (Korrelationskoeffizient r nach Pearson; p < .01 für alle r) zwischen der Testleistung und der jeweiligen Zeugnisnote (7. Klasse Vortest/Nachtest: r = -.32 / -.47; 8. Klasse Vortest/Nachtest: -.45 / -.38) sprechen für die Kriteriumsvalidität der entwickelten Tests insofern, als dass Schülerinnen und Schüler, die aufgrund der Mathematiknote als leistungsstark eingeschätzt wurden, auch höhere Testergebnisse erzielten.

4.7 Zusammenhangsanalysen

Um vermutete Zusammenhänge zwischen Heurismeneinsatz[17] und erzielter Leistung im Mathematiknachtest zu ermitteln, wurde der Korrelationskoeffizient nach Pearson berechnet. Es ergab sich ein signifikanter positiver Zusammenhang (Koeffizient nach Pearson: r = .61; p < .01). Weiterhin wurden Korrelationen zwischen Heurismeneinsatz im Mathematiknachtest und Skalenmittelwerte der Stundenberichte bestimmt. Letztere wurden zudem mit den Mittelwerten der Oberskalen der Schülernachbefragungen korreliert, um vermutete Zusammenhänge zwischen der Konzeptumsetzung durch die Lehrkräfte und der Selbstregulation der Schülerinnen und Schüler bzw. deren Einstellungen zur Mathematik und zu Hausaufgaben zu untersuchen. Weiterhin sollte die Lehrersicht auf den Unterricht bzw. auf Einflussfaktoren des Unterrichts mit der Schülerwahrnehmung abgeglichen werden. Hierzu wurden zusätzlich die Skalen der

---

17 Pro eingesetztem heuristischen Element wurde ein Heurismenpunkt vergeben.

Lehrernachbefragung einbezogen. Die signifikanten Ergebnisse sind in Tabelle 16 angegeben.[18]

Tab. 16: Zusammenhangsanalysen auf Lehrer- bzw. Klassenebene

Skalen- bzw. Variablenbezeichnungen	*Schülernachbefragungen*		
	Heurismen-punkte	O.-Skala Selbstreg.	Einstellung zu Hausaufgaben
Stundenberichte Heuristikstunden	.33**	n. s.	n. s.
Problemlösen und Selbstregulation	.24*	n. s.	n. s.
Strategieeinsatz – Vorgehensreflexion	.26*	n. s.	n. s.
Lehrernachbefragung (Neue) Lehrmittel		.31*	n. s.
Elternunterstützung		.27*	n. s.
Rolle als Lehrkraft, Binnendifferenzierung		.26*	n. s.
Hausaufgaben kognitive Anforderung und Anforderungsbild		.27*	n. s.
Anforderungsbild und Selbstwahrnehmung bzgl. Hausaufgaben		.45**	.27*

Anmerkungen: *: $p < .05$; **: $p < .01$

5   Zusammenfassung und Diskussion der Ergebnisse

Erste deskriptive Befunde der mit den *Lehrerfragebögen* erhobenen Daten zeigen, dass die Mittelwerte der Skalen Binnendifferenzierung zwischen Vor- und Nachbefragung bei allen Gruppen außer GYPL zugenommen haben, was für eine gelungene Konzeptumsetzung spricht. Anforderungen an Hausaufgaben sind bei allen Gruppen außer GYPL gestiegen. Bis auf einen Befragten sehen alle Lehrkräfte einen Lernzuwachs durch die Fortbildung und die Lehrkräfte sind mehrheitlich mit dem Nutzen der Fortbildung zufrieden.

Die *Repertory Grid*-Befragungen belegen eine hypothesenkonforme Entwicklung der subjektiven Theorien der Lehrkräfte zu Mathematikaufgaben, d.h. es wurde vermehrt von Merkmalen Gebrauch gemacht, die auf Schülertätigkeiten, Aufgabenstruktur und Anforderungsniveau fokussieren, und von solchen Aufgabenmerkmalen, die didaktische Funktionen und Strategiewissen abbilden. Die Merkmalskategorien der Zuwächse können den Ausbildungsinhalten zugerechnet und somit als Beleg für eine erfolgreiche Konzeptumsetzung betrachtet werden.

Analysen der *Stundenberichte* zeigen, dass die Lehrkräfte das Unterrichtskonzept zum Problemlösen (z.B. Vermitteln heuristischer Bildung und Binnendifferenzierung) umsetzen und in ihren regulären Mathematikunterricht integrieren, je nach Schulform mit unterschiedlichem Fokus.

---

18 Aufgrund fehlender Voraussetzungen für einen Teil der Daten und um die Vergleichbarkeit zu wahren, wurden parameterfreie Korrelationskoeffizienten (Kedalls Tau) für alle Daten berechnet.

Die Ergebnisse der Auswertung der *Arbeitsprodukte* sprechen ebenfalls für eine erfolgreiche Fortbildung zumindest bei den Lehrkräften, die Arbeitsprodukte eingereicht haben.

Die bei den *Schülerbefragungen* signifikant gewordenen Abnahmen zwischen Vor- und Nachbefragungen für die *Oberskalen Selbstregulation*, *Einstellungen und Vorstellungen zur Mathematik* und die Skala „Einstellung zu Hausaufgaben" besitzen eine eher kleine Effektstärke und sind von geringer Größe (vgl. Projektbericht PROSA, 2006). Von derartigen negativen Effekten im Zusammenhang mit Schülerbefragungen, besonders in den 7. und 8. Klassen, berichten auch andere Forschungsprojekte z.B. Wendland und Rheinberg (2004). Die Korrelationen der Schülerangaben zu den beiden Messzeitpunkten liegen auf Individualebene bei .46** für die *Oberskala Selbstregulation*, bei .53** für die *Oberskala Einstellungen und Vorstellungen zur Mathematik* und bei .44** für die Skala „Einstellung zu Hausaufgaben". Dies spricht für eine hohe Stabilität der Schülerurteile (**: $p < .01$ – zweiseitig –; berechnet wurde Kendall's Tau). Die Abnahmen bei den Skalenmittelwerten können als altersspezifisch und nicht notwendig projektbedingt angesehen werden.

Zusammenhangsanalysen auf *Lehrer- bzw. Klassenebene* zeigen theoriekonform (Bruder, 2003a), dass Erfolg im Test mit dem Einsatz von Heurismen einhergeht. Sie belegen weiterhin, dass eine höhere Konzeptumsetzung (Stundenberichte) gepaart mit einem häufigeren und erfolgreicheren Einsatz von Heurismen (Test) einhergeht. Die Umsetzung wichtiger Konzeptinhalte (Binnendifferenzierung, Strategie- und Vorgehensreflexion, kognitiv anspruchsvolle Gestaltung der Hausaufgaben, Einsatz adäquater Lehrmittel) gepaart mit entsprechenden Lehrerkompetenzen gehen einher mit einer höheren Selbstregulation der Lernenden. Die Selbstwahrnehmung der Lehrkräfte bezüglich Hausaufgaben korreliert positiv mit den Einstellungen ihrer Klassen zu den Hausaufgaben.

Mit Blick auf die gestellten Forschungsfragen können folgende Aussagen getroffen werden: Elemente des Unterrichtskonzepts bezüglich des Förderns von Problemlösekompetenzen werden von den Lehrkräften für den eigenen Unterricht übernommen, Elemente zum Fördern der Selbstregulation werden von den Lehrkräften der gymnasialen Klassen stärker umgesetzt. In den Gymnasialklassen scheinen umfangreichere Veränderungen des Unterrichts während eines Schuljahres leistbar und verkraftbar. Die Akzeptanz der Konzeptziele und -inhalte bezüglich der Problemlöseförderung ist größer als die Akzeptanz bezüglich des Förderns der Selbstregulation. Bisher konnten keine spezifischen Effekte in Abhängigkeit von den Fortbildungsinhalten und der Durchführungsvariante der Fortbildung festgestellt werden.

Die mit den *Mathematiktests* gemessene Lernleistung konnte bei allen am Projekt beteiligten Gruppen verbessert werden, insbesondere auch bei den in diesem Bericht betrachteten Gymnasialgruppen. Die Leistungsverbesserung liegt deutlich über dem im Projekt LAU 9 für die Jahrgangsstufe 7 und 8 gemessenen Lernzuwachs von 0.27 Standardabweichung pro Schuljahr bzw. dem in der TIMS-Studie bundesweit gemessenen Wert von 0.29 Standardabweichungen (vgl. Freie und Hansestadt Hamburg, 2001). Dies kann als Beleg für eine erfolgreiche Konzeptumsetzung gewertet werden. Die leistungsschwächeren Schülerinnen und Schülern der einzelnen Klassen konnten ihre Leistungen am deutlichsten steigern. Eine Nachuntersuchung (nach einem Schuljahr) mit 11 Projektklassen bezüglich einer Stabilitätsaussage zu den Lernleistungen wird zur Zeit noch evaluiert.

Die erwarteten positiven Entwicklungen in den Lerneinstellungen und im Lernverhalten in der Selbsteinschätzung der Schülerinnen und Schüler konnten bisher nicht bestätigt werden. Hierfür könnte zumindest teilweise auch der am Ende des Schuljahres liegende Erhebungszeitpunkt für die Nachbefragung Gründe liefern. Bezüglich der Förderung der Selbstregulation sollte bei der Suche nach weiteren geeigneten Realisierungsmöglichkeiten an vielversprechende Ergebnisse der lernpsychologischen Grundlagenforschung auf diesem Gebiet (vgl. Bruder, 2006) angeknüpft werden.

Zusammenfassend kann festgestellt werden, dass in allen Gruppen die Lehrerinnen und Lehrer das vermittelte Unterrichtskonzept umgesetzt haben, bei einer gleichzeitig deutlichen Steigerung der Schülerleistungen im Fach Mathematik. Dies kann als klarer Erfolg der Fortbildung bewertet werden.

6   Ausblick

Das Ausbildungs- und das Fortbildungsprogramm wurde seit der Evaluationsphase bereits mehrfach in der universitären Lehre bzw. in der webbasierten Lehrerfortbildung, u.a. auch im Rahmen von SINUS-Transfer, eingesetzt. Es ist geplant, auch zukünftig regelmäßig in jedem Schulhalbjahr Lehrerfortbildungsmodule zum Fördern von Problemlöse- bzw. Selbstregulationskompetenzen anzubieten.[19] Die aktuellen Rückmeldungen der über 80 neuen Teilnehmer am Internetfortbildungskurs im Schuljahr 2005/06 sind sehr positiv und die Anteile qualitativ hochwertiger Arbeitsprodukte („Feldorientierung") entsprechen denen im Projekt. Die im Laufe des Projektes entwickelten umfangreichen Materialien werden den Lehrkräften über das Internet frei verfügbar zugänglich gemacht.[20] In mehreren Bundesländern wurde das Konzept zum Problemlösenlernen in Verbindung mit Selbstregulation in die Fortbildungsinitiative SINUS-Transfer übernommen. Damit ist bereits in der Projektlaufzeit eine beachtliche Breitenwirkung des entwickelten und erprobten Fortbildungskonzeptes erzielt worden und ein Meilenstein auf dem Weg zu einem erfolgreichen Projektabschluss erreicht.

Literatur

Baumert, J., Klieme, E., Neubrand, M., Prenzel, M., Schiefele, U., Schneider, W., Stanat, P., Tillmann & K.-J., Weiß, M. (Hrsg.). (2001). *PISA 2000: Basiskompetenzen von Schülerinnen und Schülern im internationalen Vergleich*. Opladen: Leske + Budrich.

Baumert, J., Lehmann, R., Lehrke, M., Schmitz, B., Clausen, M., Hosenfeld, I., Köller, O. & Neubrand, J. (1997). *TIMSS: Mathematisch-naturwissenschaftlicher Unterricht im internationalen Vergleich. Deskriptive Befunde*. Opladen: Leske + Budrich.

Bromme, R., Jucks, R. & Rambow, R. (2003): Wissenskommunikation über Fächergrenzen: Ein Trainingsprogramm. *Wirtschaftspsychologie, 5 (3)*, 94-102.

Bruder, R. (2005): Ein aufgabenbasiertes anwendungsorientiertes Konzept für einen nachhaltigen Mathematikunterricht – am Beispiel des Themas „Mittelwerte". Mathematikunterricht im Spannungsfeld von Evolution und Evaluation. In H.-W. Henn & G. Kaiser (Hrsg.), *Festschrift für Werner Blum* (S. 241-250). Hildesheim: Franzbecker,

Bruder, R. (2003a). *Methoden und Techniken des Problemlösenlernens. Material im Rahmen des BLK-Programms „Sinus" zur „Steigerung der Effizienz des mathematisch-naturwissenschaftlichen Unterrichts"*. Kiel: IPN.

---

19 http://www.prolehre.de.
20 http://www.problemlösen.de.

Bruder, R. (2003b). Konstruieren – auswählen – begleiten. Über den Umgang mit Aufgaben. *Friedrich Jahresheft 2003*, 12-15.

Bruder, R. (2002). *Lernleistungsdiagnostik im Mathematikunterricht.* Skript, SS 2002. TU Darmstadt.

Bruder, R., Lengnink, K. & Prediger, S. (2003). Wie denken Lehramtsstudierende über Mathematikaufgaben? Ein methodischer Ansatz zur Erfassung subjektiver Theorien mittels Repertory-Grid-Technik. *Math. Did, 2003 (1)*, 63-85.

Bruder, S. (2006). *Die Förderung von Selbstregulation bei Kindern unter Einbeziehung ihrer Eltern.* Berlin: Logos.

Dawydow, W.W., Lompscher, J. & Markowa, A.K. (Hrsg.). (1982). *Ausbildung der Lerntätigkeit bei Schülern (Formation of learning activity in students).* Berlin/ Moscow: Volk und Wissen/Pedagogika.

Freie und Hansestadt Hamburg, Staatliche Pressestelle (2001). *Ergebnisse der Erhebung von Aspekten der Lernausgangslage und der Lernentwicklung – Klasse 9 (LAU9).* Zugriff am 02. April 2006 unter http://fhh1.hamburg.de/fhh/aktuelle_meldungen/ archiv_2001/dezember/pe_2001_12_13_bsjb_01.pdf.

Galperin, P. J.(1967). *Die Psychologie des Denkens und die Lehre von der etappenweisen Ausbildung geistiger Handlungen. In: Untersuchungen des Denkens in der sowjetischen Psychologie.* Berlin: Volk und Wissen.

Gürtler, T. (2003). *Trainingsprogramm zur Förderung selbstregulativer Kompetenz in Kombination mit Problemlösestrategien. PROSEKKO: Entwicklung, Durchführung und längsschnittliche sowie prozessuale Evaluation.* Frankfurt am Main: Peter Lang.

Helmke, A. (2003). *Unterrichtsqualität erfassen – bewerten – verbessern.* Seelze: Kallmeyer.

Hohenstein, A. & Wilbers, K. (Hrsg.). (2002). *Handbuch E-Learning: Expertenwissen aus Wissenschaft und Praxis.* Fachverlag Deutscher Wirtschaftsdienst GmbH & Co. KG.

Kultusministerkonferenz (KMK) (2003). *Beschlüsse der Kultusministerkonferenz. Bildungsstandards im Fach Mathematik für den Mittleren Schulabschluss.* Zugriff am 17. März 2005 unter www.kmk.org/schul/Bildungsstandards/Mathematik_MSA_ BS_04-12-2003.pdf.

Komorek, E. (2006). *Mit Hausaufgaben Problemlösen und eigenverantwortliches Lernen in der Sekundarstufe I fördern. Ein Ausbildungsprogramm für zukünftige Mathematiklehrer.* Berlin: Logos.

Komorek, E., Bruder, R. & Schmitz, B. (2004). Integration evaluierter Trainingskonzepte für Problemlösen und Selbstregulation in den Mathematikunterricht. In J. Doll & M. Prenzel (Hrsg.), *Bildungsqualität von Schule: Lehrerprofessionalisierung, Unterrichtsentwicklung und Schülerförderung als Strategien der Qualitätsverbesserung* (S. 54-76). Münster: Waxmann.

Kossakowski, A. (1980). *Handlungspsychologische Aspekte der Persönlichkeit.* Berlin: Volk und Wissen.

Krainer, K. & Posch, P. (Hrsg.). (1996). *Lehrerfortbildung zwischen Prozessen und Produkten.* Bad Heilbrunn: Klinkhardt.

Lipowsky, F., Rakoczy, K., Klieme, E., Reusser, K. & Pauli, C. (2004). Hausaufgabenpraxis im Mathematikunterricht – eine Thema für die Unterrichtsqualitätsforschung? In J. Doll & M. Prenzel (Hrsg.), *Bildungsqualität von Schule: Lehrerprofessionalisierung, Unterrichtsentwicklung und Schülerförderung als Strategien der Qualitätsverbesserung* (S. 250-266). Münster: Waxmann.

Lompscher, J., Irrlitz, L., Jantos, W., Köster, E., Kühn, H., Matthes, G. & Witzlack, G. (Hrsg.). (1985). *Persönlichkeitsentwicklung in der Lerntätigkeit.* Berlin: Volk und Wissen.

Lompscher, J. & Kossakowski, A. (1977). Persönlichkeitsentwicklung in unterschiedlichen Tätigkeitsarten. In A. Kossakowski, H. Kühn, J. Lompscher & G. Rosenfeld

(Hrsg.), *Psychologische Grundlagen der Persönlichkeitsentwicklung im pädagogischen Prozess* (S. 65-106). Berlin: Volk und Wissen.

Perels, F. (2003). *Ist Selbstregulation zur Förderung von Problemlösen hilfreich? Entwicklung, Durchführung sowie längsschnittliche und prozessuale Evaluation zweier Trainingsprogramme.* Frankfurt am Main: Peter Lang.

Perels, F., Löb, M., Schmitz, B. & Haberstroh, J. (im Druck). Hausaufgabenverhalten aus der Perspektive der Selbstregulation. *Zeitschrift für Entwicklungspsychologie und Pädagogische Psychologie.*

PISA-Konsortium Deutschland (Hrsg.). (2004). *PISA 2003. Der Bildungsstand der Jugendlichen in Deutschland – Ergebnisse des zweiten internationalen Vergleichs.* Waxmann: Münster.

Polya, G. (1949). *Schule des Denkens. Vom Lösen mathematischer Probleme.* Tübingen und Basel: Francke.

Projektbericht PROSA (2006). *DFG-Projekt BR 2066/2-1 (Kennwort: Ausbildungsprogramm für Lehrer/innen zur Förderung von Selbstregulation und Problemlösen im Mathematikunterricht) im Schwerpunktprogramm „Bildungsqualität von Schule".* Technische Universität Darmstadt, Fachbereich Mathematik.

Schmitz, B. (2001). Self-Monitoring zur Unterstützung des Transfers einer Schulung in Selbstregulation für Studierende. *Zeitschrift für Pädagogische Psychologie, 15 (3/4),* 179-195.

Ströbele, M. & Bruder, R. (in Vorbereitung). Evaluation einer netzgestützten Lehrerfortbildung für Mathematiklehrkräfte der Sekundarstufe I zum Thema Problemlösen- und Selbstregulation im Mathematikunterricht.

Terhart, E. (2002). *Standards für die Lehrerbildung. Eine Expertise für die Kultusministerkonferenz.* Münster: Westfälische Wilhelms-Universität, Institut für Schulpädagogik und Allgemeine Didaktik.

Wendland, M. & Rheinberg, F. (2004). Welche Motivationsfaktoren beeinflussen die Mathematikleistung? Eine Längsschnittanalyse. In J. Doll & M. Prenzel (Hrsg.), *Bildungsqualität von Schule: Lehrerprofessionalisierung, Unterrichtsentwicklung und Schülerförderung als Strategien der Qualitätsverbesserung* (S. 309-328). Münster: Waxmann.

Winter, H. (1995). Mathematikunterricht und Allgemeinbildung. *Mitteilungen der Gesellschaft für Didaktik der Mathematik, 61,* 37-46.

Zimmerman, B.J. (2000). Attaining self – regulation: A social cognitive perspective. In M. Boekaerts, P. R. Pintrich & M. Zeidner (Eds.), *Handbook of self – regulation* (pp. 13-41). San Diego: Academic Press.

Claudia Leopold, Viola den Elzen-Rump & Detlev Leutner

Selbstreguliertes Lernen aus Sachtexten

Beim Konzept des *selbstregulierten Lernens* handelt es sich nicht um einen präzise definierten Begriff, sondern um einen übergreifenden Begriff, der mehrere psychologische Konzepte aus unterschiedlichen Forschungslinien und -traditionen der Psychologie, z.B. Pädagogische Psychologie, Entwicklungspsychologie, Motivationspsychologie etc., integriert (vgl. Zimmerman, 2001). Hierbei handelt es sich um kognitive, metakognitive, motivationale, emotionale, kontextbezogene Konzepte etc. Diese Komplexität des Selbstregulationsbegriffs mag dazu beigetragen haben, dass viele unterschiedliche Ansätze zur Beschreibung selbstregulierten Lernens (SRL) entwickelt wurden, welche bestimmte selbstregulative Komponenten in den Vordergrund stellen und dadurch eine spezifische Sicht auf selbstreguliertes Lernens einnehmen (Boekaerts, 1999; Corno, 2001; Pintrich, 2000; Schmitz, 2001; Schunk, 2001; Winne & Hadwin, 1998; Zimmerman, 2001). Trotz dieser Vielfalt an SRL-Ansätzen und -Modellen stimmen die meisten Autoren, zumindest auf einer generellen Ebene, darin überein, dass selbstreguliertes Lernen beinhaltet, dass ein Lernender[1] Verantwortung für seinen Lernprozess übernimmt und ihn selbstständig und zielorientiert überwacht und steuert. Die selbstständige Überwachung und Steuerung des Lernens setzt sich wieder aus mehreren Subprozessen zusammen. Hierzu zählen, dass der Lernende Ziele für sein Lernen setzt, passende Lernstrategien zur Erreichung dieser Ziele auswählt, einschätzt, ob er die angestrebten Ziele erreicht hat und ggf. Maßnahmen ergreift, um die noch ausstehenden Ziele zu erreichen. Diese selbstregulativen Subprozesse beziehen sich nicht nur auf die Regulation von kognitiven, sondern auch auf die Regulation von motivationalen und kontextbezogenen Faktoren (Pintrich, 2000; Zimmerman & Kitsantas, 2005). Der Regulationsprozess operiert also auf unterschiedlichen Ebenen, wobei diese Ebenen keine abgrenzbaren Einheiten darstellen, sondern im Lernprozess interagieren (Boekarts, 1999); z.B. hängt die Bereitschaft zur kognitiven Regulation (z.B. Verständnisüberprüfung) von motivationalen Faktoren ab – und ohne Kontextregulation (z.B. Lärm reduzieren) wird auch die Regulation von Motivation und Kognition schwer fallen. Jede dieser Ebenen oder jeder dieser Bereiche der Selbstregulation hat eine Berechtigung und kommt im Lernprozess in Abhängigkeit von der jeweiligen Lernsituation in unterschiedlichem Ausmaß zum Einsatz. Wir konzentrieren uns in diesem Beitrag auf die kognitiven Komponenten selbstregulierten Lernens, weil sie den direktesten Einfluss auf die Lernergebnisse haben. So kann ein Lernender hoch motiviert sein und unter idealen Kontextbedingungen lernen, wenn er dabei seine kognitiven Lernprozesse nicht zielgerichtet reguliert, werden die Lernergebnisse ausbleiben.

als ob die Kognitionspsychologie zu viel selbst tomart: sie verlegt alles Lernen und die Verantwortung dafür (- die Herstellung d. konstitutionsbedingungen des Lernens -) "in den Lerner"!

---

1 Aus Einfachheitsgründen werden für Begriffe wie Lernender, Schüler, Lehrer etc. die üblichen und kürzeren männlichen Formen verwendet. Gleichwohl beziehen sich die Begriffe in gleichem Maße auf beide Geschlechter.

1 Lernstrategien

Eine wichtige Rolle bei der kognitiven Selbstregulation spielen Lernstrategien. In der Literatur werden sie häufig zu den *key components* selbstregulierten Lernens gerechnet (Pintrich, Wolters & Baxter, 2000; Winne, 2001; Zimmerman, 2001). Zur Definition von Lernstrategien liegen unterschiedliche Vorschläge vor (Artelt, 2000a). In einer gebräuchlichen Definition werden Lernstrategien als Verhaltensweisen und Kognitionen verstanden, die der Lernende einsetzt, um die Enkodierung von Informationen zu unterstützen (Weinstein & Mayer, 1986; Wild, 2000). Bezüglich der Klassifikation von Lernstrategien werden in der Lernstrategieforschung in der Regel zwei größere Gruppen von Lernstrategien unterschieden: kognitive und metakognitive Lernstrategien (Mandl & Friedrich, 2005; Pintrich et al., 1993; Weinstein & Mayer, 1986; Wild, 2000), die in Fragebögen wie dem MSLQ (Motivated Strategies for Learning Questionnaire) aus der Arbeitsgruppe von Pintrich (Pintrich et al., 1991, 1993) sowie in der deutschen Version LIST (Lernstrategien im Studium) von Wild und Schiefele (1994) umgesetzt wurden.

1.1 Kognitive Strategien

Kognitive Strategien beziehen sich auf die direkte Verarbeitung des Lernstoffs. Zu diesen Strategien gehören einerseits tiefenorientierte und andererseits oberflächenorientierte Strategien. Tiefenorientierte Strategien sind auf eine tiefe, verstehensbezogene Verarbeitung des Lernstoffs gerichtet (Marton & Säljö, 1976). Zu ihnen zählen Organisations- und Elaborationsstrategien.

Organisationsstrategien dienen dazu, Beziehungen zwischen wichtigen Konzepten herauszuarbeiten. Es geht hierbei vor allem darum, den Lernstoff zu ordnen und zu strukturieren, um die Zusammenhänge des Lernstoffs darzustellen. Beispiele hierfür sind das Anfertigen einer Gliederung, Tabelle oder Concept-Map, in denen Begriffsrelationen und -hierarchien dargestellt werden. In Lernstrategiefragebögen wird das Organisieren mit Hilfe von typischen Statements erfasst, wie z.B.: „Ich gehe meine Aufzeichnungen durch und mache mir dazu eine Gliederung mit den wichtigsten Punkten" (Wild & Schiefele, 1994, S. 187). Für jedes dieser Statements sollen die Lernenden auf einer vorgegebenen abgestuften Skala angeben, inwieweit die Aussage für sie zutrifft.

Elaborationsstrategien dienen dazu, neu gelernte mit bereits bekannten Informationen zu verknüpfen. Ziel dieser Strategien ist es, die neuen Informationen in die bestehende Vorwissensstruktur zu integrieren. Beispiele hierfür sind das Bilden von Analogien und das Suchen nach Anwendungs- oder Alltagsbeispielen. Der Lernende kann z.B. die im Chemieunterricht gelernte Information über die „Dichte-Anomalie des Wassers" elaborieren, indem er sie mit seinen Alltagsbeobachtungen verknüpft, z.B. mit der Beobachtung, dass Wasserflaschen im Eisfach explodieren können. Ein typisches Item aus einem Lernstrategiefragebogen zu Elaborationsstrategien ist: „Ich beziehe das, was ich lerne, auf meine eigenen Erfahrungen" (Wild & Schiefele, 1994, S. 191).

Oberflächenorientierte Strategien umfassen Lernaktivitäten wie das Auswendiglernen oder das beständige Wiederholen des Lernstoffs. Sie sind überwiegend auf die Aneignung und Anhäufung von Faktenwissen ausgerichtet, ohne ein tiefergehendes Verständnis des Lernstoffs anzustreben (Marton & Säljö, 1976). Deshalb bleiben diese

Strategien quasi nur „an der Oberfläche" des Lernstoffs und dringen nicht zu den grundlegenden konzeptuellen Relationen und Strukturen vor. In der Lernstrategieforschung werden sie häufig als Wiederholungs- oder Memorierstrategien bezeichnet (Weinstein & Mayer, 1986; Wild, 2000; Wild & Schiefele, 1994). Beispiele aus Lernstrategiefragebögen wären z.B.: „Ich lerne den Lernstoff anhand von Skripten oder anderen Aufzeichnungen möglichst auswendig" (Wild & Schiefele, 1994, S. 191) oder „Wenn ich mich auf einen Test vorbereite, versuche ich, mir so viele Fakten wie möglich einzuprägen" (Pintrich & De Groot, 1990, S. 40).

Ergebnisse der empirischen Prüfung der per Fragebogen erfassten kognitiven Strategien bei Studierenden bestätigen in der Regel die Abgrenzung von Organisations-, Elaborations-, und Wiederholungsstrategien bzw. oberflächenorientierten Strategien (Pintrich et al., 1993; Wild & Schiefele, 1994). Für Siebtklässler konnten Pintrich und De Groot (1990) allerdings kein solch differenziertes Ergebnis nachweisen, weshalb sie bei dieser Altersgruppe alle drei Strategiegruppen unter dem Label *cognitive strategies* zusammenfassen.

1.2 Metakognitive Lernstrategien

Metakognitive Lernstrategien steuern und regulieren den Einsatz von kognitiven Lernstrategien. Deshalb sind sie den kognitiven Lernstrategien übergeordnet, wie die begriffliche Bezeichnung bereits verdeutlicht. Ohne metakognitive Strategien wäre schwer zu erklären, wie der Lernende Lernstrategien auswählt, wie er sein Verständnis einschätzt, warum er z.B. einen Abschnitt im Lehrbuch zweimal liest und wie er entscheidet, wann er ein Lernziel erreicht hat und mit dem Lernen aufhören kann. Metakognitive Strategien lassen sich unterschiedlich differenziert gruppieren (Pintrich et al., 1993; Pintrich, Wolters & Baxter, 2000; Winne, 2001; Zimmerman, 2001). Im Allgemeinen werden jedoch drei Gruppen von metakognitiven Strategien unterschieden: Planungsstrategien, Monitoring-Strategien und Regulationsstrategien (Wild & Schiefele, 1994).

Planungsstrategien erfassen Aktivitäten wie Ziele setzen und eine Aufgabe analysieren. Sie unterstützen die Aktivierung relevanten Vorwissens und helfen, das Lernmaterial vorzustrukturieren. Ein typisches Fragebogen-Item hierfür lautet: „Ich versuche, mir vorher genau zu überlegen, welche Teile eines bestimmten Themengebiets ich lernen muss und welche nicht" (Wild & Schiefele, 1994, S. 192).

Monitoring-Strategien konzentrieren sich auf die Überwachung des Verständnisses während des Lernens, z.B. während des Lesens eines Lehrbuchtextes. Der Lernende überprüft sich selbst bezüglich seines Lernfortschritts – ob er sich z.B. seinem selbst gesetzten Lernziel annähert oder nicht. Eine typische Monitoring-Strategie ist das *self questioning*: „Ich stelle mir Fragen zum Stoff, um sicherzugehen, dass ich auch alles verstanden habe" (Wild & Schiefele, 1994, S. 192).

Regulationsstrategien betreffen das ständige Adaptieren und Adjustieren der kognitiven Verarbeitung im Hinblick auf das per Monitioring eingeschätzte Verständnis. Regulationsstrategien stellen gewissermaßen die Reaktion auf das Ergebnis der Selbstüberwachung dar. Wenn der Lernende z.B. nach dem *self questioning* feststellt, dass er einen bestimmten Inhaltsbereich nicht verstanden hat, und darauf reagiert, indem er sich noch einmal mit diesen Inhalten befasst, reguliert er seinen Lernprozess. Eine typische Strategie-Aussage ist: „Wenn mir eine bestimmte Textstelle verworren und unklar erscheint, gehe ich sie noch einmal langsam durch" (Wild & Schiefele, 1994, S. 192).

Obwohl diese drei metakognitiven Strategiegruppen auf der konzeptuellen Ebene klar voneinander zu unterscheiden sind, fällt ihre empirische Abgrenzung schwer (Pintrich et al., 1993; Pintrich & De Groot, 1990; Pintrich, Wolters & Baxter, 2000; Wild & Schiefele, 1994; Zimmerman & Martinez-Pons, 1988). Im MSLQ (Pintrich et al., 1993; Pintrich & De Groot, 1990) und im LIST (Wild & Schiefele, 1994) wurden die metakognitiven Strategien deshalb zu einer Skala zusammengefasst.

2 Lernstrategien und Lernerfolg

In den meisten Ansätzen selbstregulierten Lernens wird angenommen, dass der Einsatz von kognitiven und metakognitiven Strategien positive Auswirkungen auf die Lernergebnisse hat. Im Gegensatz dazu zeigen etliche Studien, dass der per Fragebogen erfasste Strategieeinsatz nur gering oder inkonsistent mit dem Lernerfolg korreliert ist (Baumert, 1993; Baumert & Köller, 1996; Blickle, 1996; Pintrich et al., 1993; Pintrich & De Groot, 1990; Schreiber, 1998). Diese erwartungswidrigen Ergebnisse werden hauptsächlich auf die Art und Weise zurückgeführt, wie der Lernstrategieeinsatz erfasst wird (vgl. den Überblick von Artelt, 2000a; Winne, Jamieson-Noel & Muis, 2002).

Ein wesentlicher Kritikpunkt bezüglich der Erfassung des Lernstrategieeinsatzes betrifft die wenig konkrete und situationsferne Erfassung von Lernstrategien. In den meisten Lernstrategiefragebögen werden die Lernenden aufgefordert, ihr Lernen insgesamt oder in Bezug auf einen spezifischen Kurs oder ein Unterrichtsfach einzuschätzen (Biggs, Kember &Leung, 2001; Pintrich et al., 1993; Wild & Schiefele, 1994). Dies erfordert vom Lernenden jedoch, dass er seinen Lernstrategieeinsatz von konkreten Lernsituationen und Aufgaben loslösen kann, um auf diese Weise zu einer Gesamteinschätzung seines Lernverhaltens zu kommen. Die Frage hierbei ist, inwieweit dies überhaupt möglich ist, weil unterschiedliche Lernanforderungen auch den Einsatz unterschiedlicher Strategien erfordern. Tiefenorientierte Strategien machen z.B. nur dann Sinn, wenn es um Verständniserwerb geht, wie z.B. beim Verstehen des Blutkreislaufs. Wenn der Lernende jedoch Definitionen, Vokabel- und Wortlisten oder ein Gedicht auswendig lernen soll – was durchaus typische Anforderungen in der Schule sind –, würde die Anwendung von Wiederholungsstrategien allein bereits ausreichen. Aus diesem Grund wird in der Lernstrategieforschung zunehmend auf die Notwendigkeit einer kontextbezogenen Erfassung von Lernstrategien aufmerksam gemacht (Ainley, 1993; Artelt, 1999, 2000b; Leutner & Leopold, 2003a, 2005a; Winne, Jamieson-Noel & Muis, 2002). Die Ergebnisse von Hadwin et al. (2001) zeigen, dass Studierende ihren Strategieeinsatz im Lernstrategiefragebogen in Abhängigkeit von der jeweiligen Lernaufgabe (z.B. Vorbereiten auf eine Prüfung, Vorbereiten eines Essays) unterschiedlich einschätzen. Sie gaben an, Wiederholungsstrategien häufiger für die Prüfungsvorbereitung als für die Essayvorbereitung einzusetzen. In diesem Sinne zeigen die Ergebnisse, dass Lernende sensitiv auf den jeweiligen Lernkontext reagieren und ihren Strategiegebrauch an unterschiedliche Lernaufgaben adaptieren können.

Ein weiterer Kritikpunkt bezüglich der Erfassung des Lernstrategieeinsatzes, der bisher kaum in der Lernstrategieforschung beachtet wurde, betrifft die Qualität der Strategieanwendung (Leopold & Leutner, 2004; Leutner & Leopold, 2003a, 2005a). In Lernstrategiefragebögen wird üblicherweise nach der Häufigkeit der Strategieanwendung gefragt. Wenn der Lernende z.B. angibt, häufig Zusammenfassungen anzufertigen oder häufig beim Lesen zu unterstreichen, erhält er hohe Werte auf der diesbezüglichen Strategieskala. Wie qualitativ gut die jeweilige Strategie umgesetzt wurde, wird dabei in der Regel allerdings nicht beachtet. So kann der Lernende häufig im Text unterstreichen und häufig Texte zusammenfassen, ohne dass er die darin enthaltenen relevanten Konzepte tatsächlich selegiert und beschreibt. In diesem Fall wird das strategiebezogene Ziel „relevante Informationen selegieren" gar nicht erreicht, und bzgl. des Strategieeinsatzes sind aus diesem Grund auch kaum Auswirkungen auf den Lernerfolg zu erwarten.

Die hier beschriebenen Kritikpunkte sind keineswegs die einzigen Kritikpunkte an „Selbstberichts"-Fragebögen (ausführlicher z.B. bei Winne et al., 2002). Im Rahmen des BiQua-Projektes haben wir uns aber vor allem auf die hier aufgeführten Kritikpunkte konzentriert.

2.1 Lernstrategien per Fragebogen erfassen – eine explorative Studie zum spontanen Lernstrategieeinsatz

Ziel der ersten Phase des BiQua-Projektes war, den spontanen Lernstrategieeinsatz von Schülern unterschiedlicher Jahrgangsstufen beim Lesen naturwissenschaftlicher Texte zu erfassen. Es ging dabei hauptsächlich um die Frage, welche Lernstrategien Schüler beim Lesen einsetzen und wie diese Lernstrategien mit ihrem Lernerfolg, d.h. mit ihrem Textverständnis, zusammenhängen. Uns interessierte, ob Schüler, die ein gutes Textverständnis aufweisen, andere Strategien oder bestimmte Strategien häufiger einsetzen als Schüler, die Texte weniger gut verstehen (Leopold & Leutner, 2002). Um diese Fragen zu beantworten, führten wir nach einer Pilotuntersuchung eine explorative Studie mit 318 Schülern der Jahrgangsstufen 5, 7, 9 und 11 aus Realschulen und Gymnasien durch. Zur Erfassung des Lernstrategieeinsatzes orientierten wir uns an den beschriebenen Kritikpunkten, Lernstrategien bezogen auf eine konkrete Lernsituation zu erfassen und dabei qualitätsbezogene Aspekte des Lernstrategieeinsatzes einzubeziehen.

Als konkrete Lernsituation wählten wir das Lernen aus naturwissenschaftlichen Texten. Schüler der Jahrgangsstufen 5 und 7 erhielten einen Text über die Ausbreitung von Schallwellen und Schüler der Jahrgangsstufen 9 und 11 einen Text über den chemischen Aufbau des Wassermoleküls und Wasserstoffbrückenbindungen. Die Schüler hatten die Aufgabe, den vorgelegten Text so zu lesen, dass sie ihn möglichst gut verstehen. Nach dem Lesen wurde per Lernstrategiefragebogen erfasst, welche Strategien die Schüler während der Bearbeitung des Textes angewandt hatten, und anschließend wurde das Verständnis des gelesenen Textes erfasst. Bei dem eingesetzten Lernstrategiefragebogen handelt es sich um ein selbstentwickeltes Instrument, das zum Teil neu konstruierte Strategie-Items, zum Teil aber auch Items aus bestehenden Verfahren enthält (wie z.B. Pintrich et al., 1991, 1993; Wild & Schiefele, 1994), wobei diese Items so umformuliert wurden, dass sie das strategische Vorgehen in der spezifischen Textbearbeitungsphase erfassen. So wurde bei der Formulierung der Strategiefragen Wert darauf gelegt, dass den Schülern der Bezug zur konkreten Lernsituation vor Augen gestellt wird: „Beim Lesen habe ich mir Erklärungen für die beschriebenen Sachverhalte überlegt" oder „Ich habe überlegt, ob ich alle wichtigen Informationen aus dem Text aufgenommen habe" (Leopold & Leutner, 2002, S. 245). Auf diese

Weise wurden tiefenorientierte, oberflächenorientierte und metakognitive Strategien erfasst.

Um zusätzlich auch die Qualität des Lernstrategieeinsatzes einzubeziehen, wurden zwei weitere Strategieskalen konstruiert, die sich auf die zwei tiefenorientierten Strategien „Beziehungen zwischen Begriffen herstellen" und „bildliche Vorstellungen zum Lernstoff generieren" beziehen. Qualitative Aspekte des Lernstrategieeinsatzes wurden durch den inhaltsspezifischen Bezug bei diesen Strategien umgesetzt; z.B.: „Hast du darüber nachgedacht, in welcher Beziehung die Begriffe Dipol und Wasserstoffbrückenbindung stehen?" oder „Hast du dir den Prozess der Hydratation bildlich vorgestellt?" (Leopold & Leutner, 2002, S. 246). Dahinter steht die Idee, dass es einen Unterschied macht, über welche Begriffe und Begriffsbeziehungen ein Schüler nachdenkt – ob er z.B. darüber nachdenkt, wie relevante Begriffe untereinander verknüpft sind oder ob er über irrelevante und oberflächliche Inhalte nachdenkt.

Der Lernerfolg, welcher sich auf das erworbene Verständnis aus dem Text bezieht, wurde per *Multiple-Choice*-Test erfasst (Klauer, 1987). Bei der Konstruktion des Tests wurden vor allem solche Fragen gestellt, die das Verständnis der im Text beschriebenen Sachverhalte abfragen, d.h. Fragen, deren Antworten nicht wörtlich im Text stehen und deshalb auf Schlussfolgerungsprozessen beruhen.

2.2 Ergebnisse

2.2.1 Wie häufig setzen Schüler unterschiedlicher Altersgruppen Lernstrategien beim Lesen eines Sachtextes ein?

Wie aus Abbildung 1 zu entnehmen ist, zeigt sich sowohl für die tiefenorientierten als auch für die metakognitiven Strategien ein positiver Trend, für oberflächenorientierte Strategien dagegen ein negativer Trend; d.h. mit zunehmendem Alter berichten Schüler eine häufigere Verwendung von tiefenorientierten Lernstrategien (die auf das Verständnis des Lernstoffs gerichtet sind) und metakognitiven Strategien (die auf die Steuerung des Lernens gerichtet sind). Der Einsatz von oberflächenorientierten Wiederholungsstrategien (die auf das Auswendiglernen des Lernstoffs gerichtet sind) nimmt dagegen mit dem Alter ab. Diese Ergebnisse stehen im Einklang mit anderen Befunden aus der Lernstrategieforschung (Myers & Paris, 1978; Zimmerman & Martinez-Pons, 1990). Sie weisen darauf hin, dass Schüler mit zunehmendem Alter und zunehmender Lernerfahrung, zumindest bezüglich ihrer Selbsteinschätzung, von einer oberflächenorientierten zu einer tieferen Verarbeitungsstrategie wechseln, was zugleich auch als ein Hinweis auf die Entwicklung eines differenzierten und aufgabensensitiven Strategierepertoires zu bewerten ist (Baumert, 1993; Winne et al., 2002).

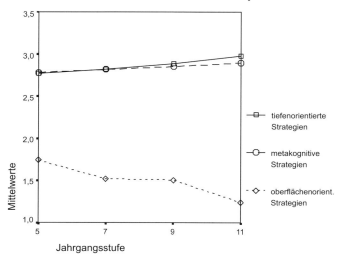

Abb. 1:   Selbst berichtete Nutzungshäufigkeit von Lernstrategien (vgl. Leopold & Leutner, 2002)

2.2.2 Wie hängt der selbstberichtete Lernstrategieeinsatz mit dem Lernerfolg zusammen?

Der Zusammenhang zwischen dem Einsatz von Lernstrategien und dem Lernerfolg, welcher sich auf das erworbene Textverständnis bezieht, wird zunächst für die auf-gabenspezifischen und anschließend für die inhaltsspezifischen Strategien, welche zugleich auch aufgabenspezifisch sind, berichtet.

Für die aufgabenspezifisch formulierten Strategien, z.B.: „Beim Lesen habe ich mir Erklärungen für die beschriebenen Sachverhalte überlegt", weisen die Zusammenhänge zwischen Lernstrategieeinsatz und Lernerfolg mit zunehmendem Alter eine klarere Struktur auf. So fallen die Korrelationen zwischen tiefenorientierten Strategien und Lernerfolg bei den Fünft- und Siebtklässlern mit r = .01 und r = .29 noch relativ gering aus. Bei den Neunt- und Elftklässlern zeigen sich jedoch mit r = .39 und r = .44 für Fragebogenmaße durchaus beachtliche Korrelationen. Bezüglich der metakognitiven Strategien ist ebenfalls ein Anstieg der Korrelationskoeffizienten mit dem Alter für Fünft-, Siebt-, und Neuntklässler zu verzeichnen (r = -.05, r = .23, r = .31), der jedoch bei den Elftklässlern wieder leicht (allerdings nicht statistisch signifikant) abfällt (r = .15). Bezüglich der oberflächenorientierten Strategien zeigt sich ein anderer Verlauf: Mit zunehmender Jahrgangsstufe nimmt der Zusammenhang zwischen dem Einsatz von oberflächenorientierten Strategien und dem Lernerfolg ab und sinkt schließlich deutlich in den negativen Bereich (r = -.09, -.11, -.14, -.56 für Fünft-, Siebt-, Neunt- und Elftklässler).

Diese Ergebnisse zeigen, dass zumindest bei älteren Schülern auch per Fragebogen konsistente Zusammenhänge zwischen Lernstrategieeinsatz und Lernerfolg nachweis-bar sind, wenn der Lernstrategieeinsatz situationsbezogen erfasst wird (vgl. Ainley, 1993; Artelt, 1999, 2000a, 2000b; Kardash & Amlund, 1991). Bei jüngeren Schülern sind die Anforderungen an die Reflexionsfähigkeit (metamemoriale Bewusstheit) mög-licherweise auch bei der situationsspezifischen Erfassung von Lernstrategien noch zu hoch. Ein weiterer Grund wäre, dass es ihnen schwerer fällt, Wissen über Lernstrategien und deren tatsächliche Anwendung auseinander zu halten. So kann bereits das bloße Wiedererkennen einer Lernstrategie im Fragebogen dazu führen, dass jüngere Schüler angeben, diese Strategie verwendet zu haben.

Bezüglich der beiden sowohl aufgaben- als auch inhaltsspezifisch erfassten tiefenorientierten Strategien „Begriffe verknüpfen" und „bildliche Vorstellung" zeigt sich ein ähnlicher altersabhängiger Verlauf der Korrelationskoeffizienten wie bei den inhaltsübergreifend formulierten tiefenorientierten Strategien (vgl. Abbildung 2), der jedoch hier noch steiler ansteigt (vgl. Abbildung 3).

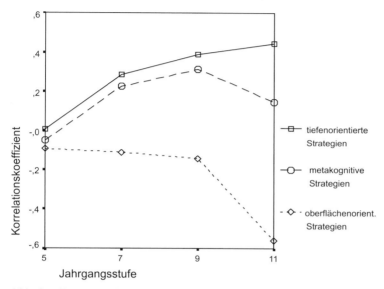

Abb. 2: Zusammenhang zwischen Lernstrategien und Lernerfolg (aufgabenspezifisch; vgl. Leopold & Leutner, 2002)

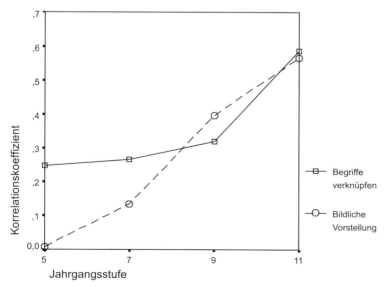

Abb. 3: Zusammenhang zwischen Lernstrategien und Lernerfolg (aufgaben- und inhaltsspezifisch; vgl. Leopold & Leutner, 2002)

Besonders bei den Neunt- und Elftklässlern zeigen Korrelationen mit bis zu r = .59 (Elftklässler) hohe Zusammenhänge zwischen dem selbst berichteten Lernstrategieeinsatz und dem Lernerfolg an. Dieses Ergebnis weist darauf hin, dass Qualitätsaspekte beim Einsatz von Lernstrategien offenbar eine entscheidende Rolle spielen. Nicht nur die Anwendung einer Lernstrategie an sich bringt das gewünschte Ergebnis mit sich, sondern auch die Art und Weise, wie diese Strategie ausgeführt wird.

Insgesamt bestätigen diese Ergebnisse, dass die Art und die Qualität der strategischen kognitiven Verarbeitung beim Lesen eines Sachtextes mit dem Lernerfolg zusammenhängt und dass diese Zusammenhänge auch per Fragebogen erfasst werden können. Hierbei kommt es nicht allein auf Lernstrategien an, sondern auch Vorwissen, Motivation, kognitive Fähigkeit etc. spielen eine Rolle und interagieren mit der strategischen Verarbeitung. Lernstrategien sind jedoch vor allem deshalb bedeutsam, weil sie eingeübt und trainiert werden können und dadurch Möglichkeiten für pädagogische Interventionen eröffnen. Der Lernende kann z.B. lernen, über den Einsatz von Lernstrategien Einfluss auf seinen eigenen Lernprozess und Verständniserwerb zu nehmen, worüber im Folgenden berichtet wird.

3   Training von Lernstrategien

Ziel der zweiten Phase des hier zusammenfassend berichteten BiQua-Projektes war es, ausgehend von den Ergebnissen der bereits beschriebenen explorativen Studie ein Trainingskonzept zur Förderung des Verständnisses naturwissenschaftlicher Sachtexte zu entwickeln. Wie die Ergebnisse der korrelativen Studie zeigen, sollte es dabei nicht nur darum gehen, einzelne Lernstrategien zu trainieren, sondern die Lernenden auch dazu zu befähigen, diese Lernstrategien qualitativ gut und richtig, d.h. zielgerichtet anzuwenden.

3.1   Ein prozess-orientiertes Trainingskonzept zum selbstregulierten Lernen

Zum Training von einzelnen Strategien liegt eine ausreichende Anzahl an Studien vor (vgl. den Überblick von Pressley, Graham & Harris, 2006). Wie jedoch qualitative Aspekte des Strategieeinsatzes umzusetzen sind, wurde bisher kaum in Strategietrainingsprogrammen thematisiert. Aus diesem Grund orientieren wir uns an dem von Schreiber (1998; vgl. auch Leutner, Barthel & Schreiber, 2001) entwickelten Trainingskonzept zum selbstregulierten Lernen, weil es in diesem Trainingskonzept darum geht, die Qualität des Lernstrategieeinsatzes über den Einsatz von metakognitiven Strategien zu fördern (vgl. Abbildung 4).

Wie aus Abbildung 4 zu entnehmen ist, kann zwischen dem unterschieden werden, *was* der Lernende beim Lernen regulieren soll, und dem, *wie* er sein Lernen regulieren kann, d.h. wie er die Selbstregulation konkret umsetzen kann.

Das „Was?" der Selbstregulation bezieht sich auf das Training einzelner Lernstrategien, die nach Klauer (1985) bestimmte Lehrfunktionen, wie Motivation, Information, Informationsverarbeitung etc. erfüllen. Mit Lehrfunktionen sind Effekte von Lehrtätigkeiten gemeint, die die Voraussetzungen für Lernprozesse darstellen. Der Lernende muss zum einen hinreichend motiviert sein, um überhaupt mit dem Lernen

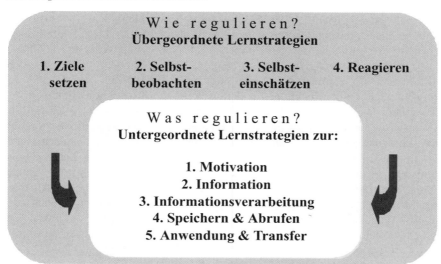

Abb. 4:   Trainingskonzept zum Selbstregulierten Lernen (nach Schreiber, 1998)

beginnen zu wollen, zum anderen muss er weiterhin Informationen aufnehmen, verarbeiten, anwenden und speichern, damit Lernen im Sinne des Wissens- und Verständniserwerbs stattfinden kann (vgl. auch Klauer & Leutner, in Druck). Beim selbstregulierten Lernen ist der Lernende selbst dafür verantwortlich, diese Lehrfunktionen umzusetzen, indem er sich z.B. selbst motiviert, Strategien zur Informationsaufnahme, Strategien zur Informationsverarbeitung etc. einsetzt; z.B. kann der Lernende die Strategie „Textmarkieren" anwenden, um sich selbst dabei zu unterstützen, die Aufmerksamkeit auf wichtige Informationen (anstelle von unwichtigen) zu lenken. Mit Hilfe dieser Strategie wird hauptsächlich die Lehrfunktion „Informationsaufnahme" umgesetzt, wobei auch Auswirkungen auf Motivation und Informationsverarbeitung zu erwarten sind.

Das „Wie?" der Selbstregulation bezieht sich auf die metakognitive Steuerung des Lernstrategieeinsatzes. Diese ist notwendig, weil allein aus der Ausführung einer Strategie nicht gefolgert werden kann, dass sich der erwünschte Lernerfolg einstellt. Dies lässt sich besonders anschaulich am Beispiel des Textmarkierens illustrieren. Wie empirische Befunde zeigen (z.B. Dumke & Schäfer, 1986; Rickards & August, 1975), ist diese Strategie nur dann lernförderlich, wenn vergleichsweise wenige, wirklich relevante Begriffe unterstrichen werden. Das heißt, es kommt nicht darauf an, diese Strategie häufig einzusetzen und viel zu unterstreichen, sondern „richtig" zu unterstreichen. Obwohl das Textmarkieren oder Unterstreichen in Schule und Studium weit verbreitet ist, wird diese Strategie ohne spezifische Instruktion oder gezieltes Training oft nur suboptimal angewandt, weil die betreffenden Schüler oder Studenten fast immer zuviel untersteichen und damit das eigentliche Ziel der Strategie – das Unterscheiden von wichtigen und unwichtigen Informationen – nicht erreichen. Entsprechend fallen auch die Lernergebnisse schwächer als erwartet aus (Rickard & August, 1975).

Wie kann die Qualität des Strategieeinsatzes gefördert und unterstützt werden? In unseren Trainings haben wir hierfür, Schreiber (1998) folgend, die Teilprozesse des Selbstregulationsmodells von Bandura (1986) herangezogen. Bandura unterscheidet folgende vier Teilprozesse der Selbstregulation: (1) Ziele setzen und Vorgehensweise planen, (2) sich selbst hinsichtlich der Zielerreichung beobachten, (3) das Ausmaß der Zielerreichung einschätzen und (4) geeignete Reaktionen einleiten. Diese Teilprozesse entsprechen im Wesentlichen den bei Pintrich et al. (1993) und Wild und Schiefele (1994) beschriebenen metakognitiven Strategien. „Ziele setzen" gehört zu den Planungsstrategien, „Zielerreichung beobachten und einschätzen" entspricht den Monitoring-Strategien und „Reaktionen einleiten" kann den Regulationsstrategien zugeordnet werden. Diese metakognitiven Strategien werden typischerweise in Selbstregulationsansätzen herangezogen, um das Lernergebnis zu überwachen und zu regulieren. Der Lernende wird aufgefordert zu überlegen, ob er alles verstanden hat und wie er darauf reagieren kann. Ein Problem, das mit diesem Fokus auf das Lernergebnis zusammenhängt, bezieht sich darauf, dass die Lernenden häufig selbst nicht genau wissen, ob sie den Lernstoff verstanden haben. Außerdem handelt es sich bei der Einschätzung des Verständnisses nicht um eine Frage, die ohne weiteres mit ja oder nein beantwortet werden kann, sondern um eine graduelle Einschätzung, die vom jeweiligen thematischen Gesichtspunkt abhängig ist und von subjektiven Verstehensstandards beeinflusst wird (Leopold & Leutner, 2004; Winne & Hadwin, 1998).

Aufgrund der genannten Probleme haben wir in unserem Training ein prozessbezogenes Ziel der Selbstregulation gewählt, welches sich auf die Qualität der Strategieausführung bezieht und deshalb viel spezifischer als das verständnisbezogene Ziel ist. Die Qualität der Strategieausführung hängt davon ab, inwieweit der Lernende alle zur Strategie gehörenden Komponenten bzw. alle Strategieschritte richtig ausgeführt hat und das Ziel der Strategie erreicht hat. Konkret bedeutet dies, dass der Schüler im Training lernt zu beobachten und einzuschätzen, ob er jeden einzelnen Strategieschritt der jeweils zu trainierenden Lernstrategie gut und richtig ausgeführt und ob er das strategiebezogene Ziel erreicht hat (z.B. im Fall des Textmarkierens die Selektion relevanter Informationen) bzw. was er tun kann (reagieren), wenn dies noch nicht der Fall ist. Der wesentliche Vorteil dieser Vorgehensweise liegt in ihrer Spezifität. So geht es nicht darum, das erworbene Verständnis generell einzuschätzen, sondern spezifische Prozesskomponenten der Informationsverarbeitung, z.B. das Selegieren, Organisieren und Integrieren von Informationen zu überwachen und zu regulieren.

3.2   Umsetzung und Evaluation des Trainingskonzepts

Zur Umsetzung des Trainingskonzepts haben wir uns an dem von Schreiber (1998) entwickelten Training für Berufstätige orientiert (vgl. auch Leutner, Barthel & Schreiber, 2001; Leutner & Leopold, 2003b) und dieses Training so überarbeitet, dass es für den schulischen Einsatz geeignet ist.

Das Training setzt sich aus zwei wesentlichen Komponenten zusammen. Die erste Komponente umfasst das Training einer kognitiven Lernstrategie (z.B. Textmarkieren) und bezieht sich damit auf den „Was?"-Aspekt der Selbstregulation. Die zweite Komponente umfasst ein Selbstregulationstraining mit den Teilstrategien Selbstbeobachtung, Selbsteinschätzung und Reaktion und bezieht sich auf das „Wie?" der Selbstregulation, denn diese Teilstrategien werden auf die Ausführung der Lernstrategie der ersten Komponente bezogen. Das heißt, der Schüler beobachtet, schätzt ein und reagiert darauf, wie gut er die einzelnen Strategieschritte der jeweiligen Lernstrategie ausgeführt hat.

Drei Trainingsmodule wurden diesem Trainingskonzept entsprechend entwickelt, wobei jedes Modul ein Lernstrategietraining und dessen Selbstregulation enthält. Die bisher entwickelten Module betreffen das Training und die Selbstregulation einer Textmarkierungsstrategie, einer Mapping-Strategie und einer Visualisierungsstrategie. Jedes dieser Module liegt in einer computerbasierten und einer lehrerbasierten Version vor. Die lehrerbasierte Form kann vom Lehrer im Unterricht durchgeführt werden; die computerbasierte Form kann vom Schüler individuell am PC bearbeitet werden. Am Beispiel des Textmarkierungsmoduls soll ein kurzer Überblick über das Training gegeben werden.

Die Lernstrategiekomponente des *Textmarkierungsmoduls* umfasst vier Strategie-schritte: (1) Text abschnittsweise lesen, (2) Kernaussage des Abschnitts einrahmen, (3) noch einmal lesen und wichtige Begriffe unterstreichen, (4) Textstruktur durch Kürzel kenntlich machen (in Anlehnung an Dumke & Schäfer, 1986; Rickards & August, 1975). Zunächst werden die Strategieschritte Schritt für Schritt erklärt, beschrieben und anschließend anhand von Beispieltexten und Übungsaufgaben eingeübt. Der Lernende erhält dabei zu jeder Übung eine Rückmeldung, die ihm anzeigt, inwieweit er die wichtigen Informationen markiert hat. Bei diesem Training wurde darauf geachtet, dass die Schüler sowohl Wissen über die Strategieschritte (deklaratives Strategiewissen) als auch Wissen über die Strategieanwendung (prozedurales Strategiewissen) erwerben. In Anlehnung an Ansätze zum *Instructional Design* (Reigeluth & Curtis, 1987) wurde auch auf den Nutzen der Strategie eingegangen und darauf, wann diese Strategie eingesetzt werden kann.

Die prozess-orientierte Selbstregulationskomponente des Textmarkierungsmoduls umfasst die drei Schritte (1) Beobachten, (2) Einschätzen, (3) Reagieren. Beim Beobachten geht es darum, dass die Selbstwahrnehmung des Lernenden sensibilisiert wird. Der Schüler lernt, dass er sein eigenes Vorgehen beim Lernen beobachten kann, indem er „von oben" (Vogelperspektive) auf seinen Lernprozess blickt. Beim Einschätzen lernt der Schüler die Ausführung seiner Strategie in Bezug auf das gesetzte Prozessziel zu prüfen; z.B. wird er aufgefordert zu prüfen, ob er tatsächlich nur die wichtigsten Informationen markiert hat. Beim Reagieren geht es um die Adjustierung der Strategie. Wenn der Lernende z.B. feststellt, dass er zuviel markiert hat, kann er darauf reagieren, indem er unwichtige Markierungen ausradiert. Auf diese Weise bewirken die metakognitiven Strategien, dass die kognitive Strategieausführung stärker auf das Strategieziel – die wichtigsten Informationen zu selegieren – fokussiert wird.

Die Ergebnisse zur Evaluation der Trainingsmodule bestätigen die Lernwirksam-keit eines solcherart kombinierten Strategie-Selbstregulationstrainings im Hinblick auf das verstehende Lesen eines naturwissenschaftlichen Sachtextes. Wie aus Abbildung 5 zu entnehmen ist, war ein kombiniertes Lernstrategietraining (markieren mit SR) einem Lernstrategietraining ohne Selbstregulationskomponente (markieren ohne SR) überlegen. Der Unterschied zwischen Selbstregulationsgruppe und Kontrollgruppe war noch nicht beim kurzfristigen (direkt nach dem Training), aber beim langfristigen Ver-ständnistest (drei Monate nach dem Training) statistisch signifikant (d = 0.54), was darauf hinweist, dass durch die metakognitive Evaluation der Strategieausführung das langfristige Behalten wichtiger Informationen gefördert werden kann (Leopold, in Vor-bereitung). Dieser Effekt erklärt sich möglicherweise dadurch, dass der Lernende durch die metakognitive Regulation stärker zur Reflexion über seine Strategie-ausführung angeregt wurde und sich dadurch intensiver mit den wichtigen Informa-tionen und der Struktur des Textes befasst hat (bzw. befassen musste). Ähnliche Er-gebnisse wurden auch für das Mapping- und das Visualisierungs-Modul erzielt, wobei bei der Mapping-Strategie das kombinierte Training schon beim kurzfristigen, bei der

Visualisierungs-Strategie jedoch erst beim langfristigen Verständnistest gegenüber einem Strategietraining ohne Selbstregulation überlegen war (Leopold, in Vorbereitung; Leutner & Leopold, 2005b). Insgesamt sprechen diese Ergebnisse für die Lernwirksamkeit kombinierter Lernstrategieprogramme (vgl. auch Schreblowski, 2004) und stehen im Einklang mit den Ergebnissen von Lernstrategietrainings, die mit Berufstätigen und Erwachsenen durchgeführt wurden. In diesen Trainingsexperimenten konnte der Lernerfolg auch verbessert werden, wenn zum Training der Lernstrategie das prozess-orientierte Training der Selbstregulation hinzukam (Leutner, Barthel & Schreiber, 2001; Leutner & Leopold, 2003b; Schreiber, 1998).

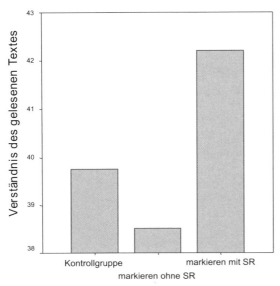

Abb. 5: Ergebnisse zur Lernwirksamkeit des Textmarkierungstrainings mit und ohne prozess-orientierter Selbstregulation (SR: Selbstregulation; vgl. Leutner & Leopold, 2005a)

Um die beschriebenen Trainingsprogramme für den breiten schulischen Einsatz empfehlen zu können, schloss sich eine abschließende Forschungsphase an. In dieser wurde untersucht, ob sich die Lern- und Selbstregulationsstrategien auch erfolgreich in den schulischen Alltag integrieren lassen, und ob sich auch dort eine nachhaltige Wirkung auf die Lernleistung nachweisen lässt.

4   Implementation der Trainingskonzepte in den Unterricht

Ausgangspunkt der dritten BiQua-Phase stellten zum einen die Forschungsergebnisse der ersten beiden Phasen dar, auf die die dritte Phase direkt aufbaute. Darüber hinaus zeigen die alarmierenden Leistungs-Ergebnisse deutscher Schüler in naturwissenschaftlichen Fächern, die z.B. durch internationale Schulleistungsvergleichsstudien wie TIMSS und PISA ermittelt wurden, eine dringende Handlungsnotwendigkeit auf (Baumert, Bos & Lehmann, 2000; Prenzel et al., 2001).

 Forschungen zum naturwissenschaftlichen Unterricht decken auf, dass das fragend-entwickelnde Unterrichtsgespräch und eine hohe Lehrerdominanz den Unterricht in unseren Klassenzimmern kennzeichnen (z.B. Klieme, Schümer & Knoll, 2002; Seidel, Rimmele & Prenzel, 2003) und dass eine einseitige Konzentration auf die Vermittlung von Faktenwissen und Routinehandlungen erfolgt, wobei verstehens- und anwendungsorientierte Kompetenzen in den Hintergrund treten (Klieme & Stanat, 2002). Jedoch wird in der heutigen Informations- und Wissensgesellschaft vor allem Wert darauf gelegt, dass Verstehensprozesse angeregt und unterstützt werden. Dieses legt nahe, dass Unterricht überdacht werden muss. Unsere Forschungsarbeiten erheben nicht den Anspruch, bestehende Unterrichtsskripte oder gar Didaktiken radikal zu verändern, sondern sie sollen zeigen, wie sinnvoll es ist, kleine Neuerungen, die imstande sind, nachweisbare (Lern-)Erfolge hervorzubringen, in bestehende Unterrichtsskripte aufzunehmen.

Eine maßgebliche Voraussetzung für den Erfolg der Implementation einer Innovation ist allerdings die konsequente Umsetzung der Vorgaben – in unserem Fall der Trainingsinhalte – ohne individuelle Abwandlungen. Dies ist bei Innovationen nicht immer unproblematisch, da zu berücksichtigen ist, dass Erfahrungswissen, Überzeugungssysteme sowie Handlungsroutinen der Lehrkräfte einen starken Einfluss auf die Innovationen nehmen können (Gräsel & Parchmann, 2004; Stark, 2004). Daher ist es unbestritten, dass die Einstellung der Lehrkräfte zur Innovation entscheidend für deren Umsetzung und zugleich für den Implementationserfolg ist (Gräsel & Parchmann, 2004). Aus diesem Grund wurden an der abschließenden Forschungsphase ausschließlich solche Lehrkräfte beteiligt, die von sich aus Interesse an der Untersuchung zeigten und somit als hoch motiviert und damit als positiv zur Innovation eingestellt einzustufen waren.

Dieser abschließende Teil des Beitrags beschreibt zunächst die Implementationsbedingungen und berichtet dann erste Ergebnisse aus den Erhebungen. Das zentrale Element der implementierten Innovation sind die o. g. kognitiven und metakognitiven Lernstrategien, die von den beteiligten Lehrkräften mit Unterstützung der Wissenschaftler in den naturwissenschaftlichen Unterricht integriert werden sollten. Es wurde untersucht, ob sich die Implementation eines verstärkten Einsatzes dieser Lernstrategien in den Unterricht lernförderlich auf das langfristige Verstehen naturwissenschaftlicher Texte auswirkt.

4.1 Lernstrategien in der Schule

Im schulischen Alltag, vor allem beim Lernen für Klassenarbeiten und Tests, spielt das Lernen aus Texten eine maßgebliche Rolle, die Schüler beherrschen müssen. Das strategische und selbstregulierte Vorgehen beim Lernen aus Texten erfordert kognitive und metakognitive Kompetenzen, die lebenslang, also auch weit über die Schule hinaus von Bedeutung sind. Schüler unterscheiden sich hinsichtlich ihrer Leistung beim Lernen aus Texten in der Anwendung von metakognitiven Überwachungsstrategien und der Auswahl geeigneter kognitiver Strategien (Artelt, 2006; Schneider & Pressley, 1997). Gerade deshalb ist es ein Anliegen, Schüler im regulären Schulunterricht gezielt anzuregen, diese Kompetenzen aufbauen. Die in den ersten Projektphasen als Selbstlernprogramme konzipierten Trainingsprogramme geben Anlass zu erwarten, dass sich auch unter realen Schulbedingungen Wirksamkeit nachweisen lassen sollte. Dies wäre ein triftiger Grund, die Trainingsprogramme für den breiten schulischen Einsatz zu empfehlen.

In einer Vorstudie (N = 36) wurde erprobt, ob sich die Trainingsprogramme im schulischen Alltag bewähren können. Gymnasiasten der Jahrgangsstufe 10 wurden zufällig in zwei Gruppen (Kontrollgruppe und Trainingsgruppe) aufgeteilt, um die Wirkung des selbstregulierten Lernens mit der Mapping-Strategie im Biologieunterricht zu prüfen. Nach einem 120-minütigen computerbasierten Lernstrategietraining mit prozess-orientiertem Selbstregulationsanteil erhielten die Schüler der Trainingsgruppe zwei Wochen (vier Unterrichtsstunden) lang einen auf diese Lernstrategien abgestimmten Unterricht, in dem die Nutzung der trainierten Strategien wiederholt angeregt wurde. Die Kontrollgruppe erhielt thematisch identischen Unterricht, jedoch ohne Strategiebezug. Nach den vier Unterrichtsstunden erhielten die Schüler die Aufgabe, einen biologischen Text verstehend zu lesen. Erwartungsgemäß erbrachten die Schüler der Trainingsklasse im nachfolgenden Verstehenstest nicht nur statistisch signifikant, sondern auch praktisch bedeutsam bessere Leistungen als die Schüler der Kontrollklasse (d = 0.75).

In der anschließenden Hauptuntersuchung wurde der Einsatz der drei Lernstrategien Textmarkierungstechnik, Mapping-Strategie und Visualisierungsstrategie (jeweils unter Einschluss der darauf abgestimmten Selbstregulation) im naturwissenschaftlichen Unterricht bezogen auf den langfristigen Lernerfolg untersucht. Beteiligt wurden naturwissenschaftliche Lehrkräfte verschiedener Schulformen aus den drei Bundesländern Nordrhein-Westfalen, Hessen und Rheinland-Pfalz, die im Schuljahr 2005/06 ein naturwissenschaftliches Unterrichtsfach in zwei parallelen Klassen der Jahrgangsstufen 9, 10 und 11 unterrichteten. Auch eine Berufsschule nahm mit 6 Klassen an der Untersuchung teil. Eine Auflistung der am Projekt beteiligten Lehrkräfte aus den jeweiligen Schulformen ist der Tabelle 1 zu entnehmen.

Tab. 1:   Fortgebildete Lehrkräfte

	Gymnasium		Realschule		Gesamtschule		Berufsschule		Gesamt pro BL
	m	w	m	w	m	w	m	w	
NRW	7	5	0	3	1	5	0	0	21
Hessen	4	0	3	1	1	0	2	2	13
Rheinl.-Pf.	5	7	0	3	0	1	0	0	16
Gesamt pro Schulform	16	12	3	7	2	6	2	2	N_{Lehrer}= 50 w = 27 (54%) m = 23 (46%)

Vor Beginn der Untersuchung wurde jeweils bundesland-intern eine dreitägige Lehrerfortbildung durchgeführt, in der der prozess-orientierte Trainingsansatz zum selbstregulierten Lernen dargestellt, die computerbasierten Trainingsprogramme durchgearbeitet, die Anwendung der Lernstrategien eingeübt und Einsatzmöglichkeiten im Unterricht diskutiert wurden. Es wurde vor allem besonderer Wert auf die Ausführung der Lernstrategieanwendung gelegt, und Beispiele für gute sowie schlechte Strategieanwendungen wurden besprochen. Neben den computerbasierten Trainingsprogrammen (CBTs), die allen Lehrern ausgehändigt wurden, erhielten die Lehrkräfte Unterrichtsmaterial in Form von Folien und Arbeitsblättern, anhand derer die Lernstrategien im Unterricht wiederholt und eingeübt werden konnten. Für alle Lehrkräfte wurde ein passwortgeschütztes Internetportal eingerichtet, das zum fachlichen Austausch und zum Erfahrungsaustausch untereinander genutzt werden konnte.

Die Vorgabe zur Implementation war, die von der Projektleitung zufällig ausgewählte Trainingsklasse zu Schuljahrsbeginn das computerbasierte Trainingsprogramm bearbeiten zu lassen und dann die Lernstrategien sukzessiv in den herkömmlichen Unterricht des ersten Schulhalbjahres zu integrieren. Auf eine Häufigkeitsvorgabe des Strategieeinsatzes wurde bewusst verzichtet, um den Lehrkräften die Möglichkeit einzuräumen, den Strategieeinsatz im Einklang mit bestehenden Unterrichtspraktiken zu organisieren. Zur Kontrolle der Umsetzungshäufigkeit wurden wöchentlich über den gesamten Forschungszeitraum des Schulhalbjahres (mit Ausnahme der Ferien) E-Mail-Befragungen als *treatment-check* durchgeführt. In der Parallelklasse, so die Vorgabe, sollte herkömmlicher Unterricht erfolgen. Dabei wurde in Aussicht gestellt, dass die Parallelklasse im zweiten Schulhalbjahr, also nach dem Untersuchungszeitraum, selbstverständlich auch das Trainingsprogramm bearbeiten könne („Wartekontrollgruppe").

4.2 Untersuchungsdesign und erste Ergebnisse

Die beteiligten Lehrkräfte wurden zufällig einer von zwei Strategiekombinationen zugeteilt, entweder Textmarkierungstechnik und Mapping-Strategie (T & M) oder Textmarkierungstechnik und Visualisierungsstrategie (T & V). Jede Lehrkraft hatte dann die zufällig als Trainingsklasse und als Kontrollklasse ausgewählten Parallelklassen ein halbes Schuljahr zu unterrichten (vgl. das in Tabelle 2 dargestellte Forschungsdesign).

Tab. 2: Forschungsdesign (T: Textmarkierung; M: Mapping; V: Visualisieren)

Strategiekombination (*between-teacher*-Bedingung)	Training (*within-teacher*-Bedingung)	
Textmarkierung & Mapping	Trainingsklasse: **T & M**	Kontrollklasse: **T & M**
Textmarkierung & Visualisierung	Trainingsklasse: **T & V**	Kontrollklasse: **T & V**

Berichtet werden im Folgenden die Ergebnisse von Schülern, deren Lehrkräfte die Implementationsrichtlinien in angemessener Weise umgesetzt haben. Von diesen über 1000 Schülern liegen Lernerfolgsdaten am Ende der Implementation (das heißt am Ende der Schulhalbjahrs) und aus einer *Follow-up*-Erhebung nach weiteren drei Monaten vor. Erhoben wurde der Lernerfolg anhand eines lehrzielorientierten Verstehenstests bezogen auf einen naturwissenschaftlichen Sachtext, der von den Trainingsklassen mit den trainierten und im Unterricht genutzten Lernstrategien (Textmarkieren & Mappen bzw. Textmarkieren & Visualisieren) und von den Kontrollklassen ohne zuvor besonders trainierte Strategien bearbeitet wurde.

Die vorliegenden Lernerfolgsdaten, ausgewertet anhand eines Messwiederholungsdesigns unter Kontrolle von Intelligenz, Schulnoten und Ausgangslesekompetenz, bestätigten die Annahme: Schüler der Klassen, die die Lernstrategien trainiert und über den Untersuchungszeitraum hinweg mehrmals im Unterricht zur Anwendung gebracht haben, schneiden im Verstehenstest zu den Inhalten des am Ende des Untersuchungszeitraums gelesenen naturwissenschaftlichen Sachtextes statistisch signifikant besser ab als die Schüler der Kontrollklassen (vgl. Abbildung 6). Allerdings ist der Unterschied zwischen Trainings- und Kontrollgruppe unmittelbar nach dem Lesen des

Textes deutlich geringer (d = 0.07) als drei Monate später (d = 0.29). Mit anderen Worten: Im Vergleich zu ungeübten Schülern verstehen die in der Lernstrategieanwendung geübten Schüler einen gelesenen Sachtext zwar nur geringfügig besser, sie vergessen das Gelesene aber deutlich langsamer. Dieses Ergebnis zeigt sich schulform-übergreifend und unabhängig von der Trainingsart (Textmarkieren & Mappen bzw. Textmarkieren & Visualisieren).

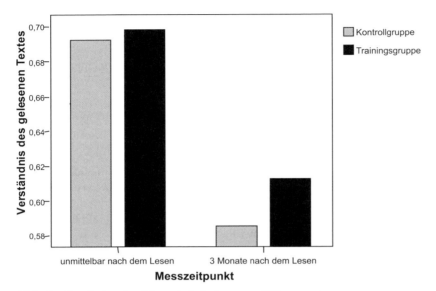

Abb. 6:   Ergebnisse der Messwiederholung zum Wissenstest

Die hier berichteten Ergebnisse lassen eine erste Schlussfolgerung zu: Wenn Lern- und Selbstregulationsstrategien zum Lernen aus Sachtexten prozess-orientiert trainiert werden und wenn Lehrer im Unterricht anregen, die trainierten Strategien beim Lernen einzusetzen, dann lässt sich ein deutlicher Effekt auf den langfristigen Lernerfolg nachweisen. In der hier berichteten, ein halbes Schuljahr während Untersuchung ist der Effekt zwar nicht sehr groß (d = 0.29 Standardabweichungen); es ist aber davon auszugehen, dass er dann, wenn er sich über mehrer Schuljahre hinweg kumulieren würde, ein beachtliches Ausmaß erreichen könnte.

5   Zusammenfassung

Selbstreguliertes Lernen aus Sachtexten ist ein BiQua-Projekt, in dem ein komplexes sequentielles Forschungsprogramm umgesetzt werden konnte. Ausgehend von korrelativen Studien in verschiedenen Jahrgangsstufen unterschiedlicher Schulformen wurden Defizite der Nutzung von Lernstrategien bei Schülern erkannt und analysiert. Im weiteren Verlauf wurden theoretisch begründete prozess-orientierte Trainingsprogramme für Lern- und Selbstregulationsstrategien entwickelt und in einzelnen experimentellen Untersuchungen mit Schulklassen erfolgreich evaluiert. In der letzten Phase des Schwerpunktprogramms wurden das Training und die Nutzung der Trainingsinhalte in den naturwissenschaftlichen Unterricht implementiert und anhand einer breit angelegten feld-experimentellen Untersuchung erfolgreich auf seine Wirksamkeit hin evaluiert. Es konnte gezeigt werden, dass das selbstregulierte Lernen mit Lernstrategien, das eine tiefere Verarbeitung von Informationen anregt, Verstehens-prozesse unterstützt und dadurch langfristig verfügbares Wissen generiert, im naturwissenschaftlichen Unterricht eine für Schüler äußerst sinnvolle Ergänzung darstellt. Da unter Realbedingungen, wie Schule sie bietet, zahlreiche Störungen auftreten, die im Gegensatz zu Laborbedingungen kaum zu kontrollieren sind, ist es umso erfreulicher, dass sich auch hier die theoretisch erwarteten lernförderlichen Wirkungen gezielt trainierter und genutzter Lern- und Selbstregulationsstrategien nachweisen lassen.

Literatur

Ainley, M.D. (1993). Styles of engagement with learning: multidimensional assessment of their relationship with strategy use and school achievement. *Journal of Educational Psychology, 85*, 395-405.

Artelt, C. (1999). Lernstrategien und Lernerfolg – Eine handlungsnahe Studie. *Zeitschrift für Entwicklungspsychologie und Pädagogische Psychologie, 31*, 86-96.

Artelt, C. (2000a). *Strategisches Lernen*. Münster: Waxmann.

Artelt, C. (2000b). Wie prädiktiv sind retrospektive Selbstberichte über den Gebrauch von Lernstrategien für strategisches Lernen? *Zeitschrift für Pädagogische Psychologie, 14*, 72-84.

Artelt, C. (2006). *Lernstrategien in der Schule*. In H. Mandl & H.F. Friedrich (Hrsg.), Handbuch Lernstrategien (S. 337-351). Göttingen: Hogrefe.

Bandura, A. (1986). *Social foundations of thought and action: A social cognitive theory*. Englewood Cliffs: Prentice-Hall.

Baumert, J. (1993). Lernstrategien, motivationale Orientierung und Selbstwirksamkeits-überzeugungen im Kontext schulischen Lernens. *Unterrichtswissenschaft, 4*, 327-354.

Baumert, J. & Köller, O. (1996). Lernstrategien und schulische Leistungen. In J. Möller & O. Köller (Hrsg.), *Emotionen, Kognitionen und Schulleistung* (S. 137-154). Weinheim: Beltz.

Baumert, J., Bos, W. & Lehmann, R. (Hrsg.). (2000). *TIMSS/III. Dritte internationale Mathematik- und Naturwissenschaftsstudie. Mathematische und naturwissenschaftliche Bildung am Ende der Schullaufbahn* (Band 2). Opladen: Leske + Buderich.

Biggs, J., Kember, D. & Leung, D.Y.P. (2001). The revised two-factor Study Process Questionnaire: R-SPQ-2F. *British Journal of Educational Psychology, 63*, 3-19.

Blickle, G. (1996). Personality traits, learning strategies, and performance. *European Journal of Personality, 10*, 337-352.

Boekaerts, M. (1999). Self-regulated learning: where we are today. *International Journal of Educational Research, 31*, 445-457.

Corno, L. (2001). Volitional aspects of self-regulated learning. In B.J. Zimmerman & D.H. Schunk (Eds.), *Self-regulated learning and academic achievement: Theory, research, and practice* (pp. 191-225). New York: Springer.

Dumke, D. & Schäfer, G. (1986). Verbesserung des Lernens aus Texten durch trainiertes Unterstreichen. *Psychologie in Erziehung und Unterricht, 33*, 210-219.

Gräsel, C. & Parchmann, I. (2004). Implementationsforschung – oder: der steinige Weg, Unterricht zu verändern. *Unterrichtswissenschaft, 32*, 238-256.

Hadwin, A.F., Winne, P.H., Stockley, D.B., Nesbit, J.C. & Woszczyna, C. (2001). Context moderates students' self-reports about how they study. *Journal of Educational Psychology, 93*, 477-487.

Kardash, D.M. & Amlund, J.T. (1991). Self-reported learning strategies and learning from expository text. *Contemporary Educational Psychology, 16*, 117-138.

Klauer, K.J. (1985). Framework for a theory of teaching. *Teaching and Teacher Education, 1*, 5-17.

Klauer, K.J. (1987). *Kriteriumsorientierte Tests*. Göttingen: Hogrefe.

Klauer, K.J. & Leutner, D. (in Druck). *Lehren und Lernen. Eine Einführung in die Instruktionspsychologie*. Weiheim: Beltz-PVU.

Klieme, E., Schümer, G. & Knoll, S. (2002). Mathematikunterricht in der Sekundarstufe I. In Bundesministerium für Bildung und Forschung (Hrsg.), *TIMSS – Impulse für Schule und Unterricht. Forschungsbefunde, Reforminitiativen, Praxisberichte und Videodokumente* (S. 42-57). Bonn: Bundesministerium für Bildung und Forschung.

Klieme, E. & Stanat, P. (2002). Zur Aussagekraft internationaler Schulleistungsvergleiche – Befunde und Erklärungsansätze am Beispiel von PISA. *Bildung und Erziehung, 55*, 24-44.

Leopold, C. (in Vorbereitung). *Texte verstehen mit Lernstrategien* (unveröffentlichte Dissertationsschrift, Arbeitstitel). Essen: FB Bildungswissenschaften der Universität Duisburg-Essen.

Leopold, C. & Leutner, D. (2002). Der Einsatz von Lernstrategien in einer konkreten Lernsituation bei Schülern unterschiedlicher Jahrgangsstufen. *Zeitschrift für Pädagogik, 45. Beiheft*, 240-258.

Leopold, C. & Leutner, D. (2004). Selbstreguliertes Lernen und seine Förderung durch prozessorientiertes Training. In J. Doll & M. Prenzel (Hrsg.), *Bildungsqualität von Schule: Lehrerprofessionalisierung, Unterrichtsentwicklung und Schülerförderung als Strategien der Qualitätsverbesserung* (S. 364-376). Münster: Waxmann.

Leutner, D., Barthel, A. & Schreiber, B. (2001). Studierende können lernen, sich selbst zum Lernen zu motivieren. Ein Trainingsexperiment. *Zeitschrift für Pädagogische Psychologie, 15*, 155-167.

Leutner, D. & Leopold, C. (2003a). Selbstreguliertes Lernen: Lehr-/lerntheoretische Grundlagen. In U. Witthaus, W. Wittwer & C. Espe (Hrsg.), *Selbst gesteuertes Lernen – Theoretische und praktische Zugänge* (S. 43-67). Bielefeld: Bertelsmann.

Leutner, D. & Leopold, C. (2003b). Selbstreguliertes Lernen als Selbstregulation von Lernstrategien. Ein Trainingsexperiment mit Berufstätigen zum Lernen mit Sachtexten. *Unterrichtswissenschaft, 31*, 38-56.

Leutner, D. & Leopold, C. (2005a). Selbstregulation beim Lernen aus Sachtexten. In H. Mandl & H.F. Friedrich (Hrsg.), *Handbuch Lernstrategien* (S. 162-171). Göttingen: Hogrefe.

Leutner, D. & Leopold, C. (2005b). Improving reading through combined training of learning strategy and self-regulation. Paper presented at the 11th *European Conference for Research on Learning and Instruction, EARLI*, 23.-27.8.2005, Nicosia, Zypern.

Mandl, H. & Friedrich, M.F. (Hrsg.). (2005). *Handbuch Lernstrategien*. Göttingen: Hogrefe.

Marton, F. & Säljö, R. (1976). On qualitative differences in learning: I – Outcome and process. *British Journal of Educational Psychology, 46*, 4-11.

Myers, I.M. & Paris, S.G. (1978). Children's metacognitive knowledge about reading. *Journal of Educational Psychology, 70*, 680-690.

Pintrich, P.R. (2000). The role of goal orientation in self-regulated learning. In M. Boekaerts, P.R. Pintrich & M. Zeidner (Eds.), *Handbook of self-regulated learning* (pp. 451-502). San Diego: Academic Press.

Pintrich, P.R. & De Groot, E.V. (1990). Motivational and self-regulated learning components of classroom academic performance. *Journal of Educational Psychology, 82*, 33-40.

Pintrich, P.R., Smith, D.A.F., Garcia, T. & McKeachie, W.J. (1991). *A manual for the use of the motivated strategies for learning questionnaire (MSLQ)*. Technical report. University of Michigan

Pintrich, P.R., Smith, D.A.F., Garcia, T. & McKeachie W.J. (1993). Reliability and predictive validity of the motivated strategies for learning questionnaire (MSLQ). *Educational and Psychological Measurement, 53*, 801-813.

Pintrich, P.R., Wolters, C.A. & Baxter, G.P. (2000). Assessing metacognition and self-regulated learning. In G. Schraw & J.C. Impara (Eds.), *Issues in the measurement of metacognition* (pp. 43-97). Lincoln: Buros Institute of Mental Measurements.

Prenzel, M., Rost, J., Senkbeil, M., Häußler, P. & Klopp, A. (2001). Naturwissenschaftliche Grundbildung: Testkonzeption und Ergebnisse. In J. Baumert, E. Klieme, M. Neubrand, M. Prenzel, U. Schiefele, W. Schneider, P. Stanat, K.-J. Tillmann & M. Weiß (Hrsg.), *PISA 2000. Basiskompetenzen von Schülerinnen und Schülern im internationalen Vergleich* (S. 191-248). Opladen: Leske + Buderich.

Pressley, M., Graham, S. & Harris, K. (2006). The state of educational intervention research as viewed through the lens of literacy intervention. *British Journal of Educational Psychology, 76*, 1-19.

Reigeluth, C.M. & Curtis, R.V. (1987). Learning situations and instructional models. In R. M. Gagné (Ed.), *Instructional technology: Foundations* (pp. 175-206). Hillsdale: Erlbaum.

Rickards, J.P. & August, G.J. (1975). Generative underlining strategies in prose recall. *Journal of Educational Psychology, 67*, 860-865.

Schmitz, B. (2001). Self-Monitoring zur Unterstützung des Transfers einer Schulung in Selbstregulation für Studierende. *Zeitschrift für Pädagogische Psychologie, 15*, 179-195.

Schneider, W. & Pressley, M. (1997). *Memory developement between two and twenty*. Mahwah: Erlbaum

Schreblowski, S. (2004). *Training von Lesekompetenz*. Münster: Waxmann.

Schreiber, B. (1998). *Selbstreguliertes Lernen*. Münster: Waxmann.

Schunk, D.H. (2001). Social cognitive theory and self-regulated learning. In B.J. Zimmerman & D.H. Schunk (Eds.), *Self-regulated learning and academic achievement: Theory, research, and practice* (pp. 125-151). New York: Springer.

Seidel, T., Rimmele, R. & Prenzel, M. (2003). Gelegenheitsstrukturen im Klassengespräch und ihre Bedeutung für die Lernmotivation. *Unterrichtswissenschaft, 31*, 142-165.

Stark, R. (2004). Eine integrative Forschungsstrategie zur anwendungsbezogenen Generierung relevanten wissenschaftlichen Wissens in der Lehr-Lern-Forschung. *Unterrichtswissenschaft, 32*, 257-273.

Weinstein, C.E. & Mayer, R.E. (1986). The teaching of learning strategies. In M.C. Wittrock (Ed.), *Handbook of research on teaching* (pp. 315-327). New York: Macmillan.

Wild, K.-P. (2000). *Lernstrategien im Studium*. Münster: Waxmann.

Wild, K.-P. & Schiefele, U. (1994). Lernstrategien im Studium. Ergebnisse zur Faktorenstruktur und Reliabilität eines neuen Fragebogens. *Zeitschrift für Differentielle und Diagnostische Psychologie, 15*, 185-200.

Winne, P.H. (2001). Self-regulated learning viewed from models of information processing. In B.J. Zimmerman & D.H. Schunk (Eds.), *Self-regulated learning and academic achievement: Theory, research, and practice* (pp. 153-189). New York: Springer.

Winne, P.H. & Hadwin, A.F. (1998). Studying as self-regulated learning. In D.J. Hacker, J. Dunlosky & A.C. Graesser (Eds.), *Metacognition in educational theory and practice* (pp. 277-304). Hillsdale: Erlbaum.

Winne, P.H., Jamieson-Noel, D. & Muis, K.R. (2002). Methodological issues and advances in researching tactics, strategies, and self-regulated learning. *New Directions in Measures and Methods, 12*, 121-155.

Zimmerman, B.J. (2001). Theories of self-regulated learning and academic achievement: An overview and analysis. In B.J. Zimmerman & D.H. Schunk (Eds.), *Self-regulated learning and academic achievement: Theory, research, and practice* (pp. 1-37). New York: Springer.

Zimmerman, B.J. & Kitsantas, A. (2005). The hidden dimension of personal competence. Self-regulated learning and practice. In A.J. Elliot & C.S. Dweck (Eds.), *Handbook of competence and motivation* (pp. 509-526). New York: Guilford Press.

Zimmerman, B.J. & Matinez-Pons, M. (1988). Construct validation of a strategy model of student self-regulated learning. *Journal of Educational Psychology, 80*, 284-290.

Zimmerman B.J. & Martinez-Pons, M. (1990). Student differences in self-regulated learning: Relating grade, sex, and giftedness to self-efficacy and strategy use. *Journal of Educational Psychology, 82*, 51-59.

Lehrer

Alexander Renkl, Tatjana Hilbert, Silke Schworm & Kristina Reiss

Sich Beispiele selbst zu erklären ist ein probates Mittel, Verständnis zu fördern – bei Schülern wie bei Lehrern[1]

Das Lernen durch Selbsterklären von Lösungsbeispielen ist eine sehr effektive Möglichkeit, das Verständnis von Schülern[2] im mathematisch-naturwissenschaftlichen Bereich zu fördern. Es ist jedoch – und dies gilt wohl für alle Methoden – nur dann Erfolg versprechend, wenn es in angemessener Form implementiert wird. Wie dies erfolgen muss, kann aus zahlreichen Befunden der Forschung zum beispielbasierten Lernen abgeleitet werden (im Folgenden werden Lernen durch Selbsterklären von Lösungsbeispielen und beispielbasiertes Lernen synonym gebraucht). Dieser Beitrag berichtet über ein Projekt, das sich zum Ziel gesetzt hat, das Wissen um effektives Lernen durch Selbsterklären von Lösungsbeispielen an Lehrer weiterzugeben. Im Sinne des wichtigen Prinzips des „Doppeldeckers" in der Lehrerausbildung und -fortbildung (Übereinstimmung von Lehrmethode und Lehrinhalten) haben wir ein beispielbasiertes Vorgehen zur Vermittlung dieses Wissens entwickelt. In einer Präsenzveranstaltung werden zunächst die Prinzipien des effektiven Lernens durch Selbsterklären von Lösungsbeispielen eingeführt. Ein multimediales Computerlernprogramm dient zum einen der Rekapitulation dieser Prinzipien und zum anderen – und das ist hier das Wichtigere – der Vertiefung des Verständnisses durch Beispiele. Das Programm kann die Lehrer zudem darin unterstützen, eigene beispielbasierte Unterrichtsentwürfe zu gestalten.

In diesem Kapitel werden verschiedene Forschungsstränge dargestellt, die in der Entwicklung einer beispielbasierten Lehreinheit für (angehende) Lehrer „mündeten". Zunächst werden das theoretische Rationale und die wichtigsten Befunde zum beispielbasierten Lernen dargestellt. In einem zweiten Abschnitt werden die Befunde einer Bedarfsanalyse dargestellt: Aus der Untersuchung von Schulbüchern, der Analyse von Unterrichtsvideos und aus Interviews mit Lehrern wurden Schlussfolgerungen zu den Inhalten gezogen, die bei einer Lehreinheit zum beispielbasierten Lernen besondere Beachtung finden sollten. Im dritten Abschnitt wird ein multimediales Lernprogramm für Lehrer vorgestellt. Es werden die instruktionalen Prinzipien, die der Konstruktion des Lernprogramms zugrunde gelegt wurden, dargelegt. Zudem berichten wir über Experimente, die verschiedene Versionen des Programms in ihrer Effektivität verglichen. Im vierten Teil zeigen wir auf, wie aus den drei beschriebenen Forschungssträngen eine Einheit für die Lehrerausbildung und -fortbildung entwickelt wurde; dabei wurde unser Konzept *Präsenzeinführung* → *multimediales Lernprogramm* → *Umsetzung in Unterrichtsentwürfe* in der Praxis evaluiert. In einem letzten Abschnitt skizzieren wir aktuelle Entwicklungen und geben einen Ausblick auf weitere Arbeiten.

---

1 Die Arbeit, die in diesem Kapitel beschrieben wird, wurde durch DFG-Förderung ermöglicht (Re 1040/5-1; Re 1040/5-2; Re 1040/5-3). Das Projekt war Teil des DFG-Schwerpunktprogramms *Bildungsqualität von Schule – schulische und außerschulische Bedingungen mathematischer, naturwissenschaftlicher und fächerübergreifender Kompetenzen* (BiQua).
2 Aus Einfachheitsgründen werden für Begriffe wie Schüler, Lehrer etc. die üblichen und kürzeren männlichen Formen verwendet. Gleichwohl beziehen sich die Begriffe in gleichem Maße auf beide Geschlechter.

1   Lernen durch Selbsterklären von Lösungsbeispielen: Logik und Gestaltungsrichtlinien

1.1   Warum Lernen durch das Selbsterklären von Lösungsbeispielen?

Werden Lernende mit einer Lernaufgabe (z.B. Frage, Aufgabe zum Lösen, Beispiele zum Studieren) konfrontiert, so – und das weiß jeder Lehrende aus „leidvoller" Erfahrung – stellen sie nicht immer die Überlegungen an oder vollziehen die Gedankengänge nach, die beabsichtigt wären und die ihr Verständnis fördern würden. Ein typischer Fall, bei dem dieses Problem auftritt, selbst wenn die Schüler ausreichend motiviert sind, ist das Bearbeiten einer zu lösenden Aufgabe, die „zu früh" gestellt wird. „Zu früh" bedeutet hier, dass die Lernenden ein Domänenprinzip (z.B. physikalisches Gesetz, mathematischer Satz) noch nicht so weit verstanden haben, als dass sie es für eine Aufgabenlösung nutzen könnten. Dies zwingt die Lernenden gewissermaßen dazu, nicht domänenspezifische Überlegungen, die etwa das physikalische Gesetz oder den mathematischen Satz beinhalten würden, anzustellen, sondern allgemeine Heuristiken einzusetzen, so etwa eine Schlüsselwortstrategie (bestimmte Wörter aus der Aufgabenstellung werden als Hinweis genutzt, eine bestimmte Operation oder Formel anzuwenden), eine Kopier-und-Anpass-Strategie (Lösungsweg einer vermeintlich ähnlichen Aufgabe wird kopiert und etwa in Bezug auf die konkreten Zahlenwerte angepasst) oder auch Ziel-Mittel-Analyse (z.B. Versuche, Operationen zu finden, die die Differenz zwischen erwünschtem Endzustand des Problems und Anfangszustand sukzessiv verkleinern) (vgl. Sweller, van Merriënboer & Paas, 1998; vanLehn, 1998; Renkl, 2005). All diese Strategien mögen durchaus „schlau" sein, allein sie erhöhen kaum das Verständnis des Prinzips, das es zu durchdringen und anzuwenden gilt. Es werden keine oder kaum domänenspezifische Überlegungen von den Lernenden angestellt – und wenn man nicht über Mathematik oder Physik nachdenkt, kann man auch nichts über Mathematik oder Physik lernen.

Der Fall des „zu frühen" Aufgabenbearbeitens ist keineswegs ein exotischer Ausnahmefall. Ein instruktionales Standardvorgehen besteht aus (a) der Einführung eines Prinzips, (b) der Besprechung eines Lösungsbeispiels, mit dem aufgezeigt wird, wie das Prinzip zum Lösen von Aufgaben genutzt werden kann, und (c) dem dann folgenden Lösen von Aufgaben durch die Lernenden. Vielfach haben aber die Lernenden das Prinzip nach einem ersten Beispiel noch nicht hinreichend verstanden, um es zur Aufgabenlösung anzuwenden, sodass es eben nicht zu domänenspezifischen Überlegungen kommt. Eine Möglichkeit, hier Abhilfe zu schaffen, besteht darin, mehr als ein Beispiel vorzugeben, bevor zu lösende Aufgaben präsentiert werden. Aufgabe der Lernenden ist es dann, sich selbst die Logik der Lösungen zu erklären, insbesondere indem die Lösungsschritte mit zugrunde liegenden Domänenprinzipien begründet werden.

Die klassischen Arbeiten von Sweller und Kollegen (z.B. Sweller & Cooper, 1985; zu einem Überblick s. Atkinson et al., 2000; Renkl, Schworm & vom Hofe, 2001) haben eindeutig gezeigt, dass ein gegenüber dem Standardvorgehen zusätzliches Verwenden weiterer Lösungsbeispiele den Erwerb kognitiver Fertigkeiten im mathematisch-naturwissenschaftlichen Bereich fördert; die Schüler können strukturgleiche Aufgaben (gleiches Prinzip, aber andere Oberflächenmerkmale wie Zahlen und Rahmengeschichte) dann besser lösen. Dies wird als *Lösungsbeispieleffekt* (worked-example effect) bezeichnet. Zugleich zeigt sich aber, dass viele Lernende die Beispiele nur oberflächlich oder passiv verarbeiten und eben nicht die Lösungsschritte mit Domänenprinzipien begründen; dies führt zu suboptimalen Lernergebnissen (Chi et al.,

1989; Renkl, 1997). Regt man die Lernenden über Aufforderungen (prompts) oder durch ein Kurztraining an, aktiv Selbsterklärungen vorzunehmen, so erhöht dies nochmals substanziell den Lernerfolg. Insbesondere fördern die Selbsterklärungen die Transferleistung auf Aufgaben mit abgeänderter Struktur (z.B. Prinzipien der Wahrscheinlichkeitsrechnung müssen von den Lernenden in einer bislang unbekannten Kombination eingesetzt werden). Man spricht in diesem Zusammenhang vom *Selbsterklärungseffekt* (self-explanation effect; vgl. a. Hilbert et al., 2006).

Selbstverständlich ist das Lernen durch Selbsterklären von Lösungsbeispielen nur für Lernende sinnvoll, die noch Defizite beim Verstehen der Anwendung von Domänenprinzipien haben. Sobald sie über Lösungsbeispiele ein entsprechendes Verständnis erworben haben, ist es sinnvoll, dass sie selbst Aufgaben lösen. Ein weiteres Selbsterklären von Lösungsbeispielen wäre dann eine redundante Lernaktivität, die nur wenig zusätzlichen Nutzen brächte. Das Selbsterklären von Lösungsbeispielen verliert also mit wachsendem Verständnis seine Effektivität und sollte durch die Anforderung, Aufgaben selbst zu bearbeiten, abgelöst werden (Kalyuga et al., 2001; Kalyuga et al., 2003; Renkl & Atkinson, 2003).

Zusammenfassend kann man festhalten, dass das beispielbasierte Lernen dem Problem entgegentritt, dass Lernende Aufgaben zu früh lösen und damit keine domänenspezifischen Überlegungen, die ihr Verständnis vertiefen, anstellen. Insbesondere das Selbsterklären fördert das Verständnis der Domänenprinzipien einschließlich ihrer Anwendung und die Transferleistung beim Problemlösen. Durch die vorgeschlagene Lernmethode wird zugleich die Lernstrategie der Selbsterklärung eingeübt. Als Einschränkung ist festzuhalten, dass das Selbsterklären von Lösungsbeispielen nicht dafür prädestiniert ist, andere wichtige Lernziele zu erreichen (z.B. Umgang mit eigenen Fehlern, Förderung von Problemlöseheuristiken, metakognitive Regulation des Lernens). Für die Förderung von Verstehen und Transfer ist es jedoch ein probates Mittel, dessen Effektivität so gut belegt ist, wie dies kaum bei einer anderen Lernmethode der Fall ist.

1.2   Gestaltungsrichtlinien beim beispielbasierten Lernen

Wie bereits erwähnt ist das Lernen durch Selbsterklären von Beispielen nur dann Erfolg versprechend, wenn es angemessen implementiert wird. Ein Vorteil des beispielbasierten Lernens ist dabei, dass es zahlreiche replizierte Befunde dazu gibt, was beachtet werden muss, um das Potenzial des beispielbasierten Lernens auszuschöpfen (vgl. Atkinson et al. 2000; Renkl, 2005). Angemerkt sei, dass in diesem Beitrag das Prinzip der Selbsterklärungsförderung beim Lernen aus Lösungsbeispielen als so zentral angesehen wird, dass es als essenzieller Teil des Ansatzes des beispielbasierten Lernens konzipiert wird. Die Richtlinie der Selbsterklärungsförderung wird damit – im Gegensatz zu früheren Darstellungen (z.B. Renkl, 2005) – nicht mehr separat aufgeführt. Im Folgenden werden die wichtigsten Gestaltungsrichtlinien, die wir im von uns entwickelten Lernprogramm für Lehrende als Lerninhalt aufgenommen haben, kurz dargestellt:

Integriertes Format: Lösungsbeispiele sind vor allem deshalb effektiv, weil die Aufmerksamkeit der Lernenden auf die Lösungslogik konzentriert werden kann. Bei Beispielen, die mehrere Informationsquellen bzw. Repräsentationen beinhalten (z.B. in der Geometrie: Abbildung und Rechnung), geht dieser Vorteil allerdings oft verloren

(Mwangi & Sweller, 1998; Ward & Sweller 1990). Es werden ein Abgleich und ein Aufeinanderbeziehen der Repräsentationen notwendig, die kognitive Kapazität in Anspruch nehmen. Sie steht dann für den Lernprozess, also das Selbsterklären der Lösungslogik, nicht mehr zur Verfügung. Dieser negative Effekt lässt sich vermeiden, indem die entsprechenden Lösungsbeispiele in ein integriertes Format überführt werden, d.h. Informationen aus verschiedenen Quellen ineinander überführt bzw. integriert werden (s. Abbildung 1: Screenshot mit Lösungsbeispiel im integrierten und im nicht-integrierten Format; aus einer ersten Fassung des Lernprogramms für Lehrer).

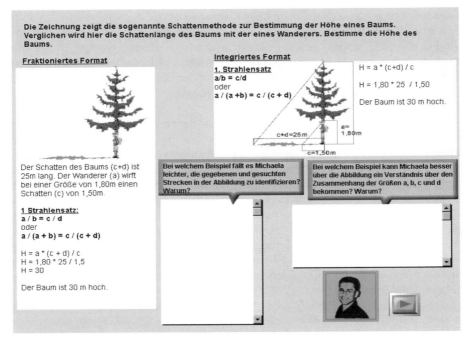

Abb. 1:   Exemplarische Seite aus einer ersten Fassung des Lernprogrammmoduls zum Gestaltungsprinzip des integrierten Formats (mit Selbsterklärungsaufforderungen und der Möglichkeit, instruktionale Erklärungen abzurufen)

Strukturbetonende Sequenzen: Oftmals ist nicht nur das Lösen eines, sondern mehrerer Aufgabentypen zu erlernen (z.B. erster und zweiter Strahlensatz). Unglücklicherweise beurteilen Lernende die Ähnlichkeit von Aufgaben häufig nicht danach, inwieweit ihnen dieselben strukturellen Merkmale zugrunde liegen, sondern hinsichtlich Übereinstimmungen zwischen den klar ersichtlichen Oberflächenmerkmalen (z.B. Zahlen, ähnliche Gegenstände). Als Konsequenz verwenden sie häufig den falschen Lösungsweg. Bei der Behandlung verschiedener, aufeinander bezogener Problemtypen sollten mehrere Lösungsbeispiele so zusammengestellt werden, dass lösungsrelevante strukturelle Merkmale hervortreten. Dies wird erreicht, indem erstens in verschiedenen Beispielen eines jeweiligen Problemtyps unterschiedliche inhaltliche Einbettungen verwendet werden. Zweitens werden dann dieselben bzw. sehr ähnliche inhaltliche Einbettungen für einen anderen Problemtyp verwendet. Damit kann gezeigt werden, dass trotz ähnlicher Oberflächenmerkmale ganz unterschiedliche Strukturen zugrunde liegen können (Quilici & Mayer, 1996).

Bedeutungshaltige Lösungsbausteine: Lernende nehmen die Lösungsprozedur zu bestimmten Problemtypen oft als zusammengehörige Kette von Lösungsschritten wahr, ohne den Sinn der einzelnen Schritte zu verstehen, etwa in Bezug auf die Subziele, die damit jeweils erreicht werden. Dies führt dazu, dass sie lediglich strukturgleiche Aufgaben lösen können, die genau dieselbe Kette an Lösungsschritten erfordern, nicht jedoch Transferaufgaben, die eine Rekombination der Schritte benötigen. Dieses Problem kann vermieden werden, wenn die Einzelschritte klar als in sich schon sinnvolle und auf ein Teilziel bezogene Einheiten dargestellt werden. Die Lernenden können sich dann den Sinn der einzelnen Schritte selbst erklären, und die Transferleistung wird gefördert (vgl. Catrambone, 1996, 1998; Gerjets, Scheiter & Catrambone, 2004; Renkl, 2005).

Hilfeprinzip: Bislang war in erster Linie von Selbsterklärungen die Rede. Aber warum erklärt nicht gleich ein Lehrer die Logik der Lösungen? Eine ganze Reihe von Studien hat gezeigt, dass die Effekte instruktionaler Erklärungen beim beispielbasierten Lernen sehr enttäuschend sind, insbesondere im Vergleich zu Selbsterklärungen (z.B. Atkinson, Catrambone, & Merrill, 2003; Brown & Kane, 1988; Chi, 1996; Gerjets, Scheiter, & Catrambone, 2003; Schworm & Renkl, 2002a). Natürlich hat ein alleiniges Setzen auf die Selbsterklärungen von Lernenden auch Nachteile, wie etwa potenzielle Unvollständigkeit und gar Fehlerhaftigkeit. Insofern ist es sinnvoll, den Lernenden zumindest instruktionale Erklärungen als Hilfe zukommen zu lassen (vgl. Renkl, 2005). Aber wie soll dies angesichts der oben genannten enttäuschenden Befunde geschehen? Ein empirisch bewährter Weg wird von Renkl (2002, 2005) vorgeschlagen. Er umfasst die folgenden Hauptprinzipien der Gestaltung von Hilfe in Form instruktionaler Erklärungen: (a) Darbietung nur auf Lernendenanforderung oder im Falle von Fehlern (damit die Lernenden zur Verarbeitung der Erklärung „motiviert" sind); (b) minimalistische Formulierung (damit die Lernenden nicht von „ellenlangen" Erklärungen „abgeschreckt" werden); (c) Fokus auf die Domänenprinzipien (zur Förderung des Verstehens von Domänenprinzipien); (d) klarer Bezug zum aktuellen Beispiel (zur Erleichterung des Bezugs der Erklärung auf das Beispiel) (vgl. a. Renkl, 2005).

Ausblenden von Lösungsschritten (Fading): Renkl et al. (2002; Renkl & Atkinson, 2003) nahmen frühere Befunde auf, die zeigen, dass Lücken in Lösungsbeispielen, die die Lernenden zu füllen haben, Verstehen fördern können. Zugleich entwickelten sie einen Lösungsvorschlag, wie man den Übergang vom Selbsterklären von Beispielen in frühen Phasen des Erwerbs einer kognitiven Fertigkeit hin zum eigenständigen Aufgabenlösen gestalten kann: Zunächst wird ein komplett ausgearbeitetes Beispiel vorgegeben. Ein zweites strukturgleiches Beispiel enthält nun eine Lücke, d.h. ein Lösungsschritt muss von den Lernenden ergänzt werden. In den folgenden Beispielen werden schrittweise immer mehr Lösungsschritte ausgeblendet, bis nur mehr eine komplett selbstständig zu lösende Aufgabe übrig bleibt. Durch diese Art von Ausblendprozedur (Fading) wird ein allmählicher Übergang vom Selbsterklären von Beispielen zum Aufgabenlösen implementiert. Renkl und Kollegen (Atkinson, Renkl & Merrill, 2003; Renkl et al., 2002; Renkl, Atkinson & Große 2004) konnten in einer ganzen Serie von Labor- und Feldstudien die Effektivität dieser Ausblendprozedur nachweisen.

Nachdem nun dargestellt wurde, warum beispielbasiertes Lernen ein sehr sinnvolles Element des Schulunterrichts sein kann und wichtige Gestaltungsrichtlinien vorgestellt wurden, wendet sich der nächste Abschnitt der schulischen Praxis zu. Wird das oben Genannte im Unterricht bereits berücksichtigt?

2   Lernen durch Selbsterklären von Lösungsbeispielen: Was geschieht im Unterricht?

Ziel des Projekts ist es, den Lehrern Wissen zum effektiven Einsatz beispielbasierten Lernens im Unterricht zu vermitteln. Um eine fundierte Informationsgrundlage darüber zu haben, wo entsprechende Lernprogramme bzw. Schulungen zum beispielbasierten Lernen ansetzen müssen, wurde der *status quo* des beispielbasierten Lernens in der Unterrichtspraxis erfasst. Hierzu erfolgte (a) eine Analyse der im Rahmen der TIMSS Videostudie aufgezeichneten Unterrichtsstunden im Fach Mathematik (dankenswerterweise vom Berliner BiQua-Projekt von Baumert et al. zur Verfügung gestellt) sowie der im Rahmen des Schwerpunktprogramms BiQua aufgenommenen Videos von Physikunterricht des Kieler Projekts von Prenzel et al., (b) eine Analyse eines guten Dutzends von Schulbüchern der Bundesländer Baden-Württemberg, Bayern und Schleswig-Holstein und (c) die Durchführung halbstrukturierter Interviews mit Lehrkräften verschiedener Schulformen zur Thematik „Lösungsbeispiele im mathematisch-naturwissenschaftlichen Unterricht" (ausführlichere Darstellung bei Renkl, Schworm & Hilbert, 2004)

Aus der *Analyse der Unterrichtsvideos* ergab sich insbesondere, dass im deutschen Mathematikunterricht Lösungsbeispiele im klassischen Sinn kaum eingesetzt werden. Beispielbasierter Unterricht erfolgt, wenn überhaupt, auf der Basis gelöster Aufgaben, die zuvor im Plenum oder in Einzelarbeit bearbeitet wurden. Beispiele wurden entweder direkt nach der Erarbeitung der Prinzipien eingesetzt oder dienten in Form von Übungsaufgaben der Überprüfung und Verbesserung der Rechenfertigkeit der Schüler; die Verständnisvertiefung stand dabei leider nicht im Vordergrund. In den meisten Fällen wurde mit der endgültigen Lösung die Bearbeitung des Beispiels abgeschlossen, ohne dass näher auf die Lösungslogik eingegangen wurde. Hinsichtlich der Gestaltungsmerkmale und der Förderung der Beispielverarbeitung ließ sich feststellen, dass vor allem Modellierungen von Selbsterklärungen, Nennung von Prinzipien, Hervorheben von Teilzielen (bedeutungshaltige Lösungsbausteine) und auch integriertes Format durchaus zum Einsatz kamen. Die Anwendung der genannten Gestaltungsmerkmale erfolgte jedoch nur in Ansätzen. Andere Gestaltungsmöglichkeiten wie ausgeblendete Lösungsbeispiele bzw. Beispiele mit Lücken oder strukturbetonende Sequenzen wurden kaum eingesetzt (vgl. Renkl, Schworm & Hilbert, 2004).

Aus der *Lehrbuchanalyse* lässt sich zusammenfassend festhalten, dass viele Lösungsbeispiele in deutschen Lehrbüchern eingesetzt werden. In den meisten Fällen werden sie nach der Einführung eines Prinzips zu dessen Verdeutlichung verwendet. Es wird jedoch meist nur ein einzelnes Beispiel dargeboten. Lösungsbeispiele werden demnach nicht als separate Lehrmethode verwendet, sondern dienen in erster Linie zur Veranschaulichung eines Prinzips. Auf der positiven Seite lässt sich jedoch feststellen, dass die Qualität der Beispiele in den Lehrbüchern relativ hoch ist – wenngleich auch keine durchgehende Beachtung einschlägiger Beispielmerkmale beobachtet werden kann –, sodass sie durchaus als Ausgangsbasis einer beispielbasierten Unterrichtsgestaltung geeignet sind (vgl. Renkl, Schworm & Hilbert, 2004).

Die wichtigsten Punkte aus den *Interviews* sind die folgenden: Lehrer haben eine andere Auffassung von den Zielen des beispielbasierten Lernens als die Protagonisten dieser Lernart (Förderung primär der Rechenfertigkeiten anstatt primär des Verständnisses und des Transfers). Entsprechend verwenden Sie auch nicht mehrere Lösungsbeispiele und keine Maßnahmen zur Selbsterklärungsförderung, um durch Beispiele Verständnis sicherzustellen, bevor Aufgaben zum Lösen vorgegeben werden. Ein Wissen um wichtige Beispielmerkmale ist nur rudimentär vorhanden. Ebenso haben die Lehrer gegenüber dem beispielbasierten Lernen nachvollziehbare Einwände (z.B. „Eindimensionalität" der Lösungen), die zum Großteil aber durch das Aufzeigen neuerer Ansätze des beispielbasierten Lernens entkräftet werden können. Schließlich geben sie an, in der Ausbildung und in Fortbildungen bislang kaum etwas über beispielbasiertes Lernen gehört zu haben (vgl. Renkl, Schworm & Hilbert, 2004).

Aus den vorstehenden Befunden wurde geschlossen, dass ein Computerlernprogramm als Einzelmaßnahme – wie zunächst im Projekt geplant – suboptimal sein dürfte. Ein Problem bei einer alleinigen Vorgabe eines derartigen Programms wäre, dass Lehrer eine Auffassung zum Stellenwert des Lernens aus Lösungsbeispielen haben, die von der „Philosophie" des beispielbasierten Lernens abweicht. Während die Lehrer Lösungsbeispiele als gute Methode sehen, Algorithmenwissen, das allerdings eher an der Oberfläche bleibt, zu vermitteln, streben wir mit dieser Lernart eine Verständnisvertiefung an. Würden die Lehrer unsere Informationen im Lernprogramm verarbeiten, würde wohl in etlichen Fällen passieren, was üblicherweise bei Lehrerschulungen geschieht, wenn nicht berücksichtigt wird, dass Lehrer Auffassungen (Epistemologien) haben, die von der „Philosophie" der Schulungseinheit abweichen: Die Informationen würden gewissermaßen assimiliert, d.h. in die eigenen Rahmenvorstellungen eingepasst, und dabei „verdreht" (vgl. z.B. Borko & Putnam, 1996; Fischler et al., 2002; Richardson, 1990; Wubbels, 1992). Im konkreten Fall hieße dies, die Lehrer würden wohl in erster Linie die Aspekte fokussieren und ggf. anwenden, die Lösungsbeispiele in Hinblick auf Algorithmenvermittlung optimieren, nicht jedoch notwendigerweise in Hinblick auf Verständnisvertiefung. Ein Versuch, derartige Auffassungen mit einen Eingangsmodul eines Computerlernprogramms zu modifizieren, ist zumindest suboptimal und dürfte nur eingeschränkt effektiv sein. Die Arbeit an derartigen Rahmenauffassungen erfordert eine tiefe diskursive Auseinandersetzung mit der Thematik, die besser in einer Präsenzveranstaltung stattfindet.

Vor diesem Hintergrund hatten wir den Projektfokus von einem allein eingesetzten Computerlernprogramm hin zu einer Schulung verschoben, bei der zur Vertiefung und Transferförderung ein Computerlernprogramm eingesetzt wird. Neben den zentralen Erkenntnissen der Forschung zum beispielbasierten Lernen (z.B. zur Effektivität und zu Selbsterklärungen) und neben der Thematik der Auffassungen zu den Zielen des beispielbasierten Lernens legen die Befunde der Bedarfsanalyse folgende weitere Konsequenzen für wichtige Schulungsinhalte bzw. deren herausgehobene Behandlung nahe:

a) **Verlängerung der Beispielphase:** Eng mit der vorstehend diskutierten Auffassungsfrage hängt die Frage der Nutzung multipler Beispiele zusammen. In einer Schulung sollte verdeutlicht werden, dass das Potenzial von Lösungsbeispielen, Verständnis und Transfer von Lösungsschemata zu fördern, erst dann zum Tragen kommen kann, wenn die Beispielphase gegenüber dem üblichen und Lehrern vertrauten Vorgehen (vgl. Befunde zur Schulbuchanalyse) verlängert wird.

b) **Neuere Ansätze zur Beispielgestaltung:** Nach den Interviewergebnissen rührt bei den Lehrern die Zurückhaltung beim Einsatz des beispielbasierten Lernens – neben dem „unzutreffenden" Glauben, dass nur oberflächliches Wissen mit Lösungsbeispielen zu vermitteln ist – daher, dass kreative und individualisierende Prozesse bei dieser Lernart zu kurz kommen. Hier ist es wichtig, in einer Schulung aufzuzeigen, dass diese zu Recht wahrgenommenen Beschränkungen des typischen beispielbasierten Lernens abgefedert werden können, indem Beispiele mit multiplen Lösungswegen, mit fehlerhaften Lösungswegen oder Beispiele, die Heuristiken beim mathematischen Beweisen aufzeigen, eingesetzt werden.

c) **Selbsterklärungen:** Beispiele fördern vielfach – ganz wie Lehrer annehmen – primär oberflächliches Wissen, wenn nicht Selbsterklärungen angeregt werden. An dieser Situation dürfte sich auch nur moderat etwas ändern, wenn der Lehrer oder ein einzelner Schüler Lösungsschritte vor der Klasse erklärt (vgl. die oben zitierten Befunde zur relativen Ineffektivität instruktionaler Erklärungen beim beispielbasierten Lernen) oder im Rahmen eines üblichen Unterrichtsgesprächs, allgemeine Aufforderungen an die ganze Klasse gegeben werden, sich die Logik von Lösungsschritten zu erklären. Wichtig ist es hier zu zeigen, dass z.B. Modellierungen Schülern helfen können, sich Beispiele selbst zu erklären oder dass die Anforderung, schriftliche Erklärungen zu geben, geeignet ist, (fast) alle Schüler zu aktivieren.

Es soll nochmals betont werden, dass die drei genannten Aspekte in einer Schulung deshalb zentrale Bedeutung haben, weil deren Nicht-Beachtung dazu führen würde, dass die üblichen Bedenken gegenüber beispielbasiertem Lernen (z.B. nur oberflächliches Wissen) tatsächlich berechtigt wären. Wenn diese Aspekte jedoch berücksichtigt werden – und dies ist den Lehrern in der Schulung nahe zu bringen –, ist diese Lernart effektiv.

3   Ein Lernprogramm für (angehende) Lehrer

Es wurde ein Lernprogramm entwickelt, in dem Lehrer anhand von Beispielen für gut und bisweilen auch schlecht gestaltete Lösungsbeispiele lernen konnten. Es handelt sich dabei also um ein beispielbasiertes Lernprogramm für Lehrer zum beispielbasierten Lernen im Unterricht. Abbildung 2 soll diese Verschachtelung verdeutlichen. Das Programm beinhaltet Lösungsbeispiele für Schüler (z.B. zum Strahlensatz), die einen Algorithmus zur Lösung eines Problems darlegen. Was hier aber von Bedeutung ist, ist, dass diese Beispiele nicht von Schülern studiert werden, sondern von (angehenden) Lehrern. Diese sollen nichts über den Strahlensatz lernen, sondern darüber, wie Lösungsbeispiele – die man *unter anderem* zum Erlernen des Strahlensatzes Schülern vorgeben könnte – effektiv zu gestalten sind. Da für die Lehrer nicht ein Algorithmus zur effektiven Gestaltung von Lösungsbeispielen bereitgestellt werden kann, studieren die Lehrer zwar Beispiele, aber keine klassischen Lösungsbeispiele. Wir nennen die Beispiele für gut (und bisweilen auch schlecht) gestaltete Lösungsbeispiele gelöste Beispielprobleme (s. Abbildung 2).

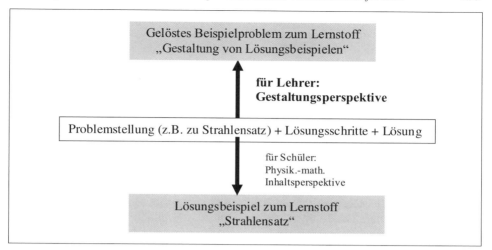

Abb. 2:   Schematische Darstellung der Lernprogramminhalte

Die Entwicklung des Lernprogramms und seiner einzelnen Module erfolgte über einen längeren Zeitraum. Befunde aus experimentellen Studien und aus formativen Evaluationen (s. u.) führten zu fortlaufenden Optimierungen. Eine erste Version des Lernprogramms fokussierte vor allem die Gestaltungsprinzipien des integrierten Formats und der strukturbetonenden Beispielsequenz. Bei der Entwicklung dieser Module wurden zwei generelle Prinzipien(-cluster) berücksichtigt, die auch bei späteren Modifikationen und Erweiterungen Beachtung fanden.

Prinzip des Multimedia-Designs: Bei der Konstruktion des Programms wurden die wichtigsten Richtlinien (principles) aus der Theorie des multimedialen Lernens von Mayer berücksichtigt (z.B. Mayer, 2005a; Mayer & Moreno, 2003). Beispielsweise wurde Text und Bild kombiniert, wenn dies eine benennbare didaktische Funktion hatte (multimedia principle). Text zu Bild wurde entweder integriert (contiguity principle) oder akustisch dargeboten (modality principle).

Doppeldeckerprinzip: Im Sinne des Prinzips des Pädagogischen „Doppeldeckers" (Übereinstimmung von Schulungsmethodik und Lehrinhalt; Wahl et al., 1995) beinhaltet das Lernprogramm in erster Linie Beispiele für (in-)effektive Lösungsbeispiele und für sinnvolle Möglichkeiten der Selbsterklärungsförderung. Besonderer Wert wurde darauf gelegt, dass die im Programm verwendeten Beispiele für Lösungsbeispiele lernförderlich gestaltet waren. Lehrer lernten im Lernprogramm also beispielbasiert über das Lernen durch Selbsterklären von Beispielen. Abbildung 1 zeigt einen Screenshot aus einer ersten Fassung des Lernprogramms. Die Lehrer sehen ein Lösungsbeispiel für Schüler, einmal im integrierten und einmal im nicht-integrierten Format. Für die Lehrer stellt dieses Lösungsbeispielpaar ein Beispiel dar, wie man Aufgabenblätter mit ähnlichen Beispielen günstig bzw. ungünstig gestalten kann. Damit die Lehrer sich die Beispiele für die Gestaltung von Lösungsbeispielen selbst gut erklärten, wurden Leitfragen (Selbsterklärungsaufforderungen) formuliert, die schriftlich zu beantworten waren (s. Kästchen in Abbildung 1). In Sinne der Hilfe-Richtlinie konnten im Lernprogramm instruktionale Erklärungen abgerufen werden (dazu musste man auf das Bild eines zuvor im Programm eingeführten Experten klicken; s. Abbildung 1). Entsprechend dem Modalitätsprinzips (Mayer, 2005b) wurden die Erklärungen akustisch dargeboten. Um den Nachteil der Flüchtigkeit akustischer Erklärungen zu vermeiden (control-of-processing-Prinzip von Schnotz, 2005), konnten die Lernenden sich bei Bedarf nach der akustischen Darbietung den geschriebenen Text auf den Bildschirm holen. Das „Doppeldeckerprinzip" bedeutet also, dass das, was die Lehrer lernen sollten, auch im Programm zur Lernförderung eingesetzt wurde.

Inwieweit dies auch erfolgreich umgesetzt wird, wurde in Studien überprüft. In einem Experiment mit 80 Lehramtstudierenden haben wir die beiden Maßnahmen – Selbsterklärungsaufforderungen und instruktionale Erklärungen –, mit denen die Lehrer beim Lernen aus den Beispielen zur Gestaltung von Lösungsbeispielen unterstützt wurden, untersucht (vgl. Renkl & Schworm, 2002; Schworm & Renkl, 2002a, 2002b; 2006). Wir analysierten also die Effekte, die verschiedene Kombinationen von Selbsterklärungsaufforderungen und instruktionalen Erklärungen auf den Lernerfolg haben, in einem 2x2-Design (Faktor „Selbsterklärungsaufforderungen": mit und ohne; Faktor „instruktionale Erklärungen": mit und ohne; s. Abbildungen 1 und 3 für jeweils einen Screenshot aus den Bedingungen mit bzw. ohne die beiden Unterstützungsmaßnahmen). Der Lernerfolg wurde darüber erfasst, ob Lehrer aus vorgegebenen Lösungsbeispielen die gut gestalteten auswählen konnten und ob sie in der Lage waren, selbst gut gestaltete Lösungsbeispiele zu erstellen (beide Arten von Anforderungen begegnen Lehrern auch im Schulalltag).

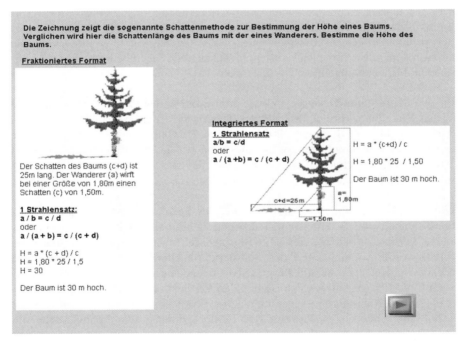

Abb. 3:   Exemplarische Seite aus einer ersten Fassung des Lernprogrammmoduls zum
          Gestaltungsprinzip des integrierten Formats (ohne Selbsterklärungsaufforderungen
          und ohne die Möglichkeit, instruktionale Erklärungen abzurufen)

Es ergab sich ein interessantes Ergebnismuster. Die Bereitstellung instruktionaler Erklärungen, die bei Bedarf abgerufen werden konnten, war besser als keine Unterstützung. Am effektivsten erwies sich aber die Bedingung mit Selbsterklärungsaufforderungen ohne instruktionale Erklärungen. Die Möglichkeit instruktionale Erklärungen abzurufen, reduzierte die Elaboriertheit der Antworten auf die Selbsterklärungsaufforderungen (im Sinne von: „Warum soll ich das hier eintippen, ich kann es mir ja anhören"). Dies reduzierte wiederum den Lernerfolg. Subjektiv empfanden die Lehramtstudierenden allerdings die Bedingung mit nur instruktionalen Erklärungen (die zweischlechteste Bedingung) am besten. Die Befunde zeigen wiederum die „Zweischneidigkeit" instruktionaler Erklärungen beim beispielbasierten Lernen: Selbst „gute" instruktionale Erklärungen – sie waren ja besser als keine Unterstützung und wurden von den Lernenden als gut bewertet – können dazu führen, dass die Lernvorlage passiver verarbeitet und damit der Lernerfolg beeinträchtigt wird.

Wir führten ein Anschlussexperiment mit 48 Lehramtstudierenden durch, in dem wir zwei Versionen des Lernprogrammmoduls verglichen (Hilbert, Schworm, & Renkl, 2004; Schworm, Hilbert, & Renkl, 2005). Wir nahmen an, dass es sinnvoll sein könnte, zunächst instruktionale Erklärungen gewissermaßen als Modell für Selbsterklärungen anzubieten, um dann zu Selbsterklärungsaufforderungen überzugehen. Wir verglichen die bislang effektivste Version (nur Selbsterklärungsaufforderungen) mit einer Version, die in einer ersten Lernphase instruktionale Erklärungen bereit hielt und in einer zweiten Lernphase Selbsterklärungen einforderte. Diesmal ergab sich im Lernerfolg, der über denselben Test wie im ersten Experiment erfasst wurde, kein Unterschied. Die Lehramtstudierenden nahmen die Version in der zuerst instruktionale Erklärungen zur Verfügung gestellt wurden und dann Selbsterklärungen eingefordert wurden jedoch als signifikant nützlicher wahr. Da die Nutzung eines Lernprogramms für Lehrende (z.B. zur Nachbereitung einer Präsenzschulung) substanziell davon abhängt, wie nützlich es von diesen wahrgenommen wird, entschieden wir uns, die Version mit dem Übergang von instruktionalen Erklärungen zu Selbsterklärungen beizubehalten und weitere Module entsprechend diesem Prinzip zu gestalten:

Übergangsprinzip der Erklärung: Damit gab es ein weiteres Prinzip, das der Konstruktion des Lernprogramms zugrunde lag. Dies besagt, dass in den einzelnen Modulen des Lernprogramms die Erklärinstanz vom Lernprogramm zum Lernenden (hier: Lehrer) übergeht (vgl. Hilbert et al., 2005).

Es wurde ein weiteres Experiment mit 72 Lehramtstudierenden durchgeführt, in dem unterschiedliche „Qualitäten" von Selbsterklärungsaufforderungen beim beispielbasierten Lernen untersucht wurden (Schworm & Renkl, in Revision). Dabei ergab sich, dass Selbsterklärungsaufforderungen dann am effektivsten sind, wenn sie sich auf die Prinzipien konzentrieren, deren Anwendung in den Beispielen jeweils aufgezeigt werden soll. Dies wurde bei folgenden Programmmodifikationen und -erweiterungen ebenfalls berücksichtigt.

Zusammenfassend wurden aus den experimentellen Studien für die weitere Programmentwicklung die folgenden Schlussfolgerungen gezogen: Das Programm setzt zunächst auf instruktionale Erklärungen und geht dann zu Selbsterklärungen über. Die instruktionalen Erklärungen sind insbesondere für die Akzeptanz (eingeschätzte Nützlichkeit) und damit die Nutzung des Lernprogramms von Bedeutung. Die bislang verwendeten instruktionalen Erklärungen wurden allerdings vereinfacht, um die durch sie induzierte kognitive Belastung zu reduzieren (Paas, Renkl & Sweller, 2003; Renkl, 2002). Bei der Gestaltung der Selbsterklärungsaufforderungen wird entsprechend unseren Befunden besonderes Augenmerk darauf gelegt, dass die Aufforderungen möglichst eng die Prinzipien fokussieren.

Unter Berücksichtigung dieser Vorgaben wurde das ursprüngliche Lernprogramm im Laufe des Projekts erweitert. Im Moment liegen die folgenden Programmteile vor:

- Einführung in die Logik des beispielbasierten Lernens
- Möglichkeiten der Selbsterklärungsförderung (s. Abbildung 4 zu einem Screenshot aus der aktuellen Programmversion)
- Gestaltungsprinzip des integrierten Formats
- Kombination von Lösungsbeispielen in einer strukturbetonenden Sequenz
- Prinzip der bedeutungshaltigen Lösungsbausteine
- Hilfeprinzip (instruktionale Erklärungen als Hilfe)
- Heuristische Beispiele (zum Erlernen mathematischen Beweisens und Argumentierens).

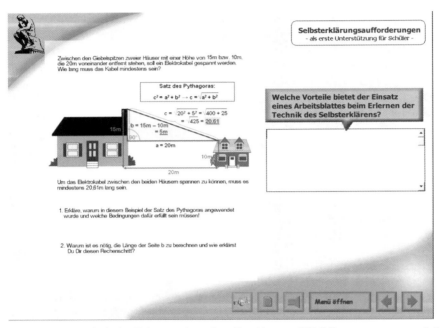

Abb. 4:   Exemplarische Seite aus dem aktuellen (August 2006) Lernprogrammmodul zum Prinzip der Selbsterklärungsförderung

Neben den bereits geschilderten experimentellen Studien haben wir mit dem um die eben genannten Module erweiterten Lernprogramm eine formative Evaluation im Feld vorgenommen. Dies geschah – den Befunden der Bedarfsanalyse folgend – im Kontext einer Fortbildung, bei der das Lernprogramm mit einer Präsenzphase kombiniert wurde:

Einbettungsprinzip: Dieses vierte wichtige Prinzip des Lernprogramms bzw. dessen Einsatzes besagt, dass es optimalerweise nicht als Einzelprogramm verwendet wird, sondern durch eine Präsenzveranstaltung vorbereitet wird. Dies soll eine Verarbeitung und Aufnahme der Inhalte im Sinne der zugrunde liegenden Philosophie der Verständnisförderung sicherstellen, die – wie die Bedarfsanalyse gezeigt hat – bei Lehrern nicht a priori zu erwarten ist. Im nächsten Abschnitt wird die von uns entwickelte Fortbildungseinheit beschrieben.

4   Fortbildungseinheit für (angehende) Lehrer und Lehrerausbilder

Wie erwähnt legten die Befunde der Bedarfsanalyse nahe, das Lernprogramm nicht als alleiniges Lehrmaterial zu verwenden, sondern mit einer Präsenzveranstaltung zu verbinden. Entsprechend entwickelten wir eine Einführungsveranstaltung, die etwa vier Schulstunden umfasste und die didaktische Form eines Impulsvortrags hatte (Vortrag mit kleinen eingestreuten Aktivierungsphasen). Darin wurde vor allem Wert darauf gelegt, das theoretische Rationale des beispielbasierten Lernens vorzustellen. Vor allem aber wurde betont, dass dieser Lernansatz das Verständnis und den Transfer fördern soll. Dabei wurden bereits Gestaltungsrichtlinien des beispielbasierten Lernens und deren Begründung angesprochen. Anhand der Begründung für die Gestaltungsrichtlinien, die jeweils das Ziel der Verständnisförderung thematisierten, sollte die Philosophie des beispielbasierten Lernens weiter verdeutlicht werden.

Das Konzept der Fortbildungseinheit wurde mit unterschiedlichen Zielgruppen formativ evaluiert: Lehrerausbildner, Lehrer und Lehramtsstudierende. Dies erfolgte in vier unterschiedlichen Kontexten: (a) Fortbildung zum beispielbasierten Lehren und Lernen für Dozenten der Pädagogischen Hochschule Rorschach (Schweiz); (b) Veranstaltung „Lernumgebungen gestalten" mit Modul zum beispielbasierten Lehren und Lernen für Lehramtsstudierende der Pädagogischen Hochschule Rorschach; (c) Fortbildung zum beispielbasierten Unterricht und Lernen durch Selbsterklärungen für Lehrende verschiedener Schulen im Landkreis Waldshut-Tiengen; (d) Fortbildungen für Lehrende verschiedener Gymnasien in Augsburg und München. Im Folgenden wird skizziert, was wir aus der formativen Evaluation in diesen verschiedenen Kontexten lernen konnten.

Im Sommer 2004 fand eine Fortbildung zum beispielbasierten Lehren und Lernen für Dozenten der Pädagogischen Hochschule Rorschach statt (in Kooperation mit den dortigen Lehrerausbildern Hauser und Angehrn). In dieser Fortbildung wurden den teilnehmenden Dozenten im Rahmen einer Präsenzveranstaltung die Grundlagen des beispielbasierten Unterrichts vermittelt. Zusätzlich hatten die Teilnehmer die Möglichkeit, sich während einer individuellen Lernphase mit der computerbasierten Lernumgebung zu beschäftigen (noch ohne die Module zum Hilfeprinzip und zu den heuristischen Beispielen). Mittels Fragebogens erfassten wir die Beurteilung des Programms durch die Dozenten. Es ergaben sich folgende Hauptbefunde: Die teilnehmenden Dozenten standen der „Philosophie" beispielbasierten Unterrichts sehr offen gegenüber. Die Idee eines Lernprogramms zur Nachbereitung wurde von den Dozenten als sehr positiv eingeschätzt. Die Dozenten fanden das Programm gut verständlich, interessant und schlüssig. Gleichwohl wurde die Benutzerfreundlichkeit an mehreren Stellen kritisiert. Der Nutzen des Lernprogramms zum beispielbasierten Lehren wurde von den Dozenten für ihre Studierenden eher kritisch gesehen, da das Lernprogramm hauptsächlich an den Unterrichtsthemen der Sekundarstufe I orientiert war, an der PH Rorschach jedoch primär Lehrende für die erste bis sechste Klasse ausgebildet werden. In Vorbereitung auf eine im Wintersemester 2004/05 stattfindende Lehrveranstaltung *Lernumgebungen gestalten* an der PH Rorschach (für Lehramtsstudierende), die auch das beispielbasierte Lehren und Lernen als eines der Hauptthemen beinhaltete, wurde das Konzept für die Präsenzveranstaltung so modifiziert, dass entsprechend der Interessen der zu erwartenden Veranstaltungsteilnehmer mehr Beispiele und Ergebnisse aus dem Primarschulbereich vorgestellt wurden. Das Lernprogramm wurde entsprechend der Anregungen der teilnehmenden Dozenten benutzerfreundlicher gestaltet.

Ende 2004 wurde ein Block zum beispielbasierten Lernen in Parallelveranstaltungen mit dem Titel *Lernumgebungen gestalten* für Lehramtsstudierende im dritten Semester integriert. In zwei vorlesungsartigen Veranstaltungen wurden den Studierenden die Grundlagen des beispielbasierten Unterrichts vermittelt. Zur Nachbereitung der Vorlesungstermine erhielten die Studierenden die Lernprogramm-CD zum beispielbasierten Unterricht. Zur Erreichung des Veranstaltungsziels (Seminarschein) erstellten die Studierenden als Hausarbeit einen Entwurf für eine beispielbasierte Lehreinheit. Auch diese Lehreinheiten wurden analysiert. Wir fanden, dass etliche Studierende in einem Fragebogen Schwierigkeiten, der Vorlesung zu folgen, artikulierten. Durch die Nachbereitung mit der computerbasierten Lernumgebung konnten sie sich jedoch selbständig ein Verständnis für die Inhalte erarbeiten. Entsprechend positiv wurden die Möglichkeit zur Nachbereitung mit dem Lernprogramm sowie die Vorteile des Lernprogramms für die Erstellung der Hausarbeit beurteilt. Bei der Auswertung der von den Studierenden als Hausarbeit erstellten Unterrichtsentwürfe zeigte sich, dass die Studierenden für eine große Bandbreite von Unterrichtsthemen eigene Lösungsbeispiele entwickeln konnten. Dabei nutzen die meisten Lehramtsstudierenden die Technik des Ausblendens von Lösungsschritten und der Aufforderung zur Selbsterklärung. Häufig wurde jedoch in den Unterrichtsentwürfen die Einführung der Prinzipien, die vor den Lösungsbeispielen kommen sollte, nicht ausreichend berücksichtigt.

Aufgrund der Schwierigkeiten der Studierenden, der Vorlesung zu folgen, insbesondere durch die schnelle Präsentation von zu vielen Inhalten, wurden die Inhalte der Präsenzveranstaltung nach Prüfung der Relevanz der einzelnen Themen reduziert. Zusätzlich wurde das Fortbildungskonzept so modifiziert, dass die Ziele des Lernens aus Lösungsbeispielen noch stärker betont wurden. Das Lernprogramm wurde entsprechend der Vorschläge und Schwierigkeiten der Studierenden überarbeitet und noch benutzerfreundlicher gestaltet. Zu erwähnen ist, dass das Modul zum beispielbasierten Lernen einschließlich des Lernprogramms von den Dozenten der PH Rorschach beibehalten wurde. Dies bedeutet, dass alle Studierenden an der PH Rorschach sich intensiv mit dem beispielbasierten Lernen auseinandersetzen.

An einer weiteren Lehrerfortbildung mit dem Thema „beispielbasierter Unterricht und Lernen durch Selbsterklärungen" nahmen 20 Lehrer zweier Realschulen, eines allgemeinbildenden Gymnasiums und zweier berufsbildender Gymnasien aus dem Landkreis Waldshut-Tiengen teil. Wiederum wurden in einer Präsenzveranstaltung die Grundlagen des beispielbasierten Unterrichts vermittelt. Während einer individuellen Lernphase hatten die teilnehmenden Lehrer die Möglichkeit, die Inhalte mit der Lernprogramm-CD zu vertiefen und in ihrem Unterricht zu erproben. Drei Wochen nach dem ersten Fortbildungstermin wurden in einer weiteren Präsenzphase die Erfahrungen der Lehrer besprochen. Bedauerlicherweise hatten nur wenige Teilnehmer die Möglichkeit, während der individuellen Lernphase die Methode des beispielbasierten Unterrichts zu erproben. Die Lehrer, die ihre Klassen beispielbasiert unterrichteten, äußerten sich jedoch äußerst positiv über die mit dieser Unterrichtsmethode erzielten Ergebnisse. Es gab zudem Rückmeldungen zu den im Programm verwendeten Lösungsbeispielen, die manche Teilnehmer aus ihrer Lehrerfahrung heraus als suboptimal gestaltet beurteilten. Diese wurden im Programm entsprechend modifiziert. Ein weiterer positiver Effekt der Fortbildung war, dass Teilnehmer aus verschiedenen Schulen beschlossen, gemeinsam einen Entwurf für einen beispielbasierten Unterricht mit dem Thema "Binomische Formeln" zu erstellen und im Unterricht einzusetzen.

Im Herbst 2005 wurden in Kooperation mit dem Projekt *Begründen und Beweisen in der Geometrie* an der Universität Augsburg Lehrerfortbildungen für Gymnasien in

Augsburg und München durchgeführt. Im Rahmen dieser Fortbildungen sollte die Nützlichkeit des Lernprogramms zum beispielbasierten Lernen und Lehren weiter evaluiert werden. Hierfür wurde das Lernprogrammmodul zu heuristischen Lösungsbeispielen erstellt. In Parallelveranstaltungen wurde allgemeines Wissen zum beispielbasierten Lehren und Lernen sowie zu effektiven Fördermaßnahmen (Selbsterklärung und Lösungsbeispieldesign) an 25 Mathematiklehrer der Sekundarstufe I vermittelt. Speziell ging diese Fortbildungsveranstaltung auf den Einsatz von heuristischen Lösungsbeispielen zum Beweisen-Lernen ein. Der erste Termin der Veranstaltung (1/2 Tag) diente der Vermittlung theoretischer Inhalte. Drei Wochen später wurde an einem zweiten Termin auf den konkreten Einsatz im Unterricht eingegangen. Zur Nachbereitung des ersten Termins erhielten die Lehrer entweder eine Lernprogramm-CD zum effektiven Einsatz von heuristischen Lösungsbeispielen, die die entsprechenden Inhalte der Präsenzveranstaltung zusammenfasste und illustrierte ($N = 15$) oder ein Handout des in der Veranstaltung verwendeten Foliensatzes (3 Folien je Seite mit Platz für Notizen, $N = 10$). Alle Teilnehmenden wurden gebeten, sich mit den ausgegebenen Materialien bis zum nächsten Termin zu beschäftigen und einen kurzen Fragebogen hierzu auszufüllen. Er erfasste, wie hilfreich die Teilnehmenden ihre jeweiligen Lernmaterialien bewerteten. Zusätzlich wurde die selbst eingeschätzte Zeit, die auf das Betrachten des Materials verwendet wurde und in welcher Intensität dies geschah, erfragt. Zum zweiten Fortbildungstermin füllten die Lehrer einen Lerntest mit fünf offenen Wissensfragen zum beispielbasierten Lernen aus (z.B. zu heuristischen Beispielen und zur Selbsterklärungsförderung); dieser Lerntest bildete die zentrale Kriteriumsvariable. Wir fanden, dass die Lehrer, die sich mit dem Lernprogrammmodul zu heuristischen Beispielen auseinandersetzten konnten, mit durchschnittlich knapp einer halben Stunde deskriptiv mehr Zeit aufwandten als die Lehrer, die das Handout mit dem Foliensatz erhielten (knapp 20 Minuten); dieser Unterschied war allerdings nicht statistisch signifikant. Es ergaben sich aber signifikante Unterschiede in der Einschätzung der Intensität, mit der die Lernprogramm-CD bzw. das Handout zur Nachbereitung verwendet wurden; das Lernprogramm wurde intensiver genutzt. Unterschiede zeigten sich zudem in der Bewertung der Lernmaterialien. Die Lehrer bewerteten die Lernprogramm-CD als hilfreicher zur Nachbereitung der Fortbildung als das Handout. Diese Einschätzung stimmt auch mit den Ergebnissen des Lerntests überein. Die Lehrer, die den ersten Fortbildungstermin mit der Lernprogramm-CD nachbereiteten, erreichten im Lerntest eine signifikant höhere Punktzahl als diejenigen, die hierfür das Handout verwendeten. Das Lernprogramm erhöhte also den Lernerfolg der teilnehmenden Lehrer (zu Details s. Hilbert et al., submitted).

Zusammenfassend kam man festhalten, dass das Fortbildungskonzept von den Lehrern insgesamt positiv bewertet wurde. Einzelne Defizite, wie etwa die einseitige Beschränkung auf Beispiele aus der Sekundarstufe I, didaktische Suboptimalitäten von exemplarischen Lösungsbeispielen oder Einschränkungen in der Benutzerfreundlichkeit des Lernprogramms, konnten durch die Rückmeldungen von Lehramtsanwärtern, Lehrenden und Lehrerausbildnern beseitigt werden. Das Besondere am Konzept – das Lernprogramm – erhöht zudem den Lernerfolg in bedeutsamer Weise. Beispielbasiertes Lernen kann damit nicht nur das Verständnis von Schülern erhöhen, sondern auch Lehrern helfen, zu verstehen, warum und wie beispielbasiertes Lernen im Unterricht eingesetzt werden soll. Es steht damit eine bewährte Schulung zur Verfügung, mit der (angehende) Lehrer *beispielbasiert* in das *beispielbasierte Lernen* eingewiesen werden können.

5 Ausblick

In unserem Projekt haben wir einerseits internationale und nationale wissenschaftliche Veröffentlichungen verfasst, andererseits unter dem Anwendungsgesichtspunkt Beiträge in praxisorientierten Zeitschriften geschrieben, ein Fortbildungskonzept, das ein multimediales Lernprogramm für Lehrer umfasst, konzipiert und sogar ein Modul zum beispielbasierten Lernen in der Lehrerausbildung an der PH Rorschach etabliert. Unsere Bemühungen für die nächste Zeit konzentrieren sich insbesondere auf die drei folgenden Bereiche:

1) Das Lernprogramm wird zu einem marktreifen Produkt weiter entwickelt. Ein Verlag, der das Lernprogramm als CD veröffentlicht, ist bereits befunden. In diesem Zusammenhang werden nochmals einige Optimierungen in der Navigation vorgenommen. Insbesondere aber entwickeln wir gerade zusammen mit den Mathematikdidaktikern vom Hofe und Jordan von der Universität Bielefeld Arbeitsblätter mit Lösungsbeispielen zu wichtigen mathematischen Themengebieten in unterschiedlichen Klassenstufen. Diese sollen in die CD integriert werden. Sie können damit von den Lehrern ausgedruckt und im Unterricht eingesetzt werden. Wir sind zuversichtlich, dass ein veröffentlichtes Lernprogramm ein weiterer Schritt ist, der die Verbreitung des beispielbasierte Lernens in der Schulpraxis als eine effektive Möglichkeit, Verstehen und Transfer zu fördern, voranbringt.

2) Wir verfolgen den wichtigen Forschungszweig, das Potenzial des Lernens mit „angereicherten", komplexeren Beispielen zu untersuchen, welches erst in Ansätzen verstanden ist. Neben der Forschung zu den bereits erwähnten heuristischen Beispielen, die Fertigkeiten des Beweisens und Argumentierens in Mathematik fördern (Hilbert et al., 2006; Hilbert et al., in revision; Reiss & Renkl, 2002), werden insbesondere die Effekte vom Lösungsbeispiele, die mehrere Lösungen ggf. auch in unterschiedlichen Repräsentationen darbieten, analysiert (z.B. Berthold & Renkl, 2005; Große & Renkl, 2006). Durch die Erforschung, wie man diese komplexen Lösungsbeispiele effektiv nutzen kann, kann letztendlich der Anwendungsbereich des beispielbasierten Lernens erweitert werden, was eine wichtige Voraussetzung für eine weitere Verbreitung dieses Ansatzes in der Praxis darstellt.

3) In einen dritten Forschungszweig untersuchen wir, inwieweit das beispielbasierte Lernen eine sinnvolle Komponente intelligenter tutorieller Systeme, hier speziell der *Cognitive Tutors*, darstellt (Anderson et al., 1995; Koedinger et al., 1997). Die *Cognitive Tutors* werden bereits in mehreren hundert US-amerikanischen Schulen erfolgreich eingesetzt.[3] Diese intelligenten tutoriellen Systeme bauen in erster Linie auf das Lernen durch Aufgabenbearbeiten. Derzeit untersuchen wir in Labor- und Feldexperimenten, ob die bereits vielfach belegte Effektivität der *Cognitive Tutors* weiter gesteigert werden kann, indem Prinzipen des beispielbasierten Lernens darin integriert werden (Salden et al., 2006). Durch die intelligent auf den einzelnen Schüler zugeschnittene Steuerung des Lernprozesses ergeben sich aber auch für das beispielbasierte Lernen neue Möglichkeiten, wie etwa eine Individualisierung der Ausblendgeschwindigkeit der ausgearbeiteten Lösungsschritte je nach individuellem Lernfortschritt. Da der *Cognitive Tutor*-Ansatz bereits in der Schulpraxis verankert ist, besteht hier wiederum die Möglichkeit, weiteren Einfluss auf den Schulalltag zu nehmen.

---

3   Vgl. www.carnegielearning.com

Wie bereits angedeutet, können alle drei genannten Arbeitsbereiche zu einer weiteren Verbreitung des beispielbasierten Lernens führen – sei es durch die Bereitstellung eines kommerziellen Lernprogramms, sei es durch eine Verbreiterung der Anwendungsmöglichkeiten des beispielbasierten Lernens, sei es durch die Integration in einen in der Schulpraxis verankerten Ansatz. Insofern kann man in Bezug auf die weitere Forschung und Praxis des beispielbasierten Lernens mit Optimismus in die Zukunft schauen.

Literatur

Anderson, J.R., Corbett, A.T., Koedinger, K.R. & Pelletier, R. (1995). Cognitive tutors: Lessons learned. *The Journal of the Learning Sciences, 4*, 167-207.

Atkinson, R.K., Catrambone, R. & Merrill, M.M. (2003). Aiding transfer in statistics. Examining the use of conceptually oriented equations and elaborations during subgoal learning. *Journal of Educational Psychology, 95*, 762-773.

Atkinson, R.K., Derry, S.J., Renkl, A. & Wortham, D.W. (2000). Learning from examples: Instructional principles from the worked examples research. *Review of Educational Research, 70*, 181-214.

Atkinson, R.K., Renkl, A. & Merrill, M.M. (2003). Transitioning from studying examples to solving problems: Combining fading with prompting fosters learning. *Journal of Educational Psychology, 95*, 774-783.

Berthold, K. & Renkl, A. (2005). Fostering the understanding of multi-representational examples by self-explanation prompts. In B.G. Bara, L. Barsalou & M. Bucciarelli (Eds.), *Proceedings of the 27th Annual Conference of the Cognitive Science Society* (pp. 250-255). Mahwah: Erlbaum.

Borko, H. & Putnam, R.T. (1996). Learning to teach. In D.C. Berliner & R.C. Calfee (Eds.), *Handbook of Educational Psychology* (pp. 673-708). New York: Macmillan.

Brown, A.L. & Kane, M.J. (1988). Preschool children can learn to transfer: Learning to learn and learning from examples. *Cognitive Psychology, 20*, 493-523.

Catrambone, R. (1996). Generalizing solution procedures learned from examples. *Journal of Experimental Psychology: Learning, Memory, and Cognition, 22*, 1020-1031.

Catrambone, R. (1998). The subgoal learning model: Creating better examples so that students can solve novel problems. *Journal of Experimental Psychology: General, 127*, 355-376.

Chi, M.T.H. (1996). Constructing self-explanations and scaffolded explanations in tutoring. *Applied Cognitive Psychology, 10*, 33-49.

Chi, M.T.H., Bassok, M., Lewis, M.W., Reimann, P. & Glaser, R. (1989). Self-explanations: How students study and use examples in learning to solve problems. *Cognitive Science, 13*, 145-182.

Fischler, H., Schröder, H.-J., Tonhäuser, C. & Zedler, P. (2002). Unterrichtsskripts und Lehrerexpertise: Bedingungen ihrer Modifikation. *Zeitschrift für Pädagogik, Beiheft 45*, 157-172.

Gerjets, P., Scheiter, K. & Catrambone, R. (2003). Reducing cognitive load and fostering cognitive skill acquisition: Benefits of category-avoiding examples. In F. Schmalhofer, R. Young & G. Katz (Eds.), *Proceedings of EuroCogSci 03. The European Cognitive Science Conference 2003* (pp. 133-139). Mahwah: Erlbaum.

Gerjets, P., Scheiter, K. & Catrambone, R. (2004). Designing instructional examples to reduce intrinsic cognitive load: Molar versus modular presentation of solution procedures. *Instructional Science, 32*, 33-58

Große, C.S. & Renkl, A. (2006). Effects of multiple solution methods in mathematics learning. *Learning & Instruction, 16*, 122-138.

Hilbert, T.S., Renkl, A., Kessler, S. & Reiss, K. (2006). Learning from heuristic examples: An approach to foster the acquisition of heuristic skill in mathematics. In G. Clarebout & J. Elen (Eds.), *Avoiding simplicity, confronting complexity. Advances in studying and designing (computer-based) powerful learning environments* (pp. 135-144). Rotterdam: Sense Publishers.

Hilbert, T.S., Renkl, A., Kessler, S. & Reiss, K. (in revision). Learning to prove in geometry: Learning from heuristic examples and how it can be supported.

Hilbert, T.S., Renkl, A., Reiss, K. & Heinze, A. (2005). Give them time to think it over! A computer-based learning environment for teachers. In A. Méndez-Vilas, B. Gonzalez Pereira, J. Mesa González & J.A. Mesa González (Eds.), *Recent Research Developments in Learning Technologies* (pp. 757-762). Cáceres, Spain: Formatex.

Hilbert, T.S., Renkl, A., Schworm, S., Kessler, S. & Reiss, K. (submitted). Learning to teach with worked-out examples: A computer-based learning environment for teachers.

Hilbert, T.S., Schworm, S. & Renkl, A. (2004). Learning from worked-out examples: The transition from instructional explanations to self-explanation prompts. In P. Gerjets, J. Elen, R. Joiner & P. Kirschner (Eds.), *Instructional design for effective and enjoyable computer-supported learning* (pp. 184-192). Tübingen: Knowledge Media Research Center.

Hilbert, T.S., Wittwer, J., Renkl, A. & vom Hofe, R. (2006). Kognitiv aktiv – aber wie? Lernen mit Selbsterklärungen und Lösungsbeispielen. *mathematik lehren, 135,* 62-64.

Kalyuga, S., Ayres, P., Chandler, P. & Sweller, J. (2003). The expertise reversal effect. *Educational Psychologist, 38,* 23-32.

Kalyuga, S., Chandler, P., Tuovinen, J. & Sweller, J. (2001). When problem solving is superior to studying worked examples. *Journal of Educational Psychology, 93,* 579-588.

Koedinger, K.R., Anderson, J.R., Hadley, W.H. & Mark, M.A. (1997). Intelligent tutoring goes to school in the big city. *International Journal of Artificial Intelligence in Education, 8,* 30-43.

Mayer, R. (2005a). Cognitive theory of multimedia learning. In R. Mayer (Ed.), *The Cambridge Handbook of Multimedia Learning* (pp. 31-48). Cambridge, UK: Cambridge University Press.

Mayer, R. (2005b). Principles for managing essential processing in multimedia learning: Segmenting, pretraining, and modality principles. In R. Mayer (Ed.), *The Cambridge Handbook of Multimedia Learning* (pp. 169-182). Cambridge, UK: Cambridge University Press.

Mayer, R.E. & Moreno, R. (2003). Nine ways to reduce cognitive load in multimedia learning. *Educational Psychologist, 38,* 43-52.

Mwangi, W. & Sweller, J. (1998). Learning to solve compare word problems: The effect of example format and generating self-explanations. *Cognition and Instruction, 16,* 173-199.

Paas, F., Renkl, A. & Sweller, J. (2003). Cognitive load theory and instructional design: Recent developments. *Educational Psychologist, 38,* 1-4.

Quilici, J.L. & Mayer, R.E. (1996). Role of examples in how students learn to categorize statistics word problems. *Journal of Educational Psychology, 88,* 144-161.

Reiss, K. & Renkl, A. (2002). Learning to prove: The idea of heuristic examples. *International Reviews on Mathematical Education / Zentralblatt für die Didaktik der Mathematik, 34 (1),* 29-35.

Renkl, A. (1997). Learning from worked-out examples: A study on individual differences. *Cognitive Science, 21,* 1-29.

Renkl, A. (2002). Learning from worked-out examples: Instructional explanations supplement self-explanations. *Learning & Instruction, 12,* 529-556.

Renkl, A. (2005). The worked-out-example principle in multimedia learning. In R. Mayer (Ed.), *The Cambridge Handbook of Multimedia Learning* (pp. 229-246). Cambridge, UK: Cambridge University Press.

Renkl, A. & Atkinson, R.K. (2003). Structuring the transition from example study to problem solving in cognitive skills acquisition: A cognitive load perspective. *Educational Psychologist, 38*, 15-22.

Renkl, A., Atkinson, R.K. & Große, C. S. (2004) How fading worked solution steps works – a cognitive load perspective. *Instructional Science, 32*, 59-82.

Renkl, A., Atkinson, R.K., Maier, U.H. & Staley, R. (2002). From example study to problem solving: Smooth transitions help learning. *Journal of Experimental Education, 70*, 293-315.

Renkl, A. & Schworm, S. (2002). Lernen mit Lösungsbeispielen zu lehren. *Zeitschrift für Pädagogik, Beiheft 45*, 259-270.

Renkl, A., Schworm, S. & Hilbert, T.S. (2004). Lernen aus Lösungsbeispielen: Eine effektive, aber kaum genutzte Möglichkeit, Unterricht zu gestalten. In J. Doll & M. Prenzel (Hrsg.), *Bildungsqualität von Schule: Lehrerprofessionalisierung, Unterrichtsentwicklung und Schülerförderung als Strategien der Qualitätsverbesserung* (S. 77-92). Münster: Waxmann.

Renkl, A., Schworm, S. & vom Hofe, R. (2001). Lernen mit Lösungsbeispielen. *mathematik lehren, 109*, 14-18.

Richardson, V. (1990). Significant and worthwhile change in teaching practice. *Educational Researcher, 19 (7)*, 10-18.

Salden, R., Aleven, V. Renkl, A. & Wittwer, J. (2006). Does learning from examples improve tutored problem solving? In R. Sun & N. Miyake (Eds.), *Proceedings of the 28th Annual Conference of the Cognitive Science Society* (p. 2602). Mahwah: Erlbaum.

Schnotz, W. (2005). Integrative model of text and picture comprehension. In R. Mayer (Ed.), *The Cambridge Handbook of Multimedia Learning* (pp. 49-69). Cambridge, UK: Cambridge University Press.

Schworm, S., Hilbert, T.S. & Renkl, A. (2005). Die Erstellung beispielbasierter Lehrmaterialien: Vergleich zweier computerbasierter Lernumgebungen für Lehrende. *Unterrichtswissenschaft, 33*, 160-183.

Schworm, S. & Renkl, A. (2002a). Learning by solved example problems: Instructional explanations reduce self-explanation activity. In W.D. Gray & C.D. Schunn (Eds.), *Proceeding of the 24th Annual Conference of the Cognitive Science Society* (pp. 816-821). Mahwah: Erlbaum.

Schworm, S. & Renkl, A, (2002b). Lernen effektive Lösungsbeispiele zu erstellen: Ein Experiment zu einer computer-basierten Lernumgebung für Lehrende. *Unterrichtswissenschaft, 30*, 7-26.

Schworm, S. & Renkl, A. (2006). Computer-supported example-based learning: When instructional explanations reduce self-explanations. *Computers & Education, 46*, 426-445.

Schworm, S. & Renkl, A. (in revision). Learning to argue by self-explaining examples.

Sweller, J. & Cooper, G.A. (1985). The use of worked examples as a substitute for problem solving in learning algebra. *Cognition and Instruction, 2*, 59-89.

Sweller, J. van Merriënboer, J.J.G. & Paas, F.G. (1998). Cognitive architecture and instructional design. *Educational Psychology Review, 10*, 251-296.

vanLehn, K. (1998). How examples are used during problem solving. *Cognitive Science, 22*, 347-388.

Wahl, D., Wölfling, W., Rapp, G. & Heger, D. (1995). *Erwachsenenbildung konkret (5. Aufl.)*. Weinheim: Deutscher Studien Verlag.

Ward, M. & Sweller, J. (1990). Structuring effective worked examples. *Cognition and Instruction, 7*, 1-39.

Wubbels, T. (1992). Taking account of student teachers' preconceptions. *Teaching & Teacher Education, 8*, 137-149.

Cornelia Gräsel, Christian Pröbstel, Julia Freienberg & Ilka Parchmann

Anregungen zur Kooperation von Lehrkräften im Rahmen von Fortbildungen

1   Ausgangspunkt und Ziel des Projektes

Im Zusammenhang mit der Diskussion um professionelle Kompetenzen von Lehrkräften beschäftigt sich die Forschung zunehmend mit der Frage, wie der Erwerb solcher Kompetenzen optimal zu unterstützen ist. Forderungen nach einheitlichen Standards richten sich dabei aktuell vorrangig an die Lehrerausbildung, in den letzten Jahren wurden aber auch Fortbildungsangebote für Lehrkräfte ein Forschungsthema. Für empirische Befunde zu beiden Bereichen kann man derzeit eine Dominanz amerikanischer Arbeiten feststellen (vgl. Allemann-Ghionda & Terhart, 2006, S. 8). In Deutschland gibt es zwar eine breite Debatte, inwieweit der Beruf des Lehrers als „Profession" gelten könne und welche Merkmale damit verbunden wären (vgl. Helsper, 2004), aber es gibt nur wenige empirische Studien, die sich mit der Frage befassen, wie der Kompetenzerwerb von Lehrkräften durch Professionalisierungsmaßnahmen zu unterstützen sei. Wenn wir im Folgenden von „Professionalisierungsmaßnahme" sprechen, dann orientieren wir uns an der amerikanischen Forschung zu *professional development*. Wir betrachten in unseren Untersuchungen Angebote, die sich zur Weiterqualifizierung an bereits im Beruf stehende Lehrkräfte richten.

Ausgangspunkt unseres Projektes[1] war die Fragestellung, wie Fortbildungen für Chemielehrkräfte so gestaltet werden können, dass sie sich in einer Veränderung des Unterrichts – und in der Folge in einer Verbesserung der Schülerleistungen – niederschlagen (vgl. Gräsel et al., 2004). Ein Anlass dafür war eine Unzufriedenheit über das Standardformat von Lehrerfortbildungen, wie es in Deutschland weit verbreitet ist. Dieses besteht im Bereich Chemie nach wie vor überwiegend aus schulextern angebotenen Veranstaltungen, die von Lehrerinnen und Lehrern individuell besucht werden. Die Dauer dieser Veranstaltungen beschränkt sich häufig auf einen oder zwei Tage; eine systematische Vernetzung mit Möglichkeiten einer längerfristigen Unterrichts- und Schulentwicklung findet wenig statt. Dieses Fortbildungsformat ist für manche Inhalte durchaus geeignet: Für den Chemieunterricht ist dieses Format z.B. passend, wenn den Lehrkräften Experimente vorgestellt werden sollen, die in bewährte Konzeptionen eingebunden werden können (vgl. Daus et al., 2004; Bader, Höner & Melle, 2004). Problematisch scheint dieses Format aber für Inhalte, die weitreichende Veränderungen erfordern, wie etwa die Berücksichtigung neuer Unterrichtsziele oder eine grundlegende Veränderung von Unterrichtsabläufen und -skripten. Derartige Veränderungen können nicht ohne Weiteres an bestehende Handlungsmuster angefügt werden; sie erfordern ein grundlegenderes Umdenken und neue Strategien. Dementsprechend erfordern diese Inhalte, dass Lehrkräfte ihre bestehenden Handlungsroutinen

1   Die hier berichteten Arbeiten wurden im Rahmen des von der DFG geförderten Schwerpunktprogramms *Bildungsqualität von Schule* durchgeführt. Antragsteller und Antragstellerinnen des ersten Projektes: Reinhard Demuth, Ilka Parchmann und Cornelia Gräsel (De 184/7-1, Gr 1863/3-1). Antragstellerinnen des zweiten Projektes: Ilka Parchmann und Cornelia Gräsel (Pa 800/2-2, Gr 1863/3-2). Wir danken allen Mitwirkenden am Projekt, die nicht an dieser Publikation beteiligt sind, für ihre Ideen und ihr Engagement.

und darüber hinaus möglicherweise auch tief sitzende Überzeugungen über Lehr-Lern-prozesse verändern.

Auf der Basis der vorwiegend amerikanischen Forschung zum Lernen von Lehr-kräften und zur Gestaltung von Professionalisierungsmaßnahmen können einige Merk-male formuliert werden, die Fortbildungen aufweisen, die das unterrichtliche Handeln von Lehrkräften verändert haben (vgl. Cochran-Smith & Lytle, 1999; vgl. Gräsel, Fussangel & Parchmann, in Druck; Wilson & Berne, 1999):

- **Langfristigkeit:** Handlungsroutinen wie Überzeugungen (beliefs) können – und hier besteht seltene Einigkeit in der Forschung – durch kurzfristige Interventionen kaum verändert werden (vgl. Fishman et al., 2003). Die Inhalte kurzfristiger Fort-bildungen stellen gegenüber existierenden Handlungsroutinen und -erfahrungen ein „Inselwissen" dar, das Gefahr läuft, im Unterricht nicht oder nur sehr ein-geschränkt angewendet zu werden. Fortbildungen, die sich auf die Veränderung des Unterrichts auswirken, sind langfristig angelegt. Die neuen Inhalte werden systematisch auf das Geschehen im Klassenzimmer bezogen. Dabei spielen Ange-bote eine entscheidende Rolle, die es Lehrkräften ermöglichen, neue Elemente zu erproben und in Hinblick auf Lernprozesse und -ergebnisse zu reflektieren.
- **Situierung:** Fortbildungsinhalte können in der Regel nicht direkt umgesetzt werden – vielmehr müssen sie an die jeweiligen Bedingungen, Gewohnheiten und bestehenden Normen an den beteiligten Schulen adaptiert werden. Diese Situierung gelingt besser, wenn die Fortbildungsinhalte möglichst nah am Lehr-Lerngeschehen liegen, also prinzipiell einen hohen Unterrichtsbezug aufweisen (McLaughlin & Talbert, 2006). Sie müssen andererseits aber offen sein für Veränderungen und Adaptionen, damit sie von den Lehrkräften neu situiert werden können.
- **Anregung zur Kooperation:** Ein drittes Merkmal, das sich in Studien als wichtig für effektive Fortbildungen erwies, und auf das wir uns im Folgenden konzentrie-ren, ist die Anregung zur Kooperation (Gräsel et al., 2004). Damit ist gemeint, dass Lehrkräfte in den Professionalisierungsmaßnahmen dazu angeregt werden, sich mit Kolleginnen und Kollegen über den Unterricht und dessen mögliche Verbesserung zusammenzuarbeiten. Die Bedeutung dieser Kooperation im Rahmen von Professionalisierungsmaßnahmen wird damit begründet, dass eine Veränderung von Handlungsroutinen eine diskursive Auseinandersetzung erfordert. Die zunächst allgemeinen Konzepte und Inhalte der Fortbildung werden im Gespräch geklärt und an die jeweiligen Rahmenbedingungen adaptiert. Die kommunikative Aushandlung von neu umzusetzenden Inhalten und Maßnahmen kann die Akzeptanz an einer Schule und damit die Realisierung der Veränderung bei einzelnen Lehrkräften fördern.

Diese Erkenntnisse zur Gestaltung von Fortbildungen werden in Deutschland bislang nur begrenzt berücksichtigt. Eine Möglichkeit, diese Merkmale zu realisieren, stellen langfristig zusammenarbeitende Lehrergruppen dar, die von Wissenschaftlerinnen und Wissenschaftlern begleitet und unterstützt werden (vgl. Parchmann et al., 2006). Dieser Ansatz der Lerngemeinschaften (communities of learning) wird in zahlreichen ameri-kanischen Projekten mit Erfolg umgesetzt und hat in Deutschland unter anderem über das SINUS-Programm (Prenzel, 2000; Prenzel & Ostermeier, 2003) und die so ge-nannten Kontextprojekte Eingang gefunden (Gräsel & Parchmann, 2004a; Parchmann et al., 2006).[2] Allerdings sind Lerngemeinschaften sehr aufwändig, sie erfordern von

---

2   Siehe im Einzelnen zu SINUS und den Kontextprojekten ChiK, PIKO und BIK die jeweilige Projekthomepage unter http://www.ipn.uni-kiel.de/projekte

allen Beteiligten viel Zeit und Engagement und sind daher für eine weite Verbreitung von Innovationen in die Fläche nur eingeschränkt verwendbar.

In unseren Projekten haben wir daher einen anderen Weg eingeschlagen: Wir streben an, auch traditionelle Fortbildungsveranstaltungen so zu gestalten, dass sie Lehrkräften Anregungen zur Zusammenarbeit bieten. Dabei orientieren wir uns an der Definition von Kooperation von Erika Spieß (2004, S. 199): „Kooperation ist gekennzeichnet durch den Bezug auf andere, auf gemeinsam zu erreichende Ziele bzw. Aufgaben, sie ist intentional, kommunikativ und bedarf des Vertrauens. Sie setzt eine gewisse Autonomie voraus und ist der Norm von Reziprozität verpflichtet." Diese Definition erfordert – im Unterschied zu anderen Definitionen – keine dauerhaft zusammenarbeitenden (Arbeits-)Gruppen, die sich durch Gruppennormen und „Wir-Gefühl" kennzeichnen lassen bzw. eine spezifische Organisationsstruktur benötigen. Durch ihre Breite ist diese Begriffsbestimmung für eine Anwendung auf das Arbeitsfeld Schule besonders geeignet, in dem feste Arbeitsgruppen (mit Ausnahme der oft eher formalen Strukturen der Fachgruppen) und inhaltlich kooperative Organisationsstrukturen vor allem an Gymnasien eher die Ausnahme darstellen.

Das hier zusammengefasst dargestellte Projekt beinhaltet zwei Phasen: In einer ersten Untersuchung gelang es mit Hilfe einer zunächst schwachen Anregung noch nicht, Lehrkräfte zu einer verstärkten Kooperation anzuregen (Abschnitt 2). Diese Studie bot nachfolgend den Ausgangspunkt dafür, drei Formen der Kooperation zu unterscheiden und in einer qualitativen Studie zu untersuchen, welches Kooperationsverständnis Lehrkräfte aufweisen (Abschnitt 3). Der vierte Abschnitt gibt einen Überblick über die zweite, noch laufende Projektphase, in der intensivere Maßnahmen zur Anregung von Kooperationen und Entwicklungsprozessen eingesetzt werden.

2   Phase 1: Die vorsichtige Anreicherung traditioneller Fortbildungen mit einer Kooperationsanregung

In der ersten Projektphase konzipierten wir eine Fortbildung in zwei Varianten (mit und ohne Kooperationsanregung). Wir gingen dabei folgenden Hauptfragen nach:

1) Wirkt sich die Kooperationsanregung auf die fortbildungsbezogene Zusammenarbeit in den Kollegien aus?
2) Hat die Kooperationsanregung eine Wirkung auf den Lernerfolg der Schülerinnen und Schüler?

2.1   Inhalt der Fortbildung: Unterrichtsentwicklung am Beispiel von „Chemie im Kontext"

Für die Gestaltung der Fortbildung orientierten wir uns an der Unterrichtskonzeption *Chemie im Kontext* (Parchmann et al., 2001; Parchmann et al., 2006). Ein zentrales Ziel dieses Unterrichtskonzepts ist es, Schülerinnen und Schülern beim Erwerb von verständnis- und anwendungsorientiertem Wissen zu unterstützen sowie das Interesse und die Motivation zu stärken, sich mit Themen und Inhalten dieses Fachgebietes auseinander zu setzen. Eine wichtige theoretische Grundlage von *Chemie im Kontext* (ChiK) stellen dabei die Ansätze des situierten Lernens dar (Gräsel & Parchmann, 2004a). Diese Ansätze zeigen Möglichkeiten auf, die für den Erwerb anwendbaren

Wissens förderlich sind und gleichzeitig die Motivation für eine Beschäftigung mit naturwissenschaftlichen Fragestellungen unterstützen.

Ein erstes Merkmal situierter Lernumgebungen ist die Nutzung *authentischer Situationen* als Ausgangspunkt für das Lernen. In ChiK wurde dieses Prinzip durch die Kontextorientierung realisiert, die dem Konzept seinen Namen gab: Jede Unterrichtseinheit geht von Kontexten aus, die von den Lernenden als relevant und lebensnah erlebt werden sollen und die mit ihren Erfahrungen in Verbindung stehen. Die Kontexte können alltagsnah sein (z.B.: „Ein Mund voll Chemie"), sie können aber auch gesellschaftlich relevante Fragestellungen oder einen Bezug zur Forschung in den Vordergrund stellen (z.B.: „Das Wasserstoffauto als Fahrzeug der Zukunft?"). Ausgehend von diesen Kontexten formulieren Schülerinnen und Schüler Fragen, die für sie relevant sind und die sie interessieren.

Im weiteren Verlauf des Unterrichts werden Untersuchungen geplant und durchgeführt sowie weiterführende Ressourcen gesucht und analysiert, mit deren Hilfe die Fragen beantwortet werden. Dieses Vorgehen realisiert ein vergleichsweise großes Ausmaß an *selbstgesteuertem Lernen*, was ein weiteres Merkmal situierter Lernumgebungen darstellt. Wichtig ist, dass der Kontext somit nicht als „Aufhänger" oder „Motivator" zu Beginn einer Unterrichteinheit genutzt wird, sondern tatsächlich den Leitfaden für die nachfolgenden Erarbeitungsschritte darstellt. ChiK verfolgt damit das Prinzip, den Schülerinnen und Schülern auch unterschiedliche Wege zur Erarbeitung verschiedener Inhalte zu eröffnen. Das stärker selbstgesteuerte Lernen und die Berücksichtigung der Schülerfragen erfordern eine *abwechslungsreiche Unterrichtsgestaltung*, verschiedene Sozialformen und damit die Verwendung vielfältiger Unterrichtsmethoden.

Die Kontextorientierung wird schließlich um das Prinzip der *Basiskonzepte* ergänzt, das der Systematisierung und Dekontextualisierung des erworbenen Wissens dient. Die chemischen Inhalte werden bei ChiK unter verschiedenen Perspektiven bzw. in verschiedenen Kontexten wieder aufgegriffen und erneut angewendet. Dadurch soll der Erwerb eines vielfältig vernetzten und integrierten Wissens unterstützt werden. Die Schülerinnen und Schüler sollen die hinter den Beispielen liegenden Prinzipien erkennen, Inhalte vernetzen und abstrahieren, um ein tiefes Verständnis grundlegender Basiskonzepte zu entwickeln. Dieses Prinzip der Strukturierung und Systematisierung von Inhalten durch Basiskonzepte wird mittlerweile auch in den Nationalen Bildungsstandards und verschiedenen Lehrplänen umgesetzt.

Die Veränderung des Unterrichts nach den Prinzipien von *Chemie im Kontext* erfordert derzeit für viele Chemielehrerinnen und -lehrer eine grundlegende Umstellung ihrer bisherigen Unterrichtskonzepte. Die Fortbildungskonzeption versuchte dementsprechend, die oben genannten Forschungsergebnisse über die Gestaltung erfolgreicher Professionalisierungsmaßnahmen umzusetzen, allerdings in Abstimmung mit etablierten Strukturen der Chemiefortbildung (hier den regionalen Fortbildungsstrukturen der Landesschulbehörden). Inhalte der Fortbildungen waren Unterrichtseinheiten und Materialien zum Thema „Chemisches Gleichgewicht" – ein Basiskonzept, das im Chemieunterricht in der 11. und 12. Klasse von großer Bedeutung ist. Im Gegensatz zu vielen bestehenden Fortbildungen wurden zwei Workshops angeboten, die im Abstand von drei bis vier Monaten durchgeführt wurden, sich also über eine längere Zeitspanne erstreckten. Zudem wurden die Lehrkräfte nicht mit fertigen Materialien einer geschlossenen Unterrichtseinheit zum Thema „Chemisches Gleichgewicht" konfrontiert. Sie erhielten vielmehr Beispiele und Werkzeuge für die Weiterentwicklung ihres eigenen Unterrichts, die sie an ihre spezifischen Bedingungen anpassen sollten. Die Materialien wurden im ersten Workshop am Beispiel einer erprobten exemplarischen Einheit vorgestellt und erprobt. Im zweiten Workshop wurden zunächst die Erfahrungen der Teilnehmerinnen und Teilnehmer aus der eigenen schulischen Umsetzung reflektiert, um darauf aufbauend eine zweite Einheit gemeinsam zu entwickeln.

2.2   Ein Feldexperiment: Vergleich von zwei Fortbildungsversionen

In der Fortbildungsversion mit Kooperationsanregung wurden die Lehrkräfte mittels eines schriftlichen Leitfadens aufgefordert, sich an ihrer Schule mindestens einen Kooperationspartner zu suchen und mit diesem gemeinsam Unterricht zu planen bzw. die Erfahrungen mit *Chemie im Kontext* auszutauschen und zu reflektieren. Als Unterstützung der Kooperation enthielt der Leitfaden fachbezogene und überfachliche Fragen. Diese Kooperationsaufgabe erschien uns geeignet, da sie aus unserer Perspektive an einem von beiden Lehrkräften getragenen Ziel ansetzt: Die Materialien, Experimente usw. können von beiden verwendet werden, sie haben also für beide einen Nutzen und ermöglichen Reziprozität. Diese „vorsichtige" Form der Anregung der Kooperation wählten wir, um das Autonomiegefühl der Lehrpersonen nicht einzuschränken. In der erziehungswissenschaftlichen Literatur wird das „Bedürfnis nach Autonomie" von Lehrkräften als das zentrale Hemmnis der professionellen Zusammenarbeit betrachtet. Dabei wird in Anlehnung an Lortie (1975) argumentiert, dass die additive, zelluläre Struktur der Schule als Arbeitsplatz, in der Lehrkräfte isoliert voneinander ihrer Tätigkeit nachgehen, zu einer Überbetonung der Autonomie des Einzelnen führt. Lehrkräfte entwickeln in diesen Strukturen Denk- und Verhaltensnormen, die auf Unabhängigkeit und Selbstständigkeit bei der Unterrichtsgestaltung gerichtet sind und eher kooperationshemmend wirken (vgl. Altrichter, 1996). Unsere Kooperationsanregung aus Studie 1 sollte den Lehrpersonen ermöglichen, selbst einen Partner zu wählen und die Inhalte der Zusammenarbeit weitgehend selbst zu bestimmen.

Die *Ergebnisse der Studie zur ersten Fragestellung* zeigten, dass diese vorsichtige Form der Anregung zur Zusammenarbeit nicht funktionierte: Die Teilnehmerinnen und Teilnehmer der beiden Fortbildungsvarianten unterschieden sich nach drei Monaten in keiner der untersuchten Variablen des Kooperationsverhaltens. Weder aus den Auswertungen der Fragebogendaten noch aus denen der Dokumentationsbögen ging hervor, dass die Kooperationsanregung dazu führte, dass die Lehrpersonen intensiver mit Kolleginnen und Kollegen über die Fortbildungsinhalte sprachen oder gemeinsam daran arbeiteten. Auch eine im Anschluss durchgeführte Interviewstudie erbrachte zwischen den beiden Gruppen keine Unterschiede. In beiden Gruppen hat ca. die Hälfte der Teilnehmerinnen und Teilnehmer nach dem ersten Workshop damit begonnen, in Bezug auf *Chemie im Kontext* mit Kolleginnen und Kollegen zusammenzuarbeiten. Das Ausmaß und die Qualität der Zusammenarbeit war dagegen von einer anderen Variablen stark beeinflusst: von der Intensität der Zusammenarbeit im Kollegium *vor* unserer Fortbildung. Die Fortbildung hat also in den Schulen stärkere Resonanz gefunden, wo bereits Kooperationsstrukturen bestanden (vgl. Gäsel et al., 2004).

Für die *Ergebnisse zur zweiten Fragestellung* ergab sich demgegenüber ein erstaunliches Bild: Die Schülerinnen und Schüler, deren Lehrkräfte in der Fortbildung mit Kooperationsanregung teilnahmen, hatten einen deutlich stärkeren Wissenszuwachs als die Schülerinnen und Schüler der Lehrkräfte, die an der Fortbildung ohne Kooperationsanregung teilnahmen. Dieser Befund kann natürlich nicht eindeutig erklärt werden. Wir führen ihn darauf zurück, dass der Leitfaden möglicherweise als „Reflexionsanregung" verwendet wurde. Die Aufgabenstellungen könnten für die Lehrkräfte der Anlass dafür gewesen sein, die eigenen Unterrichtsplanungen stärker zu überdenken und insbesondere deutlichere Bezüge zwischen den Kontexten und dem zentralen chemischen Konzept „Chemisches Gleichgewicht" herzustellen.

Insgesamt ließ die erste Studie damit aber die Frage offen, inwieweit wirksame Anregungen zur Zusammenarbeit in Standardfortbildungen integriert werden können. In weiteren Analysen bzw. einer Interviewstudie versuchten wir, die Problemstellung „Konstruktion (und empirische Prüfung) einer effektiven Kooperationsanregung" in Teilschritte zu zerlegen. Der erste Schritt betraf das Konzept von „Kooperation" selbst, genauer die Differenzierung verschiedener Kooperationsbegriffe.

3   Differenzierung verschiedener Formen von Kooperation

In der vorliegenden Literatur werden sehr unterschiedliche Verhaltensformen als „Kooperation" erfasst, was die Vergleichbarkeit von Ansätzen und Ergebnissen erschwert. Häufig wird dabei von einem undifferenzierten Begriff der Zusammenarbeit ausgegangen, nur in wenigen Arbeiten werden verschiedene Formen von Kooperation unterschieden (z.B. Little, 1990; Rolff, 1991; Ostermeier, 2004; Schweizer & Klieme, 2005). Diese Ansätze differenzieren verschiedene Formen bzw. (Hierarchie-)Stufen der Kooperation entlang eines Kontinuums mit zunehmend komplexeren Anforderungen hinsichtlich der Kooperation. Dabei wird – beispielsweise bei Little (1990) – angenommen, dass die Effektivität von Kooperation umso größer ist, je schwieriger sie zu realisieren ist bzw. je intensiver miteinander zusammengearbeitet wird. Diese Annahme müsste aber theoretisch begründet werden: Warum sollte eine intensive Kooperation der Lehrkräfte, die in den gegebenen Bedingungen des Arbeitsplatzes „Schule" schwierig zu realisieren ist, besonders effektiv für die Unterrichtsqualität sein?

3.1   Drei Kooperationsformen

Bei unserem Versuch[3], verschiedene Formen der Kooperation zu differenzieren, orientierten wir uns an Ansätzen der Arbeits- und Organisationspsychologie zum kooperativen Arbeiten (Gräsel, Fußangel & Pröbstel, 2006).

Als Unterscheidungsmerkmale griffen wir dabei auf Kernbedingungen von Zusammenarbeit zurück, wie sie in der arbeits- und organisationspsychologischen Forschung beschrieben werden: auf gemeinsame Ziele bzw. Aufgaben der Zusammenarbeit, auf Vertrauen und auf die Autonomie.

Austausch: Eine erste Form der Zusammenarbeit besteht darin, sich wechselseitig über berufliche Inhalte und Gegebenheiten zu informieren und mit Material zu versorgen. In der Arbeitspsychologie wird „Austausch" als Form der Zusammenarbeit dann als sinnvoll betrachtet, wenn Menschen gleichzeitig weitgehend unabhängig an ähnlichen Aufgaben arbeiten. In Bezug auf die Lehrerarbeit ist „Austausch" erforderlich, damit in einem Kollegium alle über relevante bzw. hilfreiche Materialien oder

---

3   Dipl.-Psych. Kathrin Fußangel hatte für die Differenzierung in drei Kooperationsformen entscheidende Anteile; sie hat zudem die qualitative Studie, die hier zusammengefasst wird, ausgewertet. Für Details zu dieser Untersuchung siehe Gräsel, Fussangel und Pröbstel, 2006.

Informationen (bspw. über Schülerinnen und Schüler) verfügen. „Austausch" erfordert nicht, dass zwei Personen in Hinblick auf die Zusammenarbeit gemeinsame und spezifische Ziele entwickeln – er findet lediglich im Rahmen der gegebenen und übergeordneten Zielstellungen einer Schule statt. Für „Austausch" ist Ressourceninterdependenz erforderlich, also interindividuell unterschiedliche Informationen und Materialien, die unter den Kolleginnen und Kollegen verteilt werden. Das Ausmaß an Autonomie der Individuen bleibt beim „Austausch" hoch, diese Form der Zusammenarbeit erfordert keine ausgehandelten Positionen. Hinsichtlich des Vertrauens ist es erforderlich, dass die gebotene Unterstützung bei passender Gelegenheit erwidert und die Suche nach Informationen nicht als Inkompetenz abgewertet wird. Insgesamt kann der „Austausch" als *low cost*-Form der Kooperation betrachtet werden, also eine Form der Zusammenarbeit mit relativ wenigen erlebten negativen Konsequenzen (z.B. zeitraubende Aushandlungsprozesse, Konflikte, Bedrohung des Selbstwertes). Dennoch kann man annehmen, dass gelingender „Austausch" für das effektive Unterrichten einer Klasse von großer Bedeutung ist, also bedeutsame Effekte auf die Unterrichtsqualität aufweist.

Synchronisation: „Synchronisation" haben wir als „arbeitsteilige Kooperation" bezeichnet (Gräsel et al., 2006). Sie erfordert Aufgaben, die so strukturiert sind, dass sie zusammenhängen und eine verteilte Bearbeitung ermöglichen oder sogar nahe legen. Auch diese Form der Kooperation setzt keine gemeinsame Arbeit im engeren Sinn voraus. Die Zusammenarbeit besteht hier darin, sich über eine möglichst präzise Zielstellung sowie über eine möglichst gut Form der Aufgabenteilung und -zusammenführung zu verständigen. Dabei gilt es, die Neigungen und Kompetenzen der Kooperationsmitglieder so zu berücksichtigen, dass die Ergebnisse möglichst positiv werden. Im Unterschied zur individuellen Arbeit besteht das Ergebnis der „Synchronisation" aus Beiträgen mehrerer Mitglieder. Das Ergebnis wird zudem gemeinsam geplant und verantwortet – dies erfordert eine gemeinsam getragene Zielstellung. Die Autonomie der Mitglieder bleibt bei der Ausführung der Arbeiten bestehen, hinsichtlich des Ziels und des Ergebnisses der Arbeit ist die Autonomie aber eingeschränkt. Das hat Konsequenzen für das erforderliche Vertrauen: Eine Person muss sich darauf verlassen können, dass der Arbeitsauftrag von den Kooperationspartnern erwartungsgemäß erledigt wird. Damit ist auch verbunden, dass man selbst ein vertrauenswürdiger Kooperationspartner ist. Betrachtet man die Lehrerkooperation, dann fallen bspw. folgende Aufgaben unter „Synchronisation": die Abstimmung von Unterrichtseinheiten in Hinblick auf Voraussetzungen und Ziele oder die gemeinsame Planung von Unterricht.

Kokonstruktion: „Kokonstruktion" wird vor allem in der Forschung zum kooperativen Lernen thematisiert. „Kokonstruktion" liegt dann vor, wenn sich die Partner intensiv hinsichtlich einer Aufgabe austauschen und ihr individuelles Wissen so aufeinander beziehen (kokonstruieren), dass sie dabei Wissen erwerben oder gemeinsame Aufgaben- oder Problemlösungen entwickeln. Im Unterschied zur arbeitsteiligen Kooperation wird bei der „Kokonstruktion" über weite Strecken des Prozesses hinweg zusammen an Aufgaben gearbeitet. Damit erfordert die „Kokonstruktion" nicht nur eine „produktorientierte" Zielstellung, sondern auch eine Abstimmung in Hinblick auf den Arbeitsprozess. Die Autonomie des Einzelnen ist im Vergleich zu den anderen beiden Formen deutlich eingeschränkt, da nicht nur die Zielstellung sondern auch die Arbeitsschritte im Detail aufeinander abgestimmt bzw. ausgehandelt werden. Für eine produktive Konstruktion kann Vertrauen als besonders wichtig erachtet werden: Jeder Einzelne muss das Risiko eingehen, Fehler anzusprechen, zu kritisieren und zu hinterfragen bzw. selbst unsichere Vorschläge zu machen, die auf Ablehnung stoßen können. Dementsprechend kann diese Form der Kooperation als *high cost*-Form betrachtet werden: Der Aufwand für gemeinsame Abstimmungen ist relativ hoch und die Gefahr für sachliche und soziale Konflikte größer als bei anderen Kooperationsformen.

Aufgrund der hohen Kosten ist zu fragen, unter welchen Bedingungen die „Kokonstruktion" eine geeignete Form der Zusammenarbeit darstellt. Für die Ausführung vieler Handlungen ist „Kokonstruktion" keine effiziente Form der Zusammenarbeit. Dazu zählen funktionierende Routinen oder andere Handlungen, in denen Aushandlungsprozesse mit anderen die Effizienz deutlich einschränken. Zudem kann das hohe Ausmaß an Autonomieeinschränkung das Zustandekommen von „Kokonstruktion" gerade in der Schule beeinträchtigen: Man kann annehmen, dass viele Lehrkräfte nicht zur „Kokonstruktion" bereit sind, weil es ihrem Autonomiebedürfnis widerspricht, anderen einen Einblick in ihr professionelles Handeln zu geben. Gerade bei Personen oder Berufsgruppen mit hohem Autonomiebedürfnis kann „Kokonstruktion" auf Akzeptanzprobleme stoßen.

Demgegenüber wird „Kokonstruktion" dann bedeutsam, wenn bestehende Handlungsroutinen verändert werden oder in einer Organisation neue Kompetenzen erworben werden sollen. Dies setzt aber voraus, dass die Bedingungen – hohe Zielinterdependenz, großes wechselseitiges Vertrauen und Aufgabe der eigenen Autonomie – von den Beteiligten getragen werden. In den Ansätzen des situierten Lernens ist „Kokonstruktion" dementsprechend eng mit der Erweiterung von Kompetenzen verbunden. Durch die Kommunikation mit Lernpartnern wird die Bedeutung von Konzepten ausgehandelt bzw. tief verarbeitet und dadurch verständnisorientiertes Wissen erworben. Auch in der Professionalisierungsforschung auf der Basis situierter Theorien kommt dieser Form der Zusammenarbeit ein hoher Stellenwert zu (Borko, 2004; Gräsel, Fußangel &Parchmann, in Druck; Putnam & Borko, 2000). Der Erwerb neuen Wissens und neuer Handlungsroutinen wird in engem Zusammenhang mit der sozialen Gemeinschaft gesehen, in der gemeinsam gehandelt wird. Deswegen ist die Anregung der Kokonstruktion bei Professionalisierungsmaßnahmen so zentral. In unserer ersten Studie (vgl. Abschnitt 2) zielten wir auf die Anregung der „Kokonstruktion" ab, indem wir die Lehrkräfte dazu ermutigten, gemeinsam an der Ausarbeitung einer für ihre Schülerinnen und Schüler angemessenen Unterrichtssequenz zum Thema „Chemisches Gleichgewicht" zu arbeiten.

3.2   Eine Interviewstudie zu den drei Formen der Kooperation

Die Unterscheidung von Zusammenarbeit in „Austausch", „Synchronisation" und „Kokonstruktion" war die Grundlage für eine qualitative Studie, mit der wir auch die Ergebnisse aus der ersten Projektphase differenzierter analysieren wollten. 39 Lehrkräfte, die an Studie 1 teilnahmen, wurden ca. ein halbes Jahr nach dem Feldexperiment in Einzelinterviews zu ihrem Verständnis von Kooperation befragt (vgl. Gräsel et al., 2006). Ihre Aussagen wurden mit einem Kategoriensystem klassifiziert und im Sinne einer inhaltlich strukturierenden Analyse ausgewertet (Mayring, 2003). Die Analyse zeigt, dass bei den befragten Lehrkräften ein Verständnis von „Kooperation als Austausch" am häufigsten auftrat. Inhaltlich nannten die Lehrkräfte dabei am häufigsten Aspekte des fachlichen Austausches, insbesondere die Weitergabe von Material, von Versuchsaufbauten sowie Themenabsprachen für den Unterricht. Über Schülerinnen und Schüler informieren sich die Lehrkräfte nach ihren Angaben weitaus weniger. Insgesamt berichteten nur 7 Lehrkräfte von Formen der Zusammenarbeit, die der „Kokonstruktion" zuzuordnen ist. Beispielsweise wurden das gemeinsame Vorbereiten von Unterricht oder gegenseitige Unterrichtsbesuche genannt. Der überwiegende Teil der Lehrpersonen konzentrierte sich in seinen Äußerungen auf reine Austauschprozesse.

Hinsichtlich der Zielstellung für die Kooperation kam der Verbesserung des eigenen Unterrichts durch den fachlichen Austausch mit den Kolleginnen und Kollegen ein besonderer Stellenwert zu (vgl. Gräsel et al., 2006). Ein spezifischeres, ebenfalls auf den eigenen Unterricht bezogenes Ziel war eine stärkere Schülerorientierung im Unterricht. Fehlende Ziele waren dagegen einer der zentralen Gründe für die Ablehnung von Zusammenarbeit: Wenn eine gemeinsame Zielstellung fehlte bzw. wenn diese Zielstellung aufgrund unterschiedlicher pädagogischer oder fachlicher Orientierungen – beispielsweise unterschiedlicher Unterrichtsstile – nicht gesehen wurde, dann wurde die Zusammenarbeit von den Lehrkräften abgelehnt. Mit der fehlenden Zielstellung stand häufig die Betonung der Autonomie in Zusammenhang: Die Einschränkung der individuellen Arbeitsweise wurde als wichtiger Grund dafür angesehen, dass Kooperation als „zwanghaft" bewertet wurde (z.B. eine vorgeschriebene Zusammenarbeit in Jahrgangsgruppenteams). Der Aspekt des Vertrauens wurde von den Lehrkräften, wenn er denn erwähnt wurde, durchwegs als positiv für die Zusammenarbeit bewertet.

Insgesamt überwog bei den Chemielehrkräften eindeutig das Verständnis von „Kooperation als Austausch" – als beiläufiges „sich informieren", das in den Schulalltag ohne viel Aufwand integriert werden kann. Eine Arbeitsteilung oder die „Kokonstruktion" entspricht dem Begriff, den Lehrpersonen über Zusammenarbeit haben, nur wenig. Zumindest berichteten die interviewten Lehrkräfte nur wenig von Formen der Zusammenarbeit, in denen gemeinsam Produkte erstellt werden oder die eine gemeinsame Reflexion von Unterricht beinhalten. Auffallend war das Fehlen an artikulierten gemeinsamen Aufgaben und Zielstellungen. Das „Bereichern" bzw. „Verbessern" des Unterrichts, das für die Lehrkräfte eine zentrale Rolle spielt, ist für sie im Grunde genommen keine kooperative, sondern eine individuelle Zielstellung. Unsere Studie bestätigt viele andere empirische Arbeiten, die darauf verweisen, dass an deutschen Schulen nach wie vor nur wenig zusammengearbeitet wird (z.B. Steinert et al., 2006). Sie verweist zudem darauf, dass Lehrkräfte nur in geringem Ausmaß ein Verständnis gemeinsamer Ziele haben.

4   Phase 2: Die Verankerung von Fortbildungen in der Fachgruppe

In der zweiten Phase griffen wir für die Gestaltung der Kooperationsanregung unseren Befund aus der ersten Studie auf, wonach die fortbildungsbezogene Kooperation eher an den Schulen stattfand, die sich vor der Fortbildung durch eine gute Kooperationskultur in der Fachgruppe auszeichneten. Für die neue Anregung zur Kooperation planten wir daher eine Verankerung unserer Fortbildung an den Schulen durch Fachgruppenbesuche. Deren mögliche Wirkung soll im Vergleich zu einer Fortbildungsmaßnahme ohne Fachgruppenbesuche an Schulen sowie zu einem Materialangebot ganz ohne Teilnahme an den Fortbildungsworkshops untersucht werden. Eine weitere Schlussfolgerung aus der Interviewstudie war, dass dem Herstellen einer gemeinsamen Zielperspektive bei der Anregung zur Kooperation eine Schlüsselfunktion zukommt. Dies führte zu einer Veränderung des Inhaltes der Fortbildung, die die Basis für die Untersuchungen in der zweiten Projektphase darstellte. Im Folgenden skizzieren wir daher zunächst den neuen Fortbildungsinhalt (Abschnitt 4.1). Im Anschluss stellen wir eine Fragebogenstudie vor, deren Ziel es war, die drei unterschiedlichen Formen der Kooperation empirisch nachzuweisen (Abschnitt 4.2). Die Ergebnisse zur Wirkung der Kooperationsanregung liegen bisher noch nicht vor, da die Fortbildungsmaßnahme noch nicht abgeschlossen ist. In Abschnitt 4.3 soll aber die Gestaltung der Kooperationsanregung dargestellt und begründet werden, bevor ein kurzer Ausblick auf die noch kommenden Arbeiten folgt (Abschnitt 4.4).

4.1   Veränderung des Fortbildungsinhaltes: Umsetzung nationaler Bildungsstandards mit „Chemie im Kontext"

Wenn eine Zusammenarbeit in der Fachgruppe erfolgreich angeregt werden soll, dann muss der Inhalt der Fortbildung die Entwicklung gemeinsam geteilter Zielvorstellungen ermöglichen. Dies ist bei der Unterrichtskonzeption *Chemie im Kontext* nicht in allen Fachgruppen der Fall: Ein Teil der Lehrkräfte steht kontextorientierten Unterrichtskonzeptionen und den damit verbundenen Unterrichtsmethoden eher skeptisch gegenüber. Eine mögliche „geteilte Position" von Kolleginnen und Kollegen sowie die Freiwilligkeit der Veränderung macht die Entwicklung einer gemeinsam getragenen Zielperspektive damit unter Umständen problematisch.

Als Inhalt für die Fortbildungen der zweiten Phase wählten wir daher die Umsetzung der Nationalen Bildungsstandards für das Fach Chemie. Dieser Inhalt ist deswegen geeignet, weil die Bundesländer sich mit der gemeinsamen Verabschiedung 2004 verpflichtet haben, die Bildungsstandards unter anderem im Fach Chemie umzusetzen und diese bildungspolitischen Veränderungen Konsequenzen für die Gestaltung der Lehrpläne bzw. Kerncurricula sowie auf die darauf basierenden schulinternen Rahmenpläne und die Unterrichtsgestaltung der einzelnen Fachlehrerinnen und -lehrer haben.

Die Bildungsstandards benennen Ziele im Sinne von Kompetenzen, die Schülerinnen und Schüler zum Mittleren Schulabschluss erreicht haben sollen. Dem Kompetenzbegriff liegen dabei sowohl inhalts- und handlungsbezogene als auch motivationale und soziale Dimensionen zugrunde (Kultusministerkonferenz, 2005). Basierend auf dem Bildungskonzept *scientific literacy* werden in den Standards für die naturwissenschaftlichen Fächer die Kompetenzbereiche „Fachwissen" (im Sinne einer fachimmanenten Anwendung von Basiskonzepten), „Erkenntnisgewinnung", „Kommunikation" und „Bewerten" beschrieben und durch Standards konkretisiert. Die in den Standards formulierten Kompetenzen beschreiben aber lediglich Ergebnisse des Lernens, sie geben keine Unterrichtsmethoden oder -strategien vor. In den Fachgruppen besteht daher eine Notwendigkeit, sich mit den Bildungsstandards zu befassen und Konzepte zu entwickeln, wie sie in der jeweiligen Schule umgesetzt werden können. Damit bietet sich gerade diese Thematik gut an, um eine Kooperationsanregung in eine Fortbildung zu den Standards zu integrieren.

Ziel der Fortbildungsmaßnahme war es somit, Lehrkräften Anregungen für die Gestaltung eines Unterrichts zu geben, der sich an den Bildungsstandards orientiert und ihnen hilft, die notwendigen Planungen und Maßnahmen an ihren Schulen umzusetzen. Die Konzeption *Chemie im Kontext* bietet dafür eine Reihe von Anregungen und Materialien, so dass die Fortbildungsstruktur in weiten Teilen aus der ersten Phase übernommen werden konnte. Auch in der zweiten Phase wurden daher in einem ersten Workshop (bzw. analog in den Materialien für die Lehrkräfte ohne Teilnahme an den Workshops) die Ziele der Bildungsstandards mit den Grundlagen und Ansätzen von *Chemie im Kontext* vernetzt und anhand exemplarischer Unterrichtskonzeptionen Materialien und Werkzeuge für die Unterrichtsgestaltung vorgestellt. Um die Möglichkeit einer eigenen schulischen Realisierung zu erhöhen, wurden zum Rahmenthema „Verbrennung" Unterrichtsansätze für drei verschiedene Jahrgänge erörtert. Der zweite Workshop legte den Schwerpunkt wiederum auf eine Fortführung der gemeinsamen Unterrichtsplanung auf der Basis der zwischenzeitig gewonnenen eigenen Unterrichtserfahrungen. Dabei standen mit Bezug auf die Standards allerdings Fragen nach geeigneten Aufgaben und Unterrichtsmethoden zur Unterstützung der Kompetenzentwicklung im Vordergrund. Für die Erprobungsphase zwischen den Fortbildungstagen erhielten die Fortbildungsteilnehmer jeweils zum Ende der Veranstaltung eine CD mit Informations- und Unterrichtsmaterialien. Die Teilnehmer der Materialgruppen, die nicht an den Fortbildungstagen teilnahmen, bekamen lediglich die beiden Materialien-CDs sowie schriftliche Zusammenfassungen der zentralen Inhalte der beiden Fortbildungstage zugeschickt, anhand derer sie sich eigenständig mit der Thematik auseinandersetzen konnten.

4.2   Eine Fragebogenstudie zu den drei Kooperationsformen

Im Rahmen des ersten Workshops der Fortbildung wurde eine Fragebogenstudie zu den drei Formen der Kooperation durchgeführt. Dabei gingen wir zwei Fragen nach:
1) Lassen sich die drei von uns theoretisch unterschiedenen Formen von Kooperation als Dimensionen des Kooperationsverhaltens finden?
2) Welche Bedingungen lassen sich für das Auftreten der drei Kooperationsformen empirisch finden?

4.2.1 Versuchspersonen und Design

Versuchspersonen der Studie waren insgesamt 109 Lehrkräfte, die an den ersten Workshops unserer Fortbildungen (vgl. Abschnitt 4.1) in Düsseldorf (Nordrhein-Westfalen), Cloppenburg und Lüneburg (beide Niedersachsen) teilnahmen. Die Lehrkräfte füllten die Fragebögen direkt vor der Fortbildung aus, also bevor sie detaillierter über die Inhalte informiert wurden. Die Items zum Kooperationsverhalten wurden auf einer vierstufigen Likertskala von „nie" bis „sehr häufig" beantwortet, alle übrigen Items (s. u.) auf einer ebenfalls vierstufigen Likertskala, die von „trifft gar nicht zu" bis „trifft völlig zu" reichte.

4.2.2 Fragestellung 1

Mittels Faktorenanalyse untersuchten wir die Dimensionalität von 13 kooperativen Verhaltensweisen (Hauptkomponentenanalyse). Werden alle Faktoren mit einem Eigenwert > 1 berücksichtigt, ergibt sich eine dreifaktorielle Lösung (Tabelle 1), insgesamt können 66 Prozent der Varianz erklärt werden. Die Eigenwerte für die

Faktoren betragen 6,12 (erster Faktor), 1,43 (zweiter Faktor) und 1,02 (dritter Faktor). Ein Teil der Items zeigt deutliche Nebenladungen auf den „benachbarten" Dimensionen; auch das deutliche Absinken des Eigenwertes vom ersten zum zweiten Faktor auf knapp über 1 weist darauf hin, dass die drei Formen der Zusammenarbeit dimensional ähnlich sind. Ausgehend von unseren theoretischen Überlegungen rechtfertigen es die Ergebnisse der Faktorenanalyse aber, von einer tendenziellen Bestätigung unserer drei Dimensionen zu sprechen, wie nachfolgend erläutert wird.

Tab. 1: Ergebnisse der Faktorenanalyse. Faktorladungen nach Hauptkomponentenanalyse mit Varimax-Rotation (N = 109).

	Faktoren		
Kooperationsverhalten	**Aus-tausch**	**Kokon-struktion**	**Synchroni-sation**
Wichtige berufsbezogene Informationen teile ich meinen Fachgruppenmitgliedern mit.	**.877**		
Ich halte mich zusammen mit Fachgruppenmitgliedern über arbeitsrelevante Themen auf dem Laufenden.	**.692**	.398	.248
Ich verständige mich mit Fachgruppenmitgliedern über Inhalte von Chemieunterricht.	**.707**		.383
Ich tausche mit Fachgruppenmitgliedern Unterrichts-materialien aus.	**.665**	.386	.272
Mit Fachgruppenmitgliedern erstelle ich gemeinsame Arbeitsblätter	.305	**.708**	.252
Um ein Feedback zu erhalten, führe ich mit Fach-gruppenmitgliedern gegenseitige Unterrichts-hospitationen durch.		**.782**	
Es kommt vor, dass ich gemeinsam mit Fach-gruppenmitgliedern Unterricht vorbereite.	.229	**.755**	
Mit Fachgruppenmitgliedern gestalte ich Aufgaben.	.260	**.731**	.256
Mit Fachgruppenmitgliedern erarbeite ich Konzepte für neue Chemieprojekte.	.415	**.694**	
Ich erprobe mit Fachgruppenmitgliedern neue Experimente.	.357	**.660**	
Ich spreche mich mit Fachgruppenmitgliedern über Inhalt und Anforderungen von Schularbeiten ab.	.231	.273	**.751**
Ich spreche mich mit Fachgruppenmitgliedern, die dieselbe Klassenstufe unterrichten, über Termine von Klausuren ab.		.327	**.688**
Ich gestalte mit Fachgruppenmitgliedern, die dieselbe Klassenstufe unterrichten, die Themenfolge parallel.	.288		**.717**

Im ersten Faktor finden sich durchgehend Items, die inhaltlich als Informationsaustausch innerhalb der Fachgruppe zu interpretieren sind. Im zweiten Faktor sind die „klassischen" Verhaltensweisen der „Kokonstruktion" zu finden – die gegenseitigen Unterrichtsbesuche und die Erarbeitung neuer Konzepte und Materialien. Auch die gemeinsame Unterrichtsvorbereitung fällt, wie theoretisch erwartet, in diesen Faktor. Der dritte Faktor ist mit drei Items besetzt, die mit der „Synchronisation" in Übereinstimmung stehen, also mit einer kollegialen Abstimmung in Hinblick auf Ziele und Vorgehensweisen. Auch wenn die Eigenwerte des zweiten und dritten Faktors niedrig und die Nebenladungen zum Teil beträchtlich sind, erlauben es die Ergebnisse aufgrund der hohen Korrespondenz zu den theoretischen Überlegungen drei Skalen zum

Kooperationsverhalten zu bilden: Auf der Basis dieser Ergebnisse wurden drei Skalen gebildet: „Austausch" (4 Items; Cronbachs α = .87), „Kokonstruktion" (6 Items; Cronbachs α = .87) und „Synchronisation" (3 Items; Cronbachs α = .69). Die Interkorrelationen zwischen diesen Skalen fallen folgendermaßen aus: „Austausch" – „Kokonstruktion": r = .63; „Austausch" – „Synchronisation": r = .54; „Synchronisation" – „Kokonstruktion": r = .48).

4.2.3 Fragestellung 2

Die zweite Fragestellung lautete, welche Prädiktoren die drei Kooperationsvariablen erklären können. Dazu wurden zunächst jene drei Variablen berücksichtigt, die der theoretischen Abgrenzung der drei Kooperationsformen dienten (s. Abschnitt 2.1): die Zielkonvergenz in der Fachgruppe, das Autonomiebedürfnis und das Vertrauen (Tabelle 2).

Tab. 2: Beschreibung der Prädiktorvariablen zur Erklärung des Kooperationsverhaltens (N = 109).

Variablenname	Skalenbeschreibung und Beispielitems	Cron- bachs α	Item- zahl
Zielkonvergenz in der Fach- gruppe	Übereinstimmung der Fachgruppe in den Zielen. Zieleinig- keit, Bedeutsamkeit und die Einschätzung der Erreich- barkeit der Ziele. Item: „Ich stimme mit den Zielen meiner Fachgruppe über- ein."	.88	7
Autonomie- bedürfnis	Motiv nach Unabhängigkeit in beruflichen Entscheidungen. Wunsch nach wenig Einmischung von anderen. Item: „In meinem Beruf ist mir Unabhängigkeit äußerst wichtig."	.71	3
Vertrauen	Gefühl, sich auf seine Fachgruppenmitglieder verlassen zu können. In Hinblick auf die Einhaltung von Absprachen als auch in Bezug auf deren berufliche Kompetenz. Item: „Auf meine Fachgruppenmitglieder kann ich mich verlassen."	.89	6
Zugehörigkeits- bedürfnis	Motiv, die Nähe, Vertrautheit bzw. den sozialen Kontakt mit den Fachgruppenmitgliedern zu suchen. Item: „Es ist mir wichtig zu wissen, wie meine Fach- gruppenmitglieder als Privatperson sind."	.74	3
Effizienz- orientierung	Motiv, berufliche Aufgaben möglichst gut, schnell und effizient zu erledigen. Item: „ Es ist mir ein echtes Anliegen, die Bildungs- standards bestmöglich umzusetzen."	.81	5
Kooperations- unterstützen- dende Schul- struktur	Bewertung der in der Schule bestehenden zeitlichen und räumlichen Möglichkeiten für Kooperation. Item: „Ich habe häufig die Möglichkeit, mit meinen Fach- gruppenmitgliedern ungestört in Kontakt zu treten."	.66	5
Kooperations- unterstützende Schulleitung	Tendenz des Schulleiters, Kooperation zu fördern, zu fordern und vorzuleben. Item: „Die Schulleitung gibt sich eher als Autorität denn als Kollege." (recodiert)	.92	6

Die drei Skalen, die diese Variablen erfassten, wiesen fast durchgängig eine gute Reliabilität auf. Darüber hinaus wurden mit dem Zugehörigkeitsbedürfnis und der Effizienzorientierung in Anlehnung an Spieß (1996) zwei individuelle Variablen erfasst, von denen man annehmen kann, dass sie das Zustandekommen von Kooperation beeinflussen. Spieß unterscheidet zwei unterschiedlich motivierte Formen der Kooperation: die strategische und die empathische. Während die erste auf die Maximierung der eigenen Leistung und Effizienz ausgerichtet ist, beinhaltet die zweite das Interesse am Kooperationspartner und das Bedürfnis nach Zugehörigkeit. Wie oben dargestellt, haben die verschiedenen Formen der Kooperation unterschiedliche Funktionen: „Austausch" und „Synchronisation" – so könnte man annehmen – stehen eher mit einer Effizienzorientierung in Verbindung; die „Kokonstruktion", bei der man intensiver zusammenarbeitet, eher mit dem Zugehörigkeitsbedürfnis. Beide Skalen weisen eine gute Reliabilität auf.

Schließlich wurden zwei Variablen berücksichtigt, die die Merkmale der Schule erfassen (wobei es sich aber um individuell abgegebene Bewertungen handelt). Zum einen wurde nach einer kooperationsunterstützenden Schulstruktur gefragt, inwieweit den Lehrkräften die Möglichkeit geboten wird, die *zelluläre Struktur der Schule* (Lortie, 1975) zu durchbrechen und Zeit und Raum für die Zusammenarbeit zu finden. Ferner wurde gefragt, inwieweit die Schulleitung die Zusammenarbeit der Lehrkräfte unterstützt. Erste empirische Ergebnisse, die den Einfluss der Schulleitung auf die Zusammenarbeit von Lehrkräften andeuten, liefert Rosenholtz (1991). Sie stellt Folgendes fest: „Principals might well foster collaboration among teachers through their own helping behaviour" (S. 55). Die Schulleitung fungiere als Vorbild und fördere durch ihr eigenes problemlösendes und kooperatives Verhalten die Zusammenarbeit unter den Lehrkräften. Andererseits betont Hargreaves (1994; Hargreaves & Dawe, 1990), dass Lehrerkooperation zwar eine unterstützende Führung benötigen mag, jedoch nicht im Sinne einer künstlichen, von der Schulleitung forcierten Kollegialität durchgesetzt werden sollte. Durch ein Einfordern von Kooperation werde die Autonomie und Professionalität der Lehrkräfte, über ihr Kooperationsverhalten selbst zu entscheiden, untergraben.

Für die drei Kooperationsformen wurden mit diesen Prädiktoren multiple Regressionen gerechnet (Pröbstel & Gräsel, in Vorbereitung). Dabei zeigten sich tendenziell etwas unterschiedliche Prädiktorenmuster: Für „Austausch" erweist sich das gegenseitige Vertrauen in der Fachgruppe als wichtigster Prädiktor. Für „Austausch" und „Synchronisation" stellen die Zielkonvergenz in der Fachgruppe und die unterstützende Schulorganisation wichtige Bedingungen dar. Die „Kokonstruktion" als dritte Form der Zusammenarbeit kann durch die von uns verwendeten Variablen am schlechtesten vorhergesagt werden. Ein wichtiger Prädiktor für diese enge Form der Zusammenarbeit ist das Zugehörigkeitsbedürfnis. In weiteren Analysen werden wir daher untersuchen, ob sich verschiedene „Kooperationstypen" finden lassen, die sich in dem Ausmaß ihres Einlassens auf eine Zusammenarbeit unterscheiden.

Insgesamt hat diese erste Studie die theoretisch postulierten Formen der Zusammenarbeit bestätigt. Die Faktorenanalyse erbrachte theoriekonform drei Faktoren der Zusammenarbeit, die inhaltlich mit den von uns erarbeiteten Formen „Austausch", „Synchronisation" und „Kokonstruktion" korrespondieren.

4.3 Auf dem Weg zu einer gelungenen Kooperationsanregung?

Ein zentrales Anliegen der zweiten Projektphase ist die Gestaltung einer Kooperationsanregung, die tatsächlich geeignet ist, die Zusammenarbeit über Fortbildungsinhalte anzuregen und damit zu einer langfristigen Verbesserung des Unterrichts beizutragen. Aus den Ergebnissen der Vorstudie sowie aus der Analyse der bestehenden Literatur leiteten wir folgende Merkmale ab, die wir in der Gestaltung der Kooperationsanregung realisierten:

4.3.1 Zielgruppe der Kooperationsanregung: die Fachgruppe

Die Zielgruppe für die Kooperationsanregung der zweiten Phase stellten die Chemiefachgruppen der Schulen dar, die sich an dem Fortbildungsprojekt beteiligten. Diese Wahl der Zielgruppe resultierte aus unserer ersten Studie, in der die Fortbildungsinhalte in denjenigen Kollegien eher weiter getragen wurde, in denen bereits vor dem ersten Workshop eine gute Zusammenarbeit etabliert war. Wir zogen daraus die Konsequenz, die Fortbildungsinhalte in der Fachgruppe zu verankern, sie also allen Kolleginnen und Kollegen der Fachgruppe bekannt zu machen und ihre Bedeutung für die gesamte Fachgruppe zu erläutern (s. Abschnitt 2). Realisiert wurde diese Verankerung durch einen Besuch an den beteiligten Schulen nach dem ersten Workshop, der entweder im Rahmen einer regulären Fachgruppensitzung stattfand oder als gesondertes Zusammenkommen organisiert wurde. In der Version der Fortbildung, in der die Lehrkräfte nicht zur Kooperation angeregt wurden, fand dieser Besuch nicht statt.

In der erziehungswissenschaftlichen Literatur wird die Fachgruppe häufig als die organisatorische Einheit an Sekundarschulen betrachtet, in der die Zusammenarbeit zwischen Lehrkräften intensiv ausgeprägt ist. In einer Vorstudie im Frühjahr 2005, in der wir Fachgruppen zu ihren Kooperationsaktivitäten befragten, kamen wir zu einer etwas skeptischeren Einschätzung der Kooperationsintensität (Gräsel et al., 2006): In vielen Chemiefachgruppen bestehen nur wenige und eher unverbindliche Formen der Zusammenarbeit. Sowohl die formellen als auch die informellen Treffen konzentrieren sich auf den Austausch von Informationen. Die formellen Treffen thematisieren dabei viele organisatorische Aspekte (z.B. Anschaffungen), die informellen sind häufig auf die Pausen verteilt oder durch ein zufälliges Aufeinandertreffen im Vorbereitungsraum gekennzeichnet. In vielen der besuchten Fachgruppen bestand kein Verständnis einer gemeinsamen Weiterentwicklung des Unterrichts. Diese Befunde wurden in die Gestaltung des Fachgruppenbesuchs als Kooperationsanregung ebenfalls einbezogen.

4.3.2 Die Basis für Kooperation: gemeinsam getragene Ziele

Eine zentrale Bedingung für Zusammenarbeit ist, dass den Lehrkräften das Ziel ihrer Arbeit bekannt ist (Kelchtermanns, 2006). Das Erkennen eines gemeinsamen Zieles, das als bedeutungsvoll anerkannt wird, scheint gerade für Chemiefachgruppen wichtig zu sein, in denen – wie oben beschrieben – keine etablierte Kultur der Zusammenarbeit besteht. Die Schaffung gemeinsam getragener Ziele umfasst dabei zwei Aspekte: Es muss in Bezug auf die Ziele ein Konsens hergestellt und es muss den Beteiligten deutlich werden, dass das Erreichen des Ziels keine (ausschließlich) individuelle Angelegenheit ist, sondern eine Zusammenarbeit erfordert. Das Ziel muss außerdem für die

Beteiligten klar, bedeutsam und erreichbar formuliert sein (West, 1990). Ein zentrales Merkmal der Kooperationsanregung war es dementsprechend, eine möglichst hohe Zielbindung der Fachgruppe an das Ziel der „gemeinsamen Realisierung der Nationalen Bildungsstandards für den Mittleren Bildungsabschluss" zu erreichen.

Das von uns gewählte Thema der „Bildungsstandards" ist, wie erläutert, gut für die Etablierung eines gemeinsamen Ziels geeignet: Alle Bundesländer haben sich dazu verpflichtet, die Bildungsstandards im Unterricht zu berücksichtigen und sie in die Lehrerausbildung und -fortbildung zu integrieren (Kultusministerkonferenz, 2005). Zudem werden Schulevaluationen bzw. Lernstandserhebungen durchgeführt, die sich an den Bildungsstandards orientieren; dies wird zukünftig auch bei Abschlussprüfungen der Fall sein. Aus der Vorstudie, in der wir die Verankerung in den Fachgruppen erprobten, wussten wir, dass die Bildungsstandards bei Chemielehrkräften noch nicht sehr bekannt sind. 60 Prozent der Lehrkräfte gaben an, dass sie sich eher nicht bzw. gar nicht darüber im Klaren sind, was die Bildungsstandards beinhalten. Die Notwendigkeit einer Beschäftigung mit den Bildungsstandards ist also für die Lehrkräfte in hohem Maße gegeben.

In den Fachgruppenbesuchen wurden bei der Darstellung der Bildungsstandards zunächst die übergeordneten Anliegen betont: So ist es ein Ziel der Bildungsstandards, durch eine stärkere Vernetzung verschiedener Themenbereiche sowie von fachlichen Inhalten und Alltagsphänomenen den Schülerinnen und Schülern ein anschlussfähiges Wissen zu vermitteln und eine *scientific literacy* bei den Schülerinnen und Schülern aufzubauen. Die Umsetzung der Bildungsstandards ist – gerade vor dem Hintergrund der Abschlussprüfungen – auch eine Angelegenheit der gesamten Fachgruppe und nicht nur der einzelnen Lehrkräfte. Damit die Chemielehrkräfte das gemeinsame, übergeordnete Ziel der Umsetzung der Bildungsstandards als bedeutsam erkennen und eine möglichst klare Vorstellung von notwendigen Handlungen aufbauen können, wurden aufbauend auf die Darlegung der Hintergründe in einem Überblick die zentralen Inhalte der Bildungsstandards erläutert und ausgeführt, welche Konsequenzen sich daraus für die Gestaltung des Unterrichts ergeben. Anhand konkreter Beispiele wurde aufgezeigt, wie eine Auseinandersetzung mit der Umsetzung der komplexen Bildungsstandards im Schulalltag strukturiert und gestaltet werden kann. Dieses Aufzeigen von Handlungsperspektiven diente wiederum der differenzierten Zielklärung. Die Bildungsstandards wurden von vielen Lehrkräften als „Berg im Nebel" erfahren – als Anforderung, von der man nicht genau wisse, wie sie zu bewältigen sei.

Das Informieren über die Bildungsstandards und das Aufzeigen von Perspektiven zu ihrer Umsetzung (mit Unterstützungen durch *Chemie im Kontext*) boten den Hintergrund für eine Diskussion in der Fachgruppe, in deren Rahmen die beteiligten Lehrkräfte für sich und ihre Schule konkrete Zielstellungen zur Auseinandersetzung mit den Bildungsstandards formulieren sollten. Dabei wurden die Lehrkräfte darin unterstützt, sich realistische Ziele zu setzen und eine Über- bzw. Unterforderung zu vermeiden.

4.3.3 Konkrete kooperative Handlungsmöglichkeiten und deren Vorteile aufzeigen

In einem nächsten Schritt wurden den Lehrkräften konkrete Handlungsmöglichkeiten aufgezeigt, wie sie ihre gemeinsame Arbeit mit den Bildungsstandards gestalten können, und ihnen dabei folgende Handlungsmöglichkeiten nahe gelegt:

- Analyse eigener Unterrichtssequenzen in Hinblick auf die Umsetzung der Standards und die jahrgangsübergreifende Kompetenzentwicklung;
- Planung einer exemplarischen Unterrichtssequenz unter Berücksichtigung der Bildungsstandards;
- Suche nach Experimenten, Materialien und Methoden, die zur Entwicklung der jeweils angesprochenen Kompetenzen besonders geeignet sind;
- Analyse von Aufgaben (z.B. aus den bestehenden Materialien zu den Bildungsstandards und *Chemie im Kontext*);
- Entwicklung von Aufgaben, die die Ausbildung von Kompetenzen im Sinne der Bildungsstandards unterstützen.

Bei der Darstellung dieser Handlungsmöglichkeiten wurde den Lehrkräften erläutert, inwieweit eine gemeinsame Bearbeitung mit Vorteilen verbunden sein kann (Antoni, 1999; Hargreaves, 1994), und dabei beispielsweise die Effizienz der kooperativen Bearbeitung betont: Bei der Arbeit mit den Bildungsstandards entstehen Problemstellungen, die bei Zusammenarbeit nur einmal gelöst werden müssen. Eine Erläuterung der Handlungsmöglichkeiten und deren kooperativer Bearbeitung erfolgte unter Berücksichtigtigung aller drei Formen der Zusammenarbeit. Die Lehrkräfte wurden abschließend dazu aufgefordert, diese Formen je nach Zielstellung und „Kooperationsaufgabe" zu nutzen. Dazu erhielten sie konkrete Leitfragen und Anregungen. In diesem Zusammenhang wurden die Bedeutung einer guten Arbeitsatmosphäre und des gegenseitigen Vertrauens erneut betont, die für eine erfolgreiche Zusammenarbeit erforderlich sind.

4.3.4 Wahrung der Autonomie der Lehrkräfte

Nicht nur für Lehrkräfte ist es von Bedeutung, die Autonomie ihres Handelns in Kooperationsbeziehungen wahren zu können. Die Forschung zum kooperativen Arbeiten betont generell, dass auch bei der Gruppenarbeit ein Mindestmaß an Entscheidungsund Handlungsfreiheit bei der Aufgabenerledigung gewahrt werden sollte (Spieß, 2004). Dies wird auch durch die Ergebnisse der schulischen Innovationsforschung unterstützt (Gräsel & Parchmann, 2004b): Lehrkräfte sind die Akteure, die Neuerungen in ihrem Unterricht umsetzen – eine zu starke Einschränkung ihrer Handlungsspielräume kann mit Abwehrreaktionen gegenüber den Innovationen verbunden sein. Studien von Hargreaves (1994; Hargreaves & Dawe, 1990) weisen darauf hin, dass eine „arrangierte Kooperation" (contrived collegiality) abgelehnt wird – Hinweise darauf ließen sich auch in unserer Interviewstudie finden (vgl. Abschnitt 3).

Bei der Verankerung der Fortbildung in den Fachgruppen achteten wir entsprechend darauf, den Lehrkräften Möglichkeiten aufzuzeigen, ihnen aber die Entscheidung über die Organisationsform der Zusammenarbeit selbst zu überlassen. Sie wurden dazu aufgefordert, ihre zeitlichen und organisatorischen Möglichkeiten zu überdenken und die Handlungsmöglichkeiten an diese Restriktionen anzupassen.

5 Ausblick

Da die zweite Präsenzveranstaltung erst unmittelbar vor Schuljahresende 2005/2006 stattfand,[4] steht die Auswertung der abschließenden Fragebögen noch aus. Die Anhörungsfassungen der Kerncurricula, die derzeit auf Basis der Bildungsstandards entwickelt werden und die Fortbildungsangebote ergänzen, stehen seit wenigen Wochen auf den Bildungsservern der Länder, so dass die telefonische Nachbefragung zur Umsetzung der Fortbildungsinhalte und der Kooperationsanregungen im Laufe des jetzigen Schuljahres erfolgen wird. Die positive Resonanz auf die Fachgruppenbesuche stimmt uns optimistisch, dass die Lehrkräfte tatsächlich motiviert sind, sich mit den Bildungsstandards sowie den darauf aufbauenden Unterrichtsangeboten auseinander zu setzen und diesbezüglich Kooperationen in ihren Fachgruppen zu initiieren. Die bisherigen Rückmeldungen aus den Fachgruppenbesuchen unterstützen diese Erwartungen.

Literatur

Allemann-Ghionda, C. & Terhart, E. (2006). Kompetenzen und Kompetenzentwicklung von Lehrerinnen und Lehrern: Ausbildung und Beruf. *Zeitschrift für Pädagogik (51. Beiheft)*, 7-11.

Altrichter, H. (1996). Der Lehrerberuf: Qualifikationen, strukturelle Bedingungen und Professionalität. In W. Specht & J. Thonhauser (Hrsg.), *Schulqualität. Entwicklungen, Befunde, Perspektiven* (S. 96-172). Innsbruck: Studien Verlag.

Antoni, C.H. (1999). Kooperationsförderliche Arbeitstrukturen. In E. Spieß (Hrsg.), *Kooperation in Unternehmen* (S. 157-169). München: Rainer Hampp.

Bader, H.J., Höner, K. & Melle, I. (Hrsg.). (2004). *Frankfurter Beiträge zur Didaktik der Chemie, Band 3, Untersuchung des Fortbildungsverhaltens und der Fortbildungswünsche von Chemielehrerinnen und Chemielehrern.* Frankfurt am Main: Verlagsbuchhandlung Schutt.

Borko, H. (2004). Professional Development and teacher learning: Mapping the terrain. *Educational Researcher, 33 (8)*, 3-15.

Cochran-Smith, M. & Lytle, S. (1999). Relationships of knowledge and practice: Teacher learning in communities. *Review of Research in Education, 24*, 249-305.

Daus, J., Pietzner, V., Höner, K., Scheuer, R., Melle, I., Neu, C. et al. (2004). Untersuchung des Fortbildungsverhaltens und der Fortbildungswünsche von Chemielehrerinnen und Chemielehrern. *ChemKon, 11 (2)*, 79-85.

Fishman, B., Marx, R.W., Best, S. & Tal, R.T. (2003). Linking teacher and student learning to improve professional development in systemic reform. *Teaching and Teacher Education, 19*, 643-658.

Gräsel, C., Fussangel, K. & Parchmann, I. (in Druck). Lerngemeinschaften in der Lehrerfortbildung: Kooperationserfahrungen und -überzeugungen von Lehrkräften. *Zeitschrift für Erziehungswissenschaft.*

Gräsel, C., Fußangel, K. & Pröbstel, C. (2006). Lehrkräfte zur Kooperation anregen – eine Aufgabe für Sisyphos? *Zeitschrift für Pädagogik, 52*, 205-220.

Gräsel, C. & Parchmann, I. (2004a). Die Entwicklung und Implementation von Konzepten des situierten, selbstgesteuerten Lernens. *Zeitschrift für Erziehungswissenschaft, Sonderheft 2, PISA und die Folgen*, 169-182.

---

[4] Aufgrund der Standortwechsel beider Projektleiterinnen wurde die Projektlaufzeit nach Genehmigung durch die DFG zeitlich verschoben.

Gräsel, C. & Parchmann, I. (2004b). Implementationsforschung – oder: der steinige Weg, Unterricht zu verändern. *Unterrichtswissenschaft, 32*, 238-256.

Gräsel, C., Parchmann, I., Puhl, T., Baer, A., Fey, A. & Demuth, R. (2004). Lehrerfortbildungen und ihre Wirkungen auf die Zusammenarbeit von Lehrkräften und die Unterrichtsqualität. In J. Doll & M. Prenzel (Hrsg.), *Bildungsqualität von Schule: Lehrerprofessionalisierung, Unterrichtsentwicklung und Schülerförderung als Strategien der Qualitätsverbesserung* (S. 133-151). Münster: Waxmann.

Hargreaves, A. (1994). *Changing teachers, changing times. Teachers work and culture in the postmodern age.* New York: Teachers College Press.

Hargreaves, A. & Dawe, R. (1990). Paths of Professional development: contrived collegiality, collaborative culture, and the case of peer coaching. *Teaching and Teacher Education, 6*, 227-241.

Helsper, W. (2004). Pädagogische Professionalität. Thementeil. *Zeitschrift für Pädagogik, 50 (3).* 303-37

Kelchtermanns, G. (2006). Teacher collaboration and collegiality as workplace conditions. A review. *Zeitschrift für Pädagogik, 52 (2)*, 220-238.

Kultusministerkonferenz. (2005). *Bildungsstandards für Chemie für den mittleren Schulabschluss. Beschluss vom 16.12.2004.* München, Neuwied: Luchterhand.

Little, J.W. (1990). The persistence of privacy: autonomy and intitiatve in teachers' professional relations. *Teachers College Record, 91*, 509-536.

Lortie, D.C. (1975). *Schoolteacher: A sociological study.* Chicago: University of Chicago.

Mayring, P. (2003). *Qualitative Inhaltsanalyse. Grundlagen und Techniken.* Weinheim: UTB.

McLaughlin, M.W. & Talbert, J.E. (2006). *Building school-based teacher learning communities.* New York: Teachers College Press.

Ostermeier, C. (2004). *Kooperative Qualitätsentwicklung in Schulnetzwerken. Eine empirische Studie am Beispiel des BLK-Modellversuchsprogramms „Steigerung der Effizienz des mathematisch-naturwissenschaftlichen Unterrichts" (SINUS).* Münster: Waxmann.

Parchmann, I., Demuth, R., Ralle, B., Paschmann, A. & Huntemann, H. (2001). Chemie im Kontext – Begründung und Realisierung eines Lernens in sinnstiftenden Kontexten. *Praxis der Naturwissenschaften – Chemie, 50*, 2-7.

Parchmann, I., Gräsel, C., Baer, A., Nentwig, P., Demuth, R. & Ralle, B. (2006). „Chemie im Kontext": A symbiotic implementation of a context-based teaching and learning approach. *International Journal of Science Education, 28*, 1041-1062.

Prenzel, M. (2000). Steigerung der Effizienz des mathematisch-naturwissenschaftlichen Unterrichts: Ein Modellversuchsprogramm von Bund und Ländern. *Unterrichtswissenschaft, 28,* 103-126.

Prenzel, M., & Ostermeier, C. (2003). Steigerung der Effizienz des mathematisch-naturwissenschaftlichen Unterrichts – Ein unterrichtsbezogenes Qualitätsentwicklungsprogramm. *Beiträge zur Lehrerbildung, 21 (2)*, 265-276.

Pröbstel, C. & Gräsel, C. (in Vorbereitung). Einflussfaktoren auf Lehrerkooperation.

Putnam, R.T. & Borko, H. (2000). What do new views of knowledge and thinking have to say about research on teacher learning? *Educational Researcher, 29 (1)*, 4-15.

Rolff, H.-G. (1991). Schulentwicklung als Entwicklung von Einzelschulen? *Zeitschrift für Pädagogik, 37*, 865-886.

Rosenholtz, S.J. (1991). *Teacher's workplace. The social organization of schools.* New York: Teachers College Press.

Schweizer, K. & Klieme, E. (2005). Kompetenzstufen der Lehrerkooperation: Ein empirisches Beispiel für das Latent-Growth-Curve-Modell. *Psychologie in Erziehung und Unterricht, 52*, 66-79.

Spieß, E. (1996). *Kooperatives Handeln in Organisationen: Theoriestränge und empirische Studien.* München: Rainer Hampp.

Spieß, E. (2004). Kooperation und Konflikt. In H. Schuler (Hrsg.), *Organisations-psychologie – Gruppe und Organisation* (Band 4, S. 193-247). Göttingen: Hogrefe.

Steinert, B., Klieme, E., Maag Merki, K., Döbrich, P., Halbheer, U. & Kunz, A. (2006). Lehrerkooperation in der Schule: Konzeption, Erfassung, Ergebnisse. *Zeitschrift für Pädagogik, 52*, 185-204.

West, M.A. (1990). The social psychology of innovation in groups. In M.A. West & J.L. Farr (Eds.), *Innovation and Creativity at Work* (S. 309-333). New York: Wiley.

Wilson, S.M. & Berne, J. (1999). Teacher learning and the acquisition of professional knowledge: An examination of research on contemporary professional development. *Review of Research in Education, 24*, 173-209.

Kontextfaktoren

Leonie Herwartz-Emden, Verena Schurt & Wiebke Waburg

Schulkultur, Geschlechtersegregation und Mädchensozialisation – die Ambivalenz des Mädchenschulkontextes

Bericht über ein Forschungsprojekt in Bayern[1]

1 Einleitung

Kann die Bedeutung der Kategorie Geschlecht in einer Institution wie der Schule in den Hintergrund treten? Im Hinblick auf die Benachteiligungen, die für Mädchen und Jungen im bundesdeutschen Schulsystem entlang der Geschlechtergrenze bestehen, hat die Eingangsfrage ungebrochene Relevanz: Während Jungen insbesondere auf formaler Ebene (Klassenwiederholungen, Schulabschlüsse etc.) gegenüber Mädchen als „Verlierer"[2] gelten, so können letztere diese „Erfolge" u.a. aufgrund geschlechtsspezifischer Fach-, Ausbildungs- und Studienwahlen meist nicht in ihrem späteren Berufsleben umsetzen und münden in weniger attraktive wie prestigeträchtige Berufe mit geringeren Verdienst- und Aufstiegsmöglichkeiten ein (Herwartz-Emden, Schurt & Waburg, 2005). Schule reproduziert kontinuierlich die Geschlechterverhältnisse der Gesellschaft. Aber bieten möglicherweise gerade monoedukative Schulen – Orte also, in denen Geschlecht als ein entscheidendes Aufnahmekriterium in die Schulgemeinschaft gilt und zunächst akzentuiert wird – Chancen für eine Nivellierung geschlechtsspezifischer Ungleichheiten? Konzentriert man sich auf das weibliche Geschlecht, so wird die Hoffnung auf günstige Auswirkungen des Mädchenschulbesuchs bezüglich der Ausbildung „geschlechtsuntypischer" Fähigkeiten wie etwa Führungskompetenzen nicht zuletzt bei Betrachtung der Bildungsbiographien bekannter und erfolgreicher amerikanischer Frauen genährt: So absolvierten bspw. Politikerinnen wie Hillary Clinton und Madeleine Albright Teile ihrer Ausbildung in monoedukativen Einrichtungen (Eberle, 2000).

Anders als im angloamerikanischen Raum sind in der deutschen Bildungslandschaft Frauenuniversitäten gar nicht und Mädchenschulen kaum existent; nur in einigen wenigen Bundesländern finden sich noch monoedukative Schulen für Mädchen. In Bayern jedoch können sie als gelebte und praktizierte Alternative zu koedukativen Schulen angesehen werden – mit 86 Einrichtungen sind hier über die Hälfte der 163 Mädchenschulen[3] angesiedelt. Diese 61 Realschulen und 25 Gymnasien stellen nicht nur aufgrund der großen Nachfrage seitens der Elternschaft, sondern auch hinsichtlich ihrer Anzahl und Verteilung insbesondere in bayerischen Großstädten einen regulären Teil der Schullandschaft dar. Damit bietet sich in Bayern ein ideales Untersuchungsfeld, um möglichen Potenzialen der monoedukativen Unterrichtung von Mädchen nachzugehen.

---

1   Die Studie wird gefördert durch Mittel der DFG. Sie ist an das DFG-Schwerpunktprogramm *Bildungsqualität von Schule* (BiQua) assoziiert.

2   Vgl. zur Diskussion um die geschlechtsspezifische Verortung von Bildungserfolg resp. -misserfolg Crotti (2006).

3   Die Daten über die Anzahl und Verteilung der Mädchenschulen in Bayern und Deutschland beziehen sich auf eine umfassende Recherche, die im Jahr 2003 durchgeführt und 2004 wiederholt wurde. Es ist jedoch davon auszugehen, dass in der Zwischenzeit keine Mädchenschulen geschlossen, für Jungen geöffnet oder neu gegründet wurden.

Das von uns durchgeführte Projekt wird in Gestalt eines verallgemeinernden Überblicks einleitend mit Forschungszielen und -design der Studie vorgestellt. Der synoptischen Darstellung des methodischen Vorgehens und der Ergebnisse der einzelnen Forschungslinien geht eine knappe Einbettung des Projektzusammenhangs in theoretische Annahmen und Forschungsbefunde zur Monoedukation voraus. Im abschließenden Punkt erfolgt die Annäherung an eine Methodentriangulation – sprich die Rückbindung und Fokussierung der Resultate aus den verschiedenen Untersuchungslinien zu einem Gesamtfazit.

2   Forschungsziele und Forschungsdesign

Nach der fast vollständigen Umsetzung der Koedukation in Deutschland und mehr als dreißig Jahren Erfahrung mit dieser Organisationsform, bilden drei Kernfragen das Zentrum des DFG-Projektes *Schulkultur, Geschlechtersegregation und Mädchensozialisation*: Was macht die Mädchenschule zur Mädchenschule? Welche Merkmale zeichnen sie aus? Und was können monoedukative Schulen zur Förderung von Mädchen und für ihre geschlechtliche Sozialisation leisten? Die zusammenhängende Fragestellung ist die Frage nach der Ausrichtung und Qualität der Geschlechtersozialisation – in den Intentionen und Bildungszielen der einzelnen Schulen, im Unterricht und der alltäglichen schulischen Praxis, auf der Ebene der kollektiven Orientierungen sowie mit Fokus auf den Erfahrungen und dem Befinden der Mädchen auf Schülerinnenebene.

Um das zumindest im deutschsprachigen Raum wenig erforschte Feld der Mädchenschule anhand der skizzierten Fragen in seiner Komplexität konkreter zu beleuchten, wurde das Forschungsdesign der Studie in drei sich ergänzenden Forschungslinien angelegt, in denen je spezifische Methoden Anwendung finden:

- Die *erste Forschungslinie* fokussiert auf (1) den Kontext der geschlechtersegregierten Schule und die alltägliche schulische Praxis in Bezug auf Thematisierungen/De-Thematisierungen von Geschlecht sowie (2) die handlungspraktische Ebene des Unterrichts bezüglich der Interaktionen zwischen den Schülerinnen und mit ihren Lehrkräften in den „männlich" konnotierten Schulfächern Mathematik und Physik.

- In der *zweiten Forschungslinie* stehen die kollektiven Orientierungen von Mädchenschulschülerinnen im Zusammenhang mit (1) dem Erleben/den Erfahrungen in der Mädchenschule an sich (bezogen auf den Unterricht, die Klassengemeinschaft, Beziehungen untereinander und zu den Lehrkräften etc.), (2) der Peer-Group und (3) den Entwicklungsaufgaben der weiblichen Adoleszenz im Fokus.

- Die beiden qualitativen Forschungsstränge werden durch eine breit angelegte, schriftliche Basisbefragung komplementiert. Das Interesse zielt in dieser *dritten Forschungslinie* vorrangig auf die schulischen Erfahrungen und Einschätzungen der Mädchen sowie ihre psychischen Dispositionen – sprich auf das „Befinden" der Schülerinnen im monoedukativen Kontext insgesamt, in Deutsch als „Mädchenfach" und Mathematik sowie insbesondere Physik als „Jungenfächern".

3 Theoretischer Rahmen

Geschlechtstypische Zuschreibungen finden sich, so die Ausgangsannahme, in der geschlechtersegregierten Welt der Mädchenschule wieder; auch die monoedukative Schule reproduziert die Geschlechterverhältnisse der Gesellschaft. Offen ist, wie sich diese Verhältnisse in den von uns untersuchten Mädchenschulen manifestieren. Werden sie hier lediglich abgebildet, imitiert und weiter getragen? Oder bietet sich ein Raum, der Mädchen eine Ausbildung fern von Beschränkungen aufgrund ihrer Geschlechtszugehörigkeit ermöglicht – quasi ein „Moratorium" in Bezug auf die Anforderungen der weiblichen Adoleszenz?

Prinzipiell sind Einrichtungen mit Geschlechtertrennung – wie Mädchenschulen – einerseits eine Darstellung der Zweigeschlechtlichkeit durch die Institution, andererseits gehört dazu auch ein „Neutralisierungseffekt ‚nach innen', nämlich in Bezug auf die geschlechtliche Entspannung dieser Situation selbst" (Hirschauer, 1994, S. 679). In diesem Sinne stellen Mädchenschulen zunächst eine Dramatisierung der Geschlechterdifferenz dar;[4] Geschlecht wird hier zur Organisationsvariable. Sie sind aber zugleich als Institutionen anzusehen, in denen Geschlecht als soziales Klassifikationskriterium, sprich die Kategorisierung als „die Mädchen" und „die Jungen", in der Praxis seine Funktion einbüßt.

Zur Eingrenzung der Problematik in Bezug auf die „Ver-" resp. „Entschärfung" von Geschlecht im monoedukativen Setting ist des Weiteren zu berücksichtigen, dass Geschlechterkonstruktionen prinzipiell diskontinuierlich verlaufen und sich in „Episoden, in denen Geschlecht in sozialen Situationen auftaucht und verschwindet" (ebd., S. 677) zeigen. Dies verdeutlicht, dass die entsprechende Entscheidung über die Aktualisierung oder Neutralisierung der Geschlechterdifferenz von den Teilnehmenden selbst verhandelt wird und sich folglich (auch schulische) Kontexte nicht per se nach dem Grad ihrer Sexuierung resp. Genderisierung kategorisieren lassen. Insofern ist eine Mädchenschule weder der Ort, an dem Geschlechterkonstruktionen vorzugsweise verhandelt werden, noch der Ort, an dem sie gänzlich außen vor bleiben – die Entscheidung über die Relevanz oder Verhandlungswürdigkeit der Kategorie „Geschlecht" wird kontextbezogen, bereichsbezogen, situativ und interaktionsabhängig von allen Beteiligten im schulischen Feld getroffen (Herwartz-Emden & Schurt, 2004).

Somit bildet die Frage nach der Herstellung von geschlechterbezogenen Typisierungen im Spannungsfeld des monoedukativen Kontextes einen wesentlichen Zugang für unsere Erhebungen: Zeigt sich in Mädchenschulen ein nach innen gerichteter „Neutralisierungseffekt" oder wird dieser hier nicht vollzogen?

4 Forschungsstand zur Monoedukation

Die Frage nach der Wirkungsweise von Monoedukation kann bei einem Blick auf die aktuellsten *deutschsprachigen* und *internationalen Publikationen* zur getrennten Unterrichtung von Mädchen und Jungen nicht eindeutig beantwortet werden, da ein heterogener Gesamteindruck zu konstatieren ist. Die wenig einheitlichen Ergebnisse der Forschung basieren auf den verschiedensten empirischen Studien, die – mit zum Teil äußerst differenten Forschungsansätzen – in unterschiedlichen kulturellen Kontexten und Bildungssystemen durchgeführt worden sind (zur ausführlichen Darstellung und

---

4 So Wetterer (1996, S. 270) über Frauenhochschulen.

Evaluation des Forschungsstands Kessels, 2002; Herwartz-Emden, Schurt & Waburg, 2005; Schurt & Waburg, 2006a; 2007a).

Knapp zusammengefasst zeigen sich mit Rekurs auf die *internationale Forschungslage* Widersprüche bezüglich der Effekte von Monoedukation in Zusammenhang mit Leistungen und Selbstkonzept im naturwissenschaftlichen Bereich, Karriereaspirationen sowie der Geschlechtstypik von Fach- und Berufswahlen. Insgesamt überwiegen jedoch Studien, die über positive und/oder keine Effekte der Monoedukation berichten (Mael et al., 2005) und es zeichnen sich länder- und studienübergreifende Parallelen ab: Mädchenschulen und Women Colleges scheinen im Vergleich zu koedukativen Institutionen die Selbstwirksamkeitserwartung(en) der Schülerinnen resp. Studentinnen zu stärken und werden als unterstützenderes Umfeld wahrgenommen.

Für den *deutschsprachigen Raum* stellt sich die empirische Befundlage als relativ dünn dar, steht doch eine aktuelle Neubewertung der Potenziale von Mädchenschulen (noch) aus. Insbesondere mangelt es an adäquaten Untersuchungen, die auf mögliche positive bzw. negative Effekte der Monoedukation während der Phase der Adoleszenz fokussieren – in der sich potenzielle Einflüsse besonders deutlich zeigen sollten – und diese mit qualitativen Forschungsinstrumenten in den Blick nehmen. Dies gilt ohne Einschränkungen für den deutschsprachigen Raum und auch internationale Publikationen weisen einen deutlichen Überhang an quantitativen Untersuchungen auf – hier liegen jedoch einige qualitative Studien vor (z.B. Brody et al., 1998; Shmurak, 1998; Streitmatter, 1999).

5   Methodische Anlage der Studie und Ergebnisse[5]

Unsere Untersuchung setzt am aufgezeigten Forschungsdesiderat an und wendet sich dem Gegenstand „Mädchenschule" auf mehrperspektivischer Ebene insbesondere mit qualitativen, aber auch quantitativen Zugängen zu. Das Projekt fußt – den drei Forschungslinien entsprechend – auf den methodischen Säulen der teilnehmenden Unterrichtsbeobachtung, dem Gruppendiskussionsverfahren und der schriftlichen Befragung mittels Fragebogen. Die Erhebungen wurden in den Jahren 2002 bis 2006 an monoedukativen und koedukativen bayerischen Gymnasien und Realschulen in je zwei Klassenstufen (Schülerinnen und Schüler 8. und 11. Klassen) durchgeführt – also bei Jugendlichen, die sich in verschiedenen Phasen der Adoleszenz befinden und unterschiedlich lange Erfahrung mit dem monoedukativen Kontext haben. Grundlage dieser Auswahl bildet *erstens* die Annahme, dass die Geschlechtszugehörigkeit im Vergleich zu anderen Lebensphasen während der Adoleszenz von herausragender Relevanz ist (Hill & Lynch, 1983; Jösting, 2005; Kessels, 2002), die Bedeutung der Kategorie „Geschlecht" in monoedukativen Kontexten aber aufgrund der fehlenden Abgrenzungslinien und Spannungen, die koedukative Schulen aufweisen, in den Hintergrund treten kann. *Zweitens* gehen wir davon aus, dass die Zeitspanne der Erfahrung mit Monoedukation Einfluss auf die untersuchten Bereiche hat – auf das Erleben und die Wahrnehmung der monoedukativen Schule, die Einstellungen zu dieser, die entwickelten kollektiven Orientierungen in Bezug auf die Mädchenschule sowie die Interaktionen

5   Wir danken den Schulleitungen und Lehrerkollegien aller Schulen, die am Projekt partizipierten, für ihre Unterstützung bei der Organisation und Durchführung aller Erhebungen. Unser besonderer Dank gilt den Schülerinnen und Schülern für ihre Bereitschaft, an unserer Untersuchung teilzunehmen, für ihre Offenheit und ihr reges Interesse.

und Inszenierungen, insbesondere mit Blick auf Konstruktionsprozesse von Geschlecht in geschlechtshomogenen Lerngruppen.

Im Folgenden stellen wir jeweils bezogen auf die drei verschiedenen Untersuchungsstränge die leitenden Forschungsfragestellungen und ihre methodische Umsetzung im Zusammenhang mit Ergebnissen und vorläufigen Auswertungen dar.

5.1 Unterrichtsbeobachtungen

Im Zentrum der Forschungslinie 1 stehen die immanente Analyse sozialen Geschehens im Kontext der Mädchenschule und insbesondere die interaktive Ausgestaltung der schulischen Mikroprozesse zwischen den Akteuren. Den Forschungsgegenstand bildet die Handlungspraxis der Interaktionsteilnehmer/-innen – Schülerinnen und Lehrpersonen – im Schulalltag. Ziel ist es, auf dieser Ebene Muster, die den Beteiligten selbst nicht reflexiv zugänglich sind, abzubilden und Logiken, Regeln und Bedeutungen ihres Handelns im monoedukativen Setting zu rekonstruieren. Das Forschungsinteresse richtet sich konkret auf drei Aspekte des Unterrichts:

1) Das *Schülerinnenhandeln* als Interaktion der Schülerinnen untereinander und mit den Lehrkräften, wobei berücksichtigt wird, dass die Akteure im Unterricht mit schulischen Anforderungen und denen der Peer-Kultur konfrontiert werden und umgehen müssen;
2) das *Lehrerhandeln* – hierbei wird auf die Geschlechtsidentität der lehrenden Person als spezifische Performance in Inszenierungen und Routinen fokussiert;
3) die *konkrete (Unterrichts-)Praxis* in Mathematik und Physik unter Berücksichtigung der geschlechtsspezifischen Konnotation dieser Fächer als männlich resp. „Jungenfächer".

5.1.1 Methodisches Vorgehen und Datenmaterial

Den methodischen Zugang bilden teilnehmende Unterrichtsbeobachtungen in rund 140 Mathematik- und Physikstunden; die Beobachtungen lehnen sich an das Paradigma der Ethnographie an. Als adäquates Analyseverfahren für die vorliegenden Beobachtungsprotokolle wird insbesondere das Theoretische Codieren in Anlehnung an Strauss (1994; bspw. auch Böhm, 2003) gesehen; ergänzend werden ausgewählte Textpassagen der Feldprotokolle einer sequenzanalytischen Interpretation (vgl. zu dieser Methode in Bezug auf Beobachtungsprotokolle Budde, 2005; Breidenstein & Meier, 2004) unterzogen. Während der Codierprozess vor allem darauf zielt, das Material in seiner Komplexität zu erfassen und auf ein zentrales Phänomen, eine Kernkategorie hin zuzuspitzen, dient die Sequenzanalyse einer intensiven Auseinandersetzung mit einzelnen Themen, die für unsere Forschungsfrage besonders ergiebig und aufschlussreich sind, wie bspw. die Raum- und Körperpraktiken der Mädchenschulschülerinnen.

Im Projektverlauf wurden Unterrichtsbeobachtungen in den Fächern Mathematik und Physik an einer städtischen Mädchenrealschule (64 Protokolle), zwei katholischen Privatgymnasien für Mädchen (75 bzw. 38) sowie einem koedukativen Gymnasium in städtischer Trägerschaft (32) durchgeführt. Der Datenkorpus umfasst insgesamt 209 Beobachtungsprotokolle aus 8. und 11. Klassen, die z.T. als Tandemmitschriften vorliegen. Die folgenden Auswertungen fußen v.a. auf Analysen der Unterrichtsbeobachtungen an den Mädchengymnasien; die vertiefte Kontrastierung dieses Materials mit den Beobachtungsprotokollen aus der monoedukativen Realschule[6] sowie der koedukativen Vergleichsschule wird gegenwärtig im Projekt realisiert.

5.1.2 Ergebnisse

In den Unterrichtsbeobachtungen wird die Ambivalenz des Sozialisationskontextes Mädchenschule deutlich. Die Widersprüchlichkeit wird für diesen Zusammenhang anhand der beiden ausgewählten Themen „sozialer und persönlicher Raum" und „doing difference" – angesichts der Komplexität des Materials in verkürzter Form – herausgearbeitet.

Soziale und persönliche Räume: Ausgehend von der Hypothese, dass Mädchen im „kulturellen System der Zweigeschlechtlichkeit" (insbesondere räumlich bezogene) Eingrenzungen erfahren, ist festzustellen, dass diese im geschlossenen Raum der monoedukativen Schule weniger evident sind – was sich für zwei Dimensionen auffächert: soziale und persönliche Räume. Wenngleich die Funktion der raumbezogenen Verhaltensweisen und Interaktionen einiger Schülerinnen (überwiegend aus der 8. Klassenstufe) in der Inszenierung der Geschlechtszugehörigkeit zu verorten ist, zeigen sich bei einer Vielzahl von Mädchen, v.a. den Elftklässlerinnen der Gymnasien, abweichende Strukturen: Zum Teil mittels legerer (den Köper wenig betonender) Kleidung, insbesondere aber in raumgreifenden Handlungs- und Interaktionspraktiken erweitern sie ihren Körper- und Bewegungsraum, inszenieren ihren persönlichen Raum.

Offensichtlich erleben die Mädchen ihr unmittelbares Umfeld – die Mädchenschulklasse und die geschlechtshomogene Lernumgebung – als Chance, den Raum, der ihnen vollständig zur Verfügung steht, für sich einnehmen zu können. Das (noch) eher „geschlechtstypische", wenig raumgreifende Verhalten der Achtklässlerinnen liegt unseres Erachtens darin begründet, dass sich Mädchen „gerade in den ersten Jahren der Adoleszenz, beim Übergang von kindlichen zu jugendlichen Inszenierungen" (Jösting, 2005, S. 43) adäquat als Mädchen inszenieren und darstellen müssen (ebd.). Wir gehen davon aus, dass sich für ältere Schülerinnen in Verbindung mit der längeren Erfahrung im geschlechtersegregierten Raum eine Entlastung von diesen Anforderungen andeutet. Anzumerken ist, dass die beschriebenen Praktiken in erster Linie vor bzw. nach dem Unterricht, in bestimmten Stunden und fast ausnahmslos während der Anwesenheit von weiblichen Lehrpersonen zu beobachten waren – was noch vertieft zu analysieren ist.

Doing difference – doing gender, doing adult, doing adolescent, doing peer und *doing student.* Auf Ebene der körperbezogenen Inszenierungen, Interaktionen und Routinen kommt es hauptsächlich in der elften Jahrgangsstufe zu einem Bedeutungsverlust von Geschlecht, während eine Dramatisierung vor allem mit Blick auf die Achtklässlerinnen evident wird: Die Mädchen konstruieren ihre Geschlechtszugehörigkeit und inszenieren sie mittels verschiedener Körper-, Haar- und Kleidungspraktiken – auch ohne die Anwesenheit von Jungen. Diese Praktiken lassen sich nicht nur als „doing gender" verstehen, sondern dienen ebenfalls der Darstellung von Reife (doing adult), die es den Schülerinnen der achten Klasse gestattet, sich als möglichst

---

6   Auf Unterschiede zwischen den Mädchenschulen bzgl. Schultypen (Realschule – Gymnasium) und Rechtsformen (öffentlich versus privat) verweisen verschiedene Phänomene und Themen, die bei einer komparativen Kontrastierung gewonnen wurden. Dies sind u.a. Distinktionen, Gesundheitsbewusstsein, Gendering und Geschlechtsidentität der Lehrperson, Noten und Leistung (Feedback), Privatisierung, schulische Rituale sowie Sorge und Kontrolle.

„erwachsen" darzustellen (vgl. dazu auch Faulstich-Wieland & Güting, 2000; Güting, 2004).[7]

Anzunehmen ist, dass insbesondere geschlechtshomogene Kontexte in dieser Phase der Adoleszenz zu einer Betonung der Geschlechtszugehörigkeit und einer Verstärkung von geschlechtsspezifischen Inszenierungspraktiken führen: Die Mädchen müssen sich in der Peer-Group und durch den Vergleich mit dieser als besonders weiblich darstellen, um erstens adäquat wahrgenommen und anerkannt und zweitens zugleich den empfundenen Anforderungen und Erwartungen gerecht zu werden – hier wird die Verschränkung von Inszenierungen als „Jugendliche" (doing adolescent) und Mitglied der Mädchengruppe (doing peer) besonders prägnant. Zudem findet der Unterricht erstens zwar ohne Mitschüler, aber oftmals mit männlichen Lehrpersonen statt, und zweitens befinden sich die Mädchen nicht unter einer „Glasglocke" – völlig isoliert und abgeschirmt –, sondern treffen vor und nach der Schule wie auch in ihrer Freizeit auf das „andere Geschlecht".

In der *konkreten Unterrichtssituation* tritt Geschlecht dagegen oftmals in den Hintergrund und wird von anderen Konstruktionsprozessen überlagert, bspw. im Sinne eines „doing student". In den Vordergrund rücken das Dasein und die Position als Schülerin, die im Kontext von Schule zentral sind und bilden den Mittelpunkt der Handlungsmotivation. In den Interaktionen zwischen den Schülerinnen und den Lehrkräften – insbesondere den weiblichen – verliert Geschlecht an Bedeutung und die Erwartungen und Bedingungen seitens der Schule bzw. des Faches an Relevanz. Speziell bei den Mathematik- und Physiklehrerinnen entwickeln die Mädchen Interaktions- und Inszenierungsmuster, die – betrachtet man Schule unter einem didaktisch-pädagogischen Blickwinkel – in Bezug auf schulischen Erfolg (Bewältigung des Stoff- und Lernpensums, gute Noten, Anerkennung seitens Lehrkraft und Eltern etc.) viel versprechend sind: Sie beteiligen sich häufig und aktiv am Unterricht, zeigen sich an den Unterrichtsinhalten interessiert, sind leistungsorientiert, motiviert und wirken selbstbewusst.

Die Annahme, die Mädchen würden lediglich ihren „Job" als Schülerin (Breidenstein & Jergus, 2005) erfüllen, scheint vor diesem Hintergrund u.E. zu kurz gegriffen. Insbesondere das starke Engagement der Schülerinnen im Unterricht (bspw. die Bitte um Zusatzstunden zur Vertiefung des Lernstoffs) oder vor diesem (z.B. das gemeinsame Berechnen von Mathematikaufgaben) spricht gegen diese These. Offensichtlich gestalten die beobachteten Mädchen ihr Verhältnis zur Schule lapidar ausgedrückt „anders" als Schülerinnen und Schüler koedukativer Schulen und es handelt sich bei den beschrieben Praktiken nicht nur um „das instrumentelle Verrichten von Schule als Job" (ebd., S. 197), sondern um mehr als das. Es stellt sich die Frage, ob die „Schülerinnenrolle" möglicherweise in einer geschlechtshomogenen Lernumgebung weiter gefasst wird und/oder die in der Literatur beschriebene Distanzierung gegenüber Schule im Rahmen der Peer-Kultur hier weniger stark ausgebildet ist. Das heißt, Mädchen können in diesem Kontext gute Schülerinnen sein, ohne als „unweiblich" zu gelten, ohne für Jungen unattraktiv zu werden – diese fehlen als Mitschüler und sind insofern keine Beobachter von Leistungserfolgen. Zudem könnte es sein, dass sich an Mädchenschulen eine ausgeprägte akademische Lernkultur findet, die sich in den

---

7 Diese verschiedenen Konstruktionsprozesse beziehen sich auf differente Ebenen und können nicht auf einer Stufe nebeneinander gestellt werden. Das heißt, dass bspw. ein „doing adult" nicht zugleich als „undoing gender" verstanden werden kann und dieses quasi „ersetzt". Die Zuschreibungs- und Einübungsprozesse sind eng miteinander verwoben und die verschiedenen Konstruktionen treten in den Vorder- resp. den Hintergrund, sind aber immer (noch) existent und „verschwinden" nicht einfach (Rendtorff, 2005).

Praktiken, Interaktionen und Inszenierungen der Schülerinnen niederschlägt. Diese Annahmen sind vertieft und unter Berücksichtigung der Unterrichtsbeobachtungen an der koedukativen Vergleichsschule zu analysieren.

5.1.3 Fazit

Zusammenfassend kann festgehalten werden, dass an Mädchenschulen in den beobachteten Physik- und Mathematikstunden fachspezifische Anforderungen des Unterrichts an Bedeutsamkeit gewinnen und Geschlecht als Kategorie an Relevanz verliert. Auf einen Bedeutungsverlust von *gender* im monoedukativen Setting weisen ebenfalls die raumgreifenden Verhaltensweisen, die „geschlechtsuntypische" Aneignung und Ausweitung persönlicher wie sozialer Räume der Mädchenschulschülerinnen hin. Die körperbezogenen Inszenierungen und Interaktionen insbesondere der Achtklässlerinnen, die u.a. der Konstruktion von Weiblichkeit dienen, machen jedoch deutlich, dass sich Mädchen auch in einer geschlechtshomogenen Lernumgebung nicht in einem „luftleeren" Raum befinden, in dem die normativen Zwänge des „kulturellen Systems der Zweigeschlechtlichkeit" unwirksam werden.

5.2 Gruppendiskussionen

In der Forschungslinie 2 zielt das Forschungsinteresse auf die Erhebung der Einstellungen und Erfahrungen der Peer-Group mittels des Gruppendiskussionsverfahrens nach Bohnsack (2003). Von besonderer Relevanz sind in diesem Zusammenhang die Interessen und Orientierungen der adoleszenten Schülerinnen, wobei auf das schulische Erleben, Vorstellungen zur Vereinbarkeit von Familie und Beruf sowie die Peer-Kultur fokussiert wird.

5.2.1 Methodisches Vorgehen und Datenmaterial

Die Auswertung der Diskussionen erfolgt mit der dokumentarischen Methode (Bohnsack), diese eröffnet einen „Zugang nicht nur zum reflexiven, sondern auch zum handlungsleitenden Wissen der Akteure und damit zur Handlungspraxis" (Bohnsack, Nentwig-Gesemann & Nohl, 2001, S. 9); es wird der Frage nachgegangen, wie gesellschaftliche Realität in der Praxis hergestellt wird, welcher Orientierungsrahmen der Praxis zugrunde liegt (ebd.). Die Methode setzt sich aus den Interpretationsschritten der formulierenden Interpretation, der reflektierenden Interpretation und der Typenbildung zusammen (vgl. dazu ausführlicher Bohnsack, 2003; Bohnsack, Nentwig-Gesemann & Nohl, 2001; Breitenbach, 2000).

Im Rahmen des Projekts wurden Diskussionen an zwei privaten katholischen Mädchengymnasien (7 Diskussionen), einer städtischen Mädchenrealschule (2) und einem städtischen koedukativen Gymnasium (5) durchgeführt. Die folgenden Ausführungen beziehen sich auf die Diskussionen mit Mädchengymnasiastinnen; die noch ausstehende Kontrastierung mit Diskussionen aus anderen schulischen Kontexten (Mädchenrealschule sowie koedukative Schule) findet gegenwärtig statt.

5.2.2 Ergebnisse

Auf einer stark verallgemeinernden Ebene lassen sich in den Gruppendiskussionen mit Mädchengymnasiastinnen drei divergierende Diskurse nachzeichnen, in denen sich – wie in den Unterrichtsbeobachtungen – die Widersprüchlichkeit des monoedukativen Kontextes offenbart: Der Mädchenschulbesuch wird in einem Diskurs vordergründig befürwortet, in einem anderen abgelehnt; die Einschätzungen der Mädchen werden innerhalb der Diskussionen jedoch immer wieder in Frage gestellt. Beide Diskurse zeigen, dass von den Mädchen scheinbar aufgrund der normativen Präsenz der Koedukation eine eindeutige Positionierung bzgl. der Monoedukation verlangt wird, eine solche aber nicht im inkorporierten Wissen verankert ist. Sie erleben Vor- und Nachteile – über die jedoch nicht offen gesprochen werden kann – und lösen die Ambivalenz kommunikativ in die eine oder andere Richtung auf. Der dritte Diskurs ist dadurch gekennzeichnet, dass die Auseinandersetzung mit dem monoedukativen Kontext in den Hintergrund tritt, die Geschlechtersegregation verliert aufgrund von aktuellen schulbezogenen Problemen (bspw. Leistungen, soziale Integration in der Klasse, Lehrpersonen) in diesen Gruppen an Bedeutung, es wird in nur wenigen Passagen über Vor- und Nachteile der Monoedukation gesprochen, jedoch geschieht dies wenig ambitioniert.

Auf einer spezifischeren Ebene der Analyse beinhaltet die Typenbildung u.a. die Frage danach, welche sich dokumentierenden Orientierungsrahmen im spezifischen Erfahrungshintergrund des Mädchenschulbesuchs zu verorten – also mädchenschultypisch – sind. Diese Basistypik (im Folgenden: „Schulorganisationstypik"), die durch das Erkenntnisinteresse des Projekts vorgegeben ist, wird in eine umfassende Typologie eingebunden, d.h. von anderen Typiken und damit verbundenen relevanten Erfahrungsdimensionen (Geschlecht, Alter, Einzelschule etc.) abgegrenzt und ihre Verschränkung mit diesen herausgearbeitet (Bohnsack, 2001):

Schulorganisationstypik: Für Schülerinnen von Mädchengymnasien besteht eine (Sphären-)Trennung zwischen ihrem schulischen Erleben (also der Schule als einem Ort, an dem gelernt wird und Freundschaften unter Mädchen gelebt werden) und den Kontakten zum anderen Geschlecht, den Jungen, die sich in der Freizeit abspielen. Diese Trennung kann von den Mädchen unterschiedlich bewertet werden – zum einen wird sie befürwortet, weil für Mädchenschulen eine positiv eingeschätzte, von akademischen Werten geprägte Atmosphäre angenommen wird. Zum zweiten wird sie von den Schülerinnen nicht mit einer Wertung verbunden, da in der Freizeit Kontakte zu Jungen bestehen und das andere Geschlecht im schulischen Alltag nicht vermisst wird. Zum Dritten erfolgt eine Ablehnung der Trennung: Die Schülerinnen von Mädchenschulen erleben sich (aufgrund mangelnder Kontakte zum anderen Geschlecht im Freizeitbereich) im Vergleich zu denen koedukativer Schulen als defizitär im Umgang mit Jungen. Als *mädchenschultypisch* könnte sich ebenfalls der in allen Diskussionen erfolgende Verweis auf die entlastende Wirkung der Geschlechterseparation (in Bezug auf Weiblichkeitsdarstellungen – Aussehen und Verhalten – und die Annahme, nur in monoedukativen Gruppen authentisch sein zu können) erweisen (vgl. zu ähnlichen Aussagen in Diskussionen mit Mädchengruppen Bütow, 2006). Beide Bereiche der Organisationstypik stehen in engem Zusammenhang mit der Konstruktion einer weiblich-jugendlichen Normalität.

Geschlechtstypik: In allen Diskussionen zeigen sich sehr ähnliche Mechanismen der kommunikativen, kollektiven Konstruktion von Geschlecht: Die Schülerinnen grenzen sich von stereotypen, typisch weiblichen Mädchenfiguren ab – vorrangig von den negativen Mädchenfiguren des „typischen Mädchens" und der „Schlampe" (vgl. zu „negativen Mädchenfiguren" Breitenbach & Kausträter, 1998). Es zeigt sich der Wunsch, selbst einer alternativen, einzigartigen, jedoch im Rahmen heterosexueller Normalität verankerten Weiblichkeit zu entsprechen. Annahmen über Unterschiede zwischen den Geschlechtern und über feststehende Konventionen in Interaktionen mit Jungen dokumentieren sich ebenfalls in allen Gruppen. Zum Beispiel werden Jungen als offener und direkter eingeschätzt, während die Mädchen sich z.T. als scheinheilig darstellen. Dem anderen Geschlecht wird eine „Korrekturfunktion" für die als unangemessen empfundenen Facetten eigener Charakteristika und Praktiken zugewiesen. Auch werden Annahmen über geschlechtsspezifische Begabungen deutlich, denen zufolge die Potenziale von Jungen im technisch-mathematisch-naturwissenschaftlichen, die der Mädchen im Sprachbereich liegen. Des Weiteren nehmen die Mädchen an, sie müssen sich in Gesprächen mit Jungen verstellen, um diesen zu gefallen; ein angemessenes Verhalten in gemischtgeschlechtlichen Gruppen orientiert sich an stereotypen Weiblichkeitsbildern (eher passiv, im Hintergrund stehend).

Adoleszenztypik: Die Konstruktion von Jugendlichkeit/Erwachsensein geschieht bei Nicht-Mädchenschülerinnen durch den Verweis auf eine gewisse „Normalität" biographischer Verläufe und entsprechender Entwicklungsbedürfnisse der Geschlechter: das Bestehen einer Geschlechtertrennung während der Kindheit und deren Aufhebung in der Jugend (Breitenbach, 2000). Bei Schülerinnen von Mädchengymnasien zeigt sich ein homologes Muster in Passagen über die Entwicklung der Bewertung der Abwesenheit von Jungen in ihren Schulen: Direkt im Anschluss an die Grundschule wird die Abwesenheit von Jungen begrüßt, in späteren Klassen werden Jungen dann vermisst, schließlich sprechen die Mädchen davon, dass mittlerweile „normale" Kontakte bestehen.

Entwicklungstypik: Unterschiede zeigen sich zwischen den Diskussionen mit Acht- und Elftklässlerinnen, die sich in unterschiedlichen Phasen der Adoleszenz befinden, z.B. in Bezug auf die Rechtfertigung eines nicht angestrebten Wechsels an eine koedukative Schule: Achtklässlerinnen bringen ihren Wunsch nach Verbleib an der Mädchenschule und damit nach Kontinuität und Erhalt ihrer schulischen Welt mit der Autorität der Eltern, Elftklässlerinnen mit der Gefahr einer Verschlechterung der Leistungen durch einen Wechsel in Verbindung. Die Bezugnahme auf Geschwister als negative/positive Gegenhorizonte erfolgt ausschließlich in 8. Klassen. Schwestern bilden für Achtklässlerinnen relevante Andere, von denen sie sich in Bezug auf Weiblichkeitskonstruktionen abgrenzen, mit denen sie in Konkurrenz treten. In einem zweiten Muster orientieren sich die Schülerinnen an ihren Schwestern oder diese sich an ihnen. Brüder werden insofern relevant, als dass sie Weiblichkeitsentwürfe nicht gefährden bzw. sogar positiv beeinflussen, indem sie ihre Schwestern davon abhalten „typisch weiblich" zu werden. Elftklässlerinnen des Samples rekurrieren nicht mehr auf ihre Geschwister, sie scheinen aus dem engeren familiären Zusammenhang eher herausgetreten zu sein, für sie haben Geschwister bezüglich der Konstruktion von Geschlecht an Bedeutung verloren.

Schultypik: Die Erfahrungen, die die Schülerinnen der von uns berücksichtigten zwei Mädchengymnasien machen, scheinen sich in einigen Bereichen voneinander zu unterscheiden. Dies drückt sich vor allem in Aussagen über die Abwesenheit von Jungen im monoedukativen Setting aus. Ein stark problematisierender Umgang mit der Abwesenheit von Jungen zeigt sich ausschließlich bei Gruppen eines Gymnasiums, während die Schülerinnen der anderen Schule die Abwesenheit nur kurz bedauern oder gar nicht thematisieren. Ausschließlich in den Gruppen des letzteren Gymnasiums zeigt sich, dass die Schülerinnen im Umgang mit dem anderen Geschlecht zumindest eine gleichberechtigte Position für sich beanspruchen. Annahmen über die Ausgestaltung des Geschlechterverhältnisses bzw. von Beziehungen zum anderen Geschlecht scheinen von größerer Egalität geprägt zu sein. Dies dokumentiert sich z.B. in der Zurückweisung von auf der Annahme von Geschlechterdifferenzen beruhenden Machtansprüchen männlicher Lehrkräfte und in den Antizipationen zukünftiger Vereinbarkeitsarrangements, die auf gleichberechtigter und gleichverpflichtender Teilhabe beider Partner beruhen.

5.2.3 Fazit

Festzuhalten ist, dass sich Unterschiede im Erleben der Monoedukation in Abhängigkeit vom Alter der Diskussionsteilnehmerinnen und den Besonderheiten einzelner Schulen, ihrer Leitlinien, ihrer Lernkultur, ihrer sozialen Struktur dokumentieren. Letztere sind eventuell auf die Lage der Schulen (die eine liegt im Stadtzentrum, die andere außerhalb des engeren Stadtgebietes) oder auf andere schulspezifische Besonderheiten, die noch eruiert werden müssen, zurück zu führen. Neben den beschriebenen Unterschieden im Erleben der Monoedukation zeichnen sich Orientierungen ab, die zum einen für Mädchenschulschülerinnen typisch zu sein scheinen (z.B. die Verortung der Kontakte zu Jungen im Freizeitbereich) und deren Ursprung zum anderen in spezifischen Erfahrungsräumen (geschlechts-, adoleszenz- sowie altersbezogenen) liegt – also nicht durch den geschlechterseparierten Kontext gegeben ist.

5.3 Schriftliche Basisbefragung[8]

Das Forschungsinteresse der Fragebogenerhebung fokussiert auf Erfahrungen und Einschätzungen von Mädchen im Kontext der monoedukativen resp. koedukativen Schule sowie ausgewählte Personenmerkmale in bestimmten Fächern. Erfasst wird das Wohlbefinden der Schülerinnen zum einen in Bezug auf die subjektive Wahrnehmung des sozialen Schulklimas und Einschätzung der Beziehungsqualität zu den Lehrkräften, zum anderen hinsichtlich des fachspezifischen Befindens in Deutsch, Mathematik und Physik. Die Fächer wurden aufgrund ihrer geschlechtsspezifischen Konnotation ausgewählt: In gemischtgeschlechtlichen schulischen Kontexten bezeichnen Schülerinnen im Vergleich zu Schülern Deutsch häufiger als „Mädchenfach" und Physik häufiger als „Jungenfach". Bei Mathematik zeigen sich keine Unterschiede zwischen den Geschlechtern, wenngleich dieses Fach insgesamt eher maskulin konnotiert wahrgenommen wird – allerdings nicht im gleichen Ausmaß wie Physik (Hannover & Kes-

---

8 Vgl. ausführlicher zu Messinstrumenten, Ergebnissen und deren Diskussion Schurt & Waburg (2006a, 2006b, 2007b).

sels, 2002). In der Untersuchung sollen die folgenden beiden Hypothesen überprüft werden:

Mit Blick auf die Forschungsbefunde zu Effekten der Monoedukation gehen wir *erstens* davon aus, dass Mädchenschulen im Vergleich zu koedukativen Einrichtungen von den Schülerinnen als unterstützender wahrgenommen werden und sich positiv auf die Selbstwirksamkeitserwartung der Schülerinnen auswirken; offensichtlich tragen geschlechtshomogene Lernumgebungen zu einer Entlastung von alterstypischen Stressoren bei. Folglich sollten Mädchen, die hier unterrichtet werden, auf mehr soziale wie personale Ressourcen zurückgreifen und die Anforderungen seitens der Schule leichter bewältigen können. Dies führt uns zu *Hypothese (1):* Die Schülerinnen von Mädchenschulen bewerten die Beziehungen zu den Lehrkräften und ihren Mitschülerinnen positiver und berichten von höheren Selbstwirksamkeitserwartungen.

Vor dem Hintergrund der Annahme, dass Geschlecht als Kategorie in monoedukativen Kontexten an Relevanz verliert, vermuten wir *zweitens*, dass sich hier zugleich ein Raum bietet, in dem den subtilen Benachteiligungen der koedukativen Schule durch die Ermöglichung einer breiten, geschlechtsuntypischen Interessen- und Persönlichkeitsentwicklung wie Selbstentfaltung entgegengewirkt werden kann. Dementsprechend sollten sich Mädchen, die in einer geschlechtersegregierten Lernumgebung ausgebildet werden, auch Domänen zuwenden, die eher maskulin konnotiert sind und im entsprechenden Fachunterricht ein höheres diesbezügliches Wohlbefinden entwickeln. Aus diesen Überlegungen resultiert *Hypothese (2):* Schülerinnen monoedukativer Schulen bewerten die physikbezogenen Skalen positiver als Schülerinnen koedukativer Schulen. Hinsichtlich der Mathematik-Skalen bestehen ebenfalls Unterschiede zugunsten von Mädchenschulschülerinnen, diese sind aber geringer ausgeprägt – da Mathematik in geringerem Ausmaß als „männlich" konnotiert wahrgenommen wird. Die deutschspezifischen Skalen betreffend zeigen sich keine oder unwesentliche Unterschiede zugunsten der koedukativ unterrichteten Mädchen.

5.3.1 Instrument und Stichprobe

Zur Überprüfung unserer Hypothesen wurde ein Instrument entwickelt, das u.a. Skalen zum sozialen Schulklima, zur Qualität der Lehrer-Schüler-Beziehung, zur Selbstwirksamkeitserwartung (allgemein, schulisch und fachbezogen) sowie zu fachspezifischen Personmerkmalen (in Deutsch, Mathematik und Physik) enthält. Berücksichtigung fand daneben die soziale Herkunft der Gymnasiastinnen – gefragt wurde nach dem Beruf und der darin ausgeübten Tätigkeit des Vaters bzw. der Mutter sowie analog zur PISA-Studie nach der Anzahl der im Haushalt befindlichen Bücher (Kunter et al., 2002) als einem Indikator kulturellen Kapitals. Bei allen eingesetzten Skalen handelt es sich um vorliegende und bereits getestete Instrumente.

Der Fragebogen wurde insgesamt an drei Mädchengymnasien und fünf Mädchenrealschulen sowie adäquaten koedukativen Vergleichsschulen (drei Gymnasien und vier Realschulen) in verschiedenen bayerischen Städten eingesetzt. Das Sample umfasst somit rund 2.000 Personen; ca. 1.100 Mädchenschulschülerinnen und rund 900 Schülerinnen und Schüler koedukativer Schulen. Bisher wurden Auswertungen basierend auf der Teilstichprobe der Gymnasiastinnen durchgeführt, die aus drei Mädchengymnasien und drei koedukativen Gymnasien besteht. Sie umfasst N = 804 Schülerinnen, davon sind N = 513 Mädchenschulschülerinnen (290 Achtklässlerinnen und 223 Elftklässlerinnen) und N = 291 koedukativ unterrichtete Gymnasiastinnen (172 Achtklässlerinnen und 119 Elftklässlerinnen). Die folgenden Ausführungen beziehen sich auf diese Gymnasialstichprobe.

In Bezug auf die sozialen Hintergrundmerkmale „soziale Klasse der Bezugspersonen (Eltern)" und „Anzahl der Bücher" bestehen keine signifikanten Unterschiede zwischen monoedukativen und koedukativen Gymnasien. Es kann davon ausgegangen werden, dass die Differenzen zwischen monoedukativ und koedukativ unterrichteten Schülerinnen, über die von uns im Folgenden berichtet wird, nicht in den hier untersuchten Merkmalen des sozialen Hintergrunds begründet liegen.

5.3.2 Ergebnisse und Fazit

Betrachtet man den Einfluss der Schulorganisationsform auf die Befindlichkeit von Mädchen, so offenbart sich bezüglich des *schulischen Wohlbefindens* ein heterogenes Bild: Während mit Blick auf die Einschätzung des Schulklimas die Mädchenschulschülerinnen die sozialen Beziehungen[9] als besser beurteilen, äußern die koedukativ unterrichteten Gymnasiastinnen eine geringere Schulverdrossenheit und einen niedrigeren Leistungsdruck an ihren Schulen. Keine (auf die Schulorganisationsform zurückzuführenden) Unterschiede zeigen sich bei der Einschätzung der Qualität der Lehrer-Schüler-Beziehung und der allgemeinen bzw. der schulischen Selbstwirksamkeitserwartung. Damit konnte unsere erste Hypothese nur zum Teil – auf der Ebene der Beziehungen zwischen den Schülerinnen monoedukativer Gymnasien – bestätigt werden.

Für den Bereich des *fachspezifischen Wohlbefindens* in Physik und Deutsch fallen die Ergebnisse in erwartungskonformer Richtung aus: Die Mädchenschulschülerinnen beurteilen alle physikbezogenen Skalen positiver – sie berichten von einer besseren aktuellen Stimmung, höherem körperlichen Wohlbefinden, größerem Interesse am und einer höheren Selbstwirksamkeitserwartung im Fach Physik. Dagegen geben die koedukativ unterrichteten Mädchen an, von ihren Fähigkeiten in Deutsch überzeugter zu sein. Offensichtlich verlieren im geschlechtersegregierten Raum der Mädchenschule geschlechtspezifische Konnotationen der Fächer Physik und Deutsch an Bedeutung – die Gymnasiastinnen nehmen Physik möglicherweise weniger als Jungenfach resp. Deutsch weniger als Mädchenfach wahr. Zudem fühlen sie sich augenscheinlich wohler als im konventionellen Physikunterricht. Hinsichtlich der Befindlichkeit in Mathematik finden sich entgegen der Erwartungen keine Differenzen zwischen Gymnasiastinnen monoedukativer und koedukativer Schulen. Dies führen wir darauf zurück, dass das Fach von Schülerinnen beider Schulorganisationsformen in nur geringem Ausmaß als „männlich" konnotiert wahrgenommen wird.

Als zusammenfassendes Fazit kann festgehalten werden, dass sich in unserer Fragebogenuntersuchung in Bezug auf das Wohlbefinden ein Widerspruch im Erleben und Bewerten des monoedukativen Kontextes durch die Mädchenschulschülerinnen dokumentiert. Die aufgezeigten positiven, negativen und nicht vorhandenen Effekte des Mädchenschulbesuchs reproduzieren die oben dargelegte Heterogenität der internationalen Forschungsergebnisse zur Wirkungsweise der Monoedukation. Allerdings wird in unserer Studie deutlich, dass die Mädchenschule eher in speziellen bzw. männlich konnotierten Bereichen als günstige Schulumgebung empfunden wird, während

---

9   Die Mädchenschulschülerinnen bewerten im Vergleich zu den koedukativ unterrichteten Gymnasiastinnen das Schüler-Sozialklima und tendenziell auch die soziale Bindung in der Klasse – jeweils höchstsignifikant – positiver (Schurt & Waburg [2006a, 2006b, 2007b]).

allgemein gehaltene Einstellungsfragen zur Mädchenschule negativer bewertet werden.[10] Hier zeigt sich der Trend, der sich auch in den anderen Erhebungslinien auffinden und bestätigen lässt: Der Mädchenschulbesuch wird nie pauschal als positiv zu bewertender schulischer Kontext betrachtet – also in „öffentlicher Rede" eher abgelehnt –, während er in Hinsicht auf konkrete und detailliert zu benennende Situationen, Beziehungen und Bereiche deutlich positiver eingeschätzt wird. Dies ist darauf zurückzuführen, dass Mädchen aus Mädchenschulen aufgrund einer „koedukativen Norm" Stigmatisierungen und Abwertungen im öffentlichen Raum erleben, die sie auf diese Weise vorweg nehmen oder beantworten. Mädchen aus koedukativen Schulen können einer positiven Einschätzung ihrer schulischen Situation unverhohlener und unvoreingenommen zustimmen (vgl. ausführlicher zu Ergebnissen und deren Diskussion Schurt & Waburg, 2006a, 2006b, 2007b).

6   Annäherung an eine Methodentriangulation und Gesamtfazit

Die komplexe Anlage der Studie ermöglicht erstens einen Überblick über systematisch auftretende Unterschiede zwischen den von uns untersuchten Mädchenschulen, zweitens eine Kontrastierung mono- und koedukativer Einrichtungen, damit zusammenhängend drittens einen Vergleich zwischen Mädchenschulschülerinnen sowie Schülerinnen und Schülern gemischtgeschlechtlicher Schulen und viertens im Sinne einer Methodentriangulation einen empirischen Zugang zum untersuchten Feld bzw. Gegenstand, der einen Weg zur Erweiterung von Erkenntnismöglichkeiten darstellt (Flick, 2004). Es soll nicht versucht werden, im Sinne einer – oft falsch verstandenen – Triangulation, eine willkürliche Angleichung herzustellen (vgl. hierzu Helsper, Herwartz-Emden & Terhart, 2001). Dennoch muss eine Zusammenführung, möglichst vor dem Hintergrund der leitenden theoretischen Annahmen und dem Forschungsraster, geleistet werden. Den hierzu unerlässlichen „roten Faden" bildet die durchgängige Fragestellung nach der Geschlechtersozialisation im monoedukativen Setting.

Die befragten und beobachteten Mädchen bewegen sich in ihrer Schule in einem Spannungsfeld: Sie fühlen sich im monoedukativen Setting wohl, können dies aber gegenüber der überwältigenden Realität der Koedukation und der damit verbundenen Vorstellung von „Normalität" und „Modern-Sein" – so die Ergebnisse der Gruppendiskussionen – überwiegend nur schwer verbalisieren. Die Ergebnisse der Fragebogenauswertung und der Unterrichtsbeobachtungen belegen ein positives soziales wie persönliches Wohlbefinden der Mädchenschulschülerinnen, unterstützende Beziehungen der Mädchen zueinander und einen Umgang, der durch Hilfsbereitschaft und Rücksichtnahme gekennzeichnet ist. Es bleibt festzuhalten, dass der Mädchenschulkontext von Mädchen, die damit ausreichende Erfahrungen haben, als förderlich empfunden wird, die normativen Zwänge der Koedukation und des „kulturellen Systems der Zweigeschlechtlichkeit" aber auf mehreren Ebenen wirksam bleiben und insofern ihre Erfahrungen und Einschätzungen durch vielfältige Widersprüche gerahmt sind.

Die zu Beginn des Beitrags gestellte Frage danach, ob die Kategorie „Geschlecht" im schulischen Setting in den Hintergrund treten kann, ist dennoch unbedingt zu bejahen. In allen drei Forschungslinien zeigen sich Hinweise auf einen phasenweise auftretenden und/oder bereichsbezogenen Bedeutungsverlust der Kategorie „Geschlecht". (1) Die Beobachtungen belegen, dass im Unterricht „Geschlecht" und geschlechtstypisierende Zuschreibungen an Gewicht verlieren und die fachspezifischen Anforde-

---

10   Sehr allgemein gehalten sind z.B. die Items der Skala „Schulverdrossenheit".

rungen an Relevanz gewinnen. (2) In den Gruppendiskussionen dokumentiert sich die Wahrnehmung einer Entlastung von der Notwendigkeit zur Darstellung des Geschlechts mittels „typisch weiblicher" Darstellungspraxen. (3) Die positivere Bewertung der physikspezifischen Skalen des Fragebogens durch Mädchenschulschülerinnen deutet an, dass ihnen eine breitere, geschlechtsuntypischere Entwicklung ermöglicht wird.

Einschränkend ist anzumerken, dass sich die dargelegten Ergebnisse unserer Studie, die sich v.a. auf Schülerinnen bayerischer Mädchengymnasien beziehen, (noch) nicht ohne Weiteres auf andere Schulformen (bspw. Realschulen) oder Bundesländer übertragen lassen. Daneben besteht die Möglichkeit, dass sich die Schulen wie auch die Schülerschaft in Merkmalen unterscheiden, die in unserer Untersuchung nicht kontrolliert wurden.

Dennoch muss betont werden, dass im Mädchenschulkontext Potenziale liegen, die bis dato unterschätzt sind. Deutlich wird dies u.a. durch die Kontrastierung der Untersuchung von Sandmeier (2005) – die aufzeigt, dass die Selbstwertentwicklung bei Mädchen vom Jugendalter bis ins frühe Erwachsenenalter kontinuierlich und fortschreitend unterhalb der von männlichen Jugendlichen und jungen Erwachsenen verläuft – mit den Ergebnissen der vorliegenden Studie (in Bezug auf die höhere physikbezogene Selbstwirksamkeitserwartung der Mädchenschulschülerinnen). Auch internationale Forschungsbefunde verweisen mit Blick auf die Stärkung der Selbstwirksamkeitserwartung von Schülerinnen in monoedukativen Lernumgebungen auf die Potenziale der Mädchenschule.

Literatur

Böhm, A. (2003). Theoretisches Codieren: Textanalyse in der Grounded Theory. In U. Flick, E. v. Kardorff & I. Steinke (Hrsg.), *Qualitative Forschung. Ein Handbuch* (S. 475-485). Reinbek: Rowohlt.

Bohnsack, R. (2001). Typenbildung, Generalisierung und komparative Analyse: Grundprinzipien der dokumentarischen Methode. In R. Bohnsack, I. Nentwig-Gesemann, A.-M. Nohl (Hrsg.), *Die Dokumentarische Methode und ihre Forschungspraxis. Grundlagen qualitativer Sozialforschung* (S. 225-252). Opladen: Leske + Budrich.

Bohnsack, R. (2003). *Rekonstruktive Sozialforschung. Einführung in qualitative Methoden. 5. Auflage*. Opladen: Leske + Budrich.

Bohnsack, R., Netwig-Gesemann, I. & Nohl, A.-M. (Hrsg.). (2001). *Die dokumentarische Methode und ihre Forschungspraxis. Grundlagen qualitativer Sozialforschung*. Opladen: Leske + Budrich.

Breidenstein, G. & Jergus, K. (2005): Schule als Job? Beobachtungen aus dem achten Schuljahr. In G. Breidenstein & A. Prengel (Hrsg.), *Kindheits- und Schulforschung – ein Gegensatz?* (S. 177-200). Wiesbaden: VS Verlag.

Breidenstein, G. & Meier, M. (2004). Streber – Zum Verhältnis von Peer Kultur und Schulerfolg. *Pädagogische Rundschau, 58*, 549-563.

Breitenbach, E. (2000). *Mädchenfreundschaften in der Adoleszenz. Eine fallrekonstruktive Untersuchung von Gleichaltrigengruppen*. Opladen: Leske + Budrich.

Breitenbach, E. & Kausträter, S. (1998): „Ich finde man braucht irgendwie eine Freundin" – Beziehungen zu Gleichaltrigen in der weiblichen Adoleszenz. *Zeitschrift für Soziologie der Erziehung und Sozialisation, 18*, 389-402.

Brody, C., Fuller, K., Gosetti, P.P., Moscato, S., Nagel, N., Pace, G. & Schmuck, P. (1998). *Gender and the Culture of Schools*. Paper presented at the Annual Meeting of the American Educational Research Association. San Diego, USA, April 13-17.

Budde, J. (2005). *Männlichkeit und gymnasialer Alltag. Doing Gender im heutigen Bildungssystem*. Bielefeld: Transcript.

Bütow, B. (2006). *Mädchen in Cliquen. Sozialräumliche Konstruktionsprozesse von Geschlecht in der weiblichen Adoleszenz*. Weinheim, München: Juventa.

Crotti, C. (2006). Ist der Bildungserfolg bzw. -misserfolg eine Geschlechterfrage? *Zeitschrift für Pädagogik, 52 (3)*, S. 363-374.

Eberle, U. (2000). *Schule der Frauen. An Women's Colleges lernen Amerikanerinnen, wie man an die Spitze kommt*. Zugriff am 23. Mai 2006 unter http://www.zeit.de/archiv/2000/18/200018.c-womencollege_.xml?page=all.

Faulstich-Wieland, H. & Güting, D. (2000). Die Inszenierung von Geschlecht in Körperpraxen von Schulklassen. In H.Z. Thomas & N.H. Weber (Hrsg.), *Kinder und Schule auf dem Weg* (S. 29-43). Weinheim: Beltz.

Flick, U. (2004). *Triangulation. Eine Einführung*. Wiesbaden: VS Verlag für Sozialwissenschaften.

Güting, D. (2004). *Soziale Konstruktion von Geschlecht im Unterricht. Ethnographische Analysen alltäglicher Inszenierungspraktiken*. Bad Heilbrunn: Klinkhardt.

Hannover, B. & Kessels, U. (2002): Challenge the science-stereotype! Der Einfluss von Technik-Freizeitkursen auf das Naturwissenschaften-Stereotyp von Schülerinnen und Schülern. In M. Prenzel & J. Doll (Hrsg.), *Bildungsqualität von Schule: Schulische und außerschulische Bedingungen mathematischer, naturwissenschaftlicher und überfachlicher Kompetenzen* (S. 341-358). Weinheim: Beltz.

Helsper, W., Herwartz-Emden, L. & Terhart, E. (2001). Qualität qualitativer Forschung in der Erziehungswissenschaft – ein Tagungsbericht. *Zeitschrift für Pädagogik, 47 (2)*, 251-269.

Herwartz-Emden, L. & Schurt, V. (2004). Die Darstellung von Geschlecht im Alltag einer Mädchenschule – Werkstattbericht aus einem Forschungsprojekt in Bayern. In W. Bos, E.-M. Lankes, N. Plaßmeier & K. Schwippert (Hrsg.), *Heterogenität. Eine Herausforderung an die empirische Bildungsforschung* (S. 141-162). Münster: Waxmann.

Herwartz-Emden, L., Schurt, V. & Waburg, W. (2005). Mädchenschulen zwischen Traditionalismus und Emanzipationsanspruch. Forschungsstand und Forschungsdesiderata. *Zeitschrift für Pädagogik. 51 (3)*, 342-362.

Hill, J.P. & Lynch, E.L. (1983). The Intensification of Gender-Related Role Expectations during Early Adolescence. In J. Brooks-Gunn & A. Petersen (Eds.), *Girls at Puberty. Biological and Psychosocial Perspectives* (pp. 201-228). New York, London: Plenum.

Hirschauer, S. (1994). Die soziale Fortpflanzung der Zweigeschlechtlichkeit. *Kölner Zeitschrift für Soziologie und Sozialpsychologie, 46*, 668-692.

Jösting, S. (2005). *Jungenfreundschaften. Zur Konstruktion von Männlichkeit in der Adoleszenz*. Wiesbaden: VS Verlag für Sozialwissenschaften.

Kessels, U. (2002). *Undoing Gender in der Schule. Eine empirische Studie über Koedukation und Geschlechtsidentität im Physikunterricht*. Weinheim, München: Juventa.

Kunter, M., Schümer, G., Artelt, C., Baumert, J., Klieme, E., Neubrand, M., Prenzel, M., Schiefele, U., Schneider, W., Stanat, P., Tillmann, K.-J. & Weiß, M. (2002). *PISA 2000: Dokumentation der Erhebungsinstrumente*. Berlin: Max-Planck-Institut für Bildungsforschung.

Mael, F., Alonso, A., Gibson, D., Rogers, D. & Smith, M. (2005). *Single-Sex Versus Coeducational Schooling: A Systematic Review*. Prepared for: U.S. Department of Education. Office of Planning, Evaluation and Policy and Program Studies Service. Zugriff am 14. März 2006 unter http://www.ed.gov/rschstat/eval/other/single-sex/single-sex.pdf.

Rendtorff, B. (2005). Strukturprobleme der Frauen- und Geschlechterforschung in der Erziehungswissenschaft. In R. Casale, B. Rendtorff, S. Andresen, V. Moser & A. Prengel (Hrsg.), *Geschlechterforschung in der Kritik* (S. 19-39). Opladen & Bloomfield Hills: Verlag Barbara Budrich.

Sandmeier, A. (2005). Selbstwertentwicklung vom Jugendalter bis ins frühe Erwachsenenalter – eine geschlechtsspezifische Analyse. *Zeitschrift für Soziologie der Erziehung und Sozialisation, 25 (1)*, 52-66.

Schurt, V. & Waburg, W. (2006a, eingereicht). Fachspezifik und Geschlechtstypik – zum Zusammenhang von Schülermerkmalen in ausgewählten Schulfächern und besuchter Lernumgebung. Eine quantitative Untersuchung an koedukativen und monoedukativen Gymnasien in Bayern. *Die Deutsche Schule.*

Schurt, V. & Waburg, W. (2006b, eingereicht). Formal erfolgreich – aber wie wohl fühlen sich Mädchen in ihren Schulen? Zum Befinden von Schülerinnen monoedukativer und koedukativer Gymnasien in Bayern. *Zeitschrift für Erziehungswissenschaft.*

Schurt, V. & Waburg, W. (2007a, in Vorbereitung). Geschlechtersegregierter Unterricht in Mädchenschulen und Mädchenklassen – zum Stand der Forschung aus internationaler Perspektive. In L. Herwartz-Emden, V. Schurt & W. Waburg (Hrsg.), *Neues aus alten Schulen. Empirische Untersuchungen in Mädchenschulen.* Opladen: Verlag Barbara Budrich.

Schurt, V. & Waburg, W. (2007b, in Vorbereitung): Wohlbefinden im pädagogischen Kontext der Mädchenschule – Ergebnisse einer Fragebogenerhebung in bayerischen Gymnasien. In L. Herwartz-Emden (Hrsg.), *Neues aus alten Schulen. Eine empirische Studie über monoedukative Schulen in Bayern.* Opladen: Verlag Barbara Budrich.

Shmurak, C.B. (1998). *Voices of Hope. Adolescent Girls at Single Sex and Coeducational Schools.* Frankfurt am Main: Peter Lang Publishing.

Strauss. A.L. (1994). *Grundlagen qualitativer Sozialforschung.* München: Fink.

Streitmatter, J. (1999). *For Girls Only. Making a Case for Single-Sex Schooling.* Albany: State University of New York Press.

Wetterer, A. (1996). Die Frauenuniversität als paradoxe Intervention. Theoretische Überlegungen zur Problematik und zu den Chancen der Geschlechter-Separation. In S. Metz-Göckel & A. Wetterer (Hrsg.), *Vorausdenken – Querdenken – Nachdenken* (S. 263-278). Frankfurt am Main: Campus.

Ursula Kessels & Bettina Hannover

Zum Einfluss des Image von mathematisch-naturwissenschaftlichen Schulfächern auf die schulische Interessenentwicklung

1 Zielstellung des Projekts „Der Einfluss des Image von Mathematik und Naturwissenschaften auf die schulische Interessen- und Leistungsentwicklung"

Ziel unseres Vorhabens war es, das geringe Interesse und die sich daraus ergebenden Leistungsdefizite deutscher Schülerinnen und Schüler in Mathematik und naturwissenschaftlichen Fächern zu erklären und auf dieser Grundlage mögliche Interventionen vorzuschlagen.

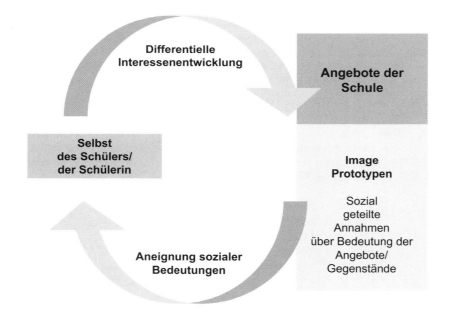

Abb. 1: Interessenentwicklung als Ausdruck der Identitätsregulation in der Schule

Wie in Abbildung 1 dargestellt ist, besteht unsere zentrale Annahme dabei darin, dass die Entwicklung schulischer Interessen mit der Identitätsentwicklung im Jugendalter zusammenhängt. Wir betrachten die Schule als eines von vielen Angeboten, die Jugendliche für die Entwicklung ihrer Identität nutzen können. Interessenentwicklung stellt sich für uns als Ergebnis der differentiellen Nutzung dieses Angebots dar, die funktional für die Entwicklung der Identität oder des Selbst des Jugendlichen ist.

Was ist für uns dabei das Selbst? Aufgrund der spezifisch menschlichen Fähigkeit, sich selbst zum Gegenstand eigener Gedanken zu machen, entwickelt der Mensch im

Laufe seines Lebens eine umfangreiche und hoch differenzierte Gedächtnisrepräsentation der eigenen Person, das Selbst. Die Herausbildung eines Selbst ist ohne die Interaktion mit anderen nicht denkbar: Wissen über die eigene Person erlangt das Individuum nicht nur durch Introspektion und Selbstbeobachtung (reflexiv), sondern ganz wesentlich durch die Interaktion mit anderen, die ihm ein Bild davon vermitteln, wer oder was es selbst ist (interaktiv). Das Selbst enthält aber nicht nur Wissen darüber, wer die Person war bzw. aktuell ist, sondern auch persönliche Ziele oder Standards darüber, wie die Person gerne sein möchte oder in der Zukunft werden will, das sog. ideale Selbst. Das ideale Selbst befähigt die Person zu volitionalem Handeln: Selbstbezogene Ziele und Standards motivieren zielgerichtetes Verhalten und bilden die Grundlage für die Bewertung erzielter Handlungsergebnisse.

Betrachten wir die Empirie zur schulischen Interessenentwicklung, so können wir feststellen, dass sich das Interesse gegenüber bestimmten Gegenstandsbereichen über die Schulzeit hinweg typischerweise verändert. Es sind die mathematisch-naturwissenschaftlichen Fächer (außer Biologie), die in besonders starkem Maße mit steigender Klassenstufe und insbesondere bei Mädchen weniger beliebt sind (z.B. Beermann, Heller & Menacher, 1992; Hoffman, Häußler & Lehrke, 1998; Hoffmann, Häußler & Peters-Haft, 1997).

Vor diesem Hintergrund haben wir vermutet, dass es Faktoren gibt, die die Interessenentwicklung nicht so sehr auf der Ebene des einzelnen Schülers bzw. der einzelnen Schülerin, sondern vielmehr auf der Ebene sozialer Gruppen von Schülerinnen und Schülern beeinflussen. Demnach sollten nicht nur idiosynkratische Person-Gegenstandsbeziehungen, wie spezifische Charakteristika der jeweiligen Lernumgebung oder objektive Merkmale des jeweiligen Gegenstands (vgl. Hidi & Renninger, 2006; Krapp, 1998) ausschlaggebend für die Frage sein, ob eine Person Interesse am Gegenstand entwickelt, sondern *sozial geteilte Bedeutungen*, die bestimmten Gegenstandsbereichen oder Schulfächern anhaften. Sozial geteilte Annahmen können sich zum einen auf die *Merkmale des jeweiligen Faches* (Gegenstandsbereich, typische Unterrichtsskripts) beziehen. Dies bezeichnen wir als das *Image* eines Unterrichtsfaches. Zum anderen bestehen auch sozial geteilte Annahmen über angebliche *Eigenschaften von Personen*, die ein bestimmtes Fach mögen oder ablehnen (z.B. typische Schülerin, für die Physik ein Hassfach ist, „typischer" Mathematiklehrer). Dies bezeichnen wir als den *Prototypen* eines Faches.

Weitergehend haben wir nun angenommen, dass in dem Maße, wie ein Jugendlicher einem Gegenstand Interesse entgegenbringt, er sich die soziale Bedeutung aneignet, die dem jeweiligen Gegenstand anhaftet, d.h., er entwickelt ein Selbst mit der entsprechenden sozialen Bedeutung. Um zu erklären, warum z.B. ein Jugendlicher dem Gegenstandsbereich der Physik Interesse entgegenbringt oder nicht, sind entsprechend nicht nur die in der gängigen Literatur erwähnten motivational günstigen Merkmale des Fachunterrichts zentral (z.B. situativ eine anregende Lernumgebung herstellen, Autonomie-, Kompetenz- und Integrationsbedürfnissen gerecht werden, reizvolle tätige Auseinandersetzung mit dem Gegenstand [Hidi & Renninger, 2006; Krapp, 1998]). Ebenfalls von großer Bedeutung ist, ob der Jugendliche sein Selbst über die sozial geteilte Bedeutung der Physik definieren will. Sollte beispielsweise unter Jugendlichen die Annahme geteilt werden, dass die Beschäftigung mit Physik Ausdruck davon ist, ein sozial isolierter Tüftler zu sein, so würde das gezeigte Interesse am Fach Physik auch davon abhängen, ob ein Jugendlicher diese Zuschreibung als Teil seines Selbst haben möchte.

In verschiedenen Studien haben wir versucht, a) solche sozial geteilten Bedeutungen für verschiedene Schulfächer oder Interessengegenstände zu identifizieren und b) nachzuweisen, dass die Interessenentwicklung Jugendlicher im Sinne der Definition und Regulation ihres Selbst auf der Grundlage von Fachimages und Prototypen erklärbar ist.

Um die sozial geteilten Annahmen zu identifizieren, die Schülerinnen und Schüler über naturwissenschaftliche Fächer (Image) und über Personen haben, die sich in diesen Fächern engagieren (Prototypen), haben wir in verschiedenen Studien (vgl. dazu Kessels & Hannover, 2004) drei Imagefaktoren untersucht, bzgl. derer sich sprachlich-geisteswissenschaftliche und mathematisch-naturwissenschaftliche Fächer voneinander unterscheiden: darin, für wie schwierig sie gelten (Imagefaktor „Schwierigkeit"), ob sie als maskulin oder feminin angesehen werden (Imagefaktor „Geschlechtskonnotation") und in welchem Ausmaß sie nach Ansicht der Schülerinnen und Schüler Möglichkeiten bieten, persönliche Werte und Überzeugungen zum Ausdruck zu bringen bzw. auszubilden (Imagefaktor „Selbstverwirklichung").

Wenn unsere Annahmen zutreffen, sollte das Image der naturwissenschaftlichen Fächer so sein, dass sich die meisten Jugendlichen davon nicht angezogen fühlen. Tatsächlich konnten wir in verschiedenen Studien zeigen, dass Mädchen und Jungen naturwissenschaftliche Fächer im Vergleich zu sprachlich-geisteswissenschaftlichen Fächern als schwieriger, stärker maskulin konnotiert und als weniger Möglichkeiten zur Selbstverwirklichung bietend wahrnehmen (Kessels & Hannover, 2004).

Weiter sollten auch die Prototypen, die mit Mathematik und Naturwissenschaften verbunden werden, Eigenschaften aufweisen, die die meisten Jugendlichen selbst nicht haben wollen. Erwartungsgemäß konnten wir zeigen, dass Schülerinnen und Schüler Jugendlichen, die sich für mathematisch-naturwissenschaftliche Fächer interessieren, eine geringere physische und soziale Attraktivität (z.B. „beliebt", „respektiert"), weniger soziale Kompetenz und Integriertheit (z.B. „gesellig", „aufgeschlossen"), mehr Arroganz und Selbstbezogenheit (z.B. „besserwisserisch", „eingebildet") und weniger Kreativität und Emotionalität (z.B. „phantasievoll", „romantisch") bescheinigten als Jugendlichen mit einem Faible für sprachlich-geisteswissenschaftliche Fächer. Einzig Intelligenz und Motivation (z.B. „gebildet", „ehrgeizig") wurden den naturwissenschaftlich-mathematischen Prototypen in stärkerem Maße attestiert als den sprachlich-geisteswissenschaftlichen (Hannover & Kessels, 2004).

In Ergänzung der Dokumentation der Projektarbeit im Beitrag von Kessels und Hannover (2004) sollen in diesem Aufsatz zwei Aspekte besonders herausgestellt werden, die wir zur Überprüfung unseres in Abbildung 1 dargestellten theoretischen Erklärungsmodells untersucht haben: der Aspekt der mangelnden sozialen Beliebtheit und Eingebundenheit des mathematisch-naturwissenschaftlichen Prototypen – insbesondere im Falle, dass sich der Prototyp auf eine Person weiblichen Geschlechts bezieht (Abschnitt 2); und die automatische Aktivierung von Image-Faktoren mathematisch-naturwissenschaftlicher Schulfächer (Abschnitt 3). Dabei soll jeweils auch belegt werden, wie die qualitativen Merkmale des Prototypen bzw. Image von Schülerinnen und Schülern im Sinne der Regulation ihrer Identität genutzt werden. Abschließend wird auf – aus unseren Erkenntnissen – abgeleitete Interventionsmöglichkeiten eingegangen.

2   Einfluss des Prototypen mathematisch-naturwissenschaftlicher Schulfächer auf die Interessenentwicklung Jugendlicher

In diesem Abschnitt sollen zwei eng miteinander verwandte Aspekte sozial geteilter Annahmen über Physik-Prototypen beschrieben werden, die für die Gruppe der Jugendlichen besonders zentral sind: Als wie beliebt und attraktiv gelten Peers, die sich für das Fach Physik besonders interessieren, und wie viel Maskulinität bzw. Femininität wird diesen Peers zugeschrieben? Einer Darstellung entsprechender deskriptiver Befunde folgt im zweiten Teil dieses Abschnitts die Beschreibung, wie diese Vorstellungen über Physik-Prototypen mit der Identitätsregulation von Jugendlichen interagieren.

2.1.   Wahrnehmung der Physik-Prototypen als unbeliebt und als nicht der weiblichen Geschlechtsrolle entsprechend

2.1.1   Jugendliche, die Physik mögen, gelten als unbeliebt und unattraktiv

Wir haben in mehreren Untersuchungen wiederholt festgestellt, dass Schülerinnen und Schüler, die Physik oder Mathematik als Lieblingsfach haben, unter Jugendlichen als unattraktiv, unbeliebt und sozial schlecht eingebunden gelten. Beispielsweise haben wir Jugendliche aus 8. und 9. Klassen gebeten, den „typischen" Schüler oder die „typische" Schülerin mit einem Lieblingsfach aus dem mathematisch-naturwissenschaftlichen Bereich (Mathematik oder Physik) sowie den- oder diejenige mit dem Lieblingsfach Deutsch oder Englisch anhand einer Liste von 65 Eigenschaftswörtern zu beschreiben. Zudem sollten auch jene Schülerinnen und Schüler beschrieben werden, die die entsprechenden Fächer überhaupt nicht mögen (Hannover & Kessels, 2004). Die befragten Jugendlichen hielten einen Schüler oder eine Schülerin mit dem Lieblingsfach Physik oder Mathematik für deutlich weniger attraktiv, beliebt, sozial kompetent und integriert als Schüler oder Schülerinnen, die Physik und Mathematik überhaupt nicht mögen bzw. deren Lieblingsfach Deutsch oder Englisch ist. Vergleichbare Befunde ergaben sich auch bei der Befragung von Schülerinnen und Schülern, die freiwillig in ihren Schulferien Workshops zu naturwissenschaftlichen und technischen Themen besuchten (Hannover & Kessels, 2002). Auch sie sahen Prototypen naturwissenschaftlicher Fächer als vergleichsweise unattraktiv, unbeliebt und sozial wenig integriert an. Dies bedeutet, dass auch bei jenen Jugendlichen, die Technik und Naturwissenschaften gegenüber positiv eingestellt sind, ein ähnliches Bild von den Prototypen vorherrscht wie bei „durchschnittlichen" Jugendlichen, die diese Fächer bekanntermaßen seltener mögen.

Wir hatten daraus zunächst geschlossen, dass diese stereotypen Annahmen vermutlich tatsächlich innerhalb einer Kultur sozial geteiltes Wissen darstellen und bei den meisten Angehörigen dieser Kultur verbreitet sind. Eine weitere Studie zur Beschreibung von Prototypen, die wir gemeinsam mit Elke Wild im Rahmen des BiQua-Projektes durchgeführt haben, hat jedoch aufgezeigt, dass diese negativen Vorurteile vor allem von Jugendlichen, nicht aber von ihren Eltern geteilt werden. Sechstklässler und ihre Eltern wurden gebeten, den typischen Jungen oder das typische Mädchen mit dem Lieblingsfach Mathematik anhand einer gekürzten Fassung der Adjektivliste aus Hannover und Kessels (2004) zu beschreiben. Dabei wurde ein siebenstufiges Antwortformat verwendet, wobei ein Wert von 1 bedeutet, dass diese Eigenschaft auf den Prototypen überhaupt nicht zutrifft, und ein Wert von 7, dass diese Eigenschaft sehr stark zutrifft. Abbildung 2 enthält die Einschätzungen der Jugendlichen und die ihrer Eltern für jene fünf Adjektive, die die Dimension „beliebt und attraktiv" in der gekürzten Fassung der Adjektivliste repräsentieren.

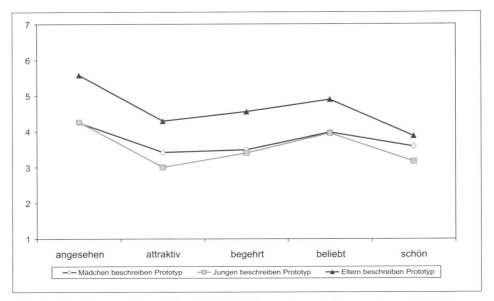

Abb. 2:   Einschätzung der sozialen Beliebtheit des mathematisch-naturwissenschaftlichen Prototypen durch Jugendliche und ihre Eltern

Wird ein Mittelwert über diese fünf Adjektive gebildet, zeigt sich, dass die Eltern in dieser Stichprobe den „typischen" Schüler bzw. die „typische" Schülerin mit dem Lieblingsfach Mathematik für deutlich beliebter und attraktiver hielten (M = 4,65; SD = 1,10) als es die befragten Jugendlichen taten (M = 3,67; SD = 1,32), t(167) = 7,57, p < .001. Dieser Befund ist deshalb interessant, weil er darauf hindeutet, dass die sozialen Kosten, die Jugendliche meinen zahlen zu müssen, sollten sie sich in Mathematik und Naturwissenschaften stark engagieren, ihren Eltern gar nicht bekannt sind. Möglicherweise ist dies ein Paradebeispiel für die nicht immer einfache Kommunikation zwischen Adoleszenten und ihren Eltern bezüglich schulischen Engagements. Und während Jugendliche ihr Verhalten an fachspezifischen Prototypen ausrichten, von denen sie meinen, dass deren Eigenschaften ihnen selbst – im Falle eines Engagements in den entsprechenden Schulfächern – zugeschrieben würden, zeigen diese Daten, dass sie eine entsprechende Zuschreibung vor allem von der Gruppe der Gleichaltrigen zu befürchten hätten, nicht aber von der Gruppe der Erwachsenen. Als Referenzgruppe für eigenes Verhalten ist aber in diesem Alter auf jeden Fall die *Peergroup* maßgeblich. Hier zeigt sich die psychologische Bedeutsamkeit der sozial konstruierten Realität und der herausragende Einfluss der Gruppe der Gleichaltrigen in der sozialen Konstruktion von Realität durch den einzelnen Jugendlichen.

2.1.2 Mädchen, die Physik mögen, gelten als unbeliebt, unattraktiv und unweiblich

Vor allem, so zeigten unsere Untersuchungen, leidet der Ruf von Mädchen, wenn sie sich in Physik besonders hervortun. Wir fragten Acht- und Neuntklässler (N = 198), was sie glauben, wie beliebt Jungen bzw. Mädchen wären, die die Klassenbesten in Musik bzw. Physik sind (Kessels, 2005). Diese beiden Unterrichtsfächer standen im Fokus dieser Studie, weil eine frühere Befragung ergeben hatte, dass Schülerinnen und Schüler der Mittelstufe sie als besonders stark geschlechtstypisiert empfinden (Hannover & Kessels, 2002). Neben Sport war Physik dasjenige Fach, das von Neuntklässlern am häufigsten als „Jungenfach" bezeichnet wurde (von 46% der Schülerinnen und Schüler). Musik wurde dagegen von allen Fächern am häufigsten als „Mädchenfach" angesehen (55% der Schülerinnen und Schüler empfanden dies so).

Um die angenommene Beliebtheit einzuschätzen, hatten die Jugendlichen auf einer zehn Zentimeter langen Linie, deren Enden mit „sehr beliebt" und „gar nicht beliebt" bezeichnet waren, ein Kreuz zu setzen. Auf diese Weise wurde die Beliebtheit von a) einem Jungen, der in Physik der Beste ist, b) von einem Mädchen, das in Physik die Beste ist, c) von einem Jungen, der in Musik der Beste ist und d) von einem Mädchen, das in Musik die Beste ist, eingeschätzt. Da sich die Beliebtheit beim eigenen Geschlecht von der beim anderen Geschlecht unterscheiden kann (LaFontana & Cillessen, 2002) und möglicherweise auch von unterschiedlichen Faktoren abhängt, wurde separat danach gefragt, wie beliebt das betreffende Mädchen bzw. der betreffende Junge a) bei den Jungen ihrer bzw. seiner Klasse und b) bei den Mädchen ihrer bzw. seiner Klasse wäre.

Für die Datenanalyse haben wir die Distanz zwischen dem Anfang der Linie und dem auf der Linie platzierten Kreuz gemessen. Ein Wert von Null Millimetern bedeutete damit „überhaupt nicht beliebt" und ein Wert von 100 Millimetern „sehr beliebt". Um zu überprüfen, ob die wahrgenommene Beliebtheit systematisch mit der Leistung in geschlechtstypisierten Schulfächern variiert, haben wir für Mädchen und Jungen (Between-Faktor „Geschlecht") Angaben über die angenommene Beliebtheit männlicher und weiblicher Prototypen (Within-Faktor „Prototyp") in den Unterrichtsfächern Musik und Physik (Within-Faktor „Fach") bei männlichen und weiblichen Klassenkameraden (Within-Faktor „Klassenkameraden") miteinander verglichen (2x2x2x2-faktorielle Varianzanalyse). In Abbildung 3 ist das Mittelwertmuster dargestellt.

Es wird deutlich, dass nach Einschätzung der Schülerinnen und Schüler vor allem Jungen geschlechtsrollendiskonformes Leistungsverhalten sanktionieren würden. So wird vermutet, dass ein Mädchen, das Klassenbeste in Physik ist, bei den Jungen ihrer Klasse weniger beliebt sein würde als ein Junge, der in Physik der Beste ist. Außerdem wird vermutet, dass ein Junge, der in Musik Klassenbester ist, von seinen männlichen Klassenkameraden weniger geschätzt wird als ein Mädchen, das in diesem Fach exzellente Leistungen zeigt. Mädchen, so nehmen die Befragten an, würden schlicht die Fachrichtung der Prototypen als Beurteilungskriterium heranziehen: Sie mögen Mitschülerinnen und Mitschüler, die in Musik reüssieren, lieber als solche, die in Physik besonders gut sind – unabhängig davon, welches Geschlecht sie haben.

In der gleichen Untersuchung (Kessels, 2005) wurden die Befragten auch aufgefordert, ihre eigene Beliebtheit bei den Jungen und Mädchen aus ihrer Klasse einzuschätzen und die Note, die sie im letzten Zeugnis in Physik bzw. Musik hatten, anzugeben. So konnten wir überprüfen, ob Jungen und Mädchen, die in Fächern, die als

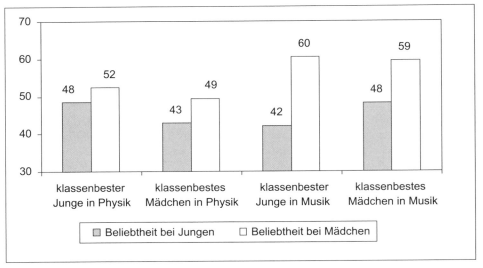

Abb. 3:   Von den befragten Jugendlichen *vermutete* Beliebtheit der Jungen bzw. Mädchen,
           die in Physik bzw. Musik jeweils Klassenbeste sind, bei den Jungen und den Mäd-
           chen aus ihrer Klasse (Skala von 1 bis 100) (entnommen aus Kessels, 2005)

nicht „passend" für ihre Geschlechtsgruppe gelten, besonders gute Noten hatten, sich
auch wirklich von ihren männlichen Klassenkameraden abgelehnt fühlen. Es zeigte
sich, dass Mädchen, die in Physik eine 1 oder 2 im Zeugnis hatten, selbst auch
glaubten, bei den Jungen ihrer Klasse besonders wenig beliebt zu sein. (Interessanterweise zeigte sich kein entsprechender Effekt für Jungen, die in Musik besonders gut
waren: Sie fühlten sich von ihren männlichen Klassenkameraden gleichermaßen akzeptiert wie Jungen mit schlechteren Musiknoten).

Aber warum gelten Mädchen als wenig beliebt bei Jungen, wenn sie in Physik sehr
gut sind, bzw. warum nehmen Mädchen mit sehr guten Leistungen in Physik von sich
selbst auch an, bei Jungen unbeliebt zu sein? Wir hatten in der gleichen Untersuchung
die Jugendlichen dazu befragt, in welchem Ausmaß sie Schülerinnen und Schülern, die
die Fächer Musik bzw. Physik jeweils als Lieblingsfächer haben, geschlechtstypische
Eigenschaften zuschreiben oder aberkennen. Die Untersuchungsteilnehmerinnen und
-teilnehmer sollten sich nacheinander vier verschiedene Prototypen vorstellen: den
typischen Jungen mit dem Lieblingsfach Physik bzw. Musik sowie das typische
Mädchen mit dem Lieblingsfach Physik bzw. Musik. Für die Beschreibung wurde
ihnen jeweils eine Liste vorgelegt, in der durchmischt fünfzehn allgemein als typisch
weiblich und fünfzehn allgemein als typisch männlich geltende Eigenschaftswörter
enthalten waren. Die Untersuchungsteilnehmer kreuzten auf einer siebenstufigen Skala
für jedes Eigenschaftswort an, ob es für den jeweils zu beschreibenden Prototypen zu-
treffend war oder nicht. Die Ergebnisse zeigten, dass einem Mädchen mit dem Lieblingsfach Physik deutlich weniger feminine und mehr maskuline Eigenschaften zugeschrieben wurden als einem Mädchen mit dem Lieblingsfach Musik. Engagement im
Fach Physik gilt damit offenbar bei Mädchen als ein Indiz für mangelnde Weiblichkeit.

Zusammengefasst lassen diese Ergebnisse vermuten, dass der negative Prototyp
über Mädchen, die sich in Mathematik und Naturwissenschaften engagieren, dazu beiträgt, dass Schülerinnen sich aus diesen Fächern zurückziehen: Sie befürchten – und
haben offenbar auch guten Grund für diese Befürchtung – von den männlichen Klas-

senkameraden Ablehnung zu erfahren und von Mädchen und Jungen für unweiblich gehalten zu werden. Auf diese Weise wird die soziale Konstruktion des Prototypen zur sozialen Realität.

2.2   Wie Prototypen von Jugendlichen für ihre Identitätsentwicklung genutzt werden

In verschiedenen experimentellen Untersuchungen haben wir unsere Annahme überprüft, dass es tatsächlich die sozial geteilten Annahmen über den Physik-Prototypen sind, die dazu beitragen, dass Jugendliche zu diesem Fach auf Distanz gehen. Um diesen Nachweis zu führen, haben wir in den einzelnen Studien jeweils Situationen geschaffen, in denen Jugendlichen unterstellt wurde, Physik besonders zu mögen oder für Physik eine besondere Begabung aufzuweisen.

Wenn unsere Annahmen zutreffen, so sollte die Unterstellung, dem Physik-Prototypen zu entsprechen, bei den Jugendlichen dazu führen, dass sie sich in ihrer bisherigen Selbstwahrnehmung und -darstellung bedroht fühlen. In der Theorie der symbolischen Selbstergänzung (Wicklund & Gollwitzer, 1982) ist beschrieben, dass Menschen oftmals einen Selbstaspekt nach außen demonstrieren, den die Person *de facto* nicht oder noch nicht erreicht hat bzw. der in der jeweiligen Situation bedroht ist (ausführlicher dazu Kessels & Hannover, 2004).Wenn unsere Annahmen zutreffen, so sollte die Unterstellung, dem Physik-Prototypen zu entsprechen, bei den betroffenen Jugendlichen dazu führen, dass sie sich in ihrer Identität als sozial beliebter Mensch (bzw. bei Mädchen zusätzlich: als feminines Mädchen) bedroht fühlen. Dieser Bedrohung können sie begegnen, indem sie ihre eigene Beliebtheit und/oder Femininität in besonderem Maße betonen und so verdeutlichen, dass sie die negativen Eigenschaften des Prototypen nicht aufweisen.

2.2.1   Kompensatorische Betonung der eigenen Beliebtheit nach Unterstellung von Physikaffinität

In zwei experimentellen Untersuchungen haben wir versucht nachzuweisen, dass Jugendliche auf die Unterstellung, eine Affinität zum Fach Physik zu haben (und folglich dem Physik-Prototypen zu entsprechen), mit einer Selbstergänzung reagieren, d.h., dass sie die mit dieser Unterstellung implizit verbundene Zuschreibung von Eigenschaften kompensatorisch zurückweisen. Grundidee beider Untersuchungen war, dass die Jugendlichen informiert wurden, sie hätten angeblich in einem Physiktest besonders gut abgeschnitten oder wären gegenüber Gleichaltrigen als Personen, die Physik sehr gerne mögen, dargestellt worden. Danach wurde ihnen Gelegenheit gegeben, sich dadurch selbst zu ergänzen, dass sie sich als besonders sozial beliebt darstellten (und dadurch die zum Physik-Prototypen gehörende mangelnde Beliebtheit zurückweisen konnten).

In einer kleinen Stichprobe von zwanzig 14-jährigen Gymnasiastinnen und Gymnasiasten führten wir in Einzelsitzungen in einem Raum der Universität vorgeblich einen Test zur Berufsorientierung durch. Die Versuchspersonen erhielten einen Test mit leichten Physikaufgaben, deren offenes Antwortformat es ermöglichte, auch ohne physikalische Kenntnisse einige plausible Antworten zu formulieren. Die Bögen wurden vorgeblich ausgewertet und den Teilnehmerinnen und Teilnehmern wurde eine mündliche Rückmeldung durch die Versuchsleiter gegeben. Der Hälfte der Versuchspersonen wurde mitgeteilt, dass ihre Antworten eine besondere Begabung für Physik erkennen ließen und für sie folglich Berufe, die mit Physik und Technik zu tun haben, besonders infrage kämen. Der anderen Hälfte wurde rückgemeldet, dass sie durchschnittlich abgeschnitten hätten. Danach erhielten die Teilnehmerinnen und Teilnehmer jeweils einen Fragebogen, bei dessen Ausgabe angekündigt wurde, dass die Versuchsleiter die darin gemachten Angaben auch sofort wieder auswerten und ihnen Rückmeldung geben würden. Mit dieser Instruktion sollte die Möglichkeit, sich durch Angaben auf dem Fragebogen selbst im Unterschied zum Prototypen darzustellen, aktiviert werden. Zur Erfassung der angenommenen eigenen Beliebtheit wurde das oben beschriebene Messinstrument aus Kessels (2005) verwendet, bei dem das Ausmaß der Beliebtheit bei den Mädchen und den Jungen aus der eigenen Klasse durch Setzen eines Kreuzes auf je einer Linie mit den Polen „gar nicht beliebt" und „sehr beliebt" angegeben wurde.

Wie erwartet gaben Mädchen, denen zurückgemeldet worden war, dass sie eine Begabung für Physik hätten, an, in ihrer Klasse bei den Jungen beliebter zu sein als bei den Mädchen, wohingegen jene Versuchsteilnehmerinnen, die ein bloß durchschnittliches Feedback erhalten hatten, das in Untersuchungen ohne experimentelle Manipulation „übliche" Muster aufwiesen (z.B. LaFontana & Cillessen, 2002; Kessels, 2005), nach dem die Beliebtheit in der eigenen Geschlechtsgruppe höher eingeschätzt wird als die Beliebtheit in der anderen Geschlechtsgruppe. Nach der Unterstellung, für Physik begabt zu sein, betonten Mädchen also in erster Linie ihre Beliebtheit beim anderen Geschlecht.

Aufgrund der kleinen Stichprobe sind diese Ergebnisse aber nur mit Vorsicht zu interpretieren. Ein weiteres Manko dieser Studie liegt darin, dass die Jugendlichen sich vor wissenschaftlichen Mitarbeitern der Universität (und nicht vor ihren *Peers*) als besonders beliebt darzustellen hatten – möglicherweise wurden die erwarteten Effekte dadurch unterschätzt.

In einer weiteren Untersuchung zu dieser Fragestellung haben wir deshalb das *Setting* auf folgende Weise verändert. In einer Schulstunde wurden Fragebögen ausgegeben, auf denen Jugendlichen in einer Art „Phantasiereise" die Situation vorgegeben wurde, dass über sie ein Internetprofil erstellt worden sei, mit dem sie sich nun anderen Jugendlichen über das Internet vorstellen würden. Die schon im Profil enthaltenen Informationen seien nicht mehr veränderbar, aber ergänzbar durch Angaben darüber, wie beliebt sie innerhalb des Klassenverbandes seien. In der einen Hälfte der Fragebögen waren die Jugendlichen in ihrem Profil als jemand beschrieben worden, der bzw. die „Physik von allen Fächern am liebsten mag", in der anderen Hälfte als jemand, der bzw. die „Physik von allen Fächern am wenigsten gern mag". Die Darstellung der eigenen Beliebtheit bei Jungen bzw. Mädchen aus der eigenen Klasse wurde wiederum über ein graphisches *Rating* auf einer Linie zwischen den Polen „überhaupt nicht beliebt" bis „sehr beliebt" erfasst.

Die Untersuchungshypothese war, dass die Jugendlichen, die ihren *Peers* gegenüber als jemand, der oder die Physik besonders gern mag, dargestellt worden waren, ihre eigene Beliebtheit kompensatorisch stärker betonen würden als die anderen Jugendlichen, weil mit der Unterstellung, dem Physik-Prototypen zu entsprechen, verbunden wird, sozial wenig integriert und unbeliebt zu sein. Aufgrund der oben berichteten Befunde, dass vor allem von Mädchen, die sehr gut in Physik sind, angenommen wird, dass sie bei Jungen unbeliebt sind, wurde in der Analyse der Ergebnisse außerdem nach dem Geschlecht der Befragten unterschieden. Untersuchungsteilnehmer waren Schülerinnen und Schüler aus dem 8. Jahrgang einer Hauptschule (N = 64; Alter: 13,9 Jahre [SD = 0,79]).

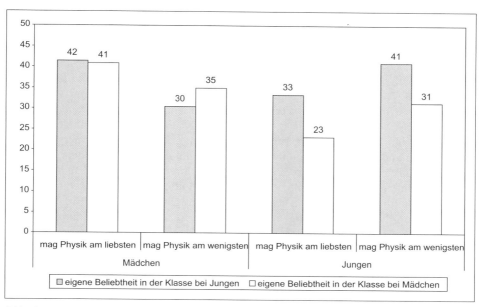

Abb. 4: Angabe der eigenen Beliebtheit bei den Jungen und den Mädchen der eigenen Klasse nach der Zuschreibung, a) Physik von allen Fächern am liebsten zu mögen oder b) Physik am wenigsten zu mögen (experimentelle Manipulation) (Skala von 1 bis 50)

Abbildung 4 zeigt die Ergebnisse. Es wird deutlich, dass auch in dieser Untersuchung die Gruppe der Mädchen, die sich gegen eine zu große Nähe zum Fach Physik „zur Wehr zu setzen" hatte, angibt, besonders beliebt zu sein, wobei sie äußern, bei den Jungen ihrer Klasse nicht weniger beliebt zu sein als bei den Mädchen. Alle anderen drei Experimentalgruppen zeigten dagegen das aus der Literatur bekannte Bild, dass sie angeben, bei der eigenen Geschlechtsgruppe beliebter zu sein als bei der anderen Geschlechtsgruppe. Interessant ist, dass sich für die Jungen ein anderes Muster zeigt: Sie beschrieben sich als beliebter im Klassenverband, wenn in ihrem Profil gestanden hatte, dass sie Physik am wenigsten mögen, als wenn dort gestanden hatte, dass sie Physik am liebsten mögen (signifikante Interaktion der Faktoren Geschlecht und experimentelle Manipulation, $F[1, 60]$ 4,14, $p < .05$). Diese Ergebnisse können als Hinweis darauf interpretiert werden, dass die Unterstellung, Physik besonders zu mögen, auf der Hauptschule zwar bei Mädchen, nicht aber bei Jungen eine symbolische Selbstdarstellung als besonders beliebt beim anderen Geschlecht auslöst.

2.2.2. Kompensatorische Betonung der eigenen Femininität nach Unterstellung, für Physik begabt zu sein

Eine weitere experimentelle Untersuchung sollte dem Nachweis dienen, dass sich Mädchen von Physik distanzieren, weil sie befürchten, eine zu große Nähe zu diesem Fach würde ihre eigene Femininität gefährden (Kessels et al., in Vorbereitung). Um eine entsprechende Reaktion zu provozieren, haben wir auch hier wieder mit fiktivem Feedback gearbeitet. Die Untersuchung fand im Klassenverband statt und lief folgendermaßen ab: Die Schülerinnen und Schüler bearbeiteten Testbögen mit Physikaufgaben, die anschließend von den Versuchsleiterinnen eingesammelt und außerhalb des Klassenzimmers vermeintlich ausgewertet wurden. Nach einer Viertelstunde erhielten die Jugendlichen eine schriftliche vorgebliche Leistungsrückmeldung. Einer Hälfte der Schülerinnen und Schüler wurde mitgeteilt, dass sie die Aufgaben besonders gut gelöst hätten, was auf ein echtes Talent im Bereich Physik hindeute, sodass sie sich beruflich in diese Richtung orientieren sollten. Der anderen Hälfte wurde zurückgemeldet, dass sie durchschnittlich abgeschnitten hätten und sich folglich auch keine Empfehlungen über ihre berufliche Ausrichtung ableiten ließen. An diese Rückmeldung war ein Fragebogen angeheftet, in dem die Jugendlichen angeben sollten, wie gern sie verschiedene Zeitschriftenartikel lesen würden, deren Überschriften angegeben waren. Die Überschriften ließen entweder einen Bezug zur Physik bzw. zu Berufswahlen im naturwissenschaftlichen Bereich erkennen (z.B. *Andocken an die neuesten Trends – was Ingenieure arbeiten!* – gleiche Items im Mädchen- und Jungenfragebogen) oder veranschaulichten „typische" Mädchen- bzw. Jungenthemen, die eindeutig keinen Bezug zu Naturwissenschaften aufwiesen (z.B. *Natur pur: Rezepte für Haut und Haar* im Mädchenfragenbogen, *Kino – Was läuft an? Actionfilme auf einen Blick* im Jungenfragebogen). Im Anschluss gaben die Jugendlichen ihre aktuelle Zeugnisnote in Physik an. Unsere Vermutung war, dass Mädchen und Jungen unterschiedlich auf die Rückmeldungen reagieren würden, da Physik als ein typisches „Jungenfach" gilt. Während Jungen auf die Rückmeldung, für Physik eine besondere Begabung aufzuweisen, mit einem relativ verstärkten Interesse an den naturwissenschaftlichen Zeitschriftenartikeln reagieren sollten (im Vergleich zu den Jungen, denen eine bloß durchschnittlich gute Bearbeitung der Aufgaben attestiert worden war), erwarteten wir bei den Mädchen aufgrund der maskulinen Konnotation des Faches ein anderes Ergebnismuster. Da die Unterstellung, eine Begabung für Physik zu besitzen, ihre Identität als „richtiges" Mädchen infrage stellen würde, haben wir erwartet, dass sie sich nach der sehr positiven Rückmeldung – im Gegensatz zu den Jungen – gerade nicht den Physikthemen zuwenden würden, sondern, um sich ihrer Identität als Mädchen zu versichern, angeben, sich vor allem für die typischen Mädchenthemen zu interessieren. Die Analyse der Daten zeigte, dass unsere Hypothese gestützt wurde – Jungen und Mädchen reagierten in ihren Angaben, welche Art von Zeitschriftenartikeln sie lesen möchten, unterschiedlich auf das Feedback über ihre Physikbegabung (Kessels et al., in Vorbereitung). Damit können unsere Ergebnisse zeigen, dass Jugendliche ihr Wissen über die mit verschiedenen Schulfächern verbundenen Prototypen aktiv nutzen, um ihre Identität als Mädchen bzw. Jungen zu regulieren. Weil Schülerinnen, die in Physik erfolgreich sind, Gefahr laufen, ihrer ihnen als Mädchen zugedachten Rolle nicht zu entsprechen, kann der negative mathematisch-naturwissenschaftliche weibliche Prototyp zu einer Erklärung beitragen, warum insbesondere Schülerinnen sich wenig für mathematisch-naturwissenschaftliche Fächer interessieren.

Zusammenfassend liefern die in diesem Abschnitt dargestellten Untersuchungen Evidenz für unsere Annahme, dass Jugendliche ihre Identität regulieren, indem sie ihre eigenen schulischen Interessen danach ausrichten, welche Prototypen mit den jeweiligen Schulfächern assoziiert sind: Sie befassen sich vorzugsweise mit solchen Gegenständen, deren soziale Bedeutungen ihr gewünschtes Selbst reflektieren. Sie distanzieren sich aktiv von der Unterstellung, selbst einem bestimmten Prototypen zu entsprechen, indem sie betonen, positive Eigenschaften, die dem Prototypen üblicherweise abgesprochen werden, sehr wohl zu besitzen. Das heißt, dass umgekehrt wenig Engagement im Fach Physik, dessen Prototyp als sozial isoliert und unattraktiv gilt, für die Jugendlichen den identitätsregulativen Nutzen hat, dass sie dadurch sich selbst und der Umwelt signalisieren können, beliebt und attraktiv zu sein. Gerade im Jugendalter bildet die soziale Anerkennung innerhalb der Gleichaltrigengruppe eine ganz zentrale Komponente des eigenen Wohlbefindens und Selbstwertgefühls. Deshalb stellen die Zuschreibung sozialer Unbeliebtheit und Unweiblichkeit, die zentrale Aspekte des Prototypen von in Naturwissenschaften engagierten Personen sind, wichtige Faktoren dar, die die mangelnde Begeisterung deutscher Schüler – und vor allem Schülerinnen – für mathematisch-naturwissenschaftliche Fächer erklären können.

3 Einfluss des Image mathematisch-naturwissenschaftlicher Schulfächer auf die Interessenentwicklung Jugendlicher

Neben mit verschiedenen Schulfächern verbundenen Prototypen haben wir – wie in der Einleitung beschrieben – mehrere Dimensionen dés Image von Schulfächern identifiziert (nämlich „Schwierigkeit", „Geschlechtskonnotation" und „Selbstverwirklichung"). Im Folgenden wollen wir darstellen, welche wichtige Rolle auch automatische (nicht bewusste, „implizite") Prozesse der Informationsverarbeitung bei der Entstehung und Aufrechterhaltung eines Fachimage spielen. Dies werden wir anhand einer Dimension des Image von Physik explizieren, die sich als besonders bedeutsam herausgestellt hat: die „mangelnde Selbstverwirklichung" im Fach Physik. Im zweiten Teil dieses Abschnitts werden wir schließlich auf Interventionen eingehen, die sich zum Ziel gesetzt hatten, die automatische Aktivierung des Fachimage von Physik zu vermindern.

3.1 Die automatische Assoziation von Physik mit „Fremdbestimmung"

Vorliegende Studien zum Thema Schülervorstellungen über Naturwissenschaften (*science*) oder Mathematik haben wiederholt gezeigt, dass es in diesen Fächern in der Wahrnehmung der Schülerinnen und Schüler vor allem darauf ankommt, externale Daten zu verarbeiten, ohne eigene Kreativität oder Ideen ins Spiel zu bringen (für einen Überblick z.B. Lederman, 1992; Osborne, Simon & Collins, 2003). Dagegen bieten geisteswissenschaftliche Fächer nach Meinung der Schülerinnen und Schüler Offenheit gegenüber verschiedenen Lösungswegen und Lösungen, und die dort behandelten Unterrichtsinhalte können mit dem eigenen Werte- und Normensystem in Beziehung gesetzt werden (Steele, Walberg & House, 1974). Die im Bereich von Naturwissenschaft wahrgenommene Fremdbestimmtheit führen Autoren um Driver (z.B. Driver et al., 1996) darauf zurück, dass Schülerinnen und Schüler das Fach *science* fälschlicherweise als eine bloße „Anhäufung von Fakten" betrachten, wobei im Unterricht schlicht das „Buch der Natur" zu lesen sei – ohne dass zuvor (eigene) Theorien zu entwickeln und zu überprüfen seien. Driver und Kollegen stellen fest, dass die meisten Schülerinnen und Schüler glauben, naturwissenschaftliche Erkenntnisse seien schlicht aus Beobachtung und Experiment abgeleitet und für alle Zeiten gültig und überdauernd wahr.

Auch wir fanden in unserem Forschungsprojekt – z.B. in Schüleraufsätzen zum Thema – Hinweise darauf, dass ein Bestandteil des Image der Naturwissenschaften die mangelnde Möglichkeit zur „Selbstverwirklichung" in diesen Fächern ist. Ein neuer Beitrag unseres Projektes zur Forschung besteht darin, dass wir nachweisen konnten, dass dieses „Vorurteil" gegenüber dem Fach Physik tatsächlich als ein kognitives Schema aufgefasst werden kann, das aktiviert wird, sobald Menschen mit Physik konfrontiert werden. Auf diese Weise wird jede neue Erfahrung mit dem Fach quasi im Vorfeld negativ „eingefärbt".

Die Kognitionsforschung hat expliziert, dass Informationsverarbeitung sowohl kontrolliert und bewusst als auch unkontrolliert und automatisch stattfinden kann (z.B. Fazio, 2001; Schneider & Shiffrin, 1977). Entsprechend gingen wir davon aus, dass neben den bisher beschriebenen bewussten und kontrollierten Assoziationen, die das Image über Naturwissenschaften prägen, in gleicher Weise auch automatische Assoziationen zu verschiedenen Schulfächern für die schulische Interessen- und Leistungsentwicklung bedeutsam sind. Um dies nachzuweisen, haben wir den sog. *Impliziten Assoziationen Test* (IAT; vgl. Greenwald, McGhee & Schwartz, 1998) für unsere Zwecke adaptiert (Kessels, Rau & Hannover, in press).

Der IAT ist ein computergestütztes Verfahren, das auf einem Reaktionszeitparadigma beruht. Greenwald und Kollegen gehen davon aus, dass es anhand von Reaktionszeiten möglich ist, die relative Stärke von Assoziationen in einem Netzwerk sozialen Wissens zu erfassen. Beim IAT werden der Testperson Items auf dem Monitor präsentiert, die zu vier verschiedenen Kategorien gehören. Jeweils zwei dieser Kategorien stellen in gewisser Weise Gegensätze dar. Um die Stärke der Assoziation verschiedener Schulfächer mit dem negativen Stereotyp zu messen, haben wir das Zielkategorienpaar „Physik-Englisch" gewählt und jeweils mit einem Attributkategorienpaar, das eine Dimension des Stereotyps beschreibt, kombiniert (z.B. „Fremdbestimmung-Selbstverwirklichung"). Zu jeder Kategorie gehört eine bestimmte Anzahl eindeutig zuordenbarer Items (z.B. zur Kategorie „Physik" die Items „Transistor", „magnetisch"; zur Kategorie „Selbstverwirklichung" die Items „frei", „unabhängig"). Die Aufgabe der Versuchsperson besteht darin, die auf dem Computermonitor nacheinander eingeblendeten Items per Tastendruck den entsprechenden Kategorien möglichst schnell und möglichst korrekt zuzuordnen. Zunächst wird dies separat sowohl für das Zielkategorienpaar als auch für das Attributkategorienpaar geübt. Danach werden, wie in Abbildung 5 dargestellt, das Zielkategorienpaar und das Attributkategorienpaar kombiniert vorgegeben. An diesem Punkt beginnt die Messung der relativen Stärke von Assoziationen anhand von Reaktionszeiten. Welche Kombinationen dabei zuerst zu bearbeiten sind, wird vom Programm nach dem Zufallsprinzip bestimmt.

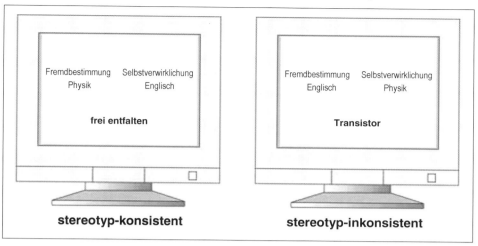

Abb. 5:   Zuordnungsaufgabe beim Impliziten Assoziationen Test. Die Wörter „frei entfalten"
und „Transistor" sind Beispiele für die Stimuluswörter, die nacheinander auf dem
Bildschirm eingeblendet werden und von den Versuchspersonen durch Druck der
linken oder rechten Taste auf der Computertastatur (nicht im Bild) zu den oben
permanent abgebildeten vier Kategorien zugeordnet werden müssen

Wie in Abbildung 5 zu sehen, befindet sich ein Paarling des einen Gegensatzpaars mit
einem Paarling des anderen Gegensatzpaares auf der gleichen Bildschirmseite (rechts
oder links). Die auf der gleichen Bildschirmseite stehenden Kategorien werden jeweils
durch eine gemeinsame Taste auf der Computertastatur repräsentiert: So muss z.B. im
ersten Durchgang die Versuchsperson die Taste „d" drücken, wenn das eingeblendete
Wort zu einer der beiden linken Kategorien (z.B. „Physik oder Fremdbestimmung")
gehört, und die Taste „k", wenn das eingeblendete Wort zu einer der beiden rechten
Kategorien (z.B. „Englisch oder Selbstverwirklichung"; dargestellt in Abbildung 5 auf
dem linken Bildschirm) gehört. Nachdem alle Wörter auf diese Weise zugeordnet
wurden, werden die Paare, die auf derselben Bildschirmseite erscheinen, neu zusammengesetzt: die Paarlinge eines Kategorienpaares tauschen die Seiten und es entstehen
auf diese Weise zwei neue Paare (z.B. steht links „Fremdbestimmung und Englisch"
und rechts „Selbstverwirklichung und Physik"; dargestellt in Abbildung 5 auf dem
rechten Bildschirm). Wieder werden alle Items per Tastendruck den entsprechenden
Kategorien zugeordnet. Der sog. IAT-Effekt wird berechnet, indem die Differenzen
der mittleren Reaktionszeiten dieser beiden Blöcke gebildet werden, standardisiert an
der gemeinsamen Standardabweichung der beiden Blöcke (Greenwald, Nosek &
Banaji, 2003). Ist eine Testperson beispielsweise schneller darin, die Wörter zuzuordnen, wenn die Paare „Physik und Fremdbestimmung" und „Englisch und Selbstverwirklichung" auf der gleichen Bildschirmhälfte stehen und die gleiche Tastenbelegung haben, als wenn die Paare „Physik und Selbstverwirklichung" und „Englisch
und Fremdbestimmung" auf der gleichen Bildschirmhälfte stehen und die gleiche
Tastenbelegung haben, dann wird dieser Reaktionszeitunterschied so interpretiert, dass
die Person eine stärkere implizite Assoziation zwischen „Physik und Fremdbestimmung" (und zugleich „Englisch und Selbstverwirklichung) aufweist als zwischen „Physik und Selbstverwirklichung" (und zugleich „Englisch und Fremdbestimmung").

In unserer Untersuchung (Kessels, Rau & Hannover, in press) zeigte sich, dass sich das oben beschriebene, mit expliziten Maßen (z.B. Semantischen Differentialen) gemessene, spezifische Image eines naturwissenschaftlichen Faches (im Gegensatz zu einem sprachlichen Fach) in gleicher Weise auch in den unbewussten Assoziationen nachweisen ließ. Die Jugendlichen konnten die Begriffe signifikant schneller zuordnen, wenn für physikbezogene Begriffe und Begriffe, die für Schwierigkeit, Maskulinität oder Fremdbestimmtheit stehen, die gleiche Taste gedrückt werden musste, als wenn physikbezogene Begriffe und Begriffe, die für Leichtigkeit, Femininität und Selbstverwirklichung stehen, die gleiche Tastenbelegung hatten (Kessels et al., in press, Studie 1). Diese Befunde zeigen, dass das Image der Naturwissenschaften auch auf der Ebene der Stärke von mentalen Assoziationen zwischen dem Gegenstandsbereich und den Imagedimensionen nachweisbar ist.

Die besondere Wichtigkeit der im Zusammenhang mit Physik erlebten „Fremdbestimmung" für die Ablehnung von Physik zeigte sich in einer weiteren Analyse, in der wir anhand der IAT-Effekte die „explizite" Einstellung gegenüber den beiden im Fokus stehenden Fächern (Physik vs. Englisch) vorherzusagen versuchten.

Diese explizite Einstellung hatten die Befragten in einem Fragebogen geäußert. Dazu wurden (in Anlehnung an Nosek, Banaji & Greenwald, 2002) zwei Messinstrumente verwendet: eine als „Thermometer" bezeichnete Skala, die von kalt bzw. unangenehm bis zu warm bzw. angenehm reichte (Skalierung von 0 bis 100) und ein aus sechs gegensätzlichen Adjektivpaaren (z.B. gut-schlecht) bestehendes Semantisches Differential. Analog zum IAT-Effekt haben wir daraus ein relatives Maß gebildet, das die Einstellung zu Physik vs. Englisch abbildet. In einer Regressionsgleichung zeigte sich erwartungsgemäß, dass alle drei implizit erfassten Image-Dimensionen signifikante Prädiktoren für die explizit geäußerte Einstellung gegenüber diesen Fächern darstellten; dabei konnte die implizite Assoziation mit Fremdbestimmung vs. Selbstverwirklichung die explizite Einstellung am besten vorhersagen (Kessels et al., in press, Studie 1).

3.2 Implikationen für die Praxis: Wie können automatische Assoziationen deaktiviert werden?

Die im letzten Abschnitt geschilderten Befunde sind deshalb so bedeutsam, weil sie belegen, dass das negative Image der mathematisch-naturwissenschaftlichen Fächer nicht nur eine von Schülerinnen und Schülern nach außen „demonstrierte" negative Einstellung darstellt. Dass das Image auch auf der Ebene mentaler Assoziationen nachweisbar ist, heißt, dass die Imagedimensionen automatisch, d.h. ohne willentlichen Beitrag des Lernenden, bei Konfrontation mit dem Gegenstandsbereich aktiviert werden und dann sein Handeln leiten. Maßnahmen, die eine Steigerung des Interesses gegenüber Mathematik und Naturwissenschaften bewirken sollen, müssen somit von einem unwillkürlich aktivierten negativen Image gegenüber diesen Fächern bei Schülerinnen und Schülern ausgehen und entsprechend auf eine Veränderung der mentalen Assoziationen zwischen Gegenstandsbereich und negativen Imagedimensionen abzielen.

In unserem Projekt haben wir versucht zu prüfen, inwieweit durch Veränderungen der Instruktionen, der Arbeitstechniken oder der Interaktion im Klassenzimmer implizite Assoziationen zwischen den negativen Image-Faktoren und dem Gegenstandsbereich der Physik abgeschwächt werden können.

3.2.1 Veränderung des Imagefaktors „geringe Selbstverwirklichung"

Eine Maßnahme zielte darauf ab, die automatische Aktivierung des negativen Image-aspektes „geringe Selbstverwirklichung" im Zusammenhang mit dem Fach Physik zu vermindern. Wie wir bereits festgestellt haben, nehmen Schülerinnen und Schüler Physik als ein Fach wahr, das wenig Möglichkeiten bietet, eigene Ideen zu entwickeln und auszudrücken, das keinen Raum für Kreativität lässt und in dem Schüleraktivitäten darauf beschränkt sind, die „einzige richtige Antwort" zu suchen, die die Aufgaben-stellung zulässt.

An dieser Untersuchung (Kessels, Rau & Hannover, in press, Studie 2) nahmen 71 Studierende der Psychologie teil. Sie wurden nach dem Zufallsprinzip einer von zwei Versuchsbedingungen zugewiesen, der „Kuhntextgruppe" oder der „Physikbuch-gruppe". Diese Gruppen bekamen unterschiedliche Texte zu lesen. Die Unter-suchungsteilnehmer aus der Kuhntextgruppe bekamen einen kurzen Ausschnitt aus Thomas S. Kuhns Buch *Die Struktur wissenschaftlicher Revolutionen* (1973) im Um-fang von wenig mehr als zwei Taschenbuchseiten zu lesen. In diesem Textausschnitt, der ohne Autoren- und Quellenangabe kopiert worden war, wurde anhand der Ge-schichte der physikalischen Optik Physik als ein Fachgebiet beschrieben, deren Theorien im Laufe der Jahrhunderte stark verändert wurden. Besondere Betonung lag auf dem dialogischen und kreativen Charakter des wissenschaftlichen Arbeitens in der Physik. Die Versuchspersonen sollten den Text lesen und im Anschluss daran die Hauptaussage des Textes kurz schriftlich zusammenfassen. Die Untersuchungs-teilnehmer aus der Physikbuchgruppe waren quasi einem „natürlichen Stimulus" aus-gesetzt, womit eine Situation simuliert werden sollte, die dem Physikunterricht in der Schule entspricht. Sie erhielten eine Kopie einer Doppelseite aus einem gängigen Physikbuch (Dorn-Bader, 1989), die mit *Abbildungen durch Sammellinsen* über-schrieben waren. Sie sollten diese Seiten lesen und im Anschluss daran ein kurzes schriftliches Urteil über Inhalt und „Aufmachung" des Textes abgeben.

Die etwas unterschiedlich lautenden Aufgaben nach Lesen des jeweiligen Textes resultierten aus folgender Überlegung: Beim Kuhntext sollte das eigene Formulieren der wichtigsten Aussage des Textes die intensive Auseinandersetzung mit den darin enthaltenen Inhalten fördern. Außerdem sollte die Auswertung der Antworten als „Manipulation Check" dienen, denn aus ihnen kann geschlossen werden, ob die Unter-suchungsteilnehmer den Text wirklich in dem von uns intendierten Sinne verstanden haben. Der Auszug aus dem Physikbuch war als Teil eines Schulbuches so konzipiert, dass die dort auf knappem Raum dargestellten Inhalte im Physikunterricht weiter ver-anschaulicht und erklärt würden. Hätten wir in der Physikbuchgruppe ebenfalls nach der wichtigsten Aussage des Textes gefragt, hätte sich mit großer Wahrscheinlichkeit die Mehrheit der Untersuchungsteilnehmer sehr stark überfordert gefühlt. Infolge-dessen wären sie mit einem sehr negativen Selbstkonzept ihrer Fähigkeiten zur Mes-sung ihrer impliziten Assoziationen im IAT übergegangen, was eine negative Haltung dem Fach gegenüber gefördert hätte. Ein Effekt des Treatments wäre damit bloß auf die Frustration der „Physikbuchgruppe" zurückzuführen gewesen, und nicht, wie von uns beabsichtigt, auf das Lesen des Kuhntextes. Entsprechend haben wir in der Phy-sikbuchgruppe die „Aufmachung" des Textes beurteilen lassen.

Im Anschluss an das Lesen der Texte bearbeiteten die Versuchspersonen den oben beschriebenen IAT (zwei IAT-Blöcke: positive bzw. negative Wörter [„Einstellungs-IAT"] und Wörter, die sich auf Selbstverwirklichung bzw. Fremdbestimmung bezogen [„Selbstverwirklichungs-IAT"]). Zum Schluss der Untersuchung gaben sie auf einem

Fragebogen an, ob sie in der Oberstufe Physik abgewählt oder aber als Grund- oder Leistungskurs belegt hatten. Wir erwarteten, dass sich die Wirksamkeit unseres Treatments in Abhängigkeit von der Auseinandersetzung mit Physik während der Oberstufe unterscheiden sollte. Es sollten sich vor allem bei denjenigen, die sich in der Oberstufe mit diesem Fach noch auseinandergesetzt hatten, positive Auswirkungen des Kuhntextes zeigen. Dagegen sollten diejenigen, die Physik so früh wie möglich abgewählt hatten, den dort behandelten Themen gegenüber unempfindlicher sein, weil sie mit dem Problem der mangelnden Gelegenheit zur Selbstaffirmation im Physikunterricht weniger lange und weniger intensiv konfrontiert waren und mit dem Thema Physik innerlich schon lange abgeschlossen hatten.

Unsere Datenanalysen ergaben erwartungsgemäß, dass bei denjenigen, die in der Oberstufe noch Physik belegt hatten, die Auseinandersetzung mit dem Kuhntext zu einer signifikant positiveren und weniger mit Fremdbestimmung assoziierten impliziten Einstellung gegenüber Physik führten als das Lesen eines gängigen Physikbuches (Kessels, Rau & Hannover, in press, Studie 2).

Diese Befunde sprechen dafür, dass es möglich ist, durch Veränderungen des typischerweise mit der Physik assoziierten Unterrichtsscripts implizite Assoziationen zwischen dem negativen Image-Faktor „geringe Selbstverwirklichung" und dem Gegenstandsbereich abzuschwächen.

3.2.2 Veränderung des Imagefaktors „Geschlechtskonnotation"

Um zu überprüfen, ob durch die Vorgabe eines *weiblichen Rollenmodells* die implizite Assoziation zwischen Maskulinität und Physik vermindert werden kann, haben wir eine experimentelle Untersuchung mit Studentinnen durchgeführt. Gleichzeitig wollten wir in dieser Studie testen, ob sich durch die Vorgabe eines *männlichen Rollenmodells* die Aktivierung des maskulinen Imagefaktors situational noch verstärkt oder ob die Konfrontation mit einem männlichen Rollenmodell schon so sehr der „Normalsituation" in der Physik entspricht, dass gegenüber einer Situation ganz ohne Rollenmodell kein stärkerer IAT-Effekt zu beobachten ist. Entsprechend haben wir drei verschiedene Untersuchungsbedingungen gestaltet und die Versuchspersonen diesen drei Bedingungen per Zufall zugewiesen: In der Experimentalgruppe „weibliches Rollenmodell" lasen die Teilnehmerinnen eine etwa halbseitige Beschreibung einer fiktiven Physikerin. Diese war angelehnt an eine Darstellung von Jocelyn Bell Burnells Biographie[1]. In der Experimentalgruppe „männliches Rollenmodell" wurde der gleiche Text gelesen, der aber – mit den nötigen grammatikalischen Änderungen – einen fiktiven männlichen Physiker beschrieb. Damit die Teilnehmerinnen ein mentales Bild von der im Text beschriebenen Person aufbauten, waren sie in beiden Rollenmodell-Bedingungen aufgefordert, sich zu überlegen, was sie dieser Person zum Geburtstag schenkten, wären sie über gemeinsame Bekannte zu der Feier eingeladen. Das Geschenk notierten sie. In der Kontrollgruppe „kein Rollenmodell" war eine Beschreibung über die Naturschönheiten der Schweiz zu lesen. Um die Untersuchungsbedingungen insgesamt möglichst konstant zu halten, sollte sich die Kontrollgruppe anschließend ein Geschenk für eine in einem Schweizer Bergdorf lebende Familie überlegen und notieren. Nach der Erledigung dieser Aufgabe bearbeiteten alle am Computer den IAT, mit dem die implizite Assoziation von Physik versus Englisch zu

---

1   Auf der Website http://www.physik.tu-darmstadt.de/website/frauen/allgemein/portraits/ nobel.html von Ute Förster.

männlichen (z.B. „Bruder") vs. weiblichen Wörtern (z.B. „Schwester") gemessen wurde. Bei diesem Test bedeutet ein großer IAT-Effekt, dass die Untersuchungspersonen die Aufgabe leichter bearbeiten konnten, wenn Physik und männliche Wörter sowie Englisch und weibliche Wörter jeweils auf der gleichen Bildschirmseite standen und die gleiche Tastenbelegung hatten, als wenn die Kombination andersherum war. Zuletzt füllten die Teilnehmerinnen noch einen kurzen Fragebogen aus, auf dem sie angaben, ob sie in der Oberstufe Physik belegt hatten.

Es zeigte sich, dass bei denjenigen Versuchsteilnehmerinnen, die zuvor etwas über die Physikerin gelesen hatten, der IAT-Effekt deutlich kleiner war als bei denen, die etwas über den Physiker oder über die Schweiz gelesen hatten. Das heißt, direkt nach der Konfrontation mit einem weiblichen Rollenmodell war die automatische Assoziation von Physik (relativ zu Englisch) mit männlichen Wörtern abgemindert. Dieser Effekt zeigte sich unabhängig davon, ob die Versuchsteilnehmerinnen in der Oberstufe selbst Physik belegt hatten oder nicht. In den beiden anderen Untersuchungsgruppen war der IAT-Effekt in etwa gleich groß. Ob also ein Text über einen erfolgreichen Physiker oder aber eine Landschaftsbeschreibung von der Schweiz gelesen wurden, war hinsichtlich der Assoziation von Physik mit männlichen Wörtern gleichgültig. Dies ist ein Hinweis darauf, dass dann, wenn man einem Physiker zu begegnen erwartet, man automatisch an eine männliche Person denkt, weshalb Physik ganz ohne Rollenmodell als ähnlich stark maskulin (bzw. nicht feminin) wahrgenommen wird wie Physik in Verbindung mit einem männlichen Rollenmodell.

Diese Befunde bedeuten, dass Modellpersonen – z.B. Lehrerinnen und Lehrer oder Eltern – die Einstellungen gegenüber verschiedenen Schulfächern nicht nur dadurch beeinflussen können, dass sie sich selbst gegenüber diesen ablehnend oder annähernd verhalten, sondern auch dadurch, dass durch eine ausgewogene Repräsentation männlicher und weiblicher Personen in diesen Fachdomänen auf der Ebene impliziter Assoziationen zwischen dem Gegenstandsbereich und Geschlecht Veränderungen bewirkt werden. Im Falle der Mathematik und Naturwissenschaften, in denen typischerweise mehr männliche als weibliche Modelle wirken, entsteht für die Lernenden eine implizite Assoziation mit dem Imagefaktor „Maskulinität", der insbesondere bei Mädchen zur Verminderung des Interesses beiträgt.

3.2.3 Weitere mögliche Interventionen

Es sind viele andere Maßnahmen denkbar, durch die die negativen Prototypen und das negative Image der Mathematik und der Naturwissenschaften abgeschwächt werden können. Die hier berichteten zwei Interventionsstudien liefern erste Evidenz dafür, dass die unbewusste, nicht der willentlichen Kontrolle unterworfene Assoziierung von Naturwissenschaften mit negativen Prototypen und Images überhaupt verändert werden kann. Die mit dem IAT erfassten Reaktionszeiten sind als Ergebnis eines lebenslangen Lernprozesses anzusehen. Dass es möglich ist, dieses bestehende kognitive Schema durch eine temporäre Manipulation zumindest zu deaktivieren, deutet darauf hin, dass durch wiederholte und länger andauernde Erfahrungen, in denen Naturwissenschaften in prototypen- oder image-inkonsistenter Weise erlebt werden, dazu führen können, dass sich das Image dieser Fächer langfristig verbessert.

Literatur

Beerman, L., Heller, K.A. & Menacher, P. (1992). *Mathe: nichts für Mädchen?*. Bern: Huber.

Dorn-Bader (1989). *Physik in einem Band. Neubearbeitung*. Hannover: Schroedel Schulbuchverlag.

Driver, R., Leach, J., Millar, R. & Scott, P. (1996). *Young people's image of science.* Buckingham: Open University Press.

Fazio, R.H. (2001). On the automatic activation of associated evaluations: An overview. *Cognition and Emotion, 15*, 115-141.

Greenwald, A.G., McGhee, D.E. & Schwartz, J.L.K. (1998). Measuring individual differences in implicit cognition: The implicit association test. *Journal of Personality and Social Psychology, 74*, 1464-1481.

Greenwald, A.G., Nosek, B.A. & Banaji, M.R. (2003). Understanding and using the implicit association test: I. An improved scoring algorithm. *Journal of Personality and Social Psychology, 85*, 197-216.

Hannover, B. & Kessels, U. (2002). Challenge the science-stereotype! Der Einfluss von Freizeit-Technikkursen auf das Naturwissenschaften-Stereotyp von Schülerinnen und Schülern. *Zeitschrift für Pädagogik, 43*, 341-358.

Hannover, B. & Kessels, U. (2004). Self-to-prototype matching as a strategy for making academic choices. Why German high school students do not like math and science. *Learning and Instruction, 14*, 51-67.

Hidi, S. & Renninger, K.A. (2006). The four-phase model of interest development. *Educational Psychologist, 41*, 111-127.

Hoffmann, L., Häußler, P. & Lehrke, M. (1998). *Die IPN-Interessenstudie Physik*. Kiel: IPN.

Hoffmann, L., Häußler, P. & Peters-Haft, S. (1997). *An den Interessen von Mädchen und Jungen orientierter Physikunterricht. Ergebnisse eines BLK-Modellversuchs*. Kiel: IPN.

Kessels, U. (2005). Fitting into the stereotype: How gender-stereotyped perceptions of prototypic peers relate to liking for school subjects. *European Journal of Psychology of Education, 20 (3)*, 309-323.

Kessels, U. & Hannover, B. (2004). Entwicklung schulischer Interessen als Identitätsregulation. In J. Doll & M. Prenzel (Hrsg.), *Bildungsqualität von Schule. Lehrerprofessionalisierung, Unterrichtsentwicklung und Schülerförderung als Strategien der Qualitätsverbesserung* (S. 398-412). Münster: Waxmann.

Kessels, U., Holle, J., Warner, L. & Hannover, B. (in Vorbereitung). Bedrohung durch positives schulisches Feedback.

Kessels, U., Rau, M. & Hannover, B. (in press). What goes well with physics? Measuring and altering the image of science. *British Journal of Educational Psychology.*

Krapp, A. (1998). Entwicklung und Förderung von Interessen im Unterricht. *Psychologie in Erziehung und Unterricht, 45*, 186-203.

Kuhn, T.S. (1973). *Die Struktur wissenschaftlicher Revolutionen*. Frankfurt am Main: Suhrkamp.

LaFontana, K.M. & Cillessen, A.H.N. (2002).Children's perceptions of popular and unpopular peers: A multimethod assessment. *Developmental-Psychology, 38*, 635-647.

Lederman, N.G. (1992). Students' and teachers' conceptions of the nature of science (A review of the research). *Journal of Research in science teaching, 29*, 331-359.

Nosek, B.A., Banaji, M.R. & Greenwald, A.G. (2002). Math = Male, Me = Female, Therefore Math ≠ Me. *Journal of Personality and Social Psychology, 83*, 44-59.

Osborne, J., Simon, S. & Collins, S. (2003). Attitudes towards science: a review of the literature and its implications. *International Journal of Science Education, 25*, 1049-1079.

Schneider, W. & Shiffrin, R.M. (1977). Controlled and automatic human information processing: I. Detection, search, and attention. *Psychological Review, 84,* 1-66.

Steele, J.M., Walberg, H.J. & House, E.R. (1974). Subject areas and cognitive press. *Journal of Educational Psychology, 66 (3),* 363-366.

Wicklund, R.A. & Gollwitzer, P.M. (1982). *Symbolic self-completion.* Hillsdale: Erlbaum.

Elke Wild, Monika Rammert & Anita Siegmund

Die Förderung selbstbestimmter Formen der Lernmotivation in Elternhaus und Schule

1   Zentrale Fragestellungen des Projekts

Am Ausgangspunkt unseres 6-jährigen Projekts standen Befunde aus internationalen Vergleichsstudien, denen zufolge deutsche Schülerinnen und Schüler in den Naturwissenschaften und in Mathematik besondere Schwierigkeiten mit Aufgaben haben, die konzeptuelles Verständnis und flexibel anwendbares Wissen erfordern. Da die Verarbeitungstiefe beim Lernen wesentlich von der Qualität der Lernmotivation abhängt, wurden im Rahmen des Projekts schulische und außerschulische Bedingungen der (mangelnden) Bereitschaft zum selbstgesteuerten Lernen untersucht. Die Motivlage der Schülerinnen und Schüler wurde dabei in Anlehnung an die Selbstbestimmungstheorie und die Interessentheorie (s.u.) als Funktion einer ungenügend auf die Bedürfnisse von Schülern abgestimmten Gestaltung schulischer und außerschulischer Lehr-Lern-Arrangements erachtet.

Da bereits am Ende der Grundschulzeit ein Absinken selbstbestimmter Formen der Lernmotivation beobachtbar ist (zusf. Wild & Hofer, 2000; Wild, 2001), stellt sich die Frage, wie bereits die Vermittlung mathematischer Grundkompetenzen so gestaltet werden kann, dass diese als interessant oder zumindest persönlich bedeutsam erachtet werden. Besonderes Augenmerk sollte im Projekt auf die Rolle des Elternhauses für die Motivationsentwicklung von Schülern gelegt werden, da diese bislang kaum erforscht wurde. Bereits vorliegende Arbeiten dokumentierten zwar, dass Eltern mehrheitlich bereit sind, sich um die schulischen Belange ihrer Kinder zu kümmern. Gleichzeitig fanden sich jedoch eine Reihe von Hinweisen, dass gut gemeinte, in der Sache aber ungünstige Praktiken der Eltern nicht selten dazu beitragen, dass die mit dem außerschulischen Lernen verknüpften didaktischen und Erziehungsziele vereitelt oder sogar unerwünschte Arbeitshaltungen hervorgerufen werden (z.B. Hock & Krohne 1989; Krohne & Hock, 1994).

Aus diesem Grund standen folgende Fragen im Zentrum des Projekts:
*   Wie ist die in Deutschland vorherrschende Praxis der elterlichen Hilfe beim häuslichen Lernen zu beurteilen? Inwieweit besteht Beratungsbedarf im weitesten Sinne und wie häufig wäre eine professionelle Hilfe indiziert?
*   Wodurch zeichnen sich sinnvolle Formen des häuslichen Lernens aus, die an der didaktischen und erzieherischen Funktion des häuslichen Lernens orientiert sind? Welche Strategien sind unter dem Gesichtspunkt der multikriterialen Zielerreichung zielführend, erfüllen also eine lern- *und* motivfördernde Funktion?
*   Inwiefern lassen sich unangemessene Hilfe-Praktiken von Eltern im Rahmen von Elterntrainings verändern, die weniger auf eine rezeptartige Vermittlung einzelner Strategien als auf eine veränderte Haltung von Eltern abzielen?
*   Welche relative Bedeutung kommt Merkmalen der Lehrer-Schüler- bzw. der Eltern-Kind-Beziehung für die Motiventwicklung zu? Welcher Stellenwert kommt der Passung familiärer und schulischer Interaktionserfahrungen zu?

- Lassen sich Veränderungen in Art und Ausmaß der elterlichen Hilfe nach dem Übergang von der Grundschule in eine weiterführende Schule beobachten? Ist insbesondere im Vorfeld der elterlichen Übertrittsentscheidung mit einem ansteigenden Leistungsdruck und einer Betonung der schulischen Leistungen ihres Kindes zu rechnen?

- Wie erleben Schülerinnen und Schüler den Wechsel von der Grundschule in eine weiterführende Schule? Und welche Bedingungen tragen dazu bei, dass der Übergang als belastend erlebt wird und mit einem Abfall in der Lernmotivation einhergeht?

- An welchen Kriterien ist die Übertrittsentscheidung der Eltern orientiert und von welchen pädagogischen bzw. pragmatischen Überlegungen hängt die Wahl einer konkreten Schule ab?

- Wie wird das Verhältnis von Elternhaus und Schule von beiden Seiten, Eltern wie Lehrern, wahrgenommen? Welche Einstellungen und Erwartungen bringen sich beide Seiten entgegen? Und lässt sich das Elternbild von Lehrern im Rahmen kurzer Fortbildungen verändern?

2 Theoretische Grundlagen

Um potenziell förderliche und hinderliche Merkmale des Instruktionsverhaltens von Eltern und Lehrern herauszuarbeiten, wurde auf die von Richard Ryan und Edward Deci (2001, 2000a, 2000b; s.a. Deci & Ryan 1985) entwickelte Selbstbestimmungstheorie (im Folgenden SBT) und die Person-Gegenstands-Theorie des Interesses (im Folgenden PGTI; vgl. Krapp, 1999a, 1999b, 1998a, 1998b; Schiefele, 1986; Krapp & Prenzel, 1992) zurückgegriffen. Aus der Perspektive dieser Ansätze hängt das natürliche Streben Heranwachsender, sich über die aktive Auseinandersetzung mit ihrer Umwelt weiterzuentwickeln, von drei psychologischen Grundbedürfnissen ab. Kommt es zu einer dauerhaften Frustration dieser Bedürfnisse (basic needs) nach Autonomie- und Kompetenzerleben sowie nach sozialer Einbindung, ist die Internalisierung gesellschaftlicher Werte, Standards und Verhaltensregeln gefährdet und die Distanz der Schülerinnen und Schüler zur Schule und zu den schulischen Inhalten sollte steigen. Die Folge ist eine Verschiebung des Gewichts von selbstbestimmten Formen der Lernmotivation – die dadurch gekennzeichnet sind, dass Lerntätigkeiten „freiwillig", d.h. ohne inneren oder äußeren Zwang ausgeführt werden (vgl. z.B. Krapp, 1993; Csikszentmihalyi & Schiefele, 1993) – hin zu fremdbestimmten (extrinsischen) Motiven und Zielen. Extrinsisch motivierte Lerner knüpfen ihre Bereitschaft, sich mit schulischen Inhalten auseinanderzusetzen, an das Vorhandensein äußerer Kontingenzen. Das Lernen wird nun eher an Effizienz- denn an Effektivitätsüberlegungen orientiert, und Demotivation stellt sich ein, wenn äußere Anreize nicht in ausreichendem Maße gegeben sind oder in Konkurrenz zu attraktiven Alternativen stehen.

Versucht man vor diesem Hintergrund die in vorliegenden Studien herausgearbeiteten Dimensionen elterlichen Schulengagements zu klassifizieren, so zeichnet sich eine vierdimensionale Konzeption motivfördernden Instruktionsverhaltens von Eltern ab (Grolnick & Slowiaczek, 1994; Wild, 1999; Wild & Remy, 2001):

- Die erste Dimension umfasst Verhaltensweisen, die unter dem Begriff der *Autonomie unterstützenden Hilfe* zusammengefasst werden können. Autonomie unterstützende Eltern ermutigen ihre Kinder, selbstständig Probleme zu lösen und Strategien im Umgang mit Anforderungen und Fehlern zu entwickeln. Sie ver-

zichten auf kleinschrittige Anleitungen und stellen stets nur so viel Unterstützung bereit, wie in diesem Moment benötigt wird. Bei Leistungsproblemen versuchen sie, gemeinsam mit dem Kind Gründe herauszufinden und Problemlösungen zu entwickeln.

• Die zweite Dimension elterlichen Verhaltens ergänzt die erste insofern, als sich der Aspekt der *Struktur* auf die Schaffung eines (alterskorreliert variierenden) Rahmens bezieht, in dem sich das Kind – jeweils gemäß seiner Selbstregulationskompetenzen – autonom mit schulischen Inhalten auseinandersetzen kann. Allerdings sollte der Effekt strukturierender Hilfen in hohem Maße von der Interpretation der elterlichen Verhaltensweisen durch die Kinder (vgl. Grolnick & Slowiaczek, 1994) abhängen.

• Die dritte Dimension hebt auf das Ausmaß „*leistungsorientierten Drucks*" ab und umfasst zum einen den Aspekt der formalen Kontrolle der kindlichen Lernanstrengungen und Leistungen und zum anderen den kontingenten Einsatz von Belohnungen und Bestrafungen im Umgang mit schulischen Erfolgen und Misserfolgen. Beide Aspekte sollten *niedrig* ausgeprägt sein, da sie die Leistungsentwicklung (Helmke, Schrader & Lehneis-Klepper, 1991; Trautwein & Köller, 2001) und die Entwicklung einer erfolgszuversichtlichen, selbstbestimmten Lernmotivation (Trudewind, 1975; Grolnick & Ryan, 1989) negativ beeinflussen.

• Hinsichtlich der vierten Dimension, der *emotionalen Unterstützung*, ist aufgrund zahlreicher Arbeiten zur Rolle des Familienklimas und zur Bedeutung elterlicher Responsivität (zusf. Zimmermann & Spangler, 2001) davon auszugehen, dass Kinder selbstbestimmte Formen der Lernmotivation entwickeln und lernen ihre Emotionen zu regulieren, wenn sie sich in Lernsituationen akzeptiert und wertgeschätzt fühlen, ein grundsätzliches Interesse der Eltern an schulischen Belangen wahrnehmen und von ihren Eltern getröstet und angespornt werden, wenn sie auf eigene Fehler stoßen oder vergeblich nach einem Lösungsweg suchen (Clark, 1993; Wild, 1999).

Gerade unter dem Aspekt der Veränderbarkeit elterlicher Verhaltensweisen erschien es bedeutsam, auch den handlungsleitenden Kognitionen von Eltern nachzugehen. Neben den schulischen und beruflichen *Aspirationen* der Eltern (zusf. Wild, 1997; Wild & Wild, 1997; Marjoribanks, 1994) sind hier zunächst die *elterlichen Leistungserwartungen* zu nennen. Vor allem kulturvergleichende Studien (z.B. Huntsinger et al., 2000, Huntsinger et al., 1997; Mau, 1997) sowie Arbeiten aus der Erwartungs-Wert- und der Leistungsmotivationsforschung (Helmke, Schrader & Lehneis-Klepper, 1991; Clark, 1993; Fontaine, 1994) zeigen, dass hohe aber realistische Leistungserwartungen die Leistungsentwicklung der Kinder fördern, wohingegen überhöhte Leistungserwartungen zu Konflikten in der Eltern-Kind-Beziehung, Selbstwertproblemen und Ängstlichkeit führen können (Hurrelmann & Mansel, 1998; Fend, 1997, 1998). In engem Zusammenhang zu den elterlichen Anspruchshaltungen sind das *elterliche Vertrauen in die kindlichen (Selbstregulations-)Fähigkeiten* (vgl. Galper, Wigfield, & Seefeldt, 1997) und die *epistemologischen Überzeugungen* von Eltern zu sehen, die diese vermutlich auf der Basis der eigenen Schulerfahrungen entwickelt haben (Shumow, 1998). Je mehr Eltern Begabung als eine veränderbare Größe und kindliche Leistungen primär als eine Frage der eigenen Anstrengung sehen, um so eher fördern sie eine Lernzielorientierung auf Seiten ihres Kindes (z.B. Ames & Archer, 1988; Dreves, 2000).

Renshaw und Gardner (1990) schließlich machen auf einen weiteren wichtigen Aspekt, die Situationsdeutungen von Eltern, aufmerksam. Je nachdem, wie Eltern häusliche Lehr-Lern-Situationen „rahmen" oder deuten, richten sie ihr Augenmerk eher auf die korrekte und effiziente Bearbeitung der Aufgaben bzw. auf den Lernprozess. In Analogie zu den Zielorientierungen von Schülern kann hier von einer *produktorientierten Leistungsorientierung* gesprochen werden, die von einer *prozessorientierten Lernorientierung* abzugrenzen ist. Es ist zu vermuten, dass diese Deutungsmuster mit den *elterlichen Erziehungszielen* zusammenhängen, die in schulbezogenen wie schulunabhängigen Eltern-Kind-Interaktionen verfolgt werden, wobei die Umsetzung dieser Ziele vor allem dann wahrscheinlich wird, wenn eine *Kompatibilität von Zielen auf unterschiedlichen Hierarchie- oder Abstraktionsebenen* (z.B. *higher principle-level standards*, wie Selbständigkeit, und *lower program-level standards*, wie z.B. „die Hausaufgabenhefte ordentlich führen") gegeben ist (Tsushima & Burke, 1999).

3 Methodisches Vorgehen

Letztlich gliedert sich das Projekt in drei umfängliche Teilprojekte (vgl. auch Wild & Remy, 2002). Im Zentrum stand eine 6 Jahre andauernde *Längsschnittstudie*, die Aufschluss über die in verschiedenen Klassenstufen vorherrschende Praxis und Funktionalität elterlicher Hilfen geben sollte. Da sich interindividuelle Unterschiede in der Lernmotivation früh herausbilden, wurden die teilnehmenden Schülerinnen und Schüler und ihre Eltern in den Jahrgangsstufen 3 bis 7 begleitet und im Jahresabstand zuhause aufgesucht.

Zu diesem Zweck wurde in allen Erhebungswellen ein feststehender Satz von Skalen zur Erfassung der Lernmotivation Heranwachsender sowie des (selbstberichteten und kindperzipierten) Instruktionsverhaltens von Eltern und Lehrern eingesetzt. Diese erlebnisdeskriptiven Daten wurden ergänzt durch verhaltensnahe Daten in Form von Videoaufzeichnungen gemeinsamer mathematischer Aufgabenbearbeitungen, die bei einer Teilstichprobe im Halbjahresabstand zu den „großen Erhebungen" durchgeführt und mithilfe eines eigens entwickelten Kategoriensystems ausgewertet wurden. Ebenfalls durchgängig zu allen Messzeitpunkten kamen (altersangemessene) Tests zur Erfassung der mathematischen Kompetenz der Schülerinnen und Schüler sowie Skalen zum Fähigkeitsselbstbild und zur Selbstwirksamkeit zum Einsatz.

Dieser feste Erhebungsteil wurde um ein variables Set von Skalen ergänzt, die an verschiedenen Themenschwerpunkten ansetzten. Beispielsweise stand in den Erhebungswellen 2 und 3 der antizipierte bzw. der vollzogene Übergang von der Grundschule in die Sekundarstufe im Zentrum unserer Befragungen. Eine ebenfalls durchgeführte Lehrerbefragung schließlich zielte auf die Identifizierung von Bedingungen ab, die einer intensivierten Elternarbeit entgegenstehen oder diese erleichtern.

Zeitversetzt zu den Längsschnittanalysen wurden ein *Elterntraining* zum häuslichen Lernen sowie eine *Lehrerfortbildung* zur Elternarbeit konzipiert, durchgeführt und evaluiert. Die Konzeption beider Interventionen orientiert sich an den in Abschnitt 2 skizzierten theoretischen Überlegungen sowie an den im Projekt gewonnenen Ergebnissen (vgl. Abschnitt 4). So wurden im Elterntraining *Lernlust statt Lernfrust* sowohl die subjektiven Theorien und Einstellungen der Eltern thematisiert als auch didaktische Strategien im Umgang mit häuslichen Lehr-Lern-Situationen vermittelt.

Die konzipierte Lehrerfortbildung setzte an Befunden an, wonach wechselseitige Vorbehalte von Eltern und Lehrern hierzulande in eine pädagogisch wenig sinnvolle Kooperationsbeziehung münden. Gleichwohl wünschen sich viele Eltern Tipps und Ratschläge zum häuslichen Lernen von Seiten der Lehrer, da sie unsicher sind, wie sie ihr Kind optimal fördern können. Um also einen Beitrag zur Verbesserung der Eltern-Lehrer-Kooperation zu leisten, sollte eine zweitägige Lehrerfortbildung konzipiert werden, die auf eine Veränderung der auf die Elternarbeit bezogenen Einstellungen von Lehrern sowie auf eine Vermittlung effektiver Instruktionsstrategien im Hausaufgabenkontext abzielt.

Da eine Übersicht über sämtliche Ergebnisse den Rahmen dieses Beitrags sprengen würde, konzentrieren sich die nachfolgenden Ausführungen auf die Längsschnittstudie und hier insbesondere auf die Befunde zum Übergang von der Grundschule in die weiterführende Schule. Die Analysen der Längsschnittdaten standen im Zentrum des Projektes, da sie erstmalig Erkenntnisse über die Praxis, Entwicklung und Funktionalität elterlicher Hilfe zu liefern vermögen, auf denen die beiden Interventionsstudien aufbauen. Diese werden in Abschnitt 6 nur kurz skizziert, da die Auswertungen der Evaluationsstudien zur Zeit noch andauern.

4   Die Längsschnittstudie

4.1   Beschreibung der Stichprobe und Instrumente

Um Selbstselektionseffekte so weit wie möglich zu verringern und eine hohe Aussagekraft trotz eines umgrenzten Stichprobenumfangs erzielen zu können, wurde die Ausgangsstichprobe mithilfe des Einwohnermeldeamts Bielefeld rekrutiert. Einer Zufallsstichprobe von Familien mit Drittklässlern ohne Migrationshintergrund, die im Raum Bielefeld leben, wurde ein Brief mit Informationen über das Projekt und der Bitte um Teilnahme zugeschickt, so dass die Familienmitglieder Gelegenheit hatten, eine Mitwirkung gemeinsam zu diskutieren. Einige Tage später wurden diese Familien telefonisch kontaktiert, um auf etwaige Fragen und Bedenken eingehen zu können. Mit den interessierten Familien wurde ein Termin vereinbart, an dem die Versuchsleiter die Familien zu Hause besuchen.

Vor dem Hintergrund dieses Vorgehens erklärten sich von den 791 Familien, mit denen telefonisch Kontakt aufgenommen wurde, 304 Familien dazu bereit, an der Ersterhebung teilzunehmen. Die somit bei 38,4 Prozent liegende Rücklaufquote ist gemessen an der anderer familienpsychologischer Studien als gut zu bewerten.

Aus der Gesamtstichprobe wurde eine Teilgruppe von 40 Familien für die sog. Intensivstichprobe ausgewählt. Hierfür wurden die Schüler, je nach erreichter Punktzahl im Mathe-Test, drei Leistungsgruppen zugeordnet. Anschließend wurden 10 Schülerinnen und Schüler mit Testleistungen im oberen, 14 im mittleren und 16 im unteren Terzil zur Teilnahme an der Videostudie gewonnen. Die Familien wurden einmal jährlich zuhause besucht, wobei neben Tests und Fragebögen auch halbstrukturierte Interviews zum Einsatz kamen und Videoaufzeichnungen des häuslichen Lernens erstellt wurden.

Von den 304 Familien nahmen ein Jahr später (G2) 237 Eltern und Kinder (78% der Familien) erneut teil. Die Ausfallrate lag damit unter der von Weinert und Helmke (1997) berichteten *Drop-out*-Rate von 27,5 Prozent. In den beiden folgenden Erhebungswellen (208 VPn zu G3 und 182 VPn zu G4) lagen die prozentualen Anteile im

Vergleich zum Vorjahr jeweils bei 87,8 und 87,5 Prozent, in der letzten Erhebungswelle (196 VPn zu G5) konnten wir sogar einen Anstieg von 7,7 Prozent verzeichnen.
Insgesamt nahmen 133 Familien an allen 5 Erhebungswellen teil.

Zur Klärung der Frage eines selektiven Schwunds wurde zunächst die Schichtverteilung (operationalisiert über den höchsten elterlichen Ausbildungsabschluss) in
den jeweils verbleibenden (Teil-)Stichproben ermittelt. Insgesamt ergeben sich hier nur
leichte Schwankungen über die Messzeitpunkte hinweg (Tabelle 1). Erfreulich ist
auch, dass in der Intensivstichprobe zwar erwartungsgemäß Mittelschichtsfamilien
über- und Arbeiterfamilien unterrepräsentiert sind, sich über die ersten drei Messzeitpunkte jedoch eine recht stabile Verteilung der Anteile der drei Leistungsgruppen der
Schülerinnen und Schüler ergibt. Der Prozentsatz der leistungsschwachen Schülerinnen und Schüler fällt nicht ab, sondern wächst zum Messzeitpunkt G3 sogar leicht an.
Erst ab dem 4. Erhebungszeitpunkt ist ein Rückgang bei den leistungsschwächeren
Schülern zu verzeichnen, was möglicherweise mit dem Schulwechsel und den damit
zusammenhängenden Belastungen zu erklären ist.

Tab. 1:   Prozentuale Verteilung der Stichprobe hinsichtlich des sozioökonomischer Status der
Familien und der Leistungsfähigkeit des Kindes (in Prozent)

		G1	**G2**	**G3**	**G4**	**G5**
Sozioökono- mischer Status	Arbeiterklasse	5,2	4,1	6,2	5,2	7,3
	untere Mittelschicht	49,0	50,2	46,6	46,2	43,2
	obere Mittelschicht	45,8	45,7	47,2	48,6	49,5
Leistungsfähig- keit des Kindes	leistungsschwach	39,9	37,7	42,8	27,2	27,6
	mittel	34,7	26,3	29,3	36,4	45,4
	leistungsstark	25,4	36,0	27,9	36,4	27,0

Da ab dem 3. Messzeitpunkt (G3) die Verteilung der Schülerinnen und Schüler auf die
verschiedenen Schultypen feststand, wurde getrennt für Gymnasiasten (61%), Realschüler (16,8%), Hauptschüler (3,4%) und Gesamtschüler (12%) der Prozentsatz der
Ausfälle zu diesem Zeitpunkt ermittelt. Auch hier zeigte sich, dass der *Drop-Out* bei
der Gruppe der Hauptschüler erfreulich niedrig war.

Wie der nachfolgenden Tabelle 2 zu entnehmen ist, wächst die Mehrzahl der be-
fragen Schülerinnen und Schüler erwartungsgemäß in einer strukturell intakten Familie
mit Geschwistern auf. Im Regelfall sind es die Mütter, die halbtags arbeiten und nach-
mittags das häusliche Lernen begleiten, wobei sich der Anteil der vollzeitbeschäftigten
Mütter mit zunehmendem Alter der Kinder konstant erhöht.

Tab. 2:　Prozentuale Verteilung der Stichprobe hinsichtlich Geschlecht und Alter, Anzahl der Kinder, Familienstatus, Herkunft der Eltern sowie beruflicher Status der Eltern

		G1	G2	G3	G4	G5
	Jungen	46,2%	46,0%	47,8%	47,0%	47,2%
	Mädchen	53,8%	54,0%	52,2%	53,0%	52,8%
Alter	Durchschnittsalter der Schüler/-innen	8,87 Jahre	9,78 Jahre	10,80 Jahre	11,84 Jahre	12,75 Jahre
	Durchschnittsalter der Mütter	39,47 Jahre (keine ge-trennten Angaben)	40,30 Jahre	41,09 Jahre	41,92 Jahre	43,38 Jahre
	Durchschnittsalter der Väter		42,95 Jahre	43,81 Jahre	44,54 Jahre	46,26 Jahre
Anzahl der Kinder	ein Kind	15,8%	14,8%	13,2%	12,8%	15,5%
	zwei Kinder	47,7%	49,1%	50,7%	48,6%	48,7%
	drei Kinder	25,2%	24,8%	25,4%	26,3%	22,8%
	vier und mehr Kinder	11,3%	11,3%	10,8%	11,8%	11,9%
Familienstatus	verheiratet und ge-meinsame Wohnung	85,7 %	87,8%	88,8%	87,4%	88,1%
	fester Partner, unverheiratet	14,6 % ledig, geschieden, verwitwet, getrennt lebend	2,2%	2,9%	1,6%	3,1%
	alleinerziehend		6,5%	5,3%	4,9%	4,1%
	wiederverheiratet		1,7%	1,5%	3,8%	2,6%
	alleinlebend, gemeinsame Ver-antwortung für das Kind		1,3%	1,5%	1,1%	1,5%
	sonstiges		0,5%	----	2,4%	0,6%
beruflicher Status	voll berufstätig	Väter: 88,4% Mütter: 8,2%	Väter: 85,8% Mütter: 8,0%	Väter: 87,9% Mütter: 10,1%	Väter: 87,3% Mütter: 10,5%	Väter: 87,7% Mütter: 14,9%
	teilzeitbeschäftigt	Väter: 3,8% Mütter: 59,6%	Väter: 3,6% Mütter: 62,2%	Väter: 3,5% Mütter: 57,6%	Väter: 3,9% Mütter: 63,5%	Väter: 4,6% Mütter: 58,0%
	Hausfrau/-mann	Väter: 1,0% Mütter: 25,7%	Väter: 0,4% Mütter: 20,9%	Väter: 1,0% Mütter: 23,2%	Väter: 0,6% Mütter: 19,9%	Väter: 2,1% Mütter: 19,5%
	sonstiges	Väter: 2,4% Mütter: 5,8%	Väter: 2,7% Mütter: 7,6%	Väter: 1,5% Mütter: 9,1%	Väter: 3,9% Mütter: 6,1%	Väter: 3,1% Mütter: 7,7%
	keine Angaben	Väter: 4,5% Mütter: 0,7%	Väter: 7,6% Mütter: 1,3%	Väter: 6,1% Mütter: ---	Väter: 4,4% Mütter: ---	Väter: 2,6% Mütter: ---

Insgesamt ist somit festzuhalten, dass die Längsschnittauswertungen zwar unter dem Vorbehalt der in familienpsychologischen Studien typischen Mittelschichtlastigkeit zu sehen sind und sich ausschließlich auf Familien ohne Migrationshintergrund beziehen. Die Analysen zur Panelmortalität unterstreichen jedoch, dass es – trotz des hohen Aufwands für die Familien – vergleichsweise gut gelungen ist, selektiven Ausfällen entgegen zu wirken.

4.2 Durchführung der Längsschnitterhebungen

In allen Erhebungswellen wurden die Familien von unseren Versuchsleiterinnen zu Hause besucht. Der Ablauf der ca. 1,5-stündigen Hausbesuche sah die Durchführung des Mathematik-Leistungstests, die Vorgabe der Fragebögen und – in der Intensiv-stichprobe – die Videographierung der lernbezogenen Eltern-Kind-Interaktionen vor. Aufgrund erheblicher Differenzen in der Lesekompetenz der Schülerinnen und Schüler zum ersten Erhebungszeitpunkt (Jahrgang 3) wurden den Schülern die Fragen vorgelesen. Dies wurde auch in den folgenden Befragungen bei Bedarf beibehalten. Die beiden letzten Befragungen wurden *online* durchgeführt. Die Versuchsleiterinnen hatten einen Laptop dabei, auf dem die Schülerinnen und Schüler ihre Antworten direkt eingeben konnten. Zeitgleich, jedoch räumlich getrennt, bearbeiteten die Eltern ihren Fragebogen. Um Reifungs- und Beschulungseffekte auszuschließen, wurden die Erhebungen in einem möglichst kurzen Zeitfenster (März/April) durchgeführt. Alle Versuchsleiterinnen wurden vor Beginn der Befragung geschult und nahmen während der Befragungszeiträume an regelmäßigen Koordinationstreffen mit der Projektleitung statt.

4.3 Beschreibung der eingesetzten Instrumente

Wie bereits ausgeführt, wurde in den längsschnittlichen Analysen ein feststehender Satz von Fragebögen und Tests verwendet. Der – für Eltern und Schülerinnen und Schüler z.T. parallel aufgebaute – *Basisfragebogen* enthielt folgende Skalen:

- Die *Lernmotivation* der Heranwachsenden wurde sehr facettenreich erfasst, indem sowohl zwei Regulationsstile (extrinsische vs. identifizierte Regulation) als auch die Einstellungen gegenüber dem Fach Mathematik (*Interesse* vs. *Abneigung*) sowie die *Zielorientierungen* (Lernzielorientierung, Ich-Orientierung, Vermeidung negativer Fremdbewertung) und das *Fähigkeitsselbstbild* erhoben wurde.
- Fragen zum *Instruktionsverhalten* der Eltern im Kontext des häuslichen Lernens wurden sowohl an die Schülerinnen und Schüler als auch an die Eltern gerichtet und mit vier Skalen („Autonomieunterstützung", „Kontrolle/Leistungsorientierter Druck", „Responsivität" und „Struktur") erhoben. Konfirmatorische Faktorenanalysen bestätigen die vierfaktorielle Struktur (Wild & Remy, 2002), die über die 5 Messzeitpunkte hinweg stabil bleibt.
- Zusätzlich wurden zwei Skalen zur Erfassung der elterlichen *Situationsdeutung* (framing) eingesetzt, die ebenfalls Kindern und Eltern vorgegeben wurden. Die beiden Subskalen sollten die bei Renshaw und Gardner (1990) postulierte Unterscheidung zwischen einer eher *produktorientierten*, d.h. am Leistungsergebnis ausgerichteten „Rahmung" der Hausaufgabensituation, und einer eher *prozess-*

orientierten, d.h. am Lernprozess orientierten Auffassung der Hausaufgaben (vgl. Helmke, Schrader & Lehneis-Klepper, 1991) abbilden.

• Weiterhin wurden die Eltern hinsichtlich ihrer *Leistungserwartungen* in Form des elterlichen Anspruchsniveaus (vgl. Helmke, Schrader & Lehneis-Klepper, 1991) und ihrer *lernbezogenen Einstellungen* befragt.

• Unterschiede im *Umfang* elterlicher Unterstützung bei den Hausaufgaben schließlich wurden mithilfe einzelner Items in Anlehnung an eigene Vorarbeiten (vgl. Kunert, 1998) erfasst.

4.3.1 Erfassung der Mathematikfähigkeiten

Die Leistungsfähigkeit der Schülerinnen und Schüler im Fach Mathematik wurde durchgängig zu allen Messzeitpunkten erfasst. Zu G1 und G2 wurden hierzu Items aus dem Mathematikleistungstests für Grundschulen eingesetzt, der im Rahmen der IGLU-Studie für Viertklässler entwickelt wurde (Bos et al., 2001; Lankes & Walther, 2003). Die Rohwerte wurden von IGLU-Mitarbeitern transformiert und an uns zurückgemeldet. Zum Zeitpunkt G3 wurden auf Basis der Ergebnisse des Vorjahres die im oberen Leistungsbereich differenzierenden Items aus dem vorherigen Mathematikleistungstest erneut verwendet und um Aufgaben aus dem Hamburger Schulleistungstest für 4. und 5. Klassen (Mietzel & Wellenberg, 2000) ergänzt.

Zusätzlich zu dem Test wurde die Mathematikleistung über selbstberichtete Schulnoten erfasst. Für die Auswertungen wurden diese in Punkte umgewandelt (sehr gut = 15 Punkte, ungenügend = 0 Punkte), so dass eine höhere Punktzahl für eine bessere Note steht.

Zu den einzelnen Messzeitpunkten wurden der Basisfragebogen und der Mathematiktest um weitere Instrumente ergänzt, mit deren Hilfe spezifischen Teilfragestellungen nachgegangen werden sollte. Die wichtigsten Aspekte seien hier wiedergegeben:

4.3.2 Emotionsregulation von Schülern

Der von Knollmann (in Druck) im Rahmen des Projekts neu entwickelte *Fragebogen zur Emotionsregulation im Lernkontext Mathematik (FERL-M)* erfasst den lernkontextspezifischen emotionalen Regulationsstil von Lernenden. Insgesamt vier Skalen messen den funktionalen und dysfunktionalen Umgang mit Freude und negativen Lernemotionen (Ärger, Angst, Enttäuschung) während des Mathematiklernens. Zur Überprüfung der Reliabilität und Validität wurden zwei Stichproben gezogen (Stichprobe A: N = 180, 5. bis 7. Klasse; B: N = 181, 6. Klasse). Die Ergebnisse explorativer und konfirmatorischer Faktorenanalysen sprechen für die angenommene Struktur; die internen Konsistenzen der Skalen waren zufriedenstellend bis gut. Ferner weist ein Experten-Rating auf eine hohe inhaltliche Validität hin. An Stichprobe B erhobene Korrelationen der Skalen mit motivationalen Schülermerkmalen sowie der Schulleistung zeigen erwartungsgemäße Zusammenhänge zwischen den Konstrukten, die die Eignung des FERL-M für lehr-lernbezogene Untersuchungen der Emotionsregulation jenseits der Stressverarbeitung belegen.

4.3.3 Lehrerbefragung

Nach dem Wechsel in die Sekundarstufe, also zum Messzeitpunkt G3, wurden ergänzend zu den Angaben der Eltern und der Schülerinnen und Schüler auch Lehrer bzgl. der *Fähigkeit und Motivation der Schüler* sowie ihrer *Unterrichtsgestaltung* und *Hausaufgabenpraxis* befragt. Zudem wurde die Akzeptanz und Bereitschaft einer Elternarbeit gegenüber erfasst, die an der erzieherischen Funktion der Hausaufgaben ansetzt und dazu beitragen könnte, den hohen Anteil suboptimaler Hausaufgabenbetreuung zu reduzieren.

4.3.4 Fragen zum Übergang in die Sekundarstufe

In zwei Erhebungswellen (G2, G3) stand zunächst der bevorstehende und dann der vollzogene Übergang von der Grundschule in die Sekundarstufe im Zentrum unserer Befragungen.

Ein großer Teil der Fragen hob auf die *Kriterien* ab, die Eltern bei der *Wahl des Schultyps* und *der konkreten Schule* heranziehen. Neben *pragmatischen Entscheidungskriterien* (z.B. Erreichbarkeit der Schule) wurde die Einschätzung der Eltern erfasst, inwieweit die Schule die von ihnen als wichtig erachteten *Erziehungsziele* zu erreichen versucht.

Diese Ziele können drei Skalen zugeordnet werden: „traditionelle Lernziele", „Förderung der Persönlichkeitsentwicklung" und „Förderung selbstbestimmten und selbstregulierten Lernens". Zusätzlich wurde erfasst, welche *Informationen* (z.B. Lehrereinschätzung, Schulprospekte) bei der Übertrittsentscheidung genutzt werden und aus welchen Quellen diese bezogen werden.

Die Schülerinnen und Schüler wurden mit drei selbst konstruierten Skalen („Hoffnung", „Spannung" und „Besorgtheit") nach ihren *Erwartungen* und ihrem *emotionalen Erleben* gefragt sowie danach, ob sie bei der Wahl des Schultyps bzw. der Schule *mitentscheiden* konnten.

Um die Folgen erwartungskonformer und -diskrepanter Übertrittserfahrungen untersuchen zu können, wurden in der dritten Gesamterhebung (G3) die bereits in G2 (hier noch als Erwartung) thematisierten Aspekte wieder aufgegriffen.

4.3.5 Mathematische Kompetenz der Eltern

Zum 3. Messzeitpunkt (Frühjahr 2003) wurde die mathematische Kompetenz von Eltern erhoben (vgl. Ehmke, Wild & Müller-Kalthoff, 2005). Dazu wurde in Anlehnung an die Rahmenkonzeption des Mathematiktests PISA 2000 ein Test zur Erfassung von mathematischer Grundbildung bei Erwachsenen konzipiert. Der Test bestand aus vierzehn Items des Mathematiktests PISA 2000. Die Stichprobe bestand aus 64 Erwachsen (90% weiblichen Geschlechts, Altersdurchschnitt 41 Jahre). Im Vergleich mit den Schülerleistungen aus PISA 2000, entspricht das durchschnittliche Kompetenzniveau der Erwachsenenstichprobe dem Niveau der fünfzehnjährigen Gymnasiasten in PISA 2000. Weitere Analysen zeigen einen positiven Zusammenhang zwischen Berufabschluss und erreichtem Kompetenzniveau.

4.3.6 Eltern-Kind-Interaktion

Zur Evozierung des elterlichen Instruktionsverhaltens bekamen Mütter und Kinder bei unserem Besuch Aufgaben vorgelegt, die sie gemeinsam bearbeiten sollten. In der ersten Intensiverhebung wurden zwei Aufgabentypen dargeboten. Die erste Matheaufgabe lehnte sich an das MOSIMA-Material (Eggenberg & Hollenstein, 1998) an und sah vor, dass auf der Basis von Informationsmaterialien über Murmeltiere eigenständig Aufgaben generiert wurden, die es anschließend zu lösen galt. Während die Familien hier also ihr eigenes Anspruchsniveau festsetzen konnten, wurden sie mit der zweiten Aufgabe, die dem Bereich der Kombinatorik entstammte, vor ein kaum zu lösendes Problem gestellt. Die gewählte Formulierung jedoch ähnelte der von Textaufgaben in der Grundschule, sodass die Familien annahmen, dass die Aufgabe zu lösen sei. Auf diese Weise konnte untersucht werden, ob (bestimmte) Eltern in Antizipation eines Scheiterns ihre Motivierungs- und Lehrstrategien verändern und wie sich das Explorationsverhalten von Schülern verändert, wenn in Anforderungssituationen das Bindungssystem aktiviert wird. Bei den letzten beiden Intensiverhebungen (I3, I4) wurden Aufgaben des ersten Types ausgewählt und auf die Evozierung einer „Stress-Situation" verzichtet.

Im Anschluss an die Aufgabenbearbeitung wurde beiden Interaktionspartnern ein Fragebogen vorgelegt, mit dessen Hilfe die vorangegangene Situation unter motivationalen und selbstbestimmungstheoretischen Aspekten bewertet werden sollte. Hierfür wurden aus dem Basisfragebogen Markieritems für zentrale Konzepte (z.B. wahrgenommene Autonomieunterstützung) ausgewählt. Darüber hinaus wurden Fragen zur wahrgenommenen Authentizität der videographierten Interaktion vorgelegt, die der Pilotstudie (vgl. Wild, 2000) entnommen worden waren.

5   Ergebnisse der längsschnittlichen Analysen

5.1 Veränderungen im häuslichen Lernen vor und nach dem Schulwechsel

5.1.1 Ausmaß elterlicher Hilfe

Eine zentrale Frage war die nach möglichen Veränderungen im elterlichen Instruktionsverhalten beim Übergang von der Grundschule in die Sekundarstufe I. Diese ist mit Rückgriff auf die Daten der ersten drei Erhebungswellen (G1 bis G3, Klassenstufe 3 bis 5) zu beantworten.

Zunächst ist festzuhalten, dass ebenso wie in der 3. Grundschulklasse (Messzeitpunkt G1, s. Wild & Remy, 2001) auch zum Ende der Grundschulzeit (G2) und zu Beginn der Sekundarstufe I (G3) der überwiegende Teil der Hausaufgabenunterstützung durch die Eltern geleistet wird. Über zwei Drittel der Viert- und Fünftklässler (G2: 74%; G3: 62,0%) geben an, dass ihnen die Mutter bei den Hausaufgaben hilft. Weniger als die Hälfte (G2: 46,5%; G3: 41,6%) nennt zusätzlich den Vater, knapp ein Fünftel bekommt Hilfe von Geschwistern, Mitschülern oder Großeltern (G2: 23,1%; G3: 13,2%), wobei die Nennung der Ansprechpartner nicht schichtspezifisch variiert.

Über alle Schichten und Schultypen hinweg gilt, dass die hausaufgabenbezogene Unterstützung der Mütter signifikant zurückgeht, während der Umfang der väterlichen Hausaufgabenhilfe konstant (niedriger) bleibt. Unter bildungspolitischen Gesichtspunkten ist jedoch hervorzuheben, dass es keine systematischen Beziehungen zwischen dem Engagement und der Erwerbstätigkeit der Mütter gibt.

Die Inanspruchnahme von *Nachhilfeunterricht* steigt nach dem Übergang in die weiterführende Schule absolut betrachtet an. Erhalten zum Ende der Grundschulzeit nur 6,7 Prozent der Kinder Nachhilfe (davon 44,4% in bezahlter Form), sind dies zu Beginn der Sekundarstufe bereits 11,5 Prozent (davon 47,4% in Form von vergütetem Unterricht). Diese Unterschiede sind allerdings ebenso wenig wie schichtspezifische Unterschiede statistisch bedeutsam. Lediglich der Schultyp schlägt sich systematisch in der Prävalenz von Nachhilfe nieder, wobei Realschüler signifikant häufiger Nachhilfeunterricht erhalten als Gymnasiasten und Gesamtschüler.

5.1.2 Typologisierung elterlicher Hilfe

Wird die Qualität der kindperzipierten elterlichen Hausaufgabenhilfe an der Balancierung der Verantwortung von Eltern und Kindern für die Gestaltung häuslicher Lehr-Lern-Arrangements festgemacht, kann zwischen *vernachlässigenden*, *dysfunktionalen*, *optimalen*, und *suboptimalen* Formen der elterlichen Hilfe unterschieden werden (vgl. auch Wild & Remy, 2002; Exeler & Wild, 2003). Sie geben wieder, ob Heranwachsende immer alleine lernen müssen, ständig von den Eltern kontrolliert werden, bei Bedarf auf die Hilfe ihrer Eltern zählen können oder mit unterstützenden wie einschränkenden Formen elterlichen Engagements konfrontiert werden.

Wird der Anteil dieser Formen von der Jahrgangsstufe 3 bis 5 betrachtet, so bleibt der Anteil der suboptimalen Hilfe in etwa konstant (G1: 58,0%; G2: 57,4%; G3 60,6%). Er fällt deutlich höher aus als der Anteil der Familien, in denen eine vernachlässigende (G1: 14,4%; G2: 11,4%; G3: 13,5%), dysfunktionale (G1: 14,1%; G2: 9,7%; G3: 12,5%) oder auch optimale Form der Hausaufgabenpraxis (G1: 13,4%; G2: 21,5%; G3: 13,5%) realisiert wird. Bildungspolitisch entscheidend ist, dass die Verbreitung der einzelnen Formen weder vom Alter der Kinder noch der Schichtzugehörigkeit der Eltern oder dem (in G2 angestrebten bzw. in G3 besuchten) Schultyp abhängt! Dieser Befund unterstreicht den Nutzen einer diversifizierten Interventionsstrategie, bei der die Vorteile eines intensiven Elterntrainings zum Abbau dysfunktionaler Betreuungsformen im engeren Sinne mit denen einer Lehrerfortbildung verknüpft werden, die auf eine Reduktion des Anteils suboptimaler Formen der elterlichen Hilfe gerichtet ist.

5.1.3 Analysen videographierter Eltern-Kind-Interaktionen beim häuslichen Lernen

Um das elterliche Instruktionsverhalten nicht nur im Selbsturteil und aus Sicht von Kindern erfassen zu können, wurden im Rahmen der Intensivstichprobe jährlich Eltern-Kind-Interaktionen beim häuslichen Lernen videographiert. Diese wurden turnweise mithilfe des eigens entwickelten **S**ystems zur **A**nalyse **e**lterlichen unterstützenden Verhaltens beim **au**ßerschulischen **Le**rnen (SAEULE) (vgl. Rammert, 2003, Webeler-Pijahn, 2003) kodiert. Es basiert auf den Annahmen der Selbstbestimmungstheorie und erlaubt die Kodierung elterlicher Verhaltensweisen in Hinblick auf die Förderung des Autonomie- und des Kompetenzerlebens von Schülern und damit der Steigerung selbstbestimmter Formen der Lernmotivation.

Im Folgenden wird eine Übersicht über die Kategorien gegeben und zentrale Ergebnisse der Beobachtungen werden zusammengefasst. Das Merkmalssystem sieht eine Kodierung elterlicher Verhaltensweisen auf drei Ebenen vor:

Tab. 3:   Kategorien des Merkmalssystems „SAEULE"

A: Autonomie-Unterstützung (Lernprozess): Hier ist entscheidend, inwiefern die Eltern den Lernprozess des Schülers in autonomieunterstützender Weise begleiten oder direktiv gestalten.		
Fachliche Unterstützung (Inhaltsebene)	▪ einschränkende Hilfe ▪ Impulse geben ▪ passive Unterstützung ▪ keine Hilfe	
Anlass der Hilfe	▪ das Kind zeigt keinen Bedarf ▪ das Kind zeigt Probleme (passiv) ▪ das Kind bittet um Hilfe (aktiv)	
Verantwortung für die aktuelle Lernsituation	▪ Übernahme der Verantwortung ▪ Kooperation ▪ Überlassen der Verantwortung	
Unterstützung der Selbstregulation (Strategieebene)	▪ Anregung/Anleitung selbstregulierten Lernens ▪ Aufforderung zu Eigenaktivität	
B: Unterstützung des Kompetenzerlebens (Fremdbeurteilung): Hier steht im Zentrum, ob und in welcher Form Schüler Rückmeldungen bekommen.		
Ergebnisbezogenes Urteil	Ergebnis	▪ unbestimmt ▪ Misserfolg ▪ Erfolg
	Feedback (Inhaltsebene)	▪ unbestimmt/keine Reaktion ▪ negativ ▪ positiv
	Bewertung kindlicher Ergebnisse in Relation zu den Erwartungen	▪ Ausdruck höherer Erwartungen / Ausdruck der Unzufriedenheit mit den Leistungen des Kindes ▪ Ausdruck angemessener Erwartungen / Ausdruck der Zufriedenheit mit den Leistungen des Kindes
	Attribution	▪ external ▪ internal/variabel ▪ Rest
Ergebnisunabhängiges Urteil	Infragestellen vs. Anerkennen kindlicher Kompetenz	▪ Infragestellen kindlicher Kompetenz ▪ Anerkennen kindlicher Kompetenz
	Locus of Feedback	▪ persönlich ▪ sachlich
	Bezugsnormorientierung	▪ sozialer Vergleich ▪ individuell/temporärer Vergleich ▪ dimensionaler Vergleich ▪ sachlich kriteriale Bezugsnormorientierung
C: Affektivität: Hier werden die das Verhalten begleitenden Affekte eingeschätzt		
Affektivität	▪ negativ ▪ neutral ▪ positiv	

Betrachtet man die Ergebnisse der Videoanalysen und setzt sie in Bezug zu den Fragebogendaten, ergeben sich folgende Zusammenhänge:

A) Autonomieunterstützung: In Einklang mit den theoretischen Überlegungen und vorliegenden Arbeiten (z.B. Shumow, 1998) neigen Kinder umso eher zu selbstreguliertem Lernen, intrinsisch motiviertem und wenig hilfesuchendem Verhalten, wenn sich Eltern während der Bearbeitung der Aufgaben im Hintergrund halten, bis eindeutige Signale des Kindes sie dazu veranlassen, helfend einzugreifen. Auch dann überlassen sie jedoch ihren Kindern grundsätzlich die Verantwortung für die Gestaltung der Lernsituation und versuchen vornehmlich, die Selbstregulations-aktivitäten des Kindes zu stützen, anstatt möglichst effizient zum Ergebnis zu kommen. Ein kontrollierendes elterliches Instruktionsverhalten (operationalisiert über die Verantwortungsübernahme für die Lernsituation sowie helfendes Ein-greifen ohne Bedarf) geht dagegen erwartungsgemäß mit einem geringen Autono-mieerleben, geringer intrinsischer Motivation und Versuchen einher, elterliche Hilfe abzuwehren bzw. eine Kooperation mit den Eltern zu vermeiden. Als bedingt funktional hat sich überraschend ein Elternverhalten herausgestellt, bei dem auf offenkundige Probleme des Kindes relativ behutsam (z.B. in Form eines Benen-nens von Teilschritten oder einer Formulierung offener Fragen) reagiert wird. Ob-wohl das Kind noch selbstständig Lösungswege finden kann und soll, zeigen die Kinder, die nicht ausdrücklich um Hilfe gebeten haben, ein zwar angepasstes und kooperatives Verhalten (Commitment), jedoch wenig Eigeninitiative.

B) Kompetenzunterstützung: Eltern können erwartungsgemäß das Kompetenzerleben ihres Kindes fördern, indem sie falsche Ergebnisse nicht hervorheben, sondern dem Kind durch Nachfragen und Wiederholen der Aufgaben erneut die Chance für eine richtige Lösung geben, oder es auf bisherige Erfolge hinweisen. In Einklang mit Arbeiten zum Korrumpierungseffekt von Verstärkungen (Deci, Koestner & Ryan, 2001) zeigt sich weiterhin, dass häufige Bekräftigung nach Erfolgen vermieden werden sollte, da diese eher mit geringer (intrinsischer) Motivation einhergeht. Als überlegen erweist sich ein Interaktionsverhalten, bei dem die Kinder auf die Rich-tigkeit ihrer Ergebnisse schließen, wenn Eltern kommentarlos zur nächsten Auf-gabe übergehen und das Gefühl entwickeln, dass diese richtige Lösung durchaus von ihnen erwartet wurde. Ein solches Verhalten geht mit einem hohen Selbstwirk-samkeitserleben des Kindes einher.

C) Affektivität: Aus bindungs- und verhaltenstheoretischer Sicht überraschend ist der Befund, dass die Häufigkeit eines positiven Emotionsausdrucks nicht mit selbst-bestimmter Lernmotivation korrespondiert, sondern die Wahrscheinlichkeit für intrinsische Motivation beim Kind mit der Häufigkeit neutraler Reaktionen von Eltern steigt. Entgegen den Erwartungen scheint es also vorteilhaft, wenn Eltern im Regelfall nicht (zu) sensibel auf die kindlichen Bedürfnisse achten, sondern statt dessen eine sachliche Arbeitssituation schaffen, die es dem Kind erlaubt, sich auf die Aufgaben zu konzentrieren und nicht Anforderungen auf Inhalts- und Bezie-hungsebene zu reflektieren. In Termini der Bindungstheorie geht es also vor allem darum, dass Eltern zwischen bindungsrelevanten und Explorationssituationen unterscheiden und von emotionaler Unterstützung absehen, solange sich das Kind nicht einer bedrohlichen Misserfolgssituation gegenüber sieht, die es nicht allein durch Einsatz intrapsychischer Regulationsmechanismen zu bewältigen vermag.

Vergleicht man die Ergebnisse der Verhaltensbeobachtungen der beiden Intensiv-erhebungen vor und nach dem Übergang von der Grundschule in die Sekundarstufe I (I1, I2), so zeigt sich auf Seiten der Schülerinnen und Schüler ein signifikanter Rück-gang des Bedarfs an elterlicher Unterstützung und sie bitten weniger häufig ausdrück-lich um Hilfe.

Die Eltern fördern die Selbstregulationskompetenzen ihres Kindes, indem sie es häufiger anregen, bei der Aufgabenlösung selbständig vorzugehen und den Anteil einschränkender Hilfemaßnahmen in Form von Vorsagen des Lösungsweges oder des Ergebnisses senken.

Bezüglich elterlicher Rückmeldungen wird deutlich, dass Eltern häufiger ihre Unzufriedenheit mit den Leistungen des Kindes zum Ausdruck bringen, was Rückschlüsse auf steigende Erwartungen zulässt. Dies wird unterstrichen durch den Rückgang angemessener Erwartungen, die sich zum einen in der elterlichen Zufriedenheit ausdrücken, aber auch eine Vereinfachung der Aufgabenstellung in Anpassung an das Fähigkeitsniveau des Kindes beinhalten können.

Der deutliche Rückgang elterlichen Feedbacks bezogen auf die Person des Kindes deutet darauf hin, dass die Lernsituation eher unter sachlichen Aspekten betrachtet wird.

In weiterführenden Analysen werden auch die Veränderungen der Zusammenhangsmuster zwischen instruktionalem Verhalten der Eltern und den kindlichen Motivationsvariablen über den gesamten Erhebungszeitraum betrachtet.

5.1.4 Zur Funktionalität elterlichen Instruktionsverhaltens

Wird die in Abschnitt 2 skizzierte mehrdimensionale Konzeption elterlichen Schulengagements zugrunde gelegt, so bleibt die emotionale Unterstützung über die Erhebungszeitpunkte auf hohem Niveau konstant (M = 3,5 auf einer von 1 bis 4 reichenden Skala). Für die anderen drei Formen des elterlichen Instruktionsverhaltens (Autonomieunterstützung, leistungsorientierter Druck und bereichsspezifische Struktur) ergibt sich dagegen ein kurvilinearer Verlauf, d.h. dass in der 3. Klasse jeweils die höchsten Mittelwerte zu verzeichnen sind. Ein solcher Verlauf wurde für das Ausmaß an Kontrolle und Struktur postuliert und stützt die These, dass Eltern im Kontext der weichenstellenden Übertrittsentscheidung ein direktiveres Verhalten im Umgang mit schulischen Belangen an den Tag legen. Überraschend ist jedoch der parallele Verlauf beim Ausmaß an Autonomie unterstützender Hilfe, der gegen einen bloß altersangemessenen Anstieg in der Unterstützung der kindlichen Selbständigkeit spricht. Weitergehende Analysen unter Berücksichtigung des Leistungsstandes der Kinder und dem in der Sekundarstufe I besuchten Schultyps werden Aufschluss darüber geben, ob das Zurückfahren der Autonomie unterstützenden Hilfe als Funktion sich verändernder schulischer Leistungsanforderungen interpretiert werden kann.

5.2 Entwicklung der Lernmotivation und der mathematikbezogenen Einstellungen

Da die theoretische Differenzierung zwischen mathematikbezogenen Motiven (extrinsische und identifizierte Regulation), Zielorientierungen (Lernzielorientierung, Ich-Orientierung und Vermeidung negativer Fremdbewertung) und Einstellungen (Interesse und Abneigung) durch konfirmatorische Faktorenanalysen bestätigt werden konnte (Wild & Remy, 2001), wird sie auch der folgenden Darstellung der Motiventwicklung zugrunde gelegt. Vorab ist jedoch bereits festzuhalten, dass in Einklang mit der vorliegenden Literatur (zusf. Wild & Hofer, 2002) ein genereller Abfall in der Lernmotivation von Schülern zu konstatieren ist (vgl. Abbildung 1).

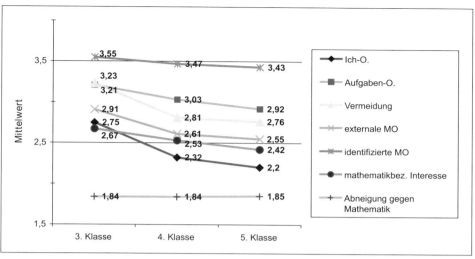

Abb. 1: Entwicklung motivationaler Orientierungen, Zielorientierungen sowie Beziehungen zur Mathematik von Schülern über die bisherigen drei Erhebungszeitpunkte des Mathematikprojektes

Die eigenen Befunde ergänzen den Forschungsstand jedoch insofern, als sie Aufschlüsse über die Entwicklung domänenspezifischer Formen der Lernmotivation (hier: im Fach Mathematik) und insbesondere über problematische Haltungen (i.S. von Abneigungen und misserfolgsmeidenden Zielorientierungen) geben.

5.2.1 Entwicklung der Einstellungen zum Fach Mathematik

In Einklang mit der Literatur bewegt sich das mathematische Interesse von einem eher hohen Niveau in der dritten Klasse (G1: M = 2,7) über ein mittleres Niveau in der vierten Klasse (G2: M = 2,5) auf ein eher niedriges Niveau zu Beginn der weiterführenden Schule (G3: M = 2,4) zu. Varianzanalysen weisen die Unterschiede zwischen allen drei Messzeitpunkten als signifikant aus, sodass von einem konstanten Absinken gesprochen werden muss. Im Gegensatz dazu bleibt die Abneigung gegen das Unterrichtsfach Mathematik über alle drei Messzeitpunkte hinweg eher gering ausgeprägt und nahezu konstant (G1: M = 1,84; G2: M = 1,84; G3: M = 1,85). Dies ist insofern positiv zu bewerten, als Maßnahmen zur Motivförderung demnach weniger auf tiefgreifende Einstellungsänderungen abzielen müssen als darauf, die eher indifferente Haltung der Kinder aufzubrechen und mathematische Inhalte mit positiven Bedeutungen zu besetzen.

5.2.2 Entwicklung motivationaler Orientierungen

Rein deskriptiv zeigt sich ein Abfall sowohl in der extrinsischen als auch in der identifizierten Regulation von der dritten Grundschulklasse (G1) über die vierte Klasse (G2) bis hin zur fünften Klasse (G3). Bezüglich der identifizierten Regulation lässt sich allerdings nur die Differenz zwischen der 3. und 4. Klasse sowie zwischen der 3. und 5. Klasse statistisch absichern. Der Wert, der mathematischen Kompetenzen beige-

messen wird, sinkt somit nicht (unmittelbar) im Zuge des Wechsels in die weiterführende Schule.

Signifikante Unterschiede zeigen sich hingegen bei der externalen Regulation, so
dass hier von einem kontinuierlichen Absinken im Verlauf der 3 Klassenstufen auszugehen ist. Dieser Befund steht in Einklang mit den ebenfalls längsschnittlichen
Befunden von Pekrun (1993) und weist zusammen mit den vorgenannten Ergebnissen
darauf hin, dass in dem betrachteten Zeitfenster kaum von einer globalen qualitativen
Verschiebung in der Qualität der Lernmotivation hin zu zunehmend instrumentellen
Haltungen gesprochen werden kann. Statt dessen weisen Unterschiede in der Lernmotivation der Fünftklässler darauf hin, dass (bei Kontrolle des Notendurchschnitts)
die Real-, Haupt- und Gesamtschüler stärker extrinsisch motiviert sind als die Gymnasiasten.

5.2.3 Entwicklung der Zielorientierungen

Der allgemeine Abwärtstrend, der bereits bei den motivationalen Orientierungen und
beim mathematikbezogenen Interesse deutlich wurde, zeichnet sich in gleicher Weise
auch bei allen drei Formen der Zielorientierungen der Schülerinnen und Schüler ab.
Die durchschnittlichen Mittelwerte sowohl der Ich-Orientierung, als auch der Aufgabenorientierung und der Vermeidung sinken im Verlauf der Schulzeit sukzessive.
Die statistische Überprüfung weist (mit Ausnahme der Differenz zwischen den Messzeitpunkten G2 und G3 bei Vermeidung) die Unterschiede zwischen allen Messzeitpunkten und für alle drei Formen der Zielorientierungen als signifikant aus. Inhaltlich
sind Schülerinnen und Schüler also von Klassenstufe zu Klassenstufe weniger bestrebt,
sich mit schulischen Inhalten zu beschäftigen um die eigenen Kompetenzen zu
erweitern (Aufgaben-Orientierung), im Vergleich zu Klassenkameraden als kom-
petenter zu erscheinen (Ich-Orientierung) oder negative soziale Bewertungen zu vermeiden (Vermeidungs-Orientierung).

Die bisherigen Ergebnisse sind in zweierlei Hinsicht aufschlussreich. Zum einen
zeigen sie, dass der empirisch gut gesicherte Rückgang in selbstbestimmten Formen
der Lernmotivation bereits vor dem Schulwechsel und vor dem Eintritt in die Pubertät
einsetzt. Somit erscheinen Erklärungsansätze, die den motivationalen Abfall als ent-
wicklungslogische Folge von Fortschritten in der kognitiven Entwicklung interpretieren, als ebenso unzulänglich wie Ansätze, die auf Unterschieden in der Unterrichtsgestaltung von Grundschul- und Sekundarstufenlehrern abheben. Zum anderen
stützen die Befunde die vor allem von Vertretern der *revised goal theory* formulierte
These, wonach Schülerinnen und Schüler multiple Ziele verfolgen können und bspw.
eine ausgeprägte Lernzielorientierung mit einer ebenfalls klaren Leistungszielorien-
tierung einhergehen kann.

Um dieser These näher nachgehen zu können, wurden in weiterführenden
Analysen die Zielprofile der Schülerinnen und Schüler von den Jahrgangsstufen 3 bis 5
mit Hilfe von Mixed-Rasch-Modellen ermittelt und deren längsschnittliche Entwicklung über die drei Schuljahre analysiert (Schwinger & Wild, in Druck). Die Mixed-
Rasch-Analysen ergaben zwei inhaltlich interpretierbare Klassen von Schülern, die
sowohl aufgrund ihres Profilverlaufs als auch aufgrund ihrer deutlichen Mittelwerts-
differenzen in den Zielorientierungsskalen als primär lernzielorientiert sowie primär
leistungszielorientiert bezeichnet werden können (vgl. Tabelle 3). Eine Gruppe von
Schülern, die primär Vermeidungs-Leistungsziele verfolgt, wurde nicht gefunden – ein

Befund der in Einklang mit Studien steht, die über hohe Korrelationen zwischen Annäherungs- und Vermeidungs-Leistungszielen berichten (z.B. Spinath et al., 2002; Wild & Remy, 2002). Warum keine Teilgruppe von Schülern identifiziert werden konnte, die Lern- und Leistungsziele gleichermaßen verfolgt, darüber lässt sich derzeit nur spekulieren. Da unseres Wissens nach für die hier untersuchte Altersgruppe keine Zielprofilanalysen aus anderen Studien vorliegen, bleibt in weiteren Untersuchungen abzuklären, ob und unter welchen Bedingungen ältere Schülerinnen und Schüler multiplen Zielen nachgehen. Mit Middleton und Toluk (1999) ist jedoch anzunehmen, dass sich multiple Zielprofile in dem Maße ausbilden, in dem sich Lernende im Verlauf der Schulzeit zunehmend mit „Hybrid-Situationen" konfrontiert sehen, in denen sowohl intrinsische als auch extrinsische Valenzen angeregt werden. Da die Wahrnehmung und Interpretation von Lehr-Lern-Kontexten wiederum vom Ausmaß der Erfahrung mit ähnlichen Lernsituationen und den damit assoziierten Erlebnisqualitäten abhängen sollten, dürften multiple Ziele verstärkt ab der Mittelstufe zu beobachten sein. Schließlich beginnen Sechs- und Siebtklässler nicht nur persönliche Interessenprofile herauszubilden, sondern können auch ein bis zwei Jahre nach dem Wechsel in die weiterführende Schule die dort vorherrschenden Anreizsysteme, die fächerspezifischen Anforderungen sowie die von Lehrern praktizierte Form der Leistungsfeststellung und -rückmeldung präziser beurteilen.

Tab. 3:   Prozentualer Anteil der Schülerinnen und Schüler in verschiedenen latenten Ziel-Klassen vom 3. bis 5. Schuljahr

	3. Klasse	4. Klasse	5. Klasse
primär lernzielorientiert	99 (47,6%)	130 (62,5%)	131 (63%)
primär leistungszielorient.	109 (52,4%)	78 (37,5%)	77 (37%)

Aus pädagogisch-psychologischer Sicht erfreulich sind die Ergebnisse der Konfigurationsfrequenzanalyse, die zum einen auf eine hohe Instabilität der Zielprofile von Schülern der Jahrgangsstufen 3 bis 5 hinweisen. Zum anderen zeigt sich, dass die Gruppe der Schülerinnen und Schüler, die stabil lernzielorientiert ist, vergleichsweise groß ist und dass weiterhin eine kleine Subgruppe von Lernenden existiert, die im 3. Schuljahr primär leistungszielorientiert ist und nach dem Übergang in eine weiterführende Schule eine primäre Lernzielorientierung ausbildet. Ob diese Gruppen im weiteren Verlauf ihrer Schulkarriere unterschiedlich sensibel auf (sich verändernde) Merkmale ihrer Lernumgebung – und hier insbesondere in Form der instruktionalen Strategien von Eltern und Lehrern – reagieren, wird in weiteren Analysen abzuklären sein.

5.3   Zusammenhänge zwischen elterlichem Instruktionsverhalten, der Lernmotivation von Schülern und ihrer Lernleistung

Da aus Platzgründen eine Darstellung der vielfältigen Zusammenhänge zwischen dem elterlichen Instruktionsverhalten, den Formen der Lernmotivation und den schulischen Leistungen nicht möglich ist, soll an dieser Stelle der Schwerpunkt auf eine Darstellung konsistent über mehrere Messzeitpunkte hinweg beobachtbarer Effekte gelegt werden.

Die Berechnungen zeigen, dass erwartungsgemäß hohe kindperzipierte elterliche Autonomieunterstützung sowie emotionale Unterstützung zu allen drei Messzeitpunkten mit einer hohen identifizierten Motivation der Schülerinnen und Schüler ($.14 < r < .31$; $.00 < p < .05$), hoher mathematikbezogener Anstrengungsbereitschaft ($.16 < r < .49$; $.00 < p < .01$) sowie in der dritten und vierten Klasse mit einem hohen mathematikbezogenen Fähigkeitsselbstkonzept der Schülerinnen und Schüler einhergeht ($.13 < r < .19$; $.01 < p < .05$). Darüber hinaus wird deutlich, dass Schülerinnen und Schüler in der 3. und 4. Klasse umso mehr Interesse für Mathematik entwickeln, je emotional unterstützender sie das Instruktionsverhalten ihrer Eltern wahrnehmen (G1: $r = .21$, $p = .00$; G2: $r = .13$, $p < .05$). Auch steigt mit zunehmender elterlicher emotionaler Unterstützung die Höhe der Aufgabenorientierung von Schülern zu allen drei Messzeitpunkten ($.20 < r < .30$; $.00 < p < .01$). Die von den Kindern wahrgenommene elterliche bereichsspezifische Struktur weist über alle drei Messzeitpunkte hinweg positive Korrelationen mit allen drei Formen der Zielorientierungen der Schülerinnen und Schüler ($.20 < r < .30$; $.00 < p < .01$), dem Grad identifizierter und externaler Motivation ($.21 < r < .33$; $p = .00$) sowie der mathematikbezogenen Anstrengungsbereitschaft ($.21 < r < .32$; $p = .00$) auf. Gleichzeitig ergeben sich jedoch negative Korrelationen mit dem Notendurchschnitt der Kinder in der 3. und 4. Klasse (G2: $r = -.18$, $p < .01$; G2: $r = -.12$, $p < .05$). Ebenfalls negativ mit der schulischen Leistung korreliert ist leistungsorientierter Druck von Seiten der Eltern ($-.23 < r < -.35$; $p = .00$). Eine solche Form der Kontrolle korrespondiert zudem negativ mit dem mathematischen Fähigkeitsselbstkonzept der Schülerinnen und Schüler (G2: $-.17$, $p < .01$; G3: $-.16$, $p < .05$), der mathematikbezogenen Anstrengungsbereitschaft (G2: $r = -.15$, $p < .05$; G3: $-.19$, $p < .001$) und von der 3. bis zur 5. Schulklasse mit einer erhöhten Abneigung der Schülerinnen und Schüler gegen Mathematik ($.19 < r < .25$; $.00 < p < .01$).

Zusammenfassend stützen unsere Daten also auch unter multikriterialem Gesichtspunkt die theoretisch postulierten Vorteile der elterlichen Autonomie- und emotionalen Unterstützung und weisen zugleich ein kontrollierendes Instruktionsverhalten von Eltern als demotivierend aus. Sie fügen sich somit in den Forschungsstand ein und ergänzen ihn in drei wesentlichen Aspekten: Sie zeigen,

1) dass die im Kontext der SBT an älteren Schülern gewonnenen Ergebnisse auf Grundschüler übertragbar sind;

2) dass die schulische Entwicklung nicht nur als Funktion des *allgemeinen Erziehungsverhaltens* von Eltern zu interpretieren ist (z.B. Steinberg, 2001) sondern ebenso in Abhängigkeit von den im Elternhaus praktizierten Formen häuslicher Lernunterstützung variiert; und

3) dass entgegen der unter Eltern weit verbreiteten Befürchtung eine elterliche Hilfe, die der Herausbildung selbstbestimmter Formen der Lernmotivation dient, unter Leistungsgesichtspunkten keineswegs problematisch zu sein scheint.

Unter Interventionsgesichtspunkten ist ferner festzuhalten, dass die (Dys-)Funktionalität verschiedener Formen der elterlichen Lernunterstützung als hinreichend belegt gelten und bei der Konzeption von Elterntrainings auf eine solide Befundlage aufgebaut werden kann.

5.4 Der Übergang von der Grundschule in die Sekundarstufe I

Nachdem im Vorangehenden Veränderungen in der Lernmotivation und der Praxis elterlicher Hausaufgabenhilfe beschrieben wurden, die mit dem Wechsel von der Grund- in eine weiterführende Schule einhergehen, steht in diesem Abschnitt die elterliche Übertrittsentscheidung und das Erleben des Schulwechsels durch die Schülerinnen und Schüler selbst im Zentrum.

5.4.1 Determinanten der Übertrittsentscheidungen von Eltern

Da die soziale Ungleichheit speziell in Bezug auf das Chancenverhältnis Gymnasium vs. Realschule seit Jahrzehnten fortbesteht (Müller & Haun, 1994; Baumert & Schümer, 2002), kommt neueren Arbeiten zur Erklärung der Ursachen von Bildungsungleichheit eine hohe Bedeutung zu. Sie zeigen, dass gerade in Deutschland mit seinem gegliederten Schulsystem frühzeitig, d.h. beim Übergang von der Grundschule in eine weiterführende Schule entscheidende Weichen gestellt werden und den Grundschulempfehlungen der Lehrer daher eine zentrale Rolle zukommt.

Hierbei ist zu berücksichtigen, dass die Bildungsempfehlungen von Lehrern zum Teil erheblich von den elterlichen Aspirationen abweichen (Ditton, 1989) und dass somit zumindest in Bundesländern wie NRW, in denen die Grundschulempfehlung nicht bindend ist (war), bei der Vorhersage des faktischen Übertrittsverhaltens auch die elterlichen Übertrittsentscheidungen zu berücksichtigen sind. Obwohl diese grundsätzlich die Wahl eines Schultyps sowie einer konkreten Schule einschließt, zielen bisher vorliegende Arbeiten auf die Vorhersage der faktisch gewählten Schulform. Die Entscheidung für einen Schultyp wird dabei in neueren Arbeiten als Ergebnis komplexer, iterativer Kosten-Nutzen-Erwägungen konzipiert (z.B. Becker, 1999), wobei zu den durchgängig als relevant – und schichtspezifisch variierenden – herausgestellten Faktoren (1) der Wert für den Ertrag der jeweiligen Bildungsabschlüsse, (2) die antizipierten Kosten für die einzelnen Bildungsalternativen sowie (3) der erwartete Bildungserfolg („Bildungsrendite") zählen.

Vor diesem Hintergrund interessierte im Rahmen des Projekts zunächst, inwiefern Eltern bei der Wahl des Schultyps auch pädagogische Überlegungen im engeren Sinne berücksichtigen und wenn ja, inwiefern hierbei schichtspezifische Unterschiede zu beobachten sind. Im Ergebnis zeigt sich, dass unter den von Eltern vor dem Schulwechsel angegeben Gründen für die Wahl der Schulform erwartungsgemäß die *Leistungsfähigkeit des Kindes* an erster Stelle rangiert: 96,1 Prozent der Eltern erachten sie als wichtigsten Aspekt. Dem *didaktischen Konzept der in Frage kommenden Schulen* sowie dem zu erzielenden *Bildungsabschluss* räumen 85,6 und 83,7 Prozent der Eltern jedoch einen ebenso hohen Stellenwert ein. Die *Empfehlung des Lehrers* bewerten 69,2 Prozent der befragten Eltern als ziemlich bis sehr wichtiges Kriterium für ihre Schulformentscheidung und auch die *Gespräche mit dem Grundschullehrer* werden immerhin von 69,5 Prozent der Eltern als ziemlich bis letztlich ausschlaggebend herausgestellt.

Wissenschaftliches Neuland wurde im Weiteren mit der Betrachtung der Entscheidung für eine konkrete Schule betreten. Hier zeigt sich erwartungsgemäß, dass *pragmatischen wie pädagogischen Gesichtspunkten* ein nicht unerheblicher Stellenwert zukommt. So sehen 84,8 Prozent der Eltern die gute Erreichbarkeit der Schule sowie 82,3 Prozent den guten Ruf der Schule als besonders wichtig an, gefolgt vom Vorhandensein von Arbeitsgemeinschaften (80,8%) sowie Projekten und Initiativen an der Schule

(76,8%). Der Kontakt zu bereits bekannten Kindern spielt für 68,1 Prozent der Eltern eine Rolle, über zwei Drittel berücksichtigen das Angebot an Förderkursen für lern-schwache Schülerinnen und Schüler (61,6%) sowie die Kompetenz des Lehrpersonals (62,2%). Mit Blick auf die von einer Schule verfolgten *Erziehungsziele* ist die Mehr-zahl der Eltern der Meinung, dass die von ihnen ausgewählte Schule sowohl tradi-tionelle Erziehungsziele (z.B. Vermittlung von Allgemeinbildung, Streben nach Ordnung, Disziplin und Anstrengungsbereitschaft) anstrebt als auch günstige Lern-haltungen (z.B. Vermittlung von effizienten Lernstrategien und Arbeitstechniken, Förderung von selbstverantwortlichem Lernen) herauszubilden versucht und in der Lage ist, die Persönlichkeitsentwicklung ihrer Kinder zu fördern (z.B. Ausbildung eigener Interessen, Förderung der Identitätsfindung).

Informationsdefizite herrschen bei den Eltern in Bezug auf die Eltern-Lehrer-Kooperation und die Hausaufgabenhilfe an der jeweiligen Schule vor. Ein großer Teil der Eltern (50,7% und 50,2%) konnte die gewünschte Schule nicht hinsichtlich dieser Aspekte einschätzen – ein Umstand, der auf ein noch unzureichendes Engagement der Schule in Sachen Öffentlichkeitsarbeit hindeutet.

Unter dem Aspekt der sozialen Ungleichheit ist interessant, dass die von Eltern berücksichtigten Aspekte in Abhängigkeit vom Schultyp und damit auch von der Schichtzugehörigkeit variieren: So spielt der gute Ruf der Schule für Eltern von Hauptschülern eine geringere Rolle als für Eltern von Gymnasial-, Real- oder Gesamt-schülern, während die Möglichkeit einer Ganztagsbetreuung für Eltern von Gesamt-schülern wichtiger ist als für Eltern von Gymnasial- oder von Realschülern. Zudem schenken Gesamtschuleltern dem Angebot an Arbeitsgemeinschaften bei der Wahl der konkreten Schule signifikant mehr Beachtung als Gymnasialeltern. Für die vorliegende Befragung besonders interessant sind auch schichtspezifische Unterschiede in der Be-rücksichtigung der Hausaufgabenbetreuung: Eltern, die anhand ihres Bildungs-abschlusses der unteren Mittelschicht zuzuordnen sind, wählen eher Schulen, in denen die Möglichkeit zur Hausaufgabenbetreuung vorhanden ist als Eltern der oberen Mittelschicht. Ebenfalls in Abhängigkeit vom jeweils gewählten Schultyp zu beobachtende Variationen in der Betonung von Erziehungszielen zeigen sich insofern, als Gymnasialeltern im Vergleich zu Hauptschul- und Gesamtschuleltern eher Schulen mit traditionellen Erziehungszielen wählen.

Insgesamt bleibt somit festzuhalten, dass im Projekt erstmalig Kriterien identifi-ziert werden konnten, die Eltern bei der Wahl einer weiterführenden Schule in Rech-nung stellen. Diese schließen über rein pragmatische Entscheidungsaspekte – wie gute Erreichbarkeit oder auch den Ruf der Schule – hinaus Überlegungen zu Erziehungs-zielen und didaktischen Konzepten ein. Hier zeigen sich je nach dem anvisierten Schultyp spezifische „Kriterienprofile", die Schulen nutzen können, um den Informa-tionsstand der Eltern zu steigern und mit ihrem Marketing-Konzept spezifische Adres-saten effektiver anzusprechen.

5.4.2 Affektives Erleben des Übergangs in die Sekundarstufe I

Weil jeder Schulwechsel mit neuen Anforderungen für das ganze Familiensystem ein-hergeht, konzentrieren sich Untersuchungen zum Übergang von der Grundschule in die Sekundarstufe (z.B. Leffelsend & Harazd, 2003) meist auf die Betrachtung der kind-perzipierten Übergangserwartungen. Unsere eigenen diesbezüglichen Analysen weisen in Einklang mit der Literatur darauf hin, dass Grundschüler dem Übergang mehrheitlich positiv entgegensehen. Die Mehrzahl der befragten Kinder ist hoffnungsfroh (91,2%) und gespannt (93,9%), nur 20,6 Prozent der Kinder blicken dem Schulwechsel besorgt entgegen.

Die übergangsbezogenen Erwartungen der Schülerinnen und Schüler korrespondieren nicht mit dem gewählten Schultyp und den schulischen Leistungen des Kindes. Auch die von Eltern antizipierten Eingewöhnungsschwierigkeiten des Kindes variieren unabhängig von den Übergangserwartungen der Kinder. Jedoch findet sich ein leicht positiver Zusammenhang zwischen der vor dem Übergang geäußerten Besorgnis von Schülern und dem Ausmaß der von ihnen erlebten Eingewöhnungsschwierigkeiten ($r = .15$, $p < .05$). Von Eltern wahrgenommene Eingewöhnungsschwierigkeiten korrespondieren, wenn Noten und Schichtzugehörigkeit kontrolliert werden, mit den von Kindern berichteten Problemen ($r = .22$, $p < .01$), die wiederum unabgängig von der sozialen Schichtzugehörigkeit und dem Schultyp sind. Erwartungsgemäß berichten Kinder aber umso eher von Eingewöhnungsschwierigkeiten, je niedriger ihr Notendurchschnitt in der neuen Schule ist ($r = -.17$, $p < .05$), je weniger Spaß ihnen der Unterricht in der neuen Schule macht ($r = -.28$, $p = .00$) und je schwerer ihnen der neue Unterrichtsstoff fällt ($r = .23$, $p < .01$). Zum anderen zeigt es sich, dass die Übergangsschwierigkeiten mit der Zusammensetzung der neuen Klasse und der Person des Mathematiklehrers zusammenhängen. Die Kinder berichten umso stärker über Eingewöhnungsprobleme, je weniger wohl sie sich in der neuen Klasse fühlen ($r = -.27$, $p = .00$), je weniger sie ihre neuen Mitschüler mögen ($r = -.18$, $p < .05$), je mehr sie ihren Mathematiklehrer aus der Grundschule vermissen ($r = .22$, $p < .01$) und je weniger sie ihren neuen Mathematiklehrer auf der weiterführenden Schule mögen ($r = -.17$, $p < .05$).

Im Ergebnis bleibt somit festzuhalten, dass nur wenige Kinder dem Übergang besorgt entgegensehen, bei diesen jedoch das Risiko von Eingewöhnungsschwierigkeiten in der weiterführenden Schule erhöht ist. Die erlebten Belastungen werden insbesondere mit einer strengeren Notenpraxis in Verbindung gebracht, mit der im Vergleich zur Grundschule distanzierteren Beziehung zum Mathematiklehrer sowie mit Problemen in der Beziehung zu den neuen Mitschülern.

5.5 Einstellungen von Lehrern zur Elternarbeit

In Ergänzung zu einer bereits zu Beginn des Projekts durchgeführten Lehrerbefragung (zusf. Wild, 2003) beantworteten im Rahmen der im Frühjahr 2003 durchgeführten Erhebung 68 Mathematiklehrer, die am Längsschnitt teilnehmende Schülerinnen und Schüler unterrichteten, Fragen zu der von ihnen praktizierten Elternarbeit sowie zu ihrer Bereitschaft zur Durchführung eines unserem Elterntraining entsprechenden Elternberatungsangebotes.

Hinsichtlich der vorrangig praktizierten Formen der Einbeziehung von Eltern ergibt sich erwartungsgemäß ein Vorherrschen institutionalisierter Formen der Eltern-Lehrer-Kooperation in Form von Elternabenden und Elternsprechtagen (68,7%). Singuläre persönliche Gespräche mit Eltern, die um Probleme kreisen und häufig innerhalb von Sprechstunden stattfinden, werden von 61,2 Prozent der Lehrer genannt. Beträchtlich hoch ist mit 68,7 Prozent der Anteil an Lehrern, die Eltern in keiner Form bei pädagogischen und inhaltlichen Fragen einbeziehen (z.B. in Form von Informationen über Unterrichts- und Projektergebnisse oder Elternabenden zu pädagogischen Schwerpunkten). Selbst schriftliche Informationen z.B. mittels Elternbriefen oder

Mitteilungsheften, werden nur von 13,4 Prozent der Lehrer an die Eltern gegeben. Bei der Frage, ob die befragten Lehrer ein von uns vorgeschlagenes Elternberatungs-angebot an ihrer Schule durchführen würden, signalisiert rund ein Drittel der befragten Lehrer eine grundlegende Bereitschaft zur Durchführung dieser Maßnahme. Die Aus-wertung der von den Lehrern geäußerten Rahmenbedingungen, die wünschenswert bzw. notwendig sind, um ein derartiges Konzept anzuwenden, weist insbesondere auf die Notwendigkeit hin, dass die Schule hinter diesem Konzept stehen und dafür werben müsse (68,2%) sowie auf die Notwendigkeit der Einbettung eines solchen Konzeptes in ein Gesamtkonzept der Schule (66,7%). Weitere Rahmenbedingungen, die eine solche Form der intensivierten Elternarbeit befördern würden, sind nach Meinung der befragten Lehrer eine Reduzierung der Unterrichtsstunden (63,6%) sowie das turnus-mäßige Anbieten einer solchen Elternveranstaltung anstelle eines einmaligen Ver-anstaltungsangebots (63,7%). Zudem ist für 59,1 Prozent der Lehrer ein diesbezüg-liches gemeinsames Engagement im Kollegium eine notwendige bzw. wünschenswerte Vorraussetzung.

Zusammenfassend stehen die Ergebnisse in Einklang mit dem Bild, das sich in der Lehrerbefragung von Wild (2003) abzeichnete. Inhaltlich ist die von ihnen realisierte Praxis der Elternarbeit – verglichen mit internationalen Standards (s. z.B. Epstein & Dauber, 1991, Balli, Demo & Wegman., 1998, Mattingly et al., 2002) – unzureichend. Aus diesem Grund und unter Berücksichtigung der prinzipiellen Bereitschaft eines substantiellen Anteils von Lehrern, der einer Intensivierung der eigen elternarbeitsbe-zogenen Maßnahmen grundsätzlich positiv gegenübersteht, erscheint die geplante Lehrerfortbildung als wichtige und erfolgversprechende Ergänzung des Eltern-trainings.

6   Interventionsmaßnahmen zur Optimierung des häuslichen Lernens

6.1   Elterntraining

Vorrangiges Ziel des Elterntrainings *Lernlust statt Lernfrust*, das im Rahmen unseres Projektes entwickelt wurde, ist es, Eltern zu vermitteln, auf welche Weise sie die Lernmotivation ihres Kindes fördern können, indem sie die Gestaltung der häuslichen Lernumwelt an den spezifischen Bedürfnissen des Kindes ausrichten, und es auf eine angemessene Art und Weise in seinem Lernprozess unterstützen.

Das Training richtet sich vor allem an Eltern, deren Kinder aufgrund von Teil-leistungs-Schwächen (LRS, Rechenschwäche) mit immer wiederkehrenden Miss-erfolgserlebnissen fertig werden müssen. In vielen Fällen führt dies zu Lernfrust und damit zu einem noch stärkeren Abfall der Lernmotivation sowie starken Zweifeln an der eigenen Kompetenz und somit zu einem niedrigen Fähigkeits-Selbstkonzept bei den betroffenen Kindern.

Das Training basiert auf dem *Rahmenmodell proximaler lern- und leistungs-relevanter Bedingungen im Elternhaus* (Wild, 2004), in dessen Zentrum die Bedingun-gen und Folgen instruktionaler Eltern-Kind-Interaktionen stehen. Es knüpft an die Funktion häuslichen Lernens an und setzt als übergeordnetes Ziel elterlicher Lern-unterstützung die Förderung eines selbstbestimmten und selbstregulierten Lernens – ohne dabei aus den Augen zu verlieren, dass Motivförderung und Selbständigkeits-erziehung nicht zulasten der Leistung gehen sollte.

Da Erfahrungen aus der Fortbildung von Lehrern (zusf. Bromme, 1997; Tennstädt, 1992) zeigen, dass Bemühungen in Richtung einer Verhaltensänderung ohne Berücksichtigung der alltagspsychologischen Annahmen von Personen wenig erfolgversprechend sind, wird im Elterntraining die Auseinandersetzung mit den eigenen subjektiven Theorien und handlungsleitenden Kognitionen vorgeschaltet. Darüber hinaus werden die allgemeinen Erziehungsziele sowie die Zielsetzungen im schulischen Kontext betrachtet und deren Vereinbarkeit angesprochen.

Die Bedeutung, die Eltern der häuslichen Lernsituation beimessen, wird dahingehend reflektiert, ob sie eher Wert auf den Lernprozess (Prozessorientierung) legen oder das Lernen vor allem als Leistungssituation ansehen (Produktorientierung), dessen Ziel in erster Linie eine effiziente Aufgabenerledigung ist (vgl. Renshaw & Gardner, 1990).

Auf rezeptartige Vermittlung starrer Verhaltensregeln wird im Training verzichtet, stattdessen wird die Individualität jeder Eltern-Kind-Interaktion immer wieder betont und die Notwendigkeit herausgestellt, alle Maßnahmen an die eigene familiäre Situation anzupassen. *Informationsvermittlung*, *Strategien zur Förderung der Selbstreflexion* und *Trainingsphasen im engeren Sinne* sind eng miteinander verzahnt. Die Eltern werden darin begleitet, ihr eigenes Handeln auf der Ebene konkreter Verhaltensweisen in häuslichen Lernsituationen zu hinterfragen und durch „Hausaufgaben" zwischen den Trainingssitzungen neue Handlungsweisen zu erproben, um so den Transfer in den Alltag sicherzustellen.

Da das Elterntraining eine vergleichsweise personalintensive und zeitaufwendige Arbeit mit Gruppen von Eltern vorsieht, sollte in Ergänzung zu dieser Form der Intervention langfristig ein effizienteres Vorgehen mit größerer Breitenwirkung entwickelt werden. Dies versprachen wir uns von der Lehrerfortbildung, die vor allem auf eine Veränderung der elternbezogenen Einstellungen von Lehrern abzielt.

6.2   Lehrerfortbildung

Während im Ausland, insbesondere im angloamerikanischen Sprachraum, bereits Implementierungen von Maßnahmen zur Verbesserung der Eltern-Lehrer-Kooperation zu finden sind (vgl. Epstein & Dauber, 1991; Balli et al., 1998; Shumow, 1998), mangelt es hierzulande an derartigen Interventionskonzepten. Stehen bislang traditionell in der Lehreraus- und fortbildung die reine Wissensvermittlung oder ein Fertigkeits- bzw. Methodentraining im Mittelpunkt, stellen Lehrertrainings unter Einbezug handlungstheoretischer Überlegungen eine vielversprechende Möglichkeit dar, die subjektiven, handlungsleitenden Theorien von Lehrern einer Analyse zu unterziehen und auf dieser Grundlage eine Restrukturierung von im Verlauf des Berufslebens verfestigten Wissensstrukturen und subjektiven Überzeugungen zu ermöglichen (zusf. Huber & Schlottke, 1993).

Haag und Mischo (2003) zufolge erleichtert die Beschäftigung mit fremden subjektiven Theorien aufgrund einer geringeren Ich-Nähe die offensive Auseinandersetzung mit Aspekten des eigenen beruflichen Selbstverständnisses als dies der Fall ist, wenn die persönlichen Überzeugungen auf den Prüfstand gestellt werden. Daher wurden in der von uns entwickelten zweitägigen Lehrerfortbildung hypothetische Fallbeispiele konstruiert, in denen aufgrund stereotyper Lehrerurteile über Eltern unangemessene und konfliktgeladene Formen der Eltern-Lehrer-Kooperationen beschrieben wurden und die hierin zum Ausdruck kommenden subjektiven Theorien wurden von den Teilnehmern rekonstruiert.

Mit dem Fortbildungskonzept verfolgten wir vor allem die Ziele, (a) den Lehrern Möglichkeiten und Chancen der Eltern-Lehrer-Zusammenarbeit im Licht neuester wissenschaftlicher Erkenntnisse aufzuzeigen und (b) Beratungskonzepte für Eltern zur Optimierung der elterlichen Hausaufgabenbetreuung zu erarbeiten.

Eigene Erfahrungsberichte, Impulsreferate sowie Partnerarbeit und Diskussionen in Kleingruppen dienten dazu, verschiedene Formen der Eltern-Lehrer-Kooperation aufzuzeigen und auf der Basis der Inhalte des Elterntrainings Konzepte für den eigenen Schulalltag zu entwickeln.

Literatur

Ames, C. & Archer, J. (1988). Achievement goals in the classroom: Student's learning strategies and motivation processes. *Jounal of Educational Psychology, 80,* 260-267.

Balli, S.J., Demo, D. & Wedman, J.F. (1998). Family involvement with children's homework: An intervention in the middle grades. *Family Relations: Interdisciplinary Journal of Applied Family Studies, 47,* 149-157.

Baumert, J. & Schümer, G. (2002). Familiäre Lebensverhältnisse, Bildungsbeteiligung und Kompetenzerwerb im nationalen Vergleich. In Deutsches PISA-Konsortium (Hrsg.). *PISA 2000 – Die Länder der Bundesrepublik Deutschland im Vergleich* (S. 159-202). Opladen: Leske + Budrich.

Becker, R. (1999). Klassenlage und Bildungsentscheidungen. *Kölner Zeitschrift für Soziologie und Sozialpsychologie, 52,* 450-474.

Bos, W., Lankes, E.-M., Prenzel, M., Valtin, R. & Walther, G. (2001). Lesen, Mathematik und Naturwissenschaften in der Grundschule – welche Leistungen erbringen deutsche Grundschulkinder? In Institut für International und Interkulturell Vergleichende Erziehungswissenschaft der Universität Hamburg (Hrsg.), *Internationale Grundschul-Lese-Untersuchung IGLU/PIRLS Progress in International Reading Literacy Study – Information* (S. 3-17). Münster: Waxmann.

Bromme, R. (1997). Kompetenzen, Funktionen und unterrichtliches Handeln des Lehrers. In F.E. Weinert (Hrsg.), *Psychologie des Unterrichts und der Schule. Enzyklopädie der Psychologie* (Bd. D/1/3, S. 177-212). Göttingen: Hogrefe.

Clark, R.M. (1993) Homework – focused parenting practices that positively affect student achievement. In N.F. Charkin (Ed.), *Families and schools in a pluralistic society* (S. 85-105). New York: State University of New York Press.

Csikszentmihalyi, M. & Schiefele, U. (1993). Die Qualität des Erlebens und der Prozeß des Lernens. *Zeitschrift für Pädagogik, 39,* 207-221.

Deci, E.L., Koestner, R. & Ryan, R.M. (2001). Extrinsic rewards and intrinsic motivation in education: reconsidered once again. *Review of Educational Research, 71,* 1-27.

Deci, E.L. & Ryan, R.M. (1985). *Intrinsic motivation and self-determination in human behavior.* New York: Plenum Press.

Ditton, H. (1989). Determinanten für elterliche Bildungsaspirationen und für Bildungsempfehlungen des Lehrers. *Empirische Pädagogik, 3,* 215-231.

Dreves, C. (2000, April). *The relationship between mother's beliefs about ability and effort and student's motivation to learn.* Poster presented at the Biennal Meeting of the Society for Research on Adolescence, Chicago, Ill.

Eggenberg, F. & Hollenstein, A. (1998). *Mosima. Materialien für offene Situationen im Mathematikunterricht.* Zürich: Orell Füssli.

Ehmke, T., Wild, E. & Müller-Kalhoff, T. (2005). Comparing Adult Mathematical Literacy with PISA students: descriptive results of a pilot study. *Zentralblatt für Didaktik der Mathematik. International Reviews on Mathematical Education, 37 (3),* 159-167.

Epstein, J.L & Dauber, S.L. (1991). School programs and teacher practices of parent involvement in inner-city elementary and middle schools. *Elementary School Journal, 91*, 289-305.

Exeler, J. & Wild, E. (2003). Die Rolle des Elternhauses für die Förderung selbstbestimmten Lernens. *Unterrichtswissenschaft, 1*, 6-22.

Fend, H. (1997). *Der Umgang mit Schule in der Adoleszenz – Aufbau und Verlust von Lernmotivation, Selbstachtung und Empathie (Bd. 4)*. Bern: Huber.

Fend, H. (1998). *Eltern und Freunde. Soziale Entwicklung in der Adoleszenz (Bd. 5)*. Bern: Huber.

Fontaine, A.M. (1994). Achievement motivation and child rearing in different social contexts. *European Journal of Psychology of Education, 9 (3)*, 225-240.

Galper, A., Wigfield, A. & Seefeldt, C. (1997). Head start parents' beliefs about their children's abilities, task values, and performances on different activities. *Child Development, 68*, 897-907.

Grolnick, W.S. & Ryan, R.M. (1989). Parents styles associated with children's self-regulation and competence in school. *Journal of Educational Psychology, 81*, 143-154.

Grolnick, W.S. & Slowiaczek, M.L. (1994). Parents' involvement in children's schooling: A multi dimensional conceptualization and motivational model. *Child Development, 65 (1)*, 237-252.

Haag, L. & Mischo, C. (2003). Besser unterrichten durch die Auseinandersetzung mit fremden subjektiven Theorien? Effekte einer Trainingsstudie zum Thema Gruppenunterricht. *Zeitschrift für Entwicklungspsychologie und Pädagogische Psychologie, 35 (1)*, 37-48.

Helmke, A., Schrader, F.W. & Lehneis-Klepper, G. (1991). Zur Rolle des Elternverhaltens für die Schulleistungsentwicklung ihrer Kinder. *Zeitschrift für Entwicklungspsychologie und Pädagogische Psychologie, 23*, 1-22.

Hock, M. & Krohne, H.W. (1989). Mütterliches Erziehungsverhalten während einer Hausaufgabenanfertigung und Ängstlichkeit beim Kind. *Zeitschrift für Pädagogische Psychologie, 3*, 169-180.

Huber, G.L. & Schlottke, P.F. (1993). Prävention und Intervention. In B. Weidenmann & A. Krapp (Hrsg.), Pädagogische Psychologie (S. 667-704). Weinheim: Beltz, PVU.

Huntsinger, C.S., Jose, P.E., Larson, S., Krieg, D.B. & Shaligram, C. (2000). Mathematics, vocabulary, and reading development in chinese american and european american children over the primary school years. *Journal of Educational Psychology, 92*, 745-760.

Huntsinger, C.S., Jose, P.E., Lieaw, F.-R. & Chiang, W.D. (1997). Cultural differences in early mathematics learning: A comparison of Euro-American, Chines-American, and Taiwan-Chinese families. *International Journal of Behavioral Development, 21*, 371-388.

Hurrelmann, L. & Mansel, J. (1998). Gesundheitliche Folgen wachsender schulischer Leistungserwartungen. *Zeitschrift für Sozialisationsforschung und Erziehungssoziologie, 18*, 168-182.

Knollmann, M. (in Druck). Kontextspezifische Emotionsregulationsstile. Entwicklung eines Fragebogens zur Emotionsregulation im Lernkontext „Mathematik". *Zeitschrift für Pädagogische Psychologie*.

Krapp, A. (1993). Die Psychologie der Lernmotivation. *Zeitschrift für Pädagogik, 39*, 187-206.

Krapp, A. (1998a). Entwicklung und Förderung von Interessen im Unterricht. *Psychologie, Erziehung und Unterricht, 44*, 185-201.

Krapp, A. (1998b). Interesse. In D. Rost (Hrsg.), *Handwörterbuch Pädagogische Psychologie* (S. 213-218). Weinheim: Psychologie Verlags Union.

Krapp, A. (1999a). Intrinsische Lernmotivation und Interesse. *Zeitschrift für Pädagogik, 45*, 387-406.

Krapp, A. (1999b). Interest, motivation and learning: An educational-psychological perspective. *European Journal of Psychology of Education, 14 (1)*, 23-40.

Krapp, A. & Prenzel, M. (Hrsg.). (1992). *Interesse, Lernen, Leistung. Neuere Ansätze der pädagogischpsychologischen Interessenforschung.* Münster: Aschendorff.

Krohne, H.W. & Hock, M. (1994). *Elterliche Erziehung und Angstentwicklung des Kindes.* Bern: Huber.

Kunert, M. (1998). *Elterliches Engagement bei der Hausaufgabenbetreuung und Lernmotivation von Schülern. Ein querschnittlicher Vergleich zwischen Schülern der 4. bis 9. Klassenstufe.* Unveröffentlichte Diplomarbeit. Universität Mannheim.

Lankes, E.M. & Walther, G. (2003). Mathematikleistung in der Grundschule. In G. Kaiser, N. Knoche, D. Lind & W. Zillmer (Hrsg.), *Leistungsvergleiche im Mathematikunterricht – ein Überblick über aktuelle nationale Studien.* Hildesheim: Franzbecker.

Leffelsend, S. & Harazd, B. (2003). Konstruktion und Validierung eines Fragebogens zur Erfassung der affektiven Bewertung des Übergangs von der Grundschule zur weiterführenden Schule. In E.J. Brunner, P. Noack, G. Scholz & I. Scholl (Hrsg.), *Diagnose und Intervention in schulischen Handlungsfeldern* (S. 141-157). Münster: Waxmann.

Majoribanks, K. (1994). Families, schools and children's learning: A study of children's learning environments. *International Journal of Educational Research, 21*, 439-555.

Mattingly, D.J., Prislin, R., McKenzie, T.L., Rodriguez, J.L. & Kayzar, B. (2002). Evaluating Evaluations: The Case of Parent Involvement Programs. *Review of Educational Research, 72*, 549-576.

Mau, W.-C. (1997). Parental influences on the high school students' academic achievement : A comparison of Asian immigrants, Asian Americans, and White Americans. *Psychology in the Schools, 34*, 267-277.

Middleton, J.A. & Toluk, Z. (1999). First steps in the development of an adaptive theory of motivation. *Educational Psychologist, 34 (2)*, 99-112.

Mietzel, G. & Willenberg, H. (2000). *Hamburger Schulleistungstest für 4. und 5. Klassen.* Göttingen: Hogrefe.

Müller, W. & Haun, D. (1994). Bildungsungleichheit im sozialen Wandel. *Kölner Zeitschrift für Soziologie und Sozialpsychologie, 46*, 1-42.

Pekrun, R. (1993). Entwicklung von schulischer Aufgabenmotivation in der Sekundarstufe: Ein erwartungs-wert-theoretischer Ansatz. *Zeitschrift für Pädagogische Psychologie, 7 (2/3)*, 87-97.

Rammert, M. (2003). *Entwicklung und Validierung eines Systems zur Analyse elterlichen unterstützenden Verhaltens beim außerschulischen Lernen: Das Merkmalssystem zur Erfassung elterlicher Kompetenzunterstützung (Säule-K).* Unveröffentlichte Diplomarbeit, Universität Bielefeld.

Renshaw, P.D. & Gardner, R. (1990). Process versus product task interpretation and parental teaching practice. *International Journal of Behavioral Development, 13*, 489-505.

Ryan, R.M. & Deci, E.L. (2000a). Self-determination theory and the faciliation of intrinsic motivation, social development, and well-being. *American Psychologist, 55*, 68-78.

Ryan, R.M. & Deci, E.L. (2000b). Intrinsic and extrinsic motivations: Classic definitions and new directions. *Contemporary Educational Psychology, 25 (1)*, 54-67.

Ryan, R.M. & Deci, E.L. (2001). On happiness and human potentials: A review of research on hedonic and eudaimonic well-being. *Annual Review of Psychology, 52*, 141-166.

Schiefele, H. (1986). Interesse – Neue Antworten auf ein altes Problem. *Zeitschrift für Pädagogik, 32*, 153-162.

Schwinger, M. & Wild, E. (in Druck). Die Entwicklung von Zielorientierungen im Fach Mathematik von der 3. bis 5. Jahrgangsstufe. *Zeitschrift für Pädagogische Psychologie.*

Shumow, L. (1998). Promoting parental attunement to children's mathematical reasoning through parent education. *Journal of Applied Developmental Psychology, 19*, 109-127.

Spinath, B., Stiensmeier-Pelster, J., Schöne, C. & Dickhäuser, O. (2002). *SELLMO – Skalen zur Erfassung der Lern- und Leistungsmotivation.* Göttingen: Hogrefe.

Steinberg, L. (2001). We know some things: Parent-adolescent relationships in retrospect and prospect. *Journal of Research on Adolescence, 11*, 1-19.

Tennstädt, K.-C. (Hrsg.). (1992). *Das Konstanzer Trainingsmodell (KTM). Ein Selbsthilfeprogramm für zeitgemäßes Unterrichten und Erziehen (Bd. 4).* Bern: Huber.

Trautwein, U. & Köller, O. (2001). *Homework and the development of performance and interest.* Zugriff am 26. Oktober 2001 unter http://biju.mpg.de/englisch/projects/trautwein_hausaufgaben.htm

Trudewind, C. (1975). *Häusliche Umwelt und Motiventwicklung.* Göttingen: Hogrefe.

Tsushima, T. & Burke, P.J. (1999). Levels, agency, and control in the parent identity. *Social Psychology Quarterly*, 62, 173-189.

Webler-Pijahn, K. (2003). *Entwicklung und Validierung eines Systems zur Analyse elterlichen unterstützenden Verhaltens beim außerschulischen Lernen: Das Merkmalssystem zur Erfassung elterlicher Autonomieunterstützung (Säule-A).* Unveröffentlichte Diplomarbeit, Universität Bielefeld.

Weinert, F.E. & Helmke, A. (1997). *Entwicklung im Grundschulalter.* Weinheim: PVU.

Wild, E. (1997). Bedingungen der Schullaufbahn ost- und westdeutscher Jugendlicher am Ende der Sekundarstufe I. *Zeitschrift für Pädagogik, 37. Beiheft*, 229-254.

Wild, E. (1999). *Elterliche Erziehung und schulische Lernmotivation.* Unveröffentlichte Habilitation, Sozialwissenschaftliche Fakultät der Universität Mannheim.

Wild, E. (2000). *Die Förderung selbstbestimmter Formen der Lernmotivation in Elternhaus und Schule.* Antrag auf Gewährung einer Sachbeihilfe eingereicht bei der DFG.

Wild, E. (2001). Familiale und schulische Bedingungen der Lernmotivation von Schülern. *Zeitschrift für Pädagogik, 47*, 481-500.

Wild, E. (2003). Förderung der Bereitschaft und Fähigkeit zu selbstreguliertem Lernen. *Unterrichtswissenschaft, 31*, 2-5.

Wild, E. (2004). Häusliches Lernen. Forschungsdesiderate und Forschungsperspektiven. *Zeitschrift für Erziehungswissenschaft, 3*, 37-64.

Wild, E. & Hofer, M. (2000). Elterliche Erziehung und Veränderung motivationaler Orientierungen in der gymnasialen Oberstufe und der Berufsschule. In U. Schiefele & K.-P. Wild (Hrsg.), *Interesse und Lernmotivation: Untersuchungen zu Entwicklung, Förderung und Wirkung* (S. 31-52). Münster: Waxmann.

Wild, E. & Hofer, M. (2002). Familien mit Schulkindern. In M. Hofer, E. Wild & P. Noack (Hrsg.), *Lehrbuch Familienbeziehungen. Eltern und Kinder in der Entwicklung* (S. 216-240). Göttingen: Hogrefe.

Wild, E. & Remy, K. (2001). *Die Förderung selbstbestimmter Formen der Lernmotivation in Elternhaus und Schule.* Arbeitsbericht an die Deutsche Forschungsgemeinschaft.

Wild, E. & Remy, K. (2002). Quantität und Qualität der elterlichen Hausaufgabenbetreuung von Drittklässlern in Mathematik. *Zeitschrift für Pädagogik, 45. Beiheft*, 276-290.

Wild, E. & Wild, K.-P. (1997). Familiale Sozialisation und schulische Lernmotivation. *Zeitschrift für Pädagogik, 43*, 55-77.

Zimmermann, P. & Spangler, G. (2001). Der Einfluss der Familie auf die Motivation, Emotion und Leistung im Kontext der Schule. *Zeitschrift für Pädagogik, 47*, 461-480.

Sebastian Schmid, Stefan Fries, Manfred Hofer, Franziska Dietz,
Heinz Reinders & Marten Clausen

Die Theorie motivationaler Handlungskonflikte

Empirische Untersuchungen und praktische Konsequenzen

1   Einleitung

Schulleistungen hängen von zahlreichen Größen ab. In der wissenschaftlichen Diskussion um das mäßige Abschneiden deutscher Schülerinnen und Schüler in internationalen Vergleichsstudien wie TIMSS (Baumert et al., 1997) oder PISA (PISA-Konsortium, 2001) wird in erster Linie auf Mängel des deutschen Bildungssystems verwiesen (für PISA s. z.B. Lenzen et al., 2004). Wir vermuten, dass neben diesen Mängeln motivationale Probleme für die Schulleistungsdefizite deutscher Schülerinnen und Schüler verantwortlich sind und dass diese Probleme auf eine zunehmende Konkurrenz von Leistungs- mit Wohlbefindenswerten zurückgeführt werden können. Die Annahme einer derartigen Wert-Konkurrenz ist im Rahmen der Theorie motivationaler Handlungskonflikte (TMH) theoretisch ausformuliert und empirisch untersucht worden. Im vorliegenden Beitrag werden die zentralen Annahmen dieses Ansatzes (ausführliche Darstellungen bei Hofer, 2003; Hofer et al., 2004; Hofer et al., 2005; Schmid et al., 2005) und ausgewählte empirische Befunde zur TMH dargestellt.

Groß angelegte Studien zeichnen das Bild einer durchaus leistungsbereiten und -orientierten Jugendgeneration. Aus der Shell-Studie wird ersichtlich, dass die Mehrheit der Jugendlichen Begriffe wie „Fleiß" und „Ehrgeiz" positiv bewertet (Deutsche Shell, 2002); „Karriere" gilt als „in" (Gensicke, 2002). Dementsprechend sind die Bildungsaspirationen deutscher Jugendlicher seit den 1990er Jahren gestiegen (Stecher, 2003; Zinnecker et al., 2002). Anders als aufgrund dieser Befunde zu erwarten wäre, ist die schulische Lernmotivation deutscher Jugendlicher aber eher gering ausgeprägt: Historisch betrachtet ist ein Rückgang der Freude am Schulbesuch zwischen den Jahren 1962 und 1985 zu verzeichnen (Allerbeck & Hoag, 1985). Im internationalen Vergleich weisen deutsche Schülerinnen und Schüler eine geringere Schullust als Gleichaltrige in Frankreich oder der Schweiz auf (Czerwenka et al., 1990; Fend, 1997), sind mit der Schule weniger zufrieden als amerikanische, britische und schwedische Schülerinnen und Schüler (Youth Affairs Administration Japan, 1984) und wenden eine geringere Zeit für akademisches Lernen auf als jene aus vielen anderen Ländern (PISA-Konsortium, 2001).

Geht man davon aus, dass die Äußerungen deutscher Schülerinnen und Schüler zum Thema Leistung nicht bloß Lippenbekenntnisse sind, stellt sich die Frage, wie die Kluft zwischen hohen Leistungswerten einerseits und geringer Lernmotivation und -leistung andererseits zu erklären ist. Eine Möglichkeit, diesen Widerspruch aufzulösen, besteht in der Annahme, dass Leistungswerte in Konkurrenz zu anderen Werten stehen – Werten wie Wohlbefinden, Genuss, Selbstentfaltung und erfüllenden sozialen Beziehungen –, die mit Freizeitaktivitäten eher kongruent sind als mit schulischem Lernen. Dieser Wettbewerb könnte in vielen Fällen zuungunsten von lernbezogenen Tätigkeiten ausfallen: Die Freizeit wird der Schule vorgezogen.

Wohlbefindenswerte oder „postmoderne Werte" haben in den postindustriellen Gesellschaften seit den 1960er Jahren an Bedeutung gewonnen (Inglehart, 1997). Es ist davon auszugehen, dass Jugendliche von diesem Wertewandel ebenso betroffen sind wie andere Mitglieder der Gesellschaft. In der pädagogisch-psychologischen Forschung zum Thema Lernmotivation hat dieser gesellschaftliche Wandel bis jetzt jedoch kaum Berücksichtigung gefunden (s. Hofer, 2004). Die gängigen Theorien erklären Lernmotivation in erster Linie durch Eigenschaften der Lernaufgabe, Erwartungen des Lernenden und allgemeine motivationale Persönlichkeitseigenschaften (für einen Überblick s. Stipek, 2002), vernachlässigen aber den gesellschaftlichen Kontext, in dem schulisches Lernen stattfindet, ebenso wie die Tatsache, dass Schülerinnen und Schüler mehrere Ziele gleichzeitig verfolgen, auch solche, die primär ihrem Wohlbefinden dienen und mit schulischem Lernen nichts zu tun haben. Aus dem zuletzt genannten Grund erwecken diese Theorien oft den Eindruck, das Leben der Schülerinnen und Schüler drehe sich einzig um die Frage „Lernen oder Nicht-Lernen?", obwohl die Frage realistischerweise oft eher „Lernen oder Freunde treffen?", „Lernen oder Fernsehen?" oder „Lernen oder Computerspielen?" heißen müsste (Dietz, Schmid & Fries, 2005; Fries & Schmid, eingereicht).[1] Hier setzt die TMH an.

1.1 Die Theorie motivationaler Handlungskonflikte

In der TMH werden Zusammenhänge zwischen Wertorientierungen, motivationalen Handlungskonflikten und Schulleistungen modelliert. Fries et al. (2005) definieren Werte als Überzeugungen über die Wünschbarkeit von Zielen. Werte sind demzufolge abstrakter als Ziele und diesen übergeordnet, insofern sie Kriterien zur Bewertung von Zielen darstellen (Smith & Schwartz, 1997). Da Werte zwischen Gesellschaften variieren, eignen sie sich zur Analyse der Auswirkungen makrosozialer Faktoren auf das Individuum. Werte variieren aber auch zwischen den Mitgliedern derselben Gesellschaft. In der TMH stehen die Auswirkungen individueller Wertunterschiede auf verschiedene Aspekte der Lernmotivation im Vordergrund. Dabei wird in Anlehnung an Inglehart (1997) zwischen Leistungs- und Wohlbefindenswerten unterschieden. Leistungswerte sind z.B. Anstrengungsbereitschaft, Disziplin und Entschlossenheit; Wohlbefindenswerte sind z.B. Selbstverwirklichung, Genuss, soziale Beziehungen. Es wird davon ausgegangen, dass Leistungs- und Wohlbefindenswerte mit unterschiedlichen Bereichen der jugendlichen Lebenswelt kongruent sind: Schulisches Lernen bietet (primär, aber nicht ausschließlich) Anreize für Leistung, Freizeitaktivitäten bieten (primär, aber nicht ausschließlich) Anreize für Wohlbefinden. Die Wertigkeit einer Handlung hängt davon ab, inwieweit die Anreize, die ein Schüler bzw. eine Schülerin mit ihr verbindet, seiner bzw. ihrer Wertorientierung entspricht. Hoch leistungsorientierten Schülerinnen und Schülern erscheinen Leistungsanforderungen als besonders bedeutsam; für hoch wohlbefindensorientierte sind Wohlbefindensangebote besonders attraktiv.

Bei hohen Leistungs- *und* hohen Wohlbefindenswerten sind Handlungskonflikte wahrscheinlich. Besonders konfliktanfällig sind selbstregulierte Handlungen, die außerhalb des Unterrichts stattfinden, wie z.B. das Anfertigen von Hausaufgaben.

---

1 Eine Ausnahme bildet der Erwartungs-Wert-Ansatz von Wigfield und Eccles (2000), in dem der Wert verpasster Handlungsalternativen als Kostenkomponente konzipiert wird. Diese Annahme wurde im Rahmen des Erwartungs-Wert-Ansatzes bislang jedoch nicht empirisch untersucht.

Solche Handlungen sind dafür prädestiniert, mit außerschulischen Handlungsalternativen in Konflikt zu geraten. Aber auch Disziplinprobleme innerhalb des Unterrichts
können als das Ergebnis von Handlungskonflikten analysiert werden (Hofer, submitted). Es wird weiter erwartet, dass Schülerinnen und Schüler sich in Entscheidungs-
situationen, wie z.B. „Lernen oder Freunde treffen?", bevorzugt für diejenige Handlungsalternative entscheiden, die ihrer jeweils dominanten Wertorientierung entspricht.

In der TMH werden nicht nur Annahmen über die Häufigkeit von Handlungskonflikten und Entscheidungen getroffen, es wird auch erwartet, dass die Ausführung
von Lernhandlungen unter bestimmten Umständen schon durch das Bewusstsein, etwas
anderes tun zu können, beeinträchtigt wird. Wir bezeichnen dieses Phänomen als motivationale Interferenz (Fries, 2006; Fries & Dietz, submitted; Fries, Dietz & Schmid,
submitted; Fries & Schmid, eingereicht). Motivationale Interferenz könnte z.B. ein
Schüler erleben, der versucht, seine Hausaufgaben anzufertigen und weiß, dass sich zur
gleichen Zeit seine Freunde treffen, um Fußball zu spielen. In dem Ausmaß, in dem
dieser Schüler das Fußballspielen mit Freunden wertschätzt, sollte er weniger aus-
dauernd lernen, die Lerninhalte weniger tief verarbeiten, leichter ablenkbar und in
seiner Stimmung beeinträchtigt sein. Obwohl vermutlich jeder ähnliche Erlebnisse
kennt, ist die Annahme motivationaler Interferenz aus motivationspsychologischer
Sicht keineswegs trivial. So wird in prominenten Motivationstheorien angenommen,
dass sich mit der Entscheidung für eine Handlung eine Bewusstseinslage einstellt,
durch die alternative Handlungstendenzen abgeschirmt werden (Gollwitzer, 1990).[2]
Häufige Handlungskonflikte, Entscheidungen gegen schulische Lernaktivitäten und
motivationale Interferenz sollten schließlich in einer reduzierten Lernzeit und -leistung
resultieren.

Wir gehen davon aus, dass die Zusammenhangsannahmen der TMH kulturüber-
greifend gültig sind. Wie häufig motivationale Handlungskonflikte in einer bestimmten
Kultur auftreten, sollte allerdings von den kulturspezifischen Ausprägungen der
theoretisch relevanten Größen abhängen: in erster Linie von dem Ausmaß, in dem
Leistung und Wohlbefinden in einer Gesellschaft geschätzt werden. Diese Annahme
stimmt mit Befunden zur kulturübergreifenden Gültigkeit von Prozessannahmen zur
Lernmotivation überein (Zusho, Pintrich & Cortina, 2004). Demzufolge fallen, unge-
achtet interkultureller Unterschiede in den einbezogenen Variablen, Zusammenhänge
zwischen den Variablen innerhalb der Kulturen vergleichbar aus. Ingleharts *Theorie
des Wertewandels* (1997) lässt erwarten, dass Wohlbefindenswerte in Ländern mit
hohem Wohlstand stärker ausgeprägt sind. Leistungswerte zielen demzufolge darauf
ab, das „Überleben" zu sichern; erst wenn dies durch gestiegenen Wohlstand gesichert
ist, gewinnen auch Wohlbefindenswerte an Bedeutung. Obwohl motivationale Handlungskonflikte in allen Kulturen vorkommen sollten, ist deshalb zu erwarten, dass sie
für Schülerinnen und Schüler wohlhabender Nationen ein Problem mit vergleichsweise
größerer Alltagsrelevanz darstellen.

2   Empirische Untersuchungen

Da jede Forschungsmethode charakteristische Vor- und Nachteile hat, wurden die Annahmen der TMH im Projekt *Werte und Lernmotivation* mit verschiedenen Methoden
untersucht: einer Interviewstudie, drei Fragebogenuntersuchungen – einer Pilotstudie,

---

2   Eine Aufarbeitung der für die Konzeption motivationaler Interferenz relevanten motivations-
psychologischen Literatur findet sich bei Dietz (2006).

einer Fragebogen-Hauptstudie, die später zu einer längsschnittlichen Untersuchung erweitert wurde, und einer internationalen Vergleichsstudie –, sowie zwei Experimenten. Die Interviewstudie stellte eine erste explorative Annäherung an den Gegenstandsbereich der TMH dar. Sie diente der phänomenologischen Rekonstruktion individueller Wertorientierungen und motivationaler Handlungskonflikte. Auf Grundlage dieser Rekonstruktion wurden Messverfahren für die Fragebogenstudien und Experimente entwickelt. In den Fragebogenuntersuchungen standen interindividuelle Unterschiede zwischen Schülerinnen und Schülern im Vordergrund. Die Experimente hatten die Gewinnung allgemeinpsychologischer Erkenntnisse über die Entstehungsbedingungen motivationaler Interferenz zum Ziel.

2.1 Datengrundlage

Um zu prüfen, ob die TMH das alltägliche Erleben der Schülerinnen und Schüler angemessen widerspiegelt, wurde zunächst eine qualitativ-quantitative Interviewstudie mit 25 Mannheimer Jugendlichen (13 Jungen und 12 Mädchen) in einem mittleren Alter von 16,4 Jahren (SD = 1,2) durchgeführt (Schmid et al., 2005). Es handelte sich um halbstandardisierte Leitfadeninterviews mit Fragen zu Wertorientierungen, schulischen und freizeitbezogenen Handlungen und Handlungskonflikten. Die Interviews wurden transkribiert, segmentiert und inhaltsanalytisch ausgewertet (die Textsegmente wurden Inhaltskategorien zugeordnet).

Auf Grundlage des Interviewmaterials wurden Fragebogeninstrumente zur Erfassung von Wertorientierungen und Interferenzerleben entwickelt, die zunächst in einer Pilotstudie erprobt wurden (Dietz, Schmid & Fries, 2005; Fries et al., 2005). An der Pilotstudie nahmen 184 Schülerinnen und Schüler (53% Jungen; 47% Mädchen) aller weiterführenden Schultypen teil (Hauptschule: 36,4%; Realschule: 40,8%; Gymnasium: 36,4%). Sie besuchten die 6. (37,5%), 8. (39,7%) oder 10. (22,8%) Klassenstufe und waren im Mittel 13,8 Jahre alt (SD = 1,8).

Die auf diese Weise erprobten Instrumente wurden anschließend in einer umfangreicheren Studie mit 704 Schülerinnen und Schülern (48,6% Jungen; 51,4% Mädchen) eingesetzt (Dietz, Hofer, & Fries, submitted; Fries, Dietz & Schmid, submitted; Hofer et al., in press). Wieder nahmen Schülerinnen und Schüler aller Schultypen teil (Hauptschule: 39,9%; Realschule: 21,6%; Gymnasium: 38,4%). Die Schülerinnen und Schüler besuchten die 6. (43,8%) oder 8. (56,3%) Klasse und waren im Mittel 13,5 (SD = 1,3) Jahre alt. Zwei Jahre später konnten 363 dieser Schülerinnen und Schüler erneut befragt werden. Da diese Daten noch nicht vollständig ausgewertet sind, wird auf die Ergebnisse des Längsschnitts im Folgenden nicht eingegangen.

Um der Frage nach der Verallgemeinerbarkeit der Zusammenhangsannahmen der TMH über verschiedene Kulturen nachzugehen und kulturelle Unterschiede in den theoretisch relevanten Variablen zu untersuchen, wurde eine internationale Studie mit 1075 Schülerinnen und Schülern aus Bosnien-Herzegowina (N = 203), Indien (N = 200), Paraguay (N = 96), Spanien (N = 442) und den USA (N = 134) durchgeführt (Hofer et al., submitted). Die Schülerinnen und Schüler in Bosnien-Herzegowina besuchten eine staatliche Schule, alle anderen besuchten katholische Privatschulen unter der Leitung von Franziskanern. Die meisten Schülerinnen und Schüler kamen aus Unterschichtfamilien, mit Ausnahme derjenigen aus Bosnien-Herzegowina, die aus Mittelschichtfamilien stammten. Jungen (54,3%) und Mädchen (44,4%) waren zu gleichen Anteilen vertreten. Das mittlere Alter lag bei 15,4 Jahren (SD = 1,13) und variierte nur geringfügig zwischen den Ländern. Die Gesellschaften dieser Länder unterscheiden sich deutlich in ihrem Wohlstand, gemessen an der Kaufkraft pro Kopf (in US-Dollar: Indien: 3.400\$; Paraguay: 4.900\$; Bosnien-Herzegowina: 6.800\$; Spanien: 25.100\$; USA: 41.800\$).

Zwei Experimente wurden durchgeführt, um Annahmen über die Entstehungsbedingungen und Auswirkungen motivationaler Interferenz unter kontrollierten Bedingungen zu prüfen. In beiden Experimenten setzten sich die Schülerinnen und Schüler mit Lernaufgaben (Textlektüre bzw. -produktion) unter Präsenz einer attraktiven Handlungsalternative auseinander. An Experiment 1 (Fries & Dietz, submitted) nahmen 77 Schülerinnen und Schüler teil (27 Jungen; 50 Mädchen). Alle Schülerinnen und Schüler besuchten das Gymnasium. Von den Teilnehmerinnen und Teilnehmern besuchten 56 die 10., 8 die 11. und 13 die 9. Klasse. Das mittlere Alter lag bei 15,9 Jahren (SD = 0,7). An Experiment 2 (Fries & Schmid, eingereicht) nahmen 57 Gymnasiastinnen und Gymnasiasten teil (24 Jungen; 33 Mädchen). Davon besuchten 22 die 9., 27 die 10., 8 die 11. und 3 die 12. Klasse. Das mittlere Alter lag bei 16,17 Jahren (SD = 1,33).

3   Ausgewählte empirische Befunde

Hofer et al. (2004) fassen wesentliche Ergebnisse der Interviewstudie und der Pilotstudie zusammen, so dass darauf nur knapp eingegangen werden wird. Wir berichten hauptsächlich über die Ergebnisse der Fragebogen-Hauptstudie, der internationalen Studie und der Experimente. Die Darstellung ist nach theoretischen Annahmen gegliedert.

3.1   Wertorientierungen

In den Interviews wurde versucht, die Bedeutung der Begriffe „Leistung" und „Wohlbefinden" zu klären. Mit einer Ausnahme bewerteten alle Teilnehmerinnen und Teilnehmer den Begriff Leistung positiv. Dabei wird Leistung weniger als Selbstzweck verstanden, sondern eher als Notwendigkeit, um in der Gesellschaft Erfolg zu haben. In der Terminologie von Rokeach (1973) würde man von einem instrumentellen Wert sprechen. Wohlbefinden wurde einhellig als positiv bewertet und mit individuellem Genuss (körperliche Betätigung, z.B. Sport und Entspannung), sozialen Beziehungen und persönlicher Autonomie in Beziehung gebracht (Schmid et al., 2005).

Ausgehend von den Ergebnissen der Interviewstudie wurden zwei Instrumente zur Erfassung von Leistungs- und Wohlbefindenswerten konstruiert: eine Wertskala mit zehn Fragen zur Erfassung von Leistungswerten (z.B.: „Wie wichtig findest Du, dass man später keine Probleme mit Geld hat?") und acht Fragen zur Erfassung von Wohlbefindenswerten (z.B.: „Wie wichtig findest Du, dass man sein Leben mit Dingen verbringt, die einem Spaß machen?") sowie zwei Werttyp-Fragen. Die Werttypen bestanden aus ausführlichen Beschreibungen prototypischer leistungs- und wohlbefindensorientierter Schülerinnen und Schüler. Der Werttyp „Leistung" wurde wie folgt beschrieben:

„Anne ist es vor allem wichtig, dass sie im Leben etwas erreicht. Sie hat klare Ziele, auf die sie immer konsequent hinarbeitet. Sie beißt sich auch durch eine unangenehme Aufgabe durch, wenn ihr ihr Ziel wichtig ist. Dabei müssen dann andere Aktivitäten hintanstehen. Anne möchte später einmal einen guten Beruf finden, in dem sie viel Geld verdient und sich alles leisten kann, was sie gerne haben möchte."

Der Werttyp „Wohlbefinden" lautete dagegen wie folgt:

„Julia ist es vor allem wichtig, dass sie im Leben Spaß hat und viel erlebt. Am liebsten verbringt sie ihre Zeit mit ihren Freunden. Die sind ihr sehr wichtig. Sie liebt Abwechslung und spontane Aktionen. Deswegen vermeidet sie es, sich auf irgendetwas festzulegen oder längerfristig zu planen. Wenn es nach Julia ginge, würde das ganze Leben nur aus Freizeit bestehen."

Die Werttypen wurden den Schülerinnen und Schülern in geschlechtskongruenter Form vorgegeben. Sie beantworteten für jeden Werttyp die Frage, wie ähnlich sie der beschriebenen Person seien, auf einer sechsstufigen Antwortskala, die von *sehr unähnlich* bis *sehr ähnlich* reichte. Die Messgenauigkeit der Werttypen wurde an einer separaten Stichprobe mit 54 Schülerinnen und Schülern bestimmt, die die Werttypen zweimal im Abstand von zwei Wochen bearbeiteten. Der Zusammenhang zwischen beiden Messzeitpunkten lag bei $r_{tt} = .58$ für den Werttyp „Leistung" und $r_{tt} = .71$ für den Werttyp „Wohlbefinden", was einer mäßigen bzw. zufriedenstellenden Messgenauigkeit entspricht. Im Zusammenhang mit den übrigen Messinstrumenten erwiesen sich die Werttypen jedoch als erklärungskräftiger als die Wertskalen. Im Folgenden wird daher nur noch auf Befunde eingegangen, die mit den Werttypen gewonnen wurden.

Die Schülerinnen und Schüler der Pilotstudie (Fries et al., 2005) und der Hauptstudie (Hofer et al., in press) gaben an, den Werttypen „Wohlbefinden" und „Leistung" eher ähnlich als unähnlich zu sein. Ihre durchschnittlichen Ähnlichkeitseinschätzungen unterschieden sich zwischen beiden Stichproben kaum und lagen signifikant über dem Mittelpunkt der Antwortskalen, beim Werttyp „Leistung" zwischen den Antwortkategorien *ein bisschen ähnlich* und *ziemlich ähnlich* und beim Werttyp „Wohlbefinden" knapp unter *ein bisschen ähnlich*. In der Tat gab die Mehrheit der Schülerinnen und Schüler an, beiden Werttypen *zugleich* eher ähnlich als unähnlich zu sein (Pilotstudie: 62,4%; Hauptstudie: 57,2%). Diese Schülerinnen und Schüler sollten gegenüber motivationalen Handlungskonflikten sehr anfällig sein.

In der internationalen Studie zeigte sich, dass Leistungs- und Wohlbefindenswerte deutlich zwischen den Stichproben aus den verschiedenen Nationen variierten. Im Einklang mit unseren theoretischen Überlegungen sind Schülerinnen und Schüler aus ärmeren Ländern weniger stark wohlbefindensorientiert und stärker leistungswertorientiert als diejenigen aus reicheren Ländern (Hofer et al., submitted). Abbildung 1 zeigt die Unterschiede für die Länder aus der internationalen Studie und (basierend auf der Hauptstudie) für deutsche Schülerinnen und Schüler.

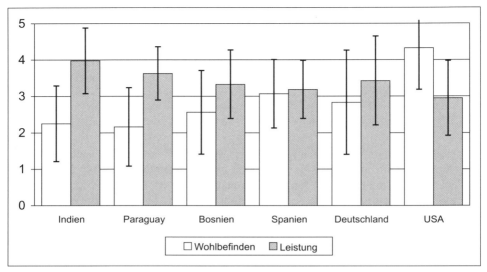

Abb. 1: Mittlere Wohlbefindens- und Leistungswerte in fünf Nationen. Wertorientierungen
         wurden über Ähnlichkeitseinschätzungen auf sechsstufigen Antwortskalen mit den
         Endkategorien *sehr unähnlich* (0) und *sehr ähnlich* (5) erfasst. Die Fehlerbalken
         entsprechen Standardabweichungen.

3.2   Verbreitung motivationaler Handlungskonflikte

Mit einer Ausnahme berichteten alle Teilnehmerinnen und Teilnehmer der Interviewstudie, Konflikte zwischen schulischen Tätigkeiten und Freizeitaktivitäten aus eigener
Erfahrung zu kennen. In der Pilotstudie und der Hauptstudie wurden die Schülerinnen
und Schüler gebeten, die Häufigkeit derartiger Konflikte auf einer fünfstufigen Skala
einzuschätzen, die in der Vorstudie von *sehr selten* bis *sehr oft* und in der Hauptstudie
von *mehrmals jeden Tag* bis *weniger als einmal pro Woche* reichte. Ihre durchschnittliche Schätzung fiel in der Vorstudie auf die mittlere Antwortkategorie *manchmal* und
in der Hauptstudie knapp unter die Antwortkategorie *einmal pro Tag*. Man kann also
davon ausgehen, dass motivationale Handlungskonflikte für deutsche Schülerinnen und
Schüler eine hohe Alltagsrelevanz besitzen.

3.3   Werte und motivationale Handlungskonflikte

In den Fragebogenstudien wurde der Zusammenhang der Werttypen mit der Häufigkeit
motivationaler Handlungskonflikte, Entscheidungen in Handlungskonflikten und motivationaler Interferenz untersucht. Zur Untersuchung des Zusammenhangs zwischen
Wertkonflikten und der Häufigkeit motivationaler Handlungskonflikte wurden für die
Wertkonfiguration jedes Schülers bzw. jeder Schülerin verschiedene Indizes der Kon-
flikthaftigkeit berechnet (vgl. Breckler, 1994). Der Konfliktindex von Scott (1966) bestimmt das Ausmaß des Konflikts z.B. als

$$Konflikt = \frac{\min(Leistungswert, Wohlbefindenswert)^2}{\max(Leistungswert, Wohlbefindenswert)}.$$

Dieser Index fällt umso höher aus, je höher Leistungs- und Wohlbefindenswert ausgeprägt sind und je mehr beide Werte sich einander annähern. In der Pilotstudie (Fries et al., 2005) und Hauptstudie hing der Scott-Index mit der Häufigkeit alltäglicher Handlungskonflikte zusammen: Bei Schülerinnen und Schülern mit konflikthaltigen Wertkonfigurationen traten häufiger Handlungskonflikte auf.

Zur Erfassung typischer Entscheidungen in Handlungskonflikten und Interferenzerleben beim Lernen und in der Freizeit kamen Konfliktszenarien zum Einsatz, in denen jeweils eine schulische Handlung mit einer Freizeithandlung kontrastiert wurde. Eines der Szenarien wurde z.B. wie folgt beschrieben:

> „Stell Dir vor, Du sitzt am Nachmittag oder am Wochenende am Schreibtisch und willst gerade mit dem Lernen für die Klassenarbeit anfangen, als das Telefon klingelt. Einer Deiner Freunde ruft an, um Dich zu fragen, ob Du Lust hast, mit ihm und anderen etwas zu unternehmen. Er will gleich vorbeikommen und Dich abholen."

In einem weiteren Szenario wurden die Handlungsalternativen „Hausaufgaben machen" und „Fernsehen" miteinander kontrastiert. Die Schülerinnen und Schüler gaben an, wie sie sich in einer solchen Situation typischerweise entscheiden würden. Anschließend wurden sie gebeten, sich vorzustellen, sie hätten sich für die Lernhandlung entschieden („Angenommen Du bleibst zu Hause und lernst weiter. Was passiert dann?"). Im Hinblick auf diese Situation beantworteten sie eine Skala zur Erfassung von Interferenzerleben. Die Fragen dieser Skala zielten auf verschiedene Aspekte motivationaler Interferenz, die sich zum Teil bereits in der Interviewstudie als relevant erwiesen hatten, wie Verarbeitungstiefe, Ablenkbarkeit, Stimmung, *Switching* (Handlungswechsel) und Persistenz. Anschließend beantworteten die Schülerinnen und Schüler Fragen zum Interferenzerleben bei der Freizeithandlung („Stell Dir vor, Du triffst Dich mit Deinen Freunden. Was passiert dann?").

In der Pilotstudie (Fries & Schmid, eingereicht) wie in der Hauptstudie (Hofer et al., in press) hingen die Werttypen in erwarteter Weise mit Entscheidungen in Konflikten und Interferenzerleben zusammen. Schülerinnen und Schüler mit hohen Wohlbefindenswerten entschieden sich in Handlungskonflikten häufiger für die Freizeitalternative und berichteten über eine höheres Interferenzerleben beim Lernen als diejenigen mit niedrigen Wohlbefindenswerten. Für die Freizeithandlung berichteten sie ein geringeres Interferenzerleben. Umgekehrt entschieden sich Schülerinnen und Schüler mit hohen Leistungswerten eher für die schulische Handlung, berichteten über ein geringeres Interferenzerleben beim Lernen und ein höheres Interferenzerleben in der Freizeit als diejenigen mit niedrigen Leistungswerten.

3.4 Werte, Zeitinvestment und Lernleistung

Wir erwarteten, dass Werte, vermittelt über motivationale Variablen, auf Lernzeit und -leistung wirken. In der Pilotstudie gingen hohe Wohlbefindenswerte mit einem geringeren schulischen Zeitinvestment und schlechteren Noten in Deutsch, Englisch und Mathematik einher; für den Werttyp Leistung ergab sich lediglich ein positiver Zusammenhang mit der Lernzeit, nicht aber mit den Noten (Fries & Schmid, ein-

gereicht). In der Hauptstudie ergab sich für beide Werttypen der erwartete Zusammenhang mit der Lernzeit (Hofer et al., in press) und den Noten.

3.5 Umfassende Modellierungsversuche

Die größeren Stichproben der Hauptstudie und der internationalen Studie erlaubten
eine simultane Untersuchung verschiedener Annahmen der TMH mit Struktur-
gleichungsmodellen. Auf diese Weise konnten nicht nur direkte Effekte der Werte auf
Entscheidungen, Interferenzerleben und schulisches Zeitinvestment, sondern auch indirekte (vermittelte) Zusammenhänge geprüft werden. Wir erwarteten, dass das Interferenzerleben eines Schülers bzw. einer Schülerin stärker ausfällt, wenn er bzw. sie
gezwungen ist, gegen die von ihm bzw. ihr typischerweise getroffene Entscheidung zu
lernen. Ein hohes Interferenzerleben sollte sich wiederum negativ auf das Zeitinvestment auswirken, da der Lernprozess als aversiv erlebt und daher soweit wie möglich
abgekürzt wird. Das Strukturgleichungsmodell in Abbildung 2 zeigt die erwarteten
direkten und indirekten Zusammenhänge. Dieses Modell stimmt insgesamt gut mit den
Daten der Hauptstudie überein (Hofer et al., in press). Es konnte zudem, leicht verändert und um die Variable „Häufigkeit von Handlungskonflikten" erweitert, an Stichproben aus Bosnien-Herzegowina, Indien, Paraguay, Spanien und den USA bestätigt
werden (Hofer et al., submitted). Dieser Befund spricht dafür, dass die von der TMH
postulierten Zusammenhänge über verschiedene Kulturen verallgemeinert werden
können.

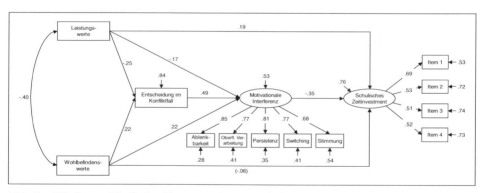

Abb. 2: Direkte und indirekte Zusammenhänge zwischen Werten, Konfliktentscheidungen,
motivationaler Interferenz und Zeitinvestment. Positive Zahlen entsprechen positiven Zusammenhängen (je mehr, desto mehr), negative Zahlen negativen Zusammenhängen (je mehr, desto weniger). Die absolute Höhe der Zahlen gibt die Enge
der Zusammenhänge wieder. Zu den technischen Details der Modellspezifikation
und Schätzung siehe Hofer et al. (in press).

3.6 Entstehungsbedingungen motivationaler Interferenz

Der Begriff der motivationalen Interferenz impliziert, dass ein Handlungskonflikt noch nach Aufnahme einer Handlung andauern und das Erleben und die Performanz bei der Handlungsdurchführung beeinträchtigen kann. Das Ausmaß dieser Beeinträchtigung sollte mit der Valenz (Wertigkeit) der unterlassenen Handlung ansteigen. Diese Annahmen wurden sowohl per Fragebogen als auch in Experimenten untersucht.

Die Analyse der Fragebogendaten mit Regressionsanalysen und Struktur-gleichungsmodellen ergaben einen negativen Zusammenhang zwischen der Valenz der jeweils ausgeführten Lernhandlung und der Interferenzskala: Je attraktiver die ausgeführte Handlung, desto geringer fiel die Interferenz aus. Von besonderer Relevanz für die theoretischen Annahmen ist, dass das Ausmaß motivationaler Interferenz darüber hinaus auch mit der Attraktivität der unterlassenen Handlung anstieg. Dieser Befund ließ sich sowohl in der Pilotstudie (Fries, Dietz & Schmid, submitted) wie in der Hauptstudie (Dietz et al., 2005) bestätigen und gilt für schulische Handlungen ebenso wie für Freizeithandlungen. Auch das Erleben in der Freizeit scheint also durch das Wissen beeinträchtigt zu werden, dass man gerade „eigentlich" für die Schule lernen sollte. In der Pilotstudie wurden außerdem Konfliktszenarien vorgegeben, in denen die Handlung „Hausaufgaben machen" mit unterschiedlich attraktiven unter-lassenen Alternativhandlungen – nämlich „Fernsehen" und „Freunde treffen"– oder mit gar keiner Alternativhandlung kombiniert wurde. Die für die verschiedenen Konflikt-konstellationen erfasste motivationale Interferenz fiel bei der hoch attraktiven Alter-nativhandlung „Freunde treffen" höher aus als bei der weniger attraktiven Alternativ-handlung „Fernsehen" und war bei gar keiner Alternativhandlung am geringsten.

Es ist nicht auszuschließen, dass die Ergebnisse der Fragebogenuntersuchungen auf Laientheorien der Schülerinnen und Schüler über ihr Erleben und Verhalten in Kon-fliktsituationen zurückgehen (vgl. Nisbett & Wilson, 1977). Um diese Möglichkeit auszuschließen, wurden zwei Experimente durchgeführt. Das experimentelle Szenario sollte der schon in den Fragebogenuntersuchungen thematisierten Situation von Schülerinnen und Schülern entsprechen, die für die Schule lernen, während gleich-zeitig die „Versuchung" besteht, den Fernseher anzuschalten.

Im ersten Experiment lasen die Schülerinnen und Schüler mehrere kurze Texte zu medizinischen Themen (z.B. Ebola-Virus, Tetanus, Tollwut), die ihnen am Bildschirm präsentiert wurden. Die Alternativhandlung bestand im Anschauen und Bewerten von Musikvideos. Die Schülerinnen und Schüler wurden per Zufall in vier Gruppen einge-teilt. Die Schülerinnen und Schüler in der Kontrollgruppe schauten zuerst die Videos und lasen dann die Texte. In dieser experimentellen Bedingung sollte keine motiva-tionale Interferenz entstehen, da die attraktive Handlung zum Zeitpunkt der Text-lektüre ja bereits abgeschlossen war. Den Schülerinnen und Schülern in den drei Experimentalgruppen wurde angekündigt, dass erst nach Abschluss der Lektüre-aufgabe Musikvideos zu schauen und zu bewerten seien. Die drei Gruppen unter-schieden sich darin, ob die Videos lediglich angekündigt wurden, ob durch grafische Hinweise, die zwischen den einzelnen Texten gezeigt wurden, auf die Musikvideos hingewiesen wurde oder ob darüber hinaus zwischen den Texten Videos auch tatsäch-lich geschaut werden durften. Durch die Variation innerhalb der Experimentalgruppen sollten die für die Entstehung motivationaler Interferenz notwendigen Bedingungen untersucht werden: Ob für die Entstehung motivationaler Interferenz das bloße Wissen über eine alternative Handlungsoption genügt, ob die „Versuchung" physisch präsent und ob ein Handlungswechsel als legitim angesehen werden muss. Allen Schülerinnen und Schülern wurde nach Abschluss der Lektüre eine modifizierte Version der Skala zur Erfassung motivationaler Interferenz vorgelegt; außerdem absolvierten sie einen Wissenstest mit offenen Fragen zu den Textinhalten. Es zeigte sich, dass die Schülerinnen und Schüler in den Experimentalgruppen eine höhere motivationale Interferenz berichteten und im Wissenstest schlechter abschnitten als diejenigen in der Kontrollgruppe. Dies galt allerdings lediglich für Fragen, die auf ein tieferes Verständnis der Textinhalte zielten (Fragen zum Situationsmodell im Sinne von v. Dijk & Kintsch, 1983). Einfache Wissensfragen (Fragen zur propositionalen Textbasis) wurden von den Schülerinnen und Schülern in den verschiedenen Gruppen gleich gut beantwortet. Zwischen den drei experimentellen Bedingungen zeigten sich keine Unterschiede hinsichtlich der berichteten motivationalen Interferenz und der Lernleistung (Fries & Dietz, submitted). Dies spricht dafür, dass motivationale Interferenz ein relativ voraussetzungsloses Phänomen ist, das im Alltag entsprechend häufig auftreten sollte.

Experiment 1 macht deutlich, dass bereits die Erwartung einer attraktiven Tätigkeit das subjektive Erleben während des Lernens und die Lernleistung verschlechtern kann. Ein spezifischer Effekt der Möglichkeit eines Handlungswechsels konnte dagegen nicht nachgewiesen werden. Aus diesem Grund wurde ein zweites Experiment durchgeführt, in dem ein noch stärkerer Konflikt induziert werden sollte; außerdem sollte das experimentelle Szenario der Alltagssituation von Schülerinnen und Schülern besser entsprechen. Um den Konflikt zu verschärfen, wurde eine Textproduktionsaufgabe anstelle der Textlektüre in Experiment 1 gewählt. Schreiben stellt vermutlich größere Herausforderungen an die Selbstregulationskompetenz von Schülerinnen und Schülern als Lesen. Auch ist das Verfassen von Texten eine typische Hausaufgabe. Anders als im vorangegangenen Experiment konnte die Beschreibungsaufgabe dieses Mal jederzeit unterbrochen werden, um Musikvideos zu schauen. Im vorangegangenen Experiment hatten die Schülerinnen und Schüler nur zu bestimmten Zeitpunkten (jeweils nach Lesen eines Texts) Zugang zur Alternativhandlung. Wir erwarteten, dass der fortwährende Zugang zu einer attraktiven Handlungsalternative den Effekt akzentuiert, da die Lernhandlung durchgängig gegen die Alternativhandlung abgeschirmt werden muss. Außerdem entspricht die ständige Möglichkeit eines Handlungswechsels stärker dem realen Konflikt „Hausaufgaben" vs. „Fernsehen".

Die Aufgabe der Schülerinnen und Schüler bestand darin, drei komplexe Abbildungen zu naturwissenschaftlichen Themen (Treibhauseffekt, Moorentstehung, Waldsterben) zu beschreiben. Die Abbildungen stellten komplexe Prozesse dar und waren mit zahlreichen Beschriftungen versehen. Die Schülerinnen und Schüler wurden per Zufall in drei Gruppen aufgeteilt. In der Kontrollgruppe beschrieben die Schülerinnen und Schüler die Abbildungen ohne Präsenz einer attraktiven Alternative. In den beiden Experimentalbedingungen konnte die Beschreibungsaufgabe jederzeit unterbrochen werden, um Videos anzuschauen. In der ersten Experimentalgruppe war dies den Schülerinnen und Schülern aber untersagt worden. In der zweiten Experimentalgruppe durften sie so viele Videos anschauen wie sie wollten. In beiden Experimentalbedingungen wurde am unteren Bildschirmrand der Titel des aktuell verfügbaren Musikvideos angezeigt. Alle 20 Sekunden wurde ein neuer Titel angeboten. Die Schülerinnen und Schüler konnten die Videos per Tastendruck starten und wieder anhalten. Während die Videos liefen, waren die Abbildungen nicht zu sehen. Im Anschluss an die Beschreibungsaufgabe bearbeiteten die Schülerinnen und Schüler wieder die Skala zur Erfassung motivationaler Interferenz. Um den Lernerfolg zu erfassen, wurden ihnen die Abbildungen noch einmal ohne Beschriftungen vorgelegt, mit der Aufforderung, diese zu reproduzieren. Außerdem wurden die Abbildungsbeschreibungen danach durchgesehen, wie viele der für die Abbildungen wesentlichen Propositionen (elementaren Aussageeinheiten) sie enthielten. Die Ergebnisse bestätigten die theoretischen Erwartungen: Die Schülerinnen und Schüler in den Experimentalgruppen berichteten eine höhere motivationale Interferenz und konnten die Beschriftungen der Abbildungen weniger gut reproduzieren als diejenigen in der Kontrollgruppe. Ihre Beschreibungen enthielten zudem weniger inhaltlich relevante Propositionen. Abbildung 3 veranschaulicht den Unterschied für die Propositionen. Diese Ergebnisse scheinen nicht darauf zurückzugehen, dass einige der Schülerinnen und Schüler in der Bedingung *Videos verboten* dennoch Videos schauten und durch den Aufgabenwechsel bei der Textproduktion beeinträchtigt wurden. Entfernt man diese Schülerinnen und Schüler aus dem Datensatz, bleibt das Befundmuster stabil (Fries & Schmid, eingereicht).

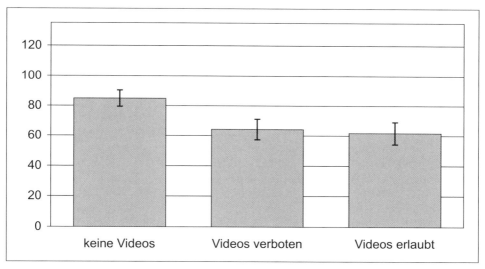

Abb. 3: Mittlere Anzahl der in den Abbildungsbeschreibungen enthaltenen inhaltlich relevanten Propositionen in den Versuchsbedingungen *keine Videos*, *Videos verboten* und *Videos erlaubt*. Die Fehlerbalken entsprechen Standardfehlern.

4 Diskussion

Die in diesem Beitrag zusammengefassten Ergebnisse aus Untersuchungen mit unterschiedlichem methodischen Vorgehen stützen die Annahmen der Theorie motivationaler Handlungskonflikte zum Zusammenhang von Werten, Handlungskonflikten, Entscheidungen in Handlungskonflikten, motivationaler Interferenz, schulischem Zeitinvestment und Schulleistungen. Darüber hinaus gab es Hinweise auf das Auftreten motivationaler Interferenz auch bei Freizeittätigkeiten. Dass Schülerinnen und Schüler mit hohen Leistungs- und hohen Wohlbefindenswerten nicht einmal ihre Freizeit genießen können, also letztlich keiner ihrer Wertorientierungen gerecht werden, sondern an beiden scheitern, ist ein Aspekt der TMH, den man als im klassischen Wortsinn tragisch bezeichnen könnte.

Welche pädagogischen Konsequenzen sind aus der TMH zu ziehen? Die Forderung nach stärkeren Leistungsanreizen oder stärkeren Sanktionen für Leistungsverweigerung ist mit der Problemanalyse der TMH nicht vereinbar: Die in der TMH herausgearbeiteten Motivationsprobleme ergeben sich nicht aus zu geringen Leistungs-werten, sondern aus hohen Leistungswerten in Kombination mit hohen Wohl-befindenswerten. Selbst im Hinblick auf die Gruppe der Schülerinnen und Schüler mit geringen Leistungs- und hohen Wohlbefindenswerten erscheint eine Steigerung der Leistungsanforderungen – z.B. durch erhöhten Wettbewerb, die Ausweitung der zu be-wältigenden Stoffmenge oder häufigere Prüfungen – kontraindiziert: Hohe Leistungs-werte sind eine Voraussetzung dafür, um auf Leistungsanreize anzusprechen; wo Leistung nicht viel gilt, hilft auch Leistungsdruck nicht weiter. Einen Schüler, dem gute Noten nicht wichtig sind, wird man auch durch die Androhung schlechter Noten nicht zum Lernen motivieren können. Primär wohlbefindensorientierte Schülerinnen und Schüler wären lediglich zur Leistung zu motivieren, wenn ihnen dafür eine zeitnahe Erhöhung ihres Wohlbefindens als Belohnung oder eine Verringerung ihres Wohlbefindens als Bestrafung in Aussicht gestellt würde. Die institutionelle Ver-ankerung derartiger Gratifikationen oder Sanktionen würde jedoch einen nicht-vertret-baren Eingriff in die Persönlichkeitsrechte der Schülerinnen und Schüler bedeuten.

Prinzipiell kann das Leistungs-Wohlbefindens-Dilemma nur durch den Verzicht auf Leistung und/oder Wohlbefinden, die Koordination beider Werte oder ihre Syn-these aufgelöst werden. Der Verzicht auf Leistung scheidet dabei ebenso aus wie der Verzicht auf Leistung *und* Wohlbefinden, da eine gute Schulbildung unter den Bedin-gungen der Wissensgesellschaft sowohl für die Glückschancen jedes einzelnen als auch gesamtgesellschaftlich unerlässlich ist. Gleichzeitig dürften die meisten Schülerinnen und Schüler kaum zum Verzicht auf Wohlbefinden zu bewegen sein, und sei es nur für die Zeitspanne eines vorübergehenden Bildungsmoratoriums (Reinders & Hofer, 2003). Einen solchen Verzicht als Lösung des Leistungs-Wohlbefindens-Dilemmas zu fordern, wäre erstens ethisch problematisch. Streben nach Wohlbefinden ist bei Schülerinnen und Schülern ja nicht weniger legitim als bei Erwachsenen. Angesichts hoher Arbeitslosenquoten kann den Schülerinnen und Schülern auch keine sichere berufliche Zukunft als Gegenleistung für den vorübergehenden Verzicht auf Wohl-befinden garantiert werden. Zweitens ist völlig offen, wie ein solcher Verzicht durch-gesetzt werden könnte. Selbst wenn es möglich wäre, Schülerinnen und Schüler von wohlbefindensbezogenen „Versuchungen" fernzuhalten, erscheint dies daher nur aus-sichtsreich, wenn im Gegenzug alternative Wohlbefindensangebote gemacht werden.

Bleiben die Koordination und Synthese von Leistungs- und Wohlbefindenswerten als Alternativen. Leistungsstreben und Streben nach Wohlbefinden können durch die zeitliche Strukturierung des Alltags so miteinander koordiniert werden, dass sie nicht mehr in Konflikt miteinander geraten. Motivationale Handlungskonflikte haben ihren Kern in der Ungewissheit darüber, ob man nicht etwas anderes tun sollte, als das, was man gerade tut oder zu tun beabsichtigt. Diese Ungewissheit fällt weg oder wird zu-mindest reduziert, wenn es feste Zeiten für leistungs- und für wohlbefindensorientierte Tätigkeiten gibt. Die Einplanung von leistungs- und wohlbefindensbezogenen Aktivi-täten kann sich dabei doppelt positiv auswirken: Sie verhindert beim Lernen das Ge-fühl, „das Beste im Leben" zu verpassen, und in der Freizeit das Gefühl, die Schule zu vernachlässigen. Eine selbständige zeitliche Strukturierung des Alltags erfordert aller-dings ausgeprägte Selbstregulationskompetenzen auf Seiten der Schülerinnen und Schüler. In Selbstregulationstrainings, wie sie z.B. Schmitz (2002) entwickelt hat, wird Schülerinnen und Schülern beigebracht, ihren Alltag mit Hilfe von Tagebüchern zu strukturieren. Strukturierung kann aber auch extern erfolgen, wie es z.B. in Ganztags-schulen der Fall ist. Extracurriculare Freizeitaktivitäten, wie sie den Schülerinnen und

Schülern in Ländern mit Ganztagsschulsystemen in großem Umfang angeboten werden, scheinen nicht mit schulischem Lernen zu interferieren, sondern gehen, im Gegenteil, mit guten Schulleistungen einher (Barber, Stone & Eccles, 2005).

Eine noch so gute zeitliche Strukturierung löst natürlich nicht das grundlegende Problem, dass Zeit, die für schulisches Lernen aufgewendet wird, nicht mehr für wohlbefindensbezogene Freizeittätigkeiten zur Verfügung steht. Eine gelungene Synthese würde bedeuten, dass Leistung und Wohlbefindenswerte mit derselben Handlung abgedeckt werden. Dies wäre der Fall, wenn schulisches Lernen so organisiert würde, dass es gleichzeitig effektiv ist und Spaß macht. Das mag partiell möglich sein. Häufig erfordert erfolgreiches Lernen jedoch geistige Anstrengung und Selbstüberwindung und dürfte daher kaum erfolgreich mit den weniger voraussetzungsvollen Angeboten der Freizeitindustrie konkurrieren können (vgl. Hofer, 2003). Diese Überlegung macht deutlich, dass eine auf Dauer gelungene Synthese beider Werte deren Charakter nicht unverändert lassen würde. Nimmt man den Begriff der Synthese ideengeschichtlich ernst, müssten konfligierende Werte in einer Synthese aufgehoben, überwunden und auf einer höheren Ebene in Einklang gebracht werden. Einen Anhaltspunkt dafür, wie eine derartige Synthese aussehen könnte, liefern Ansätze sozial kontextualisierten Lernens wie z.B. *Service Learning* (vgl. Yates & Youniss, 1999; Sliwka, Diedrich & Hofer, 2006). *Service Learning* bedeutet, dass sich Schülerinnen und Schüler für Anliegen der Gemeinde engagieren, z.B. als Tutorinnen und Tutoren für sozial benachteiligte Schülerinnen und Schüler, und ihre Erfahrungen im Unterricht reflektieren. Ein Schüler, der Freude über eine sozial nützliche Tätigkeit empfindet, bei der er gleichzeitig etwas lernt, erbringt eine Leistung, die mit Wohlbefinden einhergeht. Damit sind beide Wertorientierungen involviert, werden jedoch um eine soziale Perspektive erweitert, die über ihren letztlich egoistischen Charakter hinausgeht. Idealerweise überwindet die soziale Einbettung von Leistungsstreben und Streben nach Wohlbefinden die charakteristischen Einschränkungen beider Wertkategorien, die im ersten Fall im mangelnden Gegenwartsbezug von Leistung und im zweiten Fall im mangelnden Zukunftsbezug von Wohlbefinden bestehen: Leistung ist nicht mehr nur Vorbereitung für später, sondern hat schon im Hier und Jetzt einen konkreten, prosozialen Nutzen; Wohlbefinden ist nicht mehr nur gegenwartsbezogener „Spaß", sondern Freude über die Weiterentwicklung der eigenen Person durch den Erwerb sozialer Kompetenzen und den Aufbau positiver Selbstwirksamkeitsüberzeugungen. Hedonismus wird durch Eudämonismus abgelöst (zur Gegenüberstellung dieser beiden Arten von Streben nach Wohlbefinden s. Ryan & Deci, 2001).

Die verschiedenen Arten der Konfliktauflösung können nach ihrer Wünschbarkeit und nach ihrer Praktikabilität geordnet werden. Dabei ist die am stärksten wünschbare Lösung der Synthese beider Werte leider auch am schwierigsten zu verwirklichen. Wo Synthese nicht zu erreichen ist, stellt externe Koordination eine aussichtsreiche Möglichkeit dar, um die Auftretenswahrscheinlichkeit motivationaler Handlungskonflikte zu verringern. Aber auch externe Koordination geht mit einem beträchtlichen institutionellen Aufwand einher. Trainings zur Selbstregulation sind vergleichsweise einfacher zu realisieren. Sie stellen aber hohe Anforderungen an die Kooperationsbereitschaft der Schülerinnen und Schüler und sind aus unserer Sicht daher weniger aussichtsreich. Moralische Appelle an die Schülerinnen und Schüler, ihre Wohlbefindenswerte doch bitte zugunsten einer größeren Leistungsorientierung zurückzuschrauben, kosten dagegen praktisch nichts. Sie dürften aber auch nichts bewirken.

Literatur

Allerbeck, K. & Hoag, W.J. (1985). *Jugend ohne Zukunft*. München: Piper.

Barber, B.L., Stone, M.R. & Eccles, J.S. (2005). Adolescent participation in organized activities. In K.A. Moore & L.H. Lippman (Eds.), *What do children need to flourish? Conceptualizing and measuring indicators of positive development* (pp. 133-146). New York: Springer.

Baumert, J., Lehmann, R., Lehrke, M., Schmitz, B., Clausen, M., Hosenfeld, I., Köller, O. & Neubrand, J. (1997). *TIMSS – Mathematisch-naturwissenschaftlicher Unterricht im internationalen Vergleich. Deskriptive Befunde*. Opladen: Leske + Budrich.

Breckler, S. J. (1994). A comparison of numerical indices for measuring attitude ambivalence. *Educational and Psychological Measurement, 54*, 350-365.

Czerwenka, K., Nölle, K., Pause, G., Schlotthaus, W., Schmidt, H. J. & Tessloff, J. (1990). *Schülerurteile über die Schule. Bericht über eine internationale Untersuchung*. Frankfurt: Peter Lang.

Deutsche Shell (2002). *Jugend 2002*. Frankfurt/Main: Fischer.

Dietz, F. (2006). *Warum Schüler manchmal nicht lernen. Der Einfluss attraktiver Alternativen auf Lernmotivation und Leistung*. Frankfurt/Main: Lang.

Dietz, F., Hofer, M. & Fries, S. (submitted). Individual Values, Learning Routines, and Academic Procrastination.

Dietz, F., Schmid, S. & Fries, S. (2005). Lernen oder Freunde treffen? Lernmotivation unter den Bedingungen multipler Handlungsoptionen. *Zeitschrift für Pädagogische Psychologie, 19 (3)*, 173-189.

Fend, H. (1997). *Der Umgang mit Schule in der Adoleszenz. Aufbau und Verlust von Lernmotivation, Selbstachtung und Empathie*. Bern: Hans Huber.

Fries, S. (2006). Zu Defiziten und möglichen Weiterentwicklungen aktueller Theorien der Lernmotivation. *Zeitschrift für Pädagogische Psychologie, 20*, 73-83.

Fries, S. & Dietz, F. (submitted). Learning in the face of temptations: The case of motivational interference.

Fries, S., Dietz, F. & Schmid, S. (submitted). Motivational interference: The impact of alternative activities on mood and performance.

Fries, S. & Schmid, S. (eingereicht). Lernen bei Präsenz attraktiver Alternativen: Das Phänomen der motivationalen Interferenz.

Fries, S., Schmid, S., Dietz, F. & Hofer, M. (2005). Conflicting values and their impact on learning. *European Journal of Psychology of Education, 20 (3)*, 259-273.

Gensicke, T. (2002). Individualität und Sicherheit in neuer Synthese? Wertorientierungen und gesellschaftliche Aktivität. In Deutsche Shell (Hrsg.), *Jugend 2002* (S. 139-212). Frankfurt/Main: Fischer.

Gollwitzer, P.M. (1990). Action-phases and mind-sets. In E.T. Higgins & R.M. Sorrentino (Eds.), *Handbook of motivation and cognition: Foundations of social behavior* (Vol. 2, pp. 53-92). New York: Guilford Press.

Hofer, M. (2003). Wertewandel, schulische Motivation und Unterrichtsorganisation. In M. Knopf (Hrsg.), *Entwicklung, Lehren und Lernen* (S. 235-253). Göttingen: Hogrefe.

Hofer, M. (2004). Schüler wollen für die Schule lernen, aber auch anderes tun. *Zeitschrift für Pädagogische Psychologie, 18*, 79-92.

Hofer, M. (submitted). Goal conflicts and self-regulation: A new look on students' off-task behaviour.

Hofer, M., Fries, S., Dietz, F. & Zivkovic, I. (submitted). A cross-cultural study on values, motivational conflicts, and learning regulation.

Hofer, M., Fries, S., Reinders, H., Clausen, M., Dietz, F. & Schmid, S. (2004). Individuelle Werte, Handlungskonflikte und schulische Lernmotivation. In J. Doll & M. Prenzel (Hrsg.), *Bildungsqualität von Schule: Lehrerprofessionalisierung, Unter-*

richtsentwicklung und Schülerförderung als Strategien der Qualitätsverbesserung (S. 329-344). Münster: Waxmann.

Hofer, M., Reinders, H., Fries, S., Clausen, M., Schmid, S. & Dietz, F. (2005). Ein differentieller Ansatz zum Zusammenhang zwischen Werten und schulischer Lernmotivation. *Zeitschrift für Pädagogik, 51*, 326-341.

Hofer, M., Schmid, S., Fries, S., Dietz, F., Clausen, M. & Reinders, H. (in press). Individual values, motivational conflicts, and learning for school. *Learning and Instruction.*

Inglehart, R. (1997). *Modernization and postmodernization: Cultural, economic and political change in 43 societies.* Princeton: Princeton University Press.

Lenzen, D., Baumert, J., Watermann, R. & Trautwein, U. (Hrsg.). (2004). PISA und die Konsequenzen für die erziehungswissenschaftliche Forschung. *Zeitschrift für Erziehungswissenschaft, Beiheft 3.*

Nisbett, R.E. & Wilson, T.D. (1977). Telling more than we can know: Verbal reports on mental processes. *Psychological Review, 84*, 231-259.

PISA-Konsortium (2001). *PISA 2001. Basiskompetenzen von Schülerinnen und Schülern im internationalen Vergleich.* Opladen: Leske + Budrich.

Reinders, H. & Hofer, M. (2003). Wertewandel, schulische Lernmotivation und das duale Jugendmoratorium. In H. Reinders & E. Wild (Hrsg.), *Jugendzeit – Time Out? Zur Ausgestaltung des Jugendalters als Moratorium* (S. 237-256). Opladen: Leske + Budrich.

Rokeach, M. (1973). *The nature of human values.* New York: Free Press.

Ryan, R.M. & Deci, E.L. (2001). On happiness and human potentials: A review of research on hedonic and eudaimonic well-being. *Annual Review of Psychology, 52*, 141-166.

Schmid, S., Hofer, M., Dietz, F., Reinders, H. & Fries, S. (2005). Value orientations and action conflicts in students' everyday life: An interview study. *European Journal of Psychology of Education, 20*, 243-257.

Schmitz, B. (2002). Schulische Lehr-Lernumgebungen und außerschulische Trainings zur Förderung fächerübergreifender Kompetenzen von Schülerinnen und Schülern. *Zeitschrift für Pädagogik, 45. Beiheft*, 173-175.

Scott, W. (1966). Measures of cognitive structure. *Multivariate Behavioral Research, 1*, 391-395.

Sliwka, A., Diedrich, M. & Hofer, M. (Hrsg.). (2006). *Citizenship Education – Theory, Research and Practice.* Münster: Waxmann.

Smith, P.B. & Schwartz, S.H. (1997). Values. In J.W. Berry, M.H. Segall & C. Kagitcibasi (Eds.), *Handbook of Cross-Cultural Psychology* (second ed., vol. 3, pp. 77-118). Needham Heights: Allyn & Bacon.

Stecher, L. (2003). Jugend als Bildungsmoratorium – die Sicht der Jugendlichen. In H. Reinders & E. Wild (Hrsg.), *Jugendzeit – Time Out? Zur Ausgestaltung des Jugendalters als Moratorium* (S. 201-217). Opladen: Leske + Budrich.

Stipek, D. (2002). *Motivation to learn.* Boston: Allyn & Bacon.

v. Dijk, T.A. & Kintsch, W. (1983). *Strategies of Discourse Comprehension.* New York: Academic Press.

Wigfield, A. & Eccles, J.S. (2000). Expectancy-value theory of achievement motivation. *Contemporary Educational Psychology, 25 (1)*, 68-81.

Yates, M. & Youniss, J. (Eds.). (1999). *Roots of civic identity.* Cambridge: Cambridge University Press.

Youth Affairs Administration Japan (1984). *The Japanese youth in comparison with the youth of the world. A summary of the third world youth survey.*

Zinnecker, J., Behnken, I., Maschke, S. & Stecher, L. (2002). *Null zoff & voll busy.* Opladen: Leske + Budrich.

Zusho, A., Pintrich, P. & Cortina, K.S. (2004). Motives, goals, and adaptive patterns of performance in Asian American and Anglo American students. *Learning and Individual Differences, 15*, 141-158.

Waxmann

MÜNSTER · NEW YORK · MÜNCHEN · BERLIN

BIQUA

Jörg Doll, Manfred Prenzel (Hrsg.)

Bildungsqualität von Schule:

Lehrerprofessionalisierung, Unterrichtsentwicklung und Schülerförderung als Strategien der Qualitätsverbesserung

2004, 430 Seiten, br., 29,90 €, ISBN 978-3-8309-1399-3

Das Buch enthält 21 Beiträge aus der zweiten Zwei-Jahres-Phase des DFG-Schwerpunktprogramms „Bildungsqualität von Schule (BIQUA): schulische und außerschulische Bedingungen mathematischer, naturwissenschaftlicher und überfachlicher Kompetenzen". BIQUA ist ein problemorientiertes interdisziplinäres Schwerpunktprogramm, das pädagogisch-psychologische und didaktische Grundlagenforschung mit der Praxis verbindet. Es werden Ansätze zur Qualitätsverbesserung in den Fächern Mathematik, Physik, Chemie und Sachkunde berichtet.

In den Kapiteln werden theoretisch fundierte videobasierte Diagnoseinstrumente zur Beschreibung und Identifizierung typischer Unterrichtsmuster vorgestellt und angewandt sowie innovative Unterrichtsmodule und Unterrichtsmaterialien erstellt. Außerdem werden Ausbildungs- und Fortbildungsprogramme für Lehrkräfte, Schüler- und Elterntrainings zur Optimierung fächerübergreifender Kompetenzen, Formen effizienter Hausaufgabenstellung und Hausaufgabenbearbeitung und Ansätze zur Verbesserung der Schulkultur entwickelt und in ihrer Wirksamkeit evaluiert.

Waxmann

PISA-Konsortium Deutschland (Hrsg.)

PISA 2003

Untersuchungen zur Kompetenzentwicklung im Verlauf eines Schuljahres

2006, 330 Seiten, br., 19,90 €, ISBN 978-3-8309-1700-7

Dieser dritte Bericht des PISA-Konsortiums Deutschland stellt die Ergebnisse der an PISA 2003 angekoppelten Messwiederholung vor. Er legt offen, was Jugendliche an deutschen Schulen in einem Schuljahr lernen und wie ihre Kompetenzentwicklung durch das häusliche und schulische Umfeld beeinflusst wird.

PISA, das „Programme for International Student Assessment", untersucht alle drei Jahre, wie gut fünfzehnjährige Schülerinnen und Schüler auf die Anforderungen der Wissensgesellschaft vorbereitet sind. Der internationale Vergleich in den Schlüsselbereichen Lesen, Mathematik und Naturwissenschaften beschreibt Stärken und Schwächen in den Kompetenzen der Jugendlichen. Die Berichte haben in Deutschland große Aufmerksamkeit gefunden, aber auch Fragen nach den Gründen für die Ergebnisse aufgeworfen.

Da das Design der internationalen Studie keine gesicherten Antworten auf diese Fragen zulässt, wurde die Untersuchung in Deutschland erweitert: Schülerinnen und Schüler der internationalen Stichprobe wurden in einer Längsschnittstudie sowohl in der neunten als auch in der zehnten Klassenstufe getestet. Diese Konzeption erfasst die Veränderung der mathematischen und naturwissenschaftlichen Kompetenz im Verlauf eines Schuljahres und ermöglicht aussagekräftige Bedingungsanalysen.

MÜNSTER · NEW YORK · MÜNCHEN · BERLIN

PISA-Konsortium Deutschland (Hrsg.)

PISA 2003

Der Bildungsstand der Jugendlichen in Deutschland – Ergebnisse des zweiten internationalen Vergleichs

2004, 416 Seiten, br., 19,90 €, ISBN 978-3-8309-1455-6

Mit PISA hat die OECD neue Maßstäbe für internationale Bildungsvergleiche gesetzt. Das „Programme for International Student Assessment" untersucht, wie gut fünfzehnjährige Schülerinnen und Schüler auf die Anforderungen der Wissensgesellschaft und auf lebenslanges Lernen vorbereitet sind. Die Ergebnisse in den Schlüsselbereichen Lesekompetenz, mathematische und naturwissenschaftliche Grundbildung sowie Problemlösen lassen Rückschlüsse über Stärken und Schwächen der Bildungssysteme in den teilnehmenden Ländern zu. Da PISA in Abständen von drei Jahren durchgeführt wird, erhalten die Länder wichtige Informationen über Veränderungen der Qualität ihrer Bildungsergebnisse.

Dieser Band berichtet, wie Deutschland in der zweiten Erhebungswelle – PISA 2003 – abgeschnitten hat. Er präsentiert und diskutiert die Befunde über Kompetenzen deutscher Schülerinnen und Schüler im internationalen Vergleich. Es werden familiäre wie schulische Entwicklungsbedingungen beschrieben und die Chancen junger Menschen analysiert, ihre Potentiale auszuschöpfen und ihre Kompetenzen zu entwickeln. Der Bericht stellt dar, wie sich die Situation in Deutschland seit der ersten PISA-Erhebung im Jahr 2000 verändert hat.

Waxmann

MÜNSTER · NEW YORK · MÜNCHEN · BERLIN